D1620446

Oracle Backup und Recovery
Das Praxisbuch

Unser Online-Tipp
für noch mehr Wissen ...

informit.de

Aktuelles Fachwissen rund um die Uhr
– zum Probelesen, Downloaden oder
auch auf Papier.

www.informit.de 

Christine Gschoßmann, Klaus Langenegger

Oracle Backup und Recovery

Das Praxisbuch

Für alle Versionen bis einschließlich Oracle 11g

An imprint of Pearson Education

München • Boston • San Francisco • Harlow, England
Don Mills, Ontario • Sydney • Mexico City

Bibliografische Information der Deutschen Nationalbibliothek
Die Deutsche Nationalbibliothek verzeichnet diese Publikation in der Deutschen Nationalbibliografie; detaillierte bibliografische Daten sind im Internet über http://dnb.d-nb.de abrufbar.

Die Informationen in diesem Produkt werden ohne Rücksicht auf einen eventuellen Patentschutz veröffentlicht. Warennamen werden ohne Gewährleistung der freien Verwendbarkeit benutzt. Bei der Zusammenstellung von Texten und Abbildungen wurde mit größter Sorgfalt vorgegangen. Trotzdem können Fehler nicht vollständig ausgeschlossen werden. Verlag, Herausgeber und Autoren können für fehlerhafte Angaben und deren Folgen weder eine juristische Verantwortung noch irgendeine Haftung übernehmen. Für Verbesserungsvorschläge und Hinweise auf Fehler sind Verlag und Herausgeber dankbar.

Alle Rechte vorbehalten, auch die der fotomechanischen Wiedergabe und der Speicherung in elektronischen Medien. Die gewerbliche Nutzung der in diesem Produkt gezeigten Modelle und Arbeiten ist nicht zulässig.

Fast alle Hardware- und Softwarebezeichnungen und weitere Stichworte und sonstige Angaben, die in diesem Buch verwendet werden, sind als eingetragene Marken geschützt. Da es nicht möglich ist, in allen Fällen zeitnah zu ermitteln, ob ein Markenschutz besteht, wird das Symbol ® in diesem Buch nicht verwendet.

Umwelthinweis:
Dieses Produkt wurde auf chlorfrei gebleichtem Papier gedruckt. Die Einschrumpffolie – zum Schutz vor Verschmutzung – ist aus umweltverträglichem und recyclingfähigem PE-Material.

10 9 8 7 6 5 4 3 2 1

10 09 08

ISBN 978-3-8273-2483-2

© 2008 by Addison-Wesley Verlag,
ein Imprint der Pearson Education Deutschland GmbH,
Martin-Kollar-Straße 10–12, D-81829 München/Germany
Alle Rechte vorbehalten

Covergestaltung: Thomas Arlt, tarlt@adesso21.net
Titelbild: Masterfile Deutschland GmbH, Schanzenstraße 20, D-40549 Düsseldorf; Fotograf: Miles Ertman »Reliefs in Great Temple Egypt«
Fachlektorat: Andrea Held, andrea.held@held-informatik.de
Lektorat: Sylvia Hasselbach, shasselbach@pearson.de
Korrektorat: Sandra Gottmann, sandra.gottmann@t-online.de
Herstellung: Elisabeth Prümm, epruemm@pearson.de
Satz: Michael und Silke Maier, maier@magus-publishing.de
Druck und Verarbeitung: Kösel, Krugzell (www.KoeselBuch.de)

Printed in Germany

Inhaltsverzeichnis

Geleitwort der Fachgutachterin

Liebe Leserin, lieber Leser,

wissen Sie, wie man einen Undo-Tablespace im Fehlerfall im laufenden Betrieb wiederherstellt? Was tun Sie bei einem defekten Log File? Wie ist es mit einer Blockkorruption im System-Tablespace? Was, wenn ein Tablespace defekt ist, der noch nie gesichert wurde? Haben Sie die erforderliche Syntax und die richtige Reihenfolge der einzelnen Tasks im Kopf?

Wie Sie diese und andere knifflige Situationen in den Griff bekommen, zeigt Ihnen dieses Buch. Beginnend von einfachen Szenarien bis hin zum Desasterfall stellt es Fehlersituationen, deren Analyse und deren Behebung dar. Gezeigt wird unter anderem, wie Sie während der Fehleranalyse schnellstmöglich die richtigen Informationen finden sowie die notwendigen Befehle zur Fehlerbehebung.

Ich hatte das Vergnügen, das Skript des Buches noch vor dessen Veröffentlichung lesen zu dürfen und bin zu dem Schluss gekommen, dass es als profundes Handbuch dienen kann. Es unterstützt Administratoren rund um das Thema Datenbankwiederherstellung, und zwar von der Planung der für Ihr Projekt geeigneten Sicherungsstrategie bis hin zu Anleitungen im Fehlerfall. Von denen profitiert der Administrator, der sich in ein neues Thema einarbeiten möchte, wie der alte Hase, der alles schon gesehen hat und der dennoch im Fehlerfall – ohne lange in der Dokumentation zu suchen – einen schnellen Zugriff auf Informationen und Befehlssyntax haben möchte.

Doch auch im Vorfeld sind einige Überlegungen wichtig. So bestimmt Ihre Sicherungsstrategie, was Sie in welchem Zeitraum wiederherstellen können. Ein logisches Backup beispielsweise erlaubt keine Reparatur auf Datenblockebene. Auch ist damit keine Wiederherstellung eines einzelnen Datafiles möglich. Vielmehr muss die gesamte Datenbank neu geladen werden. Die Wiederherstellungszeit erhöht sich dadurch unter Umständen enorm. Für ein Handelssystem wären die Folgen katastrophal. Daher sollten Sie die einzelnen Sicherungsverfahren sowie deren Vor- und Nachteile genau kennen. Eine durchdachte Planung Ihrer Backup- und Recovery-Strategien ist enorm wichtig. Auch hierbei kann Sie dieses Buch unterstützen.

Nun möchte ich noch zu einem wichtigen Punkt der Fehlerbehebung kommen. Stellen Sie sich das folgende Szenario vor: Ihre Datenbank ist gecrasht. Ihr Monitoring-Tool zeigt ein sattes Dunkelrot. Das Telefon klingelt schrill. Anwender beklagen sich. Ihr aufgeregter Vorgesetzter steht in der Tür und möchte wissen, was los ist. Rote Flecken zeichnen sich in seinem Gesicht ab. Eine kurze Überprüfung Ihrerseits bestätigt: Die Anwendung funktioniert nicht, und die Datenbank ist tatsächlich nicht mehr erreichbar. Was nun? Welchen ersten Schritt sollten Sie nun tun?

Man kommt nicht gleich darauf. Doch ist es im Grunde naheliegend. Sorgen Sie für Raum, um klar denken zu können. Sorgen Sie für Ruhe! Stellen Sie Ihren Lieblingskollegen vor der Tür ab, und bitten Sie ihn, ungebetene Gäste abzuwimmeln, die

Sie während Ihrer „Operation am offenen Herzen des Systems" aus der Konzentration bringen könnten. Als Nächstes stellen Sie Ihr Telefon auf einen anderen Apparat um. Vielleicht binden Sie Ihren Projektleiter oder Vorgesetzten ein. Er kann die Anrufe von Kunden beantworten, andere Abteilungen informieren, das gesamte Kommunikationsmanagement abwickeln. Das hat gleich zwei Vorteile: Zum einen verschaffen Sie sich die Ruhe, die Sie benötigen, um das Problem zu lösen. Zum anderen hat auch Ihr Projektleiter nun etwas Wichtiges zu tun. So kann er Sie nicht mehr mit aufgeregten Fragen aus dem Konzept bringen und dennoch sicher sein, stets die aktuellsten Informationen von Ihnen zu erhalten.

Nun zum zweiten Schritt. Bitten Sie einen Menschen Ihres Vertrauens, sich gemeinsam mit Ihnen an die Analyse und Wiederherstellung zu machen – gleich ob dies Ihre erste Datenbankrettung ist oder die zweihundertdreiundsechzigste. Im Fehlerfall kann ein falscher Schritt, eine falsche Entscheidung dazu führen, dass sich die Wiederherstellungszeit enorm verlängert. Vier Augen sehen nun einmal mehr als nur zwei. Selbst dann, wenn Ihr Kollege über Datenbanken nicht allzu viel weiß, kann er Ihnen assistieren. Vielleicht sieht er den ein oder anderen Tippfehler – beispielsweise bei einem Rename einer Datei, denn dazu braucht man kein Datenbank Know-how. Zudem denken Sie selbst viel genauer nach, wenn Sie mit einer zweiten Person die Fehlersituation und die nächsten Schritte besprechen.

Einen letzten Rat möchte ich Ihnen noch mitgeben: Machen Sie keine falschen Versprechungen. Solange Sie die Ausfallursache (noch) nicht kennen, lassen Sie sich auf gar keinen Fall dazu verführen, vorzeitig Aussagen zu machen, wie viel Zeit für die Wiederherstellung erforderlich sein wird. Das gilt auch dann, wenn jemand Ihnen auf Teufel komm raus eine Schätzung aus dem Rücken zu leiern versucht. Besitzt der Fragende ausreichend Humor, so können Sie ihm erzählen, dass Sie keine seherischen Fähigkeiten besitzen, was Sie selbst sehr bedauern, da Sie sonst schon die Lottozahlen vorausgesagt hätten. Dann nämlich müssten Sie Ihr Dasein nicht mehr in diesem trostlosen Büro fristen und könnten den heutigen Tag auf den Malediven mit einem kühlen Drink verbringen. Doch leider sitzen Sie nun hier und sind darauf angewiesen, seriöse Analysen zu betreiben. Ist der Frager angespannt und nicht zu Witzen aufgelegt, ist eine ernstere Antwort vielleicht besser geeignet. So können Sie ihn vor die Wahl stellen: »Möchten Sie eine seriöse Schätzung, oder sind Sie mit einer windigen, wenn auch schnellen Aussage zufrieden?« Mir persönlich ist bisher noch niemand begegnet, der mit unseriösen Angaben glücklich gewesen wäre. Erst wenn Sie genau wissen, was zu tun ist, können Sie eine grobe Abschätzung zur Wiederherstellungszeit abgeben.

Nachdem nun also für Ruhe gesorgt ist, machen Sie sich – am besten zu zweit – an die Analyse und leiten die Schritte zur Reparatur ein. Die AutorInnen Christine Gschoßmann und Klaus Langenegger unterstützen Sie dabei: Mit Schritt-für-Schritt-Anleitungen für den Einsteiger und den Kurzanleitungen für versierte Administratoren.

Viel Spaß beim Lesen dieses Buches und beim Planen Ihrer Sicherungsstrategien sowie reichlich Erfolg beim Orakeln

wünscht Ihnen

Andrea Held

Vorwort

Bei unserer beruflichen Tätigkeit als Oracle-Datenbankadministratoren und mittlerweile selbstständige SAP Technology Consultants mit Schwerpunkt Oracle haben wir immer wieder festgestellt, dass das Thema Backup und Recovery in vielen Unternehmen oft recht stiefmütterlich behandelt wird.

Backups werden zwar durchgeführt, es existiert jedoch oftmals entweder keine vernünftig durchdachte Strategie, oder es wird zu selten oder überhaupt nicht getestet, ob und wie im Ernstfall die Daten so schnell wie möglich auch wiederhergestellt werden können. Tritt der genannte Ernstfall ein, geraten die Datenbankadministratoren dann oft ziemlich unter Druck.

Hier soll dieses Buch Hilfestellung leisten: Ausgehend von der Oracle-Datenbankarchitektur beschreibt es präventive Maßnahmen, um die Auswirkungen von Datenbankfehlern abzumildern. Des Weiteren werden Sicherungsstrategien, Grundlagen zu Backup und Recovery, eine Übersicht und Beschreibung der verfügbaren Werkzeuge vorgestellt, und wir bieten – last but not least – detaillierte Arbeitsanweisungen, um schnell, sicher und – etwas nervenschonender – ein Recovery durchführen zu können. Wir sind uns dessen bewusst, dass wir nicht alle irgend möglichen Recovery-Szenarien beschreiben konnten. Jedoch hoffen wir, dass mithilfe der Grundlagen aus diesem Buch auch die Fälle einfacher gelöst werden können, die hier nicht erläutert sind.

An dieser Stelle möchten wir uns bei unseren Lektorinnen Sylvia Hasselbach und Andrea Held für die nette Zusammenarbeit, konstruktive Kritik und nicht zuletzt die Geduld bedanken, die sie immer wieder für uns aufgebracht haben.

Ganz besonders bedanken möchten wir uns auch bei Nina und Günther Gschoßmann und Johanna Habermeier. Nina wurde während der Arbeit an diesem Buch geboren. Günther Gschoßmann und Johanna Habermeier haben sie in den Stunden, in denen ihre Mama mit dem Buch beschäftigt war, aufs Beste betreut. Außerdem möchten wir uns bei unseren Familien und Freunden für die Unterstützung und das Verständnis während dieser arbeitsintensiven Zeit bedanken. Nun werden wir auch wieder zeitnah Mails beantworten, bei Anrufen sofort ans Telefon gehen und Treffen nicht zum x-ten Mal absagen oder verschieben.

Abschließend wünschen wir allen Leserinnen und Lesern viel Erfolg, Glück (das braucht man manchmal auch dabei) und gute Nerven bei ihren Recovery-Tätigkeiten!

Christine Gschoßmann und Klaus Langenegger

Einführung

Allgemeines

Das relationale Datenbank-Managementsystem (RDBMS) Oracle hat sich seit seiner Markteinführung im Jahre 1979 stetig weiterentwickelt. Nun ist es seit Juli 2007 bereits in der Version Oracle 11g verfügbar. Diese beinhaltet mittlerweile so nützliche Features wie Automatic Memory Management, Database Replay oder einen SQL Performance Analyzer. Auch im Bereich Backup und Recovery hat sich in Oracle 11g einiges getan. Neben vielen anderen Neuerungen gibt es zusätzliche Flashback-Features. Außerdem wurden die präventive Erkennung und die Beseitigung von Blockkorruptionen verbessert und ein Data Recovery Advisor zur automatisierten Erkennung und Beseitigung von Fehlern eingeführt.

In diesem Buch werden nun Backup, Restore und Recovery im Hinblick auf die praktische Umsetzung behandelt und auch neue mit Oracle 11g eingeführte Features dafür vorgestellt.

Backup und Recovery ist oft so lange wenig wichtig, bis Daten durch Hardware-, Software- oder Benutzerfehler verloren gehen. Dann jedoch müssen die Daten so schnell wie möglich wiederhergestellt werden, um die Kosten für den Ausfall so gering wie möglich zu halten. Die Kosten hängen dabei stark von der Branche und vom Geschäftsmodell der betroffenen Firma ab. Jedoch kann der Schaden bei Firmen, deren Prozesse wie Produktion oder Auslieferung das Datenbanksystem zwingend benötigen, schnell in die Millionenhöhe gehen. Laut einer Studie von Contingency Research betragen beispielsweise die Ausfallkosten pro Stunde in der Fertigung im Durchschnitt 28.000 $, während sie in einem Bankrechenzentrum bereits auf 2.500.000 $ steigen können. Und eine Stunde kann sehr kurz sein, falls die Wiederherstellung einer Datenbank nach einem Fehler etwas komplizierter ist.

Um nun die Daten in kürzester Zeit wieder zur Verfügung stellen zu können und damit Ausfallzeiten und -kosten zu reduzieren, ist es bereits im Vorfeld erforderlich, sich Gedanken über Präventivmaßnahmen und die Vorgehensweise im Fehlerfall zu machen. Hierfür wird in diesem Buch die Planung von Datenbankdesign und Backup-Strategien erläutert. Ein geeignetes Datenbankdesign hat wesentlichen Einfluss darauf, ob ein Fehler direkt zu einem Ausfall führt oder im günstigsten Fall nur zu einer mehr oder weniger starken temporären Beeinträchtigung des Systembetriebs. Auch die Existenz einer durchdachten Backup-Strategie hat wesentlichen Anteil an der Wiederherstellungszeit einer Datenbank.

Tritt ein Fehler auf, der ein Recovery der Daten erfordert, ist in der Regel Stress und Hektik bei den Datenbankadministratoren angesagt. Einerseits, weil diese Art von

Fehler glücklicherweise nicht jeden Tag auftritt und deshalb oft die Vorgehensweise für ein Recovery nicht besonders geläufig ist. Andererseits, weil durch die meist nicht ganz geringen Ausfallkosten in kürzester Zeit Vorgesetzte und Management bei den Administratoren stehen und auf eine schnelle Beseitigung des Fehlers drängen. Und wer schon mal mit einer Horde aufgeregter Manager im Rücken ein kniffliges Recovery durchgeführt hat, weiß, wie schwierig es sein kann, in dieser Situation einen klaren Kopf zu behalten und die richtigen Entscheidungen zu treffen.

In diesem Buch wird deshalb sowohl die Vorgehensweise bei gängigen Fehlern als auch die bei einer Anzahl von speziellen Crashszenarien beschrieben. Damit unterstützt das Buch Administratoren mit weniger Recovery-Erfahrung durch detaillierte Hilfestellung beim Recovery, aber auch erfahrene Administratoren, die nur eine Gedächtnisstütze brauchen, um ein Recovery durchzuführen.

Wir haben bewusst den Schwerpunkt auf manuelle Verfahren über SQL*PLUS gelegt, um den Leserinnen und Lesern den Ablauf bei einem Recovery nahezubringen und eine schrittweise Arbeitsanleitung für die Durchführung manueller Recoveries an die Hand zu geben. Mittlerweile unterstützen zwar die grafischen Werkzeuge zur Administration einer Datenbank wie beispielsweise der Oracle Enterprise Manager das Recovery meist recht ordentlich, jedoch werden diese oftmals nicht genutzt. Auch ist es natürlich trotzdem erforderlich, den theoretischen Ablauf bei einem Recovery zu kennen, da gerade in etwas komplizierteren Fällen grafische Tools schnell an ihre Grenzen stoßen können.

Die Grundfunktionalität des von Oracle ausgelieferten Tools Recovery Manager (kurz RMAN) wird hier ebenfalls erläutert. Die Stabilität und Hantierung von RMAN bei Backup, Restore und Recovery hat sich in den letzten Releases so verbessert, dass bei der Entscheidung für ein Sicherungstool RMAN durchaus in die engere Auswahl genommen werden sollte.

Die SQL-Statements wurden mit Oracle 11g getestet. Wir haben uns bemüht, Abweichungen in den Statements für ältere Versionen ebenfalls anzugeben.

Inhalt des Buches

Kapitel 1, *Architektur eines Oracle-Datenbanksystems*, gibt einen Überblick über den Aufbau eines Oracle-Datenbanksystems. Ausgehend vom physischen wird auch der logische Aufbau beschrieben. Außerdem werden Empfehlungen für das Datenbankdesign sowie das Starten und Stoppen eines Datenbanksystems erläutert.

Kapitel 2, *Backupstrategien*, befasst sich mit den theoretischen Charakteristika eines Backups. Hier werden unterschiedliche Backup-Arten, Aufbewahrungsrichtlinien sowie Backup-Zyklen dargestellt.

Weiter wird in Kapitel 3, *Grundlagen des Backups*, auf die verschiedenen Möglichkeiten bei Durchführung eines Backups auch bei großen oder hochverfügbaren Datenbanken eingegangen.

In Kapitel 4, *Logische Backups*, werden unterschiedliche Werkzeuge für die Durchführung logischer Backups erläutert.

Kapitel 5, *Grundlagen des Recoverys,* beschäftigt sich mit den Ursachen von Restore und Recovery sowie mit den einzelnen Recovery-Arten.

In Kapitel 6, *Recovery nach Media-Fehler,* wird die Vorgehensweise bei einem Media-Recovery unter den unterschiedlichen Voraussetzungen schrittweise beschrieben.

Falls ein Recovery nach einem logischen Fehler durchgeführt werden muss, werden in Kapitel 7, *Recovery nach logischen Fehlern,* die einzelnen Möglichkeiten wie Log-Miner, Flashback oder Nutzung von Export/Import ausführlich erläutert und die Verwendung der Werkzeuge an Beispielen veranschaulicht.

Kapitel 8, *Korruptionen,* befasst sich mit Konsistenzprüfungen zur Ermittlung von korrupten Blöcken sowie mit den unterschiedlichen Maßnahmen bei der Beseitigung von Korruptionen.

Die Funktionsweise des Oracle Recovery Manager (RMAN) wird in Kapitel 9, *Backup und Recovery über Recovery Manager (RMAN),* beschrieben. Ausgehend von der Konfiguration von RMAN wird – auch anhand von einigen Beispielen – die Verwendung von RMAN bei Backup, Restore und Recovery dargestellt.

Kapitel 10, *Standard-Crashszenarien,* geht nach Beschreibung einer gründlichen Fehleranalyse auf die schrittweise Vorgehensweise bei den unterschiedlichen Fehlersituationen ein.

Auch in Kapitel 11, *Crashszenarien – Spezialfälle,* wird die Bereinigung von unterschiedlichen Datenbankfehlern Schritt für Schritt erläutert. In diesem Kapitel wird im Gegensatz zu Kapitel 10 der Schwerpunkt auf Spezialfälle bei Crashszenarien gelegt, die jedoch auch häufig in der Praxis vorkommen.

Kapitel 12, *Hilfestellung,* unterstützt den Leser beim schnellen Auffinden der einzelnen Datenbankkomponenten sowie bei der Entscheidung, welche Dateien unter den unterschiedlichen Voraussetzungen zurückgesichert werden müssen.

Abschließend werden in Kapitel 13, *Kurzanleitungen,* basierend auf den Anleitungen der Kapitel 10 und 11 die Abläufe und Befehle noch einmal verkürzt für versierte Administratoren oder als Gedächtnisstütze zusammengefasst.

1 Architektur eines Oracle-Datenbanksystems

Für die Planung und Implementierung von Oracle-Datenbank-Backups sowie für die erfolgreiche Durchführung eines Datenbank-Recoverys ist es unbedingt erforderlich, die Bestandteile und Funktionsweise eines Oracle-Datenbanksystems zu kennen.

Das nachfolgende Kapitel erklärt deshalb die Grundlagen der Architektur eines Oracle-Datenbanksystems, soweit dies für das Verständnis und die Durchführung eines Backups und Recoverys notwendig ist. Detailliertere Informationen zur Architektur und zur Administration eines Oracle-Datenbanksystems finden sich im Buch »Oracle 10g für den DBA« von Johannes Ahrens, Dierk Lenze, Patrick Schwanke, Günter Unbescheid, Addison-Wesley-Verlag, sowie in der Oracle-Dokumentation.

Für ein Backup und Recovery ist es ebenso notwendig, dass ein Datenbankadministrator genaue Kenntnisse über den Ablauf des Stoppens und Startens der Datenbank beziehungsweise der Instanz besitzt. Auch dies wird in diesem Kapitel beschrieben.

Zusätzlich werden dann noch die für ein Backup und Recovery wichtigen Data Dictionary Views sowie präventive Maßnahmen zur Vermeidung eines Recoverys beziehungsweise zur Verkürzung der Recovery-Zeit erläutert.

1.1 Physischer Aufbau eines Oracle-Datenbanksystems

Die folgenden Komponenten sind die physischen Bestandteile eines Oracle-Datenbanksystems, die sich auch auf Betriebssystemebene wieder finden lassen.

- Instanz
- Datendateien
- Redolog-Dateien
- Control-Dateien
- Parameterdatei INIT.ORA oder SPFILE
- Passwortdatei
- Trace-Dateien

1.1.1 Instanz und Datenbank

Die *Instanz* bildet den aktiven Teil eines Oracle-Datenbanksystems und besteht hauptsächlich aus den Hintergrundprozessen sowie der System Global Area (SGA).

Die *Datenbank* ist dagegen der passive Teil des Datenbanksystems und beinhaltet die Daten-, Redolog- und Control-Dateien. Änderungen an diesen Dateien werden ausschließlich von der Instanz durchgeführt.

> **Hinweis**
> Beim Starten und Stoppen eines Oracle-Datenbanksystems wird zunächst die Instanz hoch- oder heruntergefahren. Erst die Instanz öffnet oder schließt dann die Datenbank. Umgangssprachlich wird jedoch meist vom Starten und Stoppen der Datenbank gesprochen.

Ein lauffähiges Datenbanksystem besteht in den meisten Fällen aus genau einer Datenbank und einer Instanz. Über die Real-Application-Cluster-Option (RAC) oder in früheren Versionen der Parallel-Server-Option (OPS) kann jedoch auch ein Multi-Instanz-Betrieb realisiert werden, das heißt, eine Datenbank arbeitet dann mit mehreren Instanzen zusammen. Eine Instanz arbeitet aber immer nur mit maximal einer Datenbank zusammen.

In der Regel ist der Name der Instanz und der Datenbank gleich. Es ist jedoch möglich, Instanz und Datenbank unterschiedlich zu benennen. Der Name der Instanz wird durch den *Oracle System Identifier* (Unix/Windows: `ORACLE_SID`) festgelegt, dieser wird als Umgebungsvariable gesetzt. Der Name der Datenbank wird dagegen durch den Oracle-Parameter `DB_NAME` spezifiziert.

Hintergrundprozesse der Instanz

Die wichtigsten Hintergrundprozesse der Instanzen DBWn, PMON, SMON, CKPT, LGWR und ARCn werden im nächsten Abschnitt beschrieben. Je nach Umgebung und Konfiguration existieren noch weitere Hintergrundprozesse.

Stürzt einer der Prozesse DBWn, PMON, SMON, CKPT oder LGWR ab, stürzt meist die gesamte Instanz ab. Diese Prozesse sind zwingend erforderlich. Anders ist es beim ARCn-Prozess. Dieser ist nur dann aktiv, wenn der Archivierungsmodus eingeschaltet ist (siehe Abschnitt 1.3.1).

- DBWn (Database Writer), n = 0...9, a...j

  Der Database Writer schreibt veränderte Oracle-Blöcke, die in der SGA liegen, in die Datendateien. Es ist möglich, ein System mit bis zu 20 Database Writer-Prozessen zu konfigurieren, sodass auch bei hoher Schreiblast effizient verarbeitet werden kann.

- PMON (Process Monitor)

  Der Process Monitor überwacht Benutzer- und Serverprozesse und startet diese im Fehlerfall wieder neu. Falls gescheiterte Benutzerprozesse vorhanden sind, gibt er deren Ressourcen wieder frei.

- SMON (System Monitor)

  Nach einem *Instance Failure* prüft der System Monitor beim Neustart der Datenbank deren Konsistenz. Ist die Datenbank infolge des Instance Failures nicht konsistent, leitet er automatisch ein *Crash Recovery* ein. Hierzu werden aus den

Redolog-Dateien so lange Transaktionen in die Datendateien übertragen, bis die Datenbank wieder konsistent ist.

- CKPT (Checkpoint Process)

  Zu definierten Zeitpunkten werden die Datenbankpuffer in der SGA durch den DBWn in die Datendateien geschrieben. Dieses Ereignis wird Checkpoint genannt. Der Checkpoint Process sendet dann ein Signal an den DBWn, um die Header der Control- und Datendateien zu aktualisieren.

- LGWR (Log Writer)

  Bei bestimmten Ereignissen, wie beispielsweise wenn der Redolog Buffer zu einem Drittel voll ist oder ein COMMIT für eine Transaktion ausgelöst wird, schreibt der Log Writer Redolog-Einträge aus dem Redolog Buffer in die Redolog-Dateien.

- ARCn (Archiver Process)

  Der Archiver Process kopiert die Redolog-Einträge entweder bei einem aktiven Log-Switch oder wenn die Online-Redolog-Dateien voll sind aus den Online-Redolog-Dateien in die Offline-Redolog-Dateien. Dieser Prozess ist nur vorhanden, wenn der ARCHIVELOG-Modus eingeschaltet wurde. Die Gesamtanzahl der Archiver-Prozesse kann über den Parameter `LOG_ARCHIVE_MAX_PROCESSES` (mögliche Werte 1...30) gesteuert werden.

System Global Area (SGA)

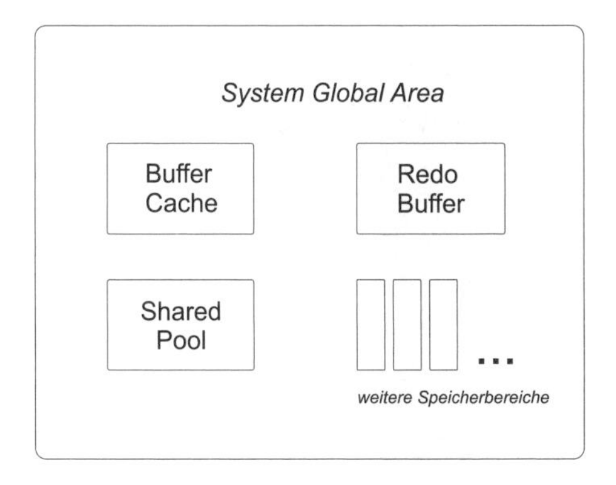

Abbildung 1.1: System Global Area (SGA)

Die System Global Area (SGA) befindet sich im Hauptspeicher und beinhaltet die Speicherstrukturen wie zum Beispiel Buffer Cache und Shared Pool. Diese werden gleichzeitig von allen Anwendern genutzt, die mit der Instanz verbunden sind.

Die SGA besteht aus den folgenden Hauptkomponenten:

- Buffer Cache

  Beinhaltet Kopien von Datenblöcken, die bereits aus den Datendateien gelesen wurden.

- Shared Pool

  Der Shared Pool besteht aus dem Data Dictionary Cache, in dem Informationen aus dem Data Dictionary wie beispielsweise Tabellendefinitionen vorgehalten werden, und dem Library Cache, der SQL- und PL/SQL-Befehle bereithält, die dann ähnlich wie die Datenblöcke aus dem Buffer Cache wieder verwendet werden können.

- Redo Buffer

  Im Redo Buffer werden alle Änderungen an den Datenblöcken protokolliert. Um Datenverlust zu verhindern, schreibt der LGWR diese Änderungen regelmäßig aus dem Redo Buffer in die Online-Redolog-Dateien.

Abhängig vom Betriebssystem stellt sich der Aufbau der Instanz auf Betriebssystemebene hinsichtlich der Hintergrundprozesse und dem Zugriff auf die System Global Area (SGA) etwas unterschiedlich dar.

Aufbau einer Oracle-Instanz unter Unix

Unter Unix existiert für die Hintergrundprozesse jeweils genau ein zugehöriger Betriebssystemprozess, der in der Regel folgender Namenskonvention entspricht:

ora_<Name des Hintergrundprozesses>_<ORACLE_SID>

Beispielsweise wird der Hintergrundprozess für den Process Monitor bei einer Instanz mit dem Oracle System Identifier `ORACLE_SID=FBA` dann mit der Bezeichnung `ora_pmon_FBA` angezeigt.

```
orafba   20171    1  0 Oct04 ?       00:00:14 ora_pmon_FBA
orafba   20173    1  0 Oct04 ?       00:00:01 ora_psp0_FBA
orafba   20175    1  0 Oct04 ?       00:00:01 ora_mman_FBA
orafba   20177    1  0 Oct04 ?       00:00:11 ora_dbw0_FBA
orafba   20179    1  0 Oct04 ?       00:00:12 ora_lgwr_FBA
orafba   20181    1  0 Oct04 ?       00:01:00 ora_ckpt_FBA
orafba   20183    1  0 Oct04 ?       00:00:12 ora_smon_FBA
orafba   20185    1  0 Oct04 ?       00:00:00 ora_reco_FBA
orafba   20187    1  0 Oct04 ?       00:00:35 ora_cjq0_FBA
orafba   20189    1  0 Oct04 ?       00:00:05 ora_mmon_FBA
orafba   20191    1  0 Oct04 ?       00:00:29 ora_mmnl_FBA
orafba   20195    1  0 Oct04 ?       00:00:02 ora_arc0_FBA
orafba   20197    1  0 Oct04 ?       00:00:06 ora_arc1_FBA
orafba   20201    1  0 Oct04 ?       00:00:00 ora_qmnc_FBA
orafba   20228    1  0 Oct04 ?       00:00:00 ora_q000_FBA
orafba   20230    1  0 Oct04 ?       00:00:00 ora_q001_FBA
```

Abbildung 1.2: Hintergrundprozesse unter Unix

Der Zugriff auf den von allen Anwendern gemeinsam genutzten Speicherbereich System Global Area (SGA) wird unter Unix mittels *Shared Memory* realisiert. Das bedeutet, dass sich mehrere Prozesse diesen Speicherbereich teilen. Die Prozesse können damit auf die gleichen Daten zugreifen, wobei die Zugriffe natürlich synchronisiert (wer darf wann auf welche Daten zugreifen) ablaufen.

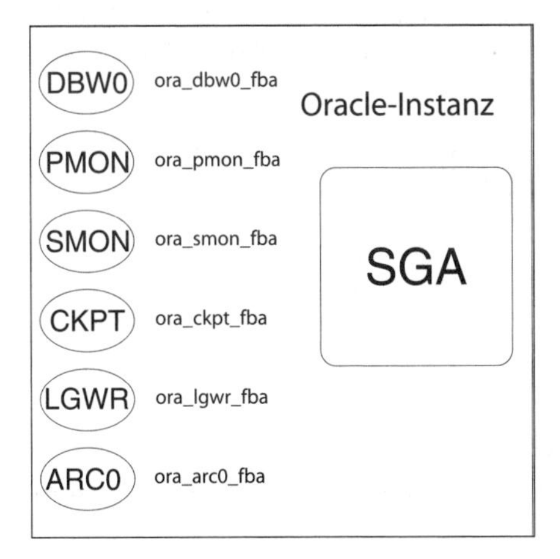

Abbildung 1.3: Aufbau einer Oracle-Instanz unter Unix

Aufbau einer Oracle-Instanz unter MS-Windows

Dagegen ist unter MS-Windows die Oracle-Instanz mittels der Multi-Threaded-Architektur implementiert. Das bedeutet, dass auf Betriebssystemebene nur ein Prozess oracle.exe existiert. Die Hintergrundprozesse werden hier über Threads dieses Prozesses oracle.exe abgebildet.

Unter Windows ist es deshalb nicht notwendig, die SGA über einen Shared Memory Bereich zu nutzen, da Speicheranforderungen direkt vom Prozess oracle.exe durchgeführt werden. Der vom Prozess angeforderte Bereich steht dann allen Oracle-Threads – also den Hintergrundprozessen – dieses Prozesses gemeinsam zur Verfügung.

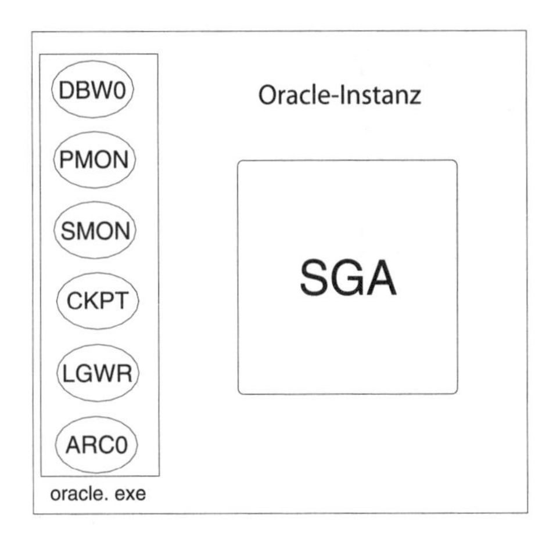

Abbildung 1.4: Aufbau einer Oracle-Instanz unter Windows

Im Taskmanager ist in der Standardeinstellung die Anzahl der Threads des Prozesses oracle.exe nicht sichtbar, kann aber über das Menü über ANSICHT und den Punkt SPALTEN AUSWÄHLEN aktiviert werden.

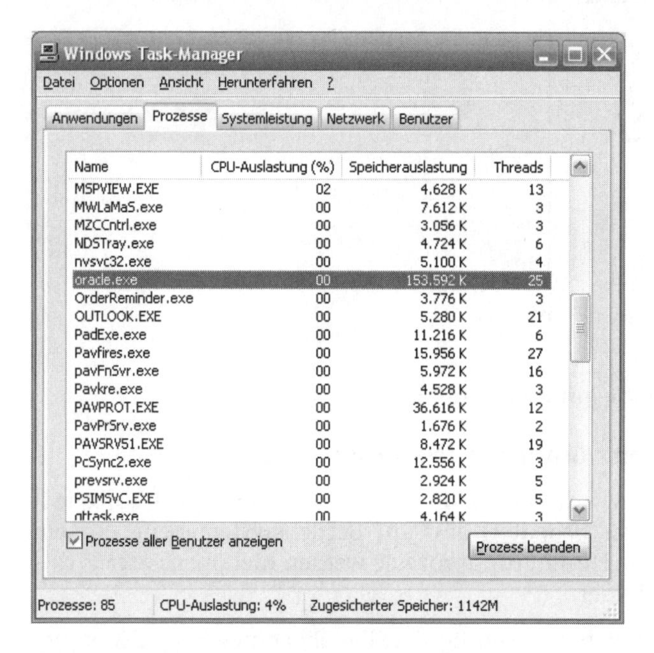

Abbildung 1.5: Oracle-Prozess oracle.exe mit 25 Threads für die einzelnen Hintergrundprozesse

1.1.2 Datendateien

Die Datendateien enthalten die Benutzerdaten sowie die Systemdaten der Oracle-Datenbank. Jede Oracle-Datenbank besteht neben anderen Dateien aus einer oder mehreren Datendateien. Eine Datendatei gehört zu genau einem Tablespace und zu genau einer Datenbank.

Die Datendateien können folgende Daten enthalten:

- Benutzerdaten
- Systemtabellen des Oracle Data Dictionarys
- Indexsegmente
- Rollback- beziehungsweise Undo-Segmente
- Temporäre Daten, zum Beispiel während Sortiervorgängen

Eine Datendatei besteht aus *Datenblöcken*. Ein Datenblock ist die kleinste Oracle-spezifische Speichereinheit und besteht aus einem oder mehreren vollständigen Betriebssystemblöcken. Die Standardgröße der Datenblöcke wird durch den Parameter `DB_BLOCK_SIZE` festgelegt.

Ein Datenblock besteht aus zwei logischen Teilen:

- Der *Block-Header* enthält die Verwaltungsinformationen.
- Der *Datenbereich* enthält die eigentlichen Daten.

Geändert werden die Daten in den Datendateien durch den Database Writer. Dieser nimmt in regelmäßigen Abständen einen Abgleich zwischen Buffer Cache und den Datendateien vor.

Bei einem Checkpoint werden die veränderten Blöcke aus dem Buffer Cache vom Database Writer in die Datendateien geschrieben und die Header der Datendateien durch den Checkpoint Process aktualisiert. Ein Checkpoint wird ausgelöst bei einem Log-Switch. Falls einer der Parameter `LOG_CHECKPOINT_TIMEOUT` oder `LOG_CHECKPOINT_INTERVAL` gesetzt ist, wird zusätzlich ein Checkpoint abhängig von den Werten dieser Parameter ausgelöst.

Administrationskommandos

Anlegen einer neuen Datendatei

Dies erfolgt durch das Anlegen beziehungsweise die Erweiterung eines Tablespace:

```
SQL> ALTER TABLESPACE <tablespace> ADD DATAFILE <filename> SIZE <size>;
```

Beispiel:

```
SQL> ALTER TABLESPACE gcdata ADD DATAFILE 'e:\oracle\gc\data\gcdata1.dbf' SIZE 100M;
```

Alternativ kann dies auch über den Enterprise Manager erfolgen über das Register SERVER – Abschnitt SPEICHERUNG – Unterpunkte TABLESPACES oder DATENDATEIEN.

Umbenennen von Datendateien

1. Offline-Setzen des Tablespace

   Vor dem Umbenennen von Datendateien muss der zugehörige Tablespace OFFLINE gesetzt werden mit:

```
SQL> ALTER TABLESPACE <tablespace> OFFLINE NORMAL;
```

2. Kopieren der Datendateien

   Vor dem Umbenennen der Datendateien müssen diese auf Betriebssystemebene mit Betriebssystembefehlen wie zum Beispiel `cp` in die neuen Verzeichnisse kopiert werden.

3. Umbenennen der Datendateien

```
SQL> ALTER TABLESPACE <tablespace> RENAME DATAFILE
<filename_old> TO <filename_new>;
```

Beispiel:

```
SQL> ALTER TABLESPACE gcdata RENAME DATAFILE 'e:\oracle\gc\data\gcdata1.dbf' TO
'f:\oracle\gc\data\gcdata1.dbf';
```

4. Online-Setzen des Tablespace

   Anschließend den zugehörigen Tablespace wieder ONLINE setzen mit:

```
SQL> ALTER TABLESPACE <tablespace> ONLINE;
```

5. Backup

   Abschließend ist es sinnvoll, ein Backup der Datendatei oder des Tablespace sowie der Control-Datei, in der alle Pfad- und Dateinamen verzeichnet sind, durchzuführen.

Falls Tablespaces nicht offline gesetzt werden können (zum Beispiel SYSTEM-, Default Temporary- oder Undo-Tablespace), so kann ein Umbenennen der Datendateien nur im MOUNT-Status der Datenbank erfolgen:

1. Starten der Datenbank in den MOUNT-Status

```
SQL> STARTUP MOUNT
```

2. Kopieren der Datendateien

   Vor dem Umbenennen der Datendateien müssen diese auf Betriebssystemebene in die entsprechenden Zielverzeichnisse kopiert werden.

3. Umbenennen der Datendateien

   Beispiel (gleichzeitiges Umbenennen der Datendatei des SYSTEM- und des temporären Tablespace):

```
SQL> ALTER DATABASE RENAME FILE
'f:\oracle\gc1\temp.data1',
'f:\oracle\gc1\system.data1'
TO 'h:\oracle\gc1\temp.data1',
'h:\oracle\gc1\system.data1';
```

4. Öffnen der Datenbank

```
SQL> ALTER DATABASE OPEN;
```

5. Backup

   Anschließend ist es sinnvoll, ein Backup der kopierten Datendatei oder des Tablespace sowie der Control-Datei, in der alle Pfad- und Dateinamen verzeichnet sind, durchzuführen.

Löschen von Datendateien

Falls eine Datendatei leer ist und nicht die erste oder einzige Datendatei eines Tablespace ist, kann diese ab Oracle 10g gelöscht werden mit

Beispiel:

```
SQL> ALTER TABLESPACE gcdata DROP DATAFILE 'e:\oracle\gc\data\gcdata1.dbf';
```

Dadurch wird auch auf Betriebssystemebene die Datei gelöscht. Es können jedoch keine Datendateien des SYSTEM- oder eines READ-ONLY-Tablespace gelöscht werden. Sind Datendateien eines locally managed Tablespace OFFLINE, können diese ebenfalls nicht gelöscht werden.

Auch dies kann über den Enterprise Manager über das Register SERVER – Abschnitt SPEICHERUNG – Unterpunkt DATENDATEIEN erfolgen.

1.1.3 Redolog-Dateien

Es gibt zwei Typen von Redolog-Dateien:

- Online-Redolog-Dateien

  In den Online-Redolog-Dateien werden Änderungen an den Datenblöcken protokolliert. Der Log Writer (LGWR) schreibt diese Datenänderungen zyklisch aus dem Redo Buffer in die Online-Redolog-Dateien.

  Die Online-Redolog-Dateien werden bei einem Recovery benötigt, um Änderungen, die bei einem Absturz der Instanz noch nicht in die Datendateien geschrieben wurden, erneut auszuführen. Das Nachfahren der Änderungen wird vom System-Monitor-Prozess (SMON) durchgeführt. Für ein *vollständiges Recovery* werden deshalb auch die Online-Redolog-Dateien benötigt. Nur mit den Online-Redolog-Dateien ist ein Recovery bis zum aktuellen Zeitpunkt möglich.

- Offline-Redolog-Dateien

  Die Offline-Redolog-Dateien sind eine chronologische Folge von durchnummerierten Kopien der Online-Redolog-Dateien. Diese werden vom Archiver-Prozess jedoch nur dann erstellt, wenn die Datenbank im ARCHIVELOG-Modus betrieben wird. Ist der ARCHIVELOG-Modus aktiviert, werden die Online-Redolog-Dateien vom Archiver-Prozess (ARCn) in ein definiertes ARCHIVELOG-Verzeichnis kopiert.

  Die Definition des ARCHIVELOG-Verzeichnisses kann über die Parameter `LOG_ARCHIVE_DEST` beziehungsweise `LOG_ARCHIVE_DEST_n` (bei mehreren ARCHIVELOG-Verzeichnissen) festgelegt werden. Mittels des Parameters `LOG_ARCHIVE_FORMAT` kann zusätzlich das Namensformat für die Offline-Redolog-Dateien spezifiziert werden.

  Offline-Redolog-Dateien werden für ein Media Recovery benötigt. Die Offline-Redolog-Dateien können auch für die Aktualisierung einer Standby-Datenbank genutzt werden.

  Die Größe der Offline-Redolog-Dateien entspricht nicht notwendigerweise der Größe der Online-Redolog-Dateien, da der Archiver-Prozess nur den effektiv gefüllten Teil der Online-Redolog-Datei in die Offline-Redolog-Dateien kopiert. Hierdurch wird vermieden, dass beim Recovery überflüssige leere Blöcke kopiert werden müssen.

Die Online-Redolog-Dateien werden zu sogenannten *Redolog-Gruppen* zusammengefasst. Eine Oracle-Datenbank benötigt mindestens zwei Redolog-Gruppen, zwischen denen der Log Writer umschalten kann. Jede Redolog-Gruppe umfasst mindestens eine Online-Redolog-Datei (auch als *Mitglied* bezeichnet).

Der Log Writer (LGWR) schreibt gleichzeitig in alle Online-Redolog-Dateien, die einer Gruppe angehören. Die Online-Redolog-Dateien, die zu einer Redolog-Gruppe gehören, sind deshalb synchrone Kopien, die den gleichen Inhalt und die gleiche Log-Sequence-Nummer aufweisen.

Der Log Writer schreibt in alle Mitglieder einer Redolog-Gruppe. Sind die Mitglieder einer Redolog-Gruppe voll, wird auf die nächste Redolog-Gruppe umgeschaltet, und der Log Writer schreibt nun in die Mitglieder der nächsten Redolog-Gruppe.

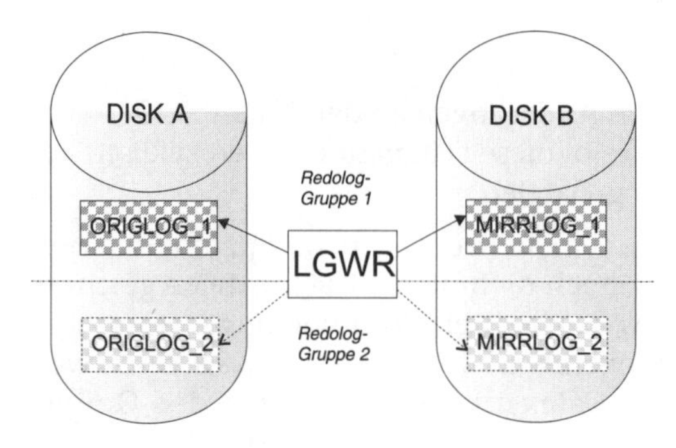

Abbildung 1.6: Redolog-Gruppen

> **Hinweis**
> Um Datenverlust zu vermeiden, ist es sinnvoll, die Redolog-Gruppen gespiegelt zu betreiben (siehe Abschnitt 1.3.3, Spiegelung der Online-Redolog-Dateien).

Beim Anlegen einer Datenbank wird eine vordefinierte Anzahl an Online-Redolog-Dateien und Redolog-Gruppen erzeugt.

> **Hinweis**
> Änderungen an den Online-Redolog-Dateien und Redolog-Gruppen können im laufenden Betrieb vorgenommen werden.

Informationen wie Name, Pfad und Status der Online-Redolog-Dateien und Redolog-Gruppen finden sich in den Views `V$LOG` und `V$LOGFILE`.

Administrationskommandos

Bis auf den Punkt »Umbenennen von Online-Redolog-Dateien« können alle nachfolgend beschriebenen Aktionen auch über den Enterprise-Manager erfolgen über das Register SERVER – Abschnitt SPEICHERUNG – Unterpunkt REDO LOG-GRUPPEN.

Anlegen einer neuen Redolog-Gruppe

```
SQL> ALTER DATABASE ADD LOGFILE
GROUP 3 ('e:\oracle\gc\origlog_1\log3a.dbf',
 'f:\oracle\gc\mirrlog_1\log3b.dbf') SIZE 50M;
```

Es ist sinnvoll, die Online-Redolog-Datei so zu benennen, dass daraus die Gruppennummer (in diesem Beispiel 3) und die Bezeichnung des Mitgliedes (in diesem Beispiel a und b) hervorgehen.

Hinzufügen eines Mitglieds zu einer bestehenden Redolog-Gruppe

```
SQL> ALTER DATABASE ADD LOGFILE
MEMBER 'e:\oracle\gc\origlog_1\log3c.dbf' TO GROUP 3;
```

Wechsel der aktuellen Redolog-Gruppe (Log-Switch) erzwingen

```
SQL> ALTER SYSTEM SWITCH LOGFILE;
```

Löschen eines Mitglieds einer Redolog-Gruppe

```
SQL> ALTER DATABASE DROP LOGFILE
MEMBER 'e:\oracle\gc\origlog_1\log3c.dbf';
```

Hierbei ist jedoch Folgendes zu beachten:

- Mitglieder der momentan aktiven Gruppe können nicht gelöscht werden. Ist dies erforderlich, muss vorher ein manueller Log-Switch durchgeführt werden.
- Das letzte Mitglied einer Gruppe kann mit diesem Befehl nicht gelöscht werden. Soll dies dennoch durchgeführt werden, muss die ganze Gruppe gelöscht werden.
- Die zugehörige Datei auf Betriebssystemebene muss außer bei Oracle Managed Files manuell gelöscht werden.

Löschen einer Redolog-Gruppe

```
SQL> ALTER DATABASE DROP LOGFILE GROUP 3;
```

Auch hierbei gibt es einige Einschränkungen:

- Ist die zu löschende Gruppe die aktuell verwendete (Status CURRENT), kann sie nicht gelöscht werden. Um eine aktuell verwendete Gruppe löschen zu können, muss vorher ein manueller Log-Switch durchgeführt werden.
- Wird die Datenbank im ARCHIVELOG-Modus betrieben und ist die Gruppe noch nicht archiviert, ist ein Löschen ebenfalls nicht möglich. In diesem Fall kann die Archivierung aller noch nicht archivierten Redolog-Dateien vorgenommen werden mit:

```
SQL> ALTER SYSTEM ARCHIVE LOG ALL;
```

- Nach dem Löschen der Gruppe müssen mindestens noch zwei Gruppen vorhanden sein.
- Auch hier müssen die zugehörigen Dateien auf Betriebssystemebene manuell gelöscht werden. Bei Oracle Managed Files werden die Dateien automatisch gelöscht.

Umbenennen von Online-Redolog-Dateien

Für das Umbenennen von Online-Redolog-Dateien ist es erforderlich, dass die betreffende Redolog-Gruppe nicht die aktuell verwendete ist (Status CURRENT). Nach Durchführung der Aktion sollte ein Backup der Control-Datei erfolgen. Vor dem RENAME (Schritt 3) muss die Zieldatei auf Betriebssystemebene existieren.

Folgende Schritte sind notwendig, um Online-Redolog-Dateien umzubenennen:

1. Prüfen, ob die Redolog-Gruppe, welche die Online-Redolog-Datei enthält, die aktuell verwendete (Status CURRENT) ist.

   Beispiel:

   Es soll die Online-Redolog-Datei mit dem Namen c:\oradata\gc\redo05.log in c:\oradata\gc\redo02.log umbenannt werden:

Ermittlung der Zuordnung Mitglied zu Redolog-Gruppe:

```
SQL> SELECT GROUP#, MEMBER FROM V$LOGFILE;
```

Ausgabe:

```
GROUP        #MEMBER
----------   ----------------------------------------
2            C:\ORADATA\GC\REDO005.LOG
1            C:\ORADATA\GC\REDO01.LOG
3            C:\ORADATA\GC\REDO03.LOG
```

Prüfung, welche Redolog-Gruppe aktiv ist:

```
SQL> SELECT STATUS, GROUP# FROM V$LOG;
```

Ausgabe:

```
STATUS               GROUP#
------------------   --------
INACTIVE                    1
CURRENT                     2
ACTIVE                      3
```

Daraus folgt, dass die Redolog-Gruppe mit der GROUP# 2 die aktuell verwendete ist, also den Status CURRENT besitzt. In diesem Fall kann durch einen manuellen Log-Switch die Redolog-Gruppe gewechselt werden, um das Umbenennen zu ermöglichen:

```
SQL> ALTER SYSTEM SWITCH LOGFILE;
```

```
SQL> SELECT STATUS, GROUP# FROM V$LOG;
```

Ausgabe:

```
STATUS               GROUP#
------------------   --------
INACTIVE                    1
ACTIVE                      2
CURRENT                     3
```

2. Kopieren/Verschieben der Online-Redolog-Dateien mittels Betriebssystemkommandos

Beispiel (Windows):

```
C:\> copy c:\oradata\gc\redo05.log c:\oradata\gc\redo02.log
```

3. Umbenennen der Online-Redolog-Datei

```
SQL> ALTER DATABASE RENAME FILE 'c:\oradata\gc\redo05.log' TO
'c:\oradata\gc\redo02.log';
```

4. Backup der Control-Datei

```
SQL> ALTER DATABASE BACKUP CONTROLFILE TO 'c:\oracle\gc\cntrl\ctrl_backup.ctl';
```

Relevante Parameter

- **LOG_ARCHIVE_START=[TRUE|FALSE]**

  Über diesen Parameter kann die automatische Archivierung eingeschaltet werden (`LOG_ARCHIVE_START=TRUE`). Nach Aktivierung der automatischen Archivierung werden voll geschriebene Redolog-Gruppen automatisch durch den Archiver weg geschrieben.

  Ab Oracle 10g ist ein Setzen dieses Parameters nicht mehr notwendig. Wenn sich die Datenbank im ARCHIVELOG-Modus befindet, werden die Archiver-Prozesse beim Öffnen der Datenbank automatisch gestartet.

  Releases vor Oracle 10g:

  Sind alle Redolog-Gruppen voll, aber noch nicht archiviert, werden keine Datenoperationen mehr durchgeführt, bis eine Archivierung durchgeführt wird. Aus diesem Grund ist es empfehlenswert, den Parameter immer auf `TRUE` zu setzen.

  Ist dieser Parameter auf `FALSE` gesetzt, muss der Administrator die Archivierung der voll geschriebenen Redolog-Gruppen manuell starten mit:

```
SQL> ALTER SYSTEM ARCHIVE LOG CURRENT;
```

Archivieren der aktuellen Online-Redolog-Datei

```
SQL> ALTER SYSTEM ARCHIVE LOG ALL;
```

Archivieren aller noch nicht archivierten Online-Redolog-Dateien (dieses Kommando kann im OPEN-, MOUNT- oder NOMOUNT-Status ausgeführt werden)

```
SQL> ALTER SYSTEM ARCHIVE LOG NEXT;
```

Archivieren der nächsten Online-Redolog-Datei

```
SQL> ALTER SYSTEM ARCHIVE LOG GROUP <n>;
```

Archivieren der Redolog-Gruppe <n>

```
SQL> ALTER SYSTEM ARCHIVE LOG LOGFILE <filename>;
```

Archivieren einer bestimmten Online-Redolog-Datei <filename>

- **LOG_ARCHIVE_DEST**

  Dieser Parameter gibt an, in welches Verzeichnis die Online-Redolog-Dateien archiviert werden sollen, das heißt, in welchem Verzeichnis die Offline-Redolog-Dateien erzeugt werden. Das Verzeichnis muss lokal sein. Der letzte Teil des Parameters ist Präfix des Dateinamens der Offline-Redolog-Dateien, falls das Verzeichnis nicht existiert (im folgenden Beispiel ARCH).

Bei Nutzung der Enterprise Edition sollte stattdessen der Parameter LOG_ARCHIVE_DEST_n verwendet werden. Ist die Enterprise Edition nicht installiert beziehungsweise der Parameter LOG_ARCHIVE_DEST_n nicht gesetzt, ist LOG_ARCHIVE_DEST jedoch weiterhin gültig.

Beispiel:

```
LOG_ARCHIVE_DEST='F:\ORACLE\GC\ORAARCH\ARCH'
```

Wurde eine Flash Recovery Area definiert (Parameter DB_RECOVERY_FILE_DEST), so kann dieser Parameter bei Änderung über ALTER SYSTEM SET... nicht verwendet werden. Die Offline-Redolog-Dateien werden dann in die Verzeichnisse unterhalb des Verzeichnisses DB_RECOVERY_FILE_DEST\<SID>\ARCHIVELOG geschrieben.

Bei Änderung des Parameters in einer INIT.ORA, beispielsweise nach Erzeugen einer INIT.ORA (CREATE PFILE FROM SPFILE), kann derzeit jedoch sowohl LOG_ARCHIVE_DEST als auch DB_RECOVERY_FILE_DEST gesetzt werden. Die Offline-Redolog-Dateien werden anschließend auch in beiden Verzeichnissen erzeugt.

- **LOG_ARCHIVE_DUPLEX_DEST**

Dieser Parameter kann zusätzlich zum Parameter LOG_ARCHIVE_DEST gesetzt werden. Dadurch werden die Online-Redolog-Dateien automatisch in ein zweites Verzeichnis (nur lokales Verzeichnis möglich) kopiert. Der letzte Teil des Verzeichnisses ist Präfix des Dateinamens der Offline-Redolog-Dateien, falls das Verzeichnis nicht existiert (im folgenden Beispiel ARCH).

Bei Nutzung der Enterprise Edition sollte stattdessen der Parameter LOG_ARCHIVE_DEST_n verwendet werden. Ist die Enterprise Edition nicht installiert beziehungsweise der Parameter LOG_ARCHIVE_DEST_n nicht gesetzt, ist LOG_ARCHIVE_DUPLEX_DEST jedoch weiterhin gültig.

Beispiel:

```
LOG_ARCHIVE_DUPLEX_DEST='G:\ORAARCH_DUPLEX\ARCH'
```

Wurde eine Flash Recovery Area definiert (Parameter DB_RECOVERY_FILE_DEST), so kann dieser Parameter bei Änderung über ALTER SYSTEM SET... nicht verwendet werden. Die Offline-Redolog-Dateien werden dann in die Verzeichnisse unterhalb des Verzeichnisses DB_RECOVERY_FILE_DEST\<SID>\ARCHIVELOG geschrieben.

Bei Änderung des Parameters in einer INIT.ORA, beispielsweise nach Erzeugen einer INIT.ORA (CREATE PFILE FROM SPFILE), kann derzeit jedoch LOG_ARCHIVE_DEST, LOG_ARCHIVE_DUPLEX_DEST und DB_RECOVERY_FILE_DEST gleichzeitig gesetzt werden. Die Offline-Redolog-Dateien werden anschließend auch in den Verzeichnissen erzeugt.

- **LOG_ARCHIVE_DEST_n; n= 1..10**

Hierdurch können bis zu zehn Verzeichnisse angegeben werden, in die der ARCH-Prozess die Online-Redolog-Dateien kopiert (ab Oracle 8.1.x Oracle Server Enterprise Edition). Die Zielverzeichnisse können entweder lokal oder remote sein. Der letzte Teil des Parameters ist Präfix des Dateinamens der Offline Redologs (im folgenden Beispiel ARCH).

LOG_ARCHIVE_DEST_n kann unter anderem auch für synchrone und asynchrone Archivierung beziehungsweise Data Guard genutzt werden. Weitere Möglichkeiten der Parametrisierung von LOG_ARCHIVE_DEST_n können der Oracle Dokumentation entnommen werden.

Als erstes Attribut bei der Definition von LOG_ARCHIVE_DEST_n muss entweder LOCATION oder SERVICE angegeben werden. Über LOCATION kann entweder ein lokales Verzeichnis oder die Flash Recovery Area (falls diese definiert wurde) angegeben werden. Bei Verwendung des Attributs SERVICE können Oracle Net-Servicenamen konfiguriert werden, die in der Datei tnsnames.ora definiert wurden. Dadurch wird über Oracle Net die Archivierung remote auf eine andere Datenbank durchgeführt. Dies kann beispielsweise bei Standby-Datenbanken genutzt werden.

Beispiel (lokales Verzeichnis):

```
LOG_ARCHIVE_DEST_1='LOCATION=F:\OARARCH\ARCH'
```

- **LOG_ARCHIVE_FORMAT**

  Über diesen Parameter wird das Format für den Dateinamen der Offline-Redolog-Dateien festgelegt.

  Für die Definition stehen folgende Variablen zu Verfügung:

Variable	Definition
%t	Thread-Nummer
%s	Log-Sequence-Nummer
%r	Resetlog-Nummer (ab Oracle 10g)
%a	Activation-ID
%d	Datenbank-ID

Tabelle 1.1: Variablen für Parameter LOG_ARCHIVE_FORMAT

Werden statt %t und %s Großbuchstaben angegeben, also %T, %S, wird die Variable links mit Nullen aufgefüllt.

Durch die neu hinzugekommene Variable %r ist es ab Release 10g möglich, ein Recovery über ein Öffnen der Datenbank mit RESETLOGS hinweg durchzuführen.

Beispiel:

```
LOG_ARCHIVE_FORMAT=arch_%t_%s_%r.dbf
```

Nimmt man nun für die Thread-Nummer 1, für die Log-Sequence-Nummer 100 und die Resetlog-Nummer 408 an, ergibt sich eine Offline-Redolog-Datei mit dem Namen arch_1_100_408.dbf.

Bei LOG_ARCHIVE_FORMAT=arch_%T_%s_%r.dbf würde die Offline-Redolog-Datei dann arch_0000000001_100_408.dbf heißen.

- **LOG_ARCHIVE_MIN_SUCCEED_DEST**

  Minimale Anzahl der Verzeichnisse mit erfolgreich geschriebenen Offline-Redolog-Dateien, bevor die zugehörige Online-Redolog-Datei überschrieben werden kann.

Wertebereich	Verwendungsart
1...10 (ab Oracle 9i) 1...5 (vor Oracle 9i)	bei Nutzung von `LOG_ARCHIVE_DEST_n`
1 oder 2	bei Nutzung von `LOG_ARCHIVE_DEST` und `LOG_ARCHIVE_DUPLEX_DEST`

Tabelle 1.2: Wertebereich LOG_ARCHIVE_MIN_SUCCEED_DEST

- **LOG_ARCHIVE_MAX_PROCESSES**

  Über diesen Parameter kann die maximale Anzahl der Archivierungsprozesse (ARCn) beim Start des Systems gesteuert werden. Im Normalfall braucht dieser Parameter nicht gesetzt zu werden, da das System bei Bedarf selbsttätig zusätzliche Archivierungsprozesse startet.

Tipps und Tricks zu Offline-Redolog-Dateien

Vorgehen zur Vermeidung beziehungsweise schnellen Beseitigung eines Archiver Stucks

Bei drohendem oder bereits bestehendem Überlauf des ARCHIVELOG-Verzeichnisses kann es sehr hilfreich sein, das ARCHIVELOG-Verzeichnis temporär auf einen Plattenbereich umzubiegen, der noch genügend Freiplatz hat.

Dies kann durch die dynamisch änderbaren Parameter

```
LOG_ARCHIVE_DEST
LOG_ARCHIVE_DEST_n
LOG_ARCHIVE_DUPLEX_DEST
```

erfolgen. Der Befehl lautet:

```
SQL> ALTER SYSTEM SET LOG_ARCHIVE_DEST='<path>' SCOPE=MEMORY;
```

Beispiel:

Das aktuelle ARCHIVELOG-Verzeichnis befindet sich derzeit auf Laufwerk F:.

Aktueller Freiplatz Laufwerk F: **0 %** (!!)

Aktueller Freiplatz Laufwerk G: 70 %

```
SQL> SHOW PARAMETER LOG_ARCHIVE_DEST
NAME                                 TYPE        VALUE
------------------------------------ ----------- ------------------------------
log_archive_dest                     string      F:\ORACLE\GC\ORAARCH\ARCH
```

Durch Setzen von `LOG_ARCHIVE_DEST` auf Laufwerk G:, das noch genügend Freiplatz bereitstellt, kann so der Archiver Stuck schnell aufgelöst werden.

```
SQL> ALTER SYSTEM SET LOG_ARCHIVE_DEST='G:\ARCH_TEMP\ARCH' SCOPE=MEMORY;
```

Achtung!
Der letzte Teil des Parameters (hier ARCH) wird – falls kein gleichnamiges Verzeichnis existiert – dem Dateinamen der Offline-Redolog-Dateien vorangestellt. Bei Umsetzen von LOG_ARCHIVE_DEST sollte deshalb darauf geachtet werden, dass der letzte Teil des Parameters gleich dem alten Wert des letzten Teils von LOG_ARCHIVE_DEST gesetzt wird. Andernfalls ändert sich die Benennung der Offline-Redolog-Dateien, was unter Umständen zu Problemen führen kann (zum Beispiel bei Sicherungen).

Temporäres Ausschalten des ARCHIVELOG-Modus bei Aktionen mit hohem Offline-Redolog-Aufkommen

Sind Aktionen mit einem sehr hohen Offline-Redolog-Aufkommen wie zum Beispiel Reorganisation oder Kopieren großer Datenmengen in der Datenbank geplant, kann es sinnvoll sein, den ARCHIVELOG-Modus temporär für die Dauer der Aktion auszuschalten.

Während dieser Zeit sollte der Produktivbetrieb der Datenbank jedoch eingestellt sein. Durch das Ausschalten des ARCHIVELOG-Modus kann das Überlaufen oder das dauernde Überwachen des/der ARCHIVELOG-Verzeichnisse/s vermieden werden.

Vor und nach der Aktion mit sehr hohem Offline-Redolog-Aufkommen sollte unbedingt eine Komplettsicherung der Datenbank durchgeführt werden.

Ausschalten des ARCHIVELOG-Modus

Das Ausschalten des ARCHIVELOG-Modus kann im Enterprise Manager über das Register VERFÜGBARKEIT – Abschnitt SETUP - Unterpunkt RECOVERY-EINSTELLUNGEN durch Deaktivieren des Optionsfeldes »ARCHIVELOG-Modus« im Bereich »Media Recovery« erfolgen:

Abbildung 1.7: Ausschalten des ARCHIVELOG-Modus

Anschließend kann die Datenbank über den Enterprise Manager neu gestartet werden, um die Änderung zu aktivieren:

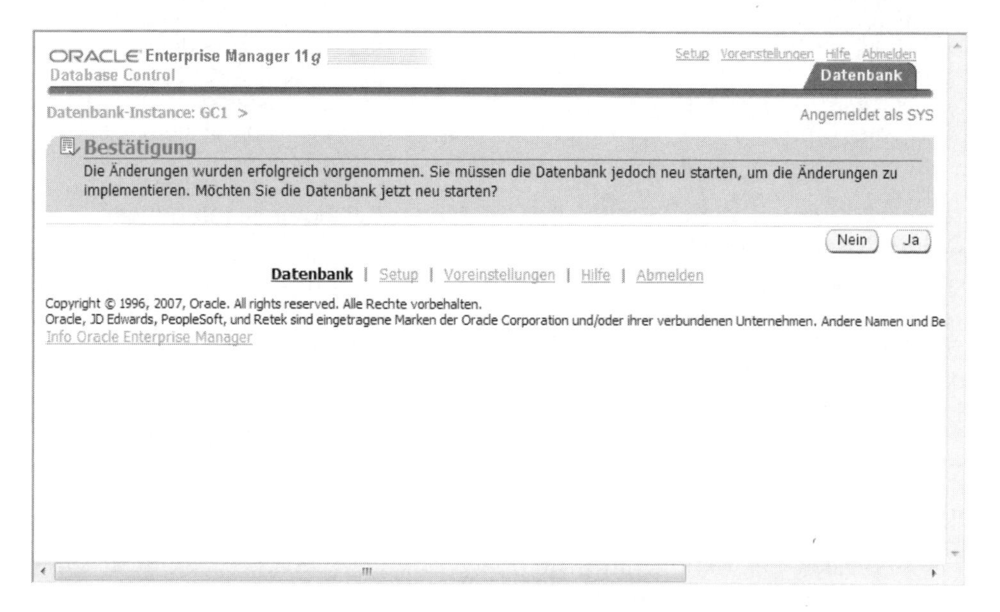

Abbildung 1.8: Neustarten der Datenbank

Der im Standard automatisch mit der Datenbank installierte Oracle Enterprise Manager Database Control kann folgendermaßen gestartet werden:

1. Starten von dbconsole
   - Unix: Aus dem ORACLE_HOME/bin-Verzeichnis:

     ```
     ./emctl start dbconsole
     ```

     Analog können das Stoppen (stop) und die Statusabfrage (status) durchgeführt werden.
   - Windows: Starten des Service OracleDBConsole<SID>

     Beispielsweise würde bei einer Instanz GC1 der Service OracleDBConsoleGC1 heißen.

     Die Statusabfrage erfolgt unter Windows über die Kommandozeile:

     ```
     C:\> emctl status dbconsole
     ```

     Analog kann unter Windows dbconsole über die Kommandozeile gestoppt (stop) oder gestartet (start) werden.
2. Anschließend kann über einen Browser der Oracle Enterprise Manager Database Control gestartet werden:
   - Bei Oracle 11g: **https**://<hostname>:<portnumber>/em
   - Bei Oracle 10g: **http**://<hostname>:<portnumber>/em

Beispiel bei Installation der Instanz auf dem lokalen Rechner mit Oracle 11g:

https://localhost:1158/em

Die Portnummer kann über die Datei ORACLE_HOME/install/portlist.ini herausgefunden werden (Default-Portnummer 11g: 1158, 10g: 5500).

Alternativ kann das Ausschalten des ARCHIVELOG-Modus auch manuell durchgeführt werden:

1. **Stoppen der Datenbank**

```
SQL> SHUTDOWN IMMEDIATE
```

2. **Datenbank starten im Mount-Status**

```
SQL> STARTUP MOUNT
```

3. **Ausschalten des ARCHIVELOG-Modus**

```
SQL> ALTER DATABASE NOARCHIVELOG;
```

4. **Kontrolle des NOARCHIVELOG-Modus**

```
SQL> ARCHIVE LOG LIST;

Database log mode              Noarchive Mode
Automatic archival             Disabled
Archive destination            C:\oracle\GC\oraarch
Oldest online log sequence     18
Next log sequence to archive   20
Current log sequence           20
```

oder

```
SQL> SELECT LOG_MODE FROM V$DATABASE;
```

Die Anzeige sollte folgendermaßen aussehen:

```
LOG_MODE
------------
NOARCHIVELOG
```

Das (erneute) Aktivieren des ARCHIVELOG-Modus wird in Abschnitt 1.3.1 beschrieben.

1.1.4 Control-Dateien

Die Control-Dateien spielen eine wichtige Rolle für den Betrieb einer Oracle-Datenbank, da sie unter anderem neben Informationen bezüglich Konsistenz der Datenbank auch die physische Struktur der Datenbank enthalten.

Theoretisch kann zwar eine Oracle-Datenbank auch nur mit einer Control-Datei betrieben werden. Aufgrund der Bedeutung der Control-Datei wird jedoch dringend empfohlen, die Control-Datei zu spiegeln. Es sollten mindestens zwei, besser drei Kopien der Control-Datei auf unterschiedlichen physikalischen Laufwerken angelegt werden. Im günstigsten Fall sind die unterschiedlichen physikalischen Laufwerke auch noch an unterschiedliche Controller angeschlossen.

Die Anzahl und Lage der Control-Dateien werden über den Parameter CONTROL_FILES gesteuert.

Beispielsweise würde unter Unix in der Parameterdatei folgender Eintrag bei Einsatz von zwei Control-Dateien stehen, wobei sich die einzelnen Pfade /oracle/GC1/ctrl<n> auf unterschiedlichen Platten befinden:

```
CONTROL_FILES=('/oracle/GC1/ctrl1/ctrl1.ctl', '/oracle/GC1/ctrl2/ctrl2.ctl')
```

Control-Dateien sind kleine Binärdateien (einige MB), die nicht mit einem Texteditor lesbar sind. Es ist jedoch möglich, eine lesbare Trace-Datei aus der Control-Datei zu erzeugen.

Die Control-Dateien beinhalten unter anderem die folgenden Informationen:

- Datenbankname (V$DATABASE)
- Erstellungszeitpunkt der Datenbank (V$DATABASE)
- Informationen zu ARCHIVELOG-/NOARCHIVELOG-Modus (V$DATABASE)
- Version des Oracle RDBMS (V$VERSION)
- Name, Pfad, Größe, Status aller Datendateien (V$DATAFILE)
- Name, Pfad, Größe, Status und Aufteilung der Redolog-Dateien (VLOG, VLOGFILE)
- Informationen über die Tablespaces (V$TABLESPACE)
- Aktuelle Sequence-Change-Nummer (V$DATAFILE)
- Checkpoint-Informationen (V$DATAFILE)
- Backup-Status der Datendateien (V$BACKUP)

Die Control-Dateien werden in der Mount-Phase geöffnet und – falls die Control-Dateien gespiegelt sind – miteinander verglichen. Wird ein Unterschied zwischen den einzelnen Kopien festgestellt, wird der Datenbankstart in der Mount-Phase mit einer Fehlermeldung abgebrochen.

Die Control-Dateien werden im laufenden Betrieb über die Instanz bei Auftreten eines Checkpoints oder bei Strukturänderungen an der Datenbank (zum Beispiel Hinzufügen oder Umbenennen einer Datendatei) aktualisiert.

Angelegt werden die Control-Dateien bereits beim Erzeugen der Datenbank (CREATE DATABASE). Anzahl und Lage werden über den Parameter CONTROL_FILES konfiguriert. Die View V$CONTROLFILE stellt Informationen über Name und Pfad der Control-Dateien zur Verfügung.

Administrationskommandos

Spiegelung von Control-Dateien

Sollen zusätzliche Kopien der Control-Datei angelegt werden, kann dies folgendermaßen durchgeführt werden:

1. Hinzufügen der neuen Kopie der Control-Datei bei Parameter `CONTROL_FILES`

   Beispiel:

   Hinzufügen von `/oracle/GC1/ctrl3/ctrl3.ctl`:

   ```
   CONTROL_FILES=('/oracle/GC1/ctrl1/ctrl1.ctl', '/oracle/GC1/ctrl2/ctrl2.ctl',
   '/oracle/GC1/ctrl3/ctrl3.ctl')
   ```

   Bei Nutzung eines SPFILEs sieht das Kommando beispielsweise folgendermaßen aus:

```
SQL> ALTER SYSTEM SET CONTROL_FILES='/oracle/GC1/ctrl1/ctrl1.ctl', '/oracle/GC1/
ctrl2/ctrl2.ctl', '/oracle/GC1/ctrl3/ctrl3.ctl' SCOPE=SPFILE;
```

2. Stoppen der Datenbank

```
SQL> SHUTDOWN IMMEDIATE
```

3. Kopieren einer bereits vorhandenen Control-Datei in die neu zu erstellende Control-Datei

   Beispiel:

   ```
   $ cp /oracle/GC1/ctrl1/ctrl1.ctl /oracle/GC1/ctrl3/ctrl3.ctl
   ```

4. Starten der Datenbank

```
SQL> STARTUP
```

Umbenennen und Verschieben von Control-Dateien

Beim Umbenennen und Verschieben von Control-Dateien ist wie beim Einrichten der Spiegelung von Control-Dateien vorzugehen.

Das bedeutet, zuerst sollte der Parameter `CONTROL_FILES` entsprechend angepasst werden. Nach dem Stoppen der Datenbank können die Control-Dateien umbenannt beziehungsweise verschoben werden. Anschließend kann die Datenbank wieder gestartet werden.

Erzeugen einer editierbaren Trace-Datei

Diese kann über den Enterprise Manager (Register SERVER – Abschnitt SPEICHERUNG – Unterpunkt KONTROLLDATEIEN) über die Schaltfläche BACKUP FÜR TRACE erzeugt werden.

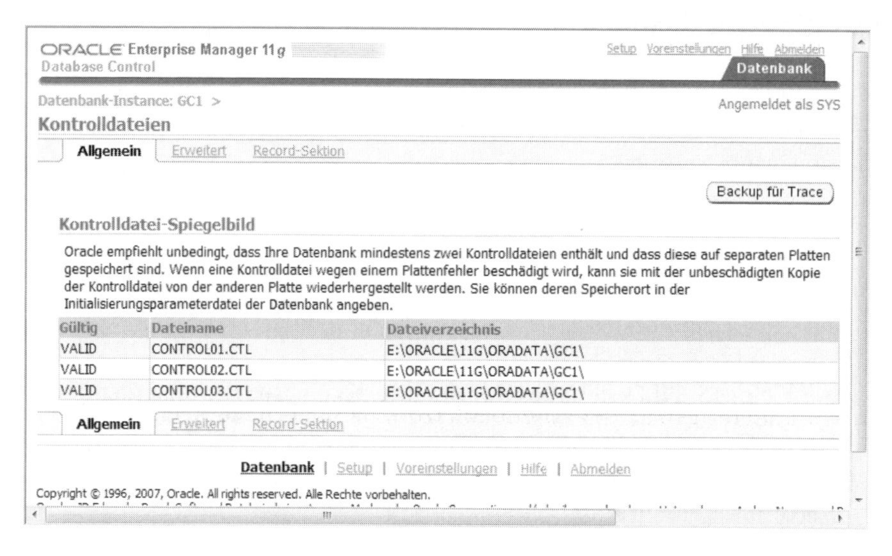

Abbildung 1.9: Erzeugen einer editierbaren Trace-Datei

Alternativ kann mit folgendem Befehl die Trace-Datei erzeugt werden. Sie enthält alle erforderlichen Kommandos, um eine neue Control-Datei zu erzeugen.

```
SQL> ALTER DATABASE BACKUP CONTROLFILE TO TRACE;
```

Die editierbare Trace-Datei wird in das Verzeichnis geschrieben, das durch den Parameter `USER_DUMP_DEST` (Versionen bis Oracle 11g) definiert ist. Ab Oracle 11g wird die Textdatei in das Verzeichnis `Diag Trace` geschrieben. Das Verzeichnis `Diag Trace` kann über die View `V$DIAG_INFO` (`SELECT * FROM V$DIAG_INFO`) ermittelt werden.

Die in der Datei enthaltenden Kommandos können als Vorlage für die Erstellung einer neuen Control-Datei genutzt werden. Die erzeugte editierbare Datei enthält keine zeit- beziehungsweise transaktionsbasierten Versionsinformationen.

Beispiel für ein `CREATE CONTROLFILE`-Kommando, das mittels dieser editierbaren Trace-Datei erstellt werden kann:

```
CREATE CONTROLFILE REUSE DATABASE "GC" NORESETLOGS  ARCHIVELOG
   MAXLOGFILES 16
   MAXLOGMEMBERS 3
   MAXDATAFILES 100
   MAXINSTANCES 8
   MAXLOGHISTORY 292
LOGFILE
   GROUP 1 'C:\ORACLE\PRODUCT\10.2.0\ORADATA\GC\REDO01.LOG'  SIZE 50M,
   GROUP 2 'C:\ORACLE\PRODUCT\10.2.0\ORADATA\GC\REDO02.LOG'  SIZE 50M,
   GROUP 3 'C:\ORACLE\PRODUCT\10.2.0\ORADATA\GC\REDO03.LOG'  SIZE 50M
DATAFILE
   'C:\ORACLE\PRODUCT\10.2.0\ORADATA\GC\SYSTEM01.DBF',
   'C:\ORACLE\PRODUCT\10.2.0\ORADATA\GC\UNDOTBS01.DBF',
   'C:\ORACLE\PRODUCT\10.2.0\ORADATA\GC\SYSAUX01.DBF',
   'C:\ORACLE\PRODUCT\10.2.0\ORADATA\GC\USERS01.DBF'
CHARACTER SET WE8MSWIN1252;
```

Sicherung der Control-Datei

Eine Sicherungskopie der Control-Dateien wird durch den folgenden Befehl erzeugt:

```
SQL> ALTER DATABASE BACKUP CONTROLFILE TO
'/oracle/GC1/backup/ctrl_backup.ctl' REUSE;
```

Hierdurch wird eine 1:1 Kopie einer Control-Datei erzeugt. Über die Angabe von REUSE können bereits bestehende Sicherungen der Control-Datei mit gleichem Namen überschrieben werden.

Wird diese Datei später für ein Recovery benutzt, muss die Datenbank anschließend mit der Option OPEN RESETLOGS geöffnet werden.

Nach Strukturänderungen an der Datenbank (zum Beispiel Hinzufügen von Datendateien) sollte stets eine Sicherung der Control-Datei über obiges Kommando durchgeführt werden.

1.1.5 Parameterdatei

In der Parameterdatei befinden sich alle relevanten Parameter für den Betrieb eines Oracle-Datenbanksystems. Sie wird beim Start einer Instanz in der NOMOUNT-Phase gelesen.

Unter Unix befindet sich die Datei standardmäßig im Verzeichnis $ORACLE_HOME/dbs, unter Windows im Verzeichnis %ORACLE_HOME%\database.

Bei einem Syntaxfehler in der Parameterdatei kann die Instanz nicht gestartet werden.

Da Parameter häufig an die Anforderungen angepasst werden, sollte die Parameterdatei regelmäßig gesichert werden.

Die Parameterdatei enthält wichtige Parameter für das Backup und Recovery:

- Control-Dateien
- Archivierung
- Verzeichnisse der Log-/Trace-Dateien
- Checkpoint
- Paralleles Recovery

Seit Oracle 9i kann alternativ zu der Initialisierungsparameterdatei INIT.ORA auch eine Serverparameterdatei SPFILE genutzt werden. Die folgenden Abschnitte beschreiben die Unterschiede.

Initialisierungsparameterdatei INIT.ORA

Der Name der Datei ist in der Regel init<SID>.ora. Sie liegt normalerweise auf Windows-Systemen in %ORACLE_HOME%\database, auf allen Unix-Derivaten in $ORACLE_HOME/dbs. Es ist jedoch möglich, den Pfad und den Namen dieser Datei frei zu wählen. In diesem Fall müssen beim Starten einer Instanz der Pfad und Name explizit benannt werden.

Werden Standardnamen und -pfade genutzt, so ist dies nicht erforderlich. Die Parameterdatei kann dann von Oracle automatisch und ohne explizite Nennung identifiziert werden.

Die Parameter dieser Datei werden mittels eines Texteditors verändert.

Serverparameterdatei SPFILE

Der Name der Serverparameterdatei ist in der Regel `spfile<SID>.ora`. Sie liegt normalerweise auf Windows-Systemen in `%ORACLE_HOME%\database`, auf allen Unix-Derivaten in `$ORACLE_HOME/dbs`.

Auch hier gilt: Pfad und Name dieser Datei können frei gewählt werden, müssen dann aber beim Start einer Instanz explizit benannt werden. Dazu muss eine INIT.ORA erzeugt werden, die nur den Parameter `SPFILE=<path\spfile>` enthält. Beim Start der Instanz wird dann diese INIT.ORA angegeben mit:

```
SQL> STARTUP PFILE=<init.ora mit SPFILE-Parameter>
```

Das SPFILE kann zwar mit einem Texteditor gelesen werden, Änderungen dürfen jedoch nicht mittels eines Texteditors vorgenommen werden. Ein schreibender Zugriff auf die Datei korrumpiert diese, da sie Prüfsummen enthält. Ein Starten der Instanz ist nach einem schreibenden Zugriff auf das SPFILE meist nicht mehr möglich.

Das SPFILE kann aus einer vorhandenen INIT.ORA unabhängig vom Instanzstatus (NOMOUNT, MOUNT, OPEN) erzeugt werden.

Administrationskommandos beziehungsweise Änderung von Parametern bei Nutzung von SPFILE

Anzeigen von Parametern

- Mit einem Texteditor

  ACHTUNG: Durch das Schreiben mit dem Texteditor wird das SPFILE unbrauchbar.

- Über die Performance-View `V$SPPARAMETER`
- Über den Enterprise Manager (Register SERVER – Abschnitt DATENBANKKONFIGURATION – Unterpunkt INITIALISIERUNGSPARAMETER)

Nachfolgend einige nützliche Kommandos für das manuelle Anzeigen von Parametern:

- Welche Parameter sind im SPFILE gesetzt?

```
SQL> SELECT NAME, VALUE FROM V$SPPARAMETER WHERE ISSPECIFIED = 'TRUE';
```

- Welche Parameter sind **nicht** im SPFILE gesetzt?

```
SQL> SELECT NAME, VALUE FROM V$SPPARAMETER WHERE ISSPECIFIED = 'FALSE';
```

- Welche aktuellen Session-Parameter unterscheiden sich von den im SPFILE gesetzten Parametern?

```
SQL> SELECT SP.NAME NAME, SP.VALUE SYSVALUE, P.VALUE SESVALUE
FROM V$SPPARAMETER SP, V$PARAMETER P
WHERE P.NAME = SP.NAME AND P.VALUE <> SP.VALUE;
```

Feststellen des aktiven SPFILE

- Über den Parameter SPFILE

```
SQL> SHOW PARAMETER SPFILE
```

  Bei Nutzung der klassischen INIT.ORA wird ein leerer String angezeigt. Wird ein SPFILE genutzt, wird dieses inklusive Pfad angezeigt

- Falls das SPFILE nicht im Default-Verzeichnis angelegt wurde, werden der Pfad und Name des SPFILEs in der Alert-Datei beim Starten der Instanz angezeigt.

Aktivieren des SPFILEs

Beim Aktivieren des SPFILEs werden Kommentare übernommen, wenn der Kommentar in der gleichen Zeile nach dem Parametereintrag steht. Reine Kommentarzeilen werden nicht übernommen. Deshalb ist es sinnvoll, vor dem Aktivieren des SPFILES die vorhandenen Kommentare in der INIT.ORA zu prüfen und gegebenenfalls anzupassen.

1. SPFILE erzeugen

```
SQL> CONNECT / AS SYSDBA
SQL> CREATE SPFILE FROM PFILE;
```

   Ab Oracle 11g ist es auch möglich, ein SPFILE aus den aktuell gültigen Parametern zu erzeugen:

```
SQL> CREATE SPFILE FROM MEMORY;
```

2. Um zukünftig Verwechslungen zu vermeiden, alte INIT.ORA umbenennen.
3. Datenbank durchstarten
4. Überprüfen, ob SPFILE aktiv ist

```
SQL> SHOW PARAMETER SPFILE;
```

   Wurde das SPFILE erfolgreich aktiviert, wird dieses angezeigt.

(Re-)Aktivieren der INIT.ORA

Voraussetzung für die folgende Vorgehensweise ist, dass das SPFILE im Default-Pfad vorhanden ist und die INIT.ORA ebenfalls im Default-Pfad angelegt werden soll. Das bedeutet, dass die Instanz mit einem normalen STARTUP-Kommando ohne weitere Parameter gestartet wird.

1. INIT.ORA erzeugen

```
SQL> CONNECT / AS SYSDBA
SQL> CREATE PFILE FROM SPFILE;
```

Ab Oracle 11g ist es auch möglich, eine INIT.ORA aus den aktuell gültigen Parametern zu erzeugen:

```
SQL> CREATE PFILE FROM MEMORY;
```

2. Altes SPFILE löschen oder umbenennen
3. Datenbank durchstarten
4. Überprüfen, ob INIT.ORA aktiv ist

```
SQL> SHOW PARAMETER SPFILE
```

Es sollte ein leerer String angezeigt werden.

Durchführung von Parameteränderungen

Dies kann entweder über den Enterprise Manager (Register SERVER – Abschnitt DATENBANKKONFIGURATION – Unterpunkt INITIALISIERUNGSPARAMETER) oder über die folgenden Kommandos erfolgen:

```
SQL> ALTER SYSTEM SET <parameter_name>=<wert>
     [ COMMENT='<kommentar>' ]
     [ SCOPE = { BOTH | SPFILE | MEMORY } ]
     [ SID = { '<SID>' | '*' } ];
```

Beispiel:

```
SQL> ALTER SYSTEM SET PROCESSES=200 SCOPE=SPFILE;
```

Über die `SCOPE`-Klausel des Kommandos `ALTER SYSTEM SET..` wird angegeben, ob die Parameteränderung im SPFILE gespeichert wird. Es gibt folgende Werte für die `SCOPE`-Klausel:

- SCOPE=BOTH (default):

  Änderung gültig sowohl für die laufende Instanz als auch im SPFILE

  Nicht erlaubt für statische Parameter

- SCOPE=MEMORY

  Änderung gültig für die laufende Instanz bis zum nächsten Durchstarten

  Nicht erlaubt für statische Parameter

- SCOPE=SPFILE

  Änderung im SPFILE, aktiv erst ab dem nächsten Durchstarten.

  Für statische Parameter

Die `SID`-Klausel gibt an, ob der Parameter für alle Instanzen, die an diese Datenbank angeschlossen sind (`SID = '*'`), oder für eine bestimmte Instanz (`SID = '<sid>'`) gültig ist.

Löschen von Parametern

```
SQL> ALTER SYSTEM RESET <parameter_name>
     [ SCOPE = { BOTH | SPFILE | MEMORY } ] SID = { '<SID>' | ' *' };
```

Beispiel:

```
SQL> ALTER SYSTEM RESET PROCESSES SCOPE=SPFILE SID = '*';
```

Zu beachten ist hier, dass die `SID` zwingend angegeben werden muss. Alternativ können die Parameter auch über den Enterprise Manager (Register SERVER – Abschnitt DATENBANKKONFIGURATION – Unterpunkt INITIALISIERUNGSPARAMETER) gelöscht werden.

Backup des SPFILE

Durch die folgenden Kommandos wird der Inhalt des SPFILEs in eine INIT.ORA-Textdatei exportiert.

Zu beachten ist jedoch, dass eine eventuell vorhandene INIT.ORA ohne Rückfrage überschrieben wird. Angelegt wird die Datei INIT.ORA ohne weitere Angabe von Parametern im Default-Pfad.

```
SQL> CREATE PFILE FROM SPFILE;
```

oder

```
SQL> CREATE PFILE='<path/pfile>' FROM SPFILE;
```

oder

```
SQL> CREATE PFILE='<path/pfile>' FROM SPFILE '<path/spfile>';
```

1.1.6 Trace-Dateien

Für die Diagnose von Datenbankproblemen existieren diverse Oracle-Trace- und Log-Dateien, die bei Fehlern als Erstes untersucht werden sollten.

Alert-Datei

Die Alert-Datei ist die wichtigste Datei für die Durchführung von Fehleranalysen.

In dieser Datei stehen alle wichtigen Meldungen der Oracle-Datenbank. Sie sollte bei Auftreten eines Datenbankfehlers als Erstes kontrolliert werden. Viele Fehlerursachen können allein durch die Analyse dieser Datei bereits ermittelt werden.

Folgende Informationen werden unter anderem in dieser Datei protokolliert:

- Start und Stopp der Datenbank
- Geänderte Parameter, die nicht dem Default-Wert entsprechen
- Alle Wechsel der Redolog-Gruppe (Log-Switches)
- Fehlermeldungen wie zum Beispiel `ORA-01157`, `ORA-00313`
- Warnungen wie zum Beispiel `Checkpoint not complete`

- Änderungen an der Datenbankstruktur, zum Beispiel Hinzufügen von Datendateien
- Informationen über fehlerhafte Prozesse und zugehörige Trace-Dateien

Das Verzeichnis, in dem diese Datei steht, lässt sich bis Oracle 11g über den Parameter BACKGROUND_DUMP_DEST ermitteln, der dynamisch änderbar ist. Ab Oracle 11g können hierfür am einfachsten die Einträge Diag Trace und Diag Alert aus der View V$DIAG_INFO verwendet werden.

Bis Oracle 11g:

```
SQL> SHOW PARAMETER BACKGROUND_DUMP_DEST
```

Das Ergebnis sieht ähnlich wie diese Ausgabe aus:

```
NAME                   TYPE      VALUE
---------------------- --------- ---------------------------------------
background_dump_dest   string    C:\ORACLE\PRODUCT\10.2.0\ADMIN\GC\BDUMP
```

Oracle 11g:

```
SQL> SELECT * FROM V$DIAG_INFO;
```

Ausgabe:

```
INST_ID NAME           VALUE
------- ----------     -------------------------------------------------
1       Diag Enabled   TRUE
1       ADR Base       c:\oracle\11g\app
1       ADR Home       c:\oracle\11g\app\diag\rdbms\gc1\gc1
1       Diag Trace     c:\oracle\11g\app\diag\rdbms\gc1\gc1\trace
1       Diag Alert     c:\oracle\11g\app\diag\rdbms\gc1\gc1\alert
1       Diag Incident  c:\oracle\11g\app\diag\rdbms\gc1\gc1\incident
1       Diag Cdump     c:\oracle\11g\app\diag\rdbms\gc1\gc1\cdump
1       Health Monitor c:\oracle\11g\app\diag\rdbms\gc1\gc1\hm
1       Default Trace File
                c:\oracle\11g\app\diag\rdbms\gc1\gc1\trace\gc1_ora_5188.trc
1       Active Problem Count                          0
1       Active Incident Count                         0
```

Die Alert-Datei befindet sich ab Oracle 11g nun in zwei Verzeichnissen: Im Verzeichnis Diag Trace wie in früheren Versionen im textbasierenden Format unter dem Namen alert<ORACLE_SID>.log und im Verzeichnis Diag Alert im XML-Format unter dem Namen log.xml.

Die Alert-Datei kann auch über den Enterprise Manager angezeigt werden (aus jedem Register – Abschnitt »ZUGEHÖRIGE LINKS« im unteren Bereich der Seite – Unterpunkt »INHALT DES ALERT-LOGS«):

Abbildung 1.10: Anzeigen der Alert-Datei über Enterprise Manager

Nach Auswahl der Anzahl der Einträge im nächsten Fenster wird der Inhalt der Alert-Datei angezeigt. Über den Link »Suchen« in diesem Fenster kann die Suche in der Alert-Datei optimiert werden.

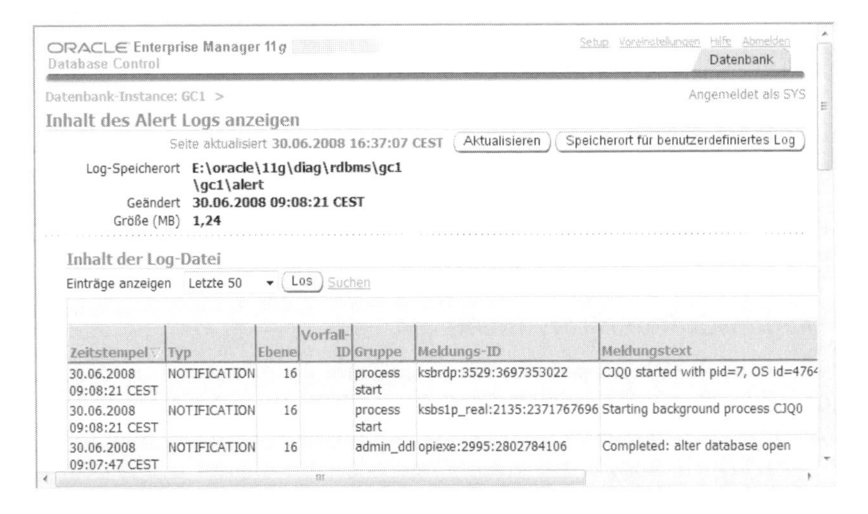

Abbildung 1.11: Inhalt der Alert-Datei anzeigen

Da die Alert-Datei fortlaufend geschrieben wird, kann sie sehr groß werden, was bei einer Fehleranalyse recht hinderlich sein kann. Deshalb ist es sinnvoll, die Größe der Datei regelmäßig zu kontrollieren.

Bei Bedarf kann die Alert-Datei im laufenden Betrieb umbenannt werden. Oracle legt automatisch eine neue Alert-Datei an, falls die alte Datei nicht mehr vorhanden ist. Die alte Alert-Datei sollte jedoch nicht gelöscht, sondern nur umbenannt werden, da sie unter Umständen noch für zukünftige Analysen benötigt wird (zum Beispiel bei einem Recovery).

Trace-Dateien

Trace-Dateien werden bei Instanz- oder Prozessfehlern erzeugt und stellen zusätzlich zur Alert-Datei weitere Fehlerinformationen zu Verfügung. Das Format der Trace-Dateinamen ist festgelegt und kann nicht über Parameter beeinflusst werden.

Es gibt zwei Typen von Trace-Dateien:

- Hintergrund-Trace-Dateien

  Diese werden von den Hintergrundprozessen wie DBWn oder LGWR erzeugt, wenn ein Prozess beispielsweise im Fehlerfall weitere Informationen schreiben muss.

  Sie befinden sich in den Versionen vor Oracle 11g – wie die Alert-Datei – in dem Verzeichnis, das durch den Parameter `BACKGROUND_DUMP_DEST` (dynamisch änderbar) festgelegt ist. Ab Oracle 11g befinden sich die Hintergrund-Trace-Dateien in dem Verzeichnis `Diag Trace`, das – wie bei der Alert-Datei detailliert beschrieben – über die View `V$DIAG_INFO` ermittelt werden kann.

- Benutzer-Trace-Dateien

  Diese werden angelegt, wenn Fehler im Rahmen einer Benutzersitzung bei einem Serverprozess aufgetreten sind. Das Verzeichnis, in dem die Benutzer-Trace-Dateien angelegt werden, wird in den Versionen vor Oracle 11g durch den Parameter `USER_DUMP_DEST` (dynamisch änderbar) spezifiziert. Ab Oracle 11g befinden sich die Benutzer-Trace-Dateien in dem Verzeichnis `Diag Trace`, das – wie bei der Alert-Datei detailliert beschrieben – über die View `V$DIAG_INFO` ermittelt werden kann.

Die maximale Größe der Trace-Dateien kann über den Parameter `MAX_DUMP_FILE_SIZE` angegeben werden. Der Parameter kann ohne Größenangabe gesetzt werden, Einheit ist dann *Anzahl der Betriebssystemblöcke*. Alternativ kann nach dem numerischen Wert zusätzlich noch K für KB oder M für MB angegeben werden. Auch dieser Parameter ist dynamisch änderbar.

Automatic Diagnostic Repository (ADR)

Ab Oracle 11g werden alle Diagnosedaten wie Alert-Datei, Health Monitor Reports, Trace-Dateien oder Dumps in einem XML-basierenden Repository abgelegt. Es wird als Automatic Diagnostic Repository (ADR) bezeichnet. Dieses sowie der ADR Command Interpreter (ADRCI), der zur Anzeige und zum Bearbeiten der Diagnosedaten dient, werden nachfolgend kurz beschrieben.

Das ADR ist als Verzeichnis realisiert und befindet sich außerhalb der Datenbank. Jede Instanz legt in einer eigenen Verzeichnisstruktur die zugehörigen Daten wie Alert-Datei, Trace-Dateien und Dumps ab.

ADR-Base-Verzeichnis

Das ADR-Base-Verzeichnis wird über den Parameter DIAGNOSTIC_DEST festgelegt.

Mögliche Werte des Parameters DIAGNOSTIC_DEST:

- Der Default-Wert von DIAGNOSTIC_DEST ist ORACLE_HOME/log.
- Wurde die Environment-Variable ORACLE_BASE gesetzt, wird DIAGNOSTIC_DEST auf ORACLE_BASE gesetzt.

ADR-Home-Verzeichnisse

Unterhalb von DIAGNOSTIC_DEST können mehrere ADR-Home-Verzeichnisse existieren, wobei der Pfad der folgenden Syntax entspricht:

$DIAGNOSTIC_DEST/diag/*product_type*/*product_id*/*instance_id*

Beispielsweise wäre bei *product_type* rdbms, *product_id* und *instance_id* GC1 dann der Pfad:

$DIAGNOSTIC_DEST/diag/rdbms/GC1/GC1

Nachfolgend eine Übersicht über die Verzeichnisstruktur unterhalb des ADR-Home-Verzeichnisses ($DIAGNOSTIC_DEST/diag/product_type/product_id/instance_id):

Daten	Verzeichnis vor Oracle 11g	ADR-Verzeichnis
Alert-Datei	BACKGROUND_DUMP_DEST	../alert (Alert-Datei im XML-Format) ../trace
Core-Dumps	CORE_DUMP_DEST	../cdump
Hintergrund-Trace-Dateien	BACKGROUND_DUMP_DEST	../trace
Benutzer-Trace-Dateien	USER_DUMP_DEST	../trace

Tabelle 1.3: Verzeichnisstruktur ADR-Home-Verzeichnis

Darüber hinaus gibt es unterhalb des ADR-Home-Verzeichnisses noch andere Verzeichnisse, in denen beispielsweise Health Monitor Reports und Informationen zu Incidents abgelegt werden.

V$DIAG_INFO

Die View V$DIAG_INFO listet alle wichtigen Informationen zu den ADR-Verzeichnissen auf.

```
SQL> SELECT * FROM V$DIAG_INFO;
```

Ausgabe:

```
INST_ID  NAME            VALUE
-------  ----------      -------------------------------------------------------
1        Diag Enabled    TRUE
1        ADR Base        c:\oracle\11g\app
1        ADR Home        c:\oracle\11g\app\diag\rdbms\gc1\gc1
1        Diag Trace      c:\oracle\11g\app\diag\rdbms\gc1\gc1\trace
1        Diag Alert      c:\oracle\11g\app\diag\rdbms\gc1\gc1\alert
1        Diag Incident   c:\oracle\11g\app\diag\rdbms\gc1\gc1\incident
1        Diag Cdump      c:\oracle\11g\app\diag\rdbms\gc1\gc1\cdump
1        Health Monitor  c:\oracle\11g\app\diag\rdbms\gc1\gc1\hm
1        Default Trace File
                 c:\oracle\11g\app\diag\rdbms\gc1\gc1\trace\gc1_ora_5188.trc
1        Active Problem Count                            0
1        Active Incident Count                           0
```

ADR Command Interpreter (ADRCI)

Die Diagnosedaten aus den ADR-Verzeichnissen können ab Oracle 11g über das Kommandozeilenwerkzeug ADR Command Interpreter (ADRCI) angezeigt und bearbeitet werden. Über ADRCI können beispielsweise die Alert-Datei oder Health-Monitor-Daten angezeigt werden. Darüber hinaus kann über ADRCI eine Zip-Datei mit den Diagnosedaten eines Incidents für die Übermittlung an den Oracle Support erstellt werden.

Um ADRCI zu nutzen, werden weder Benutzerkennung noch Passwort benötigt. Die Zugangskontrolle zu den ADR-Daten erfolgt ausschließlich über Betriebssystemberechtigungen.

ADRCI kann wahlweise im interaktiven oder im Batch-Modus betrieben werden. Nachfolgend werden einige Beispiele für die Nutzung von ADRCI im interaktiven Modus beschrieben.

Aufruf ADRCI:

```
C:\> ADRCI
```

Hilfe zu ADRCI:

```
adrci> help
 HELP [topic]
   Available Topics:
        CREATE REPORT
        ECHO
        EXIT
        HELP
        HOST
        IPS
        PURGE
        RUN
        SET BASE
        SET BROWSER
        SET CONTROL
        SET ECHO
        SET EDITOR
        SET HOMES | HOME | HOMEPATH
        SET TERMOUT
        SHOW ALERT
        SHOW BASE
        SHOW CONTROL
        SHOW HM_RUN
        SHOW HOMES | HOME | HOMEPATH
        SHOW INCDIR
        SHOW INCIDENT
        SHOW PROBLEM
        SHOW REPORT
        SHOW TRACEFILE
        SPOOL
There are other commands intended to be used directly by Oracle, type
"HELP EXTENDED" to see the list
```

Eine ausführliche Hilfe zu den Kommandos zeigt der Befehl `help <Kommando>`.

Beispiel:

```
adrci> help show alert
```

Soll nun beispielsweise unter Windows die Alert-Datei angezeigt werden, kann dies bei Definition des Notepads als Editor wie folgt aufgerufen werden:

```
adrci> set editor notepad

adrci> show alert
Choose the alert log from the following homes to view:
1: diag\clients\user_system\host_2681915443_11
2: diag\rdbms\gc1\gc1
3: diag\tnslsnr\winnb\listener
Q: to quit
Please select option: 2
```

1.1.7 Passwortdatei

Die Authentifizierung von Administratoren mit SYSDBA- oder SYSOPER-Privilegien wird außerhalb der Datenbank mithilfe der Passwortdatei vorgenommen.

SYSDBA- oder SYSOPER-Privilegien beinhalten administrative Berechtigungen wie zum Beispiel Starten und Stoppen der Datenbank. Alternativ zur Passwortdatei kann die Authentifizierung von Benutzern mit SYSDBA- oder SYSOPER-Privilegien auch über die Gruppenzugehörigkeit auf Betriebssystemebene eingerichtet werden.

Falls eine Passwortdatei genutzt wird, befindet sich diese in folgenden Verzeichnissen:

Windows: `%ORACLE_HOME%\database`

UNIX: `$ORACLE_HOME/dbs`

Wird der Database Configuration Assistant (DBCA) im Rahmen der Datenbankerstellung aufgerufen, wird automatisch eine Passwortdatei erzeugt.

Administrationskommandos

Erzeugen einer Passwortdatei

Aufruf:

```
ORAPWD FILE=<filename> [ENTRIES=<max_users>] [FORCE={Y|N}] [IGNORECASE={Y|N}]
[NOSYSDBA={Y|N}]
```

Über den Parameter `ENTRIES` kann die maximale Anzahl der Benutzer in der Passwortdatei angegeben werden. Durch Setzen von `FORCE=Y` wird eine vorhandene Passwortdatei überschrieben.

Ab Oracle 11g sind Passwörter in der Passwortdatei case-sensitiv. Durch Setzen von `IGNORECASE=Y` kann dies deaktiviert werden. Der Parameter `NOSYSDBA` ist lediglich für Data-Vault-Installationen relevant. Nach der Installation von Data Vault kann eine erweiterte Kontrolle der administrativen Zugriffe auf eine Oracle-Datenbank konfiguriert werden. Wird dann der Parameter `NOSYSDBA` beim Erzeugen der Passwortdatei spezifiziert, so ist es nicht mehr möglich, sich als Benutzer SYS oder als Benutzer mit SYSDBA-Privileg mit der Instanz zu verbinden.

Aufnehmen von Benutzern in die Passwortdatei

Nachdem der entsprechende Benutzer auf Datenbankebene angelegt wurde, kann dieser einfach durch die Zuweisung des SYSDBA- oder SYSOPER-Privilegs in die Passwortdatei aufgenommen werden.

```
SQL> GRANT SYSDBA TO <new_user>;
```

Aus der Passwortdatei gelöscht werden kann der entsprechende Benutzer wieder durch ein Entziehen des SYSDBA- oder SYSOPER-Privilegs.

```
SQL> REVOKE SYSDBA FROM <user>;
```

Anzeigen der Benutzer in der Passwortdatei

Über die View V$PWFILE_USERS können die Benutzer sowie die zugewiesenen SYSDBA- und SYSOPER-Privilegien ermittelt werden, für die ein Eintrag in der Passwortdatei existiert.

```
SQL> SELECT USERNAME, SYSDBA, SYSOPER FROM V$PWFILE_USERS;
```

Deaktivieren der Passwortdatei

Wird die Passwortdatei gelöscht, wird die Authentifizierung der Benutzer mit SYSDBA- oder SYSOPER-Privilegien mit Betriebssystemmitteln durchgeführt.

1.2 Logischer Aufbau eines Oracle-Datenbanksystems

Ebenso wie der physische Aufbau eines Oracle-Datenbanksystems muss dem Datenbankadministrator der logische Aufbau für die erfolgreiche Planung und Durchführung von Oracle-Backups und -Recovery bekannt sein. In diesem Abschnitt werden die logischen Komponenten sowie der Zusammenhang zwischen logischen und physischen Komponenten einer Oracle-Datenbank erläutert.

Der logische Aufbau eines Oracle-Systems umfasst nicht den gleichen Umfang wie der physische. Während die physische Beschreibung alle Dateitypen wie Daten-, Redolog- und Control-Dateien beinhaltet, beschränkt sich die logische Beschreibung auf die Strukturen wie zum Beispiel Tablespaces innerhalb der Datenbank.

Durch die Einführung des logischen Aufbaus der Datenbank ist gewährleistet, dass eine Datenbank auf den unterschiedlichen Betriebssystem-Plattformen aus den gleichen logischen Komponenten besteht.

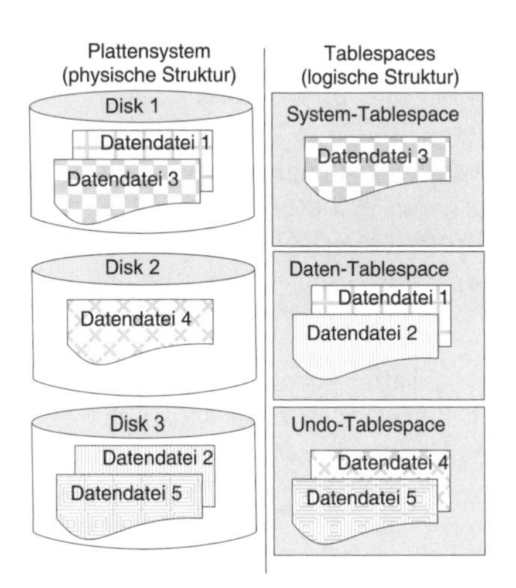

Abbildung 1.12: Logischer und physischer Aufbau der Datenbank

1.2.1 Tablespaces

In einer Oracle-Datenbank werden alle Daten in Tablespaces verwaltet. Ein Tablespace besteht aus physischer Sicht aus einer oder mehreren Datendatei(en). Jede Datenbank besteht aus mindestens einem Tablespace. Ein Tablespace ist eine logische Gruppierung von Daten, zum Beispiel von Benutzerdaten.

Das Layout der Tablespaces kann theoretisch beliebig geplant werden. Es ist jedoch sinnvoll, die unterschiedlichen Datenarten in jeweils eigene Tablespaces zu legen:

- System-Tablespace

  Dies ist der erste Tablespace, der automatisch beim Anlegen einer Datenbank erzeugt wird. In diesem Tablespace sind die Data-Dictionary-Informationen sowie das SYSTEM-Rollback-Segment der Datenbank enthalten. Dieser Tablespace muss *immer* verfügbar sein. Ohne diesen Tablespace ist kein Betrieb der Datenbank möglich.

- SYSAUX-Tablespace

  Dieser Tablespace wird ab Oracle 10g automatisch erzeugt. Im SYSAUX-Tablespace werden die Objekte für die Produkte und Werkzeuge abgelegt, die nicht im engsten Sinne für den Systembetrieb notwendig sind, zum Beispiel für den Oracle Enterprise Manager. Ist der SYSAUX-Tablespace nicht verfügbar, können die Komponenten nicht genutzt werden, deren Objekte im SYSAUX-Tablespace liegen.

- Tablespace für temporäre Daten

  Der temporäre Tablespace wird für die Sortierung von Daten verwendet. Existiert kein temporärer Tablespace, wird der System-Tablespace für Sortierungen genutzt. Um zu verhindern, dass Sortiervorgänge im System-Tablespace durchgeführt werden, wird in der Regel ein eigener Tablespace dafür angelegt.

- Rollback-/Undo-Tablespace

  Um Daten- und Lesekonsistenz zu gewährleisten und um Transaktionen definiert zurückrollen zu können, werden von Oracle Rollback- beziehungsweise Undo-Segmente verwendet. In diesen wird vor einer Änderung das *Before Image* eines Datensatzes (der Zustand vor einer Änderung eines Datensatzes) abgelegt. Rollback-/Undo-Segmente werden in Rollback-/Undo-Tablespaces angelegt.

- Tablespaces für die Daten einer Anwendung

  Für die Daten einer Anwendung können eigene Tablespaces definiert werden. Dies vereinfacht die Administration der Tablespaces, weil diese beispielsweise separat überwacht und erweitert werden können oder auch ein Recovery nur für diese Tablespaces durchgeführt werden kann.

- Tablespaces für die Indizes einer Anwendung

  Beispielsweise aus Performancegründen können für die Indizes einer Anwendung eigene Tablespaces angelegt werden.

- Gegebenenfalls Tablespaces für die Benutzerdaten, Partitionen, sehr große Objekte

  Zusätzlich können bei Bedarf noch eigene Tablespaces für Benutzerdaten, Partitionen oder sehr große Objekte angelegt werden.

1.2.2 Segmente

Ein *Segment* ist immer genau einem Tablespace zugeordnet und umfasst ein oder mehrere Extents (siehe Abschnitt 1.2.4), die eine bestimmte logische Struktur wie zum Beispiel eine Tabelle darstellen. Die zu einem Segment gehörenden Extents können physisch über mehrere Datendateien verteilt sein. Sind die vorhandenen Extents eines Segments voll, allokiert Oracle ein weiteres Extent für dieses Segment. Zusätzlicher Speicher für ein Segment wird immer in der Einheit Extent von Oracle angefordert.

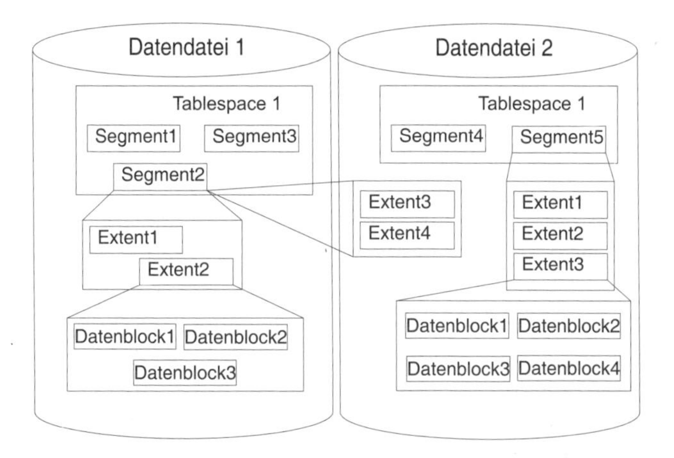

Abbildung 1.13: Datenblöcke, Extents, Segmente und Tablespaces

Die Segmente lassen sich aufgrund ihrer enthaltenen Daten in folgende Kategorien einteilen:

- Datensegmente

  Ein Datensegment enthält entweder:

  - die Daten einer nicht partitionierten oder geclusterten Tabelle,
  - eine Partition einer partitionierten Tabelle oder
  - ein Cluster von Tabellen, das heißt, sind mehrere Tabellen zu einem Cluster zusammengefasst, wird das gesamte Cluster als ein Datensegment betrachtet. Dieses Datensegment wird dann auch als Cluster-Segment bezeichnet.

- Indexsegmente

  Ein nicht partitioniertes Indexsegment beinhaltet alle zu einem Index gehörenden Daten. Bei einem partitionierten Index werden für jede Partition die Daten in einem eigenen Indexsegment abgelegt.

Indizes beziehen sich auf eine oder mehrere Spalten einer Tabelle. Über Indizes kann die Performance von Tabellenzugriffen optimiert oder im Falle von Unique-Indizes die Eindeutigkeit von Tabelleneinträgen in den Schlüsselspalten sichergestellt werden.

Das Anlegen, Löschen oder Reorganisieren eines Index wirkt sich nicht unmittelbar auf die Daten der Tabelle aus, jedoch gibt es hierbei einige Einschränkungen. Fehlen *Non-Unique-Indizes*, kann die Applikation weiterarbeiten, jedoch unter Umständen mit gravierenden Performanceeinbußen. Fehlen dagegen *Unique-Indizes*, besteht die Gefahr, dass von der Applikation mehrfache Einträge in die Tabellen mit bereits existierenden Schlüsselfeldkombinationen geschrieben werden. Im Normalfall verhindern Unique-Indizes genau diese Situation. Soll danach wieder ein Unique-Index angelegt werden, ist dies aufgrund der mehrfachen Einträge nicht mehr möglich. Im schlimmsten Fall kommt es dadurch zu gravierenden Applikationsinkonsistenzen.

- Rollback-/Undo-Segmente

  In einem Rollback-/Undo-Segment wird eine Kopie der Daten in den Datenblöcken vor deren Veränderung durch eine Transaktion abgespeichert (*before image*). Dadurch wird gewährleistet, dass Transaktionen entweder vom System (PMON-Prozess) oder vom Benutzer wieder zurückgenommen werden können.

  Darüber hinaus wird über diesen Mechanismus die Lesekonsistenz sichergestellt. Das heißt, bei längeren Lesevorgängen kann der für die Abfrage erforderliche Zustand der Daten durch die Einträge in den Rollback-/Undo-Segmenten rekonstruiert werden.

  Die Konfiguration der Rollback-Segmente musste vor Oracle 9i manuell durchgeführt werden. Seit Oracle 9i kann die Administration der Rollback-Segmente automatisiert vom Oracle-Server übernommen werden (Automatic Undo Management). Die Segmentnamen der Undo-Segmente werden in diesem Fall automatisch erzeugt (‚SYSSMU').

  Rollback-/Undo-Segmente werden üblicherweise in einem eigenen Tablespace angelegt. Zusätzlich befindet sich ein Rollback-/Undo-Segment im Tablespace SYSTEM, das beim Anlegen der Datenbank erzeugt wird. Dieses wird überwiegend für Transaktionen genutzt, die das Data Dictionary – also Objekte im System-Tablespace – betreffen.

- Temporäre Segmente

  Typischerweise werden temporäre Segmente für das Sortieren von Daten genutzt. Temporäre Segmente werden jedoch erst genutzt, wenn der Sortierbereich im Hauptspeicher (definiert über die Parameter `PGA_AGGREGATE_TARGET` beziehungsweise `SORT_AREA_SIZE`) zu klein ist. Im Normalfall wird für die temporären Segmente ein eigener Tablespace angelegt.

1.2.3 Partitionen

Über Partitionen werden Daten in logische Untermengen nach definierten Verteilungskriterien gruppiert. Es ist möglich, Tabellen und Indizes zu partitionieren.

Die Tabellen und Indizes werden durch die Partitionierung in weitere logische Einheiten aufgeteilt. Beispielsweise könnten für eine große Tabelle JAHRESUMSATZ, die alle Einzelumsätze eines Jahres beinhaltet, Partitionen für die einzelnen Monate definiert werden, die dann die Einzelumsätze des zugehörigen Monats enthalten. Das bedeutet, es wird jeweils eine Partition für die Einzelumsätze des Monats Januar, eine für den Monat Februar usw. definiert.

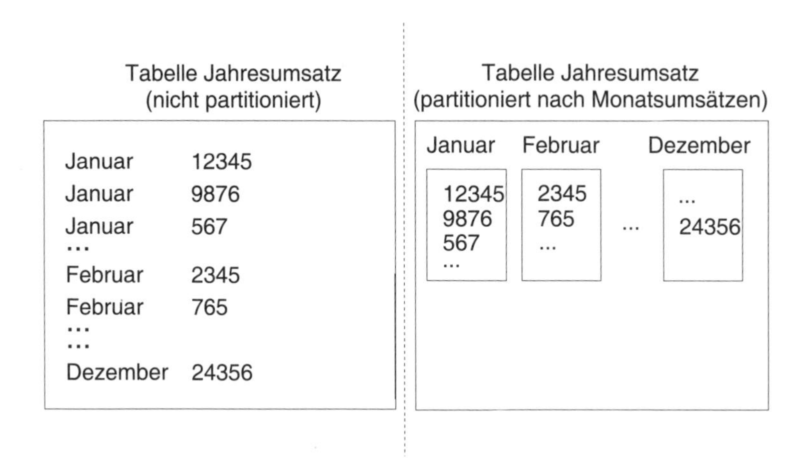

Abbildung 1.14: Unterschied nicht partitionierte Tabelle – partitionierte Tabelle

Sinnvoll ist die Partitionierung beispielsweise bei sehr großen Tabellen und Indizes, da sich durch die Partitionierung der Administrationsaufwand verringert und die Zugriffsperformance verbessern kann.

Folgende Kombinationen sind möglich:

- Tabelle partitioniert, zugehöriger Index partitioniert
- Tabelle partitioniert, zugehöriger Index nicht partitioniert
- Tabelle nicht partitioniert, zugehöriger Index partitioniert

Physisch sind Partitionen – genau wie nicht partitionierte Tabellen und Indizes – Segmente, für die Extents allokiert werden. Aus Anwendungssicht sind die Daten direkt über den Namen der partitionierten Tabelle zugreifbar. Die Einführung von Partitionen für eine Tabelle oder einen Index erfordert keine Änderung der SQL-Befehle auf diese Objekte.

1.2.4 Extents und Datenblöcke

Ein *Extent* besteht aus einer Ansammlung aufeinanderfolgender Datenblöcke. Ein oder mehrere Extents bilden ein Segment.

Ein *Datenblock* ist die kleinste Oracle-spezifische Speichereinheit. Er besteht aus einem oder mehreren vollständigen Betriebssystemblöcken. Die Standardgröße der Datenblöcke wird durch den Parameter `DB_BLOCK_SIZE` festgelegt. Bis Oracle 8i kann nur eine Blockgröße für die gesamte Datenbank definiert werden, ab Oracle 9i können bis zu fünf Blockgrößen festgelegt werden.

1.3 Empfehlungen für das Datenbankdesign

Um im Fehlerfall die Datenbank möglichst ohne Datenverlust wiederherstellen zu können, sollten verschiedene Grundregeln für das Datenbankdesign beachtet werden.

Dazu gehören die Verteilung der Datendateien, die Spiegelung der Online-Redolog-Dateien und der Control-Dateien sowie das Aktivieren des ARCHIVELOG-Modus.

1.3.1 Aktivieren des ARCHIVELOG-Modus

Damit die Online-Redolog-Dateien durch einen oder mehrere Archiver-Prozesse automatisch archiviert werden können, mussten in Oracle-Releases bis einschließlich 9i zwei Voraussetzungen erfüllt sein:

- `LOG_ARCHIVE_START` musste in der Parameterdatei auf den Wert `TRUE` gesetzt werden.
- Die Datenbank musste explizit in den ARCHIVELOG-Modus gesetzt werden.

Bei Releases vor Oracle 10g sollte die automatische Archivierung durch Setzen des Parameters `LOG_ARCHIVE_START=TRUE` eingeschaltet werden. Dadurch werden voll geschriebene Redolog-Gruppen automatisch durch den Archiver-Prozess weg geschrieben.

Ab Oracle-Release 10g entfällt das Setzen des Initialisierungsparameters `LOG_ARCHIVE_START`. Wenn sich die Datenbank im ARCHIVELOG-Modus befindet, werden die Archiver-Prozesse beim Öffnen der Datenbank automatisch gestartet.

Überprüfen des aktuellen Status:

```
SQL> SELECT LOG_MODE FROM V$DATABASE;

LOG_MODE
------------
NOARCHIVELOG
```

Je nach Status enthält die Ausgabe entweder den Wert *ARCHIVELOG* (aktiviert) aktiviert oder *NOARCHIVELOG* (deaktiviert).

Um den ARCHIVELOG-Modus zu aktivieren, muss die Datenbank in den Status MOUNT gebracht, das Archive-Logging aktiviert und anschließend die Datenbank wieder geöffnet werden.

Das Einschalten des ARCHIVELOG-Modus kann entweder über den Enterprise Manager über das Register VERFÜGBARKEIT – Abschnitt SETUP – Unterpunkt RECOVERY-EINSTELLUNGEN durch Aktivieren des Optionsfeldes ARCHIVELOG-MODUS im Bereich MEDIA RECOVERY erfolgen oder manuell durchgeführt werden.

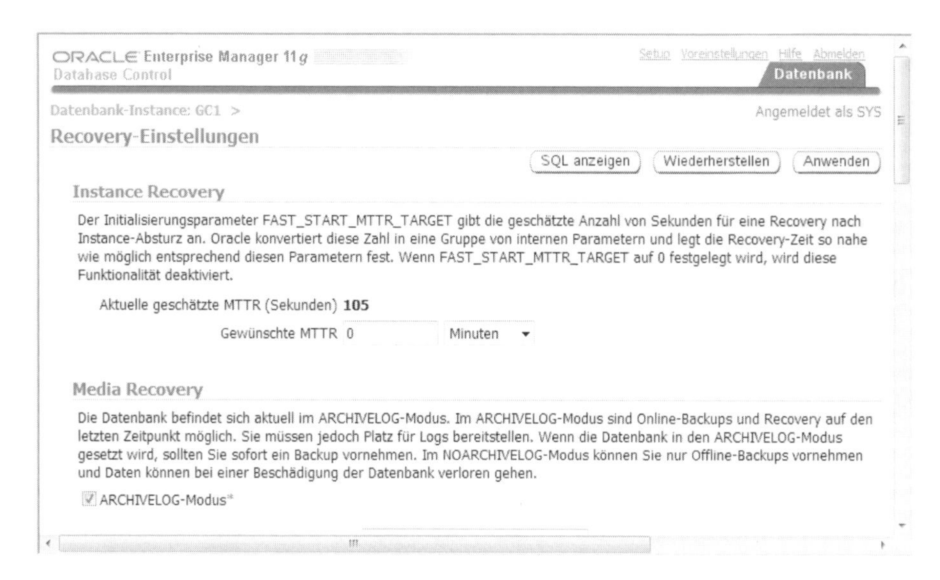

Abbildung 1.15: Aktivieren des ARCHIVELOG-Modus

Anschließend kann die Datenbank über den Enterprise Manager neu gestartet werden, um die Änderung zu aktivieren:

Abbildung 1.16: Neustarten der Datenbank

Zum manuellen Einschalten des ARCHIVELOG-Modus ist folgendermaßen vorzugehen:

1. **Konsistentes Schließen der Datenbank**

```
SQL> SHUTDOWN [NORMAL] | [IMMEDIATE] | [TRANSACTIONAL]
```

2. **Datenbank in den MOUNT-Status starten**

```
SQL> STARTUP MOUNT
```

3. **Einschalten des ARCHIVELOG-Modus**

```
SQL> ALTER DATABASE ARCHIVELOG;
```

4. **Kontrolle des ARCHIVELOG-Modus**

```
SQL> ARCHIVE LOG LIST;
Database log mode              Archive Mode
Automatic archival             Enabled
Archive destination            C:\oracle\oradata\GC\oraarch
Oldest online log sequence     18
Next log sequence to archive   20
Current log sequence           20
```

oder

```
SQL> SELECT LOG_MODE FROM V$DATABASE;
```

Die Anzeige sollte folgendermaßen aussehen:

```
LOG_MODE
------------
ARCHIVELOG
```

5. **Datenbank öffnen**

```
SQL> ALTER DATABASE OPEN;
```

6. **Sicherung der Datenbank**

Anschließend muss eine Komplettsicherung der Datenbank (Online oder Offline) erfolgen. Nur so ist gewährleistet, dass die Datenbank im Fehlerfall wiederhergestellt werden kann.

1.3.2 Spiegelung der Control-Dateien

Zu jeder Datenbank gehört mindestens eine Control-Datei. Dabei handelt es sich um eine binäre Datei, in der unter anderem die physische Struktur der Datenbank protokolliert ist.

Control-Dateien beinhalten folgende Informationen:

- den Datenbanknamen
- Namen und Speicherort der zugehörigen Datendateien und Redolog-Dateien

- den Zeitpunkt, zu dem die Datenbank erzeugt wurde
- die laufende Log-Sequence-Nummer
- Checkpoint-Informationen

Alle Control-Dateien müssen zur Verfügung stehen, wenn die Datenbank geöffnet ist. Die Control-Datei wird in der Mount-Phase geöffnet und gelesen. Ohne Control-Datei kann die Datenbank nicht in den MOUNT-Status gebracht werden.

Es wird mindestens eine Control-Datei beim CREATE DATABASE erzeugt. Es werden so viele Control-Dateien erzeugt, wie im Parameter CONTROL_FILES in der Parameterdatei angegeben sind. Ist der Parameter CONTROL_FILES nicht gesetzt, so werden die Control-Dateien im Default-Verzeichnis beziehungsweise in den Default-Verzeichnissen erzeugt. Diese sind abhängig von den Werten verschiedener anderer Parameter.

Die Control-Dateien werden im laufenden Datenbankbetrieb aktualisiert, wenn sich die physische Struktur der Datenbank ändert. Dies geschieht beispielsweise dann, wenn neue Datendateien der Datenbank hinzugefügt, Datendateien verschoben oder gelöscht werden.

Achtung!
Jede Datenbank sollte immer zwei oder mehr Kopien der Control-Datei besitzen, die auf unterschiedlichen physikalischen Platten liegen. Dies sollte überprüft und im Bedarfsfall eine weitere Kopie angelegt werden.

Namen und Speicherort der Control-Dateien werden mit dem Initialisierungsparameter CONTROL_FILES festgelegt.

```
CONTROL_FILES='<PFAD1>/<DATEINAME1>',..., '<PFADn>/<DATEINAMEn>'
```

Die Datenbank schreibt in alle Dateien, die über diesen Parameter angegeben werden. Wie zusätzliche Kopien der Control-Datei erzeugt werden können, ist unter 1.1.4 beschrieben.

Wenn eine der Dateien durch einen Plattenfehler zerstört wurde, muss die Datenbank geschlossen werden. Sobald der ursprüngliche Speicherort dieser Datei wieder zur Verfügung steht, kann die zerstörte Datei durch eine intakte Kopie der Control-Datei von einer anderen Platte ersetzt werden. Die Datei muss dabei exakt dem Wert – also Pfad und Dateiname – des Parameters CONTROL_FILES entsprechen. Anschließend kann die Datenbank wieder gestartet werden. In diesem Fall ist kein Media Recovery erforderlich.

Alternativ kann durch eine Änderung des Parameters CONTROL_FILES die zerstörte Control-Datei in einem anderen Verzeichnis wiederhergestellt werden. Siehe auch Abschnitt 10.9, Verlust von Control-Dateien.

1.3.3 Spiegelung der Online-Redolog-Dateien

In den Online-Redolog-Dateien werden alle Datenbankänderungen aufgezeichnet. Sie beinhalten sowohl abgeschlossene als auch noch offene Transaktionen und werden dabei zyklisch beschrieben.

Online-Redolog-Dateien gehören stets einer Online-Redolog-Gruppe an. Diese Gruppen können ein oder mehrere Mitglieder haben, die jeweils über den gleichen Inhalt verfügen. Alle Redolog-Gruppen einer Instanz werden als Thread bezeichnet.

Für den Betrieb einer Datenbank sind mindestens zwei Online-Redolog-Gruppen erforderlich. Befindet sich die Datenbank im ARCHIVELOG-Modus, werden die vollen Online-Redolog-Dateien in den Offline-Redolog-Dateien archiviert. Die Dateien werden für ein Crash oder Media Recovery benötigt.

Besitzen die Redolog-Gruppen jeweils nur ein Mitglied und eine oder mehrere Online-Redolog-Dateien werden zerstört, bevor sie archiviert wurden, kann die Datenbank im Fehlerfall nur mit Datenverlust wiederhergestellt werden.

Fällt dagegen eine Online-Redolog-Datei einer Gruppe aus, die mindestens zwei Mitglieder enthält, so wird das verbleibende Mitglied beziehungsweise werden die verbleibenden Mitglieder zur Protokollierung der Datenbankänderungen genutzt.

Aus diesem Grund sollten die Online-Redolog-Dateien unbedingt mindestens einmal gespiegelt werden. Im optimalen Fall befinden sich die Online-Redolog-Dateien und die gespiegelten Online-Redolog-Dateien auf unterschiedlichen physikalischen Platten, die jeweils von einem eigenen Festplatten-Controller gesteuert werden.

Über die Datenbank-Views `V$LOG` und `V$LOGFILE` kann der aktuelle Status der Mitglieder der Redolog-Gruppen ermittelt werden (siehe hierzu auch Abschnitt 1.6.3 und 1.6.4).

Mit folgendem Befehl können Mitglieder einer Redolog-Gruppe hinzugefügt werden:

```
SQL> ALTER DATABASE ADD LOGFILE MEMBER '<pfad>/<dateiname>' TO GROUP n;
```

Alternativ kann der Enterprise Manager für das Hinzufügen von Mitgliedern zu einer Redolog-Gruppe genutzt werden: Das Register SERVER bietet hierzu den Unterpunkt REDO LOG-GRUPPEN an. Nach Auswählen der entsprechenden Redolog-Gruppe kann über die Schaltfläche BEARBEITEN die Redolog-Gruppe bearbeitet werden.

Abbildung 1.17: Bearbeiten der Redolog-Gruppe

Im nachfolgenden Fenster können über die Schaltfläche HINZUFÜGEN weitere Mitglieder zu der Redolog-Gruppe hinzugefügt werden.

Abbildung 1.18: Hinzufügen von Mitgliedern

1.3.4 Verteilung der Datenbankdateien

Da Plattenfehler für viele Datenbankausfälle verantwortlich sind, kommt der richtigen Verteilung der zur Datenbank gehörigen Dateien eine wichtige Aufgabe zu.

Für ein produktives Datenbanksystem sollten deshalb mindestens fünf separate physikalische Plattenbereiche – von unterschiedlichen Festplatten-Controllern gesteuert – zur Verfügung stehen, um bei Ausfall eines der Plattenbereiche die Datenbank möglichst ohne Datenverlust wiederherstellen zu können.

Die nachfolgende Tabelle zeigt eine Möglichkeit einer sinnvollen Aufteilung der zum Datenbanksystem gehörenden Dateien:

Platten Nr.	Verzeichnis	Inhalt des Verzeichnisses
1	Onlinelog1	Online-Redolog-Dateien, Control-Datei
2	Onlinelog2	Gespiegelte Online-Redolog-Dateien
3	Oradata	Datendateien, Spiegelung der Control-Datei
4	Oraarch	Offline-Redolog-Dateien, Spiegelung der Control-Datei
5	`ORACLE_HOME`	Oracle-Software, Konfigurationsdateien (pfile beziehungsweise spfile, listener.ora, tnsnames.ora, Passwortdatei etc.)

Tabelle 1.4: Sichere Verteilung der Dateien eines Oracle-Systems

Aus Performancegründen ist aber meistens eine weitere Aufteilung der Datendateien sowie der Online-Redolog-Dateien notwendig. Allerdings werden beim Einrichten der Storage-Systeme häufig nur wenige große Partitionen angelegt. Dabei werden jeweils mehrere Platten zu einem Volume zusammengefasst. Deshalb lässt sich die Verteilung der Dateien nur noch bedingt beeinflussen.

Zusätzlich zu den hier beschriebenen sicherheitsrelevanten Maßnahmen auf Oracle-Ebene sollten die unterliegenden Plattensysteme hardware- und betriebsystemseitig gegen Ausfälle einzelner Platten beispielsweise durch ein RAID geschützt sein.

1.4 Start eines Systems

Für die Durchführung einer Sicherung oder eines Recoverys einer Oracle-Datenbank muss der Administrator genaue Kenntnis über die einzelnen Phasen beim Starten eines Oracle-Datenbanksystems haben. In diesem Abschnitt wird beschrieben, in welcher Phase welche Aktionen vom Oracle-Datenbanksystem durchgeführt werden und welche Recover-Tätigkeiten vom Datenbankadministrator je nach Phase ausgeführt werden können. Darüber hinaus werden Voraussetzungen für den erfolgreichen Start eines Oracle-Datenbanksystems beschrieben sowie mögliche Problemursachen beim Starten aufgezeigt.

Das Starten eines Oracle-Datenbanksystems erfolgt in drei Phasen:

1. NOMOUNT-Phase

   In der NOMOUNT -Phase wird die Instanz gestartet.

   - Die Parameterdatei wird gelesen.
   - Die SGA wird im Hauptspeicher angelegt.
   - Die Hintergrundprozesse werden gestartet.

2. MOUNT-Phase

   Während der MOUNT-Phase wird die Instanz mit der Datenbank verbunden.

   - Die Existenz aller Control-Dateien wird geprüft, und die Control-Dateien werden miteinander verglichen.
   - Die Pfade und Dateinamen der Redolog- und Datendateien werden aus den Control-Dateien gelesen. Diese werden für das Öffnen der Datenbank in der nächsten Phase benötigt.

3. OPEN-Phase

   Wurden NOMOUNT- und MOUNT-Phase erfolgreich abgeschlossen, wird die Datenbank geöffnet (OPEN-Phase).

   - Die Redolog- und die Datendateien werden geöffnet.
   - Die Konsistenzinformationen (speziell die System-Change-Nummern in den Datei-Headern) werden miteinander verglichen.

   Ist die Datenbank konsistent, wird diese geöffnet. Falls die Konsistenzinformationen nicht übereinstimmen, wird automatisch ein Crash Recovery durchgeführt. Falls für das Crash Recovery zusätzlich zu den Informationen aus den Online-Redolog-Dateien noch Informationen aus den Offline-Redolog-Dateien benötigt werden, bricht die OPEN-Phase mit einer Fehlermeldung ab.

Kommandos zum Starten der Instanz beziehungsweise Datenbank:

```
sqlplus / as sysdba
SQL> STARTUP [NOMOUNT] | [MOUNT]
```

Falls die Parameterdatei nicht im Default-Pfad liegt:

```
SQL> STARTUP [NOMOUNT] | [MOUNT] PFILE='<filename>'
```

`<filename>`: Pfad und Name Initialisierungsparameterdatei

Beispiel:

```
STARTUP MOUNT PFILE='c:\oracle\gc1\101\database\initgc1.ora'
```

Wird eine Serverparameterdatei genutzt, die nicht im Default-Pfad `%ORACLE_HOME%\database` (Windows) beziehungsweise `$ORACLE_HOME/dbs` (Unix) liegt, so kann diese nicht direkt in der PFILE-Klausel angegeben werden. Der Startup erfolgt dann über die Angabe einer Initialisierungsparameterdatei INIT.ORA in der PFILE-Klausel, in der ein Verweis auf die Serverparameterdatei eingetragen wurde.

Dazu muss vorher eine INIT.ORA erzeugt worden sein, die nur den Parameter SPFILE=<path\spfile> enthält. Beim Start der Instanz wird dann diese INIT.ORA angegeben mit:

```
SQL> STARTUP PFILE=<init.ora mit SPFILE-Parameter>
```

Alternativ kann das Starten eines Systems auch mit dem Enterprise Manager über die Schaltfläche HOCHFAHREN erfolgen.

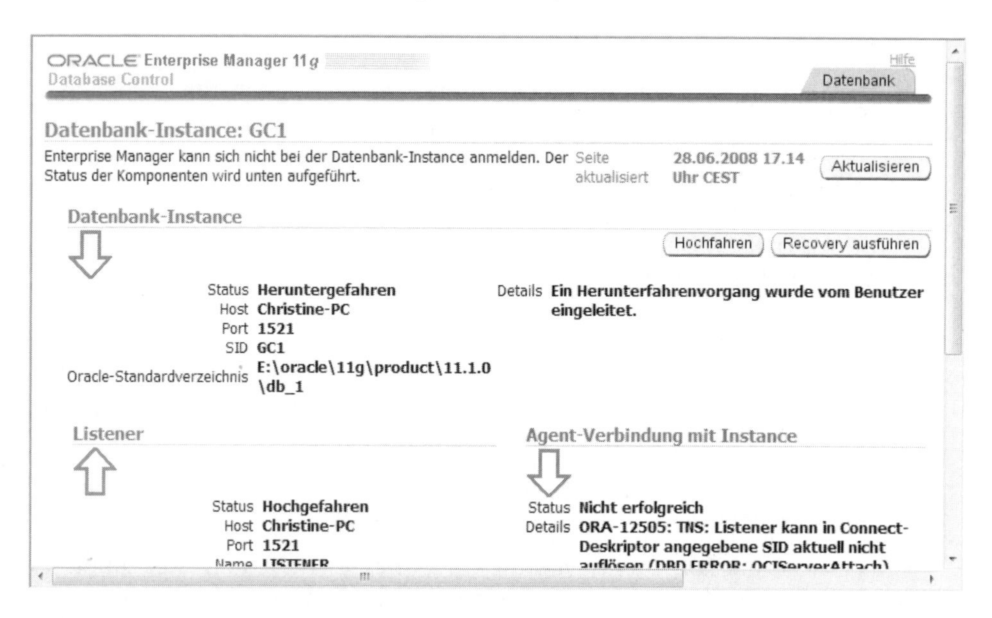

Abbildung 1.19: Starten eines Systems

1.4.1 NOMOUNT-Phase

Die erste Phase, die beim Starten eines Oracle-Datenbanksystems durchlaufen wird, ist die NOMOUNT-Phase.

Beim Starten der Instanz werden in dieser Phase folgende Schritte ausgeführt:

- Umgebungsvariablen des Betriebssystems werden ausgewertet, insbesondere ORACLE_SID, ORACLE_HOME, PATH.
- Die Parameterdatei INIT.ORA oder SPFILE wird ausgelesen.
- Entsprechend den Parametern in der Parameterdatei wird die SGA im Hauptspeicher angelegt.
- Hintergrundprozesse werden gestartet (DBWn, CKPT, PMON, SMON, LGWR, gegebenenfalls ARCn ...).

Nach Abschluss der NOMOUNT-Phase läuft nur die Instanz. Diese hat noch keine Verbindung zur Datenbank.

In der NOMOUNT-Phase kann bereits auf einige wichtige Views zugegriffen werden:

- V$SYSTEM_PARAMETER: Alle Parameter dieser Instanz
- V$PARAMETER: Alle Parameter der aktuellen Session
- V$SGA: Speichergrößen in der SGA
- V$INSTANCE: Status der aktuellen Instanz
- V$SESSION: Aktive Sessions
- V$VERSION: Datenbankversion
- V$PROCESS: Aktive Prozesse
- V$OPTION: Liste aller verfügbaren/nicht verfügbaren Optionen, wie zum Beispiel Partitioning

Folgende Kommandos können in der NOMOUNT-Phase abgesetzt werden:

```
CREATE DATABASE
CREATE CONTROLFILE
```

Mit diesem Kommando wird ein Oracle-Datenbanksystem bis einschließlich der NOMOUNT-Phase gestartet:

```
SQL> STARTUP NOMOUNT
```

Treten bereits beim Starten in die NOMOUNT-Phase Fehler auf, sollten folgende Punkte überprüft werden:

- Berechtigungen des Datenbankbenutzers, der die Instanz starten will

  Der Benutzer muss entweder SYSDBA (zum Beispiel Aufruf SQLPLUS mit SYSDBA-Privileg: SQLPLUS / AS SYSDBA bei Oracle 10g und 11g) oder SYSOPER-Privilegien und in der Passwortdatei einen Eintrag besitzen. Alternativ kann die Authentifizierung als Administrator auch über die Gruppenzugehörigkeit auf Betriebssystemebene definiert sein.

- Verzeichnis der Alert-Datei lesbar

  Das Verzeichnis der Alert-Datei wird durch den Parameter BACKGROUND_DUMP_DEST (Versionen vor Oracle 11g) festgelegt. Ab Oracle 11g kann hierfür die View V$DIAG_INFO (SELECT * FROM V$DIAG_INFO) Eintrag Diag Trace (textbasierend) beziehungsweise Diag Alert (XML-Format) verwendet werden.

  Ist das Verzeichnis nicht beschreibbar (weil es nicht vorhanden ist oder aufgrund von Berechtigungsproblemen), können beim Starten in die NOMOUNT-Phase Fehler auftreten.

- Parameterdatei INIT.ORA oder SPFILE

  Die Parameterdatei muss vorhanden und lesbar sein. Darüber hinaus können auch fehlerhaft eingetragene Parameter ein Starten der Instanz verhindern, beispielsweise durch Tippfehler oder durch zu groß definierte Arbeitsspeicherbereiche.

- Umgebungsvariablen des Betriebssystems müssen korrekt gesetzt sein, insbesondere ORACLE_HOME und ORACLE_SID.
- Windows: Unsauber installierte Oracle-Software

  Falls ein Hotfix eingespielt wurde, sollte geprüft werden, ob zuvor auch das vorausgesetzte Patchset eingespielt wurde.
- Unix: Betriebssystemparametrisierung

  Unix-Systeme benötigen Shared Memory- und Semaphoren-Parameter, wie zum Beispiel SEMMNS, SEMMNI, SHMMAX. Sind diese zu klein eingestellt, kann es zu Problemen beim Anlegen der SGA kommen. Zusätzlich müssen auch die File- und Inode-Parameter (zum Beispiel MAXFILES, NFILE, NOFILES, NPROC) ausreichend gesetzt sein.
- Unix: Wurde die Datenbank vor Auftreten der Probleme unsauber gestoppt, können eventuell noch einige Datenbankprozesse aktiv oder Reste des Shared Memories vorhanden sein. Vor dem erneuten Starten der Instanz müssen die Datenbankprozesse manuell gekillt und das Shared Memory bereinigt werden (zum Beispiel mit ipcrm oder Reboot).

1.4.2 MOUNT-Phase

Die nächste Phase ist die MOUNT-Phase. In dieser Phase werden die folgenden Schritte ausgeführt:

- Die Instanz lokalisiert mittels des Parameters CONTROL_FILES aus der Parameterdatei die Control-Dateien.
- Die Control-Dateien werden geöffnet.
- Falls die Control-Dateien gespiegelt sind, werden diese miteinander verglichen. Werden Unterschiede festgestellt wie zum Beispiel fehlende Control-Dateien oder Inkonsistenzen zwischen Control-Dateien, wird die MOUNT-Phase mit einer Fehlermeldung abgebrochen.
- Über die Informationen in den Control-Dateien sind nun die Namen und Speicherorte der Datendateien und der Online-Redolog-Dateien bekannt. Die Instanz wurde mit der Datenbank verbunden.

Die Control-Dateien sind in der MOUNT-Phase bereits geöffnet. Die Datenbank ist jedoch noch immer geschlossen. Ein Zugriff auf die Datendateien oder Redolog-Dateien ist noch nicht möglich.

In dieser Phase können vom Datenbankadministrator folgende Aktionen durchgeführt werden:

- Strukturänderungen an der Datenbank (Umzug von Dateien)

  Bei einer Strukturänderung der Datenbank werden die neuen Namen und Speicherorte von Daten- oder Redolog-Dateien anstelle der alten Namen und Speicherorte in die Control-Dateien eingetragen.
- Recovery der Datenbank: Vollständiges oder teilweises Nachfahren der Transaktionen mittels Offline- und Online-Redolog-Dateien

Die Konsistenzinformationen aus den Control-Dateien dienen dann als Zielpunkt des Recovery.

- ARCHIVELOG-Modus ein- oder ausschalten mit:

```
SQL> ALTER DATABASE [ ARCHIVELOG | NOARCHIVELOG ]
```

- Datendateien online/offline setzen

In der MOUNT-Phase stehen alle Views der NOMOUNT-Phase sowie die folgenden weiteren Views zur Verfügung:

- V$CONTROLFILE: Speicherort und Name der Control-Dateien
- V$DATAFILE: Speicherort und Name der Datendateien
- V$LOGFILE: Speicherort und Name der Online-Redolog-Dateien
- V$DATABASE: Name der Datenbank, Archivierungsmodus
- V$BACKUP: Status von Datendateien, ob Backup-Modus gesetzt ist
- V$THREAD: aktueller Thread, Checkpoint-Zeit
- V$LOG: Status Online-Redolog-Dateien

Mit den folgenden Kommandos wird ein Oracle-Datenbanksystem bis einschließlich zur MOUNT-Phase gestartet:

Wurde die Instanz noch nicht gestartet, das heißt, befindet sie sich noch nicht in der NOMOUNT-Phase, kann die Datenbank über

```
SQL> STARTUP MOUNT
```

in die MOUNT-Phase gestartet werden.

Wurde die Instanz bereits in die NOMOUNT-Phase gestartet, kann die Datenbank nur mit dem Befehl

```
SQL> ALTER DATABASE MOUNT;
```

in die MOUNT-Phase überführt werden.

Treten beim Starten der Datenbank in die MOUNT-Phase Fehler auf, kann das an einer der folgenden Ursachen liegen:

- Berechtigungen des Datenbankbenutzers, der die Instanz starten will

  Der Benutzer muss entweder SYSDBA- (zum Beispiel Aufruf SQLPLUS mit SYSDBA-Privileg: SQLPLUS / AS SYSDBA bei Oracle 10g und 11g) oder SYSOPER-Privilegien haben und in der Passwortdatei einen Eintrag besitzen. Alternativ kann die Authentifizierung als Administrator auch über die Gruppenzugehörigkeit auf Betriebssystemebene definiert sein.

- Eine oder mehrere Control-Dateien fehlen oder sind inkonsistent.

  Lösung: Inkonsistente oder fehlende Control-Dateien durch Kopieren einer vorhandenen fehlerfreien Control-Datei ersetzen. Falls keine Control-Datei mehr vorhanden ist, siehe Abschnitt 10.9.2, Verlust aller Control-Dateien.

1.4.3 Open-Phase

Die dritte und letzte Phase, die beim Start eines Oracle-Datenbanksystems durchlaufen wird, ist die OPEN-Phase. Wird diese erfolgreich abgeschlossen, können anschließend die Benutzer auf die Datenbank zugreifen.

Nach erfolgreichem Abschluss der OPEN-Phase sind alle Views verfügbar.

In der OPEN-Phase werden folgende Aktionen durchgeführt:

- Es werden die Redolog- und Datendateien geöffnet, die in den Control-Dateien benannt sind.
- Vor dem Öffnen wird die Datenkonsistenz durch Vergleich der System-Change-Nummer (SCN) in den Dateiköpfen geprüft. Sind die SCNs identisch, sind die geöffneten Dateien für den Betrieb verfügbar.

  Falls jedoch Unterschiede festgestellt werden (zum Beispiel durch ein vorhergehendes unsauberes Beenden der Datenbank), wird durch den Prozess SMON automatisch ein Crash Recovery mittels der Online-Redolog-Dateien durchgeführt.

  Werden für das Recovery zusätzlich zu den Online-Redolog-Dateien auch noch Offline-Redolog-Dateien benötigt, wird die OPEN-Phase mit einer Fehlermeldung abgebrochen. Danach muss in der MOUNT-Phase ein Media Recovery (siehe Kapitel 6) mittels der benötigten Offline-Redolog-Dateien durchgeführt werden.

  Alternativ kann die Datenbank auch ohne die beschädigten Dateien geöffnet werden. Dazu werden die betreffenden Dateien offline gesetzt. Die Vorgehensweise ist beschrieben in Abschnitt 10.6.3.

Befindet sich die Datenbank in der MOUNT-Phase, kann diese mit folgendem Befehl geöffnet werden:

```
SQL> ALTER DATABASE OPEN;
```

Ein Überführen des Datenbanksystems von der NOMOUNT-Phase direkt in die OPEN-Phase ist nicht möglich. Dies kann nur in zwei gesonderten Schritten erfolgen durch:

```
SQL> ALTER DATABASE MOUNT;
SQL> ALTER DATABASE OPEN;
```

Durch das Kommando

```
SQL> STARTUP
```

werden alle drei Phasen (NOMOUNT, MOUNT, OPEN) automatisch durchlaufen.

Fehler in der OPEN-Phase können folgende Ursachen haben:

- Datendateien sind mehr nicht vorhanden.

  In diesem Fall ist es erforderlich, die fehlenden Datendateien aus einer Sicherung zurückzuspielen und ein Media Recovery (siehe Kapitel 6 und 10) durchzuführen.

Alternativ kann eine Datei offline gesetzt werden. Sie wird dann beim Öffnen der Datenbank vorübergehend nicht mehr berücksichtigt. Das Offline-Setzen einer Datendatei kann mit folgendem Kommando erfolgen:

```
SQL> ALTER DATABASE DATAFILE '<pfad\name>' OFFLINE;
```

Beispiel:

```
SQL> ALTER DATABASE DATAFILE 'f:\oracle\gc1\btabd.data1' OFFLINE;
```

Die Vorgehensweise für ein Recovery von Datendateien ist in Abschnitt 10.6 beschrieben.

- Datendateien wurden verschoben.

  Entweder können die Datendateien wieder an ihren Originalort zurückkopiert werden, oder es muss über folgendes Kommando in der MOUNT-Phase der neue Speicherort der Datendatei bekannt gemacht werden.

```
SQL> ALTER DATABASE RENAME FILE '<pfad_alt\name>' TO '<pfad_neu\name>';
```

Beispiel:

```
SQL> ALTER DATABASE RENAME FILE 'f:\oracle\gc1\user.data1' TO
'h:\oracle\gc1\user.data1';
```

- Datendateien sind beschädigt.

  Auch in diesem Fall ist es erforderlich, die beschädigten Datendateien aus einer Sicherung zurückzuspielen und ein Media Recovery (siehe Kapitel 6 und 10) durchzuführen.

- Fehlerhafte Berechtigungen auf Betriebssystemebene (zum Beispiel fehlendes Schreib-/Leserecht auf Datendatei).

  Die Daten-, Control- und Redolog-Dateien benötigen Schreib-/Leserechte. Falls unter Unix versehentlich ein S-Bit für eine Datendatei gesetzt ist (`rw-r-S---`), kann die Datenbank beim Übergang von der MOUNT- in die OPEN-Phase ohne weitere Fehlermeldung hängen bleiben. Durch Absetzen des Unix-Befehls `chmod 640 <Datei>` kann das S-Bit zurückgesetzt werden.

- Kein Speicherplatz mehr verfügbar für Anlegen/Erweitern von Trace- und/oder Log-Dateien wie Alert-Datei und Audit-Dateien.

  Können keine Einträge mehr in die Alert-Datei aufgrund von mangelndem Speicherplatz auf dem entsprechenden Laufwerk geschrieben werden, kann die Alert-Datei im laufenden Betrieb verschoben oder gelöscht werden. Es empfiehlt sich jedoch, diese zu verschieben, da die Einträge der Alert-Datei bei Auftreten von Fehlern eventuell noch für die Analyse benötigt werden.

  Auch ein Überlauf der Filesysteme für andere Trace- und/oder Log-Dateien kann das Öffnen der Datenbank verhindern. Hier sollte ebenfalls geprüft werden, ob ältere Dateien verschoben oder gelöscht werden können.

1.5 Stoppen eines Systems

Die unterschiedlichen Methoden zum Stoppen eines Oracle-Datenbanksystems und die daraus folgenden Konsequenzen bezüglich Konsistenz eines Oracle-Datenbanksystems werden im nachfolgenden Abschnitt erläutert. Insbesondere für die Durchführung von Backups ist dies von essenzieller Bedeutung.

Das konsistente Stoppen eines Oracle-Datenbanksystems läuft ebenfalls in mehreren Schritten ab:

- Alle relevanten Daten werden aus der SGA in die Datendateien beziehungsweise in die Redolog-Dateien geschrieben. Diese Phase wird als CHECKPOINT bezeichnet.
- Danach werden alle Datendateien und Redolog-Dateien geschlossen, die geöffnet waren. Die Control-Dateien bleiben offen, solange nur die Datendateien geschlossen wurden und die Instanz noch mit der Datenbank verbunden ist. Diese Phase wird als CLOSE-Sequenz bezeichnet.
- Erst wenn die Datenbank von der Instanz getrennt ist, werden auch die Control-Dateien geschlossen. Die Speicherstrukturen der SGA sind in diesem Schritt noch im Hauptspeicher vorhanden, auch die Hintergrundprozesse sind auf Betriebssystemebene noch vorhanden. Diese Phase wird als DISMOUNT-Sequenz bezeichnet.
- Als Letztes werden auch die Speicherbereiche der SGA deallokiert und die Hintergrundprozesse der Instanz gestoppt. Die Instanz ist dann komplett beendet.

Gestoppt wird ein Oracle-Datenbanksystem mit dem `SHUTDOWN`-Kommando. Die Optionen `NORMAL`, `IMMEDIATE`, `TRANSACTIONAL` und `ABORT` steuern die Vorgehensweise beim `SHUTDOWN`:

```
SQL> SHUTDOWN [NORMAL]
```

Die Option `NORMAL` ist die Default-Einstellung und wird verwendet, sofern nicht explizit eine andere Option angegeben wurde.

```
SQL> SHUTDOWN IMMEDIATE

SQL> SHUTDOWN TRANSACTIONAL

SQL> SHUTDOWN ABORT
```

Über das `SHUTDOWN`-Kommando lässt sich die Datenbank aus allen `STARTUP`-Phasen (`NOMOUNT`, `MOUNT`, `OPEN`) herunterfahren.

Alternativ kann das System auch mit dem Enterprise Manager im Register STANDARDVERZEICHNIS über die Schaltfläche <HERUNTERFAHREN> beendet werden.

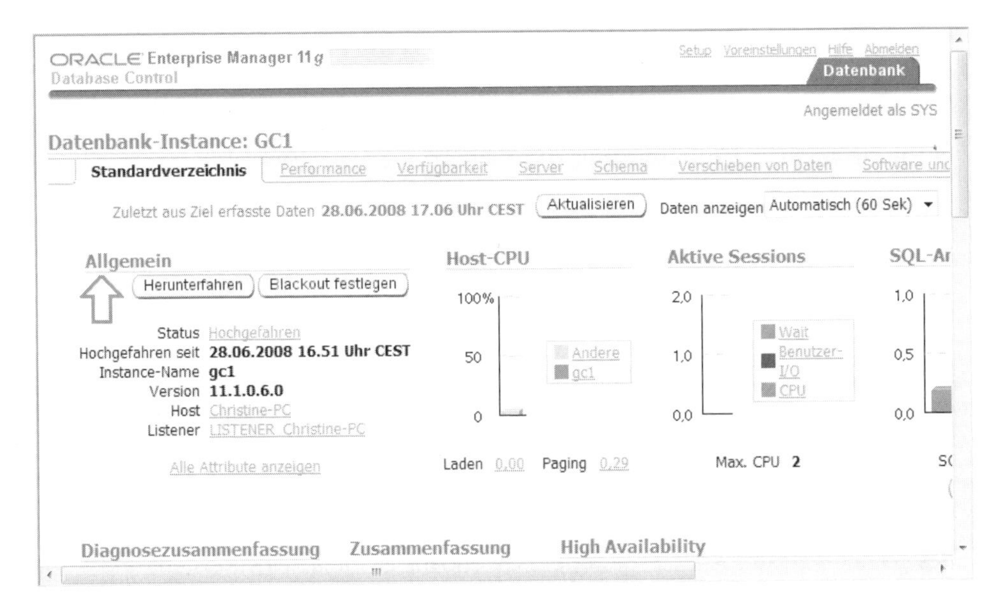

Abbildung 1.20: Stoppen eines Systems

1.5.1 SHUTDOWN NORMAL

Wird ein `SHUTDOWN NORMAL` durchgeführt, wird gewartet, bis sich alle Benutzer abgemeldet haben. Neue Anmeldungen von Benutzern werden jedoch nicht mehr zugelassen. Erst wenn kein Benutzer mehr angemeldet ist, wird die Datenbank geschlossen.

Nachteil dieses `SHUTDOWN`-Kommandos ist jedoch, dass es sehr lange dauern kann, bis alle Benutzer abgemeldet sind. In der Praxis wird dieses Kommando selten verwendet, da nur schwer sichergestellt werden kann, dass sich alle Benutzer abmelden. Auch Agenten für das Monitoring können ein `SHUTDOWN NORMAL` verhindern, sofern sie eine dauerhafte Session nutzen.

Nach einem `SHUTDOWN NORMAL` ist die Datenbank konsistent. Bei einem erneuten Start muss kein Recovery durchgeführt werden.

1.5.2 SHUTDOWN IMMEDIATE

Bei einem `SHUTDOWN IMMEDIATE` werden die Sessions aller Benutzer nach Abarbeitung ihres laufenden Befehls beendet. Neue Befehle werden nicht mehr ausgeführt. Alle noch offenen Transaktionen werden – anders als bei einem `SHUTDOWN TRANSACTIONAL` – zurückgerollt. Das Beenden der offenen Sessions und das Rollback der offenen Transaktionen wird vom Hintergrundprozess PMON durchgeführt.

Für die erfolgreiche Durchführung von `SHUTDOWN IMMEDIATE` ist es deshalb nicht erforderlich, dass sich alle Benutzer erst abmelden.

Auch nach einem `SHUTDOWN IMMEDIATE` ist die Datenbank konsistent. Beim nächsten Hochfahren der Datenbank ist kein Recovery erforderlich.

1.5.3 SHUTDOWN TRANSACTIONAL

Bei einem `SHUTDOWN TRANSACTIONAL` wird gewartet, bis alle noch offenen Benutzertransaktionen entweder mit einem Commit oder einem Rollback beendet wurden.

Für die erfolgreiche Durchführung von `SHUTDOWN TRANSACTIONAL` ist es wie bei einem `SHUTDOWN IMMEDIATE` nicht erforderlich, dass sich alle Benutzer erst abmelden.

Auch nach einem `SHUTDOWN TRANSACTIONAL` ist die Datenbank konsistent. Beim nächsten Hochfahren der Datenbank ist kein Recovery erforderlich.

1.5.4 SHUTDOWN ABORT

Im Gegensatz zu `SHUTDOWN NORMAL`, `SHUTDOWN TRANSACTIONAL` und `SHUTDOWN IMMEDIATE` werden bei `SHUTDOWN ABORT` sofort – ohne weitere Maßnahmen – alle Aktionen der Datenbank unterbrochen.

> **Achtung!**
> Ein `SHUTDOWN ABORT` hat auf die Datenbank die gleiche Wirkung, wie die Stromzufuhr des Rechners zu kappen. Die gestoppte Datenbank ist danach inkonsistent und benötigt beim Neustart immer ein Recovery.

`SHUTDOWN ABORT` beendet sofort die Hintergrundprozesse und gibt die Speicherbereiche der SGA frei. Es wird kein Rollback oder Checkpoint durchgeführt.

Die gestoppte Datenbank ist inkonsistent. Beim Neustart der Datenbank ist immer ein Recovery (Crash Recovery) erforderlich. Das Crash Recovery wird beim Start automatisch vom Hintergrundprozess SMON mittels der Online-Redolog-Dateien durchgeführt. Werden für das Recovery zusätzlich zu den Online-Redolog-Dateien noch Offline-Redolog-Dateien benötigt, wird der Neustart der Datenbank abgebrochen und eine entsprechende Fehlermeldung angezeigt.

Es sollte möglichst vermieden werden, eine mit `SHUTDOWN ABORT` gestoppte Datenbank als Basis für eine Offline-Sicherung zu verwenden. Muss trotzdem die Offline-Sicherung einer mit `SHUTDOWN ABORT` gestoppten Datenbank verwendet werden, muss gegebenenfalls nach Zurücksichern der Datendateien erst ein Recovery mittels der Offline-Redolog-Dateien durchgeführt werden, um die Datenbank konsistent starten zu können (siehe Abschnitt 11.13).

1.6 Wichtige Data Dictionary Views

Die nachfolgend beschriebenen Data Dictionary Views sind für ein Backup und Recovery von zentraler Bedeutung.

1.6.1 V$DATAFILE

Diese View zeigt Informationen zum Speicherort und Status der Datendateien an sowie Informationen zur SCN des letzten Checkpoints. Es werden hier lediglich die wichtigsten Spalten von `V$DATAFILE` beschrieben.

Spalte	Beschreibung
FILE#	Nummer der Datendatei
CREATION_CHANGE#	SCN zum Zeitpunkt der Erstellung der Datendatei
CREATION_TIME	Zeitstempel der Erstellung der Datendatei
TS#	Nummer des Tablespace
STATUS	Status der Datendatei
	Mögliche Werte: OFFLINE, ONLINE, RECOVER, SYSTEM, SYSOFF (Offline-Datei des System-Tablespace)
ENABLED	Zugriffsmöglichkeiten per SQL auf die Datendatei:
	DISABLED: Kein SQL-Zugriff erlaubt
	READ ONLY: Lesezugriff; keine Aktualisierungen erlaubt
	READ WRITE: Vollzugriff
	UNKNOWN: Kommt normalerweise nicht vor, nur bei defekten Control-Dateien
CHECKPOINT_CHANGE#	SCN des letzten Checkpoints der Datendatei
CHECKPOINT_TIME	Zeitstempel des letzten Checkpoints der Datendatei
BYTES	Größe der Datendatei zum aktuellen Zeitpunkt (in BYTES)
	Falls Größe 0 angezeigt wird, ist die Datendatei nicht zugreifbar.
CREATE_BYTES	Größe der Datendatei bei Erstellung der Datendatei
BLOCK_SIZE	Blockgröße der Datendatei
NAME	Name und Pfad der Datendatei

Tabelle 1.5: Wichtige Spalten V$DATAFILE

1.6.2 V$CONTROLFILE

Über die View V$CONTROLFILE kann der Speicherort der Control-Dateien ermittelt werden. Es werden hier nur die wichtigsten Spalten erläutert.

Spalte	Beschreibung
STATUS	Status der Control-Datei:
	Leer, wenn der Name der Control-Datei ermittelt werden kann
	INVALID, wenn der Name nicht ermittelt werden kann (kommt nur im Fehlerfall vor)
NAME	Name und Pfad der Control-Datei

Tabelle 1.6: Wichtige Spalten V$CONTROLFILE

1.6.3 V$LOGFILE

Diese View stellt Informationen wie Pfad, Name und Status der Mitglieder der Redolog-Gruppen zur Verfügung. Nachfolgend werden die wichtigsten Spalten erläutert.

Spalte	Beschreibung
GROUP#	Nummer der zugehörigen Redolog-Gruppe
STATUS	Status des Redolog-Mitglieds:
	INVALID, wenn die Redolog-Datei nicht zugreifbar ist
	STALE, wenn der Inhalt der Redolog-Datei als nicht vollständig erkannt wurde
	DELETED, wenn die Redolog-Datei gelöscht wurde
	Leer, wenn die Redolog-Datei benutzt wird
TYPE	Typ der Redolog-Datei:
	ONLINE oder STANDBY
MEMBER	Name und Pfad der Redolog-Datei

Tabelle 1.7: Wichtige Spalten V$LOGFILE

1.6.4 V$LOG

Die View `V$LOG` enthält Informationen zu den einzelnen Gruppen der Online-Redolog-Dateien.

Für jede Redolog-Gruppe werden jeweils die Log-Sequence-Nummer (Spalte SEQUENCE#), die Größe der Mitglieder (Spalte BYTES), die Anzahl der Mitglieder (Spalte MEMBERS), der Status der Archivierung (Spalte ARCHIVED), die erste SCN (Spalte FIRST_CHANGE#) und der Zeitpunkt (Spalte FIRST_TIME) des ersten in der Redolog-Datei enthaltenen Records angezeigt.

Spalte	Beschreibung
GROUP#	Nummer der Redolog-Gruppe
THREAD#	Log-Thread-Nummer
SEQUENCE#	Log-Sequence-Nummer der Redolog-Gruppe
BYTES	Größe jedes einzelnen Mitglieds
MEMBERS	Anzahl der Mitglieder in der Redolog-Gruppe
ARCHIVED	Status der Archivierung (YES/NO)

Tabelle 1.8: V$LOG

Spalte	Beschreibung
STATUS	Status des Mitglieds: CURRENT, wenn die Redolog-Gruppe die aktuelle ist ACTIVE, wenn die Redolog-Gruppe aktiv ist, das heißt, wenn sie nicht die aktuelle (CURRENT) Redolog-Datei ist, aber für ein Crash Recovery benötigt wird INACTIVE, wenn die Redolog-Gruppe nicht mehr für ein Crash Recovery benötigt wird UNUSED, wenn die Redolog-Gruppe noch nie beschrieben wurde (nach Hinzufügen einer neuen Redolog-Gruppe oder nach einem Öffnen der Datenbank mit dem Schalter RESETLOGS) CLEARING, wenn die Redolog-Gruppe nach einem ALTER DATABASE CLEAR LOGFILE neu erzeugt wird CLEARING_CURRENT wird gesetzt, wenn während einem ALTER DATABASE CLEAR LOGFILE ein I/O-Fehler auftritt.
FIRST_CHANGE#	Kleinste in der Redolog-Datei enthaltene System-Change-Nummer (SCN)
FIRST_TIME	Zeitpunkt der ersten in der Redolog-Datei enthaltenen SCN

Tabelle 1.8: V$LOG (Forts.)

1.6.5 V$LOG_HISTORY

Unter anderem für die Durchführung eines Point-in-Time-Recovery ist die View V$LOG_HISTORY nützlich. Über die View V$LOG_HISTORY können Informationen zu Offline-Redolog-Dateien wie Log-Sequence-Nummer und enthaltene SCNs ausgelesen werden. Die View enthält ein lückenloses Protokoll über die bisher erzeugten Offline-Redolog-Dateien.

Alternativ kann die View V$LOGHIST verwendet werden, die aus Kompatibilitätsgründen derzeit noch existiert. Diese wurde durch die View V$LOG_HISTORY ersetzt.

Die View V$LOG_HISTORY enthält unter anderem folgende Spalten:

Spalte	Beschreibung
THREAD#	Log-Thread-Nummer
SEQUENCE#	Log-Sequence-Nummer; sie ist in der Regel im Namen der Offline-Redolog-Datei enthalten.
FIRST_CHANGE#	Kleinste SCN in der Offline-Redolog-Datei
FIRST_TIME	Zeitpunkt des ersten Eintrages in der Offline-Redolog-Datei
NEXT_CHANGE#	Höchste enthaltene SCN in der Offline-Redolog-Datei
RESETLOGS_CHANGE#	Resetlog-Change-Nummer der Datenbank, wird bei einem OPEN RESETLOGS hochgezählt
RESETLOGS_TIME	Zeitstempel des OPEN RESETLOGS

Tabelle 1.9: V$LOG_HISTORY

1.6.6 V$ARCHIVE_DEST

Die View V$ARCHIVE_DEST liefert Informationen über die konfigurierten Verzeichnisse für die Offline-Redolog-Dateien. Folgende Spalten sind für ein Backup und Recovery von Interesse:

Spalte	Beschreibung
DEST_ID	Identifier 1 bis 10, da bei LOG_ARCHIVE_DEST_n die Angabe von maximal zehn Verzeichnissen für die Speicherung der Offline-Redolog-Dateien möglich ist.
DEST_NAME	Parametername des Verzeichnisses für die Offline-Redolog-Dateien
DESTINATION	Verzeichnis, in das die Offline-Redolog-Dateien geschrieben werden.
BINDING	Gibt an, ob sich ein Fehler beim Schreiben der Offline-Redolog-Dateien in das jeweilige Verzeichnis DESTINATION auf das Überschreiben der zugehörigen Online-Redolog-Datei auswirkt. Mögliche Werte: MANDATORY – Erfolgreiches Schreiben der Offline-Redolog-Datei in das Verzeichnis DESTINATION notwendig. Zugehörige Online-Redolog-Datei darf so lange nicht überschrieben werden, bis das Schreiben der Offline-Redolog-Datei erfolgreich abgeschlossen wurde. OPTIONAL – Schreiben der Offline-Redolog-Datei muss nicht erfolgreich abgeschlossen werden.
TARGET	Gibt an, ob das Verzeichnis für die Offline-Redolog-Dateien lokal oder remote ist. PRIMARY – lokal STANDBY – remote
STATUS	Status des Verzeichnisses für die Offline-Redolog-Dateien

Tabelle 1.10: V$ARCHIVE_DEST

1.6.7 V$BACKUP

Die View V$BACKUP zeigt den Backup-Status aller Datendateien, die online gesetzt sind. Read-only-Dateien haben den Status NOT ACTIVE. Dateien, die nicht vorhanden oder offline gesetzt sind, werden in der View nicht angezeigt.

Achtung!
Wurde die Control-Datei durch ein Backup der Control-Datei ersetzt oder neu erzeugt, werden in der View V$BACKUP unter Umständen falsche Informationen angezeigt. Auch wenn ein Backup einer Datendatei eingespielt wurde, wird in V$BACKUP noch der Status der alten Datendatei angezeigt.

Die View V$BACKUP enthält folgende Spalten:

Spalte	Beschreibung
FILE#	Nummer der Datendatei
STATUS	Status der Datendatei: NOT ACTIVE ACTIVE – BEGIN BACKUP wurde für diese Datendatei gesetzt; die Datendatei befindet sich im Backup-Modus.
CHANGE#	SCN zum Startzeitpunkt des Backup-Modus
TIME	Startzeitpunkt des Backup-Modus

Tabelle 1.11: V$BACKUP

1.6.8 V$RECOVER_FILE

Über die View V$RECOVER_FILE kann der Status der Datendateien ermittelt werden, die ein Media Recovery benötigen. Falls keine der Datendateien ein Recovery benötigt, zeigt diese View keine Einträge.

Achtung!
Auch die View V$RECOVER_FILE enthält falsche Informationen, wenn ein Backup der Control-Datei verwendet wird oder die Control-Datei neu erzeugt wurde und der Media-Fehler der Datendatei vor dem Erzeugen der Control-Datei auftrat.

Die View V$RECOVER_FILE enthält folgende Spalten:

Spalte	Beschreibung
FILE#	Nummer der Datendatei
ONLINE_STATUS	Derzeitiger Status der Datendatei: ONLINE OFFLINE
ERROR	Fehlerinformation
CHANGE#	SCN, ab der das Recovery durchgeführt werden muss
TIME	Zeitpunkt der SCN, ab der das Recovery durchgeführt werden muss

Tabelle 1.12: V$RECOVER_FILE

1.6.9 V$RECOVERY_LOG

Über die View V$RECOVERY_LOG werden alle Offline-Redolog-Dateien angezeigt, die für ein Media Recovery benötigt werden. Bei einem unvollständigen Recovery (zum Beispiel nach einem Benutzerfehler) ist die View V$RECOVERY_LOG jedoch leer.

Spalte	Beschreibung
SEQUENCE#	Log-Sequence-Nummer der Offline-Redolog-Datei
TIME	Zeitpunkt des ersten Eintrags (kleinste SCN) in der Offline-Redolog-Datei
ARCHIVE_NAME	Name der benötigten Offline-Redolog-Datei

Tabelle 1.13: Wichtige Spalten V$RECOVERY_LOG

2 Backup-Strategien

Bei der Planung einer Backup-Strategie sollte im Vorfeld ermittelt werden, welche Anforderungen an das Recovery im Fehlerfall gestellt werden und zu welchen Zeiten die Datenbank für ein Offline-Backup beendet werden kann.

Folgende Punkte spielen eine Rolle bei der Entscheidung für eine Backup-Strategie:

- Wie lange darf die Wiederherstellung dauern?

  Ein wichtiges Kriterium bei der Backup-Strategie ist die Zeit, die für das Zurückspielen der Dateien vom Backup-Medium und das anschließende Nachfahren der benötigten Daten aus den Redolog-Dateien bis zum Öffnen der Datenbank höchstens in Anspruch genommen werden darf.

- Kann die Datenbank offline gesichert werden?

  Häufig ist dies nur nachts oder am Wochenende möglich. Muss die Datenbank sieben mal 24 Stunden in der Woche zur Verfügung stehen, so kann das Backup nur online erfolgen. Bei vielen Produktivsystemen gibt es jedoch vereinbarte Wartungsfenster, in denen ein Offline-Backup durchgeführt werden kann. Außerdem gibt es noch die Möglichkeit eines Split-Mirror-Backups und des Backups einer Standby-Datenbank (siehe auch Abschnitt 3.5 und 3.6).

- Wie groß ist das zu erwartende Datenvolumen?

  Bei sehr großen Datenbanken müssen durchsatzstarke und entsprechend dimensionierte Sicherungsmedien und eine leistungsstarke Hardware (Bandlaufwerk, Netzwerk, CPU, Plattenkontroller etc.) zum Einsatz kommen, um das große Datenvolumen sowohl beim Backup als auch beim Restore bewältigen zu können.

Ein weiterer wichtiger Punkt bei der Wahl der richtigen Backup-Strategie ist natürlich auch die Verhältnismäßigkeit zwischen den Anforderungen, die an das Recovery gestellt werden, und den mit dem geplanten Backup-Konzept verbundenen Kosten, Ressourcen und sonstigen Aufwand.

Backups sollten nie auf den Platten gespeichert werden, auf denen sich die Originale der Datendateien, Redolog-Dateien oder Control-Dateien befinden. Wenn mehr als ein Backup der Datenbank auf Platte gesichert wird, sollten auch diese Backups auf unterschiedlichen Plattenbereichen liegen. Backups sollten zudem regelmäßig auf ihre Konsistenz und Lesbarkeit geprüft werden!

Hinweis
Jede Datenbank, die wichtige, sich ändernde Daten enthält, sollte nur im ARCHIVELOG-Modus betrieben werden.

2.1 Backup-Arten

Grundsätzlich wird zwischen zwei Backup-Arten unterschieden, dem physischen und dem logischen Backup. Wie der Name schon sagt, wird bei einem physischen Backup die auf den Platten vorhandene Blockstruktur 1:1 auf ein Sicherungsmedium kopiert, wohingegen bei einem logischen Backup die logische Struktur und der Inhalt von Datenbankobjekten in eine binäre Datei geschrieben werden.

Physische wie logische Backups können dabei den gesamten Datenbestand oder nur einen Teil der Datenbank beinhalten.

Partielle physische Sicherungen erfolgen dabei auf Datei- beziehungsweise Blockebene, wohingegen bei partiellen logischen Backups nur Teile der logischen Struktur einer Datenbank gesichert werden, also zum Beispiel eine oder mehrere Tabellen.

Das physische Backup lässt sich noch weiter in Vollbackup und inkrementelles Backup unterteilen und kann sowohl offline als auch online erfolgen.

2.1.1 Physische und logische Backups

Physische Backups

Das physische Backup einer Oracle-Datenbank ist im Produktivbetrieb eine zwingende Notwendigkeit, um im Fehlerfall beispielsweise bei Ausfall des Betriebssystems, einer oder mehrerer Festplatten oder des Rechners einen konsistenten Datenbestand rekonstruieren zu können.

Physische Backups sind Sicherungen der Datenbankdateien, wie Datendateien, Control-Dateien und Offline-Redolog-Dateien. Dazu gibt es zwei grundsätzliche Sicherungsmöglichkeiten, die hier im Einzelnen beschrieben werden sollen.

1. Offline-Backup: Die Datenbank ist beendet. Der Zugriff auf die Daten ist nicht möglich.
2. Online-Backup: Die Datenbank ist geöffnet und steht uneingeschränkt zur Verfügung. Die Datenbank muss sich im ARCHIVELOG-Modus befinden!

Ein Online-Backup kann nur dann zur Wiederherstellung der Daten benutzt werden, wenn auch die während des Backups angefallenen Redolog-Dateien zur Verfügung stehen. Die Offline-Redolog-Dateien sollten deshalb unabhängig vom Backup-Zyklus laufend gesichert werden.

Ein Offline-Backup ist oft nötig, wenn mehrere Datenbanken oder Anwendungen, die ändernd auf Daten zugreifen, in einem Systemverbund stehen und ein konsistenter Aufsetzpunkt innerhalb dieses Verbunds sichergestellt werden muss. Dazu müssen alle beteiligten Systeme zur gleichen Zeit konsistent angehalten oder beendet und anschließend gesichert werden. So wird gewährleistet, dass im Fall eines Restores der gesamten Systemlandschaft keine Inkonsistenzen auftreten.

Die beiden grundlegenden physischen Sicherungsverfahren Offline- und Online-Backup bieten neben einer Vollsicherung noch weitere Möglichkeiten der Datensicherung.

Backup-Typ	Beschreibung
Offline	Sicherung bei geschlossener Datenbank
Online	Sicherung bei geöffneter Datenbank
Vollsicherung	Sicherung aller für eine Wiederherstellung der Datenbank erforderlichen Dateien
Partielle Sicherung	Sicherung einzelner Tablespaces oder Datendateien
Inkrementelle Sicherung	Sicherung der seit dem letzten Backup veränderten Datenbankblöcke

Tabelle 2.1: Typen physischer Backups

Während eines Offline- oder Online-Backups können auch nur Teilbereiche der Datenbank wie ein oder mehrere Datendateien oder Tablespaces gesichert werden. Je nach Größe und Backup-Zeit der Datenbank kann es durchaus vorkommen, dass innerhalb des zur Verfügung stehenden Zeitrahmens keine Komplettsicherung der Datenbank möglich ist. Bei partiellen Backups muss darauf geachtet werden, dass innerhalb eines Backup-Zyklus jede zur Datenbank gehörende Datei mindestens einmal gesichert wird.

Bei inkrementellen Backups werden nur die Datenbankblöcke gesichert, die seit dem letzten inkrementellen oder vollständigen Backup geändert wurden. Dies kann über die SCN, die System-Change-Nummer, die in jedem Block einer Datendatei steht, bestimmt werden. Ein inkrementelles Backup kann nur durchgeführt werden, wenn diesem und eventuell vorausgegangenen inkrementellen Sicherungen ein vollständiges Backup zugrunde liegt.

Die Möglichkeit eines inkrementellen Backups bietet auch der Oracle Recovery Manager, kurz RMAN. Die Features des RMAN sind in Kapitel 9 beschrieben.

Logische Backups

Im Gegensatz zu physischen Backups werden bei logischen Sicherungen nicht die Datendateien und/oder physischen Blöcke und Strukturen gesichert, sondern die Inhalte der Datenbankobjekte und die dazugehörige logische Struktur.

Dabei werden die Definitionen der Objekte – wie Tabellen, Indizes, Kommentare und Constraints – extrahiert und in die Dump-Datei auf Platte oder Band geschrieben. Anschließend werden die Tabelleninhalte ausgelesen und in die Dump-Datei geschrieben.

Mithilfe logischer Backups ist es möglich, logische Strukturen und Inhalte wiederherzustellen, zum Beispiel nach dem versehentlichen Löschen einer Tabelle.

2.1.2 Vollbackup und inkrementelles Backup

Vollbackup und inkrementelles Backup sind zwei Möglichkeiten eines physischen Backups und finden beim logischen Backup keine Anwendung.

Vollbackup

Ein Vollbackup bildet die Grundlage für einen erfolgreichen Restore und ein anschließendes Recovery, da dabei alle zum Backup-Zeitpunkt belegten Blöcke gesichert werden. Vollbackup heißt nicht, dass dabei zwingend die gesamte Datenbank gesichert wird. Ein Vollbackup kann beispielsweise auch aus nur einem Tablespace oder einer einzigen Datendatei bestehen.

Ein Vollbackup darf nicht mit einem RMAN Full Backup verwechselt werden, da bei RMAN sowohl ein Full Backup wie auch ein inkrementelles Backup Level 0 einem Vollbackup entsprechen (Details siehe Kapitel 9 RMAN).

Inkrementelles Backup

Bei einem inkrementellen Backup werden die seit dem letzten Vollbackup oder inkrementellen Backup geänderten Daten gesichert. Voraussetzung für ein inkrementelles Backup (oder inkrementelles Backup Level 1 bei RMAN) ist daher immer ein Vollbackup oder ein oder mehrere inkrementelle Backups, denen wiederum ein Vollbackup zugrunde liegt.

Wie auch beim Vollbackup kann ein inkrementelles Backup aus den geänderten Blöcken der ganzen Datenbank oder aus Teilen davon bestehen. Inkrementelle Backups können differenziell oder kumulativ sein. Sie können entweder auf dem vorangegangenen inkrementellen Backup (differenziell) oder auf dem letzten Vollbackup (kumulativ) aufsetzen.

Kumulative inkrementelle Backups haben den Vorteil, dass zusätzlich zum Vollbackup nur ein inkrementelles Backup zurückgesichert werden muss. Der Nachteil besteht darin, dass der Umfang des kumulativen inkrementellen Backups mit wachsendem zeitlichen Abstand zum zugrunde liegenden Vollbackup stetig zunimmt.

2.1.3 Übersicht der Tools

Tools für ein logisches Backup

- Oracle Export und Import Utilities

  Bis einschließlich Oracle 9i standen für logische Backups nur der Oracle Export (`exp`) und Import (`imp`) zur Verfügung (Beschreibung siehe Abschnitt 4.2 beziehungsweise 7.4). Mit Oracle 11g wird Export zwar noch ausgeliefert, jedoch nicht mehr unterstützt.

- Oracle Data Pump

  Seit der Version 10g bietet Oracle zusätzlich das Dienstprogramm Data Pump für den Export und Import. Die Handhabung von Data Pump Export/Import ist ähnlich der des konventionellen Export/Imports. Jedoch bietet Data Pump funktionale Erweiterungen sowie eine verbesserte Performance. Data Pump Export ist beschrieben in Kapitel 4.3, Data Pump Import in Kapitel 7.5.

Diese Tools (`exp/imp` und `expdp/impdp`) schreiben die Daten beim Export in binäre Dateien. Die Dateien, die von Oracle Data Pump Export erzeugt werden, sind dabei nicht mit denen des ursprünglichen Exports kompatibel.

Die Anwendung und Funktionsweise dieser Tools werden in den Kapiteln 4 und 7 behandelt.

Tools für ein physisches Backup

- Oracle Recovery Manager (RMAN)

  RMAN, bereits mit Oracle 8 eingeführt, bietet sehr umfangreiche Möglichkeiten für das Backup, Restore und Recovery.

  Die Funktionsweise und Anwendung werden in Kapitel 9 näher erläutert.

- Alternativ dazu können Backups auch benutzerverwaltet durchgeführt werden. Das bedeutet, dass die für ein konsistentes Backup benötigten Dateien manuell, skriptgesteuert oder mithilfe von Drittanbietertools gesichert werden.

2.2 Aufbewahrungsrichtlinien

Die Aufbewahrungsrichtlinien setzen die Regeln, welche Backups erhalten werden müssen, um Anforderungen an ein Recovery erfüllen zu können. Die Aufbewahrungsrichtlinien können datenredundanz- oder zeitbasiert sein.

Bei datenredundanzbasierten Vorgaben muss eine bestimmte Anzahl unterschiedlicher Backups jeder Datei vorgehalten werden.

Dagegen handelt es sich bei zeitfensterbasierten Aufbewahrungsrichtlinien um bestimmte Aufbewahrungsfristen (zum Beispiel eine Woche oder ein Monat). Sie stellen sicher, dass alle nötigen Backups vorhanden sind.

Bei Verwendung beider Richtlinientypen kann mit einem Point-in-Time-Recovery jeder Zeitpunkt und damit jeder konsistente Datenbestand seit dem ältesten noch verfügbaren Backup wiederherstellt werden, sofern noch alle Offline-Redolog-Dateien zwischen dem Startzeitpunkt des Backups und dem Zielzeitpunkt des Point-in-Time-Recoverys vorhanden sind.

Zusätzlich müssen meist aus Revisions- oder Archivierungsgründen auch Langzeitsicherungen mit Aufbewahrungsfristen von mehreren Jahren durchgeführt werden.

2.3 Backup-Zyklen

Die Art und Häufigkeit von Backups werden meist durch die Häufigkeit und das Volumen der Datenbankänderungen, wie zum Beispiel das Anlegen und Löschen von Tabellen oder das Ändern der Tabellendaten, bestimmt. Je häufiger Daten in der Datenbank verändert werden und je größer das geänderte Datenvolumen ist, desto häufiger sollten Backups gezogen werden, um im Recovery-Fall die Ausfallzeiten zu verkürzen.

Wenn zusätzlich zu den Vollsicherungen auch inkrementelle Sicherungen durchgeführt werden, so kann es durchaus ausreichen, einmal wöchentlich den gesamten Datenbestand entweder offline oder online zu sichern. Inkrementelle Backups können beispielsweise mithilfe des Oracle Recovery Managers gezogen werden.

Auch können häufigere Backups von Tablespaces oder einzelner Datendateien, die sehr vielen Änderungen unterliegen, in manchen Situationen die Recovery-Zeiten verkürzen.

Zusätzlich zu den geplanten Backups müssen sämtliche Offline-Redolog-Dateien, die während des Datenbankbetriebs geschrieben werden, ohne Unterbrechung gesichert werden.

2.3.1 Zusätzliche Backups

Außer den fest eingeplanten Backups gibt es auch Spezialfälle, die ein Backup erfordern, damit es im Fehlerfall nicht zu einem Datenverlust kommt.

- Vor und/oder nach Strukturänderungen der Datenbank:

  Unmittelbar nach dem Erweitern oder Neuanlegen eines Tablespace ebenso wie nach dem Umbenennen von Datendateien sollten die betroffenen Datendateien gemeinsam mit einer Kopie der Control-Datei gesichert werden. Wurde ein Tablespace gelöscht, sollte anschließend die Control-Datei gesichert werden (siehe auch Abschnitt 1.1.4, Control-Dateien: Administrationskommandos).

  Die Control-Datei sollte außerdem nach jedem Hinzufügen, Löschen oder Umbenennen von Redolog-Gruppen oder Redolog-Dateien gesichert werden. Dies hat den Vorteil, dass bei einem Recovery eines früheren Backups über diesen Zeitpunkt hinweg die aktuelle wie auch die Sicherungskopie der Control-Datei bereits die Informationen über die neuen oder geänderten Dateien beinhaltet.

- Vor und nach einem Datenbank-Upgrade oder nach dem Einspielen von Oracle-Patches:

  Wird ein Oracle-Releasewechsel durchgeführt oder ein neues Patch-Set eingespielt, so empfiehlt es sich, unmittelbar vor der Software-Änderung eine Komplettsicherung der Datenbank und der Oracle-Software (Windows: auch die Registry-Einträge) durchzuführen, um im Fall des Scheiterns des Software-Updates die Datenbank zurücksetzen zu können. Nach dem erfolgreichen Software-Update muss wiederum eine Komplettsicherung der Datenbank und der Oracle-Software stattfinden.

- Nach allen NOLOGGING-Operationen:

  Wird ein direct path load zum Bestücken der Datenbank durchgeführt, so werden keine Logging-Informationen in die Redolog-Dateien geschrieben. Daher ist es nicht möglich, diese Änderungen aus einem früheren Backup wiederherzustellen und anschließend ein Recovery der Daten durchzuführen. Ebenso verhält es sich beim Anlegen von Tabellen oder Indizes mit der NOLOGGING-Option. Deshalb sollten nach allen Datenbankaktivitäten, bei denen keine Redo-Daten geschrieben werden, die gesamte Datenbank, zumindest jedoch die betroffenen Tablespaces oder Datendateien gesichert werden.

2.4 Sicherungsnetzwerk

Ein wichtiger Aspekt bei der Planung von Backup und Restore in Bezug auf Sicherheit, Performance und Ausfallzeiten liegt in den leistungsstarken und redundant ausgelegten Komponenten, die für das Sichern und Wiederherstellen der Daten genutzt werden. Dazu gehört unter anderem auch das Netzwerk.

Um den Datenbankbetrieb durch Online-Sicherungen möglichst wenig zu beeinträchtigen und um die Backup- und Restore-Zeiten so kurz wie möglich zu halten, sollte für die Sicherung ein eigenes, entsprechend leistungsfähiges Netz zur Verfügung stehen. Dadurch kann auch beim Restore der größtmögliche Durchsatz erreicht werden.

Dieses Netz sollte exklusiv für diesen Datentransfer reserviert sein. Es muss natürlich im Fehlerfall auf ein anderes Netz ausgewichen werden können, um die Sicherungen bei längeren Ausfallzeiten SLA-konform durchführen zu können.

3 Grundlagen des physischen Backups

3.1 Einführung

Das physische Backup einer Oracle-Datenbank ist im Produktivbetrieb eine zwingende Notwendigkeit, um im Fehlerfall beispielsweise bei Ausfall des Betriebssystems, einer oder mehrerer Festplatten oder des Rechners einen konsistenten Datenbestand rekonstruieren zu können.

Physische Backups sind Sicherungen der Dateien, die für die Speicherung und Wiederherstellung der Datenbank benutzt werden, wie Datendateien, Control-Dateien und Offline-Redolog-Dateien. Die Datenbank lässt sich je nach gewählter Sicherungsstrategie und Fehlertyp vollständig oder nur mit Datenverlust wiederherstellen.

Dazu gibt es zwei grundsätzliche Sicherungsmöglichkeiten, die hier im Einzelnen beschrieben werden sollen.

- Offline-Backup: Die Datenbank ist geschlossen; kein Zugriff auf Daten möglich.
- Online-Backup: Die Datenbank ist geöffnet und steht uneingeschränkt zur Verfügung. Die Datenbank muss sich im ARCHIVELOG-Modus befinden.

Ein Offline-Backup ist oft nötig, wenn mehrere Datenbanken oder Anwendungen, die ändernd auf Daten zugreifen, in einem Systemverbund stehen und ein konsistenter Aufsetzpunkt innerhalb dieses Verbunds sichergestellt werden muss. Dazu müssen alle beteiligten Systeme zur gleichen Zeit konsistent angehalten oder beendet und anschließend gesichert werden. So wird gewährleistet, dass im Fall eines Restores der gesamten Systemlandschaft keine Inkonsistenzen auftreten.

Ein Online-Backup benötigt zur Wiederherstellung der Daten alle während des Backups angefallenen Redolog-Dateien. Die während des Backups angefallenen Offline-Redolog-Dateien sollten deshalb ebenso lange wie das Online-Backup selbst aufbewahrt werden. Zusätzlich sollten Offline-Redolog-Dateien unabhängig vom Backup-Zyklus laufend gesichert werden. Für Produktivsysteme empfiehlt es sich, die Offline-Redolog-Dateien mehrfach beispielsweise auf zwei unterschiedliche Bänder zu sichern, um bei eventuellen Fehlern auf den Sicherungsmedien (zum Beispiel Bandlesefehler) eine Ausfallsicherheit zu gewährleisten.

Die Sicherung der Dateien kann auf verschiedene Medien erfolgen und wird entweder mit Betriebssystemmitteln, über den Oracle Recovery Manager oder mit Tools von Drittanbietern auf das jeweilige Backup-Medium kopiert.

Die Backup-Medien (zum Beispiel Platten oder Bandlaufwerke) sollten dabei direkt am Datenbankserver angeschlossen sein.

3.2 Offline-Backup

Unter einem vollständigen Offline-Backup versteht man die physische Sicherung aller für das Wiederherstellen einer Datenbank notwendigen Dateien im ‚kalten' Zustand. Das bedeutet, die Datenbank muss vor dem Backup geschlossen werden. Dadurch wird gewährleistet, dass während dieser Zeit keine Änderungen in der Datenbank stattfinden. Nach einem Offline-Backup der gesamten Datenbank verfügt man über eine konsistente Sicherung der Datenbank.

Es können aber während eines Offline-Backups auch nur einzelne Tablespaces oder Datendateien gemeinsam mit der Control-Datei gesichert werden. Diese partielle Sicherung einer Datenbank kann nicht für eine konsistente Wiederherstellung der gesamten Datenbank verwendet werden. Hierfür werden zusätzlich die Offline-Redolog-Dateien zwischen den einzelnen partiellen Sicherungen benötigt.

Ein vollständiges Offline-Backup muss folgende Dateien beinhalten:

1. alle Datendateien sämtlicher Tablespaces (Temp-Files müssen dabei nicht gesichert werden)
2. mindestens eine Kopie der Control-Datei
3. die Konfigurationsdateien der Datenbank, wie die Parameterdatei (PFILE beziehungsweise SPFILE), tnsnames.ora und listener.ora sowie die Passwortdatei
4. die Online-Redolog-Dateien, um das Öffnen der Datenbank nach einem Restore der kompletten Datenbank ohne weiteres Recovery und ohne die Option `RESETLOGS` zu ermöglichen sowie um das Crash Recovery zu vereinfachen, falls die Datenbank nicht konsistent gestoppt werden konnte.

Die Sicherung der Online-Redolog-Dateien ist jedoch nicht zwingend erforderlich. In vielen Umgebungen werden diese bei einem Offline-Backup nicht gesichert.

Vor einem Offline-Backup muss die Datenbank möglichst konsistent gestoppt werden.

> **Achtung!**
> Wird die Datenbank im NOARCHIVELOG-Modus betrieben, so ist das konsistente Beenden zwingend erforderlich! Dies bedeutet, dass die Datenbank mit `SHUTDOWN NORMAL | IMMEDIATE | TRANSACTIONAL` beendet werden muss.

Dadurch wird sichergestellt, dass keine offenen Transaktionen in der Datenbank existieren. Wird die Datenbank automatisch für das Backup beendet, was beispielsweise bei einem skriptgesteuerten Backup der Fall ist, so sollte immer `SHUTDOWN IMMEDIATE` verwendet werden, um die Datenbank so schnell wie möglich konsistent zu beenden.

`SHUTDOWN IMMEDIATE` lässt keine Neuanmeldungen zu, und es können keine neuen Transaktionen angestoßen werden. Alle offenen Transaktionen werden abgebrochen (Rollback). Wenn noch lang laufende, offene Transaktionen existieren, kann es sein, dass auch diese Methode zur Beendigung der Datenbank länger dauert. Außerdem werden alle Verbindungen der angemeldeten Benutzer getrennt.

Beim `SHUTDOWN NORMAL` können sich zwar keine Benutzer mehr anmelden, die Datenbank wird aber erst beendet, wenn sich alle User abgemeldet haben.

Durch das Stoppen mit SHUTDOWN TRANSACTIONAL wird verhindert, dass neue Transaktionen gestartet werden, allerdings wartet die Datenbank so lange, bis alle offenen Transaktionen abgeschlossen wurden, egal ob erfolgreich (Commit) oder nicht (Rollback). Es sind keine Neuanmeldungen möglich, und nach Beendigung der letzten Transaktion werden alle noch verbundenen Benutzer abgemeldet.

3.2.1 Ermittlung der für das Offline-Backup benötigten Dateien

Um die Dateien zu bestimmen, die für eine Komplettsicherung benötigt werden, stehen unter anderem folgende Möglichkeiten zur Verfügung.

Datendateien

Für die Sicherung der Datenbank müssen nur die aktuellen Datendateien gesichert werden. Manchmal kann es vorkommen, dass sich im File-System noch ‚Leichen' befinden, die vom Löschen nicht mehr benötigter Tablespaces herrühren. Diese Dateien werden für die Sicherung nicht benötigt. Den aktuellen Bestand mit Pfad, Namen und Größe der Dateien kann man über die Views DBA_DATA_FILES oder V$DATAFILE bestimmen.

Pfad und Dateinamen sowie Größe der Datendateien:

```
SQL> SELECT FILE_NAME, BYTES FROM DBA_DATA_FILES;
FILE_NAME                  BYTES
-------------------------- ------------------
C:\ORACLE\GC\USERS02.DBF   5242880
C:\ORACLE\GC\USERS01.DBF   5242880
C:\ORACLE\GC\SYSAUX01.DBF  262144000
...
SQL> SELECT NAME, BYTES FROM V$DATAFILE;
NAME                         BYTES
---------------------------- -----------------
C:\ORACLE\GC\SYSTEM01.DBF    503316480
C:\ORACLE\GC\UNDOTBS01.DBF   26214400
C:\ORACLE\GC\SYSAUX01.DBF    262144000
...
```

Um sich alle Tablespaces – außer den temporären – und ihre zugehörigen Datendateien anzeigen zu lassen, kann folgendes SQL-Statement abgesetzt werden:

```
SQL> SELECT t.NAME "Tablespace", f.NAME "Datafile"
FROM V$TABLESPACE t, V$DATAFILE f
WHERE t.TS# = f.TS#
ORDER BY t.NAME;
Tablespace        Datafile
-----------------------------------------------------
SYSAUX            C:\ORACLE\GC\SYSAUX01.DBF
SYSTEM            C:\ORACLE\GC\SYSTEM01.DBF
UNDOTBS1          C:\ORACLE\GC\UNDOTBS01.DBF
USERS             C:\ORACLE\GC\USERS01.DBF
```

Dateien von Temporary Tablespaces/Temp-Files

Temp-Files gehören immer zu Temporary Tablespaces. Wie der Name schon sagt, können in ihnen keine permanenten Objekte wie Tabellen abgelegt werden. Sie werden typischerweise für die Ablage temporärer Datenbankobjekte, die zum Beispiel beim Sortieren entstehen, genutzt.

Nach Abschluss eines Sortiervorgangs, wie zum Beispiel einer `ORDER BY`-Anweisung in einem SQL-Statement, werden die belegten Extents wieder freigegeben. Somit werden diese Dateien nicht für das Backup benötigt.

Allerdings müssen sie bei Datenbanken bis einschließlich 9i nach einem Restore der Datenbank mit dem Befehl `ALTER TABLESPACE ADD TEMPFILE` wieder neu angelegt werden. Temp-Files werden dabei nicht auf allen Betriebssystemen initial mit der Größe aus der Storage-Anweisung des `CREATE/ALTER TABLESPACE`-Kommandos erzeugt, sondern wachsen erst, wenn in ihnen temporäre Objekte abgelegt werden Dies sollte auch bei der Dateisystemüberwachung berücksichtigt werden. Der Vollständigkeit halber soll auch die Bestimmung dieser Dateien hier aufgezeigt werden. Die Views `DBA_TEMP_FILES` und `V$TEMP-FILE` enthalten darüber die notwendigen Informationen.

Pfad und Dateinamen sowie Größe der Temp-Files:

```
SQL> SELECT FILE_NAME, BYTES FROM DBA_TEMP_FILES;
FILE_NAME                     BYTES
----------------------------- --------------------
C:\ORACLE\GC\TEMP01.DBF       20971520
SQL> SELECT NAME, BYTES FROM V$TEMPFILE;
NAME                          BYTES
----------------------------- --------------------
C:\ORACLE\GC\TEMP01.DBF       20971520
```

Konfigurationsdateien

Es gibt zwei unterschiedliche Arten der Parameterdatei: eine sogenannte Text-Initialisierungsparameterdatei init<SID>.ora und eine Serverparameterdatei spfile[<SID>].ora. Eine dieser Dateien muss vorhanden sein. Oracle liest beim Starten der Datenbankinstanz dabei das Verzeichnis `$ORACLE_HOME/dbs` beziehungsweise `%ORACLE_HOME%\database` aus. Finden sich in diesem Verzeichnis mehrere Parameterdateien, entscheidet sich Oracle in folgender Reihenfolge für eine dieser Dateien:

spfile<SID>.ora

spfile.ora

init<SID>.ora

Wird eine Serverparameterdatei *spfile[<SID>].ora* genutzt, kann diese wie folgt bestimmt werden:

```
SQL> SHOW PARAMETER SPFILE
NAME          TYPE        VALUE
------------- ----------- ----------------------------------------------------
spfile        string      C:\ORACLE\DB_1\DATABASE\SPFILEGC.ORA
```

Bei Nutzung der Parameterdatei *init<SID>.ora* liegt diese unter `$ORACLE_HOME/dbs` (Unix) oder `%ORACLE_HOME%\database` (Windows).

> **Achtung!**
> Eventuell ist in der Datei *init<SID>.ora* nur der Speicherort der Parameterdatei über die Parameter `IFILE = <Pfad>/init<SID>.ora` hinterlegt!

Im selben Verzeichnis wie die Parameterdatei befindet sich auch die Passwortdatei *pwd<SID>.ora*.

tnsnames.ora, listener.ora und sqlnet.ora liegen im Verzeichnis `$ORACLE_HOME/network/admin` beziehungsweise `%ORACLE_HOME%\network\admin` (Windows).

Control-Dateien

Pfade und Namen der Control-Dateien lassen sich über den Parameter `CONTROL_FILES` oder die View `V$CONTROLFILE` ermitteln.

Pfad und Dateinamen der Control-Dateien:

```
SQL> SHOW PARAMETER CONTROL_FILES
NAME                               TYPE        VALUE
---------------------------------- ----------- ------------------------------
control_files                      string      C:\ORACLE\PRODUCT\10.2.0\ORADA
                                               TA\GC\CONTROL01.CTL, C:\ORACLE
                                               \PRODUCT\10.2.0\ORADATA\GC\CON
                                               TROL02.CTL, C:\ORACLE\PRODUCT\
                                               10.2.0\ORADATA\GC\CONTROL03.CTL
```

oder

```
SQL> SELECT NAME FROM V$CONTROLFILE;
NAME
--------------------------------------------------------------
C:\ORACLE\PRODUCT\10.2.0\ORADATA\GC\CONTROL01.CTL
C:\ORACLE\PRODUCT\10.2.0\ORADATA\GC\CONTROL02.CTL
C:\ORACLE\PRODUCT\10.2.0\ORADATA\GC\CONTROL03.CTL
```

Online-Redolog-Dateien

Die Online-Redolog-Dateien werden nicht benötigt, um die Datenbank aus einem Offline-Backup wiederherzustellen, vorausgesetzt die Datenbank wurde konsistent geschlossen. Soll ein Offline-Backup zurückgespielt und die Datenbank ohne weiteres Recovery geöffnet werden, muss die Option `RESETLOGS` des `ALTER DATABASE OPEN`-Befehls verwendet werden. Dabei wird die Log-Sequence-Nummer zurückgesetzt und eine neue Datenbankinkarnation erzeugt. Falls dies vermieden werden soll, müssen auch die Online-Redolog-Dateien gesichert werden.

Die Online-Redolog-Dateien lassen sich am einfachsten über die View V$LOGFILE ermitteln.

Pfad und Dateinamen der Online-Redolog-Dateien:

```
SQL> SELECT MEMBER FROM V$LOGFILE;

MEMBER
--------------------------------------------------
C:\ORACLE\GC\REDO02.LOG
C:\ORACLE\GC\REDO01.LOG
C:\ORACLE\GC\REDO03.LOG
```

3.2.2 Ablauf eines Offline-Backups

Ein Offline-Backup gliedert sich grundsätzlich in folgende drei Phasen, wobei sich das Kopieren der Dateien auf das Backup-Medium recht unterschiedlich gestalten kann, je nachdem, welche Backup-Medien verwendet werden (Band, Platte etc.) und mit welchen Mitteln das Kopieren stattfindet (Betriebssystemmittel, RMAN oder Drittanbietertools).

1. Konsistentes Beenden der Datenbank: SHUTDOWN [NORMAL] | [TRANSACTIONAL] | [IMMEDIATE]
2. Kopieren der Datendateien, Control-Datei und der Konfigurationsdateien (Betriebssystemmittel, RMAN oder Drittanbietertools)
3. Optional auch die Online-Redolog-Dateien kopieren
4. Starten der Datenbank

Der Betrieb der Datenbank ist nun wieder uneingeschränkt möglich.

3.2.3 Offline-Backup im NOARCHIVELOG-Modus

Wird die Datenbank im NOARCHIVELOG-Modus betrieben, sollte zusätzlich noch Folgendes beachtet werden:

Beim konsistenten Beenden der Datenbank mit SHUTDOWN NORMAL, TRANSACTIONAL oder IMMEDIATE werden alle offenen Transaktionen beendet. Die Datenbank befindet sich dann in einem konsistenten Zustand.

Sollte aus irgendwelchen Gründen ein konsistentes Stoppen der Datenbank nicht beziehungsweise nicht mehr möglich sein, so müssen in diesem Fall zusätzlich auch die Online-Redolog-Dateien gesichert werden, um bei der Wiederherstellung der Datenbank aus diesem Backup ein Crash Recovery zu ermöglichen. Nur so kann die Datenbank alle Transaktionen, die beim Stoppen der Datenbank noch offen waren, konsistent beenden.

Dabei werden die bei erfolgreich beendeten Transaktionen (Commit) geänderten Daten in die Datenbank übernommen und Datenänderungen abgebrochener Transaktionen verworfen (Rollback). Die hierzu erforderlichen Informationen befinden sich in den Online-Redolog-Dateien.

3.3 Online-Backup

Der Hauptvorteil des Online-Backups liegt sicherlich darin, dass die Datenbank im laufenden Betrieb gesichert wird und somit der Betrieb uneingeschränkt möglich ist. Im Gegensatz zum Offline-Backup kann eine Sicherung im laufenden Betrieb natürlich nicht konsistent sein. Um trotzdem im Fehlerfall auf ein Online-Backup zurückgreifen zu können, benötigt man zusätzlich die Offline-Redolog-Dateien, die seit Beginn der Sicherung geschrieben wurden.

Während eines Online-Backups, also zwischen dem Setzen (`BEGIN BACKUP`) und dem Zurücknehmen (`END BACKUP`) des Backup-Modus, werden die Checkpoint-Zeitstempel nicht mehr in die Header der Datendateien, für die das Backup initiiert wurde, geschrieben. Das bedeutet, dass die Header der gesicherten Dateien den Zeitstempel des letzten Checkpoints vor Beginn des Backups aufweisen und Oracle somit bei einem Wiederherstellen dieser Dateien aus der Sicherung feststellen kann, welche Redolog-Dateien nachgefahren werden müssen.

Jede Redolog-Datei, die archiviert wird, erhält eine Log-Sequence-Nummer, die fortlaufend nummeriert ist. Für ein Online-Backup beziehungsweise ein Recovery dieses Backups ist diese Nummer unentbehrlich. Sie sollte deshalb mit dem Online-Backup protokolliert werden.

Ein entscheidender Unterschied zum Offline-Backup ist, dass bei Wiederherstellung der Datenbank aus einem Online-Backup immer ein Recovery der zurückgespielten Datendateien nötig ist, um die Datenbank auf einen konsistenten Stand zu bringen.

Achtung!
Online-Backups sind grundsätzlich nur dann möglich, wenn die Datenbank im ARCHIVELOG-Modus betrieben wird.

Auch für das Online-Backup gilt, dass sämtliche Dateien gesichert werden müssen, die für das Wiederherstellen der Datenbank benötigt werden.

Ein vollständiges Online-Backup besteht aus folgenden Dateien:

- alle Datendateien sämtlicher Tablespaces (Temp-Files müssen dabei nicht gesichert werden)
- alle während des Backups erzeugten Offline-Redolog-Dateien
- mindestens eine Kopie der Control-Datei
- die Konfigurationsdateien der Datenbank, wie die Parameterdatei (pfile beziehungsweise spfile), tnsnames.ora, listener.ora, sqlnet.ora sowie die Passwortdatei

Ebenso wie beim Offline-Backup kann die Sicherung der Dateien auf verschiedene Medien erfolgen und wird entweder mit Betriebssystemmitteln, über den Oracle Recovery Manager oder mit Tools von Drittanbietern auf das jeweilige Backup-Medium kopiert.

3.3.1 Ermittlung der für das Online-Backup benötigten Dateien

Um die Dateien zu ermitteln, die für ein vollständiges Online-Backup benötigt werden, stehen unter anderem folgende Möglichkeiten zur Verfügung.

Datendateien

Informationen über alle Datendateien inklusive Pfad, Name und Größe der Dateien kann man über die Views DBA_DATA_FILES oder V$DATAFILE bestimmen.

Pfad und Dateinamen sowie Größe der Datendateien:

```
SQL> SELECT FILE_NAME, BYTES FROM DBA_DATA_FILES;

FILE_NAME                  BYTES
-------------------------- ------------------
C:\ORACLE\GC\USERS02.DBF   5242880
C:\ORACLE\GC\USERS01.DBF   5242880
C:\ORACLE\GC\SYSAUX01.DBF  262144000
...

SQL> SELECT NAME, BYTES FROM V$DATAFILE;

NAME                         BYTES
---------------------------- -----------------
C:\ORACLE\GC\SYSTEM01.DBF    503316480
C:\ORACLE\GC\UNDOTBS01.DBF   26214400
C:\ORACLE\GC\SYSAUX01.DBF    262144000
...
```

Um sich alle Tablespaces – außer den temporären – und ihre zugehörigen Datendateien anzeigen zu lassen, kann folgendes SQL-Statement verwendet werden:

```
SQL> SELECT t.NAME "Tablespace", f.NAME "Datafile"
FROM V$TABLESPACE t, V$DATAFILE f
WHERE t.TS# = f.TS#
ORDER BY t.NAME;

Tablespace        Datafile
-----------------------------------------------------
SYSAUX            C:\ORACLE\GC\SYSAUX01.DBF
SYSTEM            C:\ORACLE\GC\SYSTEM01.DBF
UNDOTBS1          C:\ORACLE\GC\UNDOTBS01.DBF
USERS             C:\ORACLE\GC\USERS01.DBF
```

Offline-Redolog-Dateien

Die Offline-Redolog-Dateien, die für das Online-Backup benötigt werden, können erst nach Ende des Backups der Datendateien bestimmt werden.

Das Verzeichnis und das Format der Offline-Redolog-Dateien werden dabei am einfachsten über die Parameter LOG_ARCHIVE_DEST, LOG_ARCHIVE_DUPLEX_DEST oder LOG_ARCHIVE_DEST_n sowie LOG_ARCHIVE_FORMAT ermittelt.

Wurde eine Flash Recovery Area definiert (Parameter DB_RECOVERY_FILE_DEST), können sich die Redolog-Dateien auch in den Verzeichnissen unterhalb des Verzeichnisses DB_RECOVERY_FILE_DEST\<SID>\ARCHIVELOG befinden (Details siehe Kapitel 1.1.3, Abschnitt »Relevante Parameter«).

Der Parameter LOG_ARCHIVE_FORMAT kann sich dabei aus folgenden Variablen zusammensetzen:

Variable	Bedeutung
%s	Log-Sequence-Nummer
%t	Thread-Nummer
%a	Aktivierungs-ID
%d	Datenbank-ID
%r	Resetlogs-ID, die sicherstellt, dass eindeutige Namen für die Redolog-Dateien auch über mehrere Inkarnationen der Datenbank erzeugt werden

Tabelle 3.1: Variablen des Parameters LOG_ARCHIVE_FORMAT

Werden dabei Großbuchstaben für die Variablen, zum Beispiel *%S*, verwendet, werden die Werte auf eine (betriebssystemabhängige) Länge festgelegt und mit führenden Nullen aufgefüllt.

Der Name der Datei setzt sich aus diesen beiden Parametern zusammen.

Beispiel:

```
LOG_ARCHIVE_DEST = 'F:\ORACLE\GC1\arch\GC1'
LOG_ARCHIVE_FORMAT = ARC%S.%T
```

Dadurch würde sich für die Datei mit der Log-Sequence-Nummer 787 folgender Name ergeben:

```
F:\ORACLE\GC1\arch\GC1ARC00787.001
```

Die Log-Sequence-Nummer der ersten für die Sicherung notwendigen Offline-Redolog-Datei lässt sich bereits zu Beginn des Backups über folgende Datenbankabfrage feststellen.

```
SQL> SELECT SEQUENCE# FROM V$LOG WHERE STATUS='CURRENT';

SEQUENCE#
------------
787
```

Dies ist die zurzeit aktive Log-Sequence-Nummer, deren Redo-Daten daher noch nicht archiviert sind. Die jüngste archivierte Redolog-Datei ist demnach die mit der Sequence-Nummer 786. In der Alert-Datei der Datenbank findet man dazu den letzten Log-Switch:

```
Tue Apr 18 19:51:38 2008
Thread 1 advanced to log sequence 787
  Current log# 13 seq# 787 mem# 0: F:\...\LOG_G13M1.DBF
  Current log# 13 seq# 787 mem# 1: G:\...\LOG_G13M2.DBF
```

Nach Ende des Online-Backups muss die aktuelle Log-Sequence-Nummer erneut abgefragt werden. Damit erhält man die letzte für ein konsistentes Backup erforderliche Redolog-Datei.

Konfigurationsdateien

Es gibt zwei unterschiedliche Arten der Parameterdatei: eine sogenannte Text-Initialisierungsparameterdatei init<SID>.ora und eine Serverparameterdatei spfile[<SID>] .ora.

Wird eine Serverparameterdatei *spfile[<SID>].ora* genutzt, kann diese wie folgt bestimmt werden:

```
SQL> SHOW PARAMETER SPFILE
NAME          TYPE        VALUE
------------- ----------- ------------------------------------------------
spfile        string      C:\ORACLE\DB_1\DATABASE\SPFILEGC.ORA
```

Bei Nutzung der Parameterdatei *init<SID>.ora* liegt diese unter `$ORACLE_HOME/dbs` (Unix) oder `%ORACLE_HOME%/database` (Windows).

Achtung!
Eventuell ist in der Datei *init<SID>.ora* nur der Speicherort der Parameterdatei über die Parameter `IFILE = <Pfad>/init<SID>.ora` hinterlegt!

In demselben Verzeichnis wie die Parameterdatei befindet sich auch die Passwortdatei *pwd<SID>.ora.*

tnsnames.ora, listener.ora sowie *sqlnet.ora* liegen im Verzeichnis `$ORACLE_HOME/network/admin` (Unix) beziehungsweise `%ORACLE_HOME%\network\admin` (Windows).

Control-Dateien

Die Control-Datei muss für ein Online-Backup gesondert betrachtet werden. Anders als bei einem Offline-Backup kann keine Kopie der vorhandenen Control-Dateien verwendet werden, da diese fortlaufend aktualisiert werden (SCN etc.). Stattdessen muss zuerst ein Backup der Control-Datei erzeugt werden.

Mit folgendem Befehl wird eine binäre Datei erzeugt, die anschließend für das Online-Backup verwendet werden kann.

```
SQL> ALTER DATABASE BACKUP CONTROLFILE TO '<pfad>/<dateiname>';
```

Es kann aber auch eine Textdatei generiert werden, mittels derer eine neue Control-Datei erzeugt werden kann.

```
SQL> ALTER DATABASE BACKUP CONTROLFILE TO TRACE;
```

Die Datei wird in dem Verzeichnis angelegt, das durch den Initialisierungsparameter `USER_DUMP_DEST` festgelegt wurde. Ab Oracle 11g wird die Textdatei in das Verzeichnis `Diag Trace` geschrieben. Das Verzeichnis `Diag Trace` kann über die View `V$DIAG_INFO` (`SELECT * FROM V$DIAG_INFO`) ermittelt werden.

Nähere Informationen befinden sich in Abschnitt 1.1.4, Control-Dateien.

3.3.2 Durchführung eines Online-Backups

Anders als beim Offline-Backup wird für das Online-Backup die Datenbank nicht geschlossen. Deshalb muss der Datenbank der Beginn der Sicherung mitgeteilt werden. Dies erfolgt durch den Befehl `BEGIN BACKUP`. Bis Oracle 9i konnte das Kommando nur für die einzelnen Tablespaces abgesetzt werden. Ab Oracle 10g kann auch die gesamte Datenbank mit allen Datendateien in den Online-Backup-Modus gesetzt werden.

Aus diesem Grund werden beide Möglichkeiten im Folgenden betrachtet.

Online-Backup eines Tablespace

1. Bestimmen der aktuellen Log-Sequence-Nummer

```
SQL> SELECT SEQUENCE# FROM V$LOG WHERE STATUS='CURRENT';
```

   Alle Offline-Redolog-Dateien, die von nun an während des Backups erzeugt werden, also alle größer oder gleich dieser Log-Sequence-Nummer, werden für die Sicherung benötigt.

2. Tablespace in den Backup-Modus setzen

```
SQL> ALTER TABLESPACE <tablespace_name> BEGIN BACKUP;
```

3. Kopieren beziehungsweise Sichern aller zum Tablespace gehörenden Datendateien
4. Tablespace wieder aus dem Backup-Modus nehmen

```
SQL> ALTER TABLESPACE <tablespace_name> END BACKUP;
```

   Sollen mehrere Tablespaces innerhalb dieses Backups gesichert werden, müssen die Aktionen *Tablespace in den Backup-Modus* setzen, *Kopieren der zugehörigen Datendateien* und *Tablespace aus Backup-Modus nehmen* für diese Tablespaces wiederholt werden.

5. Backup der Control-Datei erzeugen

```
SQL> ALTER DATABASE BACKUP CONTROLFILE TO '<pfad>/<dateiname>' [REUSE];
```

   Die Angabe von `REUSE` ist nötig, wenn die Datei bereits existiert und überschrieben werden soll. Dies ist beispielsweise dann der Fall, wenn für das Online-Backup immer wieder derselbe Ablageort zur Sicherung der Control-Datei verwendet wird.

6. Bestimmen der aktuellen Log-Sequence-Nummer

```
SQL> SELECT SEQUENCE# FROM V$LOG WHERE STATUS='CURRENT';
```

   Die Redolog-Datei mit dieser Log-Sequence-Nummer ist damit die letzte, die für ein konsistentes Backup erforderlich ist. Da es sich dabei noch um eine Online-Redolog-Datei handelt, in welche die aktuellen Datenbankänderungen geschrieben werden, muss die Datei archiviert werden, um sie sichern zu können. Dies wird durch einen Log-Switch veranlasst.

```
SQL> ALTER SYSTEM SWITCH LOGFILE;
```

Dadurch wird auf die nächste Log-Sequence-Nummer umgeschaltet, und einer der Archiver-Prozesse schreibt die Informationen dieser Online-Redolog-Datei in das ARCHIVELOG-Verzeichnis. Nach Abschluss dieser Aktion können alle Redolog-Dateien, beginnend mit der anfangs abgefragten Log-Sequence-Nummer bis einschließlich der zuletzt archivierten Datei, auf das Backup-Medium kopiert werden.

7. Kopieren der Konfigurationsdateien und der Sicherung der Control-Datei

Damit ist das Online-Backup des Tablespace abgeschlossen. Trotzdem sollte zur Sicherheit noch kontrolliert werden, ob wirklich alle Datendateien des gesicherten Tablespace wieder aus dem Backup-Modus genommen wurden. Dazu wird die View V$BACKUP verwendet. Der Status der Dateien muss den Wert NOT ACTIVE aufweisen.

```
SQL> SELECT f.FILE_NAME "Dateiname", b.STATUS "Status"
     FROM DBA_DATA_FILES f, V$BACKUP b
     WHERE f.TABLESPACE_NAME='<tablespace_name>'
     AND f.FILE_ID = b.FILE#
     ORDER BY f.FILE_NAME;
```

Werden hier noch Dateien ausgegeben, die den Status ACTIVE besitzen, so kann entweder für jede Datei einzeln, für alle Dateien eines Tablespace oder für alle Datendateien der Datenbank der Backup-Modus zurückgesetzt werden. Bevor man jedoch den Status für alle Datendateien zurücksetzt, sollte sichergestellt sein, dass kein weiteres Online-Backup läuft.

```
SQL> ALTER DATABASE DATAFILE '<pfad>/<dateiname>' END BACKUP;

SQL> ALTER TABLESPACE END BACKUP;

SQL> ALTER DATABASE END BACKUP;
```

Damit haben alle Datendateien den Backup-Modus wieder verlassen, und die Zeitstempel der Checkpoints werden wieder in die Header der Datendateien geschrieben.

Online-Backup der gesamten Datenbank

Eine konsistente Online-Sicherung der gesamten Datenbank besteht aus den Kopien aller Datendateien sowie sämtlichen Änderungen, die während dieser Sicherung in der Datenbank durchgeführt wurden. Das bedeutet, dass alle Redolog-Dateien, die im Laufe der Sicherung erzeugt werden, zwingend für die Wiederherstellung eines konsistenten Zustands der Datenbank aus diesem Backup erforderlich sind. Außerdem werden die Informationen über die Datenbankstruktur zu diesem Zeitpunkt benötigt. Deshalb muss auch eine Kopie der Control-Datei erzeugt werden, die ebenso Bestandteil dieser Sicherung ist.

Zu Beginn der Sicherung muss also erst einmal die aktuelle Log-Sequence-Nummer ermittelt werden.

1. Bestimmen der aktuellen Log-Sequence-Nummer

```
SQL> SELECT SEQUENCE# FROM V$LOG WHERE STATUS='CURRENT';
```

   Alle Offline-Redolog-Dateien, die von nun an während des Backups erzeugt werden, also alle größer oder gleich dieser Nummer, werden für die Sicherung benötigt.

2. Datenbank in den Backup-Modus setzen

```
SQL> ALTER DATABASE BEGIN BACKUP;
```

3. Kopieren aller Datendateien der Datenbank (keine Temp-Files)
4. Datenbank wieder aus dem Backup-Modus nehmen

```
SQL> ALTER DATABASE END BACKUP;
```

5. Backup der Control-Datei erzeugen

```
SQL> ALTER DATABASE BACKUP CONTROLFILE TO '<pfad>/<dateiname>' [REUSE];
```

   Die Angabe von `REUSE` ist nötig, wenn die Datei bereits existiert und überschrieben werden soll. Dies ist beispielsweise dann der Fall, wenn für das Online-Backup immer wieder derselbe Ablageort zur Sicherung der Control-Datei verwendet wird.

6. Bestimmen der aktuellen Log-Sequence-Nummer

```
SQL> SELECT SEQUENCE# FROM V$LOG WHERE STATUS='CURRENT';
```

   Die Redolog-Datei mit dieser Sequence-Nummer ist damit die letzte, die für ein konsistentes Backup erforderlich ist. Da es sich dabei noch um eine Online-Redolog-Datei handelt, in welche die aktuellen Datenbankänderungen geschrieben werden, muss die Datei archiviert werden, um sie sichern zu können. Dies wird durch einen Log Switch veranlasst.

```
SQL> ALTER SYSTEM SWITCH LOGFILE;
```

   Dadurch wird auf die nächste Log-Sequence-Nummer umgeschaltet, und einer der Archiver-Prozesse schreibt die Informationen dieser Online-Redolog-Dateien in das ARCHIVELOG-Verzeichnis. Nach Abschluss dieser Aktion können alle Redolog-Dateien, beginnend mit der anfangs abgefragten Log-Sequence-Nummer bis einschließlich der zuletzt archivierten Datei, auf das Backup-Medium kopiert werden.

7. Kopieren der Konfigurationsdateien und der Sicherung der Control-Datei

Damit ist das Online-Backup der Datenbank abgeschlossen. Trotzdem sollte zur Sicherheit noch kontrolliert werden, ob wirklich alle Datendateien wieder aus dem Backup-Modus genommen wurden. Dazu wird die View `V$BACKUP` verwendet. Der Status der Dateien muss den Wert *NOT* ACTIVE aufweisen.

```
SQL> SELECT f.FILE_NAME "Dateiname", b.STATUS "Status"
     FROM DBA_DATA_FILES f, V$BACKUP b
     WHERE f.FILE_ID = b.FILE#
     ORDER BY f.FILE_NAME;
```

Oder um nur die unterschiedlichen Status der Dateien auszugeben:

```
SQL> SELECT distinct b.STATUS "Status"
     FROM DBA_DATA_FILES f, V$BACKUP b
     WHERE f.FILE_ID = b.FILE#;
```

Werden hier noch Dateien ausgegeben, die den Status ACTIVE besitzen, beziehungsweise wird bei der Ausgabe des zweiten SQL-Statements auch noch der Status ACTIVE zurückgeliefert, so kann entweder für jede Datei einzeln, für alle Dateien eines Tablespace oder für alle Datendateien der Datenbank der Backup-Modus zurückgesetzt werden.

```
SQL> ALTER DATABASE DATAFILE 'dateiname' END BACKUP;

SQL> ALTER TABLESPACE END BACKUP;
```

Ab Oracle 9i:

```
SQL> ALTER DATABASE END BACKUP;
```

Damit haben alle Datendateien den Backup-Modus wieder verlassen, und die Zeitstempel der Checkpoints werden wieder in die Header der Datendateien geschrieben.

3.4 Backup großer Datenbanken

Waren noch vor wenigen Jahren Datenbanken mit mehr als 100 Gigabyte eine Ausnahme, so sind heute selbst Datenbanken im Terabyte-Bereich nichts Ungewöhnliches mehr. Das Sicherungskonzept solch großer Datenbanken will aber wohl überlegt sein. Oft treten erst Probleme auf, wenn sich so ein Monstrum im Laufe der Jahre entwickelt hat und die Sicherung mit den bisherigen Mitteln und Methoden nicht mehr handhabbar ist. So dauert die Durchführung eines vollständigen Backups zu lange, oder es lassen sich die in den SLAs (Service Level Agreements) vereinbarten Restore-Zeiten mit den bestehenden Möglichkeiten und Ressourcen nicht mehr einhalten.

Ansatzweise sollen hier einige Möglichkeiten aufgezeigt werden, die das Sichern und Wiederherstellen großer Datenbanken beschleunigen und erleichtern können.

Dazu muss die im Rahmen von Backup und Restore verwendete Hardware (zum Beispiel Bandlaufwerke, Plattensysteme inklusive Controller und I/O-Busse) so weit wie möglich optimiert werden. Die Möglichkeiten, die sich hier bieten, sollten mit dem Hardware-Hersteller erörtert und abgestimmt werden.

Des Weiteren bieten auch noch andere Bereiche zum Teil erhebliches Verbesserungspotenzial, um Backup und Restore zu beschleunigen.

3.4.1 Parallelisierung

Eine deutliche Reduzierung der Backup-Laufzeiten kann durch die parallele Sicherung auf mehrere Band- oder Plattenlaufwerke gleichzeitig erzielt werden. Außerdem sollten die Band- oder Plattenlaufwerke direkt am Datenbankserver angeschlossen sein, das heißt, die Sicherung sollte nicht über das Netzwerk erfolgen.

Bei der Planung paralleler Backups spielen auch die Kapazität sowie der Durchsatz der Bandlaufwerke und die Zugriffszeiten der Festplatten eine Rolle. Weiterhin muss auch der maximale Durchsatz der System- und I/O-Busse berücksichtigt werden. Auch die Anzahl und Leistung der CPUs sollten beim Parallelisierungsgrad des Backups berücksichtigt werden.

3.4.2 Inkrementelle Backups

Die Verwendung von RMAN, dem Oracle Recovery Manager, bietet die Möglichkeit eines inkrementellen Backups (Level 1 Backup). Dabei werden nur die seit der letzten Vollsicherung (Level 0 Backup) oder dem letzten inkrementellen Backup geänderten Blöcke gesichert. Dadurch verringert sich das zu sichernde Datenvolumen.

Ab Oracle 10g kann zusätzlich das Block Change Tracking aktiviert werden, bei dem eine Betriebssystemdatei angelegt wird, in der Oracle die Datenbankblöcke protokolliert, die seit der letzten Vollsicherung geändert wurden. Bei einer inkrementellen Sicherung liest RMAN dann diese Datei aus, um die zu sichernden Blöcke zu bestimmen. Bis einschließlich Oracle 9i musste RMAN noch alle Blöcke der Datendateien lesen, um die Blöcke für das Backup zu bestimmen – auch die nicht veränderten. Durch die Verwendung des Block Change Trackings ergibt sich in Oracle 10g eine deutliche Laufzeitverbesserung für das inkrementelle Backup.

Der Nachteil inkrementeller Sicherungen ist der, dass bei einem Restore eine Vollsicherung und eine oder mehrere inkrementelle Sicherungen zurückgespielt werden müssen. Da bei einer Vollsicherung mit RMAN aber nur die gefüllten Datenbankblöcke gesichert werden, ist dies nicht unbedingt mit längeren Restore-Zeiten als bei anderen Sicherungsmethoden verbunden. Dazu mehr in Kapitel 9, Backup und Recovery über RMAN.

3.4.3 Partielle Backups

Wenn es nicht möglich ist, die gesamte Datenbank innerhalb eines für das Backup zur Verfügung stehenden Zeitfensters zu sichern, so besteht die Möglichkeit, nur Teile der Datenbank zu sichern, wie einzelne Tablespaces oder gar nur eine oder mehrere Datendateien. Für ein vollständiges Backup der Datenbank wird das Backup auf mehrere Zeitfenster wie zum Beispiel Nächte verteilt. Pro Nacht wird dann nur eine bestimmte Teilmenge der Datenbank gesichert.

Dies hat allerdings zur Folge, dass im Falle eines Restores Dateien aus unterschiedlichen Sicherungen zurückgespielt werden müssen und sich somit die Auszeit für das Recovery verlängert, da mehr Offline-Redolog-Dateien eingespielt werden müssen.

Ein partielles Backup kann offline oder online erfolgen und wird analog zu einer Vollsicherung durchgeführt mit dem Unterschied, dass eben nicht alle, sondern nur bestimmte Datendateien gesichert werden.

Ein gravierender Nachteil von partiellen Backups ist die Überwachung und Anpassung der einzelnen Backups, die in ihrer Gesamtheit eine vollständige Sicherung der Datenbank ergeben. Nur wenn ALLE partiellen Backups erfolgreich abgeschlossen und ALLE notwendigen Dateien der Datenbank gesichert wurden, ist eine vollständige Sicherung der Datenbank vorhanden. Bei einer Wiederherstellung aus einem partiellen Backup werden zusätzlich noch Offline Redologs benötigt, um die Datendateien unterschiedlicher Sicherungszeitpunkte wieder auf einen einheitlichen konsistenten Stand zu bringen. Auch Strukturänderungen an der Datenbank wie beispielsweise neue Datendateien müssen berücksichtigt und gegebenenfalls in die Definition der partiellen Backup-Jobs aufgenommen werden.

Eine sinnvolle Nutzung von partiellen Backups besteht in der Sicherung einzelner Tablespaces mit sehr häufigen und vielen Datenänderungen zusätzlich zu vollständigen Backups. Bei einem Recovery einzelner oder aller Datendateien dieser Tablespaces müssen so nur die seit diesem partiellen Backup angefallenen Redolog-Dateien zurückgespielt werden, also weniger Offline-Redolog-Dateien als seit der letzten vollständigen Datenbanksicherung erzeugt wurden.

3.4.4 Zwei-Phasen-Backup

Unter einem Zwei-Phasen-Backup versteht man die Aufteilung der Sicherung in zwei Schritte:

Im ersten Schritt wird eine Sicherung auf einen Plattenbereich durchgeführt, die wesentlich schneller ist als eine Bandsicherung. Anschließend wird das Backup auf Band gesichert.

Die Vorteile ergeben sich zum einen aus der verkürzten Sicherungsdauer und zum anderen durch die Möglichkeit eines schnellen Restore vom Plattenbereich, sofern das zuletzt erstellte Backup zurückgespielt werden muss.

Als Nachteil ist hier der zusätzlich nötige Plattenplatz zu sehen. Außerdem müssen hier zwei Backups statt wie bei einem konventionellen Backup eines durchgeführt werden. Ein spezieller Fall des Zwei-Phasen-Backups ist das Split-Mirror-Backup (siehe Kapitel 3.5).

3.4.5 Snapshots

Verschiedene Hardware-Hersteller bieten eine sogenannte Snapshot-Methode an. Dabei werden alle Daten zu einem bestimmten Zeitpunkt auf I/O-Ebene eingefroren.

Snapshots werden entweder bei geschlossener Datenbank (offline) oder im Backup-Modus (online) erzeugt. Werden anschließend wieder Daten geändert, werden diese beim nächsten Snapshot zusätzlich abgespeichert.

Mithilfe von Snapshots können sehr schnell Backups (meist in wenigen Sekunden) auf Platte erzeugt werden. Dabei ist es möglich, mehrere Snapshots von unterschiedlichen Zeitpunkten zu erzeugen. Der zusätzlich dafür benötigte Plattenplatz hält sich in Grenzen, da jeweils nur die geänderten Blöcke gesichert werden. Bei längerem Vorhalten der Snapshots ist zudem ein schneller Restore der Datenbank möglich.

Während der Snapshots kann es zu Performance-Einbußen beziehungsweise Ressourcenengpässen kommen.

3.4.6 Multisection-Backups

Seit Oracle 11g bietet RMAN auch die Möglichkeit, große Datendateien stückweise zu sichern. Das Multisection-Backup bietet den Vorteil, dass große Datendateien parallel gesichert werden können. Dabei wird die Datendatei in einzelne Bereiche aufgeteilt, die aus einer Reihe aufeinanderfolgender Datenbankblöcke bestehen. Ein Backup-Set (siehe Abschnitt 9.3) beinhaltet stets alle Sektionen einer Datendatei.

3.5 Split-Mirror-Backup

Diese Technologie ermöglicht eine sehr schnelle Durchführung eines Backups. Bei einer Split-Mirror-Lösung wird zunächst blockweise eine vollständige Kopie eines oder mehrerer Volumes angelegt. Unter Volumes (unter Windows auch Partitionen oder Laufwerke) versteht man das Zusammenfassen einer oder mehrerer Platten zu einer logischen Einheit.

Dabei werden die gespiegelten Daten mit den Originalen synchronisiert. Anschließend kann der (Platten-)Spiegel geteilt werden, um ein identisches Abbild des Originals zu diesem Zeitpunkt festzuhalten.

Im Datenbankumfeld kann dieses Verfahren für eine schnelle Datensicherung, online wie offline, auch sehr großer Datenbanken genutzt werden. Selbst für eine Offline-Sicherung beträgt die Ausfallzeit für das Backup, je nachdem, wie lange das Auftrennen des Spiegels dauert, im Regelfall nur wenige Minuten. Auch die Last auf dem Datenbankserver durch die Sicherung reduziert sich bei Verwendung eines eigenen Sicherungsservers, der die gespiegelten Daten übernimmt. Allerdings stellt eine Split-Mirror-Lösung auch einen hohen Kostenfaktor dar.

Für die weitere Betrachtung einer Split-Mirror-Lösung wird vorausgesetzt, dass folgende Dateien gespiegelt werden:

- alle Datendateien
- mindestens eine Kopie der Control-Datei
- die Konfigurationsdateien
- die Offline-Redolog-Dateien

Die Online-Redolog-Dateien spielen dabei nur eine untergeordnete Rolle. Sie werden auf der Spiegelseite nicht benötigt. Dabei wird natürlich vorausgesetzt, dass die Datenbank im ARCHIVELOG-Modus betrieben wird (siehe Kapitel 1.6.1).

Für den Fall, dass ein Offline-Backup zurückgespielt wird und die Datenbank ohne weiteres Recovery geöffnet werden soll, muss die Option `RESETLOGS` des `ALTER DATABASE OPEN`-Befehls verwendet werden. Dabei wird die Log-Sequence-Nummer zurückgesetzt und eine neue Datenbankinkarnation erzeugt. Soll dies vermieden werden, müssen auch die Online-Redolog-Dateien gespiegelt werden.

Ein weiterer Vorteil der Plattenspiegelung ist die Möglichkeit eines schnellen Restores aus der letzten Sicherung, die sich ja noch auf der »Spiegelseite« befindet. Muss aufgrund eines aufgetretenen Problems die Datenbank aus dem letzten Backup wieder hergestellt werden, kann dies schnell und ohne großen Aufwand durchgeführt werden. Der Zeitaufwand für einen Restore der Datenbank und das anschließende Recovery verkürzt sich dadurch auf ein Minimum.

Folgende Punkte sind jedoch im Fall eines Restores der Datenbank zu beachten:

- Die Offline-Redolog-Dateien müssen aus der Redolog-Sicherung zurückgespielt werden, da die neueren Dateien des Originals durch die auf der Spiegelseite befindlichen älteren Dateien ersetzt werden.

  Dies kann dadurch vermieden werden, dass entweder dieser Bereich nicht überschrieben oder die Offline-Redolog-Dateien in mehrere Archivelog-Verzeichnisse archiviert werden (Kapitel 1.1.3, Parameter `LOG_ARCHIVE_DEST_n` oder `LOG_ARCHIVE_DUPLEX_DEST`).

- Die Konfigurationsdateien, sollten sie auf Originalseite seit dem Auftrennen des Spiegels geändert worden sein, dürfen ebenfalls nicht durch die Kopien ersetzt werden. Gegebenenfalls müssen sie nach jeder Änderung separat gesichert werden.

- Auch die Control-Dateien sollten, je nach Szenario, nicht durch die Kopien ersetzt werden.

Die Durchführung des Backups unterscheidet sich von der konventionellen Methode im Großen und Ganzen nur dadurch, dass statt der Sicherung der Datendateien auf der Originaldatenbank erst der Spiegel geteilt wird und anschließend auf der Spiegelseite das Backup erfolgt. Somit kann ein Backup fast wie gewohnt durchgeführt werden.

Nach Auftrennen des Spiegels müssen die Dateien noch auf ein entsprechendes Backup-Medium zur längeren Aufbewahrung kopiert werden, da ja beim nächsten Synchronisieren der Spiegelseite die Dateien wieder überschrieben werden. Das Synchronisieren der beiden Spiegelhälften wird immer erst kurz vor der Sicherung durchgeführt, wodurch für die restliche Zeit ein vollständiges Backup der Datenbank auf Platte vorgehalten wird.

Im weiteren Verlauf dieses Kapitels wird vorausgesetzt, dass sich die Datenbank im ARCHIVELOG-Modus befindet und die Offline-Redolog-Dateien unter Berücksichtigung der Aufbewahrungsfrist laufend gesichert und auf den Backup-Medien vorgehalten werden.

3.5.1 Split-Mirror-Offline-Backup

Wie beim herkömmlichen Offline-Backup besteht auch dieses Backup grundsätzlich aus drei Schritten. Zusätzlich muss die Datenbankkopie, die sich nach dem Auftrennen der Volumes auf der Spiegelseite befindet, noch auf entsprechende Backup-Medien kopiert werden.

> **Achtung!**
> Bevor das Backup durchgeführt wird, muss sichergestellt sein, dass die Spiegelseite vollständig synchronisiert wurde, die Blöcke von Original und Spiegel also identisch sind.

Vorausgesetzt, dass sich sowohl die Datendateien als auch die Konfigurationsdateien und zumindest eine Kopie der Control-Datei auf den gespiegelten Volumes befinden, läuft ein Backup folgendermaßen ab:

1. Konsistentes Beenden der Originaldatenbank: `SHUTDOWN [ NORMAL ] | [ TRANSACTIONAL ] | [ IMMEDIATE ]`
2. Auftrennen des Spiegels
3. Starten der Originaldatenbank

Nach dem Auftrennen des Spiegels befindet sich eine komplette Sicherungskopie auf der Spiegelseite. Diese kann nun auf entsprechende Backup-Medien gesichert werden.

3.5.2 Split-Mirror-Online-Backup

Ein Online-Backup ist auch in diesem Umfeld etwas aufwendiger als ein Offline-Backup. Trotzdem bietet eine Split-Mirror-Umgebung auch für eine Online-Sicherung einige Vorteile. Der Zeitaufwand ist sehr gering, und das Kopieren der Dateien wird wesentlich erleichtert.

Im Unterschied zum Offline-Backup muss in dieser Umgebung eine Kopie der Control-Datei manuell erzeugt werden. Vorausgesetzt, dass sich sowohl die Datendateien als auch die Konfigurationsdateien auf den gespiegelten Volumes befinden, wird ein Online-Backup vereinfacht wie folgt durchgeführt:

1. Bestimmen der aktuellen Log-Sequence-Nummer

```
SQL> SELECT SEQUENCE# FROM V$LOG WHERE STATUS='CURRENT';
```

   Alle Offline-Redolog-Dateien, die von nun an während des Backups erzeugt werden, also alle größer oder gleich dieser Log-Sequence-Nummer, werden für die Sicherung benötigt. In diesem Fall werden dabei durch die stark verkürzte Backup-Dauer aber wesentlich weniger Redolog-Dateien erzeugt.

2. Datenbank in den Online-Backup-Modus setzen

```
SQL> ALTER DATABASE BEGIN BACKUP;
```

3. Auftrennen des Spiegels

4. Datenbank wieder aus dem Backup-Modus nehmen

```
SQL> ALTER DATABASE END BACKUP;
```

5. Backup der Control-Datei erzeugen

```
SQL> ALTER DATABASE BACKUP CONTROLFILE TO '<pfad>/<dateiname>' [REUSE];
```

   Die Angabe von REUSE ist nötig, wenn die Datei bereits existiert und überschrieben werden soll, beispielsweise wenn für das Online-Backup immer wieder derselbe Ablageort zur Sicherung der Control-Datei verwendet wird. Die dadurch erzeugte Datei ist ein wichtiger Bestandteil des Backups und muss auch auf der Spiegelseite verfügbar sein.

6. Bestimmen der aktuellen Log-Sequence-Nummer

```
SQL> SELECT SEQUENCE# FROM V$LOG WHERE STATUS='CURRENT';
```

   Die Redolog-Datei mit dieser Log-Sequence-Nummer ist damit die letzte, die für ein konsistentes Backup erforderlich ist. Da es sich dabei um eine Online-Redolog-Datei handelt, in welche die aktuellen Datenbankänderungen geschrieben werden, muss die Datei archiviert werden, um sie sichern zu können. Dies wird durch einen Log-Switch veranlasst.

```
SQL> ALTER SYSTEM SWITCH LOGFILE;
```

   Dadurch wird auf die nächste Log-Sequence-Nummer umgeschaltet, und einer der Archiver-Prozesse schreibt die Informationen dieser Online-Redolog-Datei in das ARCHIVELOG-Verzeichnis. Nach Abschluss dieser Aktion können alle Redolog-Dateien, beginnend mit der anfangs abgefragten Log-Sequence-Nummer bis einschließlich der zuletzt archivierten Datei, auf das Backup-Medium kopiert werden. Dieses Backup der Redolog-Dateien ist gemeinsam mit der Datenbankkopie auf Spiegelseite vorzuhalten.

7. Abschließend müssen auch hier alle für das Backup relevanten Dateien (Datendateien, Offline-Redolog-Dateien, Kopie der Control-Datei und die Konfigurationsdateien), die sich jetzt auf der abgetrennten Spiegelseite befinden, auf die dafür vorgesehenen Backup-Medien kopiert werden, da sie sonst durch das nächste Backup überschrieben werden.

Das Backup ist damit erfolgreich beendet.

3.6 Standby-Datenbank und Backup

Oracle bietet zwei unterschiedliche Typen von Standby-Datenbanken an: die logische und die physische. Bei der hier im Zusammenhang mit Backup und Recovery beschriebenen Datenbank handelt es sich stets um eine physische Standby-Datenbank.

Eine physische Standby-Datenbank ist eine Kopie einer produktiven Datenbank, die aus einem Backup der Primärdatenbank erzeugt wurde und die transaktional konsistent in Echtzeit oder mit Zeitversatz durch das Nachfahren der Offline-Redolog-Dateien (Redo-Apply) aus der Primärdatenbank aktualisiert wird.

Die Standby-Datenbank befindet sich dabei im MOUNT-Status und wird sinnvollerweise auf einem separaten Server betrieben, da sie meist der Ausfallsicherheit der Produktionsdatenbank dient. Voraussetzung für den Betrieb einer Standby-Datenbank ist deshalb der aktivierte ARCHIVELOG-Modus. Außerdem muss die Übertragung der Offline-Redolog-Dateien von der Primär- zur Standby-Datenbank sichergestellt sein. Dies kann beispielsweise durch ein gemeinsames ARCHIVELOG-Verzeichnis oder durch automatisiertes, skriptgesteuertes Kopieren erfolgen.

Dabei müssen in den Oracle-Versionen bis einschließlich 10g die beiden Server die gleiche Betriebsystem-Plattform besitzen sowie ein identisches Oracle-Release inklusive Patch-Level. Seit Oracle 11g unterstützt Data Guard auch unterschiedliche Prozessorarchitekturen, Betriebssysteme und 32- und 64-Bit-Kombinationen.

Bei Ausfall der Produktionsdatenbank kann die Standby-Datenbank aktiviert werden und so die Funktionen der produktiven Datenbank übernehmen.

Des Weiteren werden Standby-Datenbanken auch zum Abfangen logischer Fehler genutzt. Dies wird durch das zeitversetzte Einspielen der Änderungen der Primärdatenbank in die Standby-Datenbank erreicht. Damit kann beispielsweise nach dem versehentlichen Löschen einer Tabelle in der Primärdatenbank das Einspielen der Offline-Redolog-Dateien angehalten werden. Wurde die Änderung (Löschen der Tabelle) noch nicht in die Standby-Datenbank eingespielt, kann die Standby-Datenbank durch ein Point-in-Time-Recovery bis kurz vor diesem Zeitpunkt aktualisiert werden. Anschließend übernimmt die Standby-Datenbank die Funktion der Primärdatenbank (Switchover). Die Änderungen seit dem Löschen der Tabelle in der Primärdatenbank sind dann allerdings verloren.

Außerdem kann eine Standby-Datenbank auch für das Reporting und weitere Auswertungen genutzt werden. Dazu muss sie allerdings im Read-only-Modus geöffnet und kann während dieser Zeit nicht aktualisiert werden.

Mit Oracle 11g steht auch eine sogenannte Snapshot-Standby-Datenbank zur Verfügung. Eine physische Standby-Datenbank kann schnell zu einer Snapshot-Standby-Datenbank konvertiert werden.

Die Snapshot-Standby-Datenbank wird im Read-Write-Modus geöffnet und kann dann zum Beispiel für Testzwecke genutzt werden. Während die Datenbank im Read-Write-Modus geöffnet wird, werden weiterhin die Offline-Redolog-Dateien der Primärdatenbank übertragen, aber es findet kein Redo-Apply statt.

Die Snapshot-Standby-Datenbank kann mit nur einem SQL-Befehl wieder in eine physische Standby-Datenbank konvertiert werden (`ALTER DATABASE CONVERT TO PHYSICAL STANDBY;`). Dabei wird Flashback Database genutzt (siehe Abschnitt 7.2.4). Während die Snapshot-Standby-Datenbank geöffnet ist, kann kein Switchover stattfinden.

Oracle Data Guard bietet ein reichhaltiges Angebot für den Betrieb von Standby-Datenbanken vom Erzeugen über die Verwaltung bis hin zum Monitoring. Oracle Data Guard ist ein Feature der Oracle Database Enterprise Edition und bedarf wie

RMAN keiner zusätzlichen Installation. RMAN und Data Guard können dabei gemeinsam für die Administration einer Data Guard-Konfiguration genutzt werden.

Näheres zum Thema Standby-Datenbanken und Oracle Data Guard findet man in der Oracle-Dokumentation oder in entsprechender Fachliteratur wie zum Beispiel *Oracle 10g Hochverfügbarkeit* von Andrea Held, erschienen im Addison-Wesley-Verlag.

Das Hauptaugenmerk in diesem Buch liegt aber auf den Möglichkeiten, die eine Standby-Datenbank im Hinblick auf Backup und Restore bietet.

Ein großer Nutzen der Standby-Datenbank liegt darin, dass sie anstelle der Primärdatenbank gesichert werden kann. Außerdem stellt sie auch ein immer aktuelles Backup der produktiven Datenbank dar.

Dadurch ergeben sich folgende Vorteile:

- Die primäre Datenbank steht bei einem Offline-Backup der Standby-Datenbank während der Sicherung uneingeschränkt zur Verfügung.
- Der Datenbankserver der primären Datenbank wird nicht durch die I/O-Operationen des Backups belastet.
- Sämtliche Systemressourcen des produktiven Servers stehen auch während der Sicherung für den Online-Betrieb zur Verfügung.
- Alle Systemressourcen des Standby-Servers können für das Backup genutzt werden.
- Die Server von Primär- und Standby-Datenbank können räumlich voneinander getrennt sein und bieten dadurch eine sehr hohe Ausfallsicherheit.
- Kurze Ausfallzeiten in Fehlersituationen, bei denen ein Restore der Datenbank erforderlich ist. Dabei kann die Standby-Datenbank nach dem Recovery der letzten Redolog-Dateien sofort die Aufgaben der Primärdatenbank übernehmen. Es müssen weder Datendateien noch Offline-Redolog-Dateien von Band zurückgespielt werden, da sich alle für das Recovery notwendigen Dateien bereits auf dem Standby-Server befinden.
- Die Offline-Redolog-Dateien werden durch das Einspielen in die Standby-Datenbank auf Korruptionen und Lesbarkeit überprüft.
- Zusätzlich lassen sich durch eine Standby-Datenbank auch Wartungsarbeiten ohne längere Auszeiten durchführen, da die Standby-Datenbank während dieser Zeit die Aufgaben der Primärdatenbank übernehmen kann.
- Bei logischen Fehlern kann auf der Standby-Datenbank temporär ein `FLASHBACK DATABASE` (Beschreibung siehe Kapitel 7.2.4) auf einen Zeitpunkt vor dem Fehler durchgeführt werden. Dadurch können die Daten auf der Primärdatenbank wesentlich einfacher wiederhergestellt werden.

Nachteil einer Standby-Datenbank ist neben den hohen Kosten für die meist doppelten Komponenten auch der erhöhte Aufwand für die Administration dieser Lösung.

Vorgehensweise für die Komplettsicherung

Ein Offline-Backup einer Standby-Datenbank, ohne dabei näher auf Data Guard und RMAN einzugehen, unterscheidet sich in einigen Punkten von einem normalen Offline-Backup.

Zuerst müssen die Dateien bestimmt werden, die für eine Komplettsicherung der Datenbank benötigt werden. Für das Backup müssen die Datendateien der Standby-Datenbank und die Control-Datei sowie die Konfigurationsdateien der Primärdatenbank gesichert werden, da ja im schlimmsten Fall die Primärdatenbank wiederhergestellt werden soll.

1. Datendateien:

   Informationen über alle Datendateien inklusive Pfad, Namen und Größe der Dateien kann man über die View V$DATAFILE bestimmen. Die View DBA_DATA_FILES ist bei nicht geöffneter Datenbank – also auch im MOUNT-Status, in dem sich die Standby-Datenbank meist befindet – nicht verfügbar.

   Pfad und Dateinamen sowie Größe der Datendateien:

   Standby-Datenbank:

```
SQL> SELECT NAME, BYTES FROM V$DATAFILE;

NAME                          BYTES
----------------------------  -----------------
C:\ORACLE\STBY\SYSTEM01.DBF   503316480
C:\ORACLE\STBY\UNDOTBS01.DBF  26214400
C:\ORACLE\STBY\SYSAUX01.DBF   262144000
...
```

   Um sich alle Tablespaces – außer den temporären – und ihre zugehörigen Datendateien anzeigen zu lassen, kann folgendes SQL-Statement abgesetzt werden:

```
SQL> SELECT t.NAME "Tablespace", f.NAME "Datafile"
     FROM V$TABLESPACE t, V$DATAFILE f
     WHERE t.TS# = f.TS#
     ORDER BY t.NAME;

Tablespace        Datafile
-----------------------------------------------------
SYSAUX            C:\ORACLE\STBY\SYSAUX01.DBF
SYSTEM            C:\ORACLE\STBY\SYSTEM01.DBF
UNDOTBS1          C:\ORACLE\STBY\UNDOTBS01.DBF
USERS             C:\ORACLE\STBY\USERS01.DBF
```

   Falls sich die Verzeichnisstrukturen von Primär- und Standby-Datenbank unterscheiden, sind die Initialisierungsparameter LOG_FILE_NAME_CONVERT und/oder DB_FILE_NAME_CONVERT in der Primär- und der Standby-Datenbank zu setzen.

   Zum Beispiel:

```
LOG_FILE_NAME_CONVERT = 'C:\ORACLE\GC\', 'C:\ORACLE\STBY\'
DB_FILE_NAME_CONVERT = 'C:\ORACLE\GC\', 'C:\ORACLE\STBY\'
```

An erster Stelle steht dabei der Pfad der Primärdatenbank gefolgt vom Pfad auf der Standby-Seite.

Bei einem Restore des Backups zum Wiederherstellen der Primärdatenbank muss darauf geachtet werden, dass die Dateien in das richtige Verzeichnis zurückgesichert werden.

2. Control-Datei:

   Das Backup der Control-Datei wird als binäre Kopie aus der **Primär**datenbank erzeugt.

3. Konfigurationsdateien:

   Für das Backup werden die Konfigurationsdateien von der **Primär**datenbank benötigt. Es gibt zwei unterschiedliche Arten der Parameterdatei: eine sogenannte Text-Initialisierungsparameterdatei INIT.ORA und eine Serverparameterdatei SPFILE.

   Wird eine Serverparameterdatei *SPFILE* genutzt, kann diese wie folgt bestimmt werden:

Primärdatenbank:

```
SQL> SHOW PARAMETER SPFILE

NAME          TYPE        VALUE
------------- ----------- ------------------------------------------------
spfile        string      C:\ORACLE\DB_1\DATABASE\SPFILEGC.ORA
```

Bei Nutzung der Parameterdatei *INIT.ORA* liegt diese unter `$ORACLE_HOME/dbs` (Unix) oder `%ORACLE_HOME%/database` (Windows).

> **Achtung!**
> Eventuell ist in der Datei *INIT.ORA* nur der Speicherort der Parameterdatei über die Parameter `IFILE = <Pfad>/init<SID>.ora` hinterlegt!

Im selben Verzeichnis wie die Parameterdatei befindet sich auch die Passwortdatei *pwd<SID>.ora*.

tnsnames.ora, listener.ora und *sqlnet.ora* liegen im Verzeichnis `$ORACLE_HOME/network/admin` beziehungsweise `%ORACLE_HOME%\network\admin` (Windows).

Da die Standby-Datenbank laufend durch das Einspielen der Offline-Redolog-Dateien der Primärdatenbank aktualisiert wird, muss zuerst das Recovery durch folgenden Befehl angehalten werden.

Standby-Datenbank:

```
SQL> ALTER DATABASE RECOVER MANAGED STANDBY DATABASE CANCEL;
```

Dies kann unter Umständen einige Zeit dauern, falls gerade eine Offline-Redolog-Datei eingespielt wird.

Nun wird eine Kopie der Control-Datei der Primärdatenbank erzeugt. Dazu wird folgendes Statement auf der **Primär**datenbank abgesetzt:

Primärdatenbank:

```
SQL> ALTER DATABASE BACKUP CONTROLFILE TO '<pfad>/<dateiname>' [REUSE];
```

Die Option `REUSE` ist dabei wieder für den Fall, dass die Datei bereits vorhanden ist und überschrieben werden soll.

Jetzt befindet sich die Datenbank in konsistentem Zustand und kann mittels `SHUTDOWN` gestoppt werden:

Standby-Datenbank:

```
SQL> SHUTDOWN IMMEDIATE;
```

Das vollständige Backup besteht nun aus folgenden Dateien:

- Datendateien der **Standby**-Datenbank
- Konfigurationsdateien der **Primär**datenbank
- Kopie der Control-Datei der **Primär**datenbank

Wurden die Dateien gesichert, kann die Standby-Datenbank wieder gestartet und in den Recovery-Modus gebracht werden. Die Vorgehensweise hierfür unterscheidet sich in den Oracle-Versionen 9i und den Nachfolgeversionen von 9i.

- Oracle 9i

```
SQL> STARTUP NOMOUNT;
SQL> ALTER DATABASE MOUNT STANDBY DATABASE;
SQL> ALTER DATABASE RECOVER MANAGED STANDBY DATABASE DISCONNECT FROM SESSION;
```

- Ab Oracle 10g

```
SQL> STARTUP MOUNT;
SQL> ALTER DATABASE RECOVER MANAGED STANDBY DATABASE DISCONNECT FROM SESSION;
```

Durch die Angabe von `DISCONNECT FROM SESSION` wird der Prozess in den Hintergrund geschickt, und man gelangt wieder zum SQL-Prompt zurück.

Die Standby-Datenbank wird jetzt wieder mit den Offline-Redolog-Dateien der Primärdatenbank aktualisiert. Da während der Sicherung in der Primärdatenbank aber neue Redolog-Dateien erzeugt wurden, ist die Standby-Datenbank noch nicht auf dem aktuellen Stand und muss den Rückstand erst wieder aufholen.

4 Logische Backups

Ein logisches Backup sichert Daten und Datendefinitionen in einer binären Datei, ohne den Standort der Daten zu protokollieren.

Logische Backups können durchgeführt werden, um einzelne Datenbankobjekte zu sichern und diese im gleichen oder in einem anderen System wieder zur Verfügung zu stellen. Dies kann im Rahmen von Fehleranalysen beziehungsweise Recovery von einzelnen Datenbankobjekten notwendig werden.

Zu beachten ist, dass eine Sicherung von Daten mit logischen Backups nur zusätzlich zu den physischen Sicherungen vorgenommen werden sollte. Eine ausschließliche logische Sicherung reicht in den meisten Fällen nicht als vollständiges Sicherungskonzept aus.

4.1 Einführung

Im Gegensatz zu physischen Backups werden bei logischen Sicherungen nicht die Datendateien und/oder physischen Blöcke und Strukturen gesichert, sondern die Inhalte der Datenbankobjekte und die dazugehörige logische Struktur.

Dabei werden die Objekte, wie zum Beispiel Tabellen, ausgelesen und die Tabellendefinition sowie der Inhalt der Tabelle in eine binäre Dump-Datei auf Platte oder Band geschrieben. Anschließend werden die Definitionen der dazugehörigen Objekte wie Indizes, Kommentare, Constraints extrahiert und in die Dump-Datei geschrieben. Mithilfe logischer Backups ist es möglich, logische Strukturen und Inhalte wiederherzustellen, zum Beispiel nach dem versehentlichen Löschen einer Tabelle.

Bis einschließlich Oracle 9i standen dafür nur die Oracle Export-/Import-Utilities zur Verfügung. Da ab Oracle 10g über Oracle Data Pump (Export über Data Pump siehe Kapitel 4.3 und Import über Data Pump siehe Kapitel 7.5) eine Weiterentwicklung von Export und Import zur Verfügung steht, die einige Vorteile bietet, sollte bei Datenbanken ab Oracle 10g die Data Pump-Funktionalität genutzt werden. Bei älteren Releases, bei plattform- oder versionsübergreifenden Migrationen oder Datentransfer mit Beteiligung von Oracle-Releases vor Oracle 10g ist jedoch nur die Nutzung der bisherigen Export-/Importtechnologie möglich.

Die Dump-Dateien von Data Pump und dem konventionellen Export/Import können nicht mit den jeweils anderen Werkzeugen verwendet werden. Das heißt, eine Dump-Datei, die mit dem konventionellen Export erstellt worden ist, kann nur mit einem konventionellen Import importiert werden. Gleiches gilt für die Dump-Dateien von Data Pump.

Ab Oracle 11g wird das konventionelle Export-Utility (`exp`) nicht mehr unterstützt. Es wird zwar mit Oracle 11g noch ausgeliefert, jedoch werden eventuell auftretende Bugs von Oracle nicht mehr beseitigt.

In den nachfolgenden Kapiteln werden die technischen Möglichkeiten sowie die Voraussetzungen für die Durchführung logischer Backups aufgezeigt.

4.2 Logisches Backup mit Export

4.2.1 Voraussetzungen für Export

Vor dem Start des Export-Utilities sind einige Vorbereitungen durchzuführen:

1. **Für den Export/Import notwendige Data Dictionary Views anlegen**

   Werden Export und Import auf der gleichen Datenbank durchgeführt, muss dieser Schritt vor dem Export durchgeführt werden.

   Das Anlegen der Data Dictionary Views kann über eines der bei der Installation mit gelieferten Skripte `CATEXP.SQL` oder `CATALOG.SQL` durchgeführt werden. Wurde beim Erzeugen der Datenbank bereits das Skript `CATALOG.SQL` ausgeführt, braucht `CATEXP.SQL` nicht mehr gestartet zu werden, da `CATALOG.SQL` das Skript `CATEXP.SQL` implizit aufruft. Beide Skripte stehen im Verzeichnis `%ORACLE_HOME%\rdbms\admin` (Windows) oder `$ORACLE_HOME/rdbms/admin` (Unix).

   Die Skripte `CATALOG.SQL` und `CATEXP.SQL` brauchen nur einmal ausgeführt zu werden. Über die Skripte werden der Rolle `EXP_FULL_DATABASE` die notwendigen Berechtigungen hinzugefügt. Die Rolle `EXP_FULL_DATABASE` wird dann der DBA-Rolle zugewiesen.

2. **Berechtigungen prüfen**

   Für den Export eigener Objekte benötigt ein Benutzer das `CREATE SESSION`-Privileg.

   Sollen andere Objekte außer den eigenen exportiert werden, ist die Rolle `EXP_FULL_DATABASE` erforderlich. Diese Rolle besitzt im Normalfall der Datenbankadministrator über die DBA-Rolle.

   Wird der Export von einem Benutzer mit `EXP_FULL_DATABASE`-Rechten durchgeführt, wird beim Import die `IMP_FULL_DATABASE`-Rolle vorausgesetzt.

3. **Speicherplatz prüfen**

   Vor dem Export muss geprüft werden, ob der Speicherplatz auf der Festplatte für die Dump-Datei ausreichend ist.

   Eine grobe Abschätzung für den Platzbedarf der Dump-Datei aller Tabellen (ohne LOB oder VARRAY-Spalten und partitionierte Tabellen) kann durch das folgende Statement vorgenommen werden:

```
SQL> SELECT SUM(BYTES) FROM DBA_SEGMENTS WHERE SEGMENT_TYPE='TABLE';
```

   Werden nur die Tabellen eines bestimmten Benutzers exportiert, so kann der Platzbedarf mit dem folgenden Befehl abgeschätzt werden:

```
SQL> SELECT SUM(BYTES) FROM DBA_SEGMENTS WHERE SEGMENT_TYPE='TABLE' AND
OWNER='<owner>';
```

   Werden nur einzelne Tabellen exportiert, so kann der Platzbedarf wie folgt abgeschätzt werden:

```
SQL> SELECT SUM(BYTES) FROM DBA_SEGMENTS WHERE SEGMENT_TYPE='TABLE' AND
OWNER='<owner>' AND SEGMENT_NAME='<tablename>';
```

4.2.2 Exportmethoden

Export kann entweder interaktiv, direkt über die Kommandozeile oder über die Angabe einer Parameterdatei beim Aufruf gestartet werden.

Die einfachste Möglichkeit ist die interaktive Methode. Hierbei werden die Parameter über einen Dialog abgefragt. Nachteil bei dieser Methode ist jedoch, dass nur die wichtigsten Parameter abgefragt werden. Die anderen Parameter sind mit einem im interaktiven Modus nicht änderbaren Defaultwert belegt.

Sollen diese Parameter geändert werden, so müssen sie beim Aufruf von Export über die Kommandozeile angegeben oder in einer Parameterdatei, die ebenfalls beim Aufruf von Export angegeben wird, gesetzt werden. Bei allen nicht angegebenen Parametern wird der Defaultwert verwendet.

Interaktiver Aufruf:

```
C:\>exp <username>/<password>
```

Aufruf über Kommandozeile mit den gewünschten Parametern (Beispiel):

```
C:\>exp gmch/munich TABLES=(gehalt, mitarbeiter) LOG=tables.log
```

Aufruf über Kommandozeile mit Parameterdatei (Beispiel):

```
C:\exp gmch/munich PARFILE=partables.dat
```

Die Parameterdatei partables.dat kann dann folgendermaßen aussehen:

```
TABLES=(gehalt, mitarbeiter)
LOG=tables.log
```

Exportparameter

Nachfolgend eine Übersicht über die wichtigsten Aufrufparameter für die Durchführung logischer Backups:

Parameter	Beschreibung
USERID	Benutzername/Passwort
HELP	Durch HELP=y wird eine Liste der Exportparameter ausgegeben.
BUFFER	Größe des Puffers in Byte (nur gültig bei konventionellem Export) Bei Direct-Path-Export Parameter RECORDLENGTH verwenden
RECORDLENGTH	Länge des Datensatzes in Bytes Wird gesetzt bei Import auf anderes Betriebssystem mit anderer Recordlänge. Gültig statt Parameter BUFFER bei Direct-Path-Export Der Parameter sollte ein Vielfaches von DB_BLOCK_SIZE und der Betriebssystem-I/O-Blockgröße sein.

Tabelle 4.1: Exportparameter

Parameter	Beschreibung
FILE	Name der Dump-Datei Default: expdat.dmp Es ist möglich, mehrere Dump-Dateien durch Kommata getrennt anzugeben. Beispiel: `exp gmch/munich file=exp1.dmp, exp2.dmp, exp3.dmp filesize=2048` Wurde eine Dump-Datei bis zur definierten `FILESIZE` gefüllt, wird die nächste Dump-Datei befüllt, bis entweder der Export abgeschlossen oder wiederum die definierte `FILESIZE` erreicht ist.
FILESIZE	Maximale Größe einer Dump-Datei in Bytes
PARFILE	Name der Parameterdatei
LOG	Name der Log-Datei für den Export
CONSTRAINTS	Exportieren von Constraints (Default: y)
FULL	Gesamte Datenbank wird exportiert (Default: n).
GRANTS	Grants werden exportiert (Default: y).
INDEXES	Indizes werden exportiert (Default: y).
ROWS	Daten werden exportiert (Default: y). Bei `ROWS=n` werden nur die Strukturen (DDL) der Datenbankobjekte exportiert.
TABLES	Liste der zu exportierenden Tabellen-, Partitions- oder Subpartitionsnamen
TABLESPACES	Tablespaces, deren Tabellen zu exportieren sind
TRANSPORT_TABLESPACE	Export der Metadaten für transportierbare Tablespaces wird durchgeführt (Default: n).
TTS_FULL_CHECK	Definiert, ob eine Prüfung der Abhängigkeiten beim Export von transportierbaren Tablespaces vorgenommen wird (Default: n). Hierbei wird kontrolliert, ob es abhängige Objekte gibt, die nicht in der Menge der definierten transportierbaren Tablespaces enthalten sind. Beispielweise kann geprüft werden, ob zu einer zu exportierenden Tabelle ein Index existiert, der sich in einem anderen als den angegebenen Tablespaces befindet. In diesem Fall wird ein Fehler ausgegeben.
OWNER	Liste von Benutzernamen, deren Objekte exportiert werden sollen

Tabelle 4.1: Exportparameter (Forts.)

Parameter	Beschreibung
QUERY	Über die Angabe einer `QUERY` (über eine `WHERE`-Klausel in einem SQL-Statement) kann eine Untermenge von Tabelleneinträgen exportiert werden. Der Parameter kann nur beim Export von Tabellen verwendet werden. Beispiel: `QUERY=\"WHERE geh > 1000\"`
COMPRESS	Import in ein Extent (Default: y) Durch `COMPRESS=y` werden die Tabellendaten beim Import in ein einziges Extent komprimiert. Bei großen Tabellen ist es meist günstiger, `COMPRESS=n` zu wählen, da dann die aktuellen Speicherparameter beim Anlegen der Tabelle genutzt werden.
FEEDBACK	Fortschrittsanzeige beim Tabellenexport 0: ausgeschaltet n: Fortschrittsanzeige nach n Zeilen der Tabelle
CONSISTENT	Lesekonsistente Version aller exportierten Objekte Wird benötigt, wenn während des Exports Objekte verändert werden und eine lesekonsistente Version der Daten benötigt wird. Datenänderungen während des Exports werden nicht exportiert. Wird dieser Parameter gesetzt, muss darauf geachtet werden, dass genügend Platz in den Undo- beziehungsweise Rollback-Segmenten zur Verfügung steht. Andernfalls besteht die Gefahr eines `ORA-1555 Snapshot too old`.
DIRECT	Direct-Path-Export (Default: n) Bei einem Direct-Path-Export wird der Puffer für die Auswertung der Blöcke umgangen und direkt in die Dump-Datei geschrieben, was sich vorteilhaft auf die Performance auswirken kann. Um die Größe des Puffers anzugeben, wird bei einem Direct-Path-Export nicht der Parameter `BUFFER`, sondern der Parameter `RECORDLENGTH` verwendet.
RESUMABLE	Gibt an, ob der Export nach einem Fehler aufgrund von fehlendem Speicherplatz wieder aufgenommen werden kann. In diesem Fall wird der Export nicht sofort nach Auftreten des Fehlers abgebrochen.
RESUMABLE_NAME	Parameter wird nur bei `RESUMABLE=y` ausgewertet Name der Session (kann vom Benutzer definiert werden), die beim Auftreten eines Fehlers in die View `DBA_RESUMABLE` eingetragen wird. Zusätzlich wird der Fehler in der Alert-Datei protokolliert.

Tabelle 4.1: Exportparameter (Forts.)

Parameter	Beschreibung
RESUMABLE_TIMEOUT	Der Parameter wird ebenfalls nur bei RESUMABLE=y ausgewertet. Zeitspanne, nach welcher der auf RESUMABLE gesetzte Fehler endgültig abgebrochen wird (Default: 7200 sec, das heißt 2 Stunden) Während dieser Zeitspanne muss der auf RESUMABLE gesetzte Fehler behoben sein.
FLASHBACK_SCN	Export wird mit Daten durchgeführt, die zu der definierten SCN konsistent sind.
FLASHBACK_TIME	Export wird mit Daten durchgeführt, die zu der angegebenen Zeit konsistent sind. Dazu wird die nächstliegende SCN vom Export ermittelt.

Tabelle 4.1: Exportparameter (Forts.)

Nachfolgend werden die verschiedenen Modi beschrieben, in denen Export genutzt werden kann. Abhängig vom verwendeten Modus können unterschiedliche Objekte exportiert werden.

Objekt	Tabelle	User	Full	Tablespace
Analyze Tables/Statistics	×	×	×	×
B-Tree, Bitmap, Domain function-based Indizes	×	×	×	×
Daten geschachtelter Tabellen	×	×	×	×
Indizes, die nicht dem Eigentümer der Tabelle gehören	×	×	×	×
Objektberechtigungen	×	×	×	×
Object-Type-Definitionen von Tabellen	×	×	×	×
Post-Table Aktionen	×	×	×	×
Post-Table prozedurale Aktionen und Objekte	×	×	×	×
Pre-Table Aktionen	×	×	×	×
Pre-Table prozedurale Aktionen	×	×	×	×
Security Policies für Tabellen	×	×	×	×
Spalten- und Tabellenkommentare	×	×	×	×
Tabellen-Constraints (primary, unique, check)	×	×	×	×
Tabelleninhalt	×	×	×	×

Tabelle 4.2: Objekte, die in den verschiedenen Modi exportiert werden können

Objekt	Tabelle	User	Full	Tablespace
Tabellendefinitionen	×	×	×	×
Trigger	×	×	×	×
Auditing-Informationen	×	×	×	
Externe Tabellen (ohne Daten)	×	×	×	
Referenzielle Integritäts-Constraints	×	×	×	
Trigger anderer Benutzer	×			
Cluster-Definitionen		×	×	×
Analyze Cluster		×	×	
Benutzer-Views		×	×	
Databank-Links		×	×	
Dimensionen		×	×	
Foreign Function Libraries		×	×	
Indextypen		×	×	
Java-Ressourcen und -Klassen		×	×	
Job Queues		×	×	
Object-Types		×	×	
Operatoren		×	×	
Post-Schema prozedurale Aktionen und Objekte		×	×	
Pre-Schema prozedurale Aktionen und Objekte		×	×	
Private Synonyme		×	×	
Prozedurale Objekte		×	×	
Prozeduren, Packages und Funktionen von Benutzern		×	×	
Refresh-Gruppen		×	×	
Sequence-Nummern		×	×	
Snapshot-Logs		×	×	
Snapshots und Materialized Views		×	×	
Application Contexts			×	
Benutzerdefinitionen			×	
Benutzer-Proxies			×	
Default-Rollen			×	
Directory-Aliasnamen			×	

Tabelle 4.2: Objekte, die in den verschiedenen Modi exportiert werden können (Forts.)

Objekt	Tabelle	User	Full	Tablespace
Passworthistorie			×	
Postinstance-Aktionen und -Objekte			×	
Profile			×	
Public Synonyms			×	
Resource-Costs			×	
Rollenberechtigungen			×	
Rollen			×	
Rollback-Segmentdefinitionen			×	
Systemprivilegberechtigungen			×	
Tablespace-Definitionen			×	
Tablespace-Quotas			×	

Tabelle 4.2: Objekte, die in den verschiedenen Modi exportiert werden können (Forts.)

Die Objekte, die in den einzelnen Modi exportiert werden sollen, werden über die Parametrisierung des jeweiligen Exportbefehls angegeben.

Die Objekte einiger Systembenutzer wie ORDSYS, MDSYS oder SYS können üblicherweise nicht exportiert werden.

Export von Tabellen

Über diese Funktionalität können Tabellen, Partitionen und die zugehörigen Daten exportiert werden. Im Standardfall kann jeder Benutzer seine eigenen Tabellen sowie die zur Tabelle gehörenden Objekte und Berechtigungen exportieren. Besitzt ein Benutzer die Rolle `EXP_FULL_DATABASE`, kann er auch die Tabellen anderer Benutzer exportieren.

Bei der Angabe der Tabellen können auch Wildcards verwendet werden.

Export von Tabellen mit einem Aufruf über Kommandozeile:

```
C:\> exp <user>/<password> FILE=<export dump file> TABLES=(<tablename_1>, …,
<tablename_n>)
```

Beispiel (Export der Tabellen `gehalt`, `mitarbeiter`):

```
C:\> exp gmch/munich FILE=exp_table.dat TABLES=(gehalt, mitarbeiter)
```

Export einzelner Partitionen:

```
C:\> exp <user>/<password> FILE=<export dump file>
TABLES=(<tablename_1>:<partitionname_1>, …, <tablename_n>:<partitionname_xyz)
```

Beispiel (Export der Partitionen `p1` und `p3` der Tabelle `gehalt`):

```
C:\> exp gmch/munich FILE=exp_part.dat TABLES=(gehalt:p1, gehalt:p3)
```

Beim Export von Tabellen kann über den Parameter QUERY (ab Oracle 8i) eine Untermenge der Daten aller exportierten Tabellen exportiert werden.

Beispiel:

Export der Tabellen gehalt, mitarbeiter mit der Einschränkung, dass nur die Daten der Mitarbeiter exportiert werden sollen, die mehr als 1000 € verdienen:

```
C:\> exp gmch/munich FILE=exp_gehmt.dat TABLES=(gehalt, mitarbeiter) QUERY=\"WHERE
geh > 1000\"
```

Kommen innerhalb der QUERY-Angabe Leerzeichen vor, so muss diese in doppelte Hochkommata eingeschlossen werden. Je nach Betriebssystem müssen gegebenenfalls noch zusätzliche Escape-Zeichen (in diesem Beispiel \) angegeben werden.

Bei der Nutzung des Parameters QUERY existieren einige Einschränkungen:

- QUERY kann nur bei einem Export von Tabellen verwendet werden.
- Die QUERY-Klausel muss für alle angegebenen Tabellen anwendbar sein.
- Bei einem Direct-Path-Export (DIRECT=y) kann QUERY nicht verwendet werden.
- Bei Tabellen mit geschachtelten Tabellen kann QUERY nicht genutzt werden.
- Aus dem Inhalt einer Dump-Datei ist nicht ersichtlich, ob beim Export der Parameter QUERY angegeben wurde.

Export einer vollständigen Datenbank

Diese Funktionalität exportiert die gesamte Datenbank in eine Dump-Datei. Mit ihr kann eine Datenbank neu aufgebaut werden.

Voraussetzung für die Nutzung dieses Modus ist die Rolle EXP_FULL_DATABASE. Diese Art des Exports wird über den Parameter FULL gesteuert.

```
C:\> exp <user>/<password> FILE=<export dump file> FULL=Y LOG=<logfile>
```

Beispiel:

```
C:\> exp gmch/munich FILE=exp_fullDB.dat FULL=Y LOG=exp_fullDB.log
```

Zu beachten ist hierbei:

- Trigger des Schemas SYS werden nicht exportiert. Diese müssen vor oder nach dem Import manuell angelegt werden. Meist ist es vorteilhafter, diese nach dem Import erst zu erzeugen, um Auswirkungen auf den Import zu vermeiden.
- Vor Beginn des Exports sollte eine Liste sämtlicher Tablespaces, Datendateien, gegebenenfalls Rollback-Segmente sowie der Anzahl der Objekte jedes Benutzers sortiert nach Objekttyp angelegt werden.
- Beim Erzeugen einer neuen Datenbank beim Import muss ein Rollback-Segment im System-Tablespace angelegt und gegebenenfalls in der Parameterdatei eingetragen werden.
- Vor dem Import muss sichergestellt sein, dass der Import in die richtige Datenbank durchgeführt wird.

- Eine Sicherung der Datenbank, in die importiert werden soll, ist empfehlenswert.
- Bei größeren Datenbanken kann dieser Modus beim Import sehr zeitaufwendig sein.

Export aller Objekte von Benutzern

Mithilfe des Benutzermodus werden alle Objekte eines Benutzers und alle dazugehörigen Objekte exportiert. Dieser kann zur Sicherung der eigenen Objekte von den Benutzern selbst verwendet werden.

Um Objekte anderer Benutzer zu exportieren, wird die Rolle `EXP_FULL_DATABASE` benötigt.

Für den Export der Objekte eines fremden Benutzers kann folgender Befehl verwendet werden:

```
C:\>exp <user>/<password> FILE=<export dump file> OWNER=<owner>
```

Beispiel:

```
C:\>exp gmch/munich FILE=exp_tim_all.dat OWNER=tim
```

Export eines Tablespace

Der Tablespaces-Modus (ab Oracle 9i) des Exports kann entweder zum Export aller Objekte eines Tablespace verwendet werden oder über die Nutzung des Parameters `TRANSPORT_TABLESPACE` zum Export der Metadaten eines transportierbaren Tablespace. Die eigentlichen Daten werden in diesem Fall über das Einhängen der zugehörigen Datendateien des transportierbaren Tablespace zur Verfügung gestellt.

Transportierbare Tablespaces können genutzt werden, um einen oder mehrere Tablespaces in eine andere Datenbank einzuhängen. Es ist auch möglich, Indexdaten über transportierbare Tablespaces zu verschieben. Dadurch kann ein Neuaufbau von Indizes nach dem Transport eines Tablespace, der die zugehörigen Tabellen enthält, vermieden werden.

Vorgehen bei einem Export eines kompletten Tablespace:

```
C:\> exp <user>/<password> TABLESPACES=<tablespace_name> FILE=<export dump file>
LOG==<logfile>
```

Beispiel (Tablespace `USER1D`):

```
C:\> exp gmch/munich TABLESPACES=USER1D FILE=exp_tsp.dat LOG=exp_tsp.log
```

Vorgehen bei transportierbaren Tablespaces:

- Quell-Tablespaces auf READ-ONLY setzen

  Dadurch wird verhindert, dass Daten im Quell-Tablespace während der Laufzeit des Exports verändert werden und dadurch eventuell Inkonsistenzen entstehen.

```
SQL> ALTER TABLESPACE <tablespace_name> READ ONLY;
```

- Kopieren der Datendateien der Tablespaces mit Betriebssystemmitteln
- Export der Metadaten der Quell-Tablespaces (Anmeldung AS SYSDBA erforderlich für Export der Metadaten)

Beispiel (Export der Metadaten des Tablespace APPL1D):

```
C:\> exp TRANSPORT_TABLESPACE=Y TABLESPACES=APPL1D FILE=exp_meta.dat
LOG=exp_meta.log
Username: sys as sysdba
Password:
```

- Import der Metadaten in die Zieldatenbank (Anmeldung AS SYSDBA erforderlich für Import der Metadaten)

Beispiel (Import der Metadaten des Tablespace APPL1D mit den Datendateien APPL1D1.DBF und APPL1D2.DBF):

```
C:\> imp TRANSPORT_TABLESPACE=Y DATAFILES='E:\ORACLE\GC\APPL1\APPL1D1.DBF',
'E:\ORACLE\GC\APPL1\APPL1D2.DBF' TABLESPACES=APPL1D FILE=exp_meta.dat
LOG=imp_meta.log
Username: sys as sysdba
Password:
```

Da die Funktionalität der transportierbaren Tablespaces in der Regel nicht für logische Backups eingesetzt wird, wird hier nicht näher darauf eingegangen. Details können der Oracle-Dokumentation entnommen werden.

Allerdings können transportierbare Tablespaces bei einem Tablespace Point-in-Time-Recovery (TSPITR) verwendet werden. Dies ist beschrieben in Abschnitt 7.6.1.

Mögliche Tuning-Maßnahmen für den Export

Um die Performance beim Export zu verbessern, bestehen die folgenden Möglichkeiten:

- Nutzung von Direct Path (Parameter DIRECT) statt eines konventionellen Exports

  Bei einem Direct-Path-Export wird der Puffer für die Auswertung der Blöcke umgangen und direkt in die Dump-Datei geschrieben. Das Tuning beim Direct-Path-Export wird anders als beim konventionellen Export über den Parameter RECORDLENGTH durchgeführt.

- Erhöhung der Puffergröße (Parameter BUFFER) bei Nutzung des konventionellen Exports

  Je größer der Puffer definiert ist, desto weniger Schreibvorgänge sind notwendig. Eine Größenabschätzung des Puffers kann über die folgende Formel vorgenommen werden:

  Puffergröße = Anzahl Datensätze * maximale Datensatzlänge

  Beispiel:

  ```
  CREATE TABLE mitarbeiter (name VARCHAR(20), gehalt NUMBER);
  ```

Maximale Länge von `name` ist 20 (`VARCHAR(20)`) + 2 Verwaltungsinformationen

Maximale Länge von `gehalt` ist 22 (interne Größe für Oracle `NUMBER`) + 2 Verwaltungsinformationen

Daraus ergibt sich eine maximale Datensatzlänge von 20 + 2 + 22 + 2 = 46.
Bei 100 Datensätzen ergibt sich dann eine Puffergröße von 100 x 46 = 4600 Bytes.

- Nutzung des Parameters `QUERY` beim Export von Tabellen

  Ist nur eine Untermenge der Daten in den Tabellen notwendig, kann durch Angabe des Parameters `QUERY` die exportierte Datenmenge auf die Daten beschränkt werden, die wirklich notwendig sind.

- Auslagerung von Tabellen, die lesekonsistent exportiert werden müssen.

  Gegebenenfalls kann eine Performanceverbesserung erzielt werden, wenn Tabellen, die mit `CONSISTENT=Y` exportiert werden müssen, von den restlichen Tabellen separiert werden.

Zeichensatz

Weiterhin ist beim Export zu beachten, dass der richtige Zeichensatz verwendet wird. Export und Import werten in früheren Oracle-Versionen (kleiner Oracle 9.2) die Umgebungsvariable `NLS_LANG` aus. Dadurch werden Zeichensatzkonvertierungen zwischen verschiedenen Datenbanken unterstützt.

Seit Oracle 9i Release 2 wird beim Export der Datenbank-Zeichensatz verwendet. Der Import interpretiert den Zeichensatz aus der Dump-Datei und führt notwendige Konvertierungen durch.

Empfohlen wird, für den Export die Umgebungsvariable `NLS_LANG` auf den Zeichensatz der zu exportierenden Datenbank zu setzen. Ermittelt werden kann dieser über das folgende Statement:

```
SQL> SELECT VALUE FROM NLS_DATABASE_PARAMETERS WHERE PARAMETER='NLS_CHARACTERSET';
```

Um unerwünschte Konvertierungen zu vermeiden, sollte `NLS_LANG` beim Export und Import in jedem Fall (auch wenn die Zieldatenbank einen anderen Zeichensatz verwendet) gleich gesetzt sein.

Verwendet die Zieldatenbank einen anderen Zeichensatz als die Quelldatenbank und wurde `NLS_LANG` für Export und Import gleich gesetzt, so wird beim Import automatisch eine Konvertierung in den Zeichensatz der Zieldatenbank durchgeführt.

4.3 Logisches Backup mittels Export über Data Pump

Seit Oracle 10g steht mit Data Pump zusätzlich zu der bisherigen Export-/Importfunktionalität ein neues Werkzeug für die Durchführung logischer Sicherungen zur Verfügung. Data Pump kann als eine architektonische und funktionale Erweiterung des konventionellen Exports/Imports betrachtet werden.

Über den Import mittels Data Pump können ausschließlich Dateien importiert werden, die mithilfe von Data Pump-Export erzeugt wurden. Das bedeutet, dass eine Dump-Datei, die mittels des konventionellen Exports erstellt worden ist, nicht mit einem Data Pump-Import importiert werden kann.

Auch für die Sicherung von Objekten über Data Pump gilt, dass Data Pump alleine – außer bei speziellen Anforderungen – keine ausreichende Sicherung darstellt, sondern nur als Ergänzung zu den physischen Sicherungen zu sehen ist.

Es gibt folgende Modi für Data Pump-Export:

- Tabellen

  Über diese Funktionalität können Tabellen, Partitionen und die zugehörigen Objekte exportiert werden.
- Schema

  Hierbei werden alle Objekte exportiert, die zu einem bestimmten Schema (das heißt Benutzer) gehören.
- Tablespaces

  In diesem Modus werden alle Objekte und Daten inklusive der abhängigen Objekte exportiert, die zu einem definierten Tablespace gehören.
- Transportierbare Tablespaces

  Beim Export werden lediglich die Metadaten eines transportierbaren Tablespace exportiert. Die eigentlichen Daten werden über das Einhängen der zugehörigen Datendateien des transportierbaren Tablespace zur Verfügung gestellt.
- Full

  Diese Funktionalität exportiert eine komplette Datenbank. Damit kann beispielsweise eine Datenbank neu aufgebaut werden.

Data Pump unterstützt zwei verschiedene Methoden, um Daten zu exportieren beziehungsweise zu importieren: Direct Path und External Tables. Data Pump wählt automatisch die schnellste Methode für jede Tabelle.

Meist wird die Direct-Path-Methode verwendet, unter bestimmten Umständen (Details siehe Oracle-Dokumentation) kann diese jedoch nicht benutzt werden. Dann wird External Tables verwendet.

4.3.1 Unterschiede zwischen konventionellem Export/Import und Data Pump-Export/-Import

Da sich der konventionelle Export/Import und Data Pump-Export/-Import zum Teil erheblich unterscheiden, sollen nachfolgend die wichtigsten Unterschiede zwischen den beiden Werkzeugen aufgezeigt werden:

- Verbesserte Performance bei Nutzung von Data Pump im Gegensatz zum konventionellen Export/Import

  Einzelne Threads von Data-Pump-Export/-Import sind bereits schneller als einzelne Threads bei Nutzung des konventionellen Export/Imports.

Zusätzlich kann noch eine Performanceverbesserung durch Nutzung von parallelen Threads (Parameter PARALLEL) erzielt werden.

- Parallele Verarbeitung des Data Pump-Jobs durch Nutzung des Parameters PARALLEL (nur möglich bei Enterprise Edition). Der Parallelisierungsgrad ist dynamisch änderbar.
- Data Pump besitzt eine serverbasierte Architektur. Der Export/Import wird über eigene Serverprozesse auf dem Server durchgeführt. Nach dem Starten eines Data Pump-Jobs über einen Client ist kein clientseitiger Job mehr notwendig.

  Für das Monitoring und die Administration des Jobs ist es möglich, dass sich unterschiedliche Clients mit dem Job verbinden und anschließend wieder trennen. Der Job wird dadurch nicht beeinflusst.
- Das Tuning von Data Pump-Export/-Import über Parameter wie zum Beispiel BUFFER oder RECORDLENGTH wie beim konventionellen Export/Import ist nicht mehr notwendig.
- Data Pump-Export/-Import benötigt mehr Platz im Undo-Tablespace aufgrund zusätzlicher Metadaten-Queries während des Exports und langlaufender Master-Table-Queries während des Imports. Deshalb sollte zusätzlicher Platz im Undo-Tablespace bereitgestellt und der Parameter UNDO_RETENTION erhöht werden.
- Data Pump-Jobs sind – auch im Fehlerfall – restartfähig.
- Es kann eine Abschätzung des notwendigen Speicherplatzes für den Export auch ohne dessen Durchführung vorgenommen werden.
- Im Gegensatz zum konventionellen Export/Import wählt Data Pump die am besten geeignete Methode (Direct Path oder External Table) automatisch aus.

4.3.2 Architektur

Master Table

Die Master Table ist die zentrale Komponente der Data Pump-Aktionen. In der Master Table werden sämtliche Informationen über den Job protokolliert:

- der aktuelle Status jedes Objekts, das ex- oder importiert wird
- die Stelle im Dump-File-Set, an der sich das Objekt befindet
- benutzerspezifische Konfigurationsparameter
- Status der Worker-Prozesse
- Restart-Informationen

Die Master Table wird bei Definition des Jobs automatisch im Schema des Benutzers erstellt, der den Data Pump-Job aufruft. Sie wird als letzter Schritt beim Export in das Dump-File-Set geschrieben und als Erstes bei einem Import in die Datenbank importiert.

Der Name der Master Table ist derselbe wie der Name des Jobs, der diese erzeugt hat. Soll ein neuer Data Pump-Job und damit eine neue Master Table erzeugt werden, kann nicht der gleiche Name wie ein bereits existierender Job und damit eine existierende Master Table verwendet werden.

Die Master Table wird nach erfolgreicher Beendigung des zugehörigen Jobs automatisch gelöscht. Wird ein Job aufgrund eines Fehlers gestoppt, bleibt die Master Table bestehen. Die Informationen in der Master Table werden für den Restart des Jobs verwendet. Wird ein Job explizit mit dem Kommando `KILL_JOB` beendet, wird die Master Table gelöscht, ein Restart dieses Jobs ist dann nicht mehr möglich.

Client-Prozess

Die Clients `expdp` und `impdp` rufen die Data Pump-Export- beziehungsweise Importfunktionalität auf. Die Handhabung von `expdp` und `impdp` ähnelt stark der Handhabung des konventionellen Exports `exp` und Imports `imp`.

`Expdp` und `impdp` nutzen das `DBMS_DATAPUMP`-Package (auch als Data Pump API bezeichnet), um den Export und Import auf Basis der eingegebenen Parameter durchzuführen.

Nach dem Starten eines Data Pump-Jobs über einen Client ist kein clientseitiger Job mehr notwendig. Für das Monitoring und die Verwaltung der Jobs ist es jedoch möglich, dass sich unterschiedliche Clients mit dem Job verbinden und anschließend wieder trennen. Der Job wird dadurch nicht beeinflusst.

Shadow-Prozess

Der Shadow-Prozess ist ein Standard-Oracle-(Dedicated-)Server-Prozess, der erzeugt wird, wenn ein Client sich mit der Datenbank verbindet. Er hat die Aufgabe, nach einem Aufruf von `DBMS_DATAPUMP.OPEN` den eigentlichen Data Pump-Job zu starten und damit die Master Table zu erzeugen, die Advanced-Queueing-Kommunikation für die Kommunikation zwischen den einzelnen Prozessen zu generieren sowie den Master-Control-Prozess zu starten.

Ist der Data Pump-Job gestartet, überprüft der Shadow-Prozess für den Client den Status des Jobs. Trennt der Client-Prozess die Verbindung, wird auch der Shadow-Prozess gestoppt, der Data Pump-Job läuft jedoch weiter. Sobald sich wieder ein Client mit dem Data Pump-Job verbindet, wird ein neuer Shadow-Prozess erzeugt.

Master-Control-Prozess (MCP)

Der Master-Control-Prozess kontrolliert die Abarbeitung und Verteilung eines Data Pump-Jobs. Pro Job existiert genau ein Master-Control-Prozess.

Er übernimmt zwei Hauptaufgaben:

- Die Aufteilung der unterschiedlichen Daten- und Metadatenexporte/-importe sowie die Generierung, Beauftragung und Kontrolle der Worker-Prozesse
- Die Verwaltung und Protokollierung der Informationen in der Master Table wie Jobstatus, Jobbeschreibung, Restart- und Dump-File-Informationen sowie das File-Management und die Pflege der aktuellen Dump-File-Liste

Worker-Prozess

Die Worker-Prozesse werden über das Kommando START_JOB vom Master-Control-Prozess gestartet. Die Anzahl entspricht hierbei dem Parameter PARALLEL.

Die Worker-Prozesse führen die Ex- und Importaufgaben durch und protokollieren, welche Art von Objekten (zum Beispiel Tabellen, Indizes, Views) momentan verarbeitet werden sowie deren jeweiligen Status (zum Beispiel completed, failed, pending, running). Diese Informationen werden bei einem Restart des Jobs benötigt.

Für den Export und Import von Metadaten wird von den Worker-Prozessen die Metadaten-API (DBMS_METADATA) verwendet. Die Objektdefinitionen werden als XML-Dokumente anstatt als DDL-Skript in das Dump-Dateienset geschrieben.

Parallel-Query-Prozess

Diese Art von Prozessen wird aktiviert, wenn External Tables von Data Pump verwendet werden. Der Worker-Prozess, der die External Table API verwendet, erzeugt n Parallel-Query-Prozesse und fungiert dann als Query-Koordinator.

4.3.3 Voraussetzungen für Data Pump-Export

1. **Definition eines Verzeichnisses für Dump-, Log- und SQL-Dateien**

   In diesem Verzeichnis stehen die Dump-Dateien. Außerdem werden die Log- und SQL-Dateien in dieses Verzeichnis geschrieben. Alternativ ist es möglich, über die Angabe von Parametern, Dump-, Log- und SQL-Dateien in unterschiedliche Verzeichnisse zu schreiben. Das Verzeichnis muss manuell angelegt werden.

   Voraussetzung für die Definition des Dump-Verzeichnisses ist die Berechtigung CREATE ANY DIRECTORY.

   Das Dump-Verzeichnis kann über das Directory-Objekt (in diesem Beispiel dpdest) folgendermaßen festgelegt werden:

   ```
   SQL> CREATE DIRECTORY dpdest AS 'f:\dpdest';
   ```

   Wird kein Verzeichnis definiert, wird das Standardverzeichnis DATA_PUMP_DIR verwendet. Das Standardverzeichnis kann jedoch im Default nur von privilegierten Benutzern verwendet werden. Der Wert von DATA_PUMP_DIR kann über das folgende SQL-Statement herausgefunden werden:

   ```
   SQL> SELECT DIRECTORY_NAME, DIRECTORY_PATH
   FROM DBA_DIRECTORIES
   WHERE DIRECTORY_NAME='DATA_PUMP_DIR';
   ```

   Über die View DBA_DIRECTORIES können auch Informationen zu bereits definierten Directory-Objekten ermittelt werden.

2. **Lese- beziehungsweise Schreibrechte für den ausführenden Benutzer auf das Verzeichnis**

   Der ausführende Benutzer muss Lese- und Schreibrechte auf das oben definierte Verzeichnis besitzen.

```
SQL> GRANT READ, WRITE ON DIRECTORY dpdest TO gmch;
```

3. **Speicherplatz im angelegten Verzeichnis prüfen**

   Je nach Umfang und Menge der zu exportierenden Objekte muss ausreichend Speicherplatz im oben angelegten Verzeichnis zur Verfügung stehen. Über den Parameter ESTIMATE_ONLY kann die Speicherplatzanforderung eines Jobs abgeschätzt werden. Die Daten werden dabei nicht exportiert.

4.3.4 Data Pump-Exportmethoden

Nachdem die vorbereitenden Maßnahmen für Data Pump-Export aus Abschnitt 4.3.3 durchgeführt wurden, kann Data Pump-Export gestartet werden.

Der Data Pump-Export ist ein serverbasierter Job, der während der Ausführung verwaltet werden kann. Data Pump-Export wird über den Aufruf *expdp* gestartet.

Expdp kann wie der konventionelle Export interaktiv, per Kommandozeile oder auch mit einer Parameterdatei aufgerufen werden. Es ist ebenfalls möglich, Data Pump über ein webbasiertes Enterprise-Manager-Interface zu nutzen.

Nach dem Starten eines Data Pump-Jobs werden Fortschrittsmeldungen auf dem Bildschirm angezeigt. Durch [Ctrl]+[C] kann von den Fortschrittsmeldungen in den interaktiven Modus gewechselt werden. Im interaktiven Modus werden keine Fortschrittsmeldungen mehr angezeigt.

Der interaktive Modus von Data Pump unterscheidet sich vom interaktiven Modus bei einem konventionellen Export. Nach Starten des interaktiven Modus von Data Pump können Kommandos zur Überwachung und Administration des Export-Jobs abgesetzt werden.

Der Aufruf von expdp ist ähnlich dem Aufruf des Exportwerkzeugs exp.

Interaktiver Aufruf:

```
C:\>expdp <username>/<password> JOB_NAME=<jobname>
```

Beispiel:

```
C:\>expdp gmch/munich JOB_NAME=expjob
```

Wurde bereits ein expdp-Job gestartet, ist es anders als bei einem konventionellen Export hier über einen interaktiven Aufruf möglich, sich mit einem laufenden Job (in diesem Beispiel expjob) zu verbinden und diesen zu administrieren. Dazu wird der Parameter ATTACH angegeben gefolgt vom Namen des Jobs, zu dem verbunden werden soll:

```
C:\>expdp <username>/<password> ATTACH=<jobname>
```

Beispiel:

```
C:\>expdp gmch/munich ATTACH=expjob
```

Wird expdp ohne weitere Parameter aufgerufen, wird – anders als beim konventionellen Export – sofort ein Export der Tabellen des angegebenen Users <username> gestartet.

Es stehen folgende Kommandos im interaktiven Modus zur Verfügung:

Kommando	Beschreibung
ADD_FILE	Hinzufügen weiterer Export-Dump-Dateien
CONTINUE_CLIENT	Interaktiven Modus verlassen Dadurch werden Fortschrittsmeldungen wieder angezeigt. Administrative Kommandos – wie im interaktiven Modus möglich – können nun nicht mehr eingegeben werden. Die Fortschrittsmeldungen können über Ctrl+C wieder verlassen werden. Ist der Job aktuell gestoppt, wird versucht, diesen durch `CONTINUE_CLIENT` wieder zu starten.
EXIT_CLIENT	Vollständiges Verlassen der Clientsitzung, auch Fortschrittsmeldungen werden nicht mehr angezeigt. Der Status des Jobs kann über die Log-Datei sowie die Views `DBA_DATAPUMP_JOBS/USER_DATAPUMP_JOBS` und `V$SESSION_LONGOPS` überwacht werden. Der serverbasierte Export-Job läuft jedoch im Hintergrund weiter. Über ein `ATTACH`-Kommando von `expdp` kann der Job erneut administriert und überwacht werden.
FILESIZE	Änderung der Maximalgröße von nachfolgend erzeugten Dump-Dateien
HELP	Zeigt eine Liste der Kommandos an, die im interaktiven Modus möglich sind.
KILL_JOB	Beendet den laufenden Job endgültig und beendet auch alle verbundenen Clientprozesse. Ein Restart dieses Jobs ist nicht mehr möglich.
PARALLEL	Ändert die Anzahl der Worker-Prozesse des aktiven Jobs (nur gültig in der Enterprise Edition).
START_JOB	Startet den Job neu. Das Neustarten eines Jobs ist immer möglich, solange die Master Table und das Dump-File-Set unbeschädigt sind.
STATUS	Zeigt den aktuellen Status des Jobs an. Es wird auch angegeben, zu wie viel Prozent der Job bereits fertig ist. Über `STATUS=n` kann das Wiederholungsintervall der Statusanzeige in Sekunden angegeben werden.
STOP_JOB	Stoppt den Job. Ein späterer Restart mit `START_JOB` ist möglich.

Tabelle 4.3: Kommandos im interaktiven Modus

Aufruf über Kommandozeile mit den gewünschten Parametern (Beispiel):

```
C:\>expdp gmch/munich TABLES=(gehalt, mitarbeiter)
```

Aufruf über Kommandozeile mit Parameterdatei (Beispiel):

```
C:\expdp gmch/munich PARFILE=partables
```

Die Parameterdatei `partables` kann dann folgendermaßen aussehen:

```
DIRECTORY=dpdest
TABLES=(gehalt, mitarbeiter)
```

Aufruf über Enterprise Manager (Beispiel):

Gegebenenfalls muss der Benutzer, der den Export-Job über den Enterprise Manager ausführt, noch als Administrator in diesem definiert werden.

Dies kann aus jedem Register durch Aufruf von SETUP – ADMINISTRATOREN – Schaltfläche ERSTELLEN erfolgen. Hier muss der entsprechende Benutzer als Enterprise Manager-Administrator eingetragen werden.

Data Pump-Export kann im Register VERSCHIEBEN VON DATEN – Abschnitt ZEILENDATEN VERSCHIEBEN – Unterpunkt IN EXPORTDATEIEN EXPORTIEREN gestartet werden:

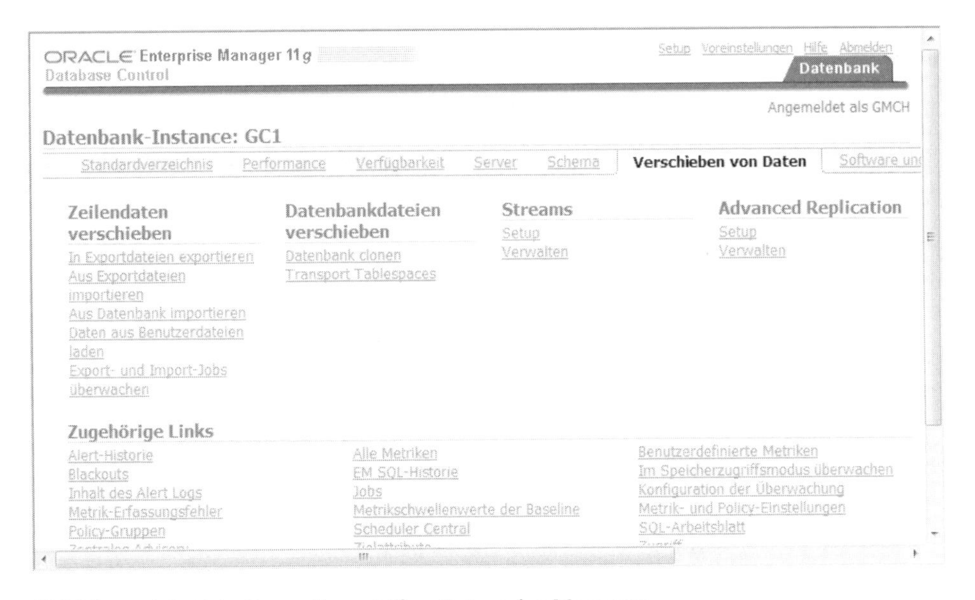

Abbildung 4.1: Data Pump-Export über Enterprise Manager

Anschließend muss ausgewählt werden, was exportiert werden soll:

Abbildung 4.2: Auswählen der Objekte

Nachfolgend wird die Nutzung von Data Pump-Export über den Enterprise Manager beim Export von Tabellen beschrieben. Über die Schaltfläche HINZUFÜGEN wird ein Dialog zum Auswählen der entsprechenden Tabellen angezeigt.

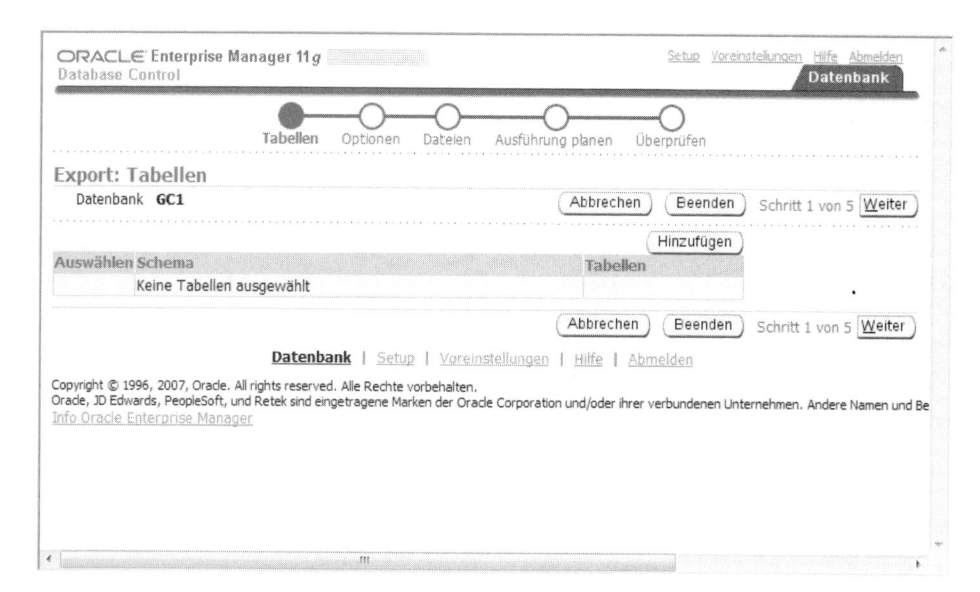

Abbildung 4.3: Export: Tabellen

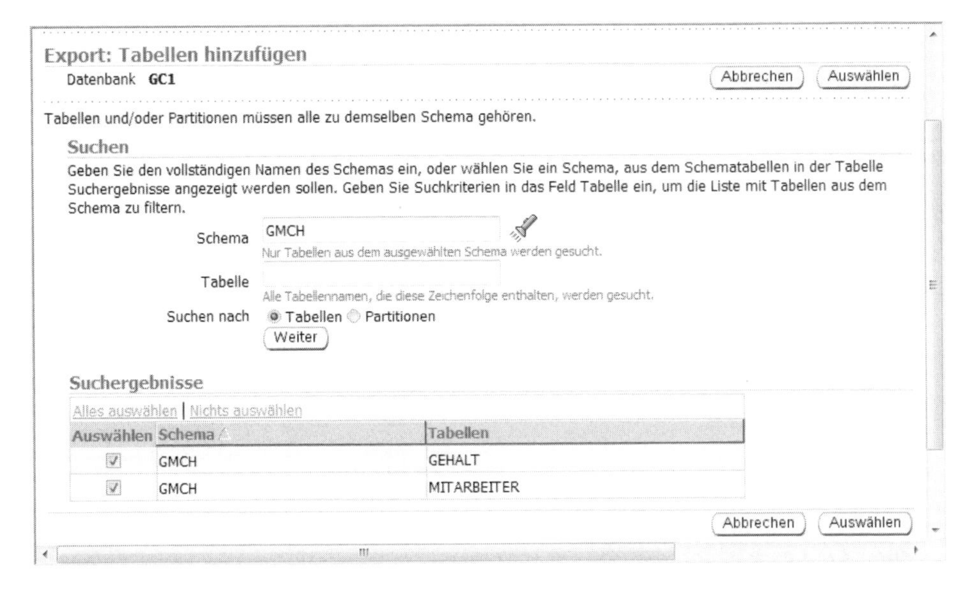

Abbildung 4.4: Auswählen der Tabellen

Anschließend ist es möglich, die Liste der zu exportierenden Tabellen nochmals zu bearbeiten.

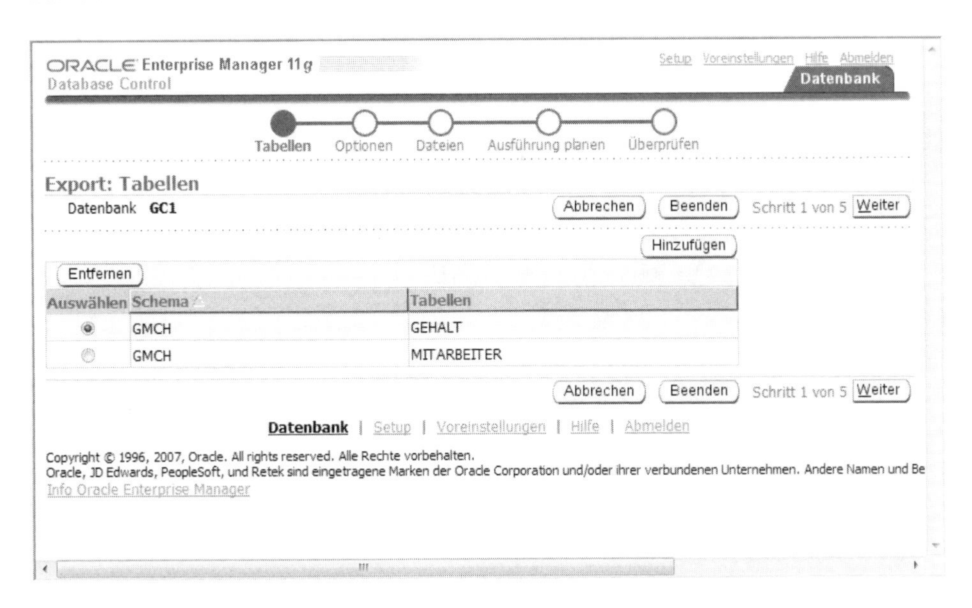

Abbildung 4.5: Liste der zu exportierenden Tabellen

Im Fenster EXPORT: OPTIONEN kann die Plattenkapazität abgeschätzt werden, die der Export-Job, das heißt die Dump-Datei(en), voraussichtlich belegen wird.

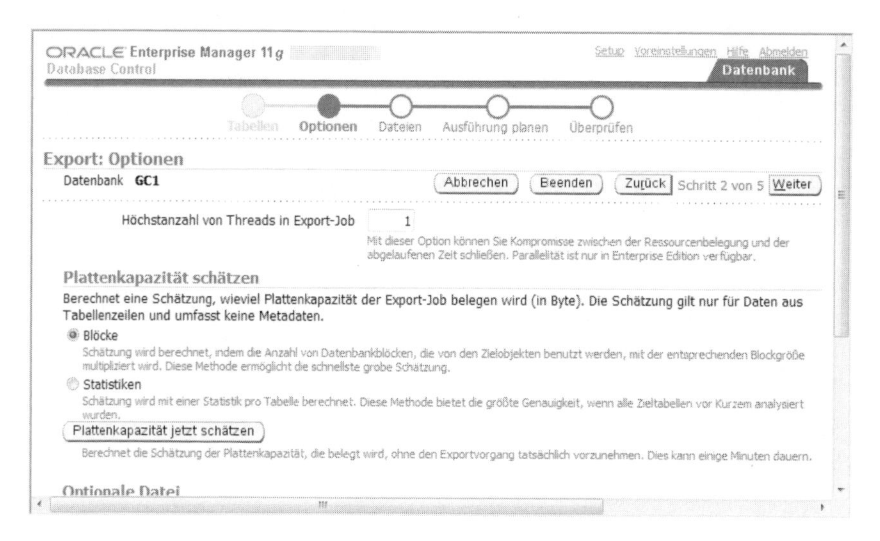

Abbildung 4.6: Abschätzung der Plattenkapazität

Im gleichen Fenster ist es möglich, über den Punkt ERWEITERTE OPTIONEN noch folgende Einschränkungen anzugeben:

- Inhalt

  Im Bereich INHALT kann angegeben werden, was exportiert werden soll (analog Parameter `CONTENT`) und ob bestimmte Objekte entweder vom Export ausgeschlossen (analog Parameter `EXCLUDE`) oder ob nur bestimmte Objekte exportiert werden sollen (analog Parameter `INCLUDE`). Die genannten Parameter werden im nachfolgenden Abschnitt »Parameter für Data Pump-Export« beschrieben.

Abbildung 4.7: Erweiterte Optionen: Inhalt

- Flashback

  Im Bereich FLASHBACK kann analog zu den Parametern FLASHBACK_SCN und FLASHBACK_TIME (siehe Parameterbeschreibungen im nachfolgenden Abschnitt »Parameter für Data Pump-Export«) definiert werden, ob ein konsistenter Datenbestand, der zum Zeitpunkt der definierten FLASHBACK_SCN oder FLASHBACK_TIME gültig war, exportiert werden soll.

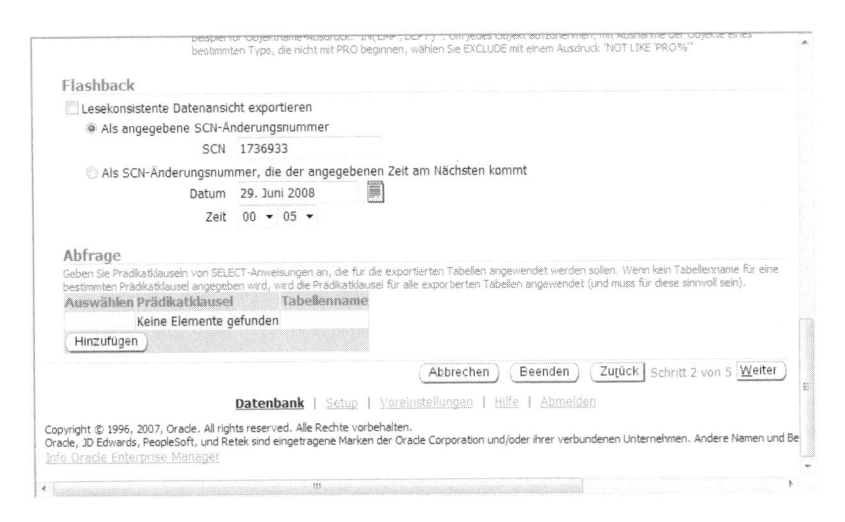

Abbildung 4.8: Erweiterte Option: Flashback

- Abfrage

  Im Bereich ABFRAGE besteht die Möglichkeit, einen Filter für den Export einer Teilmenge von Tabellendaten analog zu dem Parameter QUERY (siehe Parameterbeschreibung im nachfolgenden Abschnitt »Parameter für Data Pump-Export«) anzugeben.

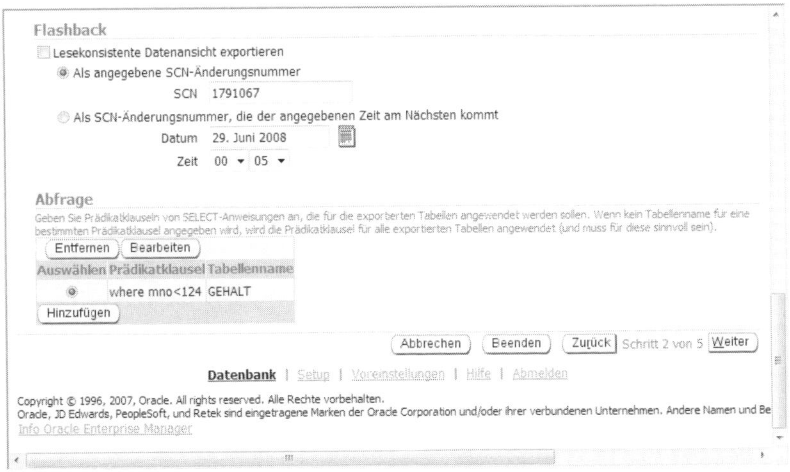

Flashback
Lesekonsistente Datenansicht exportieren
Als angegebene SCN-Änderungsnummer
SCN 1791067
Als SCN-Änderungsnummer, die der angegebenen Zeit am Nächsten kommt
Datum 29. Juni 2008
Zeit 00 05
Abfrage
Entfernen Bearbeiten
Auswählen Prädikatklausel Tabellenname
where mno<124 GEHALT
Hinzufügen
Abbrechen Beenden Zurück Schritt 2 von 5 Weiter
Datenbank | Setup | Voreinstellungen | Hilfe | Abmelden
Copyright © 1996, 2007, Oracle. All rights reserved. Alle Rechte vorbehalten.
Info Oracle Enterprise Manager

Abbildung 4.9: Erweiterte Optionen: Abfrage

In diesem Beispiel werden alle Einträge der Tabelle `gehalt` mit einer Mitarbeiternummer `mno` < 124 exportiert.

Anschließend können der Name und das Verzeichnisobjekt sowie die maximale Größe für die Dump-Dateien eingetragen werden.

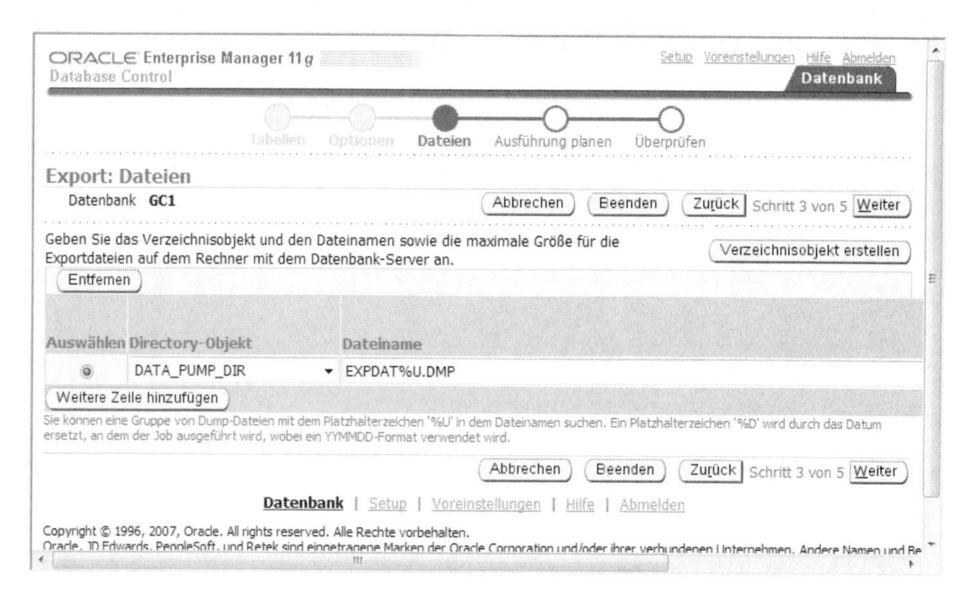

Abbildung 4.10: Definition Name und Verzeichnis Dump-Dateien

Im nächsten Schritt werden Informationen bezüglich Job-Einplanung abgefragt.

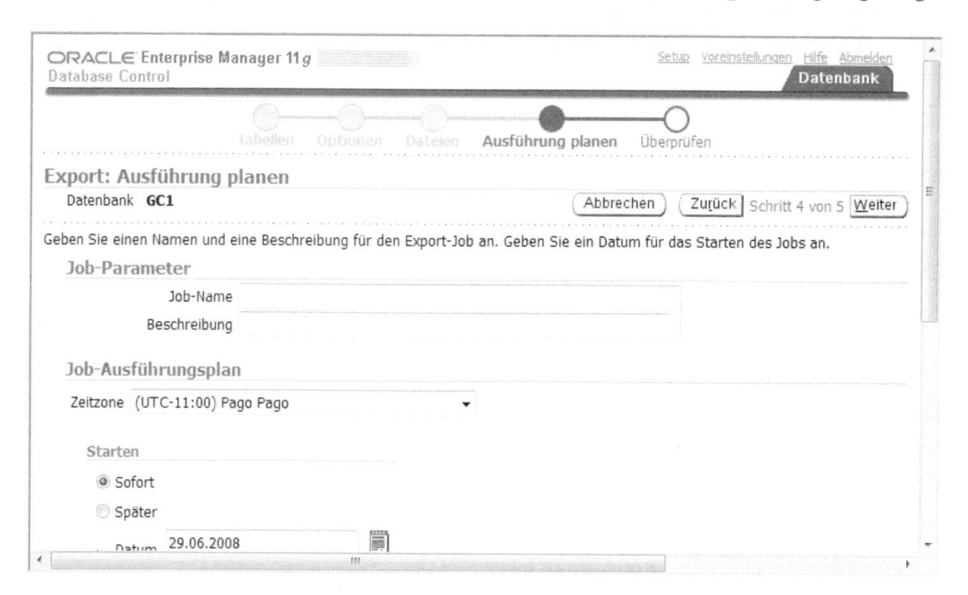

Abbildung 4.11: Job-Einplanung

Danach ist es möglich, den Export-Job nochmals zu überprüfen.

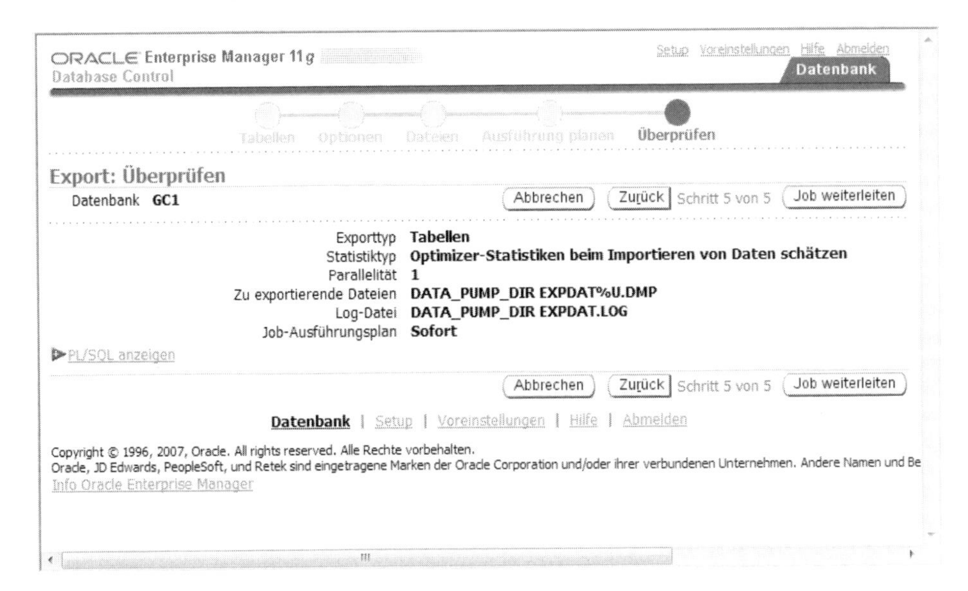

Abbildung 4.12: Überprüfung Job-Einplanung

Bei sofortiger Ausführung des Jobs wird anschließend folgendes Fenster angezeigt:

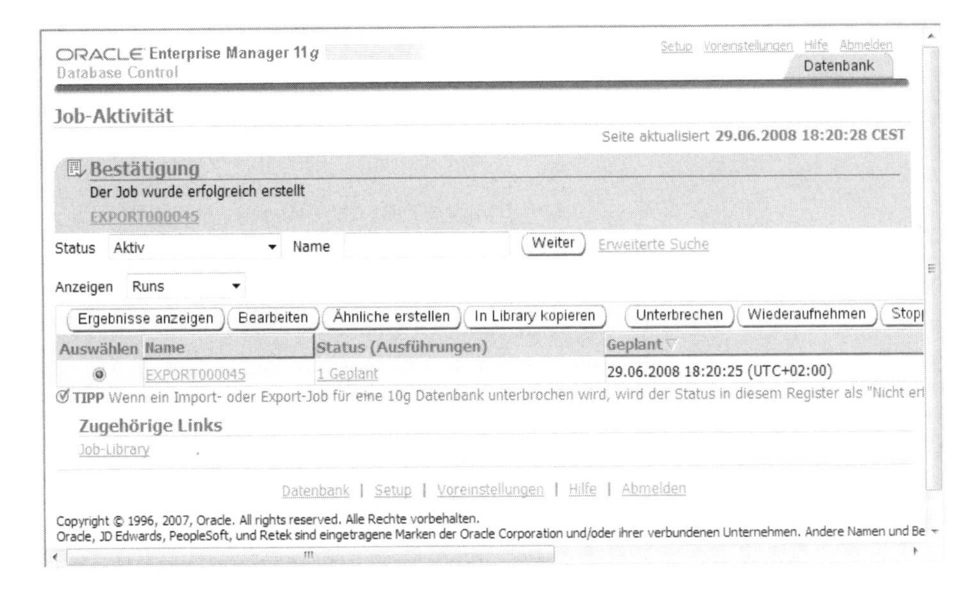

Abbildung 4.13: Job-Aktivität

Parameter für Data Pump-Export

Nachfolgend eine Beschreibung der wichtigsten Exportparameter für die Durchführung logischer Backups, falls `expdp` interaktiv, per Kommandozeile oder mit einer Parameterdatei gestartet wird:

Parameter	Beschreibung
ATTACH	Verbindet eine Clientsitzung mit einem aktuell laufenden Data Pump-Export-Job. Anschließend befindet man sich im interaktiven Modus und kann den Job administrieren.
COMPRESSION	Aktivierung der Komprimierung ALL: alle Daten, die exportiert werden (neu ab Oracle 11g) DATA_ONLY: nur Daten (neu ab Oracle 11g) METADATA_ONLY: nur Metadaten, das heißt die Objektdefinitionen (Default) NONE: keine Komprimierung
CONTENT	Filter, welche Objekte exportiert werden sollen. ALL: Daten und Objektdefinitionen (Default) DATA_ONLY: nur Daten METADATA_ONLY: nur Objektdefinitionen
DIRECTORY	Directory-Objekt für das Verzeichnis der Dump-, Log- und SQL-Dateien. Das Verzeichnis muss zuvor als Directory-Objekt (siehe Kapitel 4.3.3 Punkt 1) definiert worden sein. Kann durch Setzen der Parameter `DUMPFILE` und `LOGFILE` übersteuert werden. Dadurch ist eine Verteilung der einzelnen Dateitypen auf verschiedene Verzeichnisse möglich.

DUMPFILE	Definiert den Namen und optional das Directory-Objekt für die Dump-Datei.
	Dieser Parameter übersteuert den Parameter `DIRECTORY`.
	Beispiel (Directory-Objekt für Dump-Verzeichnis `dumpdir`):
	`DUMPFILE=dumpdir:expdp1.dat`
	Es ist möglich, mehrere Dump-Dateien anzugeben.
	Über die Nutzung der Variablen `%U` innerhalb eines Dump-Dateinamens werden bei Ausführung des Jobs dynamisch so viele Dump-Dateien (maximal 99) erzeugt, wie benötigt werden. Eine Verwendungsmöglichkeit für `%U` wäre beispielsweise bei Nutzung des Parameters `FILESIZE`. Wird die durch `FILESIZE` definierte Größe einer Dump-Datei erreicht, wird automatisch eine neue Dump-Datei erzeugt.
	Beispiel:
	`DUMPFILE=dumpdir:expdp%U.dat`

Tabelle 4.4: Data Pump-Exportparameter

Parameter	Beschreibung
ESTIMATE	Definiert die Methode, die von Export genutzt wird, um den benötigten Plattenplatz jeder Tabelle beim Export abzuschätzen. Die Abschätzung wird in der Log-Datei protokolliert und auf dem Client ausgegeben. BLOCKS: Abschätzung über die belegten Datenblöcke multipliziert mit der entsprechenden Blockgröße STATISTICS: Abschätzung über die Tabellenstatistik
ESTIMATE_ONLY	Abschätzung des benötigten Platzes für den Export-Job. Es wird jedoch kein Export durchgeführt.
EXCLUDE	Schließt Objekte und deren abhängige Objekte vom Export aus. Welche Objekte ausgeschlossen werden können, kann über die Views `DATABASE_EXPORT_OBJECTS` (bei Full Modus), `SCHEMA_EXPORT_OBJECTS` (bei Schema-Modus) und `TABLE_EXPORT_OBJECTS` (bei Tabellen- und Tablespace-Modus) ermittelt werden. Es ist zusätzlich möglich, die Menge der ausgeschlossenen Objekte noch durch Angabe einer Untermenge einzuschränken. Beispiel (Ausschluss von Indizes, die mit `GEH` enden): `EXCLUDE=INDEX:"LIKE '%GEH'"`
FILESIZE	Maximale Dateigröße der Dump-Datei(en) (Default 0 bis unbegrenzt) Es muss bei Verwendung des Parameters darauf geachtet werden, dass genügend Dump-Dateien definiert wurden, um den Export durchzuführen. Ansonsten tritt folgender Fehler auf: `ORA-39095: Dump file space has been exhausted: Unable to allocate 115388 bytes` Die Größe des Parameters `FILESIZE` muss mindestens so groß wie die Master Table sein, da eine Aufteilung der Master Table auf mehrere Dump-Dateien nicht möglich ist.
FLASHBACK_SCN	Der Export wird mit dem konsistenten Datenbestand durchgeführt, der zum Zeitpunkt der definierten `FLASHBACK_SCN` gültig war. `FLASHBACK_SCN` ist nur für Flashback Query verwendbar. Alle anderen Flashback-Arten sind nicht möglich.

Tabelle 4.4: Data Pump-Exportparameter (Forts.)

Parameter	Beschreibung
FLASHBACK_TIME	Der Export wird mit dem konsistenten Datenbestand durchgeführt, der zum Zeitpunkt FLASHBACK_TIME gültig war. Hierfür wird die SCN verwendet, die als nächste SCN zum definierten FLASHBACK_TIME-Zeitpunkt liegt. Für die Angabe von FLASHBACK_TIME ist es sinnvoll, eine Parameterdatei zu nutzen, um die Angabe des Strings für den gewünschten Zeitpunkt zu vereinfachen (keine Escape-Zeichen in Parameterdatei notwendig für Anführungszeichen). FLASHBACK_TIME ist nur für Flashback Query verwendbar. Alle anderen Flashback-Arten sind nicht möglich.
FULL	Alle Daten und Metadaten werden exportiert (Default: n). Zu beachten ist, dass hierbei bestimmte Systemschemata wie beispielsweise SYS, ORDSYS und MDSYS nicht exportiert werden.
HELP	Durch HELP=y wird eine Liste der Exportparameter sowie der Kommandos, die im interaktiven Modus möglich sind, ausgegeben.
INCLUDE	Definiert Objekte, die zu exportieren sind Funktionsweise analog Parameter EXCLUDE
JOB_NAME	Definiert für den Job einen Namen, der bei weiteren Aktionen wie ATTACH und bei der Überwachung des Jobs verwendet wird. Default-Jobname: SYS_EXPORT_<mode>_NN Beispiel : SYS_EXPORT_TABLE_03
LOGFILE	Definiert den Namen und optional das Directory-Objekt für die Log-Datei. Dieser Parameter übersteuert den Parameter DIRECTORY. Beispiel (Directory-Objekt für Log-Verzeichnis logdir): DUMPFILE=logdir:expdp.log

Tabelle 4.4: Data Pump-Exportparameter (Forts.)

Parameter	Beschreibung
NETWORK_LINK	Hierbei wird ein Export über einen definierten Datenbank-Link durchgeführt. Wurde beim Aufruf von expdp der Parameter NETWORK_LINK gesetzt, verbindet sich die Datenbank, mit der expdp verbunden ist, mit der Datenbank, für die der Export durchgeführt werden soll (definiert über Parameter NETWORK_LINK). Voraussetzung für die Nutzung des Parameters sind die Definition eines gültigen Datenbank-Links über CREATE DATABASE LINK sowie ausreichende Rechte des Benutzers, der den Export ausführt. Beim Data-Pump-Export/-Import direkt über das Netzwerk kann es jedoch im Bereich der Netzwerkbandbreite zu Engpässen kommen. Der Parameter NETWORK_LINK kann beispielsweise sinnvoll genutzt werden bei Read-Only-Datenbanken, da in diesen ja nicht schreibend zugegriffen werden kann (zum Beispiel bei Erstellung der Master Table). In diesem Fall bietet es sich an, den Export über den Parameter NETWORK_LINK von einer Instanz mit Schreibberechtigung zu starten. Ebenfalls nützlich ist der Parameter NETWORK_LINK in Umgebungen, in denen ein Dateitransfer beispielsweise per FTP aus Sicherheitsgründen nicht möglich ist, da die Übertragung der Daten ausschließlich mit Oracle-Mitteln stattfindet.
PARALLEL	Ändert die Anzahl der Worker-Prozesse beziehungsweise I/O-Serverprozesse des aktiven Jobs (nur gültig in der Enterprise Edition). Der Parameter kann dynamisch im interaktiven Modus während der Ausführung des Jobs verändert werden. Sinnvoll wäre beispielsweise, während der Produktivzeiten den Parallelisierungsgrad zu begrenzen, um noch genügend Ressourcen für den Produktivbetrieb bereitstellen zu können. Während der nicht produktiven Zeiten kann dann die Parallelisierung entsprechend erhöht werden. PARALLEL sollte kleiner oder gleich der Anzahl der definierten Dump-Dateien sein, da es sonst zu Zugriffsproblemen auf die Dump-Dateien kommen kann.
PARFILE	Name der Parameterdatei

Tabelle 4.4: Data Pump-Exportparameter (Forts.)

Parameter	Beschreibung
QUERY	Filter für den Export einer Teilmenge der Tabellendaten Beispiel (Export der Daten der Tabelle `gehalt` für die Mitarbeiter mit Personalnummer `pnr` kleiner 50): `QUERY=gehalt:"WHERE pnr < 50"` Es ist möglich, außer den `WHERE`-Klauseln auch andere SQL-Klauseln zu verwenden. Für die Definition der `QUERY`-Werte ist es sinnvoll, eine Parameterdatei zu nutzen, um die Angabe der Klausel zu vereinfachen (keine Escape-Zeichen in Parameterdatei notwendig für Anführungszeichen).
REUSE_DUMPFILES	Überschreiben von bereits existierenden Dump-Dateien (Default: n)
SCHEMAS	Liste der zu exportierenden Benutzer; die Objekte der definierten Benutzer werden exportiert.
TABLES	Liste der zu exportierenden Tabellen-, Partitions- oder Subpartitionsnamen
TABLESPACES	Liste der zu exportierenden Tablespaces
TRANSPORT_TABLESPACES	Definiert einen Export von transportierbaren Tablespaces Liste der Tablespaces, die beim Transfer von transportierbaren Tablespaces zu exportieren sind. Hierbei werden die Metadaten des transportierbaren Tablespace exportiert.
TRANSPORT_FULL_CHECK	Definiert, ob eine Prüfung der Abhängigkeiten beim Export transportierbarer Tablespaces vorgenommen wird. Hierbei wird kontrolliert, ob es abhängige Objekte gibt, die nicht in der Menge der definierten transportierbaren Tablespaces enthalten sind. Beispielweise kann geprüft werden, ob zu einer zu exportierenden Tabelle ein Index existiert, der sich in einem anderen als den angegebenen Tablespaces befindet. In diesem Fall wird ein Fehler ausgegeben.
TRANSPORTABLE	Wird in Verbindung mit einem Export von Tabellen verwendet. Exportiert Metadaten von Tabellen, Partitionen oder Subpartitionen, falls `TRANSPORTABLE=ALWAYS` gesetzt. Funktionsweise ähnlich `TRANSPORT_TABLESPACES`, jedoch auf Tabellen, Partitionen und Subpartitionen beschränkt. Default: NEVER
VERSION	Kann verwendet werden, um eine Menge an Dump-Dateien zu erzeugen, die zu einer älteren Oracle-Version kompatibel sind. Beispielsweise wird eine Tabelle, die Datentypen enthält, die in der beim Parameter `VERSION` angegebenen Version noch nicht vorhanden waren, nicht exportiert.

Tabelle 4.4: Data Pump-Exportparameter (Forts.)

Im nächsten Abschnitt werden die verschiedenen Modi kurz vorgestellt, in denen Data Pump-Export genutzt werden kann.

Es wird angenommen, dass bereits ein Directory-Objekt dpdest für das Dump- und Log-Verzeichnis für die Nutzung bei Parameter DIRECTORY definiert wurde.

Tabellen

Über diese Funktionalität können Tabellen, Partitionen, Subpartitionen und die zugehörigen Objekte exportiert werden. Voraussetzung dafür ist, dass der Benutzer, der den Export ausführt, ausreichende Rechte besitzt, um die Daten zu exportieren.

Die Benutzung von Wildcards beim Export von Tabellen ist möglich.

Export von Tabellen (bei Aufruf über Kommandozeile):

```
C:\> expdp <username>/<password> DIRECTORY=<directory_object> TABLES=<tablename_1>,
..., <tablename_n>
```

Beispiel (Export der Tabellen gehalt, mitarbeiter):

```
C:\> expdp gmch/munich DIRECTORY=dpdest TABLES=gehalt, mitarbeiter
```

Export von Partitionen:

```
C:\> expdp <username>/<password> DIRECTORY=<directory_object>
TABLES=<tablename_1>:<partitionname_1>, ..., <tablename_n>:<partitionname_xyz>
```

Beispiel (Export der Partitionen p1 und p3 der Tabelle gehalt):

```
C:\> expdp gmch/munich DIRECTORY=dpdest TABLES=gehalt:p1, gehalt:p3
```

Neu ab Oracle 11g ist der Parameter TRANSPORTABLE. Durch Spezifikation von TRANSPORTABLE=ALWAYS werden die Metadaten von Tabellen, Partitionen oder Subpartitionen exportiert. Die Funktionsweise ist ähnlich der von transportierbaren Tablespaces: Zunächst werden die Metadaten beispielsweise einer Tabelle exportiert und die entsprechende Datendatei manuell vom Quell- zum Zielsystem kopiert. Anschließend werden in das Zielsystem die Metadaten der Tabelle importiert.

Schema

Hierbei werden alle Objekte exportiert, die zu einem bestimmten Schema (das heißt Benutzer) gehören. Es ist möglich, beim Aufruf von expdp mehrere Schemata durch Kommata getrennt anzugeben.

Mithilfe des Schemamodus können entweder die eigenen Objekte eines Benutzers oder fremde Benutzerschemata exportiert werden. Um Objekte von fremden Benutzerschemata zu exportieren, werden entsprechende Rechte (EXP_FULL_DATABASE) benötigt.

Export der Objekte eines Benutzers:

```
C:\> expdp <username>/<password> DIRECTORY=<directory_object> SCHEMAS=<schema_name>
```

Beispiel (Export des Schemas `gmch`):

```
C:\> expdp gmch/munich DIRECTORY=dpdest SCHEMAS=gmch
```

Beispiel (Export der Schemata `gmch,lek1`):

```
C:\> expdp gmch/munich DIRECTORY=dpdest SCHEMAS=gmch,lek1
```

Tablespaces

In diesem Modus werden alle Objekte und Daten inklusive der abhängigen Objekte exportiert, die zu einem definierten Tablespace gehören.

```
C:\> expdp <username>/<password> DIRECTORY=<directory_object>
TABLESPACES=<tablespace_name>
```

Beispiel (Export des Tablespace `appl1d`):

```
C:\> expdp gmch/munich DIRECTORY=dpdest TABLESPACES=appl1d
```

Transportierbare Tablespaces

Beim Export eines Tablespace werden lediglich die Metadaten eines transportierbaren Tablespace exportiert. Die eigentlichen Daten werden über Kopieren der entsprechenden Datendateien des transportierbaren Tablespace auf den Rechner der Zieldtenbank zur Verfügung gestellt.

Hierbei ist zu beachten, dass die Zieldatenbank vom gleichen oder höheren Release sein muss wie die Quelldatenbank.

Voraussetzung für den Export von transportierbaren Tablespaces ist die Rolle `EXP_FULL_DATABASE`.

Das Vorgehen bei Nutzung des Modus »Transportierbare Tablespace« wurde in Abschnitt 4.2.2, Export eines Tablespace, bereits beschrieben.

Beispiel bei Nutzung einer Parameterdatei `ttsp.par` (das Directory-Objekt `dpdest` wurde im Vorfeld bereits definiert):

```
C:\> expdp gmch/munich PARFILE=ttsp.par
```

Die Parameterdatei `ttsp.par` enthält folgende Einträge:

```
DIRECTORY=dpdest
TRANSPORT_TABLESPACES=appl1d
TRANSPORT_FULL_CHECK=y
```

Full

Diese Funktionalität exportiert eine komplette Datenbank. Voraussetzung dafür ist die Rolle `EXP_FULL_DATABASE`.

Zu beachten ist, dass bei einem Export mit Parameter FULL bestimmte System-Schemata wie zum Beispiel SYS, ORDSYS, MDSYS nicht exportiert werden.

```
C:\> expdp <username>/<password> DIRECTORY=<directory_object> FULL=Y
```

Beispiel:

```
C:\> expdp gmch/munich DIRECTORY=dpdest FULL=Y
```

Überwachung der Data Pump-Jobs

Im interaktiven Modus ist die Überwachung der Data Pump-Jobs – wie bereits im Abschnitt »Interaktiver Aufruf« beschrieben – über Eingabe von STATUS möglich. Über den Parameter LOGFILE können diese Statusmeldungen in eine Log-Datei geschrieben werden.

Zusätzlich gibt es noch die Möglichkeit, die Jobs über die Views DBA_DATAPUMP_JOBS und V$SESSION_LONGOPS zu überwachen.

Über die View V$SESSION_LONGOPS kann der Fortschritt des Jobs überwacht werden. Es sind folgende Spalten interessant:

Spalte	Beschreibung
OPNAME	Kurzbeschreibung der Operation
TARGET_DESC	Beschreibung des Zielobjekts
SOFAR	Bereits exportierte Daten in MB
TOTALWORK	Gesamtmenge zu exportierender Daten für diesen Job in MB

Tabelle 4.5: View V$SESSION_LONGOPS

Darüber hinaus können alle aktiven Data Pump-Jobs in der Datenbank – unabhängig von ihrem derzeitigen Status – über die View DBA_DATAPUMP_JOBS angezeigt werden. Nachfolgend werden die wichtigsten Spalten beschrieben:

Spalte	Beschreibung
JOB_NAME	Name des Jobs
OPERATION	Jobtyp
JOB_MODE	Jobmodus
STATE	Status des Jobs
DEGREE	Anzahl der Worker-Prozesse, welche die Operation ausführen

Tabelle 4.6: View DBA_DATAPUMP_JOBS

Alternativ können Data Pump-Jobs auch über den Enterprise Manager über das Register VERSCHIEBEN VON DATEN – Abschnitt ZEILENDATEN VERSCHIEBEN – Unterpunkt EXPORT- UND IMPORT-JOBS ÜBERWACHEN überwacht werden:

Abbildung 4.14: Überwachung Data Pump-Jobs

Über den Eintrag des Data Pump-Jobs ist es möglich, den Job-Status zu ändern, die Parallelität anzupassen oder weitere Dump-Dateien hinzuzufügen (siehe Abbildung 4.16). Wird dagegen der Eintrag in Spalte »EM-Job« ausgewählt, so werden Informationen zu den einzelnen Schritten angezeigt (siehe Abbildung 4.17). Auch hier kann der Data Pump-Job gestoppt werden.

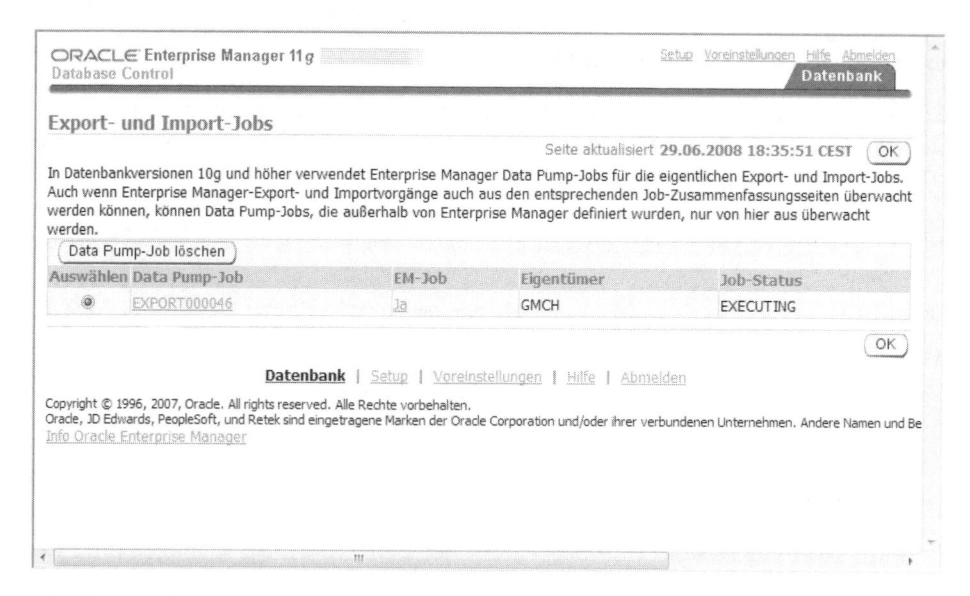

Abbildung 4.15: Anzeige Data Pump-Jobs

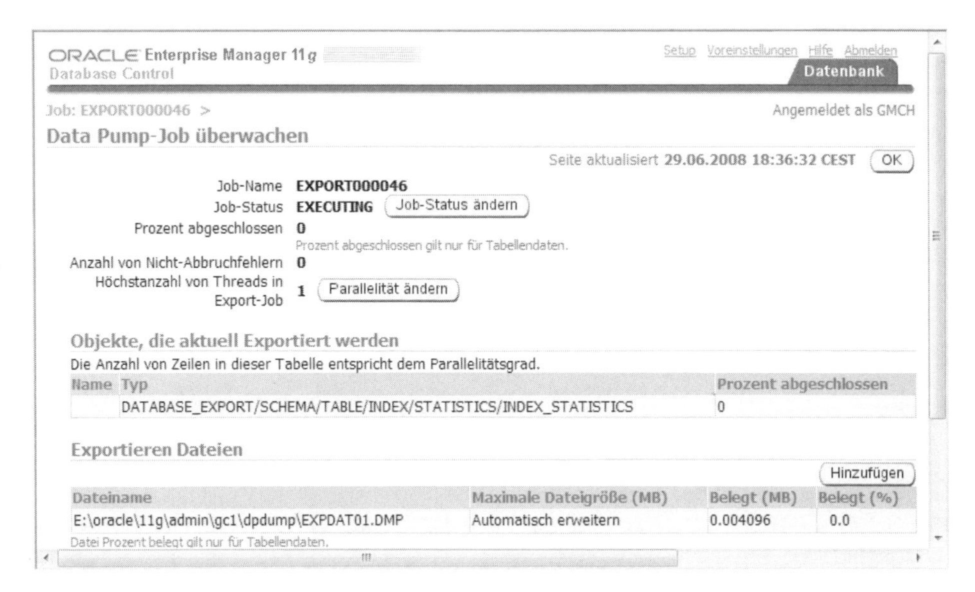

Abbildung 4.16: Data Pump-Job

Abbildung 4.17: Informationen zu Data Pump-Schritten

Durch Auswählen von SCHRITT: EXPORTIEREN (siehe Abbildung 4.17) besteht die Möglichkeit, die Log-Datei für den Data Pump-Schritt anzuzeigen.

Abbildung 4.18: Data Pump-Log

Mögliche Tuning-Maßnahmen für Data Pump-Export

1. Dump-Dateien auf anderen physikalischen Platten als die zu exportierenden Datendateien
2. Grundsätzlich gilt: Der Parameter `PARALLEL` (Anzahl der Worker-Prozesse beziehungsweise I/O-Serverprozesse) sollte kleiner oder gleich der Anzahl der Dump-Dateien sein. Ebenso sollte `PARALLEL` maximal auf die zweifache CPU-Anzahl gesetzt werden.
3. Verteilung der Dump-Dateien auf separate physikalische Platten

   Beispieldefinition eines Dump-File-Sets:

   ```
   DUMPFILE=dpdest1:exp1%u.dmp, dpdest2:exp2%u.dmp
   ```

   Dadurch werden folgende Dump-Dateien in den angegebenen Verzeichnissen `dpdest`*n* erzeugt:

   ```
   exp101.dmp, exp201.dmp, exp102.dmp, exp202.dmp usw.
   ```

   Die Dump-Dateien werden im Round-Robin-Verfahren beschrieben. Im Idealfall sind die unterschiedlichen Plattenbereiche mit den Dump-Verzeichnissen an unterschiedlichen Controllern angeschlossen.
4. Erhöhung folgender Parameter für die Job-Ausführung:
   - SHARED_POOL_SIZE
   - PROCESSES
   - SESSIONS
   - PARALLEL_MAX_SERVERS

5. Vergrößerung des Undo-Tablespace, damit genügend Platz in den Undo-Segmenten zur Verfügung steht

   Dies sollte insbesondere bei Jobs beachtet werden, die sehr viele Objekte zu verarbeiten haben.

6. Das Setzen folgender Parameterwerte kann (muss aber nicht) eine spürbare Verbesserung der Performance bewirken:

   - DISK_ASYNCH_IO=TRUE
   - DB_BLOCK_CHECKING=FALSE
   - DB_BLOCK_CHECKSUM=FALSE

5 Grundlagen des Restores und Recoverys

Als Restore wird die teilweise oder vollständige physische Wiederherstellung von Dateien einer Datenbank aus einer Sicherung bezeichnet: Aus einem Backup werden Datenbankdateien zurück ins Dateisystem kopiert. Nach einem Restore sind diese Dateien in aller Regel nicht auf dem aktuellen Stand. Um die Datendateien zu aktualisieren, ist ein Recovery notwendig.

Durch das Recovery werden alle Änderungen in den Datenbankdateien bis zu einem definierten und für die Datenbank einheitlichen Zeitpunkt nachgefahren. Nach dem erfolgreichen Abschluss des Recoverys haben alle Dateien der Datenbank einen einheitlichen und konsistenten Stand. Alle Daten- und Control-Dateien enthalten die gleiche System-Change-Nummer (SCN), und zwar die SCN der letzten mit `COMMIT` abgeschlossenen Transaktion, bis zu der das Recovery durchgeführt wurde.

> **Hinweis**
> Bei jedem `COMMIT` wird die SCN hochgezählt, sodass jeder mit `COMMIT` abgeschlossenen Transaktion eine eigene System-Change-Nummer (SCN) zugewiesen wird. Einer bestimmten SCN kann jeweils ein mit `COMMIT` abgeschlossener konsistenter Stand der Datenbank zugeordnet werden.

Jedes Recovery besteht aus zwei Phasen:

1. **Roll-forward-Phase** (auch Cache Recovery genannt):

   In der Roll-forward-Phase werden alle Transaktionen aus den Redolog-Dateien ausgelesen und auf die Datenbank angewendet. Das Roll-forward verhält sich exakt so, als ob Benutzer die in den Datenbankdateien fehlenden Datenänderungen mittels SQL erneut eingeben würden, und zwar solange, bis alle Datenänderungen einschließlich der letzten Transaktion erfasst sind. Dabei werden auch `COMMIT`-Statements für jene Transaktionen aus den Redolog-Dateien übernommen, die zuvor im laufenden Betrieb mit einem `COMMIT`-Statement bestätigt wurden.

   Dieses Roll-forward ist das eigentliche Recovery. Es ist zeitlich immer vorwärts gerichtet. Alle Änderungen aus den Redolog-Dateien werden auf den Datendateien nachgefahren, unabhängig davon, ob sie mit `COMMIT` bestätigt wurden oder nicht.

   Da auch Rollback-Daten in den Redolog-Dateien protokolliert werden, werden auch die zugehörigen Rollback- beziehungsweise Undo-Segmente entsprechend aktualisiert.

Nach der Roll-forward-Phase enthält die Datenbank alle Änderungen aus den mit `COMMIT` abgeschlossenen **und** nicht abgeschlossenen Transaktionen. Anschließend kann die Datenbank geöffnet werden, und die Rollback-Phase beginnt.

2. **Rollback-Phase** (auch Transaktions-Recovery genannt):

   Nach der Roll-forward-Phase werden alle Transaktionen, die nicht mit einem `COMMIT`-Statement abgeschlossen wurden, mithilfe der Informationen aus den Rollback- beziehungsweise Undo-Segmenten zurückgerollt.

   Nach Abschluss der Rollback-Phase enthält die Datenbank nur noch die mit `COMMIT` abgeschlossenen Transaktionen.

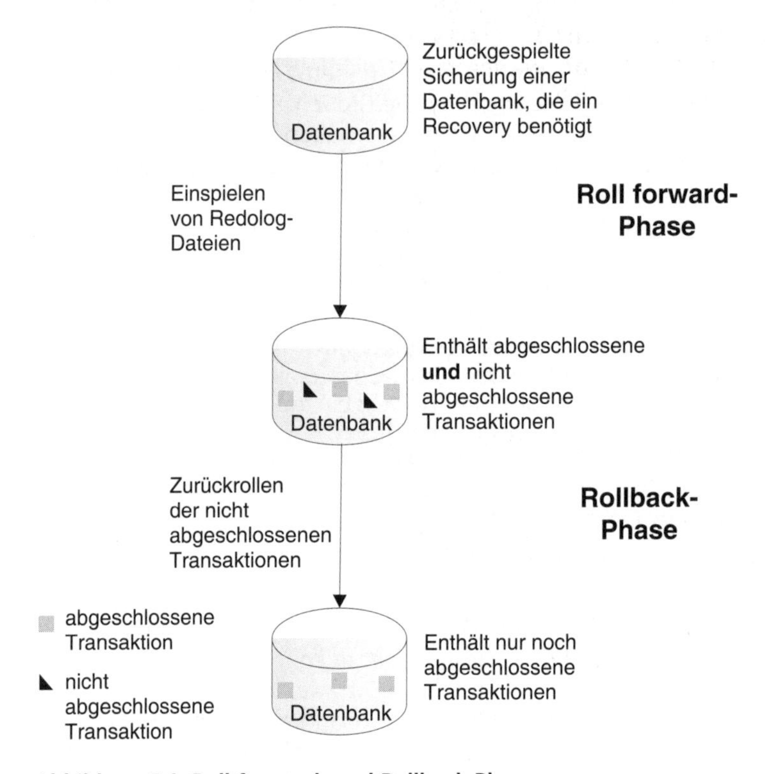

Abbildung 5.1: Roll-forward- und Rollback-Phase

5.1 Ursachen für ein Restore und Recovery

Ein Restore kann notwendig sein, wenn:

- eine oder mehrere Dateien der Datenbank defekt sind (physischer Verlust von Dateien/Dateisystemen).
- Blockkorruptionen aufgetreten sind.
- die Datenbank auf einen älteren Stand aufgrund von Anwenderfehlern zurückgesetzt werden muss.

Ein Recovery ist notwendig, wenn:

- eine oder mehrere Dateien der Datenbank durch einen Restore wiederhergestellt wurden.
- eine oder mehrere Dateien der Datenbank in einem inkonsistenten Zustand sind, beispielsweise nach Einspielen einer Online-Sicherung.
- die Datenbank nicht ordnungsgemäß geschlossen wurde, beispielsweise bei einem `SHUTDOWN ABORT`.

5.1.1 Anwenderfehler

Eine mögliche Ursache für die Notwendigkeit eines Recoverys sind Anwenderfehler. Der Begriff Anwender wird hier recht weit gefasst, da nicht nur durch Endbenutzer ein Ausfall der Datenbank verursacht werden kann, sondern beispielsweise auch durch den Datenbank- oder Betriebssystemadministrator.

Anwenderfehler können zum Beispiel sein: ein Update auf die falsche Tabelle, Löschen von noch aktiven Datendateien auf Betriebssystemebene, der Import falscher Daten in die Datenbank oder auch ein fehlerhaftes Backup-Konzept.

Da Anwender sehr kreativ sind beim Erzeugen von Fehlern, zählen wir an dieser Stelle keine weiteren Beispiele auf, da die Liste sowieso nie vollständig wäre.

Präventive Maßnahmen gegen Anwenderfehler:

- Geeignetes Berechtigungskonzept, um zu vermeiden, dass Anwender irrtümlich Objekte löschen oder unbefugt verändern
- Ausreichende Schulung von Anwendern und Administratoren
- Vor möglicherweise kritischen Aktionen betroffene Objekte entweder durch den Datenbankadministrator oder den Anwender sichern durch Export der Objekte oder auch eine zusätzliche Komplettsicherung bei umfangreichen kritischen Aktionen
- Einsatz eines geeigneten Backup-Konzepts
- Nutzung von Flashback, LogMiner oder Recyclebin

Nach einem Anwenderfehler wird meist ein unvollständiges Recovery (siehe Abschnitt 6.2.2) bis kurz vor Auftreten des Fehlers durchgeführt. Alternativ kann gegebenenfalls auch die Flashback-Funktionalität (siehe Abschnitt 7.2) genutzt werden.

5.1.2 Physischer Verlust von Dateien/Dateisystemen

Der physische Verlust von Dateien oder auch ganzen Dateisystemen wird in der Regel durch defekte Hardware verursacht, kann jedoch auch durch fehlerhafte Aktionen des Datenbank- oder Betriebssystemadministrators ausgelöst werden. Bei dieser Fehlerart ist oft ein Restore und Recovery durch den Datenbankadministrator erforderlich.

Mögliche präventive Maßnahmen, um die Ausfallzeit bei physischem Verlust von Dateien zu minimieren:

- Vor Ort gelagerte Ersatz-Hardware wie zum Beispiel Festplatten, Netzwerkkarten
- Nutzung von RAID-Technologie
- Service- und Support-Vertrag mit dem Hardware-Hersteller
- Redundante Auslegung wichtiger Komponenten
- Nutzung von Standby-Datenbanken
- Gebäude- oder Raumtrennung für Standby-/Ersatzsysteme
- Ausreichende Schulung von Administratoren
- Geeignetes Datenbankdesign, zum Beispiel Online-Redolog-Dateien und gespiegelte Online-Redolog-Dateien auf unterschiedlichen physischen Festplatten (siehe Abschnitt 1.3)
- Geeignetes Backup-Konzept

Bei physischem Verlust von Dateien beziehungsweise Dateisystemen wird in der Regel ein vollständiges Recovery bis zum aktuellen Zeitpunkt durchgeführt.

5.1.3 Blockkorruptionen

Ein Datenblock ist die kleinste Speichereinheit einer Oracle-Datenbank. Datenblöcke unterliegen bestimmten Konsistenzregeln. Ein korrupter Block ist ein Oracle-Block, der bestimmte vordefinierte Regeln nicht erfüllt, die im Normalfall von allen Oracle-Blöcken eingehalten werden.

Generell gibt es zwei Typen von Blockkorruptionen:

– Physische Korruptionen (Media Corruptions)

– Logische Korruptionen (Soft Corruptions)

Physische Korruptionen werden meist durch defekte Hardware wie Memory Boards, Controller oder defekte Sektoren auf einer Festplatte verursacht. Logische Korruptionen können auch nach einer Wiederherstellung einer Datendatei auftreten, auf die Transaktionen im Nologging-Mode ausgeführt wurden.

Es gibt mehrere Initialisierungsparameter, um Korruptionen frühzeitig zu erkennen:

- `DB_BLOCK_CHECKSUM` berechnet eine Checksumme für jeden Block, bevor dieser auf Disk geschrieben wird. Er erzeugt ca. 1 bis 2 Prozent Performance Overhead.
- `DB_BLOCK_CHECKING` sorgt dafür, dass der Serverprozess bei jeder Änderung eines Datenblockes auf interne Konsistenz prüft. Dieser Parameter erzeugt zwischen 1 und 10 Prozent Performance Overhead.
- `DB_LOST_WRITE_PROTECT` aktiviert die Überprüfung auf Lost-Writes. Lost-Writes sind Schreibvorgänge von Datenblöcken auf ein I/O-Subsystem, die als durchgeführt zurückgemeldet werden, jedoch tatsächlich nicht geschrieben werden. Der Parameter ist neu ab Oracle 11g.

- DB_ULTRA_SAFE (Default-Wert OFF) aktiviert je nach Wert automatisch die Parameter DB_BLOCK_CHECKSUM, DB_BLOCK_CHECKING und DB_LOST_WRITE_PROTECT mit entsprechenden Werten sowie weitere implizite Prüfungen der Oracle-Datenbank zur Vermeidung von Korruptionen. Der Parameter ist ebenfalls neu ab Oracle 11g.

Korrupte Blöcke können sowohl in Datendateien als auch in Redolog-Dateien auftreten. Ursachen für Blockkorruptionen können Betriebssystem-, Hardware-, Software- oder Firmware-Fehler sein.

Tipp
Wenn immer wieder physische Korruptionen auftreten, zeigt die Erfahrung, dass fast immer eine Schicht unterhalb der Datenbank, also Hardware, Betriebssystem, Firmware etc., die Ursache für die Korruption ist. Auch wenn NIRGENDS in diesen Schichten ein Fehler protokolliert wird – und die Administratoren dieser Schichten tausend Eide schwören, dass kein Fehler aufgetreten ist –, ist die Korruption dann fast immer durch einen teilweisen oder kompletten Wechsel der Hardware und das Einspielen einer korruptionsfreien Sicherung zu beseitigen.

Korruptionen werden erst beim nächsten lesenden Zugriff auf den korrupten Block gemeldet, sodass diese ohne präventive Maßnahmen unter Umständen sehr lange im System vorhanden sein können, ohne dass die Korruptionen bemerkt werden.

Bei einer Sicherung ohne Nutzung des Oracle Recovery Managers (RMAN) werden korrupte Blöcke **nicht** festgestellt. Sofern nicht mit RMAN gesichert wird, ist es deshalb notwendig, die Datenbank regelmäßig auf Konsistenz zu prüfen, das heißt zu prüfen, ob korrupte Blöcke existieren.

Es gibt unterschiedliche Konsistenzprüfungen, die in Kapitel 8 näher erläutert werden. Darüber hinaus wird in Kapitel 8 auch auf die Beseitigung von Korruptionen eingegangen.

5.1.4 Instanzfehler

Kann die Instanz, das heißt die Hintergrundprozesse und die SGA, nicht mehr korrekt arbeiten, wird das als Instanzfehler bezeichnet. Ein Instanzfehler kann beispielsweise bei internen Oracle-Fehlern (ORA-00600) oder bei Stromunterbrechungen auftreten. Bei einem Instanzfehler wird die Instanz unvorhergesehen beendet. Die Datenbankdateien sind nach einem Instanzfehler in der Regel in einem inkonsistenten Zustand.

Beim erneuten Starten der Datenbank erkennt Oracle automatisch diese Inkonsistenz. Der Prozess SMON führt dann mittels der Online-Redolog-Dateien automatisch ein Crash Recovery beziehungsweise Instance Recovery durch. Dadurch werden alle mit COMMIT abgeschlossenen, aber noch nicht vollständig in den Datendateien gespeicherten Transaktionen nun konsistent in die Datendateien geschrieben. Für alle anderen Transaktionen wird ein Rollback durchgeführt.

Bei einem Instanzfehler ist eine manuelle Aktion des Datenbankadministrators nicht erforderlich. Das Recovery wird automatisch vom Datenbanksystem selbst vorgenommen.

5.1.5 Anweisungsfehler

Bei Anweisungsfehlern konnte eine SQL-Anweisung nicht korrekt ausgeführt werden: Es ist also ein logischer Fehler aufgetreten. Dies führt im Normalfall im Programm oder im System zu einer Fehlermeldung, und es wird automatisch vom System ein Recovery durch ein Rollback auf den auslösenden Befehl durchgeführt. Anschließend kann der Anwender oder das Programm diesen Befehl erneut ausführen. Auch in diesem Fall ist natürlich keine Aktion des Datenbankadministrators notwendig.

5.1.6 Prozessfehler

Bei einem Prozessfehler schlägt beispielsweise ein Benutzer-, Server- oder Anwendungsprozess fehl. Auch bei einem Prozessfehler wird automatisch vom System, jedoch diesmal vom PMON ein Recovery durchgeführt. PMON gibt die vom Prozess belegten Ressourcen frei.

5.2 Recovery-Arten

Es gibt unterschiedliche Arten eines Recoverys. Einige Recovery-Arten werden automatisch vom Datenbanksystem selbst ausgeführt, ohne dass ein Datenbankadministrator eingreifen muss. Andere jedoch erfordern manuelles Eingreifen des Administrators.

Nachfolgende Recovery-Arten werden unterschieden:

5.2.1 Crash Recovery/Instance Recovery

Als *Crash Recovery* wird das automatische Recovery der Online-Redolog-Dateien nach einem inkonsistenten Beenden entweder einer Single-Instanz-Datenbank oder aller Instanzen eines Oracle Real Application Clusters (RAC) bezeichnet.

Ein *Instance Recovery* wird in einer Oracle Real Application Cluster-Umgebung durchgeführt, wenn einige, aber nicht alle Instanzen eines RAC inkonsistent beendet wurden. Dann übernimmt eine der verbleibenden Instanzen automatisch das Recovery der inkonsistent beendeten Instanzen.

Bei einem Crash Recovery und Instance Recovery werden alle mit `COMMIT` abgeschlossenen, aber noch nicht vollständig in den Datendateien gespeicherten Transaktionen mithilfe der Online-Redolog-Dateien konsistent in die Datendateien geschrieben. Für alle anderen Transaktionen wird ein Rollback durchgeführt.

Offline-Redolog-Dateien werden beim Crash oder Instance Recovery nicht benötigt. Ein manuelles Eingreifen des Datenbankadministrators ist nicht erforderlich.

Voraussetzung für ein erfolgreiches Crash oder Instance Recovery ist jedoch, dass keine der Datenbankdateien beschädigt ist, dass also alle Datendateien, Online-Redolog-Dateien und Control-Dateien zur Verfügung stehen.

5.2.2 Media Recovery

Sind Dateien der Datenbank beschädigt oder fehlen, muss in den meisten Fällen ein Media Recovery erfolgen. Vor Beginn des Media Recoverys müssen die beschädigten Dateien aus einem Backup zurückgeholt werden (Restore). Das Recovery erfolgt dann mittels der Redolog-Dateien.

Hinweis
Ein Media Recovery muss manuell vom Datenbankadministrator gestartet werden.

Je nach Fehler wird das Recovery der Datenbank offline oder online durchgeführt. Für das Media Recovery werden je nach aufgetretenem Fehler und Zielzeitpunkt des Recoverys sowohl Offline-Redolog- als auch Online-Redolog-Dateien benötigt.

Voraussetzung für ein erfolgreiches Media Recovery ist eine gründliche Analyse über die Art des Fehlers durch den Datenbankadministrator, **bevor** irgendwelche Maßnahmen für die Wiederherstellung eingeleitet werden. Nur so kann sichergestellt werden, dass die kürzest mögliche Ausfallzeit erreicht wird.

Bei einigen Fehler-Szenarien kann ein aufwendiger Restore mit anschließendem Recovery durch den Datenbankadministrator vermieden werden. In Abschnitt 10.1 wird die Fehleranalyse vor einer Wiederherstellung detailliert beschrieben.

Es gibt unterschiedliche Szenarien für ein Media Recovery (detaillierte Beschreibung der Vorgehensweise in Kapitel 10):

- **Verlust/Beschädigung von Datendateien des System-Tablespace**

  Sind Datendateien des System-Tablespace beschädigt oder verloren gegangen, ist ein Betrieb der Datenbank nicht mehr möglich. Der System-Tablespace enthält das Oracle–Data Dictionary, ohne dieses ist kein Betrieb des Datenbanksystems möglich.

  In diesem Szenario kann das Recovery nur offline durchgeführt werden.

  Die Datenbank wird nach Verlust oder Beschädigung von Datendateien des System-Tablespace entweder von einem internen Prozess beendet oder muss manuell vom Datenbankadministrator durch ein `SHUTDOWN ABORT` beendet werden.

  Nach dem Stoppen der Datenbank und dem Zurückspielen einer Sicherung der betroffenen Datendatei(en) kann die Datenbank in den MOUNT-Status (`STARTUP MOUNT`) hochgefahren werden.

  Anschließend muss das Recovery vom Datenbankadministrator manuell gestartet werden. Das Recovery wird mittels der Redolog-Dateien durchgeführt und die Datenbank wieder geöffnet.

- **Verlust/Beschädigung von Datendateien des Rollback-/Undo-Tablespace**

  Bei einem Verlust oder einer Beschädigung von Datendateien des Rollback-/Undo-Tablespace kann die Datenbank entweder offen oder geschlossen sein.

  Falls die Datenbank geschlossen ist, muss zuerst ermittelt werden, ob das Beenden der Datenbank konsistent durchgeführt wurde. Nach einem konsistenten Beenden kann der Rollback-/Undo-Tablespace nach dem Starten der Datenbank in den MOUNT-Status gelöscht und anschließend wieder neu angelegt werden. Wurde die Datenbank nicht konsistent beendet, so muss das Recovery wie beim System-Tablespace beschrieben erfolgen.

Läuft die Datenbank noch nach einem Verlust beziehungsweise einer Beschädigung von Datendateien des Rollback-/Undo-Tablespace, so sollte diese möglichst nicht beendet werden. Es kann im laufenden Betrieb der Rollback-/Undo-Tablespace gelöscht und danach wieder neu angelegt werden. Falls hierbei Probleme auftreten, kann alternativ die defekte Datendatei aus der Sicherung wiederhergestellt werden und ein Recovery im laufenden Betrieb erfolgen.

Die unterschiedlichen Vorgehensweisen sind in Abschnitt 10.5, Recovery des Rollback-/Undo-Tablespace, beschrieben.

- **Verlust/Beschädigung von Datendateien des SYSAUX-Tablespace oder eines Daten-Tablespace mit Benutzerdaten**

  In diesem Fall läuft die Datenbank weiter. Benutzer, die nicht auf die Daten der fehlerhaften Datendateien zugreifen, können ohne Einschränkung weiterarbeiten. Lediglich Benutzer, die Daten aus den fehlerhaften Datendateien benötigen, erhalten eine entsprechende Fehlermeldung als Ergebnis ihrer Abfrage.

  Nach Einspielen der Sicherung der betroffenen Datendatei kann das Recovery entweder für den gesamten betroffenen Tablespace oder für einzelne Datendateien vorgenommen werden.

- **Verlust/Beschädigung von Datendateien des temporären Tablespace**

  Auch bei fehlerhaften Datendateien des temporären Tablespace läuft die Datenbank weiter.

  Da im temporären Tablespace keine permanenten Daten gespeichert sein sollten, entsteht durch fehlerhafte Datendateien des temporären Tablespace kein Datenverlust. Lediglich Operationen, die den temporären Tablespace benötigen wie beispielsweise Sortiervorgänge, brechen mit einer Fehlermeldung ab.

  Um die Datendateien des temporären Tablespace wiederherzustellen, gibt es verschiedene Möglichkeiten.

  Sind die Datendateien des temporären Tablespace vom Typ DATAFILE, kann der temporäre Tablespace gelöscht und anschließend wieder mit dem gleichen Extent Management (Dictionary managed/Locally managed) wie der beschädigte Tablespace angelegt werden. Seit Oracle 10g können auch einzelne Datendateien eines Tablespace gelöscht werden.

  Sind die Datendateien des temporären Tablespace vom Typ TEMPFILE, kann die defekte Datendatei mittels `DROP` gelöscht und durch `ADD` wieder neu hinzugefügt werden.

- **Verlust/Beschädigung von Online-Redolog-Dateien**

  Bei einer fehlerhaften Online-Redolog-Datei gibt es mehrere Szenarien, die im Abschnitt 10.8 näher erläutert werden.

  Je nach betroffener Online-Redolog-Datei ist die Auswirkung auf die Datenbank sehr unterschiedlich.

Ist bei gespiegelten Redolog-Gruppen nur eine Online-Redolog-Datei defekt und enthält jede Redolog-Gruppe noch mindestens ein intaktes Mitglied, kann der Datenbankadministrator die defekte Online-Redolog-Datei mittels DROP löschen und anschließend über ein ADD-Kommando wieder hinzufügen. In diesem Fall arbeitet die Datenbank weiter, der LGWR ignoriert die defekte Online-Redolog-Datei.

Im Worst Case kann es jedoch bei Verlust der aktiven und noch nicht archivierten Redolog-Gruppe inklusive aller Mitglieder auch zu Datenverlust kommen. Falls ein Initialisieren der defekten Redolog-Gruppe nicht funktioniert, muss ein unvollständiges Recovery durchgeführt werden. Die in der defekten Redolog-Gruppe protokollierten Transaktionen sind in diesem Fall verloren und werden nicht in die Offline-Redolog-Dateien geschrieben. Das bedeutet, dass ein Recovery nur bis zu dieser defekten Redolog-Gruppe durchgeführt werden kann.

- **Verlust von Offline-Redolog-Dateien**

Ein Verlust von Offline-Redolog-Dateien hat auf eine unbeschädigte Datenbank keinerlei Auswirkung, da diese nur für ein Recovery benötigt werden.

Wird der Verlust der Offline-Redolog-Datei bemerkt und ist die fehlende Offline-Redolog-Datei neuer als die letzte vollständige Sicherung der Datenbank, sollte sofort eine Sicherung (online oder offline) der gesamten Datenbank gestartet werden.

Falls ein Media Recovery erforderlich wird und die fehlende Offline-Redolog-Datei neuer ist als die letzte vollständige Sicherung der Datenbank, kann nur ein unvollständiges Recovery bis zu der fehlenden Offline-Redolog-Datei durchgeführt werden. Das bedeutet, dass in diesem Fall kein Recovery bis zum aktuellen Zeitpunkt durchgeführt werden kann.

Durch das Fehlen einer Offline-Redolog-Datei ist die lückenlose Kette der Offline-Redolog-Dateien, die für das Recovery notwendig ist, unterbrochen. Muss die Datenbank aufgrund von Fehlern auf einen Zeitpunkt zwischen zwei vollständigen Sicherungen zurückgesetzt werden und fehlt zwischen diesen Sicherungen eine Offline-Redolog-Datei, kann nur bis zu der letzten Offline-Redolog-Datei, die vor der fehlenden Offline-Redolog-Datei erzeugt wurde, das Recovery erfolgen.

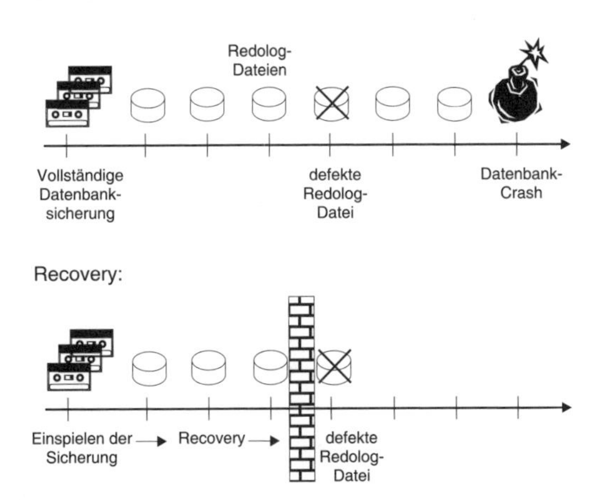

Abbildung 5.2: Verlust von Offline-Redolog-Dateien

- **Verlust von Control-Dateien**

  Sind eine oder mehrere Control-Dateien beschädigt oder verloren gegangen und existiert noch mindestens eine unbeschädigte Control-Datei, kann die Datenbank weiter betrieben werden.

  Der Datenbankadministrator kann den Parameter `CONTROL_FILES` in der Parameterdatei entsprechend den vorhandenen fehlerfreien Control-Dateien anpassen. Dazu ist es erforderlich, die Datenbank durchzustarten. Sobald wie möglich sollte jedoch die Spiegelung der Control-Dateien wiederhergestellt werden. Es sollten immer mindestens zwei, besser drei synchrone Kopien der Control-Dateien vorhanden sein (siehe auch Abschnitt 1.1.4, Control-Dateien).

  Alternativ kann bei gestoppter Datenbank eine unbeschädigte Kopie der Control-Datei an die Stelle der beschädigten oder verloren gegangenen Control-Datei kopiert und danach die Datenbank wieder geöffnet werden.

  Sind alle Control-Dateien beschädigt oder verloren gegangen, muss eine Sicherung der Control-Datei eingespielt und in alle im Parameter `CONTROL_FILES` festgelegten Verzeichnisse verteilt werden. Danach muss mittels der Offline-Redolog-Dateien, die seit der Sicherung der Control-Datei erstellt wurden, und der Online-Redolog-Dateien ein Recovery mit der Option `USING BACKUP CONTROLFILE` durchgeführt werden. Anschließend kann die Datenbank mit einem `OPEN RESETLOGS` wieder geöffnet werden.

  Eine weitere Möglichkeit ist das manuelle Erzeugen der Control-Datei. Voraussetzung ist aber, dass die aktuelle Struktur der Datenbank bekannt ist, beispielsweise durch eine Sicherung der Control-Datei in eine editierbare Trace-Datei über `ALTER DATABASE BACKUP CONTROLFILE TO TRACE`. Dies muss jedoch bereits vor Auftreten des Fehlers durchgeführt worden sein.

  Mithilfe dieser Trace-Datei kann dann eine neue Control-Datei erzeugt werden. Danach kann die Datenbank wieder geöffnet werden. Gegebenenfalls muss vorher noch ein Recovery durchgeführt werden.

  Je nach angegebener Option beim `CREATE CONTROLFILE`-Kommando (`NORESETLOGS/RESETLOGS`) ist das Öffnen der Datenbank mit der Option `NORESETLOGS` oder `RESET LOGS` durchzuführen. Detailliertere Informationen zum Vorgehen bei beschädigten oder verloren gegangenen Control-Dateien finden sich im Abschnitt 10.9.

6 Recovery nach Media-Fehler

Bei einem Media-Fehler sind immer eine oder mehrere Dateien des Datenbanksystems beschädigt. Das Recovery muss dann manuell vom Datenbankadministrator durchgeführt werden und kann meist erst nach einem Restore, also nach dem Zurücksichern von einer oder mehreren Dateien, durchgeführt werden.

In Abschnitt 5.2.2 sowie in den Kapiteln 10 und 11 ist das Vorgehen für ein Media-Recovery in den unterschiedlichen Szenarien beschrieben.

Grundsätzlich muss bei der Durchführung eines Media Recoverys unterschieden werden, ob die Datenbank im NOARCHIVELOG-Modus oder im ARCHIVELOG-Modus läuft. Auch spielt es für den Ablauf des Media Recoverys eine Rolle, ob ein vollständiges oder ein unvollständiges Recovery durchgeführt werden soll.

Gegenüberstellung ARCHIVELOG-Modus – NOARCHIVELOG-Modus

Eine Datenbank kann entweder im NOARCHIVELOG-Modus oder im ARCHIVELOG-Modus betrieben werden. In beiden Modi werden sämtliche Änderungen in die Online-Redolog-Dateien geschrieben. Die Online-Redolog-Dateien werden zyklisch überschrieben.

Im ARCHIVELOG-Modus wird eine bereits beschriebene Online-Redolog-Datei jedoch erst dann durch den Log Writer (LGWR) überschrieben, wenn der Inhalt der Online-Redolog-Datei vom Archiver-Prozess (ARCn) in eine Offline-Redolog-Datei gesichert wurde.

Im NOARCHIVELOG-Modus dagegen wird der Inhalt der Online-Redolog-Datei nicht gesichert und geht deshalb nach dem erneuten Verwenden der Online-Redolog-Datei verloren. Es existieren deshalb keine Offline-Redolog-Dateien.

Der ARCHIVELOG-Modus wird zwingend benötigt, wenn Online-Sicherungen durchgeführt werden sollen. Zum Öffnen der Datenbank ist dann nach dem Restore aller Datendateien ein Recovery der während der Online-Sicherung erzeugten Offline-Redolog-Dateien erforderlich. Auch für ein Media Recovery ist die Aktivierung des ARCHIVELOG-Modus eine notwendige Voraussetzung.

Achtung!
Produktivsysteme und wichtige Systeme sollten immer im ARCHIVELOG-Modus betrieben werden, da nur durch den ARCHIVELOG-Modus (und selbstverständlich ein geeignetes Backup-Konzept – siehe Kapitel 2 und 3) sichergestellt werden kann, dass jeder beliebige Stand der Datenbank wiederhergestellt werden kann.

Aus der nachfolgenden Tabelle gehen die Unterschiede zwischen ARCHIVELOG- und NOARCHIVELOG-Modus hervor:

ARCHIVELOG-Modus		NOARCHIVELOG-Modus
Online-Redolog-Dateien	Offline-Redolog-Dateien	Online-Redolog-Dateien
Instance beziehungsweise Crash Recovery	Media Recovery	Instance beziehungsweise Crash Recovery

Tabelle 6.1: ARCHIVELOG-Modus – NOARCHIVELOG-Modus

Ermitteln des Log-Modus

```
SQL> ARCHIVE LOG LIST;
```

Die Ausgabe sieht bei aktiviertem ARCHIVELOG-Modus folgendermaßen aus:

```
Database log mode              Archive Mode
Automatic archival             Enabled
Archive destination            C:\oracle\oradata\GC\oraarch
Oldest online log sequence     18
Next log sequence to archive   20
Current log sequence           20
```

Befindet sich die Datenbank im NOARCHIVELOG-Modus sieht die Ausgabe so aus:

```
Database log mode              Noarchive Mode
Automatic archival             Disabled
Archive destination            C:\oracle\oradata\GC\oraarch
Oldest online log sequence     18
Next log sequence to archive   20
Current log sequence           20
```

Alternativ kann der Log-Modus auch über das folgende SQL-Kommando abgefragt werden:

```
SQL> SELECT LOG_MODE FROM V$DATABASE;
```

Das Ergebnis sieht dann so aus:

```
LOG_MODE
------------
ARCHIVELOG
```

6.1 Recovery im NOARCHIVELOG-Modus

Läuft die Datenbank im NOARCHIVELOG-Modus, ist – außer in einem (seltenen) Sonderfall – kein Recovery möglich. Es muss immer die gesamte Datenbank zurückgesetzt werden. Dies ist meist mit Datenverlust verbunden. In diesem Abschnitt werden der technische Hintergrund sowie der Ablauf beim Recovery in diesem Sonderfall im NOARCHIVELOG-Modus beschrieben.

Läuft eine Datenbank im NOARCHIVELOG-Modus, werden Änderungen nur in den Online-Redolog-Dateien protokolliert. Die Online-Redolog-Dateien werden zyklisch überschrieben.

Eine Datenbank, die im NOARCHIVELOG-Modus läuft, unterliegt folgenden Einschränkungen:

- Es sind keine Online-Sicherungen möglich.
- Eine konsistente Sicherung kann nur offline durchgeführt werden. Das bedeutet, während der Sicherung steht die Datenbank nicht zur Verfügung.
- Es muss immer die gesamte Datenbank gesichert werden. Eine partielle Sicherung der Datenbank ist im NOARCHIVELOG-Modus nicht möglich, was bei sehr großen Datenbanken ein erheblicher Nachteil sein kann.
- Es kann kein Media Recovery durchgeführt werden, da keine Offline-Redolog-Dateien vorhanden sind.
- Im Fehlerfall kann nur eine komplette Sicherung eingespielt werden.

Hinweis
Aufgrund der genannten Einschränkungen wird dringend empfohlen, wichtige oder produktive Datenbanken immer im ARCHIVELOG-Modus zu betreiben.

Voraussetzung für ein Recovery

Zwingende Voraussetzung für ein Recovery im NOARCHIVELOG-Modus ist, dass sich noch alle Änderungen, die seit der letzten Offline-Sicherung durchgeführt wurden, in einer oder mehreren Online-Redolog-Dateien befinden.

Dies ist nur in genau zwei Fällen gegeben:

- Alle Änderungen sind noch in der aktuellen Online-Redolog-Datei. Das heißt, es ist seit der letzten Sicherung noch kein Log-Switch auf die nächste Online-Redolog-Datei erfolgt.
- Es wurden seit der Sicherung zwar bereits Log-Switches durchgeführt. Jedoch ist noch keine Online-Redolog-Datei zum zweiten Mal seit der Sicherung beschrieben worden. Das bedeutet, alle Änderungen befinden sich noch in den Online-Redolog-Dateien.

Ob bereits Log-Switches durchgeführt wurden, kann über die Alert-Datei festgestellt werden.

Dass sich noch alle Änderungen in den Online-Redolog-Dateien befinden, tritt jedoch recht selten auf und leider meistens auch nicht gerade dann, wenn die Datenbank zerstört ist.

Alternativ kann auch über folgende Kommandos ermittelt werden, ob ein Recovery für eine Datendatei mittels der Online-Redolog-Dateien durchgeführt werden kann:

Anzeigen der Online-Redolog-Dateien, enthaltene Log-Sequence-Nummern und System-Change-Nummern (SCN):

```
SQL> SELECT V1.GROUP#, MEMBER, SEQUENCE#, FIRST_CHANGE#
FROM V$LOG V1, V$LOGFILE V2
WHERE V1.GROUP# = V2.GROUP#;
```

Anzeigen der SCN, ab der ein Recovery erforderlich ist:

```
SQL> SELECT FILE#, CHANGE# FROM V$RECOVER_FILE;
```

Ist CHANGE# aus dem zweiten Statement größer als die kleinste FIRST_CHANGE#-Nummer des ersten Statements, kann für die Datendatei ein Recovery durchgeführt werden.

Vorgehen

Das Vorgehen in diesem Sonderfall ist ähnlich einem Recovery im ARCHIVELOG-Modus, jedoch mit dem Unterschied, dass keine Offline-Redolog-Dateien eingespielt werden.

1. **Datenbank kann geöffnet bleiben**

   Falls die Datenbank abgestürzt ist, Datenbank in den MOUNT-Status starten.

```
sqlplus / as sysdba
SQL> STARTUP MOUNT
```

2. **Sicherung der beschädigten Datei(en) einspielen**

   Beschädigte Datendateien (aber nicht mehr!!!) löschen, damit genügend Platz zum Zurücksichern zur Verfügung steht.

   Letzte Sicherung der beschädigten oder verloren gegangenen Datendatei (und nicht mehr!!!) einspielen in das gleiche Verzeichnis, in dem die Datendatei vorher gestanden hat. Sind mehrere Datendateien beschädigt, für alle beschädigten Datendateien (aber nur für diese Datendateien!!!) die Sicherung wie oben beschrieben einspielen.

   Ist ein eventueller Hardware-Fehler noch nicht behoben, besteht die Möglichkeit, die Sicherung der Datendatei in ein anderes Verzeichnis einzuspielen.

3. **Falls erforderlich, Rename der zurückgespielten Datendateien**

   Wurde die beschädigte Datendatei in ein anderes als das ursprüngliche Verzeichnis zurückgespielt, muss der Datenbank nun das neue Verzeichnis der zurückgespielten Datendatei bekannt gemacht werden.

```
SQL> ALTER DATABASE RENAME FILE '<pfad_alt\name>' TO '<pfad_neu\name>';
```

Beispiel:

```
SQL> ALTER DATABASE RENAME FILE 'f:\oracle\gc1\user.data1' TO 'h:\oracle\
gc1\user.data1';
```

4. **Kontrolle der Datendateien**

   Vor dem Recovery muss der Status der Datendateien geprüft werden, für die ein Recovery durchgeführt werden soll:

```
SQL> SELECT STATUS, NAME FROM V$DATAFILE;
```

   Das Ergebnis sollte ähnlich der folgenden Ausgabe aussehen:

```
STATUS   NAME
SYSTEM   F:\ORACLE\GC1\SYSTEM_1\SYSTEM.DATA1
ONLINE   F:\ORACLE\GC1\UNDO_1\UNDO.DATA1
ONLINE   F:\ORACLE\GC1\BTABD_1\BTABD.DATA1
```

   Anschließend muss dann unterschieden werden zwischen zwei Recovery-Szenarien:

   a. Recovery soll mit `RECOVER DATABASE` durchgeführt werden.

      Voraussetzung dafür ist, dass die Datenbank sich im MOUNT-Status befindet und alle Datendateien den Status SYSTEM oder ONLINE besitzen.

      Bei sehr vielen Datendateien kann die Prüfung ihres Status auch einfacher mit dem folgenden Befehl erfolgen:

```
SQL> SELECT DISTINCT STATUS FROM V$DATAFILE;
```

      Als Ergebnis liefert dieser Befehl:

```
SYSTEM
ONLINE
```

      Dadurch werden alle unterschiedlichen Status der Datendateien angezeigt, welche diese zum Zeitpunkt der Abfrage besitzen. Es dürfen bei Verwendung dieses Befehls nur die Status SYSTEM und ONLINE als Ergebnis angezeigt werden.

      Es muss darauf geachtet werden, dass alle Datendateien, für die ein Recovery mittels `RECOVER DATABASE` erfolgen soll, vor Start des Recoverys den Status ONLINE (oder SYSTEM) besitzen. Nur dann wird ein Recovery für die Datendateien durchgeführt.

      Ist der Status einer defekten Datendatei OFFLINE, so muss dieser deshalb erst auf ONLINE geändert werden:

```
SQL> ALTER DATABASE DATAFILE '<pfad\name>' ONLINE;
```

   b. Recovery soll mit `RECOVER TABLESPACE` oder `RECOVER DATAFILE` durchgeführt werden.

      Beide `RECOVER`-Kommandos können sowohl bei geöffneter Datenbank als auch im MOUNT-Status verwendet werden. Voraussetzung dafür ist jedoch, dass sich der betroffene Tablespace beziehungsweise die betroffene Datendatei im Status OFFLINE befindet.

      Falls erforderlich, muss deshalb vor dem Recovery der Tablespace oder die Datendatei offline gesetzt werden mit:

Tablespace:

```
SQL> ALTER TABLESPACE <tablespace_name> OFFLINE TEMPORARY;
```

Falls es nicht möglich ist, den Tablespace mit der Option `TEMPORARY` offline zu setzen:

```
SQL> ALTER TABLESPACE <tablespace_name> OFFLINE IMMEDIATE;
```

Datendatei:

```
SQL> ALTER DATABASE DATAFILE '<pfad\name>' OFFLINE;
```

Beispiel:

```
SQL> ALTER DATABASE DATAFILE 'f:\oracle\gc1\btabd.data1' OFFLINE;
```

5. **Recovery der Datenbank**

Das Recovery kann wahlweise mit einem der drei nachfolgenden `RECOVER`-Befehle erfolgen. Es müssen jedoch die unter Punkt 4 genannten Voraussetzungen für den gewählten `RECOVER`-Befehl erfüllt sein.

```
SQL> RECOVER DATABASE;
```

Alternativ können folgende SQL-Befehle ausgeführt werden:

```
SQL> RECOVER TABLESPACE <tablespace_name>;
```

oder für alle beschädigten Datendateien:

```
SQL> RECOVER DATAFILE '<pfad\name>';
```

Beispiel:

```
SQL> RECOVER DATAFILE 'f:\oracle\gc1\user.data1';
```

6. **Kontrolle der Datendateien**

Falls das Recovery mit `RECOVER TABLESPACE` oder `RECOVER DATAFILE` durchgeführt wurde, muss an dieser Stelle der betroffene Tablespace oder die Datendatei wieder online gesetzt werden.

Bei Verwendung von `RECOVER TABLESPACE`:

```
SQL> ALTER TABLESPACE <tablespace_name> ONLINE;
```

Bei Verwendung von `RECOVER DATAFILE`:

```
SQL> ALTER DATABASE DATAFILE '<pfad\name>' ONLINE;
```

Beispiel:

```
SQL> ALTER DATABASE DATAFILE 'f:\oracle\gc1\ user.data1' ONLINE;
```

Anschließend ist es empfehlenswert, unabhängig vom verwendeten `RECOVER`-Befehl noch einmal zu prüfen, ob alle Datendateien entweder den Status SYSTEM (für den System-Tablespace) oder ONLINE besitzen. Auch ein Blick in die Alert-Datei sollte vorgenommen werden. Hier dürfen keine Fehlermeldungen aufgetreten sein.

```
SQL> SELECT STATUS, NAME FROM V$DATAFILE;
```

Das Ergebnis sollte ähnlich der folgenden Ausgabe aussehen:

```
STATUS   NAME
SYSTEM   F:\ORACLE\GC1\SYSTEM_1\SYSTEM.DATA1
ONLINE   F:\ORACLE\GC1\ROLL_1\ROLL.DATA1
ONLINE   F:\ORACLE\GC1\BTABD_1\BTABD.DATA1
```

Bei sehr vielen Datendateien kann auch einfacher der folgende Befehl verwendet werden:

```
SQL> SELECT DISTINCT STATUS FROM V$DATAFILE;
```

Als Ergebnis liefert dieser Befehl:

```
SYSTEM
ONLINE
```

Dadurch werden alle unterschiedlichen Status der Datendateien angezeigt, die sie zum Zeitpunkt der Abfrage besitzen. Es dürfen bei Verwendung dieses Befehls nur die Status SYSTEM und ONLINE als Ergebnis angezeigt werden.

Werden hier Datendateien mit Status ungleich ONLINE oder SYSTEM angezeigt, so ist das Recovery zu prüfen. Gegebenenfalls können diese Datendateien mit folgendem Kommando online gesetzt werden:

```
SQL> ALTER DATABASE DATAFILE '<pfad\name>' ONLINE;
```

Beispiel:

```
SQL> ALTER DATABASE DATAFILE 'f:\oracle\gc1\data_1\userdata.data1' ONLINE;
```

7. **Falls erforderlich, Öffnen der Datenbank**

   Falls das Recovery im MOUNT-Status durchgeführt wurde, kann nun die Datenbank wieder geöffnet werden:

```
SQL> ALTER DATABASE OPEN;
```

8. **Überprüfung Alert-Datei**

   Abschließend sollte noch ein weiteres Mal in der Alert-Datei kontrolliert werden, ob auch beim Öffnen der Datenbank keine Fehlermeldungen protokolliert wurden.

6.2 Recovery im ARCHIVELOG-Modus

Wird die Datenbank im ARCHIVELOG-Modus betrieben, wird eine bereits beschriebene Online-Redolog-Datei erst dann durch den Log Writer (LGWR) überschrieben, wenn der Inhalt der Online-Redolog-Datei vom Archiver-Prozess (ARCn) in eine Offline-Redolog-Datei gesichert wurde.

Das ARCHIVELOG-Verzeichnis, in das die Offline-Redolog-Dateien gesichert werden, kann über die Parameter LOG_ARCHIVE_DEST, LOG_ARCHIVE_DUPLEX_DEST oder LOG_ARCHIVE_DEST_n (bei mehreren ARCHIVELOG-Verzeichnissen) festgelegt werden.

Wurde eine Flash Recovery Area definiert (Parameter DB_RECOVERY_FILE_DEST), werden die Offline-Redolog-Dateien in die Verzeichnisse unterhalb des Verzeichnisses DB_RECOVERY_FILE_DEST\<SID>\ARCHIVELOG geschrieben.

Mittels des Parameters LOG_ARCHIVE_FORMAT kann zusätzlich das Namensformat der Offline-Redolog-Dateien spezifiziert werden.

Folgende Vorteile ergeben sich, wenn der ARCHIVELOG-Modus aktiviert wurde:

- Online-Sicherungen sind möglich. Dadurch kann ein 7-x-24-Stunden-Betrieb der Datenbank erfolgen.
- Ein Media Recovery kann durchgeführt werden. Bei einem entsprechenden Backup-Konzept kann durch das Media Recovery sichergestellt werden, dass jeder beliebige Zeitpunkt der Datenbank wiederhergestellt werden kann, also kein Datenverlust auftritt.
- Das Recovery von Teilen der Datenbank wie zum Beispiel Tablespaces oder einzelne Datendateien kann auch online durchgeführt werden.
- Es kann eine physische Standby-Datenbank betrieben werden. Diese wird dann mittels der erzeugten Offline-Redolog-Dateien aktualisiert.

Jedoch ergeben sich durch die Aktivierung des ARCHIVELOG-Modus auch einige Unbequemlichkeiten:

- Ist im ARCHIVELOG-Verzeichnis kein Speicherplatz mehr frei, bleibt die Datenbank stehen. Erst wenn wieder Platz im ARCHIVELOG-Verzeichnis geschaffen wird – durch temporäres Verschieben oder Sichern und anschließendes Löschen der Offline-Redolog-Dateien –, läuft die Datenbank wieder weiter. Sinnvollerweise wird für das ARCHIVELOG-Verzeichnis eine geeignete Überwachung eingerichtet, die bei Erreichen eines bestimmten Füllgrades einen Alarm auslöst.

  Es sollte von Anfang an darauf geachtet werden, dass das ARCHIVELOG-Verzeichnis ausreichend groß dimensioniert wird, um ein (häufiges) Überlaufen zu vermeiden.
- Um Wartezustände bei den Log-Switches zu vermeiden, sollten die Verzeichnisse sowohl für die Online- als auch für die Offline-Redolog-Dateien auf einer schnellen Platte sein. Bei performancekritischen Datenbanken sollte deshalb besser RAID1 statt RAID5 für diese verwendet werden.
- Außerdem ist es erforderlich, die erzeugten Offline-Redolog-Dateien regelmäßig zu sichern und nach der Sicherung zu löschen.

Das Aktivieren des ARCHIVELOG-Modus wurde bereits in Kapitel 1 im Abschnitt 1.3.1 beschrieben.

Die relevanten Parameter nach Aktivierung des ARCHIVELOG-Modus wurden in Abschnitt 1.1.3, Redolog-Dateien – Relevante Parameter, bereits detailliert erläutert.

Folgende Data Dictionary Views sind im Zusammenhang mit der Aktivierung des ARCHIVELOG-Modus interessant:

- V$ARCHIVE_DEST

  V$ARCHIVE_DEST liefert Informationen über die konfigurierten Verzeichnisse für die Offline-Redolog-Dateien (Beschreibung der Spalten siehe Abschnitt 1.6.6).

- V$ARCHIVED_LOG

  In der Data Dictionary View V$ARCHIVED_LOG stehen unter anderem Informationen, ob und wie oft eine Online-Redolog-Datei bereits erfolgreich archiviert wurde.

- V$ARCHIVE_PROCESSES

  V$ARCHIVE_PROCESSES zeigt den Status der Archiver-Prozesse an und, falls einer der Archiver-Prozesse gerade aktiv ist, welche Log-Sequence-Nummer dieser aktuell archiviert.

- V$LOG_HISTORY

  Über die View V$LOG_HISTORY können Informationen zu Offline-Redolog-Dateien wie Log-Sequence-Nummer, SCNs und Zeitstempel ausgelesen werden (Beschreibung der Spalten siehe Abschnitt 1.6.5). Die View enthält ein lückenloses Protokoll über die bisher erzeugten Offline-Redolog-Dateien.

6.2.1 Vollständiges Recovery

Läuft die Datenbank im ARCHIVELOG-Modus und wird das Recovery bis zum aktuellen Zeitpunkt durchgeführt, spricht man von einem vollständigen Recovery.

Bei einem vollständigen Recovery ist es nicht notwendig, die gesamte Datenbank zurückzusichern (außer es ist wirklich die komplette Datenbank defekt). Es genügt, wenn nur die defekten Dateien aus der Sicherung zurückgeholt werden. Die Dateien, die noch in Ordnung sind, haben ja bereits den aktuellen Zeitstempel und können problemlos weiter verwendet werden. Beim Recovery werden vom System nur die Änderungen auf den Dateien nachgefahren, die aus der Sicherung zurückgespielt wurden und damit einen alten Stand haben.

Dagegen müssen bei einem unvollständigen Recovery immer alle Dateien zurückgesetzt werden.

Nach dem Ersetzen der defekten Dateien aus der Sicherung werden immer Offline- und Online-Redolog-Dateien für das Recovery verwendet, da die Änderungen bis zum aktuellen Zeitpunkt nachgezogen werden müssen.

Ablauf eines vollständigen Recoverys

1. **Ermitteln der Online-Redolog- und Control-Dateien (nur falls der Speicherort nicht bekannt ist)**

```
sqlplus / as sysdba
SQL> SELECT MEMBER FROM V$LOGFILE;
SQL> SELECT NAME FROM V$CONTROLFILE;
```

2. **Gegebenenfalls Stoppen der Datenbank**

```
SQL> SHUTDOWN [NORMAL] | [IMMEDIATE] | [TRANSACTIONAL] | [ABORT]
```

Technisch ist es möglich – falls keine Datendateien des Rollback-/Undo- oder System-Tablespaces betroffen sind –, die Datenbank für das Recovery geöffnet zu lassen, das heißt, die Punkte 1 bis 3, 5 und 10 entfallen dann.

Jedoch können dann keine verwendbaren Sicherungen der Control- und Online-Redolog-Dateien vorgenommen werden. An dieser Stelle muss der Datenbankadministrator selbst abschätzen, ob es wichtiger ist, den Zugriff auf die noch vorhandenen Daten in der Datenbank weiterhin zu ermöglichen, oder ob auf jeden Fall absolut sichergestellt werden muss, dass bei einem Scheitern des Recoverys ein erneutes Recovery bis zum aktuellen Zeitpunkt möglich ist.

3. **Sicherung der aktuellen Control-Datei und der Online-Redolog-Dateien**

   Dies ist eine reine Vorsichtsmaßnahme für den Fall, dass bei der Rücksicherung der defekten Dateien oder beim Recovery etwas schiefgeht und diese verloren gehen oder überschrieben werden. Nur mit der aktuellen Control-Datei und den Online-Redolog-Dateien kann sichergestellt werden, dass jederzeit wieder ein Recovery auf den aktuellen Stand durchgeführt werden kann.

   Die notwendigen Online-Redolog-Dateien können über die View `V$LOGFILE` und die Control-Dateien über die View `V$CONTROLFILE` – wie in Punkt 1 beschrieben – herausgefunden werden. Die Sicherung einer aktuellen Control-Datei und der Online-Redolog-Dateien kann durch einfaches Kopieren der Dateien auf Betriebssystemebene erfolgen. Es sollte sichergestellt sein, dass die Sicherungskopien nicht überschrieben werden oder verloren gehen können.

4. **Sicherung einspielen**

   a. Datendateien

      Beschädigte Datendateien (aber nicht mehr!!!) löschen, damit genügend Platz zum Zurücksichern zur Verfügung steht. Letzte Sicherung der beschädigten oder verloren gegangenen Datendatei (und nicht mehr!!!) einspielen in das gleiche Verzeichnis, in dem die Datendatei vorher gestanden hat. Sind mehrere Datendateien beschädigt, für alle beschädigten Datendateien (aber nur für diese Datendateien!!!) die Sicherung wie oben beschrieben einspielen.

      Ist der Hardwarefehler noch nicht behoben, besteht die Möglichkeit, die Sicherung der Datendatei in ein anderes Verzeichnis einzuspielen.

   b. Offline-Redolog-Dateien

      Über die Alert-Datei ermitteln, welche Offline-Redolog-Dateien für das Recovery benötigt werden:

Hinweis

Das Verzeichnis, in dem die Offline-Redolog-Dateien stehen, kann am einfachsten über die Parameter `LOG_ARCHIVE_DEST` oder `LOG_ARCHIVE_DEST_n` ermittelt werden. Die Parameter werden beim Starten in der Alert-Datei protokolliert. Alternativ kann die View `V$ARCHIVE_DEST` (Spalten DEST_NAME, DESTINATION) verwendet werden. Wurde eine Flash Recovery Area definiert (Parameter `DB_RECOVERY_FILE_DEST`), befinden sich die Offline-Redolog-Dateien in den Verzeichnissen unterhalb des Verzeichnisses `DB_RECOVERY_FILE_DEST\<SID>\ARCHIVELOG`.

In der Alert-Datei nach dem letzten *Log-Switch* vor Beginn der für das Recovery verwendeten Sicherung suchen.

> **Hinweis**
> Das Verzeichnis, in dem sich die Alert-Datei (Name in den meisten Fällen alert_<SID>.log) befindet, kann in den Versionen vor Oracle 11g ebenfalls über einen Parameter ermittelt werden (`BACKGROUND_DUMP_DEST`). Der Default-Wert ist betriebssystemabhängig.
> Ab Oracle 11g können hierfür die View `V$DIAG_INFO` (`SELECT * FROM V$DIAG_INFO`) und der Eintrag `Diag Trace` (textbasierend) beziehungsweise `Diag Alert` (XML-Format) verwendet werden.

Beispiel:

Die Sicherung wurde am 18. April um 20 Uhr gestartet. Vor 20 Uhr findet sich in der *Alert-Datei* folgender Eintrag für den letzten Log-Switch vor der Sicherung:

```
Tue Apr 18 19:51:38 2008
Thread 1 advanced to log sequence 787
  Current log# 13 seq# 787 mem# 0: F:\...\LOG_G13M1.DBF
  Current log# 13 seq# 787 mem# 1: G:\...\LOG_G13M2.DBF
```

Somit müssen alle *Offline-Redolog-Dateien* ab der Log-Sequence-Nummer **787** zurückgesichert werden.

> **Hinweis**
> Da es bei der Ermittlung der benötigten Offline-Redolog-Dateien erfahrungsgemäß öfter vorkommt, dass man in der Eile um eine oder zwei Log-Sequence-Nummern danebenliegt, ist es sinnvoll, noch ungefähr fünf Offline-Redolog-Dateien mehr zurückzusichern (hier wäre das dann ab der Log-Sequence-Nummer 782).

5. **Datenbank starten in MOUNT-Status**

Falls die Datenbank gestoppt ist, muss diese für das Recovery in den MOUNT-Status hochgefahren werden.

```
sqlplus / as sysdba
SQL> STARTUP MOUNT
```

Das Starten der Datenbank in den MOUNT-Status muss an diesem Punkt ohne Fehlermeldung funktionieren.

Zur Kontrolle noch folgendes Kommando ausführen:

```
SQL> SELECT STATUS FROM V$INSTANCE;
MOUNTED
```

Startet die Datenbank nicht in den MOUNT-Status oder werden beim Starten Fehlermeldungen ausgegeben, hat die Datenbank noch ein oder mehrere andere Probleme. Bitte dann erst wie im Abschnitt 10.1 beschrieben eine genaue Fehleranalyse durchführen. Wenn die Datenbank nicht fehlerfrei in den MOUNT-Status hochgefahren werden kann, ist auch kein Recovery möglich.

6. **Falls erforderlich, Rename der zurückgespielten Datendateien**

   Wurde die beschädigte Datendatei in ein anderes als das ursprüngliche Verzeichnis zurückgespielt, muss der Datenbank nun das neue Verzeichnis der zurückgespielten Datendatei bekannt gemacht werden.

```
SQL> ALTER DATABASE RENAME FILE '<pfad_alt\name>' TO '<pfad_neu\name>';
```

Beispiel:

```
SQL> ALTER DATABASE RENAME FILE 'f:\oracle\gc1\user.data1' TO 'h:\oracle\
gc1\user.data1';
```

7. **Kontrolle der Datendateien**

   Vor dem Recovery muss der Status der Datendateien geprüft werden, für die ein Recovery durchgeführt werden soll:

```
SQL> SELECT STATUS, NAME FROM V$DATAFILE;
```

Das Ergebnis sollte ähnlich der folgenden Ausgabe aussehen:

```
STATUS   NAME
SYSTEM   F:\ORACLE\GC1\SYSTEM_1\SYSTEM.DATA1
ONLINE   F:\ORACLE\GC1\UNDO_1\UNDO.DATA1
ONLINE   F:\ORACLE\GC1\BTABD_1\BTABD.DATA1
```

Anschließend muss dann unterschieden werden zwischen zwei Recovery-Szenarien:

a. Recovery soll mit `RECOVER DATABASE` durchgeführt werden.

   Voraussetzung dafür ist, dass die Datenbank sich im MOUNT-Status befindet und alle Datendateien den Status SYSTEM oder ONLINE besitzen.

   Bei sehr vielen Datendateien kann die Prüfung des Status der Datendateien auch einfacher mit dem folgenden Befehl erfolgen:

```
SQL> SELECT DISTINCT STATUS FROM V$DATAFILE;
```

   Als Ergebnis liefert dieser Befehl:

```
SYSTEM
ONLINE
```

   Dadurch werden alle unterschiedlichen Status der Datendateien angezeigt, die sie zum Zeitpunkt der Abfrage besitzen. Es dürfen bei Verwendung dieses Befehls nur die Status SYSTEM und ONLINE als Ergebnis angezeigt werden.

   Ist der Status einer defekten Datendatei OFFLINE, so muss dieser erst auf ONLINE geändert werden, um ein Recovery mittels `RECOVER DATABASE` für diese Datendatei durchführen zu können:

```
SQL> ALTER DATABASE DATAFILE '<pfad\name>' ONLINE;
```

   Es muss darauf geachtet werden, dass alle Datendateien, für die ein Recovery erfolgen soll, vor Start des Recoverys den Status ONLINE (oder SYSTEM) besitzen. Nur dann wird ein Recovery für die Datendateien durchgeführt.

b. Recovery soll mit RECOVER TABLESPACE oder RECOVER DATAFILE durchgeführt werden

Beide RECOVER-Kommandos können sowohl bei geöffneter Datenbank als auch im MOUNT-Status verwendet werden. Voraussetzung dafür ist jedoch, dass sich der betroffene Tablespace beziehungsweise die betroffene Datendatei im Status OFFLINE befindet.

Falls erforderlich, muss deshalb vor dem Recovery der Tablespace oder die Datendatei offline gesetzt werden mit:

Tablespace:

```
SQL> ALTER TABLESPACE <tablespace_name> OFFLINE TEMPORARY;
```

Falls es nicht möglich ist, den Tablespace mit der Option TEMPORARY offline zu setzen:

```
SQL> ALTER TABLESPACE <tablespace_name> OFFLINE IMMEDIATE;
```

Datendatei:

```
SQL> ALTER DATABASE DATAFILE '<pfad\name>' OFFLINE;
```

Beispiel:

```
SQL> ALTER DATABASE DATAFILE 'f:\oracle\gc1\btabd.data1' OFFLINE;
```

8. **Recovery der Datenbank**

Das Recovery kann wahlweise mit einem der drei nachfolgenden RECOVER-Befehle erfolgen. Es müssen jedoch die unter Punkt 7 genannten Voraussetzungen für den gewählten RECOVER-Befehl erfüllt sein.

```
SQL> RECOVER DATABASE;
```

Alternativ können folgende SQL-Befehle ausgeführt werden:

```
SQL> RECOVER TABLESPACE <tablespace_name>;
```

oder für alle beschädigten Datendateien:

```
SQL> RECOVER DATAFILE '<pfad\name>';
```

Beispiel:

```
SQL> RECOVER DATAFILE 'f:\oracle\gc1\user.data1';
```

Die anschließende Bildschirmausgabe sieht in etwa folgendermaßen aus:

```
ORA-00279: change 1447969 generated at 04/18/08 20:00:58 needed for thread 1
ORA-00289: suggestion : F:\ORACLE\GC1\arch\GC1ARC00787.001
ORA-00280: change 1447969 for thread 1 is in sequence #787
Specify log: [<RET> for suggested | AUTO | FROM logsource | CANCEL ]
```

Stehen alle Offline-Redolog-Dateien an ihrer definierten Stelle, kann die Meldung mit AUTO bestätigt werden, und die Dateien (Offline- **und** Online-Redolog-Dateien) werden automatisch nacheinander abgearbeitet.

War das Recovery erfolgreich, wird folgende Meldung ausgegeben:

```
Media recovery complete.
```

Die Datenbank erkennt selbstständig die Datendateien, die nicht auf dem aktuellsten Stand sind, das heißt, aus der Sicherung zurückgespielt wurden, und führt für diese ein Recovery durch. Das bedeutet, dass alle Transaktionen, die seit dem letzten Backup in diese Datei geschrieben wurden, mittels der Offline- und Online-Redolog-Dateien nachgefahren werden.

Alternativ kann das Recovery auch über den Enterprise Manager erfolgen. Das Starten des Enterprise Managers ist beschrieben in Abschnitt 1.1.3 bei »Tipps und Tricks zu Offline-Redolog-Dateien«.

Gestartet wird das Recovery über die Einstiegsseite des Enterprise Managers mittels der Schaltfläche RECOVERY DURCHFÜHREN (falls die Datenbank nicht offen ist).

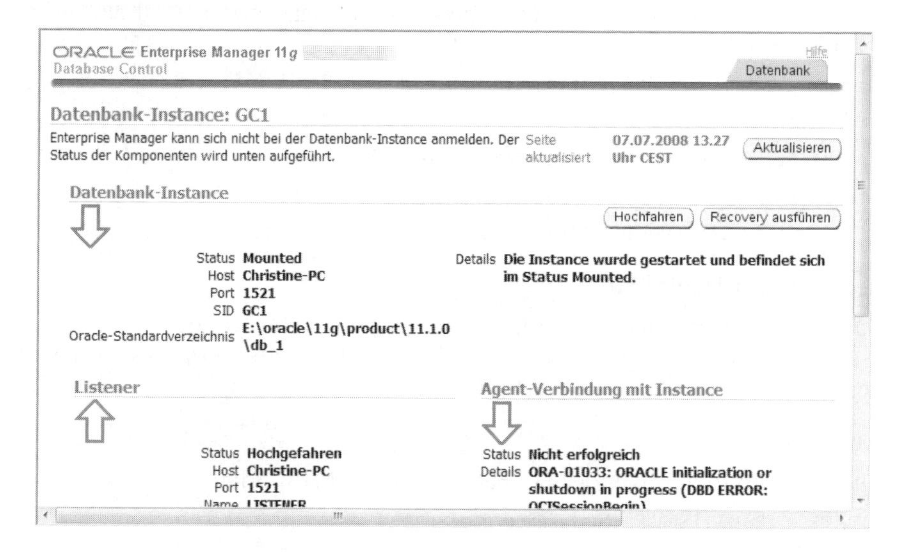

Abbildung 6.1: Starten des Recoverys

Bei geöffneter Datenbank wird das Recovery über das Register VERFÜGBARKEIT – Abschnitt VERWALTEN – Unterpunkt RECOVERY AUSFÜHREN gestartet.

Im Fenster RECOVERY AUSFÜHREN kann nun entweder das von Oracle empfohlene Recovery mithilfe des Data Recovery Advisors oder ein vom Benutzer gesteuertes Recovery ausgewählt werden.

Nachfolgend wird als Beispiel ein vom Benutzer gesteuertes Recovery ohne Nutzung von RMAN-Backups beschrieben, wenn eine Datendatei des Tablespace USERS beschädigt wurde und die Datenbank sich im MOUNT-Status befindet. Ein Recovery über den Data Recovery Advisor ist in Abschnitt 9.6 erläutert.

Als Recovery-Geltungsbereich ist es möglich, für dieses Beispiel entweder »Ganze Datenbank«, »Datendateien« oder »Tablespaces« zu wählen. Für dieses Beispiel wird »Ganze Datenbank« verwendet.

Als Vorgangstyp stehen »Datenbank auf den aktuellen Zeitpunkt oder einen früheren Zeitpunkt wiederherstellen«, »Alle Datendateien zurückschreiben« und »Aus vorher zurückgeschriebenen Datendateien wiederherstellen« zur Verfügung. Da die beschädigte Datendatei bereits durch die entsprechende gesicherte Datendatei ersetzt wurde, wird die letzte Option gewählt. Im unteren Bereich des Fensters müssen noch die Host-ID-Daten hinterlegt werden.

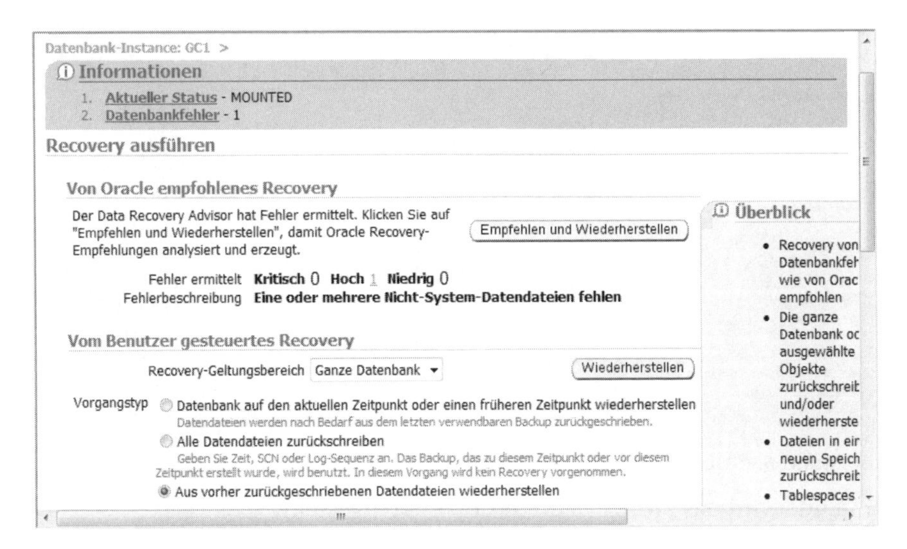

Abbildung 6.2: Auswählen der Recovery-Optionen

Da ein vollständiges Recovery erfolgen soll, muss im nächsten Fenster im Abschnitt POINT IN TIME der Punkt AUF AKTUELLE ZEIT WIEDERHERSTELLEN ausgewählt werden.

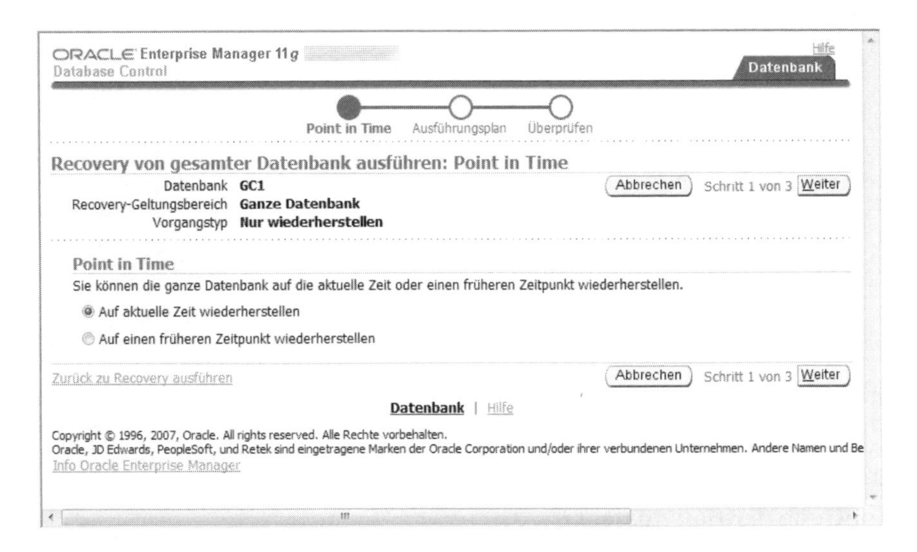

Abbildung 6.3: Zeitpunkt definieren

Anschließend können die gewählten Optionen nochmals überprüft und über die Schaltfläche WEITERLEITEN das Recovery gestartet werden.

Abbildung 6.4: Überprüfen der Optionen

Am Ende wird das Protokoll des Recoverys dargestellt.

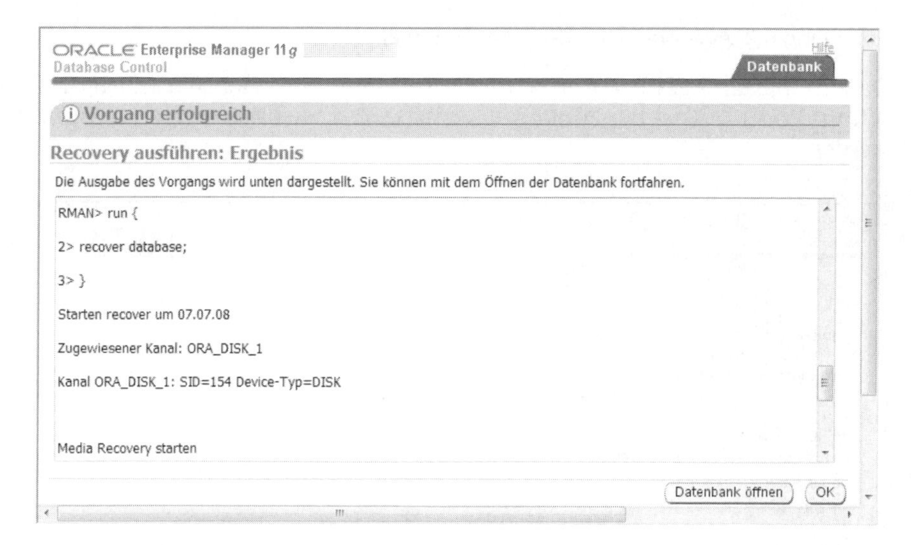

Abbildung 6.5: Ergebnis des Recoverys

Falls die Datenbank nicht geöffnet war, könnte sie an dieser Stelle über den Enterprise Manager geöffnet werden.

9. **Kontrolle der Datendateien**

Falls das manuelle Recovery mit `RECOVER TABLESPACE` oder `RECOVER DATAFILE` durchgeführt wurde, muss an dieser Stelle der betroffene Tablespace oder die Datendatei wieder online gesetzt werden.

Bei Verwendung von RECOVER TABLESPACE:

```
SQL> ALTER TABLESPACE <tablespace_name> ONLINE;
```

Bei Verwendung von RECOVER DATAFILE:

```
SQL> ALTER DATABASE DATAFILE '<pfad\name>' ONLINE;
```

Beispiel:

```
SQL> ALTER DATABASE DATAFILE 'f:\oracle\gc1\ user.data1' ONLINE;
```

Anschließend ist es empfehlenswert, unabhängig vom verwendeten RECOVER-Befehl noch einmal zu prüfen, ob alle Datendateien entweder den Status SYSTEM (für den System-Tablespace) oder ONLINE besitzen. Auch ein Blick in die Alert-Datei sollte vorgenommen werden. Hier dürfen keine Fehlermeldungen aufgetreten sein.

```
SQL> SELECT STATUS, NAME FROM V$DATAFILE;
```

Das Ergebnis sollte ähnlich der folgenden Ausgabe aussehen:

```
STATUS   NAME
SYSTEM   F:\ORACLE\GC1\SYSTEM_1\SYSTEM.DATA1
ONLINE   F:\ORACLE\GC1\UNDO_1\UNDO.DATA1
ONLINE   F:\ORACLE\GC1\BTABD_1\BTABD.DATA1
```

Bei sehr vielen Datendateien kann auch einfacher der folgende Befehl verwendet werden:

```
SQL> SELECT DISTINCT STATUS FROM V$DATAFILE;
```

Als Ergebnis liefert dieser Befehl:

```
SYSTEM
ONLINE
```

Dadurch werden alle unterschiedlichen Status der Datendateien angezeigt, die sie zum Zeitpunkt der Abfrage besitzen. Es dürfen bei Verwendung dieses Befehls nur die Status SYSTEM und ONLINE als Ergebnis angezeigt werden.

Werden hier Datendateien angezeigt, so ist das Recovery zu prüfen. Gegebenenfalls können diese Datendateien mit folgendem Kommando online gesetzt werden:

```
SQL> ALTER DATABASE DATAFILE '<pfad\name>' ONLINE;
```

Beispiel:

```
SQL> ALTER DATABASE DATAFILE 'f:\oracle\gc1\data_1\userdata.data1' ONLINE;
```

10. **Öffnen der Datenbank**

Anschließend kann die Datenbank – falls erforderlich – wieder geöffnet werden:

```
SQL> ALTER DATABASE OPEN;
```

11. **Überprüfung Alert-Datei**

    Abschließend sollte noch ein weiteres Mal in der Alert-Datei kontrolliert werden, ob auch beim Öffnen der Datenbank keine Fehlermeldungen protokolliert wurden.

6.2.2 Unvollständiges Recovery

Bei einem unvollständigen Recovery wird das Recovery aus verschiedenen Gründen nicht bis zum aktuellen Zeitpunkt vorgenommen. Diese Gründe, der technische Ablauf für ein unvollständiges Recovery sowie die verschiedenen technischen Möglichkeiten dafür werden in diesem Abschnitt dargelegt.

Gründe für ein unvollständiges Recovery

- Fehlende oder defekte Redolog-Dateien

  Bei einem Recovery wird festgestellt, dass eine der benötigten Offline-Redolog-Dateien fehlt oder defekt ist. Eine weitere Ursache wäre, dass das Spiegeln der Online-Redolog-Dateien nicht konfiguriert wurde und die aktuelle Redolog-Gruppe beschädigt ist.

- Zurücksetzen der Datenbank

  Beispielsweise kann es für Systemkopien oder Tests wünschenswert sein, einen früheren Stand der Datenbank zur Verfügung zu stellen.

- Benutzerfehler

  Aufgrund eines Benutzerfehlers wie beispielsweise dem versehentlichen Löschen von Tabellen kann es notwendig sein, die Datenbank auf einen Stand vor der fehlerhaften Benutzeraktion zurückzusetzen.

Möglichkeiten für unvollständiges Recovery

Es gibt drei verschiedene Möglichkeiten für ein unvollständiges Recovery (auch Point-in-Time-Recovery genannt):

Bevor jedoch ein unvollständiges Recovery durchgeführt wird, sollte geprüft werden, ob die Daten nicht einfacher über die Nutzung der Flashback-Technologie (siehe Abschnitt 7.2) zurückgeholt werden können.

1. **Bis zu einem bestimmten Datum und Uhrzeit (»UNTIL TIME«)**

   Das Recovery wird zu einem definierten Zeitpunkt beendet.

```
SQL> RECOVER DATABASE UNTIL TIME 'YYYY-MM-DD:HH24:MI:SS';
```

Beispiel:

```
SQL> RECOVER DATABASE UNTIL TIME '2007-07-26:17:45:00'
```

2. **Bis zu einer bestimmten Redolog-Datei (»UNTIL CANCEL«)**

   Das Recovery wird nach Eingabe von `CANCEL` beendet. Das bedeutet, dass das Ende des Recoverys manuell vom Datenbankadministrator bestimmt wird.

Wird CANCEL angegeben, wird das Recovery nach der vorhergehenden, bereits eingefahrenen Redolog-Datei beendet.

```
SQL> RECOVER DATABASE UNTIL CANCEL;
```

3. **Bis zu einer bestimmten System-Change-Nummer (»UNTIL CHANGE«)**

   Das Recovery wird bis zu einer definierten System-Change-Nummer (SCN) durchgeführt.

```
SQL> RECOVER DATABASE UNTIL CHANGE <scn>;
```

Ablauf eines unvollständigen Recoverys

1. **Ermitteln der Online-Redolog- und Control-Dateien (nur falls der Speicherort nicht bekannt ist)**

```
sqlplus / as sysdba
SQL> SELECT MEMBER FROM V$LOGFILE;
SQL> SELECT NAME FROM V$CONTROLFILE;
```

2. **Stoppen der Datenbank**

```
SQL> SHUTDOWN [NORMAL] | [IMMEDIATE] | [TRANSACTIONAL] | [ABORT]
```

3. **Sicherung der aktuellen Control-Datei und der Online-Redolog-Dateien**

Dies ist eine reine Vorsichtsmaßnahme für den Fall, dass bei der Rücksicherung der defekten Dateien oder beim Recovery etwas schiefgeht und diese verloren gehen oder überschrieben werden. Nur mit der aktuellen Control-Datei und den Online-Redolog-Dateien kann sichergestellt werden, dass im Fehlerfall jederzeit wieder ein Recovery auf den aktuellen Stand durchgeführt werden kann.

Die notwendigen Online-Redolog-Dateien können über die View V$LOGFILE und die Control-Dateien über die View V$CONTROLFILE herausgefunden werden. Die Sicherung einer aktuellen Control-Datei und der Online-Redolog-Dateien kann durch einfaches Kopieren der Dateien auf Betriebssystemebene erfolgen. Es sollte sichergestellt sein, dass die Sicherungskopien nicht überschrieben werden oder verloren gehen können.

4. **Sicherung einspielen**

   a. Datendateien

      Alle Datendateien löschen, damit genügend Platz zum Zurücksichern zur Verfügung steht. Gewünschte Sicherung der Datendateien in das gleiche Verzeichnis einspielen, in dem die Datendateien vorher standen.

      Es müssen **alle** Datendateien aus der Sicherung zurückgeholt werden, also auch die nicht defekten. Die Sicherung aller Datendateien muss vor dem RECOVER UNTIL-Zeitpunkt beendet worden sein.

      Die nicht beschädigten Datendateien brauchen nur dann nicht zurückgesichert zu werden, wenn trotz Nutzung von RECOVER UNTIL das Recovery bis zum aktuellen Zeitpunkt durchgeführt werden soll. Dies wäre dann ein vollständiges Recovery, bei dem Offline- und Online-Redolog-Dateien in die Datenbank eingespielt werden.

Es können sowohl Offline- als auch Online-Sicherungen für die Rücksicherung verwendet werden. Jedoch muss bei einer Online-Sicherung der `RECOVER UNTIL`-Zeitpunkt nach dem Ende der Online-Sicherung, also dem letzten `END BACKUP` liegen.

Ist ein eventueller Hardware-Fehler noch nicht behoben, besteht die Möglichkeit, die Sicherung der Datendateien in andere Verzeichnisse einzuspielen.

b. Control-Datei

Die Control-Datei braucht nur dann zurückgesichert zu werden, wenn nach dem `RECOVER UNTIL`-Zeitpunkt eine Strukturänderung (zum Beispiel Erweitern eines Tablespace) durchgeführt wurde oder wenn eine Offline-Sicherung ohne weiteres Recovery eingespielt werden soll.

Wird die Control-Datei zurückgesichert, muss darauf geachtet werden, dass auch die gespiegelten Control-Dateien durch die Sicherung der Control-Datei ersetzt werden.

c. Offline-Redolog-Dateien

Über die *Alert-Datei* ermitteln, welche Offline-Redolog-Dateien für das Recovery benötigt werden:

Hinweis
Das Verzeichnis, in dem die Offline-Redolog-Dateien stehen, kann am einfachsten über die Parameter `LOG_ARCHIVE_DEST` oder `LOG_ARCHIVE_DEST_n` ermittelt werden. Die Parameter werden beim Starten in der Alert-Datei protokolliert. Alternativ kann die View `V$ARCHIVE_DEST` (Spalten DEST_NAME, DESTINATION) verwendet werden. Wurde eine Flash Recovery Area definiert (Parameter `DB_RECOVERY_FILE_DEST`), befinden sich die Offline-Redolog-Dateien in den Verzeichnissen unterhalb des Verzeichnisses `DB_RECOVERY_FILE_DEST\<SID>\ARCHIVELOG`.

In der *Alert-Datei* nach dem letzten *Log-Switch* vor Beginn der für das Recovery verwendeten Sicherung suchen.

Hinweis
Das Verzeichnis, in dem sich die Alert-Datei (Name in den meisten Fällen alert_<SID>.log) befindet, kann in den Versionen vor Oracle 11g ebenfalls über einen Parameter ermittelt werden (`BACKGROUND_DUMP_DEST`). Der Default-Wert ist betriebssystemabhängig.
Ab Oracle 11g können hierfür die View `V$DIAG_INFO` (`SELECT * FROM V$DIAG_INFO`) und der Eintrag `Diag Trace` (textbasierend) beziehungsweise `Diag Alert` (XML-Format) verwendet werden.

Beispiel:

Die Sicherung wurde am 18. April um 20 Uhr gestartet. Vor 20 Uhr findet sich im *Alert-Log* folgender Eintrag für den letzten Log-Switch vor der Sicherung:

```
Tue Apr 18 19:51:38 2008
Thread 1 advanced to log sequence 787
  Current log# 13 seq# 787 mem# 0: F:\...\LOG_G13M1.DBF
  Current log# 13 seq# 787 mem# 1: G:\...\LOG_G13M2.DBF
```

Somit müssen alle *Offline-Redolog-Dateien* ab der Log-Sequence-Nummer **787** zurückgesichert werden.

Hinweis
Da es bei der Ermittlung der benötigten Offline-Redolog-Dateien erfahrungsgemäß öfter vorkommt, dass man in der Eile um eine oder zwei Log-Sequence-Nummern danebenliegt, ist es sinnvoll, noch ungefähr fünf Offline-Redolog-Dateien mehr zurückzusichern (hier wäre das dann ab der Log-Sequence-Nummer 782).

5. **Datenbank starten in MOUNT-Status**

```
sqlplus / as sysdba
SQL> STARTUP MOUNT
```

Das Starten der Datenbank in den MOUNT-Status muss an diesem Punkt fehlerfrei möglich sein.

Zur Kontrolle noch folgendes Kommando ausführen:

```
SQL> SELECT STATUS FROM V$INSTANCE;
MOUNTED
```

Startet die Datenbank nicht in den MOUNT-Status oder werden beim Starten Fehlermeldungen ausgegeben, hat die Datenbank noch ein oder mehrere andere Probleme. Bitte dann erst wie im Abschnitt 10.1 beschrieben eine genaue Fehleranalyse durchführen. Wenn die Datenbank nicht fehlerfrei in den MOUNT-Status hochgefahren werden kann, ist auch kein Recovery möglich.

Achtung!
Vor dem Recovery darf die Datenbank auf keinen Fall im Read-/Write-Modus geöffnet werden. Wird die Datenbank vor oder während des Recoverys geöffnet, können keine weiteren Redolog-Dateien mehr eingefahren werden.

6. **Falls erforderlich, Rename der zurückgespielten Datendateien**

Wurde eine beschädigte Datendatei in ein anderes als das ursprüngliche Verzeichnis zurückgespielt, muss der Datenbank nun das neue Verzeichnis der zurückgespielten Datendatei bekannt gemacht werden.

```
SQL> ALTER DATABASE RENAME FILE '<pfad_alt\name>' TO '<pfad_neu\name>';
```

Beispiel:

```
SQL> ALTER DATABASE RENAME FILE 'f:\oracle\gc1\user.data1' TO 'h:\oracle\
gc1\user.data1';
```

7. **Kontrolle der Datendateien**

   Vor dem Recovery muss geprüft werden, ob alle Datendateien, für die ein Recovery durchgeführt werden soll, den Status SYSTEM oder ONLINE besitzen.

```
SQL> SELECT STATUS, NAME FROM V$DATAFILE;
```

   Das Ergebnis sollte ähnlich der folgenden Ausgabe aussehen:

```
STATUS          NAME
SYSTEM          F:\ORACLE\GC1\SYSTEM_1\SYSTEM.DATA1
ONLINE          F:\ORACLE\GC1\UNDO_1\UNDO.DATA1
ONLINE          F:\ORACLE\GC1\BTABD_1\BTABD.DATA1
```

   Bei sehr vielen Datendateien kann auch einfacher der folgende Befehl verwendet werden:

```
SQL> SELECT DISTINCT STATUS FROM V$DATAFILE;
```

   Als Ergebnis liefert dieser Befehl:

```
SYSTEM
ONLINE
```

   Dadurch werden alle unterschiedlichen Status der Datendateien angezeigt, die sie zum Zeitpunkt der Abfrage besitzen. Es dürfen bei Verwendung dieses Befehls nur die Status SYSTEM und ONLINE als Ergebnis angezeigt werden.

   Ist der Status einer defekten Datendatei OFFLINE, so muss dieser erst auf ONLINE geändert werden, um ein Recovery für diese Datendatei durchführen zu können:

```
SQL> ALTER DATABASE DATAFILE '<pfad\name>' ONLINE;
```

   Es muss darauf geachtet werden, dass alle Datendateien, für die ein Recovery erfolgen soll, vor Start des Recoverys den Status ONLINE (oder SYSTEM) besitzen. Nur dann wird ein Recovery für die Datendateien durchgeführt.

8. **Recovery der Datenbank**

   An dieser Stelle muss sich der Datenbankadministrator nun entscheiden, welche Art von unvollständigem Recovery er durchführen muss.

   Meist ist aber durch die Fehlerursache beziehungsweise den Fehlerzeitpunkt oder die Anforderung für das Recovery schon recht klar, welches Recovery notwendig ist.

   – Bis zu einem bestimmten Datum und einer bestimmten Uhrzeit:

```
SQL> RECOVER DATABASE UNTIL TIME 'YYYY-MM-DD:HH24:MI:SS' [USING BACKUP CONTROL FILE];
```

   Beispiel:

```
SQL> RECOVER DATABASE UNTIL TIME'2008-01-05:15:20:00';
```

   Wird nach Absetzen des Statements `AUTO` eingegeben, werden automatisch alle benötigten Offline-Redolog-Dateien (soweit diese im ARCHIVELOG-Verzeichnis vorhanden sind) in die Datenbank eingespielt.

- Bis zu einer bestimmten Redolog-Datei:

```
SQL> RECOVER DATABASE UNTIL CANCEL [USING BACKUP CONTROLFILE];
```

Das Recovery wird nach Eingabe von CANCEL beendet. Das bedeutet, dass das Ende des Recoverys manuell vom Datenbankadministrator bestimmt wird. Wird CANCEL angegeben, wird das Recovery nach der vorhergehenden, bereits eingefahrenen Redolog-Datei beendet.

Wird nach Absetzen des Statements AUTO eingegeben, werden automatisch alle im definierten ARCHIVELOG-Verzeichnis vorhandenen Offline-Redolog-Dateien in die Datenbank eingespielt. Wenn keine weiteren benötigten Offline-Redolog-Dateien mehr im ARCHIVELOG-Verzeichnis gefunden werden, bricht das Recovery ab. Anschließend muss bei Angabe von AUTO nochmals ein RECOVER DATABASE UNTIL CANCEL eingegeben werden.

Nach dem Recovery der gewünschten Offline-Redolog-Datei kann manuell CANCEL eingegeben werden. Gegebenenfalls müssen für das Einspielen der Online-Redolog-Dateien der Pfad und Name anstelle von <RET> angegeben werden.

- Bis zu einer bestimmten System-Change-Nummer:

```
SQL> RECOVER DATABASE UNTIL CHANGE <scn> [USING BACKUP CONTROLFILE];
```

Beispiel:

```
SQL> RECOVER DATABASE UNTIL CHANGE 758190;
```

Wird nach Absetzen des Statements AUTO eingegeben, werden automatisch alle benötigten Offline-Redolog-Dateien (soweit diese im ARCHIVELOG-Verzeichnis vorhanden sind) in die Datenbank eingespielt.

Wurde auch die Control-Datei aus der Sicherung zurückgeholt, muss die Option USING BACKUP CONTROLFILE angegeben werden.

Die anschließende Bildschirmausgabe sieht in etwa folgendermaßen aus:

```
ORA-00279: change 1447969 generated at 04/18/08 20:00:58 needed for thread 1
ORA-00289: suggestion : F:\ORACLE\GC1\saparch\GC1ARC00787.001
ORA-00280: change 1447969 for thread 1 is in sequence #787
Specify log: [<RET> for suggested | AUTO | FROM logsource | CANCEL ]
```

Befinden sich alle benötigten Offline-Redolog-Dateien im ARCHIVELOG-Verzeichnis, kann bei einem Recovery bis zu einer bestimmten Zeit oder SCN die Meldung mit AUTO bestätigt werden, und die Dateien (Offline- **und** – falls erforderlich – Online-Redolog-Dateien) werden automatisch nacheinander abgearbeitet.

Beim Recovery bis zu einer bestimmten Redolog-Datei (UNTIL CANCEL) muss so oft die Returntaste gedrückt werden, bis die gewünschte Redolog-Datei eingefahren wurde. Danach muss manuell CANCEL eingegeben werden.

Alternativ kann auch AUTO eingegeben werden, dadurch bricht das Recovery ab, wenn keine weiteren Offline-Redolog-Dateien mehr im ARCHIVELOG-Verzeichnis gefunden wurden. Anschließend muss bei Angabe von AUTO nochmals ein RECOVER DATABASE UNTIL CANCEL eingegeben werden.

Danach kann manuell `CANCEL` eingegeben werden. Gegebenenfalls müssen für das Einspielen der Online-Redolog-Dateien der Pfad und Name anstelle von `<RET>` angegeben werden.

War das Recovery erfolgreich, wird folgende Meldung ausgegeben:

```
Media recovery complete.
```

Die Datenbank erkennt selbstständig die Datendateien, die nicht auf dem aktuellsten Stand sind, das heißt, aus der Sicherung zurückgespielt wurden, und führt für diese ein Recovery durch. Das bedeutet, dass alle Transaktionen, die seit dem letzten Backup in diese Datei geschrieben wurden, mittels der Offline- und gegebenenfalls Online-Redolog-Dateien nachgefahren werden.

Alternativ kann ein unvollständiges Recovery auch über den Enterprise Manager durchgeführt werden. Das Starten des Enterprise Managers ist beschrieben in Abschnitt 1.1.3, »Tipps und Tricks zu Offline-Redolog-Dateien«.

Gestartet wird das Recovery über die Einstiegsseite des Enterprise Managers mittels der Schaltfläche RECOVERY DURCHFÜHREN. Nachfolgend wird angenommen, dass die Datenbank bereits in den Status MOUNT gestartet wurde.

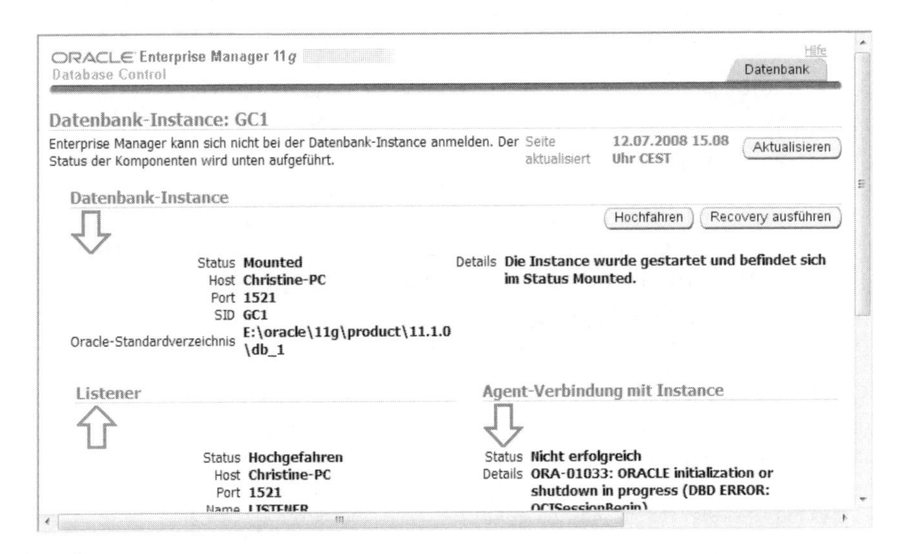

Abbildung 6.6: Starten des Recoverys

In diesem Abschnitt wird als Beispiel ein vom Benutzer gesteuertes unvollständiges Recovery ohne Nutzung von RMAN-Backups beschrieben.

Als Recovery-Geltungsbereich muss im nachfolgenden Fenster »Ganze Datenbank« ausgewählt werden. Als Vorgangstyp stehen »Datenbank auf den aktuellen Zeitpunkt oder einen früheren Zeitpunkt wiederherstellen«, »Alle Datendateien zurückschreiben« und »Aus vorher zurückgeschriebenen Datendateien wiederherstellen« zur Verfügung. Da die Datendateien bereits durch die entsprechenden gesicherten Datendateien ersetzt wurden, wird die letzte Option gewählt. Im unteren Bereich des Fensters müssen noch die Host-ID-Daten hinterlegt werden.

Abbildung 6.7: Recovery ausführen

Da ein unvollständiges Recovery erfolgen soll, muss im nächsten Fenster im Abschnitt POINT IN TIME die Option AUF EINEN FRÜHEREN ZEITPUNKT WIEDERHERSTELLEN ausgewählt werden. Für dieses Beispiel soll die Datenbank mit dem Stand von 12.07.2008 15:00 Uhr wiederhergestellt werden.

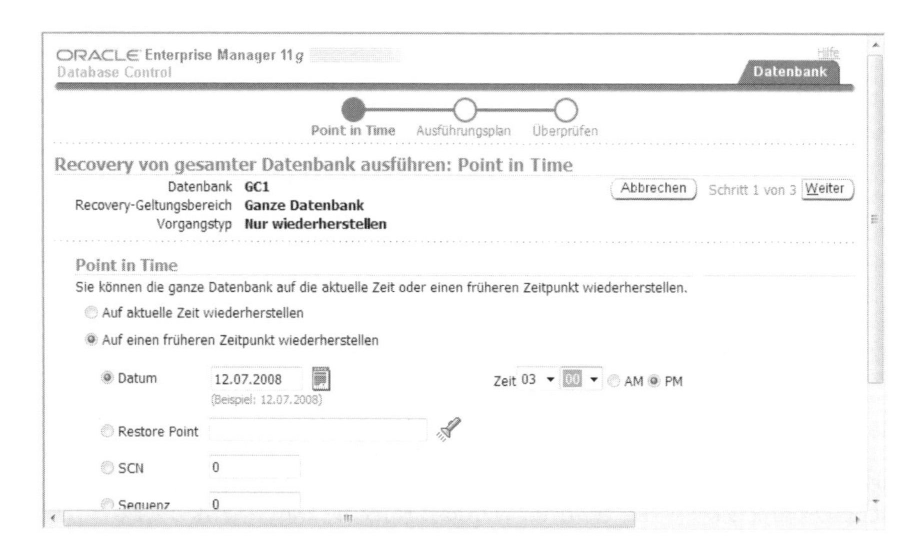

Abbildung 6.8: Zeitpunkt definieren

Anschließend können die gewählten Optionen für das unvollständige Recovery nochmals überprüft werden. Danach kann das unvollständige Recovery über die Schaltfläche WEITERLEITEN gestartet werden.

Abbildung 6.9: Überprüfen der Optionen

Abschließend wird das Protokoll des Recoverys dargestellt.

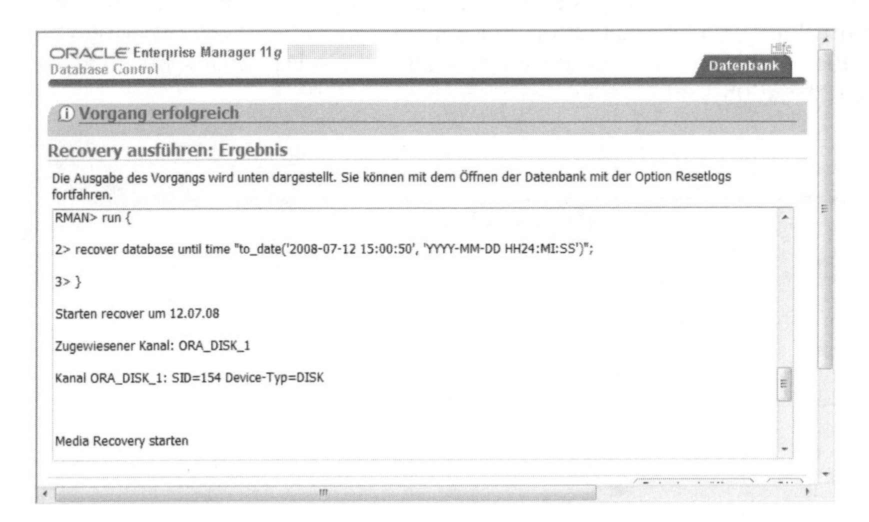

Abbildung 6.10: Ergebnis des Recoverys

Hier könnte auch die Datenbank über den Enterprise Manager über die Schaltfläche DATENBANK ÖFFNEN geöffnet werden. Falls die Datenbank über den Enterprise Manager geöffnet wird, entfällt Punkt 10.

9. **Kontrolle der Datendateien**

   Nach dem Recovery ist noch einmal zu prüfen, ob die Datendateien des System-Tablespace den Status SYSTEM beziehungsweise alle anderen Datendateien den Status ONLINE besitzen. Auch ein abschließender Blick in die Alert-Datei sollte vorgenommen werden. Hier dürfen ebenfalls keine Fehlermeldungen aufgetreten sein.

```
SQL> SELECT STATUS, NAME FROM V$DATAFILE;
```

Das Ergebnis sollte ähnlich der folgenden Ausgabe aussehen:

```
STATUS          NAME
SYSTEM          F:\ORACLE\GC1\SYSTEM_1\SYSTEM.DATA1
ONLINE          F:\ORACLE\GC1\UNDO_1\UNDO.DATA1
ONLINE          F:\ORACLE\GC1\BTABD_1\BTABD.DATA1
```

Bei sehr vielen Datendateien kann auch einfacher der folgende Befehl verwendet werden:

```
SQL> SELECT DISTINCT STATUS FROM V$DATAFILE;
```

Als Ergebnis liefert dieser Befehl:

```
SYSTEM
ONLINE
```

Dadurch werden alle unterschiedlichen Status der Datendateien angezeigt, die sie zum Zeitpunkt der Abfrage besitzen. Es dürfen bei Verwendung dieses Befehls nur die Status SYSTEM und ONLINE als Ergebnis angezeigt werden.

Werden hier Datendateien mit Status ungleich ONLINE angezeigt, müssen sie mit folgendem Kommando ONLINE gesetzt werden:

```
SQL> ALTER DATABASE DATAFILE '<pfad\name>' ONLINE;
```

Beispiel:

```
SQL> ALTER DATABASE DATAFILE 'f:\oracle\gc1\data_1\userdata.data1' ONLINE;
```

Falls Datendateien mit Status ungleich ONLINE oder SYSTEM angezeigt wurden, so ist das Recovery zu prüfen. Es wird nur ein Recovery durchgeführt für Datendateien, die vor dem Recovery den Status SYSTEM oder ONLINE besitzen.

10. **Öffnen der Datenbank**

Anschließend kann die Datenbank wieder geöffnet werden:

```
SQL> ALTER DATABASE OPEN RESETLOGS;
```

`OPEN RESETLOGS` muss nach einem unvollständigen Recovery oder nach einem Recovery mit der Option `USING BACKUP CONTROLFILE` immer angegeben werden. Durch `OPEN RESETLOGS` werden die vorhandenen Online-Redolog-Dateien neu initialisiert und die aktuelle Log-Sequence-Nummer auf 1 zurückgesetzt.

Falls – in Ausnahmefällen – doch ein vollständiges Recovery durchgeführt wurde, kann die Datenbank auch mit

```
SQL> ALTER DATABASE OPEN NORESETLOGS;
```

geöffnet werden. Das wäre beispielsweise dann der Fall, wenn bis zum Schluss kein `CANCEL` eingegeben wurde oder der beim Recovery angegebene Zeitpunkt nach dem letzten aktuellen Stand der Datenbank lag und zusätzlich kein `USING BACKUP CONTROLFILE` angegeben wurde.

11. **Sicherung der Datenbank**

    Bei Releases vor Oracle 10g muss nach einem `OPEN RESETLOGS` zwingend eine Komplettsicherung durchgeführt werden, da durch das `OPEN RESETLOGS` eine neue Datenbankinkarnation angelegt wird. Eine Inkarnation ist eine neue (interne) Version. Danach ist es nicht mehr möglich, ein Recovery über den Zeitpunkt des `OPEN RESETLOGS` hinaus vorzunehmen.

    Ab Oracle 10g ist eine Komplettsicherung nicht mehr unbedingt nötig, da ein Recovery über `OPEN RESETLOGS` ab dieser Version möglich ist. Jedoch schadet auch ab Oracle 10g eine Komplettsicherung an dieser Stelle nicht.

12. **Überprüfung Alert-Datei**

    Abschließend sollte noch ein weiteres Mal in der Alert-Datei kontrolliert werden, ob auch beim Öffnen der Datenbank keine Fehlermeldungen protokolliert wurden.

7 Recovery nach logischen Fehlern

Logische Fehler sind immer in irgendeiner Form Benutzerfehler. 32 % der Downtimes fallen laut einer Studie der Gartner Group in diese Kategorie. Von einem logischen Fehler wird beispielsweise gesprochen, wenn ein Benutzer versehentlich Daten löscht oder diese unbeabsichtigt verändert.

Nach logischen Fehlern gibt es unterschiedliche Möglichkeiten für die Wiederherstellung der Daten. Um diese Möglichkeiten nutzen zu können, müssen jedoch bestimmte Voraussetzungen erfüllt sein. Diese und die technische Vorgehensweise bei der Nutzung der Wiederherstellungsmöglichkeiten bei logischen Fehlern werden im nachfolgenden Kapitel beschrieben.

7.1 LogMiner

Über das Tool LogMiner kann der Inhalt von Online- und Offline-Redolog-Dateien ausgelesen und analysiert werden. Der LogMiner wird ab Oracle 8.1 unterstützt. Es können zwar Redolog-Dateien einer Oracle 8.0-Datenbank analysiert werden, jedoch muss dann der LogMiner innerhalb einer Instanz ab Oracle 8.1 laufen. Grundsätzlich gilt, dass die Instanz, innerhalb welcher der LogMiner läuft, vom gleichen oder von einem höheren Release sein muss als die Instanz, von der die Redolog-Dateien stammen.

Das bedeutet, dass der LogMiner nicht notwendigerweise auf derselben Datenbank oder Instanz laufen muss, in der die zu analysierenden Redolog-Dateien erzeugt wurden. Jedoch gibt es einige Voraussetzungen, die hierfür erfüllt sein müssen. Diese werden im nächsten Abschnitt beschrieben.

Über den LogMiner werden die DDL- (Create ...) und DML-Statements (Insert, Update, Delete), die auf der Datenbank ausgeführt wurden, aus den Redolog-Dateien extrahiert und angezeigt.

In den Redolog-Dateien werden bei DML-Statements sowohl das Statement, das der Benutzer abgesetzt hat, als auch das entsprechende UNDO-Kommando protokolliert. Einzelne fehlerhafte Statements lassen sich dadurch über die UNDO-Kommandos zurückrollen.

Achtung!
Beim Absetzen der UNDO-Kommandos ist jedoch Vorsicht geboten, da durch das Auslesen der UNDO-Kommandos alleine keine Aussage über die Datenkonsistenz getroffen werden kann. Im schlimmsten Fall kann es durch Ausführen eines UNDO-Kommandos zu einer logischen Inkonsistenz kommen.

Es können unter anderem folgende Informationen aus den Redolog-Dateien sichtbar extrahiert werden:

- DDL- und DML-Statements
- System-Change-Nummer (SCN)
- Benutzer, der das Statement ausgeführt hat
- Name und Schema des geänderten Objekts (Tabellenname)

Der Einsatz des LogMiners sollte nur unter Berücksichtigung der Sicherheitsaspekte erfolgen, da über den LogMiner Informationen über die Aktionen eines Benutzers gewonnen werden können.

Nach logischen Fehlern kann der LogMiner für folgende Zwecke verwendet werden:

- Verfolgung von Änderungen
  - für eine Tabelle
  - eines Benutzers
  - zu einem bestimmten Zeitpunkt
  - durch eine Transaktion

  Es kann festgestellt werden, was geändert und durch wen und wann diese Änderung durchgeführt wurde. In Verdachtsfällen kann dies auch für die Überwachung der Datensicherheit verwendet werden.
- Unterstützung beim Zurückrollen einzelner fehlerhafter DML-Statements

  Da in der View `V$LOGMNR_CONTENTS` sowohl die SQL REDO- als auch die SQL UNDO-Kommandos (bei DML-Statements) protokolliert werden, können einzelne fehlerhafte Statements zurückgerollt werden.

  Ab Oracle 10g werden die UNDO-Informationen auch in der View `FLASHBACK_TRANSACTION_QUERY` (Beschreibung siehe Abschnitt 7.2.1, Nutzung von FLASHBACK QUERY ab Oracle 10g) standardmäßig angezeigt. Dazu ist ein expliziter Aufruf des LogMiners nicht mehr nötig.
- Identifikation des Zeitpunkts eines logischen Fehlers

  Um den genauen Ziel-Zeitpunkt für ein unvollständiges Recovery der Datenbank festzustellen, kann über den LogMiner ermittelt werden, wann der logische Fehler aufgetreten ist.

Durch die Erweiterungen im Bereich Flashback bei Oracle 10g haben sich die Einsatzbereiche des LogMiners ziemlich reduziert. Sowohl die Verfolgung von Änderungen, die Identifikation von UNDO-Statements als auch die Analyse des Zeitpunkts eines logischen Fehlers ist ab Oracle 10g über die Flashback-Technologie möglich.

Ab Oracle 11g ist der LogMiner vollständig mit Flashback Transaction Backout (siehe Abschnitt 7.2.7) integriert.

7.1.1 Komponenten des LogMiners

1. **PL/SQL-Prozeduren**

Diese Prozeduren liegen in der Datenbank unter dem Schema SYS. Falls der Benutzer, der den LogMiner verwendet, ungleich dem Benutzer SYS ist, so muss den Aufrufen der LogMiner-Prozeduren jeweils SYS vorangestellt werden.

Beispiel:

```
SQL> EXECUTE SYS.DBMS_LOGMNR.END_LOGMNR;
```

Seit Oracle 9i konnte auch eine eigene grafische Oberfläche genutzt werden. Neu ab Oracle 11g kann der LogMiner auch über den Enterprise Manager verwendet werden. Dies erleichtert die Verwendung des LogMiners gravierend, besonders auch im Zusammenhang mit dem neuen Feature Flashback Transaction Backout (beschrieben in Abschnitt 7.2.7). Im Enterprise Manager ist der LogMiner zu finden auf der Seite »Verfügbarkeit« unter dem Punkt »Transaktionen anzeigen und verwalten«.

Nachfolgend wird die Nutzung der PL-/SQL-Prozeduren ausführlich erläutert, da diese in jedem Fall verwendet werden können. Das Vorgehen mittels der grafischen Oberfläche LogMiner Viewer in den Versionen vor Oracle 11g entspricht der Vorgehensweise mittels der PL-/SQL-Prozeduren.

2. **LogMiner Dictionary**

Das Dictionary beinhaltet ein Abbild der Strukturen der zu analysierenden Datenbank und muss auf der Datenbank erstellt werden, auf der die Redolog-Dateien erzeugt wurden.

In den Redolog-Dateien werden die einzelnen Tabellen-, Spalten- und Objektnamen unter einer internen Objekt-ID und die Daten in Hexadezimal-Code gespeichert. Damit der LogMiner diese Informationen nun vollständig übersetzen kann, benötigt er Zugriff auf das Dictionary.

Ohne dieses Dictionary würde für die Objekte nur die Objekt-ID und für die Daten nur der Hexadezimal-Code ausgegeben, was die Auswertung der Informationen sehr erschwert. Technisch ist die Nutzung des LogMiners ohne Dictionary zwar möglich, praktisch wird diese Möglichkeit jedoch aus Gründen der Lesbarkeit so gut wie nie genutzt.

In Oracle 8.1 konnte das Dictionary nur als Datei (Flat-File) realisiert werden.

Ab Oracle 9i gibt es folgende Möglichkeiten:

- Online-Dictionary
- Redolog Dictionary
- Dictionary als Datei (Flat-File)

Mit den Optionen ‚Redolog Dictionary' oder ‚Dictionary als Flat-File' kann die Analyse der Redolog-Dateien durch den LogMiner auch auf einer anderen Instanz oder Datenbank als der Quelldatenbank durchgeführt werden.

Voraussetzung ist jedoch, dass die gleiche Hardware-Plattform und das gleiche Datenbank-Charakterset eingesetzt werden.

Das Dictionary als Flat-File wird nur noch aus Gründen der Abwärtskompatibilität gepflegt. Deshalb sind die anderen beiden Optionen zu bevorzugen.

7.1.2 Aktivieren des Supplemental Logging

Um LogMiner sinnvoll nutzen zu können, muss bereits im Vorfeld das Supplemental Logging aktiviert worden sein (für Versionen ab Oracle 9.2).

Um festzustellen, ob das Supplemental Logging aktiv ist, kann die folgende Abfrage verwendet werden.

```
SQL> SELECT SUPPLEMENTAL_LOG_DATA_MIN FROM V$DATABASE;
```

Wird als Ergebnis `YES` oder `IMPLICIT` angezeigt, ist minimales Supplemental Logging aktiviert, und der LogMiner kann verwendet werden. Per Default ist das Supplemental Logging jedoch nicht aktiviert.

Eingeschaltet werden kann das minimale Supplemental Logging für die Nutzung des LogMiners über:

```
SQL> ALTER DATABASE ADD SUPPLEMENTAL LOG DATA;
```

Dadurch werden zusätzliche Informationen für die Verwaltung verketteter Zeilen und bestimmter Speicherkonstrukte wie Cluster-Tabellen oder Index Organized Tables bereitgestellt.

7.1.3 Erstellen des Dictionarys

Ab Oracle 11g kann der LogMiner komfortabler auch über Oracle Enterprise Manager Database Control genutzt werden (siehe Abschnitt 7.1.8, LogMiner im Enterprise Manager).

Wurde im Vorfeld das Supplemental Logging aktiviert, ist der erste Schritt für die manuelle Nutzung des LogMiners die Definition des Dictionarys.

Hierfür gibt es drei Möglichkeiten:

Online-Dictionary

Das Online-Dictionary kann nur auf der lokalen Datenbank verwendet werden, das heißt, die Redolog-Dateien müssen von dieser Datenbank stammen. Voraussetzung für die Nutzung dieser Option ist, dass die Datenbank geöffnet ist.

Im Unterschied zu den beiden anderen Möglichkeiten braucht bei Nutzung des Online-Dictionarys das Dictionary nicht explizit erstellt zu werden. Es wird lediglich beim Starten des LogMiners als Option angegeben:

```
SQL> EXECUTE DBMS_LOGMNR.START_LOGMNR( -
OPTIONS => DBMS_LOGMNR.DICT_FROM_ONLINE_CATALOG);
```

Falls das Kommando in einer Zeile – statt wie hier in zwei Zeilen – abgesetzt wird, kann das Minuszeichen am Ende der ersten Zeile weggelassen werden.

Empfehlung von Oracle ist, das Online Dictionary zu nutzen, da dies die einfachste Möglichkeit für die Verwendung des LogMiners ist. Voraussetzungen dafür sind jedoch, dass ein Zugriff auf die Quelldatenbank möglich ist und dass in der Zwischenzeit keine Änderungen der Spaltendefinitionen der zu analysierenden Tabellen durchgeführt wurden.

Wurde die Tabelle verändert, zum Beispiel durch Löschen der Tabelle oder einzelner Spalten oder auch Änderungen an den Spalten, kann das Online-Dictionary NICHT verwendet werden. LogMiner würde in diesem Fall dann in der SQL_REDO-Spalte der View `V$LOGMNR_CONTENTS` nicht ausführbare SQL-Statements anzeigen.

Nachteil dieser Option ist die größere Last auf der Quelldatenbank.

Redolog Dictionary

Bei dieser Version des Dictionarys werden dessen Informationen in die Redolog-Dateien geschrieben.

Voraussetzungen:

- Datenbank ist geöffnet.
- Datenbank ist im ARCHIVELOG-Modus.

Erstellen des Dictionarys in den Redolog-Dateien:

```
SQL> EXECUTE DBMS_LOGMNR_D.BUILD( -
OPTIONS=> DBMS_LOGMNR_D.STORE_IN_REDO_LOGS);
```

Anders als beim Erstellen des Dictionarys in einem Flat-File sind während der Erstellung des Dictionarys in den Redolog-Dateien keine DDL-Statements zugelassen. Dadurch ist sichergestellt, dass das Dictionary konsistent ist.

Über die folgenden Kommandos kann herausgefunden werden, welche Redolog-Dateien nun das Dictionary beinhalten:

```
SQL> SELECT NAME FROM V$ARCHIVED_LOG
WHERE DICTIONARY_BEGIN='YES';

SQL> SELECT NAME FROM V$ARCHIVED_LOG
WHERE DICTIONARY_END='YES';
```

Abhängig von der Größe des Dictionarys kann es auch in mehreren Redolog-Dateien enthalten sein.

Die Erzeugung des Dictionarys in Redolog-Dateien ist schneller als seine Erzeugung in einem Flat-File, sollte jedoch nach Möglichkeit während lastarmer Zeiten durchgeführt werden, da durch die Erzeugung zusätzliche Datenbanklast entsteht.

Diese Option sollte genutzt werden, wenn der Zugriff auf die Quelldatenbank nicht möglich ist oder die Spaltendefinitionen der zu analysierenden Tabellen geändert wurden.

Dictionary als Datei (Flat-File)

Voraussetzung:

Der Pfad für die Dictionary-Datei muss über den Parameter UTL_FILE_DIR gesetzt werden.

Beispiel (UTL_FILE_DIR soll auf Verzeichnis /oracle/lmdict gesetzt werden):

```
SQL> ALTER SYSTEM SET UTL_FILE_DIR='/oracle/lmdict' SCOPE=SPFILE;
```

Um den Parameter zu aktivieren, muss die Datenbank durchgestartet werden.

Anschließend kann die Datei erstellt werden:

```
SQL> EXECUTE DBMS_LOGMNR_D.BUILD('dict_as_flat.ora','/oracle/lmdict', -
DBMS_LOGMNR_D.STORE_IN_FLAT_FILE);
```

Während des Erstellens der Datei sind DDL-Statements zulässig. Auch spiegelt die Datei nur die Datenstrukturen zum Zeitpunkt des Erstellens der Datei wider. Änderungen der Datenstrukturen führen deshalb zu Inkonsistenzen zwischen der Datei und dem tatsächlichen Data Dictionary.

Diese Option wird von Oracle nur aus Gründen der Abwärtskompatibilität mit früheren Versionen gepflegt. Nach Möglichkeit sollten deshalb die anderen beiden Optionen verwendet werden.

7.1.4 Auswählen und Registrieren der zu analysierenden Redolog-Dateien

Für das Auswählen und Registrieren der zu analysierenden Offline- und Online-Redolog-Dateien gibt es zwei Möglichkeiten:

- **Automatisch**

  Wird der LogMiner auf der Quelldatenbank verwendet, kann die Liste der zu analysierenden Redolog-Dateien automatisiert beim Starten des LogMiners erstellt werden. Voraussetzung ist, dass die Archivierung aktiviert ist und die Datenbank sich mindestens im MOUNT-Status befindet.

  Bei dieser Möglichkeit wird entweder der Start- und Endzeitpunkt oder die Start- und End-SCN angegeben.

Beispiel mit Definition Start- und Endzeitpunkt (mit Online-Dictionary):

```
SQL> ALTER SESSION SET NLS_DATE_FORMAT = 'DD-MON-YYYY HH24:MI:SS';
```

Dieses Kommando setzt das Datumsformat so, wie im folgenden Kommando bei `STARTTIME` und `ENDTIME` verwendet.

```
SQL> EXECUTE DBMS_LOGMNR.START_LOGMNR( -
STARTTIME => '02-Mai-2008 09:00:00', -
ENDTIME => '02-Mai-2008 09:15:00', -
OPTIONS => DBMS_LOGMNR.DICT_FROM_ONLINE_CATALOG + -
DBMS_LOGMNR.CONTINUOUS_MINE);
```

Beispiel mit Definition Start- und End-SCN (mit Online-Dictionary):

```
SQL> EXECUTE DBMS_LOGMNR.START_LOGMNR( -
STARTSCN => 2422945, -
ENDSCN => 2423583, -
OPTIONS => DBMS_LOGMNR.DICT_FROM_ONLINE_CATALOG + -
DBMS_LOGMNR.CONTINUOUS_MINE);
```

- **Manuell**

  Bei Verwendung dieser Möglichkeit ist es nicht erforderlich, dass der LogMiner mit der Quelldatenbank verbunden ist.

Erzeugen einer neuen Liste zu analysierender Redolog-Dateien (`NEW`):

```
SQL> EXECUTE DBMS_LOGMNR.ADD_LOGFILE( -
LOGFILENAME => '/oracle/logs/ARC00058.001, -
OPTIONS => DBMS_LOGMNR.NEW);
```

Hinzufügen weiterer Redolog-Dateien (`ADDFILE`):

```
SQL> EXECUTE DBMS_LOGMNR.ADD_LOGFILE( -
LOGFILENAME => '/oracle/logs/ARC00059.001', -
OPTIONS => DBMS_LOGMNR.ADDFILE);
```

Entfernen einer Redolog-Datei aus der Konfiguration (`REMOVEFILE`):

```
SQL> EXECUTE DBMS_LOGMNR.ADD_LOGFILE( -
LOGFILENAME => '/oracle/logs/ARC00058.001', -
OPTIONS => DBMS_LOGMNR.REMOVEFILE);
```

7.1.5 Starten der Analyse

Wurde die Liste der zu analysierenden Redolog-Dateien manuell erstellt, muss der LogMiner noch gestartet werden:

Beispielaufruf bei Nutzung des Dictionarys als Flat-File:

```
SQL> EXECUTE DBMS_LOGMNR.START_LOGMNR( -
DICTFILENAME =>'/oracle/lmdict/dict_as_flat.ora');
```

Dadurch wird die Analyse der Redolog-Dateien gestartet. Die Ergebnisse werden in der View `V$LOGMNR_CONTENTS` protokolliert.

Weitere Startoptionen finden sich in der Oracle-Dokumentation. Beispielsweise ist es möglich, nur die mit COMMIT abgeschlossenen Transaktionen in der View V$LOGMNR_CONTENTS anzuzeigen (Option COMMITED_DATA_ONLY) oder korrupte Blöcke in den Redolog-Dateien zu überspringen (Option SKIP_CORRUPTION).

Beispielaufruf bei Angabe von Startoptionen:

```
SQL> EXECUTE DBMS_LOGMNR.START_LOGMNR( -
STARTTIME => '02-Mai-2008 09:00:00', -
ENDTIME => '02-Mai-2008 09:15:00', -
OPTIONS => DBMS_LOGMNR.DICT_FROM_ONLINE_CATALOG + -
DBMS_LOGMNR.CONTINUOUS_MINE + -
DBMS_LOGMNR.COMMITTED_DATA_ONLY);
```

Um die View V$LOGMNR_CONTENTS erneut mit Daten zu füllen, kann das Starten des LogMiners mehrfach hintereinander mit anderen Startoptionen durchgeführt werden. Die Liste der zu analysierenden Redolog-Dateien wird dadurch nicht beeinflusst.

7.1.6 Abfragen des Ergebnisses über die View V$LOGMNR_CONTENTS

Vor dem Start der Analyse ist die View V$LOGMNR_CONTENTS leer. Die Abfrage der View V$LOGMNR_CONTENTS muss in der gleichen Session wie der Start des LogMiners erfolgen. Da sich die ermittelten LogMiner-Informationen in der PGA befinden, sind diese nur während der LogMiner-Session verfügbar. Für andere Sessions sind sie deshalb nicht sichtbar. Nach dem Beenden der LogMiner-Session stehen die LogMiner-Informationen aus der PGA dann nicht mehr zur Verfügung.

Beschreibung der wichtigsten Spalten von V$LOGMNR_CONTENTS:

Spalte	Beschreibung
SCN	System-Change-Nummer zum Zeitpunkt der Datenbankänderung
COMMIT_SCN	System-Change-Nummer zum COMMIT-Zeitpunkt der Datenbankänderung (sinnvoll bei Startoption COMMITED_DATA_ONLY)
TIMESTAMP	Zeitpunkt der Datenbankänderung
SEG_NAME	Name des geänderten Segments
SEG_OWNER	Eigentümer des geänderten Segments
TABLE_NAME	Name der geänderten Tabelle, falls das geänderte Objekt eine Tabelle ist
USERNAME	Benutzer, der die Änderung durchgeführt hat
OPERATION	Operation, welche die Änderung durchgeführt hat, zum Beispiel INSERT, UPDATE, DELETE oder DDL-Statement

Tabelle 7.1: View V$LOGMNR_CONTENTS

Spalte	Beschreibung
SQL_REDO	SQL-Statement, das die Änderung durchgeführt hat (unter Umständen nicht gleich dem Original-Statement, Ergebnis des angezeigten SQL-Statements jedoch gleich)
SQL_UNDO	SQL-Statement, das die Änderung von SQL_REDO rückgängig machen kann (bei DML-Statements). Bei DDL-Statements (CREATE ...) wird hier NULL angezeigt.

Tabelle 7.1: View V$LOGMNR_CONTENTS (Forts.)

Beispiel 1:

Es ist bekannt, dass am 02.05.2008 zwischen 09:00 und 10:00 Uhr die Gehaltstabelle unbefugt geändert wurde. Der LogMiner wird mit folgender Option gestartet:

```
SQL> ALTER SESSION SET NLS_DATE_FORMAT = 'DD-MON-YYYY HH24:MI:SS';

SQL> EXECUTE DBMS_LOGMNR.START_LOGMNR( -
STARTTIME => '02-Mai-2008 09:00:00', -
ENDTIME => '02-Mai-2008 10:00:00', -
OPTIONS => DBMS_LOGMNR.DICT_FROM_ONLINE_CATALOG + -
DBMS_LOGMNR.CONTINUOUS_MINE + -
DBMS_LOGMNR.COMMITTED_DATA_ONLY);
```

Sollen nun beispielsweise der genaue Zeitpunkt und der Benutzer der Änderung der Gehaltstabelle sowie die dazugehörigen SQL_REDO- und SQL_UNDO-Statements herausgefunden werden, kann folgendes Kommando verwendet werden:

Beispiel für eine Abfrage von V$LOGMNR_CONTENTS:

```
SQL> ALTER SESSION SET NLS_DATE_FORMAT = 'DD-MON-YYYY HH24:MI:SS';

SQL> SELECT TIMESTAMP, USERNAME, SQL_REDO, SQL_UNDO
FROM V$LOGMNR_CONTENTS
WHERE UPPER(SEG_OWNER) = 'HRD' AND UPPER(SEG_NAME) = 'GEHALT';
```

Ergebnis:

```
TIMESTAMP            USER_NAME  SQL_REDO              SQL_UNDO
---------            ---------  --------              --------
02.05.2008 09:05:05  PARANOID   update HRD.GEHALT     update HRD.GEHALT
                                set GEH = '100000'    set GEH = '20000'
                                where MNO=123         where MNO=123
                                and ROWID =           and ROWID
                                'ABCAABACADAAAPABA';  'ABCAABACADAAAPABA';
```

Man stellt schnell fest, dass um 09:05:05 Uhr der Benutzer PARANOID das alte Gehalt des Mitarbeiters mit der Mitarbeiternummer 123 von 20000 auf 100000 geändert hat. Um die Änderung rückgängig zu machen, muss nun nur der SQL_UNDO-Befehl ausgeführt werden (und der Benutzer PARANOID ins Gebet genommen werden).

Beispiel 2:

Wurde beispielsweise die gesamte Gehaltstabelle gelöscht, kann über den LogMiner der genaue Zeitpunkt des Löschens der Tabelle herausgefunden werden. Da das Löschen einer Tabelle ein DDL-Statement ist, wird hierfür kein SQL_UNDO-Statement in der View V$LOGMNR_CONTENTS angegeben. In diesem Fall wäre es notwendig, die Daten entweder per Flashback, TSPITR oder unvollständigem Recovery zurückzusetzen.

Es ist bekannt, dass die Gehaltstabelle am 03.05.2008 zwischen 17:00:00 und 18:00 Uhr versehentlich gelöscht wurde. Der LogMiner wurde bereits wieder mit folgendem Kommando gestartet:

```
SQL> ALTER SESSION SET NLS_DATE_FORMAT = 'DD-MON-YYYY HH24:MI:SS';

SQL> EXECUTE DBMS_LOGMNR.START_LOGMNR( -
STARTTIME => '03-Mai-2008 17:00:00', -
ENDTIME => '03-Mai-2008 18:00:00', -
OPTIONS => DBMS_LOGMNR.DICT_FROM_ONLINE_CATALOG + -
DBMS_LOGMNR.CONTINUOUS_MINE + -
DBMS_LOGMNR.COMMITTED_DATA_ONLY);
```

Dann kann über folgende Abfrage der View V$LOGMNR_CONTENTS festgestellt werden, wann genau die Gehaltstabelle gelöscht wurde:

```
SQL> ALTER SESSION SET NLS_DATE_FORMAT = 'DD-MON-YYYY HH24:MI:SS';

SQL> SELECT TIMESTAMP, OPERATION, SQL_REDO
FROM V$LOGMNR_CONTENTS
WHERE UPPER(SEG_NAME)='GEHALT' AND UPPER(SQL_REDO) LIKE '%DROP TABLE%';
```

Ergebnis:

```
TIMESTAMP            OPERATION   SQL_REDO
---------            ---------   --------
03.05.2008 17:18:34  DDL         drop table gehalt
```

Die Gehaltstabelle wurde am 03.05.2008 um 17:18:34 Uhr gelöscht. Nun kann die Gehaltstabelle entweder über Flashback (siehe Abschnitt 7.2), TSPITR (siehe Abschnitt 7.6) oder ein unvollständiges Recovery (siehe Abschnitt 6.2.2) auf einen Zeitpunkt kurz davor, zum Beispiel 17:18:15 Uhr, wiederhergestellt werden.

7.1.7 Beenden der LogMiner-Session

Um eine LogMiner-Session ordnungsgemäß zu beenden, kann der Befehl

```
SQL> EXECUTE DBMS_LOGMNR.END_LOGMNR;
```

verwendet werden. Hierdurch werden alle Redolog-Dateien geschlossen und die vom LogMiner verwendeten Ressourcen wieder freigegeben.

Alternativ wird der LogMiner automatisch bei Ende der Session beendet, in der er gestartet wurde.

7.1.8 LogMiner im Enterprise Manager

Der Aufruf des LogMiners erfolgt über das Register VERFÜGBARKEIT – Bereich VERWALTEN – Unterpunkt TRANSAKTIONEN ANZEIGEN UND VERWALTEN.

Abbildung 7.1: Nutzung des LogMiners über Enterprise Manager

Nachfolgend wird das Beispiel 1 aus Abschnitt 7.1.6 bei Nutzung des Enterprise Managers beschrieben.

Beispiel 1:

Die Gehaltstabelle wurde am 01.07.2008 zwischen 12:55 und 13:05 Uhr unbefugt geändert.

Über den Abschnitt »Abfragezeitbereich« kann der entsprechende Zeitraum angegeben werden. Alternativ könnte hier ein SCN-Bereich angegeben werden.

Beispielsweise nach unbefugtem Löschen einer Tabelle können auch nur DDL-Transaktionen über die Option NUR DDL ANZEIGEN im Abschnitt ABFRAGEFILTER ausgegeben werden. Für dieses Beispiel wird jedoch die Option ALLE TRANSAKTIONEN ANZEIGEN ausgewählt.

Außerdem wird die Abfrage auf die Tabelle `HRD.GEHALT` eingeschränkt. Über den Abfragefilter »DB-Benutzer« könnte nach Transaktionen gesucht werden, die einem bestimmten Datenbankbenutzer zugeordnet sind.

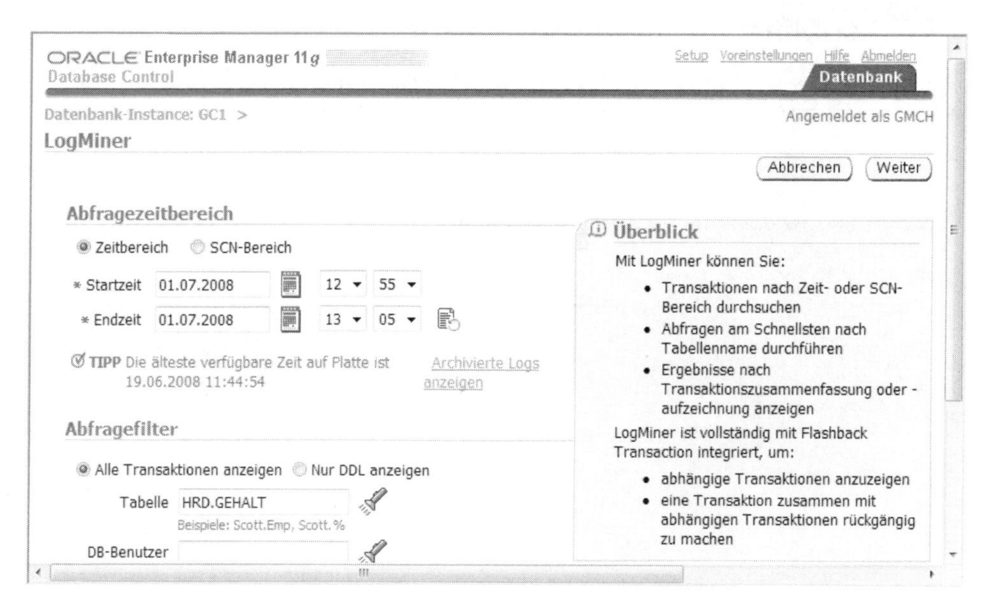

Abbildung 7.2: Alle Transaktionen auf Tabelle HRD.GEHALT anzeigen

Danach werden alle Transaktionen untersucht, die im definierten Zeitraum auf die Tabelle `HRD.GEHALT` durchgeführt wurden.

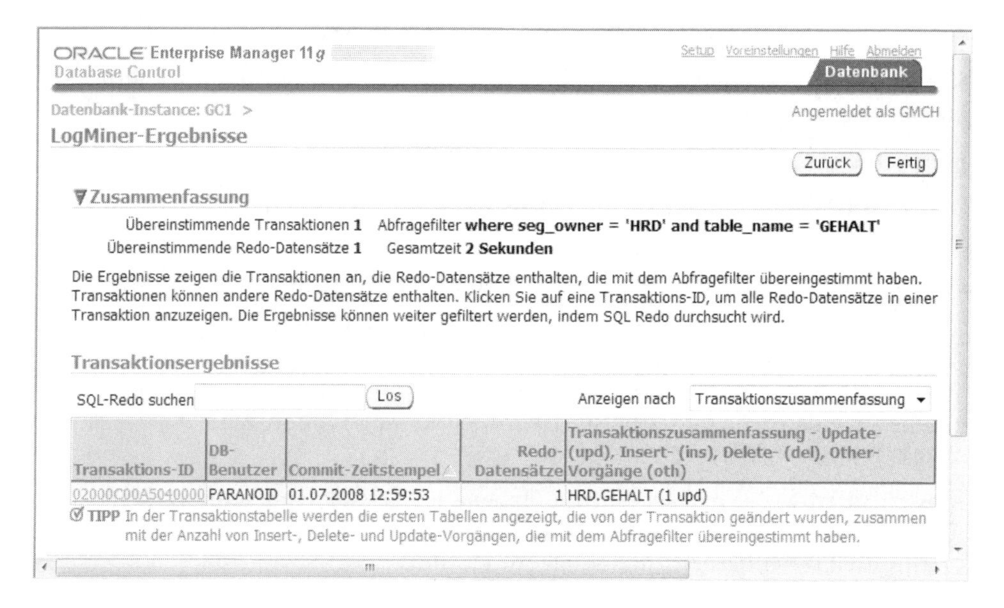

Abbildung 7.3: LogMiner-Ergebnis

Es wird festgestellt, dass Benutzer PARANOID die Gehaltstabelle um 12:59:53 Uhr geändert hat. Durch Auswählen der Transaktions-ID können Details zu dem Update-Vorgang angezeigt werden:

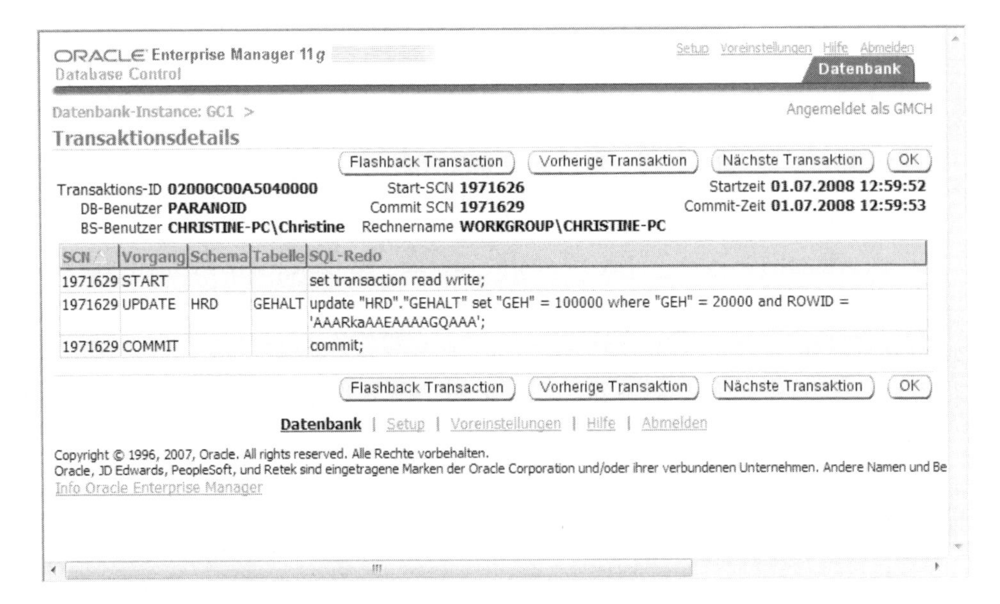

Abbildung 7.4: Transaktionsdetails

Über die Schaltfläche FLASHBACK TRANSACTION wäre es nun einfach möglich, die unbefugte Transaktion rückgängig zu machen. Dies wird beschrieben in Abschnitt 7.2.7, Flashback Transaction Backout.

7.2 Flashback

Mithilfe von Oracle Flashback ist es möglich, ohne aufwendige Maßnahmen wie Restore und Recovery ein konsistentes Abbild von Daten zu einem bestimmten Zeitpunkt aus der Vergangenheit zu erhalten.

Die Nutzung von Flashback ist entweder über eine SQL-Schnittstelle wie SQL*Plus oder ab Version 10g auch über das grafische Tool Enterprise Manager möglich.

Es gibt mehrere Typen von Flashback, die jedoch bezüglich Architektur und Funktionalität etwas unterschiedlich sind:

- Flashback Query
- Flashback Table
- Flashback Drop
- Flashback Database
- Flashback Data Archive
- Flashback Transaction Backout

Flashback ist erstmals verfügbar seit Erscheinen von Oracle 9i, wobei hier nur `FLASHBACK QUERY` möglich ist. Erweiterungen zu `FLASHBACK QUERY` wurden mit Oracle 9.2 eingeführt. Die anderen Flashback-Typen stehen erst ab Oracle 10g zur Verfügung. Flashback Data Archive und Flashback Transaction Backout können ab Oracle 11g verwendet werden.

Voraussetzung für die Nutzung von Flashback Query und Flashback Table ist die Aktivierung des automatischen Undo-Managements.

Im Undo-Tablespace werden sogenannte Before-Images gespeichert. Before-Images sind die Daten, wie sie vor der Änderung durch eine Transaktion existiert haben, also beispielsweise vor einem `UPDATE`. Ist der Undo-Tablespace voll und wird eine weitere DML-Operation wie `UPDATE` ausgeführt, werden die ältesten Before-Images im Undo-Tablespace überschrieben.

Über den Parameter `UNDO_RETENTION` kann die Zeit festgelegt werden, in der die Before-Images im Undo-Tablespace zur Verfügung stehen. Der Parameter `UNDO_RETENTION` wird jedoch nur berücksichtigt, wenn im Undo-Tablespace noch genügend Platz frei ist. Das bedeutet, dass beim Setzen des Parameters `UNDO_RETENTION` auch die Größe des Undo-Tablespace überprüft und gegebenenfalls sinnvoll erweitert werden sollte.

Es gibt ab Oracle 10g die Möglichkeit, für einen Undo-Tablespace die Option `RETENTION GUARANTEE` zu setzen. Dadurch wird die Zeit für `UNDO_RETENTION` in jedem Fall eingehalten. Nachteil dieser Option ist jedoch, dass bei einem Volllaufen des Undo-Tablespace keine weiteren DML-Statements mehr ausgeführt werden können. Durch das Setzen von `RETENTION GUARANTEE` wird verhindert, dass Before-Images, welche die `UNDO_RETENTION`-Zeit noch nicht erreicht haben, überschrieben werden. Sinnvollerweise wird `RETENTION GUARANTEE` deshalb nur temporär gesetzt, zum Beispiel bei Tests.

Aktivieren von `RETENTION GUARANTEE`:

```
SQL> ALTER TABLESPACE <undo_tablespace> RETENTION GUARANTEE;
```

Die Aktivierung von `RETENTION GUARANTEE` ist auch beim Erzeugen des Undo-Tablespace möglich.

Deaktivieren von `RETENTION GUARANTEE`:

```
SQL> ALTER TABLESPACE <undo_tablespace> RETENTION NOGUARANTEE;
```

Vorgehen für die Aktivierung des automatischen Undo-Managements (AUM):

1. **Gegebenenfalls Spool einschalten**

```
SQL> SPOOL AUM_on.log
```

2. **Aktuellen Undo-Management-Modus und Rollback-Informationen feststellen**

```
SQL> SHOW PARAMETER UNDO;
SQL> SELECT SEGMENT_NAME, TABLESPACE_NAME, STATUS FROM DBA_ROLLBACK_SEGS;
```

3. **Undo-Tablespace anlegen**

```
SQL> CREATE UNDO TABLESPACE <undo_tablespace> DATAFILE '<filename>' SIZE <n>M REUSE
AUTOEXTEND OFF;
```

`<filename>`: Pfad/Dateiname

Beispiel:

```
SQL> CREATE UNDO TABLESPACE UNDOTBS DATAFILE '/oracle/GC1/undo_1/undo.data1' SIZE
1000M REUSE AUTOEXTEND OFF;
```

4. **Undo-Tablespace zuweisen**

Bei Nutzung von INIT.ORA:

```
UNDO_TABLESPACE = UNDOTBS
```

Bei Nutzung von SPFILE:

```
SQL> ALTER SYSTEM SET UNDO_TABLESPACE=UNDOTBS SCOPE=SPFILE;
```

5. **Undo-Retention-Zeit festlegen**

Der Parameter `UNDO_RETENTION` sollte entsprechend der am längsten laufenden Transaktionen und/oder der benötigten Flashback-Zeit festgelegt werden.

Ab Oracle 10g:

Die Undo-Retention-Zeit wird bei Tablespaces mit `AUTOEXTEND ON` ausgehend vom Startwert `UNDO_RETENTION` automatisch vom System angepasst.

Bei Tablespaces mit `AUTOEXTEND OFF` wird die Undo-Retention-Zeit ebenfalls – ausgehend von der Größe des Undo-Tablespace und der bisherigen Auslastung des Undo-Tablespace – automatisch vom System festgelegt. In diesem Fall wird `UNDO_RETENTION` ignoriert, außer es wurde die Option `RETENTION GUARANTEE` gesetzt.

Für die Nutzung von Flashback kann es erforderlich sein, die Undo-Retention-Zeit manuell anzupassen. Soll es beispielsweise möglich sein, über Flashback bis zu drei Stunden zurückzusetzen, so müssen die Undo-Retention-Zeit und damit der Parameter `UNDO_RETENTION` auf 10800 (drei Stunden * 3600 Sekunden) gesetzt werden.

Bei Nutzung von INIT.ORA:

```
UNDO_RETENTION = 3600 # 1h
```

Bei Nutzung von SPFILE:

```
SQL> ALTER SYSTEM SET UNDO_RETENTION=3600 SCOPE=SPFILE;
```

6. **Vorbereitung Aktivierung AUM**

Bei Nutzung von INIT.ORA:

```
UNDO_MANAGEMENT = AUTO
```

Bei Nutzung von SPFILE:

```
SQL> ALTER SYSTEM SET UNDO_MANAGEMENT=AUTO SCOPE=SPFILE;
```

7. **Instanz durchstarten**

```
SQL> SHUTDOWN IMMEDIATE
SQL> STARTUP
```

8. **Aktuelle AUM-Parameter überprüfen**

```
SQL> SHOW PARAMETER UNDO
SQL> SELECT SEGMENT_NAME, TABLESPACE_NAME, STATUS FROM DBA_ROLLBACK_SEGS;
SQL> SHOW PARAMETER ROLLBACK_SEGMENTS;
```

9. **Gegebenenfalls Spool ausschalten**

```
SQL> SPOOL OFF
```

Abschätzung der Größe des Undo-Tablespace:

Dies kann erfolgen über die Formel

TSPSize = UndoRet * UPS * Blockgröße + Overhead

Wobei:

TSPSize: Größe des Undo-Tablespace (in Bytes)

UndoRet: Definierte Undo-Retention-Zeit (in Sekunden)

UPS: Undo-Blöcke pro Sekunde (aus `V$UNDOSTAT`)

Overhead: Kann vernachlässigt werden

Die Werte für UndoRet, UPS und Blockgröße können ermittelt werden über:

Definierte Undo-Retention-Zeit (UndoRet):

```
SQL> SHOW PARAMETER UNDO_RETENTION
```

Undo-Blöcke pro Sekunde (UPS):

Gesamtanzahl Undo-Blöcke für den in `V$UNDOSTAT` enthaltenen Zeitraum:

```
SQL> SELECT
TO_CHAR(MIN(BEGIN_TIME),'YYYY-MM-DD HH24:MI:SS') "Begin",
TO_CHAR(MAX(END_TIME),'YYYY-MM-DD HH24:MI:SS')  "End  ",
SUM(UNDOBLKS)"UndoBlks"
FROM V$UNDOSTAT;
```

Beispiel:

```
Begin               End                   UndoBlks
------------------- ------------------- ----------
2008-05-12 10:48:16 2008-05-12 13:48:35     414156
```

Das bedeutet, innerhalb von drei Stunden, 0 Minuten und 19 Sekunden (entspricht 10819 Sekunden) wurden 414156 Undo-Blöcke geschrieben.

Undo-Blöcke pro Sekunde (UPS) sind für dieses Beispiel dann rund 38.

Blockgröße:

```
SQL> SHOW PARAMETER BLOCK_SIZE
```

Ausgehend von diesen Werten kann die Größe des Undo-Tablespace ermittelt werden:

Beispiel:

Parameter `UNDO_RETENTION`=10800 (drei Stunden)

Parameter `BLOCK_SIZE`=8192

Undo-Blöcke pro Sekunde (aus obigem Beispiel): 38

Overhead: Wird vernachlässigt

TSPSize = UndoRet * UPS * Blockgröße = 10800 * 38 * 8192

~ 3,2 GB

Daraus folgt, dass der Undo-Tablespace eine Größe von 3.2 GB haben sollte, um die definierte Undo-Retention-Zeit von drei Stunden einhalten zu können.

Alternativ kann für diese Abschätzung auch der Undo Advisor im Enterprise Manager verwendet werden. Dieser kann aus jedem Register über den Link ZENTRALES ADVISORY – AUTOMATIC UNDO MANAGEMENT aufgerufen werden.

Abbildung 7.5: Undo Advisor

7.2.1 FLASHBACK QUERY

Flashback Query wurde erstmals mit Oracle 9i eingeführt. Voraussetzung für die Nutzung von `FLASHBACK QUERY` ist die Aktivierung des automatischen Undo-Managements (AUM). Das Vorgehen für die Aktivierung von AUM ist im vorhergehenden Abschnitt 7.2 beschrieben.

Über die Funktion `FLASHBACK QUERY` können Datensätze angezeigt werden, wie sie vor Änderungen zu einem bestimmten Zeitpunkt existiert haben. Wie lange die historischen Daten verfügbar sind, hängt ab von:

- der Größe des Undo-Tablespace
- der Undo-Retention-Zeit
- dem Transaktionsaufkommen

Ist das automatische Undo-Management aktiviert, kann FLASHBACK QUERY auch ohne den Eingriff des Datenbankadministrators von Entwicklern genutzt werden. Der Benutzer, der ein FLASHBACK QUERY ausführen will, benötigt lediglich das FLASHBACK-Privileg für die Tabelle. Bei Verwendung des Package DBMS_FLASHBACK sind zusätzlich EXECUTE-Rechte auf das Package erforderlich. Der Datenbankadministrator hat über die DBA-Rolle automatisch das Privileg FLASHBACK ANY TABLE, das ihm erlaubt, ein FLASHBACK QUERY für jede Tabelle vorzunehmen.

Zuweisen der EXECUTE-Rechte:

```
SQL> GRANT EXECUTE ON DBMS_FLASHBACK TO <user_name>;
```

Beispiel:

```
SQL> GRANT EXECUTE ON DBMS_FLASHBACK TO gmch;
```

Zuweisen des FLASHBACK-Privilegs:

```
SQL> GRANT FLASHBACK ON <table> TO <user_name>;
```

Beispiel:

```
SQL> GRANT FLASHBACK ON gehalt TO gmch;
```

FLASHBACK QUERY kann bei der Durchführung von Tests und dem anschließenden Rücksetzen der Daten oder beim partiellen manuellen Recovery von Daten sinnvoll verwendet werden.

FLASHBACK QUERY kann entweder zeitbasiert oder SCN-basiert erfolgen.

Hinweis
Durch DDL-Statements, also Statements, welche die Struktur einer Tabelle ändern, werden die Undo-Informationen für diese Tabelle ungültig. Flashback kann deshalb nur bis zum Zeitpunkt des letzten DDL-Statements durchgeführt werden.

Um FLASHBACK QUERY erfolgreich nutzen zu können, müssen also folgende Voraussetzungen erfüllt sein:

1. Die Daten des gewünschten FLASHBACK-Zeitpunkts müssen noch im Undo-Tablespace vorhanden sein.
   - Dies kann über eine geeignete Einstellung des Parameters UNDO_RETENTION sowie gegebenenfalls durch Aktivieren von RETENTION GUARANTEE sichergestellt werden.
   - Der Undo-Tablespace muss so groß dimensioniert werden, dass im UNDO_RETENTION-Zeitraum alle Undo-Einträge im Tablespace vorgehalten werden können.
2. Zwischen dem gewählten FLASHBACK-Zeitpunkt und dem aktuellen Zeitpunkt darf sich die Struktur der betroffenen Objekte nicht geändert haben durch zum Beispiel MOVE, TRUNCATE ...
3. Die betroffenen Objekte müssen noch vorhanden sein. Sie dürfen also nicht per DROP gelöscht worden sein. Ausnahme: Ab Oracle 10g ist ein FLASHBACK TO BEFORE DROP möglich, wenn der RECYCLEBIN (siehe Abschnitt 7.2.3) aktiviert ist.

Nutzung von FLASHBACK QUERY unter Oracle 9.1

Voraussetzungen für die Nutzung von FLASHBACK QUERY sind – wie bereits beschrieben – lediglich die Aktivierung des automatischen Undo-Managements (AUM) und EXECUTE-Rechte des ausführenden Benutzers auf das Package DBMS_FLASHBACK.

1. **Aktivierung von FLASHBACK QUERY**

   Zeitbasiert:

   Beispiel:

   Es soll das Gehalt des Mitarbeiters mit der Mitarbeiternummer 123 am 15.01.2008 um 13:00:00 ermittelt werden:

```
SQL> EXECUTE DBMS_FLASHBACK.ENABLE_AT_TIME('15-01-2008 13:00:00');
SQL> SELECT geh FROM gehalt WHERE mno = 123;
```

   SCN-basiert:

   Beispiel:

   Hier wird ein Flashback für die System-Change-Nummer 456456 durchgeführt. Voraussetzung für SCN-basiertes Flashback ist jedoch, dass die exakte SCN der relevanten Transaktion bekannt ist.

   SCN-basiertes FLASHBACK QUERY kann beispielsweise so verwendet werden, dass vor kritischen Transaktionen mittels der Prozedur GET_SYSTEM_CHANGE_NUMBER die aktuelle SCN ermittelt wird mit:

```
SQL> SELECT DBMS_FLASHBACK.GET_SYSTEM_CHANGE_NUMBER FROM DUAL;
```

   Beispielausgabe:

```
456456
```

   Anschließend wird die kritische Transaktion ausgeführt:

   Als Beispiel das Löschen des Mitarbeiters mit der Nummer 123:

```
SQL> DELETE FROM gehalt WHERE mno=123;
```

   Über das SCN-basierte Flashback kann nun der Gehaltseintrag für den Mitarbeiter mit der Nummer 123 zum Zeitpunkt von SCN 456456 wieder angezeigt werden:

```
SQL> EXECUTE DBMS_FLASHBACK.ENABLE_AT_SYSTEM_CHANGE_NUMBER(456456);
SQL> SELECT geh FROM gehalt WHERE mno = 123;
```

2. **Beenden der Flashback-Session**

   Nach Beenden der Flashback-Session kann wieder mit dem aktuellen Datenbestand weitergearbeitet und können DML-Statements abgesetzt werden.

```
SQL> EXECUTE DBMS_FLASHBACK.DISABLE;
```

3. **Gegebenenfalls Wiederherstellung der Daten**

   Falls erforderlich, können nun über geeignete SQL-Statements die alten Daten wiederhergestellt werden.

Achtung!
Während einer aktiven Flashback-Session sind keine DML-Statements möglich. Das heißt, vor Datenänderungen muss erst die Flashback-Session beendet werden.

Nutzung von FLASHBACK QUERY ab Oracle 9.2

Ab Oracle 9.2 wurde die Funktionalität von `FLASHBACK QUERY` erweitert. Das `SELECT`-Statement wurde um die `AS OF`-Klausel erweitert. Dadurch ist es einfacher möglich, die Daten von Tabellen zu unterschiedlichen Zeitpunkten auszulesen. Zusätzlich können auch verloren gegangene Tabelleneinträge mittels `INSERT` wiederhergestellt oder temporäre Tabellen mit `CREATE TABLE AS SELECT` für einen Abgleich der Daten aufgebaut werden. Das bedeutet, dass bei Ausführen von `FLASHBACK QUERY` nun auch DML-Statements möglich sind.

Auch hier sind die Voraussetzungen für die Nutzung von `FLASHBACK QUERY` lediglich die Aktivierung des automatischen Undo-Managements (AUM) und `EXECUTE`-Rechte des ausführenden Benutzers auf das Package `DBMS_FLASHBACK`. Eine explizite Aktivierung von `FLASHBACK QUERY` (wie unter Oracle 9.1) ist für die Nutzung der neuen Funktionalität nicht erforderlich.

Zeitbasiert:

Beispiel 1:

Es soll der Wert des Gehalts des Mitarbeiters mit der Mitarbeiternummer 123 am 15.01.2008 um 13:00:00 ermittelt werden:

```
SQL> SELECT geh FROM gehalt
AS OF TIMESTAMP
TO_TIMESTAMP('15-01-2008 13:00:00', 'dd-mm-yyyy hh24:mi:ss')
WHERE mno = 123;
```

Beispiel 2:

Es soll der Wert des Gehalts des Mitarbeiters mit der Mitarbeiternummer 123 vor einer Stunde ermittelt werden:

```
SQL> SELECT geh FROM gehalt
AS OF TIMESTAMP SYSDATE - 1/24
WHERE mno = 123;
```

Sysdate ist in diesem Fall die aktuelle Zeit minus 1/24 eines Tages (also 1 Stunde).

Beispiel 3:

Es soll der Wert des Gehalts des Mitarbeiters mit der Mitarbeiternummer 123 vor fünf Minuten ermittelt werden:

```
SQL> SELECT geh FROM gehalt
AS OF TIMESTAMP SYSDATE - 5/1440
WHERE mno = 123;
```

Der abgefragte Zeitstempel ist in diesem Fall die aktuelle Zeit (Sysdate) minus 5/1440 (ein Tag hat 1440 Minuten). Liegt das Commit mehr als fünf Minuten zurück, liefert diese Abfrage unter Umständen keine Ergebnisse zurück.

SCN-basiert:

Alternativ kann statt des Zeitpunkts auch ein Flashback über die System-Change-Nummer (SCN) angegeben werden. Diese Funktionalität wird aber – außer bei geplanten Tests und anschließendem Rücksetzen der Daten (Beispiel siehe Nutzung von `FLASHBACK QUERY` unter Oracle 9.1) - eher weniger verwendet, da meist eher der Zeitpunkt als die SCN bekannt ist.

Beispiel:

```
SQL> SELECT geh FROM gehalt
AS OF SCN 456456
WHERE mno = 123;
```

Speichern der alten Tabelleneinträge in einer temporären Tabelle

Sollen die alten Werte temporär in einer anderen Tabelle zwischengespeichert werden, beispielsweise um diese zu vergleichen und die fehlenden Daten in die Originaltabelle wieder einfügen zu können, kann das folgende Statement verwendet werden. Dies ist jedoch nur sinnvoll bei Oracle 9.2. Ab Oracle 10g sollte hierfür besser `FLASHBACK TABLE` verwendet werden.

Beispiel:

Erzeugen einer Gehaltstabelle `gehalt_old` mit den Werten der Gehaltstabelle `gehalt` von vor einer Stunde:

```
SQL> CREATE TABLE gehalt_old AS
SELECT * FROM gehalt
AS OF TIMESTAMP SYSDATE - 1/24;
```

Für die Nutzung der neu erzeugten Tabelle gibt es jedoch Einschränkungen: Abhängige Objekte wie zum Beispiel Constraints, Indizes, Trigger und Privilegien müssen manuell neu erstellt werden. Diese Funktion sollte deshalb hauptsächlich zum Anzeigen und zum Abgleich alter Tabelleneinträge genutzt werden.

Einfügen verloren gegangener Tabelleneinträge

Über das nachfolgende Statement wird der Inhalt einer Tabelle zu einem bestimmten Zeitpunkt (im Beispiel 12:00:00 Uhr) mit dem aktuellen Inhalt dieser Tabelle verglichen. Die Differenzmenge (im Beispiel dann der nach 12:00:00 Uhr gelöschte Eintrag in der Gehaltstabelle) wird durch dieses Statement automatisch wieder in die Originaltabelle eingefügt.

Beispiel:

Es wurde am 17.01.2008 nach 12:00 Uhr ein Eintrag in der Gehaltstabelle irrtümlich gelöscht. Nun soll dieser Eintrag wiederhergestellt werden.

```
SQL> INSERT INTO gehalt
(SELECT * FROM gehalt AS OF TIMESTAMP
TO_TIMESTAMP ('17-01-2008 12:00:00', 'dd-mm-yyyy hh24:mi:ss')
MINUS
SELECT * from gehalt);
```

Nutzung von FLASHBACK QUERY ab Oracle 10g

Ab Oracle 10g wurde die Funktionalität von FLASHBACK QUERY nochmals erweitert.

Über ein FLASHBACK VERSION QUERY können nun die Änderungen an einem Datensatz über einen bestimmten Zeitraum verfolgt werden.

Zusätzlich steht die Funktionalität FLASHBACK TRANSACTION QUERY zur Verfügung. Über diese kann mittels der neuen View FLASHBACK_TRANSACTION_QUERY ein UNDO-Statement für ein ausgeführtes Statement angezeigt werden.

FLASHBACK VERSION QUERY

Hierdurch ist es nun möglich, die verschiedenen Änderungen an einem Datensatz über einen bestimmten Zeitraum anzuzeigen. Damit kann zurückverfolgt werden, zu welchem Zeitpunkt welche Änderungen auf Tabelleneinträge erfolgt sind.

Diese Funktion ist ganz nützlich, wenn man beispielsweise feststellen will, wann eine Änderung des Datensatzes (zum Beispiel Löschen eines Datensatzes) durchgeführt wurde.

Durch FLASHBACK VERSION QUERY wurden folgende Pseudospalten eingeführt:

Spalte	Beschreibung
VERSIONS_XID	Identifier der ausgeführten Transaktion
VERSIONS_OPERATION	Operation, die von der Transaktion ausgeführt wurde D: DELETE I: INSERT U: UPDATE
VERSIONS_STARTTIME VERSIONS_ENDTIME	Start- und Endzeitpunkt der Transaktion
VERSIONS_STARTSCN VERSIONS_ENDSCN	Start- und End-SCN der Transaktion

Tabelle 7.2: Pseudospalten

Diese Pseudospalten können für jede Tabelle, für die ein FLASHBACK VERSION QUERY ausgeführt wird, abgefragt werden. Diese sind nicht physisch in der Tabelle abgespeichert, sondern stammen aus dem Data Dictionary der Datenbank.

Allgemeine Syntax FLASHBACK VERSION QUERY:

```
SQL> SELECT <column_list> FROM <table_name>
VERSIONS BETWEEN <start_time>
AND <ende_time>;
```

Beispiel:

Es wurde ein Eintrag aus der Gehaltstabelle gelöscht. Nun sollen sämtliche Änderungen der Gehaltstabelle, die noch in den Undo-Informationen enthalten sind, angezeigt werden.

```
SQL> SELECT geh, pno, VERSIONS_OPERATION, VERSIONS_XID, VERSIONS_STARTTIME
FROM gehalt
VERSIONS BETWEEN TIMESTAMP MINVALUE AND MAXVALUE;
```

Ergebnis:

```
GEH    PNO   V   VERSIONS_XID       VERSIONS_STARTTIME
-----  ---   -   ------------       ------------------
10000  456
10000  123
10000  123   D   03001A00C2040000   01.07.08 15:55:52
```

Hier ist leicht zu erkennen, dass am 01.07.08 um 15:55:52 Uhr der Eintrag des Mitarbeiters mit der Personalnummer 123 gelöscht wurde (Spalte V: VERSIONS_OPERATION **D** für DELETE).

MINVALUE und MAXVALUE im vorangegangenen Statement bedeuten, dass alle Änderungen angezeigt werden, die noch in den Undo-Informationen enthalten sind.

FLASHBACK VERSION QUERY kann auch über den Enterprise Manager Database Control genutzt werden. Der Aufruf erfolgt über das Register VERFÜGBARKEIT – Bereich VERWALTEN – Unterpunkt RECOVERY AUSFÜHREN. Anschließend müssen als Recovery-Geltungsbereich »Tabellen« sowie der Vorgangstyp »Flashback von bestehenden Tabellen« angegeben werden.

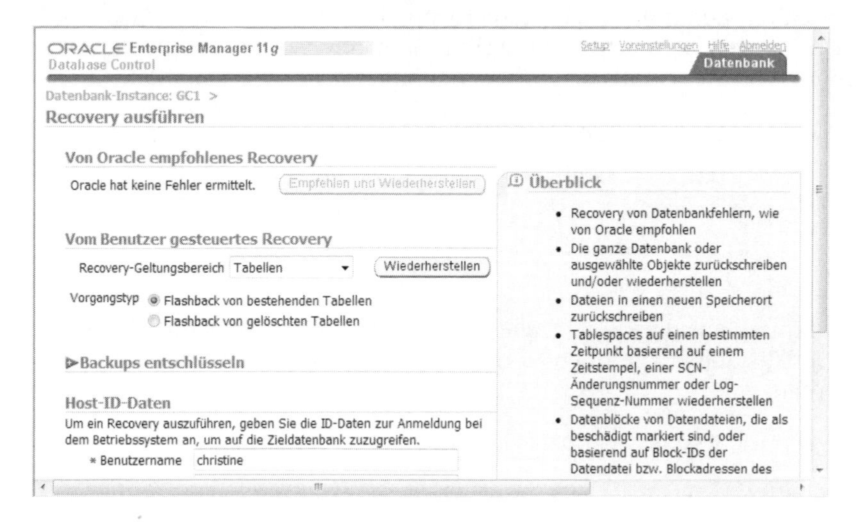

Abbildung 7.6: Flashback Version Query

Beispiel:

Es wurde der Eintrag des Mitarbeiters mit der Personalnummer 123 aus der Gehaltstabelle gelöscht. Nun sollen alle Änderungen der Gehaltstabelle für den Eintrag des Mitarbeiters mit der Personalnummer 123 angezeigt werden, die noch in den Undo-Informationen enthalten sind.

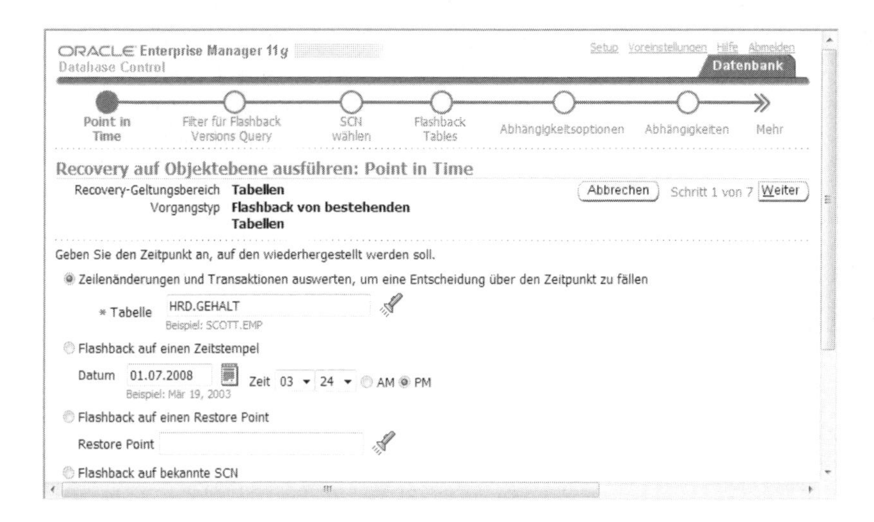

Abbildung 7.7: Auswahl der Tabelle

Anschließend müssen die Spalten und das Zeitintervall für die Analyse ausgewählt werden:

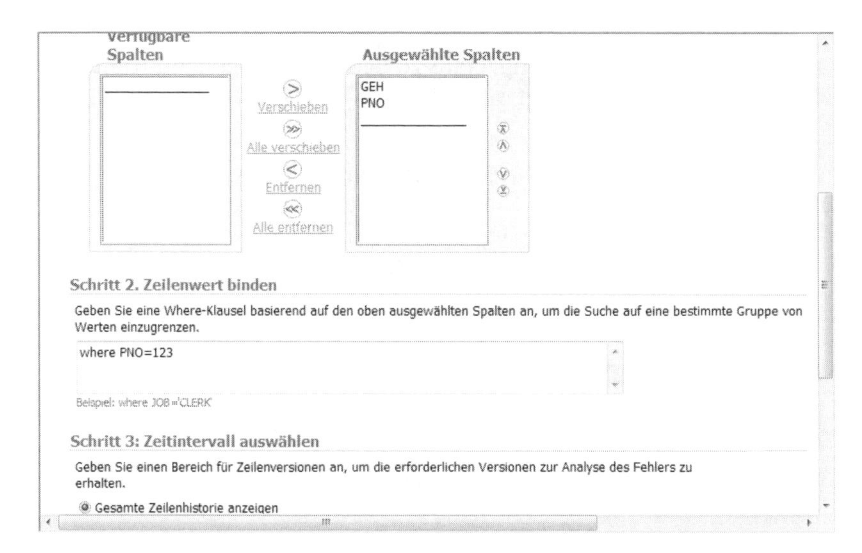

Abbildung 7.8: Angabe der Spalten, der Where-Klausel und des Zeitintervalls

Anhand des Ergebnisses kann nun festgestellt werden, dass der Eintrag für den Mitarbeiter mit der Personalnummer 123 am 01.07.2008 um 15:55:52 Uhr gelöscht wurde:

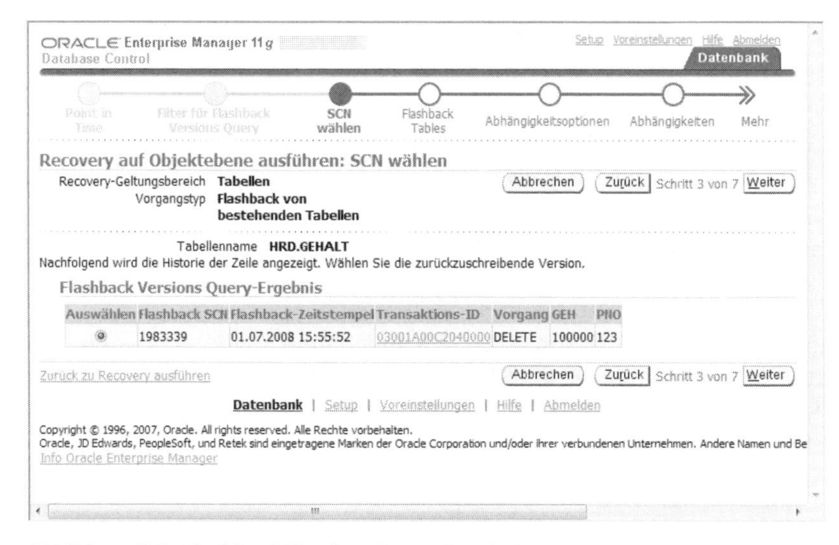

Abbildung 7.9: Flashback Version Query-Ergebnis

FLASHBACK TRANSACTION QUERY

Über FLASHBACK TRANSACTION QUERY können Details zu den Änderungen ermittelt werden, die durch eine Transaktion erfolgt sind. Hierfür wurde die View FLASHBACK_TRANSACTION_QUERY eingeführt.

Über den über FLASHBACK VERSION QUERY ermittelten Transaktions-Identifier (VERSIONS_XID) können nun mittels der View FLASHBACK_TRANSACTION_QUERY der ausführende Benutzer, die durchgeführte Operation, die Tabelle, das zugehörige UNDO-Statement sowie weitere Informationen angezeigt werden.

Spalte	Beschreibung
XID	Identifier der ausgeführten Transaktion
START_SCN COMMIT_SCN	Start- und End-SCN der Transaktion
START_TIMESTAMP COMMIT_TIMESTAMP	Start- und Endzeitpunkt der Transaktion
LOGON_USER	Ausführender Benutzer
OPERATION	Operation, die von der Transaktion ausgeführt wurde. D: DELETE I: INSERT U: UPDATE
TABLE_NAME	Tabellenname, auf die das DML-Statement ausgeführt wurde
TABLE_OWNER	Eigentümer der Tabelle
ROW_ID	Rowid des Datensatzes, der durch das DML-Statement geändert wurde
UNDO_SQL	UNDO-Statement, um das DML-Statement rückgängig zu machen

Tabelle 7.3: View FLASHBACK_TRANSACTION_QUERY

Beispiel:

Sollen der ausführende Benutzer sowie das entsprechende UNDO-Statement für das Beispiel mit der Transaktions-ID 03001A00C2040000 (Löschen des Mitarbeiters mit der Personalnummer 123) aus dem Abschnitt FLASHBACK VERSION QUERY herausgefunden werden, kann dies folgendermaßen geschehen:

Ergebnis der FLASHBACK VERSION QUERY-Abfrage war:

```
GEH     PNO    V    VERSIONS_XID        VERSIONS_STARTTIME
-----   ---    -    ------------        ------------------
10000   456
10000   123
10000   123    D    03001A00C2040000    15.01.08 09:10:00
```

Nun kommt FLASHBACK TRANSACTION QUERY zum Einsatz:

```
SQL> SELECT LOGON_USER, UNDO_SQL FROM FLASHBACK_TRANSACTION_QUERY WHERE
XID='03001A00C2040000';
```

Ergebnis:

```
LOGON_USER          UNDO_SQL
----------          --------
PARANOID            insert into gehalt ("GEH", "PNO") values
                    ('100000','123');
```

Daraus folgt, dass der Benutzer PARANOID der Schuldige ist und den Eintrag des Mitarbeiters mit der Personalnummer 123 gelöscht hat. Über das UNDO-Statement aus der Spalte UNDO_SQL könnte nun der Eintrag wieder erzeugt werden.

Alternativ kann für FLASHBACK TRANSACTION QUERY der Enterprise Manager verwendet werden: Dazu muss der Eintrag in Spalte »Transaktions-ID« aus Abbildung 7.10 ausgewählt werden. Anschließend ist auch hier ersichtlich, dass Benutzer PARANOID den Eintrag des Mitarbeiters mit der Personalnummer 123 gelöscht hat. Das UNDO-Statement wird hier ebenso in der Spalte »Undo SQL« angezeigt.

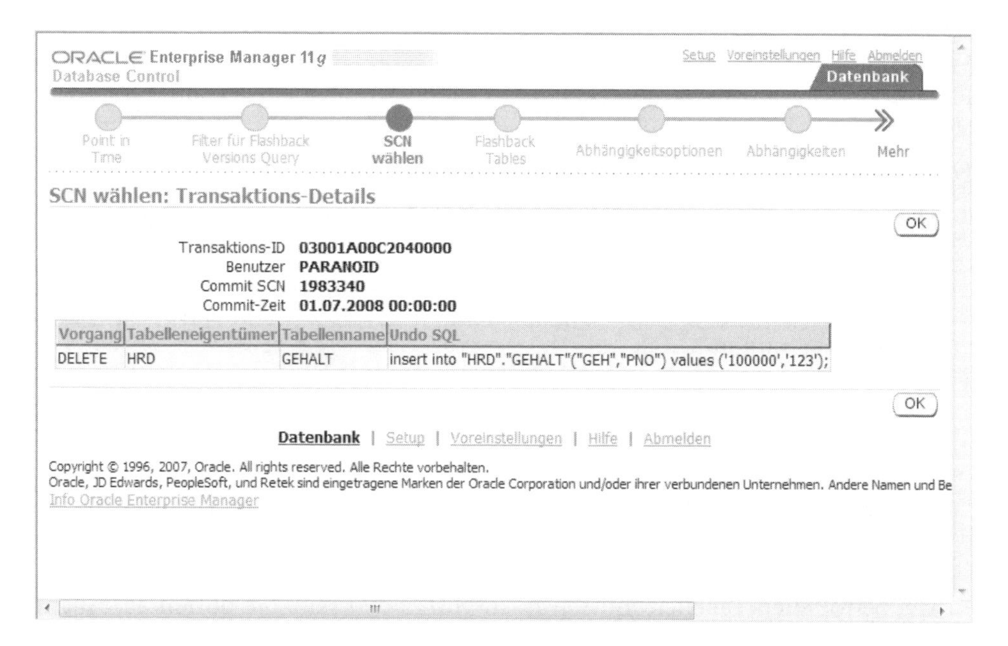

Abbildung 7.10: Transaktionsdetails

FLASHBACK TRANSACTION QUERY eignet sich vor allem dazu, Änderungen an einzelnen Datensätzen zu analysieren oder rückgängig zu machen, da mit dieser Funktion detaillierte Informationen zu ausgeführten Transaktionen auf Basis der Transaktions-ID gewonnen werden können.

Um eine ganze Tabelle zu untersuchen und zurückzusetzen, gibt es die Funktion FLASHBACK TABLE, die im nächsten Abschnitt beschrieben wird.

7.2.2 FLASHBACK TABLE

Bei der Nutzung von Flashback für Tabellen muss zwischen folgenden zwei Einsatzmöglichkeiten unterschieden werden:

- Zurücksetzen des Tabelleninhalts (FLASHBACK TABLE)
- Wiederherstellen gelöschter Tabellen (FLASHBACK DROP)

Über FLASHBACK TABLE kann der Inhalt von Tabellen zu Zeitpunkten in der Vergangenheit angezeigt und zurückgeholt werden. Über FLASHBACK DROP können auch gelöschte Tabellen wiederhergestellt werden. Diese Features sind ab Oracle 10g verfügbar.

In Oracle 9.2 kann der Tabelleninhalt nur mittels eines CREATE TABLE AS SELECT zurückgesetzt werden. Dies ist im Unterpunkt »Speichern der alten Tabelleneinträge in einer temporären Tabelle« im Abschnitt 7.2.1 beschrieben.

Im nachfolgenden Abschnitt wird das Zurücksetzen des Inhalts einer Tabelle mittels FLASHBACK TABLE beschrieben. FLASHBACK DROP wird im Abschnitt 7.2.3 näher erläutert.

Wurden in einer Tabelle sehr viele Datensätze verändert, wird in den meisten Fällen ein FLASHBACK TABLE schneller sein, als die Datensätze einzeln über FLASHBACK QUERY zu ermitteln und manuell wieder herzustellen.

Für FLASHBACK TABLE müssen folgende Voraussetzungen erfüllt sein:

1. Die Daten des gewünschten FLASHBACK-Zeitpunkts müssen noch im Undo-Tablespace vorhanden sein.
   - Dies sollte im Vorfeld über eine geeignete Einstellung des Parameters UNDO_RETENTION sowie gegebenenfalls durch Aktivieren von RETENTION GUARANTEE sichergestellt werden.
   - Der Undo-Tablespace muss so groß dimensioniert werden, dass im UNDO_RETENTION-Zeitraum alle Undo-Einträge im Tablespace vorgehalten werden können.
2. Zwischen dem gewählten FLASHBACK-Zeitpunkt und dem aktuellen Zeitpunkt darf sich die Struktur der betroffenen Objekte nicht geändert haben durch zum Beispiel MOVE, TRUNCATE ...
3. Die betroffenen Tabellen müssen noch vorhanden sein. Sie dürfen also nicht per DROP gelöscht worden sein.

   Ausnahme: Ab Oracle 10g ist ein FLASHBACK TO BEFORE DROP möglich, wenn der RECYCLEBIN aktiviert ist (siehe Abschnitt 7.2.3, FLASHBACK DROP).

4. Zusätzlich zu den genannten Voraussetzungen, die auch bei `FLASHBACK QUERY` erfüllt sein müssen, muss bei einem `FLASHBACK TABLE` auch das `ROW MOVEMENT` für die betroffene Tabelle aktiviert sein. `ROW MOVEMENT` erlaubt die Wiederherstellung von Zeilen unter einer anderen ROWID. `ROW MOVEMENT` kann auch erst unmittelbar vor dem Durchführen des `FLASHBACK TABLE` aktiviert werden.

Aktivieren von `ROW MOVEMENT`:

```
SQL> ALTER TABLE <table_name> ENABLE ROW MOVEMENT;
```

5. Der Benutzer, der ein `FLASHBACK TABLE` ausführt, muss die Privilegien `FLASHBACK`, `INSERT`, `UPDATE`, `DELETE` und `ALTER` entweder nur für die betreffende Tabelle oder für alle Tabellen besitzen.

Zu beachten ist, dass ein `FLASHBACK TABLE` nicht rückgängig gemacht werden kann. Es ist jedoch möglich, ein weiteres `FLASHBACK TABLE` auf einen Zeitpunkt kurz vor Durchführung des `FLASHBACK TABLE` durchzuführen. Deshalb ist es sinnvoll, unmittelbar vor dem Absetzen des `FLASHBACK TABLE`-Kommandos die aktuelle SCN zu ermitteln über:

```
SQL> SELECT CURRENT_SCN FROM V$DATABASE;
```

Das Zurücksetzen einer ganzen Tabelle per `FLASHBACK TABLE` erfolgt über folgenden Befehl:

```
SQL> FLASHBACK TABLE <table_name> [, …] TO { SCN <n> | TIMESTAMP <t> }
```

Beispiel 1:

`FLASHBACK TABLE` der Gehaltstabelle `gehalt` auf SCN 456456

```
SQL> FLASHBACK TABLE gehalt TO SCN 456456;
```

Beispiel 2:

`FLASHBACK TABLE` der Gehaltstabelle `gehalt` auf den Stand 30.01.2008 16:00:00 Uhr

```
SQL> FLASHBACK TABLE gehalt TO TIMESTAMP
TO_TIMESTAMP('30-01-2008 16:00:00','dd-mm-yyyy hh24:mi:ss');
```

Beim Zurücksetzen auf einen definierten Zeitpunkt kann es vorkommen, dass die tatsächliche Zeit, auf welche die Tabelle zurückgesetzt wird, um ungefähr drei Sekunden von dem definierten Zeitpunkt abweicht. Wird der Datenbestand zu genau dem definierten Zeitpunkt benötigt, sollte das Zurücksetzen über eine SCN erfolgen.

Weiterhin muss beachtet werden, dass beim Zurücksetzen des Inhalts einer ganzen Tabelle die Datenkonsistenz erhalten bleibt. Wurden beispielsweise in der Gehaltstabelle alle Einträge für die Mitarbeiter der Abteilung ‚12' gelöscht und gleichzeitig – weil die Abteilung aufgelöst wurde – die Mitarbeiter aus Abteilung ‚12' in der Mitarbeitertabelle ebenso gelöscht, muss darauf geachtet werden, dass aus Konsistenzgründen nicht nur die Gehaltstabelle, sondern auch die Mitarbeitertabelle zurückgesetzt werden muss.

Alternativ ist es möglich, FLASHBACK TABLE über den Enterprise Manager durchzuführen. Der Aufruf erfolgt über das Register VERFÜGBARKEIT – Bereich VERWALTEN – Unterpunkt RECOVERY AUSFÜHREN. Anschließend müssen als Recovery-Geltungsbereich »Tabellen« sowie der Vorgangstyp »Flashback von bestehenden Tabellen« angegeben werden.

Abbildung 7.11: Flashback Table

In nachfolgenden Beispiel soll die Tabelle HRD.GEHALT auf den Stand von 01.07.2008 15:50:00 Uhr zurückgesetzt werden:

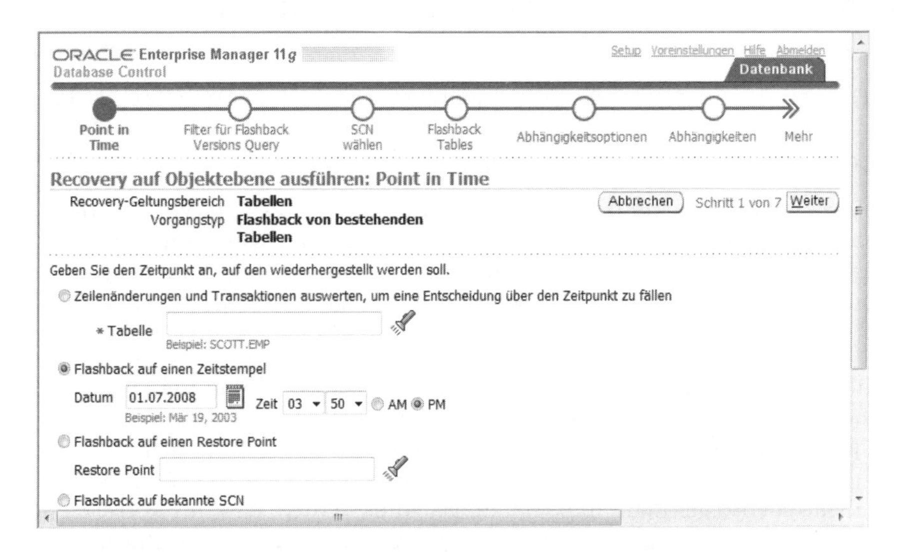

Abbildung 7.12: Definition des Zeitpunkts für Flashback Table

Im nachfolgenden Fenster kann nun über die Schaltfläche TABELLEN HINZUFÜGEN die Tabelle angegeben werden:

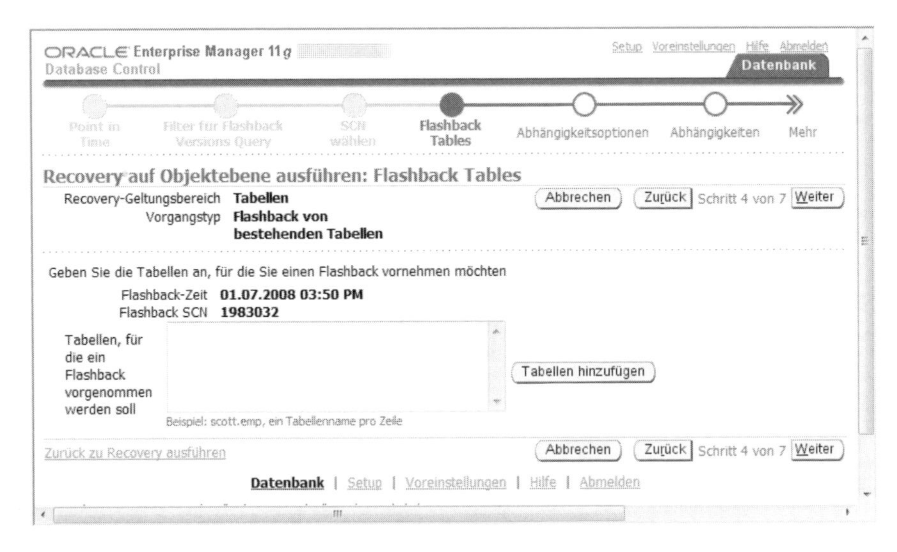

Abbildung 7.13: Hinzufügen von Tabellen (1)

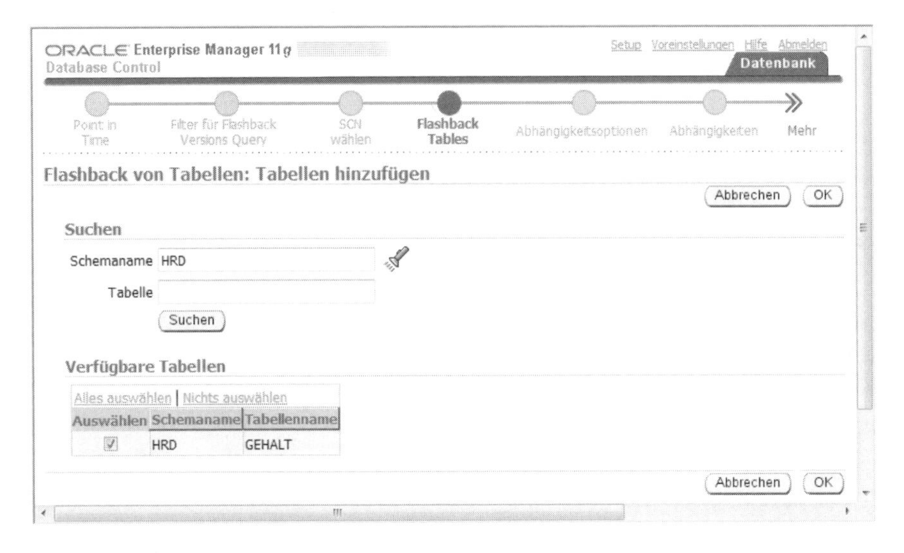

Abbildung 7.14: Hinzufügen von Tabellen (2)

Abbildung 7.15: Hinzufügen von Tabellen (3)

ROW MOVEMENT muss für die Tabelle aktiviert werden, für die ein FLASHBACK TABLE durchgeführt werden soll (siehe Voraussetzungen in diesem Abschnitt). Wurde es noch nicht aktiviert, so kann dies im nächsten Schritt über den Link »Row Movement der Tabelle aktivieren« im unteren Bereich des Fensters erfolgen.

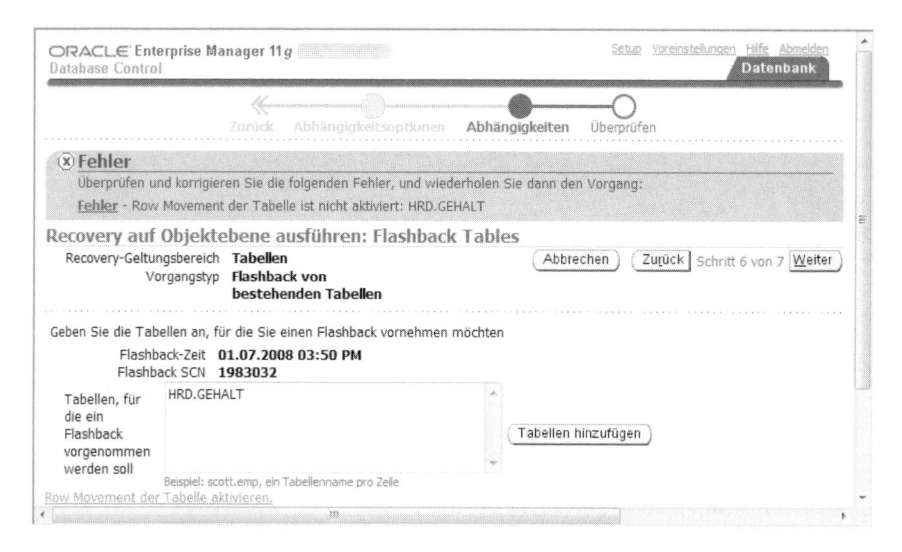

Abbildung 7.16: Überprüfen des Row Movements

Anschließend können die Einstellungen für FLASHBACK TABLE nochmals überprüft werden. Insbesondere können über die Schaltfläche ZEILENÄNDERUNGEN ANZEIGEN die Zeilen angezeigt werden, die durch den Flashback-Vorgang geändert werden.

Abbildung 7.17: Überprüfen der Einstellungen

Anschließend wird `FLASHBACK TABLE` durchgeführt.

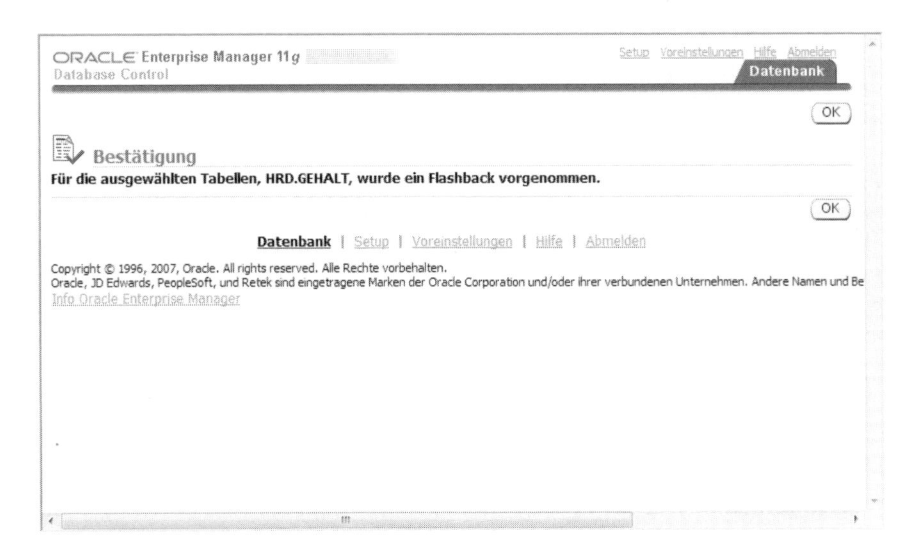

Abbildung 7.18: Bestätigung nach Flashback Table

7.2.3 FLASHBACK DROP

Wurde in Versionen vor Oracle 9.2 eine Tabelle komplett gelöscht, konnte diese nur durch das Einspielen eines Standes der Datenbank (mittels Rücksicherung und anschließendem Recovery) kurz vor dem Löschen der Tabelle auf einem zweiten System und durch anschließenden Export und Import wiederhergestellt werden.

Ab Oracle 10g ist für das Wiederherstellen gelöschter Tabellen ein Papierkorb (»Recycle Bin«) eingeführt worden. Das Prinzip ist ähnlich dem von Windows bekannten Papierkorb.

Wird eine Tabelle gelöscht, werden die Tabelle und die zugehörigen Objekte wie Trigger, Indizes und Constraints nicht mehr unmittelbar physikalisch gelöscht. Auch die Data Dictionary-Einträge werden nicht gelöscht, sondern nur umbenannt, und der allokierte Platz im Tablespace wird nicht freigegeben. Die Zuordnung der gelöschten Objekte zu ihren früheren Originalnamen ist aus dem Recycle Bin ersichtlich.

Die gelöschten Objekte bleiben so lange im Recycle Bin, bis der Benutzer sie endgültig aus dem Recycle Bin löscht oder weiterer Speicherplatz im Tablespace benötigt wird. Für den Recycle Bin ist deshalb kein zusätzlicher Speicherplatz erforderlich, da – falls notwendig – die Objekte im Recycle Bin überschrieben werden.

Hinweis
Per Default ist bei Nutzung von Locally Managed Tablespaces der Recycle Bin aktiv. Er kann über den Parameter `RECYCLEBIN` deaktiviert (`RECYCLEBIN=OFF`) werden.

Jedem Benutzer ist sein eigener Recycle-Bin-Bereich zugeordnet. In diesem Bereich kann er seine eigenen Objekte wiederherstellen oder seinen eigenen Recycle Bin löschen. Der Recycle-Bin-Bereich eines Benutzers wird automatisch gelöscht, wenn sein Benutzer-Quota beim Erzeugen neuer Objekte überschritten würde oder der Benutzer-Tablespace vergrößert werden müsste. Auch bei einer Reorganisation wird der Recycle Bin geleert.

Die Recycle Bins aller Benutzer können über die View `DBA_RECYCLEBIN` angezeigt werden.

Nachfolgend die wichtigsten Einschränkungen für die Nutzung des Recycle Bins:

- Der Recycle Bin kann nur für Locally Managed Tablespaces und Nicht-System-Tablespaces genutzt werden.
- Die Objekte können nur aus dem Recycle Bin wiederhergestellt werden, wenn sie in diesem noch vorhanden sind. Die Zeitdauer, in denen gelöschte Objekte im Recycle Bin verfügbar sind, ist abhängig von den Aktivitäten in einem System.
- Auf der Originaltabelle definierte Fremdschlüssel-Constraints müssen nach der Wiederherstellung der Tabelle manuell neu erzeugt werden.

Kommandos für die Nutzung des Recycle Bins und für die Wiederherstellung gelöschter Tabellen

Im Folgenden wird angenommen, dass die Gehaltstabelle gehalt versehentlich gelöscht wurde und nun wiederhergestellt werden muss. Die Tabelle gehalt besitzt einen Index geh_1.

Das Löschen der Tabelle erfolgte über den Befehl:

```
SQL> DROP TABLE gehalt;
```

1. **Anzeigen des Recycle Bins**

```
SQL> SHOW RECYCLEBIN;
```

Ausgabe:

```
ORIGINAL  RECYCLEBIN                       OBJECT    DROP
NAME      NAME                             TYPE      TIME
--------  -----------------------------  ----------  -------------------
GEHALT    BIN$obkYPWOsRVW3PomJpO/2fA==$0 TABLE       2008-01-30:18:36:00
```

oder alternativ über das folgende Kommando (zum Beispiel Anzeigen des Originalnamens, Objektnamens, Objekt-Types und der Drop-Time):

```
SQL> SELECT ORIGINAL_NAME, OBJECT_NAME, TYPE, DROPTIME FROM RECYCLEBIN;
```

Ausgabe:

```
ORIGINAL_NAME     OBJECT_NAME                       TYPE     DROPTIME
---------------   ------------------------------   ------   ------------------
GEH_1             BIN$2HwbsiusRgCu/JnvFe99Ow==$0   INDEX    2008-01-31:10:05:07
GEHALT            BIN$oX5z5wdrRPKSIEGT6tEGog==$0   TABLE    2008-01-31:10:05:07
```

Hierdurch wird der Recycle Bin des aktuellen Benutzers angezeigt. Hier fällt auf, dass nur über die Anzeige der View RECYCLEBIN der Index geh_1 der Tabelle gehalt angezeigt wird. Analog könnte auch angegeben werden:

```
SQL> SELECT ORIGINAL_NAME, OBJECT_NAME, TYPE, DROPTIME FROM USER_RECYCLEBIN;
```

Sollen alle Recycle Bins in der Datenbank angezeigt werden, kann folgende View verwendet werden:

```
SQL> SELECT ORIGINAL_NAME, OBJECT_NAME, TYPE, DROPTIME FROM DBA_RECYCLEBIN;
```

Die Views USER_RECYCLEBIN beziehungsweise DBA_RECYCLEBIN enthalten unter anderem die folgenden Spalten:

Spalte	Beschreibung
OWNER	Eigentümer des Objekts (nur bei Verwendung der View DBA_RECYCLEBIN). Bei Anzeige der View USER_RECYCLEBIN (Recycle Bin des aktuellen Benutzers) entfällt diese Spalte.
OBJECT_NAME	Name des Objektes im Recycle Bin
ORIGINAL_NAME	Originalname des Objekts
TYPE	Typ des Objekts, zum Beispiel TABLE, NORMAL INDEX, TRIGGER

Tabelle 7.4: View USER_RECYCLEBIN und DBA_RECYCLEBIN

Spalte	Beschreibung
TS_NAME	Name des Tablespace, in dem das Objekt gespeichert war
CREATETIME	Zeitpunkt des Erzeugens des Objekts
DROPTIME	Zeitpunkt des Löschens des Objekts
DROPSCN	SCN der Transaktion, die das Objekt in den Recycle Bin verschoben hat

Tabelle 7.4: View USER_RECYCLEBIN und DBA_RECYCLEBIN (Forts.)

2. **Anzeigen des Inhalts der gelöschten Tabelle**

```
SQL> SELECT * FROM "BIN$oX5z5wdrRPKSIEGT6tEGog==$0";
```

Doppelte Hochkommata sind notwendig, da der Recycle Bin-Name der Tabelle Sonderzeichen enthält.

3. **Wiederherstellen der gelöschten Tabelle**

Durch den im nachfolgenden Kasten stehenden Befehl wird die Tabelle `gehalt` wiederhergestellt und aus dem Recycle Bin entfernt.

ACHTUNG!! Abhängige Objekte wie zum Beispiel Indizes oder Trigger werden zwar ebenfalls wiederhergestellt, jedoch unter ihrem Recycle-Bin-Namen! Deshalb sollte unbedingt vor Ausführen des `FLASHBACK TO BEFORE DROP`-Kommandos der Originalname der abhängigen Objekte aus dem Recycle Bin notiert oder gesichert werden. Soll der Originalname weiter verwendet werden, müssen diese Objekte nach dem `FLASHBACK TO BEFORE DROP` manuell umbenannt werden.

Für dieses Beispiel gilt deshalb: Der vorher vorhandene Index `geh_1` wird zwar ebenfalls wiederhergestellt, jedoch nicht unter seinem Originalnamen `geh_1`, sondern unter seinem Recycle-Bin-Namen `BIN$2HwbsiusRgCu/JnvFe99Ow==$0`.

```
SQL> FLASHBACK TABLE gehalt TO BEFORE DROP;
```

Der Index `geh_1` wird wie beschrieben unter seinem Recycle-Bin-Namen `BIN$2HwbsiusRgCu/JnvFe99Ow==$0` wiederhergestellt. Dies kann für dieses Beispiel überprüft werden mit:

```
SQL> SELECT INDEX_NAME FROM USER_INDEXES WHERE TABLE_NAME = 'GEHALT';
```

Deshalb: Falls abhängige Objekte existierten, nun diese wieder auf den Originalnamen umbenennen. In unserem Fall muss der Index `BIN$2HwbsiusRgCu/JnvFe99Ow==$0` wieder in `geh_1` umbenannt werden:

```
SQL> ALTER INDEX "BIN$2HwbsiusRgCu/JnvFe99Ow==$0" RENAME TO "geh_1";
```

Es ist auch möglich, beim `FLASHBACK TO BEFORE DROP`-Kommando die gelöschte Tabelle unter einem anderen Tabellennamen zurückzuholen:

```
SQL> FLASHBACK TABLE gehalt TO BEFORE DROP RENAME TO gehalt_fb;
```

Eventuell ist es sinnvoll, die gelöschte Tabelle erst unter einem anderen Namen wiederherzustellen, um zu vermeiden, dass Benutzer sofort wieder auf die frisch wiederhergestellte Tabelle zugreifen.

Gibt es mehrere Objekte mit dem gleichen Originalnamen im Recycle Bin, kann beim FLASHBACK TO BEFORE DROP-Kommando statt des Originalnamens der Tabelle auch der Recycle-Bin-Name der Tabelle angegeben werden.

Falls erforderlich, kann über den Drop-Zeitpunkt (Spalte DROPTIME der View RECYCLEBIN) oder den Erzeugungszeitpunkt (Spalte CREATETIME der View RECYCLEBIN) ermittelt werden, welche Version aus dem Recycle Bin nun zurückgeholt werden soll.

Wird der Originalname der Tabelle angegeben, wird das jüngste der Objekte wiederhergestellt.

4. **Endgültiges Löschen einer Tabelle (ohne Nutzung des Recycle Bins)**

Um eine Tabelle endgültig zu löschen, ohne dass sie im Recycle Bin abgelegt wird, kann folgendes Kommando verwendet werden:

```
SQL> DROP TABLE <table_name> PURGE;
```

Beispiel:

```
SQL> DROP TABLE gehalt PURGE;
```

5. **Leeren des Recycle Bins**

Löschen einzelner Objekte aus dem Recycle Bin:

```
SQL> PURGE { TABLE <table_name> | INDEX <index_name> }
```

Beispiel:

```
SQL> PURGE TABLE gehalt;
```

Löschen der Objekte eines Tablespace (eventuell mit Einschränkung auf den Benutzer):

```
SQL> PURGE TABLESPACE <tablespace_name> [USER <user_name>];
```

Beispiel:

```
SQL> PURGE TABLESPACE users USER gmch;
```

Leeren des eigenen Recycle Bins:

```
SQL> PURGE RECYCLEBIN;
```

Leeren der Recycle Bins aller Benutzer (nur möglich mit SYSDBA-Privileg):

```
SQL> PURGE DBA_RECYCLEBIN;
```

Alternativ kann FLASHBACK DROP auch über den Enterprise Manager erfolgen.

Die Nutzung von FLASHBACK DROP über den Enterprise Manager wird anhand des Beispiels aus diesem Absatz (Wiederherstellung von Tabelle gehalt und zugehörigem Index geh_1) beschrieben.

Der Aufruf erfolgt über das Register VERFÜGBARKEIT – Abschnitt VERWALTEN – Unterpunkt RECOVERY AUSFÜHREN. Anschließend müssen als Recovery-Geltungsbereich »Tabellen« sowie der Vorgangstyp »Flashback von gelöschten Tabellen« angegeben werden.

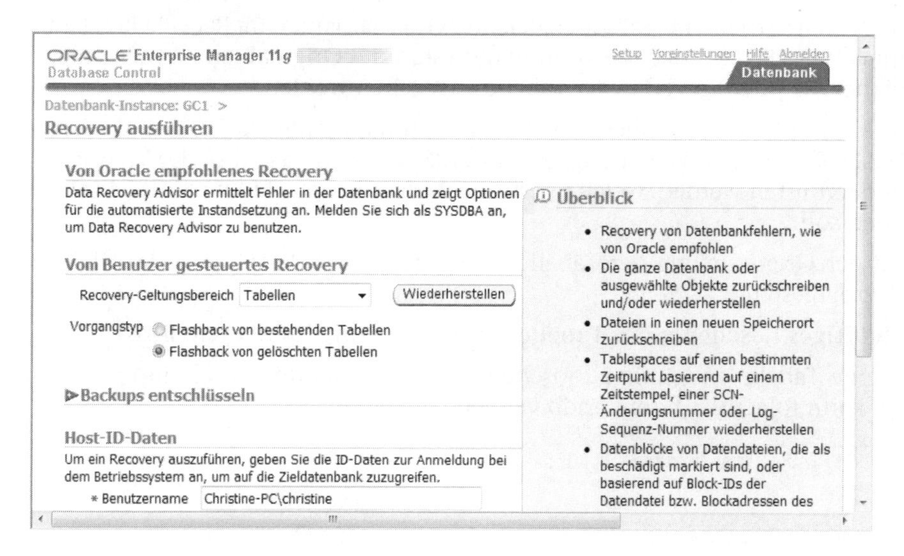

Abbildung 7.19: Flashback Drop

Danach wird der Recycle Bin angezeigt. Falls erforderlich ist es möglich, die Anzeige der enthaltenen Objekte über einen Schema- oder Tabellennamen einzuschränken. Über die Schaltfläche INHALT ANZEIGEN kann der Inhalt des ausgewählten Objektes im Recycle Bin angezeigt werden.

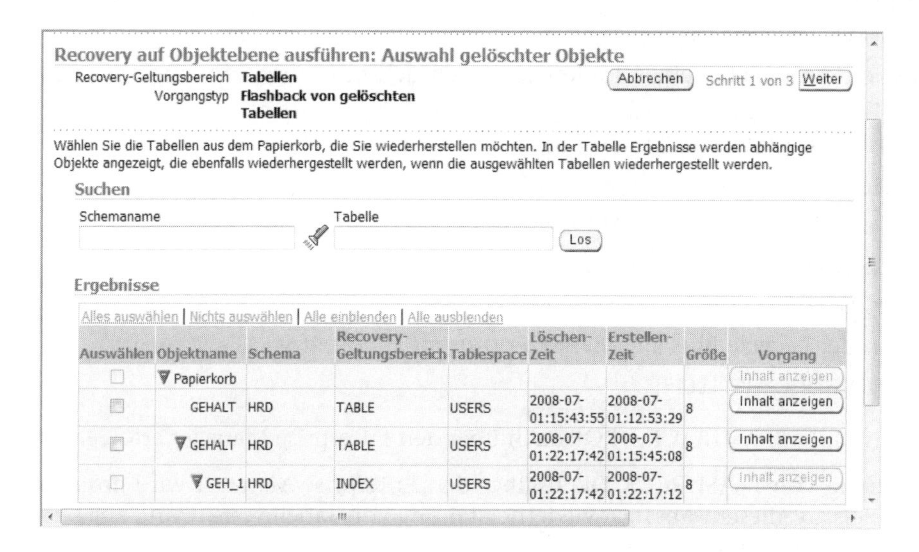

Abbildung 7.20: Anzeige des Recycle Bins

Im folgenden Fenster besteht die Möglichkeit, für die Tabelle, die aus dem Recycle Bin zurückgeholt werden soll, einen neuen Namen anzugeben.

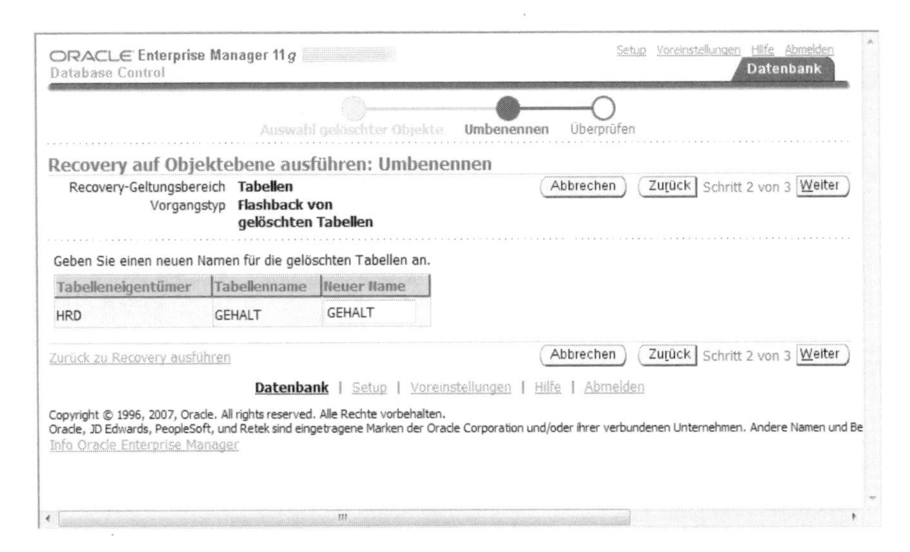

Abbildung 7.21: Umbenennen der Tabelle

Anschließend kann die Auswahl nochmals überprüft werden.

Abbildung 7.22: Überprüfen der angegebenen Objekte

Auch hier gilt: Abhängige Objekte wie zum Beispiel Indizes oder Trigger werden zwar ebenfalls wiederhergestellt jedoch unter ihrem Recycle-Bin-Namen! Deshalb sollte unbedingt vor Starten von FLASHBACK DROP der Originalname der abhängigen Objekte aus dem Recycle Bin notiert oder gesichert werden. Soll der Originalname weiter verwendet werden, müssen diese Objekte nach dem FLASHBACK DROP manuell umbenannt werden.

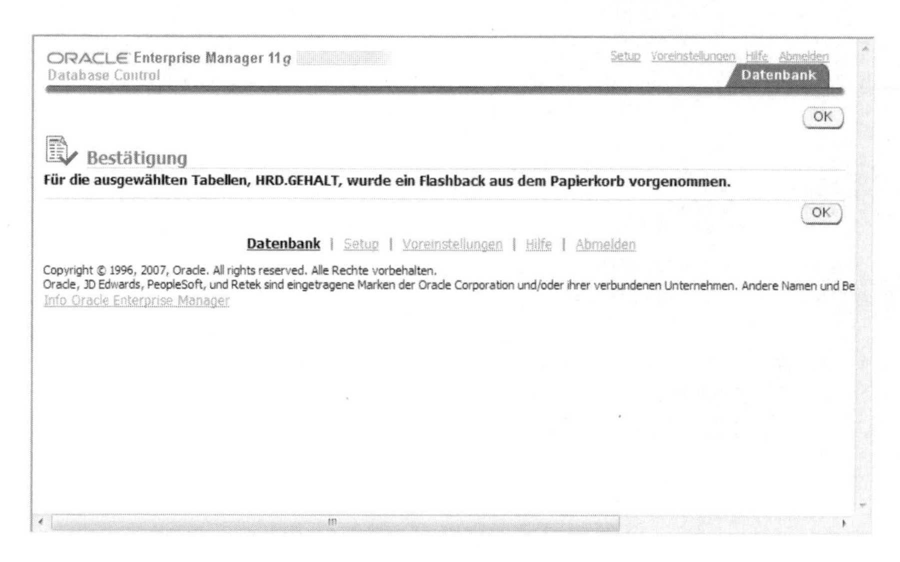

Abbildung 7.23: Bestätigung nach Flashback Drop

7.2.4 FLASHBACK DATABASE

Über ein FLASHBACK DATABASE ist es möglich, die gesamte Datenbank auf einen älteren Stand zurückzusetzen. Das Ergebnis eines FLASHBACK DATABASE entspricht dem eines konventionellen unvollständigen Recoverys, bei dem mittels Einspielen einer Vollsicherung und anschließendem Recovery der Redolog-Dateien die Datenbank auf einen bestimmten Zeitpunkt vor Auftreten des logischen Fehlers wiederhergestellt wird.

FLASHBACK DATABASE ist jedoch weitaus weniger kompliziert und benötigt in den meisten Fällen auch wesentlich weniger Zeit als das konventionelle Vorgehen.

Hinweis
FLASHBACK DATABASE ist KEIN Ersatz für eine Sicherung, sondern nur als zusätzliche Möglichkeit zu sehen, um im Fehlerfall schnell auf einen fehlerfreien und konsistenten Stand zurücksetzen zu können. Um FLASHBACK DATABASE überhaupt nutzen zu können, ist eine der Voraussetzungen, dass alle Datendateien fehlerfrei vorhanden sind.

Die Funktion FLASHBACK DATABASE wurde mit Oracle 10g eingeführt.

Im Unterschied zu den anderen Flashback-Techniken nutzt FLASHBACK DATABASE weder den Recycle Bin noch das automatische Undo-Management, sondern die Offline-Redolog-Dateien zusammen mit den Flashback-Logs.

Zu beachten ist, dass bei einem FLASHBACK DATABASE die komplette Datenbank auf einen Zeitpunkt in der Vergangenheit zurückgesetzt wird. Damit gehen alle Änderungen, die seit dem Flashback-Zeitpunkt durchgeführt wurden, verloren. Deshalb muss vor einem FLASHBACK DATABASE in jedem Fall geklärt werden, ob dies für alle Anwender und Applikationen, welche die Datenbank nutzen, akzeptabel ist.

FLASHBACK DATABASE kann auch sinnvoll in Kombination mit Standby-Datenbanken genutzt werden.

Um FLASHBACK DATABASE verwenden zu können, müssen jedoch vor Auftreten eines Fehlers einige Vorarbeiten durchgeführt werden. Diese werden nachfolgend beschrieben.

Voraussetzungen für die Nutzung von FLASHBACK DATABASE

1. **Die Datenbank muss im ARCHIVELOG-Modus laufen.**

   Die Aktivierung des ARCHIVELOG-Modus ist in Abschnitt 1.3.1 beschrieben. Kontrolle über:

```
SQL> SELECT LOG_MODE FROM V$DATABASE;
```

Ergebnis sollte sein:

```
LOG_MODE
----------
ARCHIVELOG
```

2. **Die Flash Recovery Area muss definiert werden.**

   Die Flash Recovery Area ist eine von Oracle automatisch verwaltete Verzeichnisstruktur. In dieser können alle für das Recovery notwendigen Dateien abgelegt werden. Die Flash Recovery Area befindet sich außerhalb des Bereichs, in dem sich die eigentlichen Datenbankdateien wie Daten-, Control- und Online-Redolog-Dateien befinden.

   Für die Definition der Flash Recovery Area müssen folgende Parameter gesetzt werden:

   - DB_RECOVERY_FILE_DEST_SIZE: Größe der Flash Recovery Area

     Dieser Parameter muss vor dem Parameter DB_RECOVERY_FILE_DEST gesetzt werden.

   - DB_RECOVERY_FILE_DEST: Speicherbereich für Flash Recovery Area
   - DB_FLASHBACK_RETENTION_TARGET: Zeitspanne in Minuten, um welche die Datenbank zurückversetzt werden kann (Default: 1440 Minuten, entspricht einem Tag)

   Zu beachten ist, dass bei Nutzung eines SPFILE vor dem Setzen des Parameters DB_RECOVERY_FILE_DEST weder LOG_ARCHIVE_DEST noch LOG_ARCHIVE_DUPLEX_DEST gesetzt sein darf. Ist einer dieser Parameter gesetzt, muss dieser erst gelöscht werden. Die Parameter LOG_ARCHIVE_DEST_n können jedoch verwendet werden.

   Beispiel:

```
SQL> ALTER SYSTEM SET DB_RECOVERY_FILE_DEST_SIZE=10G;
SQL> ALTER SYSTEM SET DB_RECOVERY_FILE_DEST= 'C:\oracle\GC\flash_recovery_area';
SQL> ALTER SYSTEM SET DB_FLASHBACK_RETENTION_TARGET=2880;
```

Ist der Parameter ARCHIVE_LOG_DEST_n nicht gesetzt, werden auch die Offline-Redolog-Dateien und eventuelle RMAN-Backups in das Verzeichnis DB_RECOVERY_FILE_DEST geschrieben.

Alternativ können die Werte für die Parameter DB_RECOVERY_FILE_DEST_SIZE, DB_RECOVERY_FILE_DEST und DB_FLASHBACK_RETENTION_TARGET auch über den Enterprise Manager gesetzt werden. Dies erfolgt über das Register VERFÜGBARKEIT – Abschnitt SETUP – Unterpunkt RECOVERY-EINSTELLUNGEN – Bereich FLASH RECOVERY.

3. **FLASHBACK DATABASE muss aktiviert werden.**

Um FLASHBACK DATABASE nutzen zu können, muss der FLASHBACK-Modus in der MOUNT-Phase erst aktiviert werden. Dazu wird ein Wartungsfenster benötigt, da die Datenbank durchgestartet werden muss.

```
SQL> SHUTDOWN IMMEDIATE
SQL> STARTUP MOUNT;
SQL> ALTER DATABASE FLASHBACK ON;
SQL> ALTER DATABASE OPEN;
```

Kontrolle über:

```
SQL> SELECT FLASHBACK_ON FROM V$DATABASE;
```

Ergebnis:

```
FLASHBACK_ON
------------
YES
```

Alternativ kann FLASHBACK DATABASE auch über den Enterprise Manager aktiviert werden. Dies erfolgt über das Register VERFÜGBARKEIT – Abschnitt SETUP – Unterpunkt RECOVERY-EINSTELLUNGEN – Bereich FLASH RECOVERY. Anschließend kann die Datenbank über den Enterprise Manager neu gestartet werden.

Durch das Aktivieren der FLASHBACK DATABASE-Funktionalität wird ein zusätzlicher Prozess gestartet, der Flashback Writer (RVWR). Dieser schreibt die sogenannten *Flashback-Logs* in die *Flash Recovery Area.*

Die Flashback-Logs enthalten die Before-Images auf Blockebene, also die Daten der Datenblöcke vor der Veränderung durch ein SQL-Statement. Die Flashback-Logs werden nicht archiviert, sondern nach Überschreiten der über den Parameter DB_FLASHBACK_RETENTION_TARGET festgelegten Zeit automatisch gelöscht.

Über die Flashback-Logs und die Offline-Redolog-Dateien kann nun die Datenbank auf einen beliebigen Zeitpunkt innerhalb des über DB_FLASHBACK_RETENTION_TARGET festgelegten Zeitfensters zurückgesetzt werden. Die benötigten Offline-Redolog-Dateien müssen jedoch auf dem Rechner zur Verfügung stehen. FLASHBACK DATABASE kann entweder über SQL-, RMAN-Kommandos oder über den Enterprise Manager ausgeführt werden.

Es existieren jedoch einige Einschränkungen für die Nutzung von FLASHBACK DATA BASE:

- Für die Control-Datei darf im Flashback-Zeitraum weder ein Backup eingespielt noch eine neue Control-Datei erzeugt worden sein.
- Es darf im Flashback-Zeitraum kein Verkleinern einer Datendatei durch RESIZE durchgeführt worden sein. Jedoch kann FLASHBACK DATABASE genutzt werden, wenn AUTOEXTEND für die Datendateien aktiviert wurde.
- Wurde eine Datendatei oder ein Tablespace im Flashback-Zeitraum gelöscht, wird die Datendatei oder der Tablespace aus dem Flashback herausgenommen. Die Datendatei oder der Tablespace muss nach dem FLASHBACK DATABASE manuell zurückgesetzt werden.
- Ein unvollständiges Recovery beziehungsweise ein Öffnen der Datenbank mit OPEN RESETLOGS darf im Flashback-Zeitraum nicht durchgeführt worden sein (gilt bis einschließlich Oracle 10g Release 1). Ab Oracle 10g Release 2 ist es möglich, die Datenbank über ein OPEN RESETLOGS zurückzusetzen.

Nutzung von FLASHBACK DATABASE

1. **Die Datendateien müssen vorhanden und fehlerfrei sein.**

   FLASHBACK DATABASE kann nur genutzt werden, wenn alle Datendateien vorhanden und fehlerfrei sind. Die Möglichkeit des FLASHBACK DATABASE ist deshalb kein Ersatz für das Sichern der Datenbank.

2. **Überprüfen der verfügbaren FLASHBACK-Informationen und des Speicherplatzes**

   Über die View V$FLASHBACK_DATABASE_LOG kann ermittelt werden, auf welchen Zeitpunkt die Datenbank zurückgesetzt werden kann. Außerdem werden über die View V$FLASHBACK_DATABASE_LOG Informationen bereitgestellt, ob der verfügbare Platz in der Flashback Recovery Area ausreicht, um das über DB_FLASHBACK_RETENTION_TARGET festgelegte Zeitfenster zur Verfügung stellen zu können.

Spalte	Beschreibung
OLDEST_FLASHBACK_SCN	Älteste in den Flashback-Daten enthaltene SCN
OLDEST_FLASHBACK_TIME	Zeitpunkt der ältesten in den Flashback-Daten enthaltenen SCN
RETENTION_TARGET	Entspricht dem Wert des Parameters DB_FLASHBACK_RETENTION_TARGET
FLASHBACK_SIZE	Derzeitige Größe der Flashback-Daten
ESTIMATED_FLASHBACK_SIZE	Geschätzte Größe der Flashback-Daten, um das gewählte Zeitfenster abbilden zu können

Tabelle 7.5: View V$FLASHBACK_DATABASE_LOG

```
SQL> SELECT * FROM V$FLASHBACK_DATABASE_LOG;
```

Ergebnis:

```
OLDEST_     OLDEST_     RETENTION_   FLASHBACK_ ESTIMATED_
FLASHBACK_  FLASHBACK_  TARGET       SIZE       FLASHBACK_SIZE
SCN         TIME
----------- ----------- ------------ ---------- --------------
456456      31.01.08    2880         8192000    2000000
```

3. **Zurücksetzen der Datenbank**

Das Zurücksetzen der Datenbank kann sowohl mit SQL*Plus als auch mit RMAN oder Enterprise Manager erfolgen.

Beim Ausführen des FLASHBACK DATABASE-Kommandos wird automatisch geprüft, ob alle benötigten Redolog-Dateien vorhanden sind. Sind zu wenige Daten im Flashback-Bereich vorhanden, müssen diese auf dem Server aus einer Sicherung zur Verfügung gestellt werden. Sind die Daten nicht mehr vorhanden, kann FLASHBACK DATABASE nicht verwendet werden. Die Datenbank muss dann mit konventionellen Mitteln zurückgesetzt werden.

Vor Ausführen des FLASHBACK DATABASE-Kommandos muss die Datenbank in den MOUNT-Status gebracht werden. Nur in diesem kann das FLASHBACK DATABASE-Kommando ausgeführt werden.

```
SQL> SHUTDOWN IMMEDIATE;
SQL> STARTUP MOUNT;
```

Nun kann das eigentliche FLASHBACK DATABASE-Kommando ausgeführt werden:

Zurücksetzen der Datenbank auf einen *bestimmten Zeitpunkt*:

```
SQL> FLASHBACK DATABASE TO TIMESTAMP (SYSDATE-1/24);
```

... eine Stunde zurück

```
SQL> FLASHBACK DATABASE TO TIMESTAMP TO_TIMESTAMP ('2008-02-05 16:00:00', 'YYYY-MM-DD HH24:MI:SS');
```

... auf den Stand 05.02.2008 16:00:00 Uhr

Zurücksetzen der Datenbank auf eine *bestimmte SCN*:

```
SQL> FLASHBACK DATABASE TO SCN 345345;
```

Eine interessante Option ist die *TO BEFORE-Klausel*. Hierbei wird entweder auf eine Sekunde vor dem angegebenen Zeitpunkt oder eine SCN vor der angegebenen SCN zurückgesetzt.

```
SQL> FLASHBACK DATABASE TO BEFORE TIMESTAMP TO_TIMESTAMP ('2008-02-05 16:00:00', 'YYYY-MM-DD HH24:MI:SS');
SQL> FLASHBACK DATABASE TO BEFORE SCN 345345;
```

Die TO BEFORE-Klausel kann auch genutzt werden, um auf einen Zeitpunkt direkt vor der letzten OPEN RESETLOGS-Operation zurückzusetzen (ab Oracle 10g Release 2).

```
SQL> FLASHBACK DATABASE TO BEFORE RESETLOGS;
```

Alternativ kann FLASHBACK DATABASE über den Enterprise Manager durchgeführt werden. Der Aufruf erfolgt über das Register VERFÜGBARKEIT – Abschnitt VERWALTEN – Unterpunkt RECOVERY AUSFÜHREN. Anschließend müssen als Recovery-Geltungsbereich »Ganze Datenbank« sowie der Vorgangstyp »Datenbank auf den aktuellen Zeitpunkt oder einen früheren Zeitpunkt wiederherstellen« angegeben werden.

Zu beachten ist, dass selbstverständlich auch bei einem FLASHBACK DATABASE über den Enterprise Manager die unter »Voraussetzungen für die Nutzung von FLASHBACK DATABASE« genannten Voraussetzungen erfüllt sein müssen.

Abbildung 7.24: Flashback Database

Ist die Datenbank noch im OPEN-Status, kann sie anschließend über den Enterprise Manager gestoppt und in den MOUNT-Status hochgefahren werden. Nachdem die Datenbank in den MOUNT-Status gestartet wurde, ist es möglich, über die Schaltfläche »RECOVERY AUSFÜHREN« auf der Startseite des Enterprise Managers erneut die Einstiegsseite für FLASHBACK DATABASE aufzurufen.

Im nachfolgenden Fenster kann nun der Zeitpunkt, auf den die Datenbank zurückgesetzt werden soll, angegeben werden:

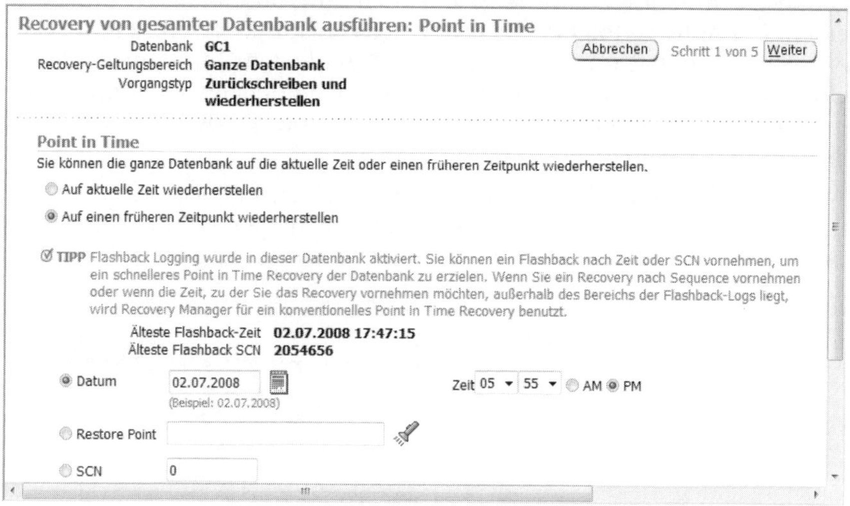

Recovery von gesamter Datenbank ausführen: Point in Time
Datenbank **GC1**
Recovery-Geltungsbereich **Ganze Datenbank**
Vorgangstyp **Zurückschreiben und wiederherstellen**
Abbrechen Schritt 1 von 5 Weiter

Point in Time
Sie können die ganze Datenbank auf die aktuelle Zeit oder einen früheren Zeitpunkt wiederherstellen.
Auf aktuelle Zeit wiederherstellen
Auf einen früheren Zeitpunkt wiederherstellen

TIPP Flashback Logging wurde in dieser Datenbank aktiviert. Sie können ein Flashback nach Zeit oder SCN vornehmen, um ein schnelleres Point in Time Recovery der Datenbank zu erzielen. Wenn Sie ein Recovery nach Sequence vornehmen oder wenn die Zeit, zu der Sie das Recovery vornehmen möchten, außerhalb des Bereichs der Flashback-Logs liegt, wird Recovery Manager für ein konventionelles Point in Time Recovery benutzt.
Älteste Flashback-Zeit **02.07.2008 17:47:15**
Älteste Flashback SCN **2054656**

Datum 02.07.2008 (Beispiel: 02.07.2008) Zeit 05 55 AM PM
Restore Point
SCN 0

Abbildung 7.25: Definition des Flashback-Zeitpunkts

Anschließend kann gewählt werden, ob zum Zurücksetzen der Datenbank Flashback oder ein konventionelles Point-in-Time-Recovery verwendet werden soll:

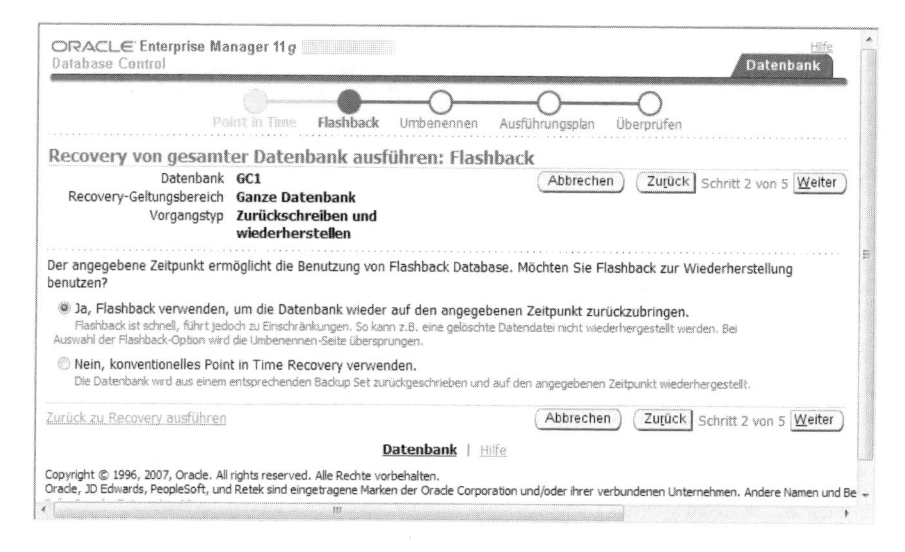

Abbildung 7.26: Auswahl von Flashback

Anschließend können die gewählten Optionen nochmals überprüft werden:

Abbildung 7.27: Überprüfen der Optionen

Danach erfolgt das Zurücksetzen der Datenbank über FLASHBACK DATABASE. Am Ende wird das RMAN-Protokoll des FLASHBACK DATABASE angezeigt. Hier könnte auch die Datenbank wieder geöffnet werden.

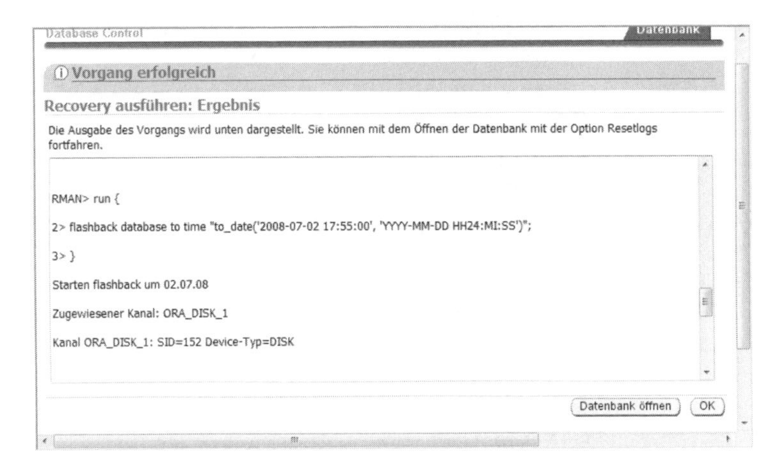

Abbildung 7.28: RMAN-Protokoll von FLASHBACK DATABASE

4. **Gegebenenfalls Öffnen der Datenbank im READ-ONLY-Modus**

   Falls erforderlich kann die Datenbank nun im READ-ONLY-Modus geöffnet und überprüft werden, ob auf den richtigen Zeitpunkt zurückgesetzt wurde, das heißt, ob die Daten wieder korrekt sind. Fehlen Daten, kann ein weiteres Recovery der Datenbank durchgeführt werden.

```
SQL> ALTER DATABASE OPEN READ ONLY;
```

5. **Öffnen der Datenbank**

   War das FLASHBACK DATABASE erfolgreich, kann die Datenbank wieder für den Schreibzugriff geöffnet werden. Zu beachten ist jedoch, dass nach einem FLASHBACK DATABASE die Datenbank mit einem OPEN RESETLOGS zu öffnen ist. Wurde die Datenbank zuvor im READ-ONLY-Modus geöffnet, so ist sie erst zu beenden und wieder in den MOUNT-Status zu starten.

```
SQL> ALTER DATABASE OPEN RESETLOGS;
```

Überwachung der Flash Recovery Area

Um die Größe der Flash Recovery Area (Parameter DB_RECOVERY_FILE_DEST_SIZE) und die Retention-Zeit (Parameter DB_FLASHBACK_RETENTION_TARGET) sinnvoll einzustellen, kann die View V$FLASHBACK_DATABASE_STAT verwendet werden.

In dieser View werden für die letzten 24 Stunden – normalerweise aufsummiert für eine Stunde – neben der geschätzten Größe der Flashback-Daten folgende Werte angezeigt:

Spalte	Beschreibung
BEGIN_TIME END_TIME	Beginn und Ende des Zeitintervalls
FLASHBACK_DATA	Größe der Flashback-Daten in Bytes, die während des Zeitintervalls erzeugt wurden
DB_DATA	Gelesene und geschriebene Datenbankdaten während des Zeitintervalls in Bytes
REDO_DATA	Redo-Daten in Bytes, die während des Zeitintervalls geschrieben wurden

Tabelle 7.6: View V$FLASHBACK_DATABASE_STAT

Über die View V$RECOVERY_FILE_DEST kann ermittelt werden, ob genügend Platz für die Flash Recovery Area zur Verfügung steht. Die View enthält folgende Informationen:

Spalte	Beschreibung
NAME	Entspricht dem Parameter DB_RECOVERY_FILE_DEST (Speicherbereich für Flash Recovery Area)
SPACE_LIMIT	Entspricht dem Parameter DB_RECOVERY_FILE_DEST_SIZE (maximale Größe der Flash Recovery Area)
SPACE_USED	Momentan benutzter Speicherbereich der Flash Recovery Area
SPACE_RECLAIMABLE	Größe des Speicherbereichs, der durch Löschen nicht mehr benötigter Dateien freigegeben werden kann
NUMBER_OF_FILES	Anzahl der Dateien in der Flash Recovery Area

Tabelle 7.7: View V$RECOVERY_FILE_DEST

Darüber hinaus gibt es noch die View V$FLASH_RECOVERY_AREA_USAGE. In dieser stehen Informationen für jeden Dateityp, wie viel Plattenplatz dieser aktuell benötigt und wie viel Plattenplatz aktuell freigegeben werden kann.

```
SQL> SELECT * FROM V$FLASH_RECOVERY_AREA_USAGE;
```

Ausgabe:

```
FILE_TYPE    PERCENT_SPACE_USED PERCENT_SPACE_RECLAIMABLE NUMBER_OF_FILES
------------ ------------------ ------------------------- ---------------
CONTROLFILE                   0                         0               0
ONLINELOG                     4                         0              20
ARCHIVELOG                 3.05                      1.51              42
BACKUPPIECE                4.54                      3.38               6
IMAGECOPY                 12.25                      9.76              52
FLASHBACKLOG                 09                         0               1
```

Informationen zur Belegung der Flash Recovery Area können auch über den Enterprise Manager ermittelt werden. Diese können über die Startseite des Enterprise Managers im Bereich »High Availability« angezeigt werden.

Durch Auswahl der Werte neben den Einträgen »Verwendbarer Flash Recovery Bereich (%)« beziehungsweise »Flashback-Zeit« werden die weiteren Informationen zur Belegung der Flash Recovery Area angezeigt.

Ausschalten der FLASHBACK DATABASE-Funktionalität

Durch das Ausschalten der FLASHBACK DATABASE-Funktionalität werden alle Flashback-Logs gelöscht. Dazu muss die Datenbank in den MOUNT-Status gestartet werden.

```
SQL> SHUTDOWN IMMEDIATE
SQL> STARTUP MOUNT
SQL> ALTER DATABASE FLASHBACK OFF;
SQL> ALTER DATABASE OPEN;
```

Kontrolle über:

```
SQL> SELECT FLASHBACK_ON FROM V$DATABASE;
```

Ergebnis:

```
FLASHBACK_ON
------------
NO
```

Alternativ kann FLASHBACK DATABASE auch über den Enterprise Manager deaktiviert werden. Dies erfolgt über das Register VERFÜGBARKEIT – Abschnitt SETUP – Unterpunkt RECOVERY-EINSTELLUNGEN – Bereich FLASH RECOVERY. Anschließend kann die Datenbank über den Enterprise Manager neu gestartet werden.

7.2.5 Restore Points

Seit Oracle 10g Release 2 ist es möglich, sogenannte Restore Points zu definieren. Über einen Restore Point kann ein Zeitpunkt festgelegt werden, auf den später –

beispielsweise nach Durchführung von Tests oder einem Upgrade – zurückgesetzt werden kann.

Durch die Definition eines Restore Points wird einer SCN ein Restore-Point-Name zugewiesen. Zur Erinnerung: Eine SCN spiegelt jeweils einen konsistenten Stand der Datenbank wider.

Es wird zwischen zwei Restore-Point-Arten unterschieden:

- **Normale Restore Points**

  Diese Restore Points werden in der Control-Datei protokolliert und können beispielsweise für ein `FLASHBACK TABLE` oder ein `FLASHBACK DATABASE` verwendet werden.

  Normale Restore Points können veralten, zum Beispiel wenn die für ein `FLASHBACK DATABASE` notwendigen Flashback-Logs nicht mehr verfügbar sind. Deshalb gilt, je nach geplanter Aktion (wie `FLASHBACK TABLE`, `FLASHBACK DATABASE`) müssen auch die für diese Aktion notwendigen Voraussetzungen erfüllt sein.

  Normale Restore Points werden durch folgendes Kommando erzeugt:

```
SQL> CREATE RESTORE POINT before_upgrade;
```

  Anschließend können die definierten Restore Points verwendet werden:

  Zurücksetzen auf den Restore Point `before_upgrade` über `FLASHBACK DATABASE`:

  Zur Erinnerung: Vor Ausführung eines `FLASHBACK DATABASE` muss die Datenbank in den MOUNT-Status gebracht werden.

```
SQL> SHUTDOWN IMMEDIATE

SQL> STARTUP MOUNT

SQL> FLASHBACK DATABASE TO RESTORE POINT before_upgrade;
```

  Mit Oracle 11g ist es möglich, mit der `AS OF`-Klausel einen Restore Point für einen Zeitpunkt in der Vergangenheit zu definieren. Dies kann entweder durch Angabe der SCN oder eines definierten Zeitpunkts geschehen. Voraussetzung für die Nutzung dieser Funktionalität ist jedoch, dass sich der angegebene Zeitpunkt innerhalb der aktuellen Inkarnation der Datenbank befindet.

  Beispiele:

```
SQL> CREATE RESTORE POINT rest_aos AS OF SCN 3074000;

SQL> CREATE RESTORE POINT rest_aot AS OF TIMESTAMP TO_TIMESTAMP ('2008-05-15
14:00:00', 'YYYY-MM-DD HH24:MI:SS');
```

  Darüber hinaus können seit Oracle 11g normale Restore Points vor dem Löschen durch die Angabe von `PRESERVE` geschützt werden, falls die Maximalanzahl an Restore Points in der Control-Datei überschritten wird. Für garantierte Restore Points gilt dies implizit.

```
SQL> CREATE RESTORE POINT rest_pres PRESERVE;
```

Garantierte Restore Points

Über garantierte Restore Points kann sichergestellt werden, dass in jedem Fall auf den definierten Restore Point zurückgesetzt werden kann.

Garantierte Restore Points können bei aktivierter `FLASHBACK DATABASE`-Funktionalität, aber auch bei deaktivierter `FLASHBACK DATABASE`-Funktionalität gesetzt werden.

> **Hinweis**
> Wurde ein garantierter Restore Point gesetzt, muss der verfügbare Plattenplatz der Flash Recovery Area überwacht werden (besonders wichtig bei aktivierter `FLASHBACK DATABASE`-Funktionalität!), da bis zum Löschen des garantierten Restore Points die Daten für ein `FLASHBACK DATABASE` in der Flash Recovery Area vorgehalten werden. Ein Überlauf der Flash Recovery Area hat einen Stillstand der Datenbank zur Folge!

Durch Setzen eines garantierten Restore Points wird deshalb der Parameter `DB_FLASHBACK_RETENTION_TARGET` (definierte Zeitspanne in Minuten, um welche die Datenbank zurückversetzt werden kann) übersteuert.

Bei *aktivierter* `FLASHBACK DATABASE`-Funktionalität können garantierte Restore Points ähnlich normalen Restore Points gesetzt werden:

```
SQL> CREATE RESTORE POINT preupg_gua GUARANTEE FLASHBACK DATABASE;
```

Bei *deaktivierter* `FLASHBACK DATABASE`-Funktionalität muss vor Definition des **ersten** garantierten Restore Points die Flash Recovery Area (durch Setzen der Parameter wie in Abschnitt 7.2.4 beschrieben) definiert und die Datenbank in den MOUNT-Status gebracht werden:

```
SQL> SHUTDOWN IMMEDIATE;
SQL> STARTUP MOUNT;
SQL> CREATE RESTORE POINT preupg_gua GUARANTEE FLASHBACK DATABASE;
```

Weitere garantierte Restore Points können dann bei geöffneter Datenbank gesetzt werden.

Werden garantierte Restore Points bei deaktivierter FLASHBACK-Funktionalität genutzt, kann genau auf den definierten Restore Point zurückgesetzt werden. Jedoch ist es dann nicht möglich, auf einen Stand zwischen dem Restore Point und dem aktuellen Zeitpunkt zurückzusetzen, da in den Flashback-Logs nur genau der Stand zum definierten garantierten Restore Point vorgehalten wird.

Vorteil dieses Verfahren ist, dass weniger Daten in den Flashback-Logs vorgehalten werden müssen. Dadurch können garantierte Restore Points bei deaktivierter FLASHBACK-Funktionalität verwendet werden, wenn ein definierter Stand der Datenbank zu einem Zeitpunkt, der länger (Tage/Wochen) zurückliegt, gesichert werden soll.

Garantierte Restore Points müssen anschließend immer manuell gelöscht werden über:

```
SQL> DROP RESTORE POINT preupg_gua;
```

Informationen zu gesetzten Restore Points finden sich in der View `V$RESTORE_POINT`.

Die View `V$RESTORE_POINT` enthält folgende Spalten:

Spalte	Beschreibung
SCN	SCN beim Erzeugen des Restore Points
DATABASE_INCARNATION#	Inkarnationsnummer der Datenbank beim Erzeugen des Restore Points; wird zum Beispiel bei einem `FLASHBACK DATABASE` und anschließendem `OPEN RESETLOGS` hochgezählt
GUARANTEE_FLASHBACK_DATABASE	Garantierter Restore Point YES: Garantierter Restore Point NO: Normaler Restore Point
STORAGE_SIZE	Bei normalen Restore Points gleich null Bei garantierten Restore Points gleich der Größe der benötigten Logs, um auf den Restore Point zurücksetzen zu können
TIME	Zeitpunkt des Erzeugens des Restore Points
RESTORE_POINT_TIME	Bei Nutzung der `AS OF`-Klausel: Zeitpunkt wie in der Klausel angegeben
PRESERVED	Bei Angabe von `PRESERVE` im `CREATE RESTORE POINT`-Statement. `PRESERVE` bedeutet, dass der Restore Point explizit gelöscht werden muss.
NAME	Name des Restore Points

Tabelle 7.8: View V$RESTORE_POINT

Wurden beispielsweise zwei Restore Points – `UPG_GUA` als garantierter Restore Point und `UPG_NOR` als normaler Restore Point – erzeugt, sieht die Ausgabe bei Abfrage der View `V$RESTORE_POINT` folgendermaßen aus:

```
SQL> SELECT SCN, DATABASE_INCARNATION#, GUARANTEE_FLASHBACK_DATABASE,
STORAGE_SIZE, TIME, NAME FROM V$RESTORE_POINT;
```

Ausgabe:

```
SCN     DATABASE_  GUA  STORAGE_  TIME               NAME
        INCAR           SIZE
        NATION#
-----   ---------  ---  --------  -----------------  --------
865312  1          YES  8192000   09.02.08 15:09:18  UPG_GUA
865000  1          NO   0         09.02.08 14:57:52  UPG_NOR
```

Ebenso ist es möglich, Restore Points über den Enterprise Manager zu verwalten. Der Aufruf erfolgt über das Register Verfügbarkeit – Abschnitt Verwalten – Unterpunkt Zurückschreiben-Punkte verwalten. Anschließend können Restore Points definiert werden:

Abbildung 7.29: Restore Points verwalten

Je nach gewählter Option wird ein normaler oder ein garantierter Restore Point definiert. Es ist möglich, einen normalen Restore Point für den aktuellen Zeitpunkt, einen Zeitpunkt in der Vergangenheit (analog AS OF-Klausel) oder eine SCN zu erstellen. Zusätzlich kann angegeben werden, ob der normale Restore Point vor dem Löschen geschützt werden soll (analog Klausel PRESERVE).

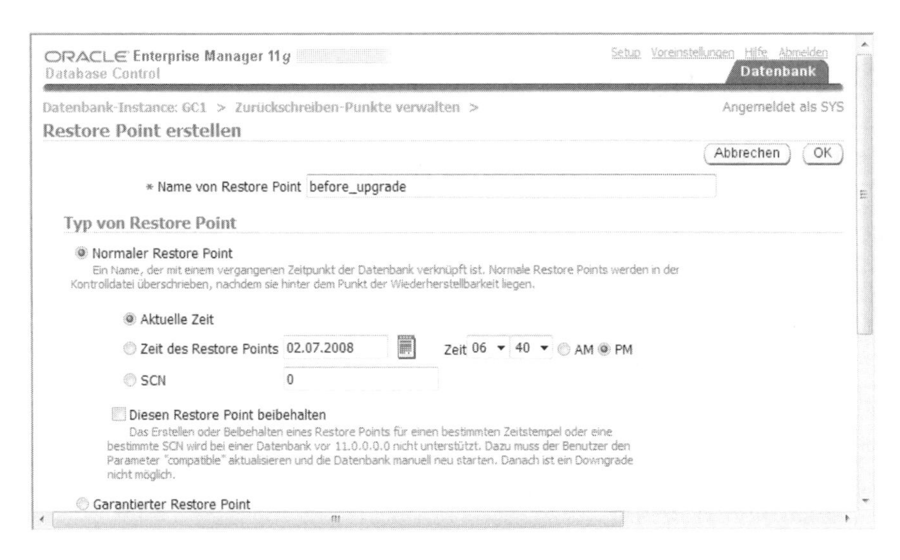

Abbildung 7.30: Definition des Restore Points

Nachfolgend eine Liste unterschiedlicher Restore Points. Restore Point `before_upgrade` ist ein normaler Restore Point, `rest_aot` ein Restore Point, der für einen Zeitpunkt in der Vergangenheit definiert wurde, `rest_pres` ein Restore Point, der vor dem Löschen geschützt wurde, und `preupg_gua` ein garantierter Restore Point.

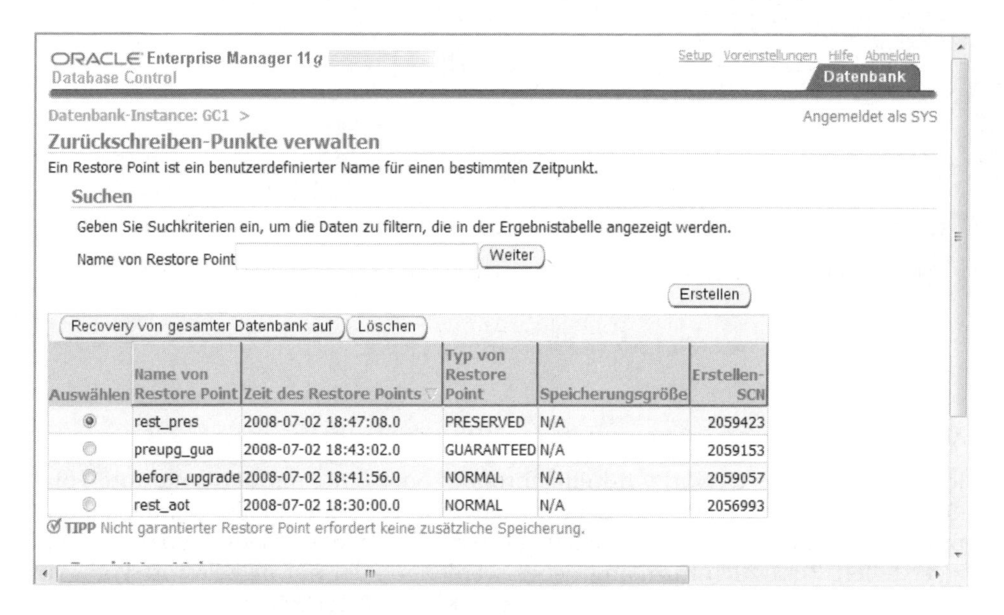

Auswählen	Name von Restore Point	Zeit des Restore Points	Typ von Restore Point	Speicherungsgröße	Erstellen-SCN
◉	rest_pres	2008-07-02 18:47:08.0	PRESERVED	N/A	2059423
○	preupg_gua	2008-07-02 18:43:02.0	GUARANTEED	N/A	2059153
○	before_upgrade	2008-07-02 18:41:56.0	NORMAL	N/A	2059057
○	rest_aot	2008-07-02 18:30:00.0	NORMAL	N/A	2056993

Abbildung 7.31: Liste unterschiedlicher Restore Points

7.2.6 Flashback Data Archive (Total Recall)

Neu ab Oracle 11g ist Flashback Data Archive (Total Recall). Hierdurch werden sämtliche Änderungen an den Daten einer Tabelle über einen definierten Zeitraum aufgezeichnet.

Maximal ist es möglich, die Datenänderungen über die gesamte Lebensdauer einer Tabelle aufzuzeichnen. Diese Datenänderungen stehen unabhängig von den Daten im Undo-Tablespace in den Flashback-Logs oder auch dem Wert des Parameters `UNDO_RETENTION` garantiert zur Verfügung. Hierfür wird ein eigenes Flashback Data Archive in einem Tablespace definiert, das die Datenänderungen aufnimmt.

Die Nutzung von Flashback Data Archive erfolgt in folgenden Schritten:

1. Erzeugen eines Flashback Data Archives

   Voraussetzung, um Flashback Data Archives erzeugen zu können, ist das Privileg `FLASHBACK ARCHIVE ADMINISTER`.

```
SQL> GRANT FLASHBACK ARCHIVE ADMINISTER TO gmch;
```

Um ein Default Flashback Data Archive zu definieren, ist es nötig, als SYSDBA eingeloggt zu sein. Das Default Flashback Data Archive wird wie folgt erzeugt:

```
SQL> CREATE FLASHBACK ARCHIVE DEFAULT flarc_def TABLESPACE flarc_tsp1 RETENTION 1
MONTH;
```

Dadurch wird ein Default Flashback Data Archive `flarc_def` im Tablespace `flarc_tsp1` erzeugt, in dem Daten bis zu einem Monat (`RETENTION 1 MONTH`) archiviert werden. Das Default Flashback Data Archive kann von Benutzern verwendet werden, für die kein eigenes Flashback Data Archive definiert wurde.

Weitere Flashback Data Archives mit anderen Aufbewahrungsfristen können definiert werden über:

```
SQL> CREATE FLASHBACK ARCHIVE flarc_1y TABLESPACE flarc_tsp2 RETENTION 1 YEAR;
```

Hierdurch wurde ein Flashback Data Archive `flarc_1y` im Tablespace `flarc_tsp2` generiert mit einer Aufbewahrungsfrist von einem Jahr.

Bei der Erzeugung eines Flashback Data Archive ist es möglich, Quotas (`QUOTA`), also die maximale Größe für die jeweiligen Flashback Data Archives, anzugeben.

2. Aktivierung der Flashback-Archivierung

   Nun kann die Flashback-Archivierung für die gewünschten Tabellen aktiviert werden. Voraussetzung ist das `FLASHBACK ARCHIVE`-Objektprivileg auf das verwendete Flashback Data Archiv.

   Beispiel:

   Aktivierung der Flashback-Archivierung in Flashback Data Archive `flarc_1y` für Tabelle `gehalt` durch Benutzer `gmch`:

   ```
   SQL> GRANT FLASHBACK ARCHIVE ON flarc_1y TO gmch;
   SQL> ALTER TABLE gehalt FLASHBACK ARCHIVE flarc_1y;
   ```

   Erfolgt keine Angabe eines Flashback Data Archives bei der Aktivierung der Flashback-Archivierung, wird in das Default Flashback Data Archive archiviert.

   Nun werden alle Datenänderungen an Tabelle `gehalt` archiviert und für ein Jahr aufbewahrt.

3. Anzeigen der archivierten Daten der Tabelle

   Die allgemeine Syntax für die Abfrage von Daten aus Flashback Data Archives entspricht der Syntax von Flashback Query:

   ```
   SQL> SELECT <column_list> FROM <table_list>
   { VERSIONS BETWEEN TIMESTAMP <start_time> and <end_time> |
   VERSIONS BETWEEN SCN <start_scn> and <end_scn> |
   AS OF TIMESTAMP <time> |
   AS OF SCN <scn> };
   ```

Beispiele (Gehalt von Mitarbeiternummer 123 aus Tabelle gehalt):

Datenänderungen über den gesamten archivierten Zeitraum:

```
SQL> SELECT geh FROM gehalt
VERSIONS BETWEEN TIMESTAMP MINVALUE AND MAXVALUE
WHERE mno=123;
```

MINVALUE und MAXVALUE im vorangegangenen Statement bedeuten, dass alle Änderungen angezeigt werden, die im Flashback Data Archive für die Tabelle gehalt enthalten sind.

Datenänderungen der letzten 24 Stunden:

```
SQL> SELECT geh FROM gehalt
VERSIONS BETWEEN TIMESTAMP SYSTIMESTAMP - 1 AND SYSTIMESTAMP
WHERE mno=123;
```

Ähnlich kann auch die Abfrage nach den Datenänderungen zwischen zwei SCNs erfolgen.

Daten zu einem bestimmten Zeitpunkt:

```
SQL> SELECT geh FROM gehalt
AS OF TIMESTAMP
TO_TIMESTAMP('15-01-2008 13:00:00', 'dd-mm-yyyy hh24:mi:ss')
WHERE mno = 123;
```

Auch hier ist die Abfrage nach einer bestimmten SCN wieder ähnlich.

Zu beachten ist, dass auf Tabellen, für die Flashback Archive aktiviert ist, keine DDL-Statements (wie zum Beispiel DROP TABLE oder Umbenennen von Spalten) abgesetzt werden können.

Informationen über Flashback Data Archive liefern folgende Views:

- DBA_FLASHBACK_ARCHIVE

  Enthält Informationen über Flashback Data Archive wie zum Beispiel Name des Flashback Data Archives, gesetzte Retention-Zeit

- DBA_FLASHBACK_ARCHIVE_TS

  Enthält Informationen zu Tablespaces, in denen Flashback Data Archive enthalten sind

- DBA_FLASHBACK_ARCHIVE_TABLES

  Enthält Informationen über Tabellen, für die Flashback Archive aktiviert ist, wie zum Beispiel Tabellenname, Name des Flashback Archives

Deaktiviert werden kann Flashback Data Archive auch wieder:

Deaktivieren der Flashback-Archivierung für eine Tabelle (Beispieltabelle `gehalt`):

```
SQL> ALTER TABLE gehalt NO FLASHBACK ARCHIVE;
```

Nach dem Deaktivieren der Flashback-Archivierung für eine Tabelle können wieder DDL-Statements auf die Tabelle abgesetzt werden.

Löschen eines Flashback Data Archives (Beispiel):

```
SQL> DROP FLASHBACK ARCHIVE flarc_1y;
```

Durch das Löschen eines Flashback Data Archives werden die enthaltenen Daten gelöscht, aber nicht der Tablespace, der das Flashback Data Archive enthält.

Zur Verwaltung von Flashback Data Archive wird das `ALTER FLASHBACK ARCHIVE`-Kommando verwendet. Über dieses Kommando können die Tablespaces, in denen sich Flashback Data Archives befinden, modifiziert, die Retention-Zeit angepasst oder Daten in den Flashback Data Archives gelöscht werden.

7.2.7 Flashback Transaction Backout

Über die in Oracle 11g neu eingeführte Funktionalität Flashback Transaction Backout ist es möglich, eine Transaktion sowie die abhängigen Transaktionen rückgängig zu machen, während die Datenbank geöffnet ist.

Flashback Transaction Backout wird mittels der Informationen aus dem Undo-Tablespace durchgeführt.

Folgende Voraussetzungen müssen gegeben sein, um Flashback Transaction Backout nutzen zu können:

- Aktivierung des automatischen Undo-Managements (siehe Abschnitt 7.2)
- Aktivierung von Supplemental Logging (Details siehe Abschnitt 7.1.2)

```
SQL> ALTER DATABASE ADD SUPPLEMENTAL LOG DATA;
```

Flashback Transaction Backout kann entweder über den Enterprise Manager (Seite VERFÜGBARKEIT – Abschnitt VERWALTEN – Unterpunkt TRANSAKTIONEN ANZEIGEN UND VERWALTEN) oder mittels der Prozedur `DBMS_FLASHBACK.TRANSACTION_BACKOUT` durchgeführt werden. Wesentlich einfacher ist die Nutzung von Flashback Transaction Backout über den Enterprise Manager.

Benutzer, die Flashback Transaction Backout durchführen wollen, benötigen `EXECUTE`-Rechte auf `DBMS_FLASHBACK` sowie `SELECT ANY TRANSACTION`.

```
SQL> GRANT EXECUTE ON DBMS_FLASHBACK TO <user>;
SQL> GRANT SELECT ANY TRANSACTION TO <user>;
```

Das Zurücksetzen einer Transaktion kann neben dem Transaktionsnamen auch über den Transaktions-Identifier (XID) erfolgen. Diese XID kann beispielsweise über ein `FLASHBACK VERSION QUERY` oder den LogMiner ermittelt werden.

Im Folgenden wird angenommen, dass eine Transaktion mit XID 020012001A070000 sowie ihre abhängigen Transaktionen zurückgesetzt werden sollen.

```
SQL> DECLARE TRANS XID_ARRAY;
BEGIN
TRANS := XID_ARRAY ('020012001A070000');
DBMS_FLASHBACK.TRANSACTION_BACKOUT (
NUMTXNS=>1,
XIDS=>TRANS,
OPTIONS=>DBMS_FLASHBACK.CASCADE
);
END;
/
```

Sollen mehrere Transaktionen zurückgesetzt werden, würde die Variable `TRANS` wie folgt aussehen:

```
TRANS := XID_ARRAY ('020012001A070000', ' 02002700A8010000');
```

Die Anzahl der Transaktionen `NUMTXNS` muss dann auf zwei erhöht werden.

Informationen zu den durchgeführten Flashback Transaction Backout-Operationen können über die Views `DBA_FLASHBACK_TXN_STATE` und `DBA_FLASHBACK_TXN_REPORT` angezeigt werden.

Flashback Transaction Backout führt kein `COMMIT` durch für die vorgenommenen Änderungen. `COMMIT` muss nach Durchführung von Flashback Transaction Backout explizit durchgeführt werden.

Soll Flashback Transaction Backout über den Enterprise Manager genutzt werden, so ist zusätzlich neben dem minimalen Supplemental Logging (siehe Abschnitt 7.1.2) das Primary Key Logging zu aktivieren.

```
SQL> ALTER DATABASE ADD SUPPLEMENTAL LOG DATA (PRIMARY KEY) COLUMNS;
```

Der Aufruf von Flashback Transaction Backout erfolgt über den LogMiner im Register VERFÜGBARKEIT – Abschnitt VERWALTEN – Unterpunkt TRANSAKTIONEN ANZEIGEN UND VERWALTEN.

Nachfolgend soll das Löschen eines Datensatzes inklusive der abhängigen Transaktionen auf Tabelle `GMCH.TEILNEHMER` über Flashback Transaction Backout rückgängig gemacht werden.

Abbildung 7.32: Alle Transaktionen auf Tabelle GMCH.TEILNEHMER anzeigen

Anschließend werden alle durchgeführten Transaktionen auf die Tabelle `GMCH.TEILNEHMER` im definierten Zeitraum angezeigt:

Abbildung 7.33: Anzeige der durchgeführten Transaktionen

Durch Auswahl der Transaktions-ID der Delete-Transaktion werden die Transaktionsdetails angezeigt:

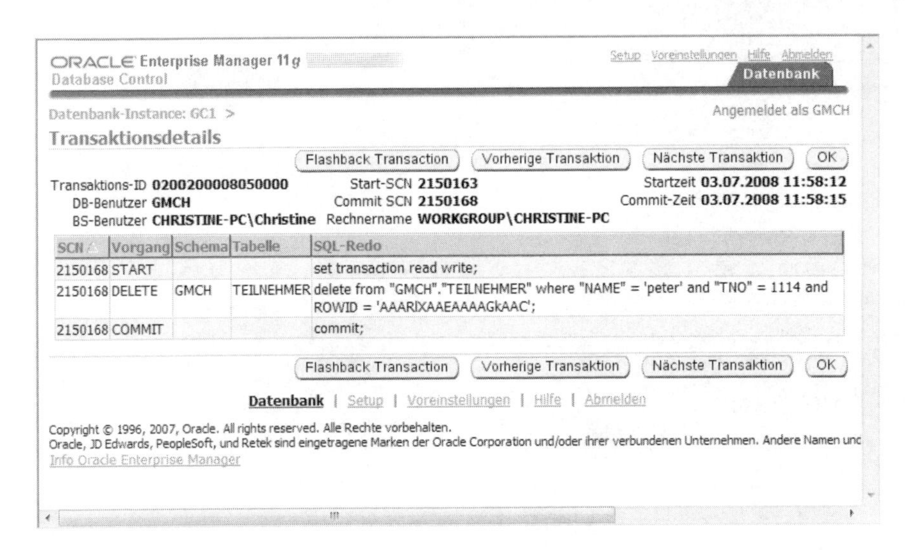

Abbildung 7.34: Anzeige der Transaktionsdetails

Nun kann Flashback Transaction gestartet werden.

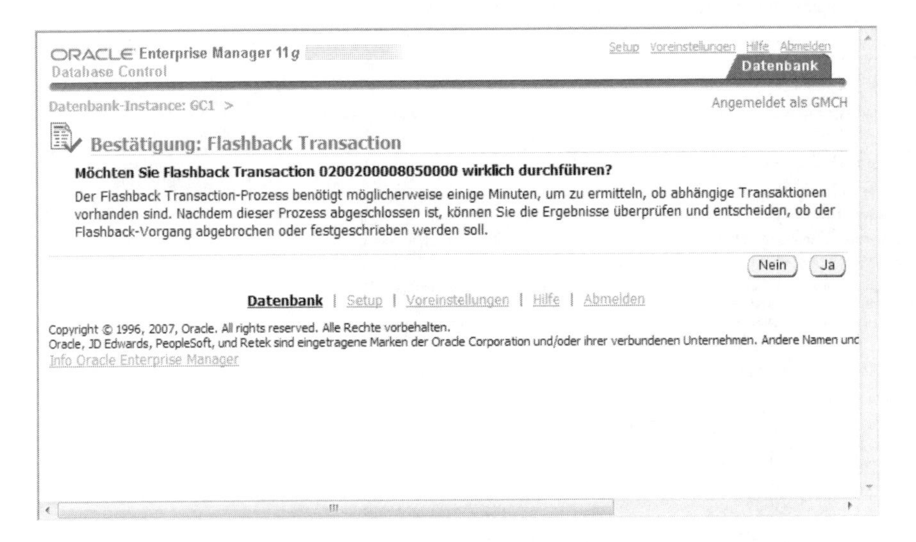

Abbildung 7.35: Bestätigung: Flashback Transaction

Es werden die abhängigen Transaktionen ermittelt und angezeigt.

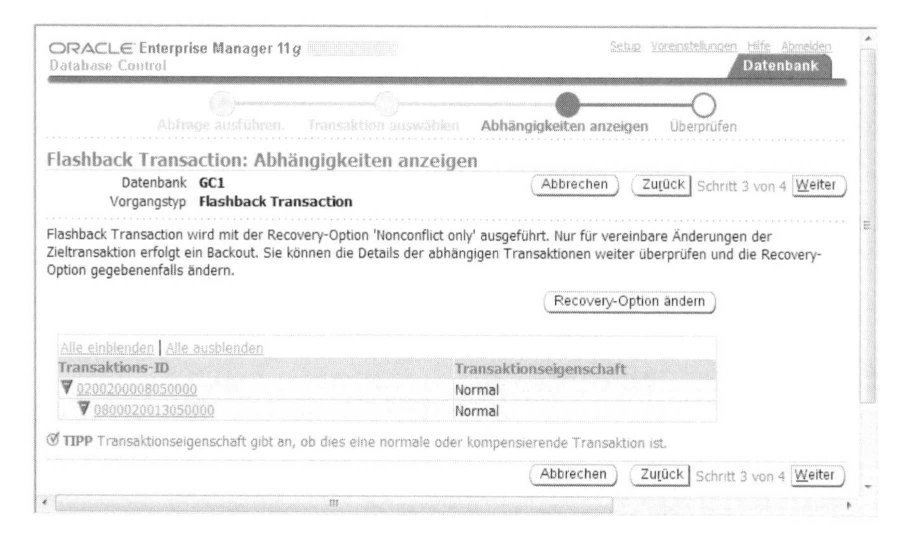

Abbildung 7.36: Abhängigkeiten anzeigen

Anschließend können entweder die Änderungen durch Flashback Transaction festgeschrieben oder der Flashback-Vorgang abgebrochen werden. Wird der Flashback-Vorgang abgebrochen, werden keine Änderungen vorgenommen.

Durch Betätigen der Schaltfläche FERTIG im nachfolgenden Fenster werden die Änderungen von Flashback Transaction festgeschrieben.

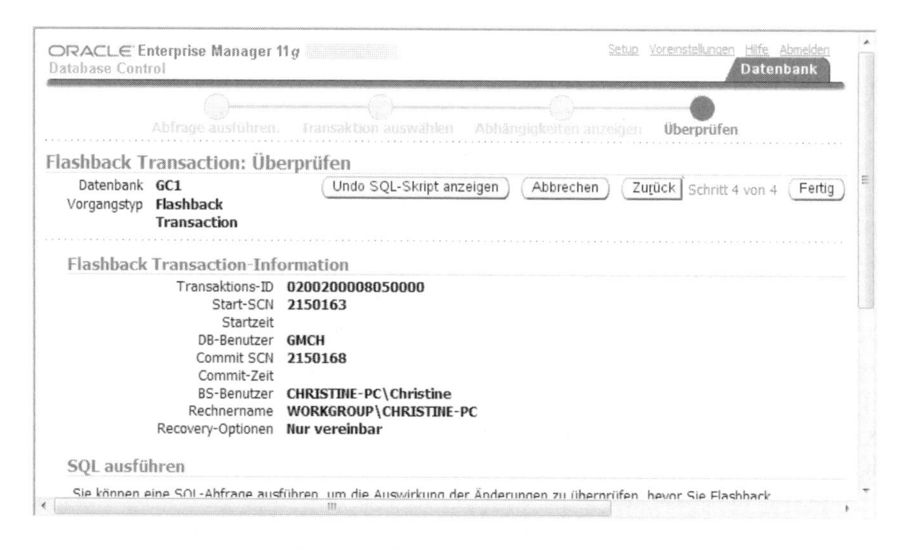

Abbildung 7.37: Festschreiben der Änderungen von Flashback Transaction

Abschließend wird das Ergebnis von Flashback Transaction angezeigt.

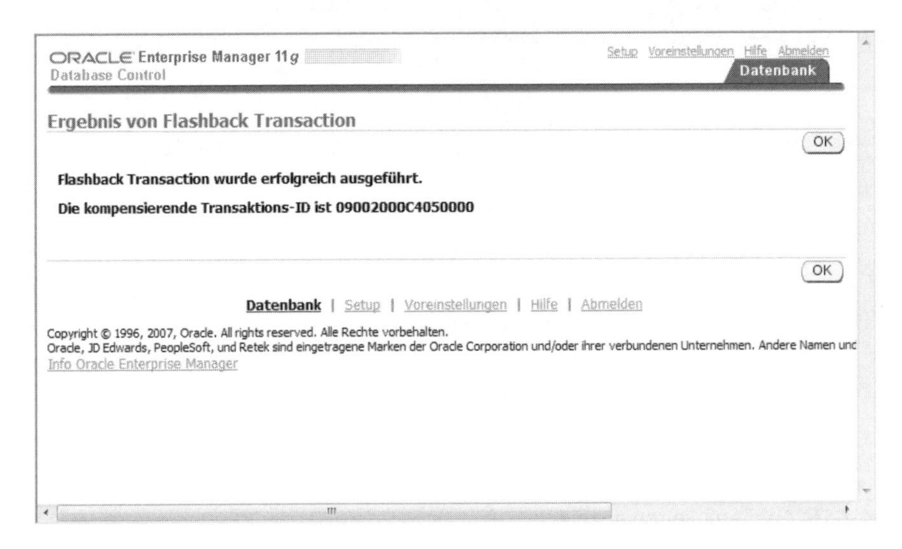

Abbildung 7.38: Ergebnis von Flashback Transaction

7.3 Unvollständiges Recovery

Unter einem unvollständigen Recovery versteht man das Nachziehen der Redolog-Dateien bis zu einem Zeitpunkt in der Vergangenheit. Nach diesem Zeitpunkt geänderte Daten sind verloren.

Bei einem unvollständigen Recovery wird immer zuerst eine komplette Sicherung der Datenbank eingespielt und anschließend ein Recovery mittels der Redolog-Dateien auf den gewünschten Zeitpunkt zum Beispiel vor dem fehlerhaften Verändern von Daten einer Tabelle durchgeführt.

Ein unvollständiges Recovery bei logischen Fehlern, also bei Benutzerfehlern, wird überwiegend dann notwendig sein, wenn:

- keine FLASHBACK-Technik verwendet werden kann, weil die notwendigen Vorbereitungen für die gewünschte FLASHBACK-Aktion im Vorfeld nicht vorgenommen wurden.
- zwar FLASHBACK konfiguriert wurde, aber die erforderlichen Daten für FLASHBACK wie zum Beispiel Flashback-Logs oder Undo-Informationen nicht mehr verfügbar sind.

Es gibt drei verschiedene Möglichkeiten für ein unvollständiges Recovery:

1. **Bis zu einem bestimmten Datum und Uhrzeit (»UNTIL TIME«)**

   Das Recovery wird zum definierten Zeitpunkt beendet.

```
SQL> RECOVER DATABASE UNTIL TIME 'YYYY-MM-DD:HH24:MI:SS';
```

2. **Bis zu einer bestimmten Redolog-Datei (»UNTIL CANCEL«)**

   Das Recovery wird nach Eingabe von `CANCEL` beendet. Das bedeutet, dass das Ende des Recoverys manuell vom Datenbankadministrator bestimmt wird. Wird `CANCEL` angegeben, wird das Recovery nach der vorhergehenden bereits eingefahrenen Redolog-Datei beendet.

```
SQL> RECOVER DATABASE UNTIL CANCEL;
```

3. **Bis zu einer bestimmten System-Change-Nummer (»UNTIL CHANGE«)**

   Das Recovery wird bis zu einer definierten System.Change.Nummer (SCN) durchgeführt.

```
SQL> RECOVER DATABASE UNTIL CHANGE <scn>;
```

Das genaue Vorgehen bei einem unvollständigen Recovery ist in Abschnitt 6.2.2, Unvollständiges Recovery, Abschnitt »Ablauf eines unvollständigen Recoverys« beschrieben.

Nach einem unvollständigen Recovery muss die Datenbank in jedem Fall mit einem `OPEN RESETLOGS` geöffnet werden. Beim `OPEN RESETLOGS` werden die Online-Redolog-Dateien zurückgesetzt und die Log-Sequence-Nummer wieder auf 1 gesetzt.

7.4 Logisches Recovery mit Import

Über einen Oracle Export können Objekte – wie in Abschnitt 4.2, Logisches Backup mit Export, beschrieben – logisch gesichert werden. Per Import Utility können dann – im Fehlerfall oder nach geplanten Tests – die Objekte und Daten selektiv wieder in die Datenbank importiert werden, die zuvor per Export in die Export Dump-Datei exportiert wurden.

Zu beachten ist, dass eine logische Sicherung von Daten per Export und Import nur zusätzlich zu den physischen Sicherungen vorgenommen werden sollte. Eine ausschließliche Sicherung über Export/Import reicht in den allermeisten Fällen nicht als vollständiges Sicherungskonzept aus.

Da ab Oracle 10g über Oracle Data Pump (Export über Data Pump siehe Abschnitt 4.3 und Import über Data Pump siehe Abschnitt 7.5) eine Weiterentwicklung von Export und Import zur Verfügung steht, die einige Vorteile bietet, sollte bei Datenbanken ab Oracle 10g die Data-Pump-Funktionalität genutzt werden. Bei älteren Releases, bei plattform- oder versionsübergreifenden Migrationen oder Datentransfer mit Beteiligung von Oracle-Releases vor Oracle 10g ist jedoch nur die Nutzung der bisherigen Export-/Import-Technologie möglich.

Die Dump-Dateien von Data Pump und dem konventionellen Export/Import können nicht mit den jeweils anderen Werkzeugen verwendet werden. Das heißt, eine Dump-Datei, die mit dem konventionellen Export erstellt worden ist, kann nur mit einem konventionellen Import importiert werden. Gleiches gilt für die Dump-Dateien von Data Pump.

Die Dump-Dateien enthalten üblicherweise neben den Definitionen der Objekte auch die Daten. Mittels Import Utility können nun diese Dump-Dateien gelesen und die darin enthaltenen Objekte und Daten wiederhergestellt werden.

> **Hinweis**
> Die Version des Import Utilitys darf nicht älter sein als die Version des verwendeten Export Utilities, über das die Dump-Dateien erzeugt wurden.

Es können folgende Objekte über Import wiederhergestellt werden:

- Tabellen

  Über diese Funktionalität können Tabellen, Partitionen, Subpartitionen und die zugehörigen Daten importiert werden.

- Benutzer

  Hierbei werden alle Objekte eines Benutzers importiert.

- Tablespaces

  Beim Import eines Tablespace werden entweder alle Objekte eines Tablespace oder über die Nutzung des Parameters `TRANSPORT_TABLESPACE` die Metadaten eines transportierbaren Tablespace importiert. Die eigentlichen Daten werden über das Einhängen der zugehörigen Datendateien des transportierbaren Tablespace zur Verfügung gestellt.

- Datenbank

  Diese Funktionalität importiert eine komplette Datenbank. Damit kann eine Datenbank neu aufgebaut werden.

7.4.1 Voraussetzungen für Import

Vor dem Start des Import-Utilitys sind einige Vorbereitungen durchzuführen:

1. **Für Export/Import notwendige Data Dictionary Views anlegen**

   Werden Export und Import auf der gleichen Datenbank durchgeführt, sollte dieser Schritt bereits vor dem Export durchgeführt worden sein.

   Das Anlegen der Data Dictionary Views kann über eines der bei der Installation mitgelieferten Skripte CATEXP.SQL oder CATALOG.SQL durchgeführt werden. Wurde beim Erzeugen der Datenbank bereits das Skript CATALOG.SQL ausgeführt, braucht CATEXP.SQL nicht mehr gestartet zu werden, da CATALOG.SQL das Skript CATEXP.SQL implizit aufruft. Beide Skripte stehen im Verzeichnis `%ORACLE_HOME%\rdbms\admin` (Windows) oder `$ORACLE_HOME/rdbms/admin` (Unix).

   Die Skripte `CATALOG.SQL` und `CATEXP.SQL` brauchen nur einmal ausgeführt zu werden. Über die Skripte werden der Rolle `IMP_FULL_DATABASE` die notwendigen Berechtigungen hinzugefügt. Die Rolle `IMP_FULL_DATABASE` wird dann der DBA-Rolle zugewiesen.

2. **Berechtigungen und Tablespace Quotas prüfen**

   Für den Import wird das CREATE SESSION-Privileg benötigt. Um eigene Objekte zu importieren, muss der ausführende Benutzer zusätzlich noch die notwendigen Berechtigungen und Tablespace Quotas besitzen, um die Objekte in der Datenbank anlegen zu dürfen. Werden andere Objekte außer den eigenen importiert, ist die Rolle IMP_FULL_DATABASE erforderlich. Diese Rolle besitzt im Normalfall der Datenbankadministrator über die DBA-Rolle.

   Wird der Export von einem Benutzer mit EXP_FULL_DATABASE-Rechten durchgeführt, wird beim Import die IMP_FULL_DATABASE-Rolle vorausgesetzt.

3. **Speicherplatz in der Datenbank prüfen**

   Je nach Umfang und Menge der zu importierenden Objekte muss ausreichend Speicherplatz in der Datenbank zur Verfügung stehen. Gegebenenfalls müssen vor dem Import Tablespaces erweitert werden.

7.4.2 Importmethoden

Import kann entweder interaktiv, direkt über die Kommandozeile oder über die Angabe einer Parameterdatei beim Aufruf gestartet werden. Auch über den Enterprise Manager kann Import genutzt werden.

Die einfachste Möglichkeit ist die interaktive Methode. Hierbei werden die Parameter über einen Dialog abgefragt. Nachteil bei dieser Methode ist jedoch, dass nur die wichtigsten Parameter abgefragt werden. Die anderen Parameter sind mit einem im interaktiven Modus nicht änderbaren Defaultwert belegt.

Sollen diese Parameter geändert werden, so müssen sie beim Aufruf von Import über die Kommandozeile angegeben oder in einer Parameterdatei, die ebenfalls beim Aufruf von Import angegeben wird, gesetzt werden. Bei allen nicht angegebenen Parametern wird der Defaultwert verwendet.

Interaktiver Aufruf:

```
C:\>imp <username>/<password>
```

Aufruf über Kommandozeile mit den gewünschten Parametern (Beispiel):

```
C:\>imp gmch/munich TABLES=(gehalt, mitarbeiter) LOG=tables.log
```

Aufruf über Kommandozeile mit Parameterdatei (Beispiel):

```
C:\imp gmch/munich PARFILE=partables.dat
```

Die Parameterdatei partables.dat kann dann folgendermaßen aussehen:

```
TABLES=(gehalt, mitarbeiter)
LOG=tables.log
```

Aufruf bei Nutzung des Enterprise Managers:

Import kann im Register VERSCHIEBEN VON DATEN – Abschnitt ZEILENDATEN VERSCHIEBEN – Unterpunkt AUS EXPORTDATEIEN IMPORTIEREN gestartet werden. Bei Nutzung von Import muss als Datenbankversion der zu importierenden Daten »Vor 10g« ausgewählt werden. Darüber hinaus müssen Pfad und Name der zu importierenden Dump-Datei sowie der Importtyp angegeben werden.

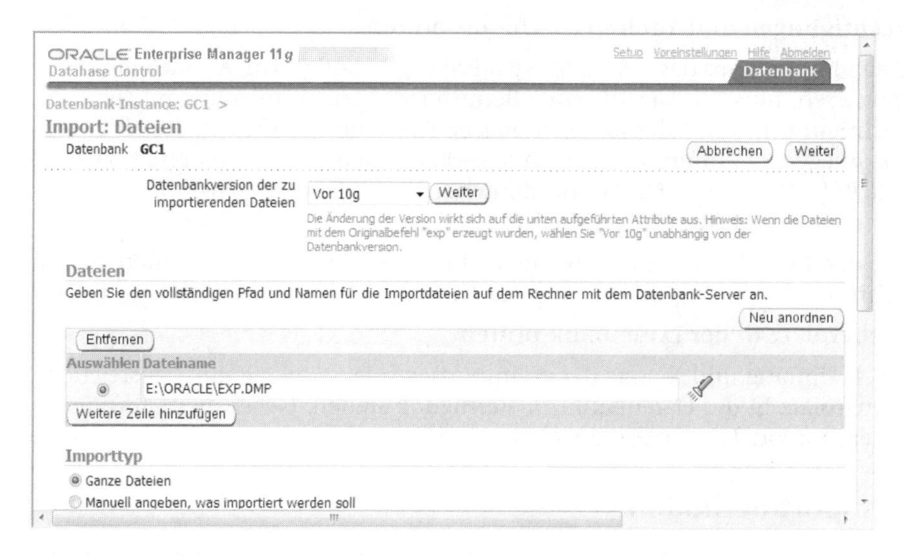

Abbildung 7.39: Start des Imports

Anschließend können diverse Optionen für den Import festgelegt werden. Für den Beispiel-Import der Tabellen `gehalt` und `mitarbeiter` wurde im Abschnitt »Erweiterte Optionen« im Bereich »Verknüpfte Objekte« die Option »Zeilen mit Tabellendaten« (analog Parameter `ROWS=y`) aktiviert, um auch die Tabellendaten zu importieren. Parameter `ROWS` ist in der nachfolgenden Tabelle 7.9 beschrieben.

Optionen Ausführung planen Überprüfen
Import: Optionen
Datenbank GC1
Abbrechen Beenden Schritt 1 von 3 Weiter
Bestehende Datendateien überschreiben
Fehler bei Objekterstellung übersehen, wenn Datenbankobjekte erstellt werden
Indizes überspringen, die auf den Unusable-Status festgelegt sind
Befehle für das Erstellen von Indizes in eine Datei schreiben
Indexdatei
Jobs nur bei Fehler (nicht bei Warnungen) nicht erfolgreich
Validierung von eindeutigem Typbezeichner (TOID) durchführen
Typen angeben, die aus dem Vergleich des eindeutigen Typbezeichners ausgeschlossen werden sollen.
Optionale Datei
Log-Datei generieren
Log-Datei E:\ORACLE\IMPORT.LOG
Erweiterte Optionen verbergen

Abbildung 7.40: Importoptionen

Danach ist es möglich, Informationen zur Job-Einplanung anzugeben:

ORACLE Enterprise Manager 11g
Database Control
Setup Voreinstellungen Hilfe Abmelden
Datenbank
Optionen Ausführung planen Überprüfen
Import: Ausführung planen
Datenbank GC1
Abbrechen Zurück Schritt 2 von 3 Weiter
Geben Sie einen Namen und eine Beschreibung für den Import-Job an. Geben Sie ein Datum an, an dem der Job gestartet werden soll.
Job-Parameter
Job-Name
Beschreibung
Job-Ausführungsplan
Zeitzone (UTC+01:00) Berlin
Starten
Sofort
Später

Abbildung 7.41: Job-Einplanung

Abschließend kann der Import-Job nochmals überprüft werden. Über den Link »Parameter anzeigen« können die spezifizierten Import-Parameter angezeigt werden.

Abbildung 7.42: Import-Job überprüfen

Über die Schaltfläche JOB WEITERLEITEN wird der Import-Job gestartet.

Nachfolgend eine Übersicht über die wichtigsten Aufrufparameter:

Parameter	Beschreibung
USERID	Benutzername/Passwort
HELP	Durch `HELP=y` wird eine Liste der Import-Parameter ausgegeben.
BUFFER	Größe des Puffers in Bytes
RECORDLENGTH	Länge des Datensatzes in Bytes Wird gesetzt bei Import auf anderes Betriebssystem mit anderer Record-Länge
FILE	Name der Dump-Datei, die importiert werden soll Default: expdat.dmp Es ist möglich, mehrere Dump-Dateien durch Komma getrennt anzugeben. Beispiel: `imp gmch/munich file=exp1.dmp, exp2.dmp, exp3.dmp filesize=2048`
FILESIZE	Wurde beim Export der Parameter `FILESIZE` (maximale Größe einer Dump-Datei) verwendet, so muss dieser auch beim Import angegeben werden.
PARFILE	Name der Parameterdatei
LOG	Name der Log-Datei für den Import
CONSTRAINTS	Importieren von Constraints (Default: y)
FULL	Gesamte Dump-Datei wird importiert (Default: y)
GRANTS	Grants werden importiert (Default: y)
INDEXES	Indizes werden importiert (Default: y)
ROWS	Daten werden importiert (Default: y) Bei `ROWS=n` werden nur die Strukturen der Datenbankobjekte angelegt.
TABLES	Liste der zu importierenden Tabellen-, Partitions- und Subpartitionsnamen
TABLESPACES	Liste der zu importierenden Tablespaces
TRANSPORT_TABLESPACE	Import der Metadaten für transportable Tablespaces wird durchgeführt (Default: n).
FROMUSER	Liste der Datenbankbenutzer, deren Objekte exportiert wurden
TOUSER	Liste der Datenbankbenutzer, in welche die Objekte importiert werden sollen

Tabelle 7.9: Import-Parameter

Parameter	Beschreibung
COMMIT	Default: n Erst nach dem Import aller Daten in eine Tabelle wird ein COMMIT durchgeführt. Bei COMMIT=y wird ein COMMIT nach dem Einfügen jeden Arrays abgesetzt. Die Größe des Arrays wird über den Parameter BUFFER gesteuert. Vorteil: Bei großen Tabellen werden die Undo-Segmente entlastet.
DESTROY	Überschreiben bereits vorhandener Datendateien (Default: n) DESTROY=n: Ist eine Datendatei beim Erzeugen eines Tablespace bereits vorhanden, wird sie nicht überschrieben. DESTROY=y: Ist die Datendatei bei Erzeugen eines Tablespace bereits vorhanden, wird sie wieder verwendet. Achtung: Soll auf demselben Rechner die gleiche Datenbank noch einmal angelegt werden, besteht die Gefahr, dass durch DESTROY=y die Datendateien der Quellinstanz versehentlich verwendet und dadurch ungewollt überschrieben werden.
FEEDBACK	Fortschrittsanzeige beim Tabellenimport 0: ausgeschaltet n: Fortschrittsanzeige nach n Zeilen der Tabelle
IGNORE	IGNORE=y und Tabelle existiert: Datensätze werden in die Tabelle ohne Fehlermeldung eingefügt. Achtung: Durch IGNORE=y kann es passieren, dass eine Tabelle versehentlich zweimal geladen wird, das heißt, alle Datensätze existieren zweimal! IGNORE=n und Tabelle existiert (Default: n): Fehlermeldung beim CREATE wird ausgegeben.
INDEXFILE	Wird dieser Parameter mit einem beliebigen Dateinamen angegeben, wird eine Datei erzeugt, in die dann die Befehle zum Erzeugen der Indizes und Tabellen eingetragen werden. Es werden dadurch jedoch keine Objekte in die Datenbank importiert. Alle Befehle außer die CREATE INDEX-Befehle werden auskommentiert. Falls CONSTRAINTS=y gesetzt ist, werden auch Constraints in die Datei geschrieben.
SHOW	Inhalt der Dump-Datei wird nur angezeigt, nicht importiert (Default: n). Durch diesen Parameter können Informationen aus der Dump-Datei wie zum Beispiel Verzeichnisnamen angezeigt werden.

Tabelle 7.9: Import-Parameter (Forts.)

Parameter	Beschreibung
RESUMABLE	Gibt an, ob der Import nach einem Fehler aufgrund von fehlendem Speicherplatz (zum Beispiel Tablespace voll) wieder aufgenommen werden kann. In diesem Fall wird der Import nicht sofort nach Auftreten des Fehlers abgebrochen.
RESUMABLE_NAME	Parameter wird nur bei `RESUMABLE=y` ausgewertet. Name der Session, die beim Auftreten eines Fehlers in die View `DBA_RESUMABLE` eingetragen wird. Zusätzlich wird der Fehler in der Alert-Datei protokolliert.
RESUMABLE_TIMEOUT	Der Parameter wird ebenfalls nur bei `RESUMABLE=y` ausgewertet. Zeitspanne, nach welcher der auf Resumable gesetzte Fehler endgültig abgebrochen wird (Default 7200 sec, das heißt zwei Stunden). Während dieser Zeitspanne muss der auf `RESUMABLE` gesetzte Fehler behoben sein.

Tabelle 7.9: Import-Parameter (Forts.)

Nachfolgend werden die verschiedenen Modi beschrieben, in denen Import genutzt werden kann.

Import von Tabellen

Über diese Funktionalität können Tabellen, Partitionen, Subpartitionen und die zugehörigen Daten importiert werden.

Der Import von neu anzulegenden Tabellen geschieht in der folgenden Reihenfolge:

- Anlegen der Tabellen
- Importieren der Tabellendaten
- Erzeugen der Indizes
- Importieren der Trigger
- Aktivieren der Constraints
- Erzeugen von Bitmap-, Functional und Domain-Indizes

Dadurch ist sichergestellt, dass bei konsistenten Daten beispielsweise weder Constraints verletzt noch Trigger mehrfach ausgelöst werden. Auch wird dadurch vermieden, dass Daten aufgrund einer falschen Reihenfolge von Import und Erzeugen der auf den Tabellen basierenden Objekte nicht importiert werden können. Sollen Datenbankobjekte manuell erzeugt werden, sollte dies ebenfalls in der beschriebenen Reihenfolge geschehen.

Zu beachten ist für den Import von Tabellen, dass der Benutzer ausreichende Rechte besitzt, um die benötigten Tabellen und zugehörigen Objekte anzulegen beziehungsweise die Daten zu importieren.

Import von Tabellen (bei Aufruf über Kommandozeile):

```
C:\> imp <user>/<password> FILE=<export_dump_file> TABLES=(<tablename_1>, …,
<tablename_n>)
```

Beispiel (Import der Tabellen gehalt, mitarbeiter):

```
C:\> imp gmch/munich FILE=exp_tables.dat TABLES=(gehalt, mitarbeiter) ROWS=y
```

Import von Partitionen:

```
C:\> imp <user>/<password> FILE=<export_dump_file>
TABLES=(<tablename_1>:<partitionname_1>, …, <tablename_n>:<partitionname_xyz)
```

Beispiel (Import der Partitionen p1 und p3 der Tabelle gehalt):

```
C:\> imp gmch/munich FILE=exp_tablepart.dat TABLES=(gehalt:p1, gehalt:p3) ROWS=y
```

Import aller Objekte von Benutzern

Mithilfe des Benutzer-Modus werden die Objekte eines Benutzers entweder in das eigene Schema oder in fremde Benutzerschemata importiert. Um Objekte in fremde Benutzerschemata zu importieren, wird die Rolle IMP_FULL_DATABASE benötigt. Besitzt ein Benutzer die Rolle IMP_FULL_DATABASE nicht, wird immer in sein eigenes Schema importiert.

Für den Import der Objekte eines Benutzers in ein fremdes Schema kann folgender Befehl verwendet werden:

```
C:\> imp <user>/<password> FILE=<export dump file> FROMUSER=<fromuser>
TOUSER=<touser>
```

Beispiel:

```
C:\> imp gmch/munich FILE=exp_tim.dat FROMUSER=tim TOUSER=hugh
```

Import von Tablespaces

Der Tablespace-Modus kann entweder zum Import aller Objekte eines Tablespace verwendet werden oder über die Nutzung des Parameters TRANSPORT_TABLESPACE zum Import der Metadaten eines transportierbaren Tablespace. Die eigentlichen Daten werden dann über das Einhängen der zugehörigen Datendateien des transportierbaren Tablespace zur Verfügung gestellt.

Transportierbare Tablespaces können genutzt werden, um einen oder mehrere Tablespaces in eine andere Datenbank einzuhängen. Es ist auch möglich, Indexdaten über transportierbare Tablespaces zu verschieben. Dadurch kann ein Neuaufbau von Indizes nach dem Import von Tabellendaten mittels transportierbaren Tablespaces vermieden werden.

Vorgehen bei Import eines kompletten Tablespace:

```
C:\> imp <user>/<password> TABLESPACES=<tablespace_name> FILE=<export dump file>
LOG=<logfile>
```

Beispiel (Tablespace USER1D):

```
C:\> imp gmch/munich TABLESPACES=USER1D FILE=exp_tsp.dat LOG=exp_tsp.log FULL=y
```

Vorgehen bei transportierbaren Tablespaces:

- Quell-Tablespaces auf READ-ONLY setzen

  Dadurch wird verhindert, dass Daten im Quell-Tablespace während der Laufzeit des Exports verändert werden und dadurch eventuell Inkonsistenzen entstehen.

```
SQL> ALTER TABLESPACE <tablespace_name> READ ONLY;
```

- Kopieren der Datendateien der Tablespaces mit Betriebssystemmitteln
- Export der Metadaten der Quell-Tablespaces (Anmeldung AS SYSDBA erforderlich für Export der Metadaten)

Beispiel (Export der Metadaten des Tablespace APPL1D):

```
C:\> exp TRANSPORT_TABLESPACE=Y TABLESPACES=APPL1D FILE=exp_meta.dat
LOG=exp_meta.log
Username: sys as sysdba
Password:
```

- Import der Metadaten in die Ziel-Tablespaces (Anmeldung AS SYSDBA erforderlich für Import der Metadaten)

Beispiel (Import der Metadaten des Tablespace APPL1D mit den Datendateien APPL1D1.DBF und APPL1D2.DBF:

```
C:\> imp TRANSPORT_TABLESPACE=Y DATAFILES='E:\ORACLE\GC\APPL1\APPL1D1.DBF',
'E:\ORACLE\GC\APPL1\APPL1D2.DBF' TABLESPACES=APPL1D FILE=exp_meta.dat
LOG=imp_meta.log
Username: sys as sysdba
Password:
```

- Tablespaces wieder auf READ/WRITE setzen.

```
SQL> ALTER TABLESPACE <tablespace_name> READ WRITE;
```

Zu beachten ist, dass die Zieldatenbank den gleichen oder einen höheren Releasestand haben muss als die Quelldatenbank.

Alternativ ist es auch möglich, transportierbare Tablespaces über den Enterprise Manager zu importieren. Der Aufruf erfolgt im Register VERSCHIEBEN VON DATEN – Abschnitt DATENBANKDATEIEN VERSCHIEBEN – Unterpunkt TRANSPORT TABLESPACES. Hierbei muss dann als Dump-Dateiformat »Traditioneller Export/Import« ausgewählt werden.

Import vollständiger Datenbank

Diese Art des Imports wird über den Parameter `FULL` gesteuert. Wird bei Export und Import `FULL=Y` angegeben, kann dadurch eine Datenbank neu aufgebaut werden. Der Parameter `FULL=Y` beim Import importiert eine komplette Dump-Datei.

Voraussetzung für den Import einer vollständigen Dump-Datei ist die Rolle `IMP_FULL_DATABASE`. Sollen bei einem Import mit Parameter `FULL=Y` die Tablespaces angelegt werden, müssen vor dem Import manuell die Verzeichnisse für die Datendateien angelegt werden. Durch das Setzen des Parameters `DESTROY=Y` können eventuell vorhandene Datendateien überschrieben werden.

> **Achtung!**
> Durch `DESTROY=Y` besteht die Gefahr bei Export einer Datenbank und anschließendem Import auf dem gleichen Rechner in eine zweite Datenbank, irrtümlich die Datendateien der Quelldatenbank zu überschreiben.

```
C:\> imp <user>/<password> FILE=<export dump file> FULL=Y LOG=<logfile>
```

Beispiel:

```
C:\> imp gmch/munich FILE=exp_fulldb.dat FULL=Y LOG=imp_fulldb.log
```

7.5 Logisches Recovery mittels Import über Data Pump

Seit Oracle 10g steht mit Data Pump zusätzlich zu der bisherigen Export-/Import-Funktionalität ein neues Werkzeug für die Durchführung logischer Sicherungen zur Verfügung. Data Pump kann als eine architektonische und funktionale Erweiterung des konventionellen Exports/Imports betrachtet werden.

In diesem Abschnitt wird explizit der Import mittels Data Pump beschrieben. Unterschiede zur bisherigen Export-/Import-Funktionalität, die Architektur von Data Pump sowie der Export mittels Data Pump werden in Abschnitt 4.3 betrachtet.

Über den Import mittels Data Pump können ausschließlich Dateien importiert werden, die mithilfe von Data Pump-Export erzeugt wurden. Das bedeutet, dass eine Dump-Datei, die mittels des konventionellen Exports erstellt worden ist, nicht mit einem Data Pump-Import importiert werden kann.

Auch für die Sicherung von Daten über Data Pump gilt, dass Data Pump alleine – außer bei speziellen Anforderungen – keine ausreichende Sicherung darstellt, sondern nur als Ergänzung zu den physischen Sicherungen zu sehen ist.

Es gibt folgende Modi für Data Pump-Import:

- Tabellen

  Über diese Funktionalität können Tabellen, Partitionen, Subpartitionen und die zugehörigen Objekte importiert werden. Die verwendete Dump-Datei kann mehr Objekte enthalten als die zu importierenden Tabellen.

- Schema

  Hierbei werden alle Objekte importiert, die zu einem bestimmten Schema (das heißt Benutzer) gehören. Die verwendete Dump-Datei kann mehr Objekte enthalten, als zu dem gewünschten Schema gehören.

- Tablespaces

  In diesem Modus werden alle Objekte und Daten inklusive der abhängigen Objekte importiert, die zu einem definierten Tablespace gehören. Auch hier kann die Dump-Datei mehr Objekte enthalten, als zu dem gewünschten Tablespace gehören.

- Transportierbare Tablespaces

  Beim Import eines Tablespace werden lediglich die Metadaten eines transportierbaren Tablespace importiert. Die eigentlichen Daten werden über das Einhängen der zugehörigen Datendateien des transportierbaren Tablespaces zur Verfügung gestellt.

- Full

  Diese Funktionalität importiert eine komplette Dump-Datei. Damit kann beispielsweise eine Datenbank neu aufgebaut werden. Als Quelle kann auch eine andere Datenbank fungieren.

7.5.1 Voraussetzungen für Data Pump-Import

1. **Definition eines Verzeichnisses für Dump-, Log- und SQL-Dateien**

   Falls der Export auf derselben Datenbank erstellt wurde, sollte das Verzeichnis bereits definiert sein.

   In diesem Verzeichnis stehen die Dump-Dateien. Außerdem werden die Log- und SQL-Dateien in dieses Verzeichnis geschrieben. Alternativ ist es möglich, über die Angabe von Parametern Dump-, Log- und SQL-Dateien in unterschiedliche Verzeichnisse zu schreiben. Vor Definition des Verzeichnisses muss dieses manuell angelegt worden sein.

   Voraussetzung für die Definition des Dump-Verzeichnisses ist die Berechtigung `CREATE ANY DIRECTORY`.

   Das Dump-Verzeichnis kann über das Directory-Objekt (in diesem Beispiel `dpdest`) folgendermaßen festgelegt werden:

```
SQL> CREATE DIRECTORY dpdest AS 'f:\dpdest';
```

   Wird kein Verzeichnis definiert, wird das Standardverzeichnis `DATA_PUMP_DIR` verwendet. Das Standardverzeichnis kann jedoch im Default nur von privilegierten Benutzern verwendet werden. Der Wert von `DATA_PUMP_DIR` kann über das folgende SQL-Statement herausgefunden werden:

```
SQL> SELECT DIRECTORY_NAME, DIRECTORY_PATH
FROM DBA_DIRECTORIES
WHERE DIRECTORY_NAME='DATA_PUMP_DIR';
```

Über die View DBA_DIRECTORIES können auch Informationen zu bereits definierten Directory-Objekten ermittelt werden.

2. **Lese- beziehungsweise Schreibrechte für den ausführenden Benutzer auf das Dump-Verzeichnis**

   Der ausführende Benutzer muss mindestens Leserechte auf das Dump-Verzeichnis besitzen. Für das Verzeichnis, in dem die Log-Dateien abgelegt werden sollen, benötigt er in jedem Fall Schreibrecht.

```
SQL> GRANT READ, WRITE ON DIRECTORY dpdest TO gmch;
```

3. **Speicherplatz in der Datenbank prüfen**

   Je nach Umfang und Menge der zu importierenden Objekte muss ausreichend Speicherplatz in der Datenbank zur Verfügung stehen. Gegebenenfalls müssen vor dem Import Tablespaces erweitert werden.

7.5.2 Data Pump-Import-Methoden

Analog zu Data Pump-Export ist auch der Data Pump-Import-Prozess ein serverbasierter Job, der während der Ausführung verwaltet werden kann. Data Pump-Import wird über den Aufruf *impdp* gestartet.

Impdp kann wie der konventionelle Import interaktiv, per Kommandozeile oder auch mit einer Parameterdatei aufgerufen werden. Es ist ebenfalls möglich, Data Pump über den Enterprise Manager zu nutzen.

Nach dem Starten eines Data Pump-Jobs werden Fortschrittsmeldungen auf dem Bildschirm angezeigt. Durch [Ctrl]+[C] kann von den Fortschrittsmeldungen in den interaktiven Modus gewechselt werden. Im interaktiven Modus werden keine Fortschrittsmeldungen mehr angezeigt.

Der interaktive Modus von Data Pump unterscheidet sich vom interaktiven Modus bei einem konventionellen Import. Nach Starten des interaktiven Modus von Data Pump können Kommandos zur Überwachung und Administration des Import-Jobs abgesetzt werden.

Der Aufruf von impdp ist ähnlich dem Aufruf des Import-Werkzeugs imp.

Interaktiver Aufruf:

```
C:\>impdp <username>/<password> JOB_NAME=<jobname>
```

Beispiel:

```
C:\>impdp gmch/munich JOB_NAME=impjob
```

Wurde bereits ein impdp-Job gestartet, ist es anders als bei einem konventionellen Import hier über einen interaktiven Aufruf möglich, sich mit einem laufenden Job (in diesem Beispiel impjob) zu verbinden und diesen zu administrieren. Dazu wird der Parameter ATTACH angegeben gefolgt vom Namen des Jobs, zu dem verbunden werden soll:

```
C:\>impdp <username>/<password> ATTACH=<jobname>
```

Beispiel:

```
C:\>impdp gmch/munich ATTACH=impjob
```

Es stehen folgende Kommandos im interaktiven Modus zur Verfügung:

Kommando	Beschreibung
CONTINUE_CLIENT	Interaktiven Modus verlassen. Dadurch werden Fortschrittsmeldungen wieder angezeigt. Administrative Kommandos – wie im interaktiven Modus möglich – können nun nicht mehr eingegeben werden. Die Fortschrittsmeldungen können über [Ctrl]+[C] wieder verlassen werden. Ist der Job aktuell gestoppt, wird dieser durch CONTINUE_CLIENT wieder gestartet.
EXIT_CLIENT	Vollständiges Verlassen der Client-Sitzung, auch Fortschrittsmeldungen werden nicht mehr angezeigt. Der Status des Jobs kann über die Log-Datei oder die Views DBA_DATAPUMP_JOBS/USER_DATAPUMP_JOBS und V$SESSION_LONGOPS überwacht werden. Der serverbasierte Import-Job läuft im Hintergrund weiter. Über ein ATTACH-Kommando von impdp kann der Job erneut administriert und überwacht werden.
HELP	Zeigt eine Liste der Kommandos an, die im interaktiven Modus möglich sind.
KILL_JOB	Beendet den laufenden Job endgültig und beendet auch alle verbundenen Clientprozesse. Ein Restart dieses Jobs ist nicht mehr möglich.
PARALLEL	Ändert die Anzahl der Worker-Prozesse beziehungsweise Parallel-Query-Prozesse des aktiven Jobs (nur gültig in der Enterprise Edition).
START_JOB	Startet den Job neu. Das Neustarten eines Jobs ist immer möglich, solange die Master Table und das Dumpfile Set unbeschädigt sind.
STATUS	Zeigt den aktuellen Status des Jobs an. Es wird auch angegeben, zu wie viel Prozent der Job bereits fertig ist. Über STATUS=n kann das Wiederholungsintervall der Statusanzeige in Sekunden angegeben werden.
STOP_JOB	Stoppt den Job Ein späterer Restart mit START_JOB ist möglich.

Tabelle 7.10: Kommandos im interaktiven Modus

Aufruf über Kommandozeile mit den gewünschten Parametern (Beispiel):

```
C:\>impdp gmch/munich TABLES=(gehalt, mitarbeiter)
```

Aufruf über Kommandozeile mit Parameterdatei (Beispiel):

```
C:\>impdp gmch/munich PARFILE=partables
```

Die Parameterdatei `partables` kann folgendermaßen aussehen:

```
DIRECTORY=dpdest
TABLES=(gehalt, mitarbeiter)
```

Aufruf über Enterprise Manager (Beispiel):

Data Pump-Import kann im Register VERSCHIEBEN VON DATEN – Abschnitt ZEILENDATEN VERSCHIEBEN – Unterpunkt AUS EXPORTDATEIEN IMPORTIEREN gestartet werden:

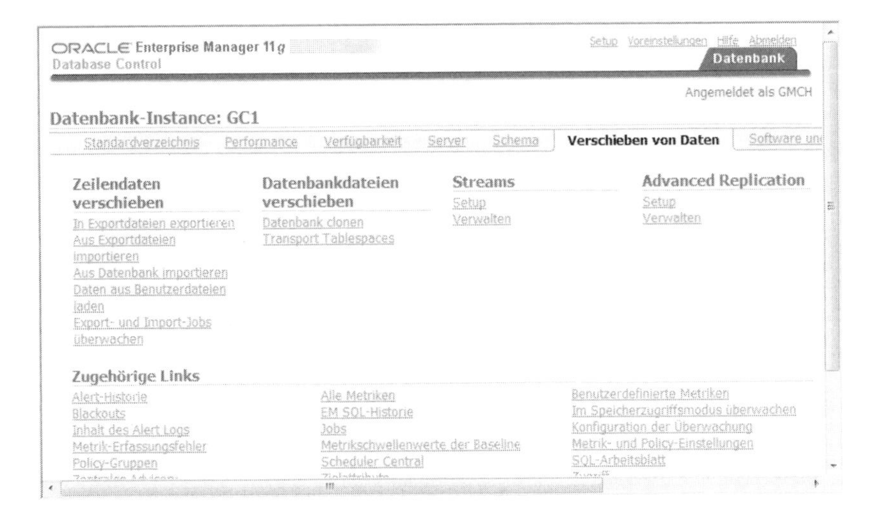

Abbildung 7.43: Data Pump-Import über Enterprise Manager

Im nachfolgenden Fenster müssen die zu importierende Dump-Datei sowie das Directory-Objekt angegeben werden. Außerdem muss noch der Importtyp (Ganze Dateien, Schemas, Tabellen, Tablespace) ausgewählt werden. Für dieses Beispiel werden Tabellen gewählt.

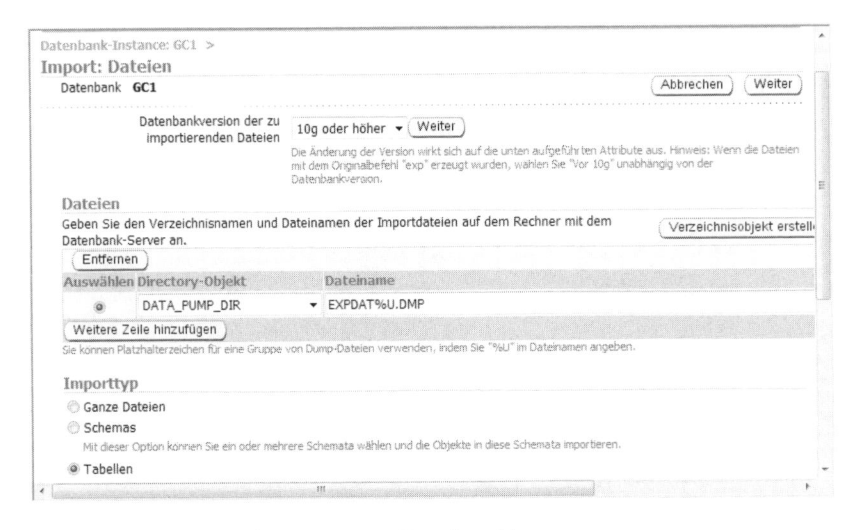

Abbildung 7.44: Angabe von Dump-Datei und Importtyp

Anschließend werden die Dump-Dateien gelesen.

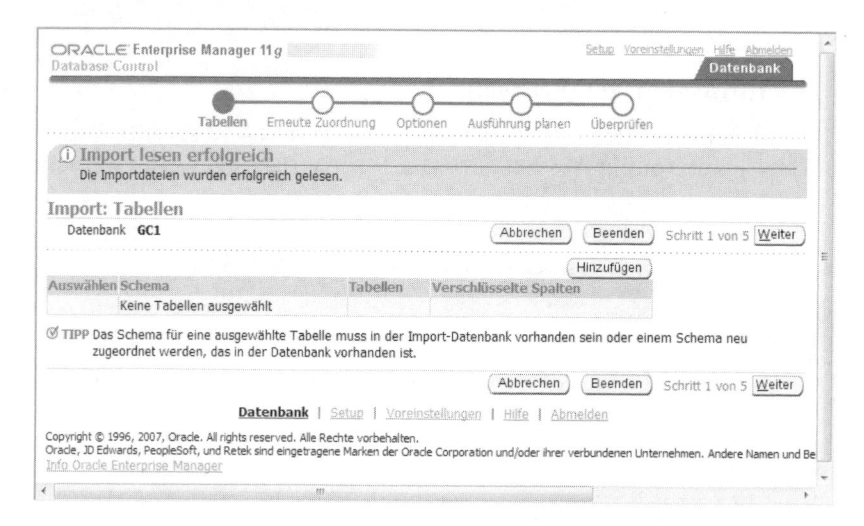

Abbildung 7.45: Import: Tabellen

Über die Schaltfläche HINZUFÜGEN können die zu importierenden Tabellen angegeben werden.

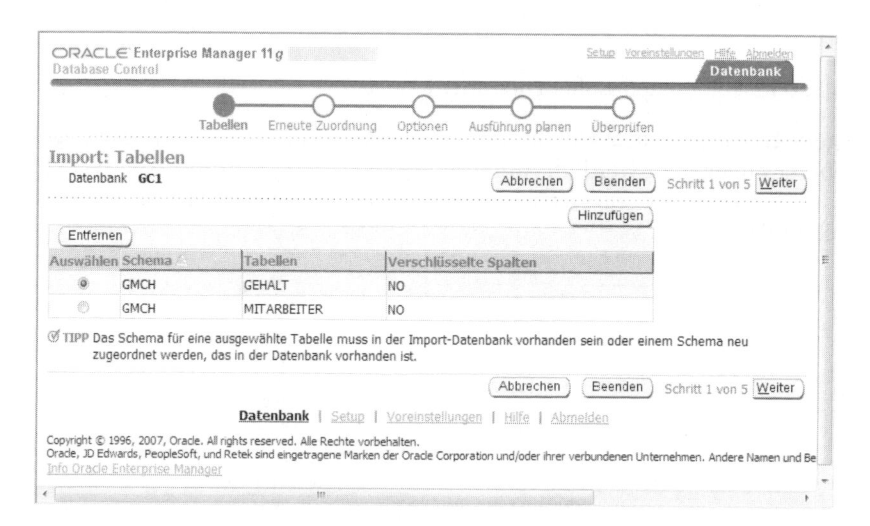

Abbildung 7.46: Auswählen der Tabellen

Im Fenster IMPORT: ERNEUTE ZUORDNUNG ist es möglich, ein anderes Schema oder einen anderen Tablespace anzugeben.

Abbildung 7.47: Ändern der Zuordnung

Im folgenden Fenster können noch weitere Optionen wie die Angabe der Höchstanzahl der Threads (nur in der Enterprise Edition möglich) oder eine Log-Datei angegeben werden. Im gleichen Fenster ist es möglich, über den Punkt ERWEITERTE OPTIONEN noch folgende Einschränkungen anzugeben:

- Welche Daten aus der Quelldatenbank importiert werden sollen (analog Parameter `CONTENT`)
- Welche Objekte importiert werden sollen (analog zu den Parametern `EXCLUDE` und `INCLUDE`)
- Auszuführende Aktion, wenn eine Tabelle bereits vorhanden ist (analog Parameter `TABLE_EXISTS_ACTION`) oder ein Index auf `UNUSABLE` gesetzt ist

Die genannten Parameter werden in der nachfolgenden Tabelle 7.11, »Data Pump-Import-Parameter«, beschrieben.

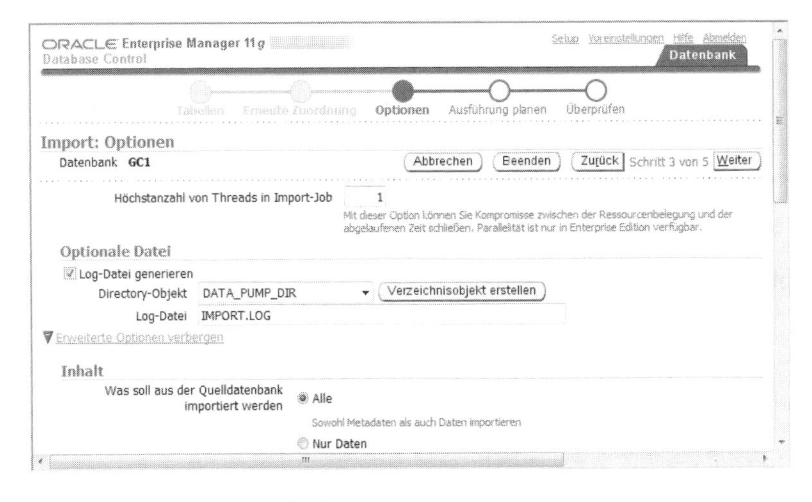

Abbildung 7.48: Import: Optionen

Im nächsten Schritt werden Informationen bezüglich Job-Einplanung abgefragt.

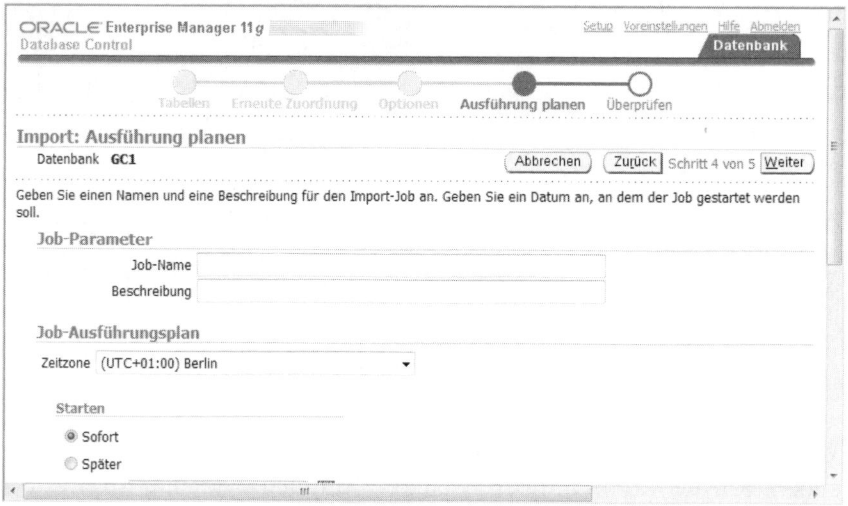

ORACLE Enterprise Manager 11g
Database Control
Setup Voreinstellungen Hilfe Abmelden
Datenbank
Tabellen Erneute Zuordnung Optionen Ausführung planen Überprüfen
Import: Ausführung planen
Datenbank GC1
Abbrechen Zurück Schritt 4 von 5 Weiter
Geben Sie einen Namen und eine Beschreibung für den Import-Job an. Geben Sie ein Datum an, an dem der Job gestartet werden soll.
Job-Parameter
Job-Name
Beschreibung
Job-Ausführungsplan
Zeitzone (UTC+01:00) Berlin
Starten
Sofort
Später

Abbildung 7.49: Job-Einplanung

Danach ist es möglich, den Import-Job nochmals zu überprüfen.

ORACLE Enterprise Manager 11g
Database Control
Setup Voreinstellungen Hilfe Abmelden
Datenbank
Tabellen Erneute Zuordnung Optionen Ausführung planen Überprüfen
Import: Überprüfen
Datenbank GC1
Abbrechen Zurück Schritt 5 von 5 Job weiterleiten
Importtyp Tabellen
Zu importierende Dateien DATA_PUMP_DIR EXPDAT%U.DMP
Log-Datei DATA_PUMP_DIR IMPORT.LOG
Parallelität 1
Job-Ausführungsplan Sofort
PL/SQL anzeigen
Abbrechen Zurück Schritt 5 von 5 Job weiterleiten
Datenbank | Setup | Voreinstellungen | Hilfe | Abmelden
Copyright © 1996, 2007, Oracle. All rights reserved. Alle Rechte vorbehalten.
Oracle, JD Edwards, PeopleSoft, und Retek sind eingetragene Marken der Oracle Corporation und/oder ihrer verbundenen Unternehmen. Andere Namen und Be
Info Oracle Enterprise Manager

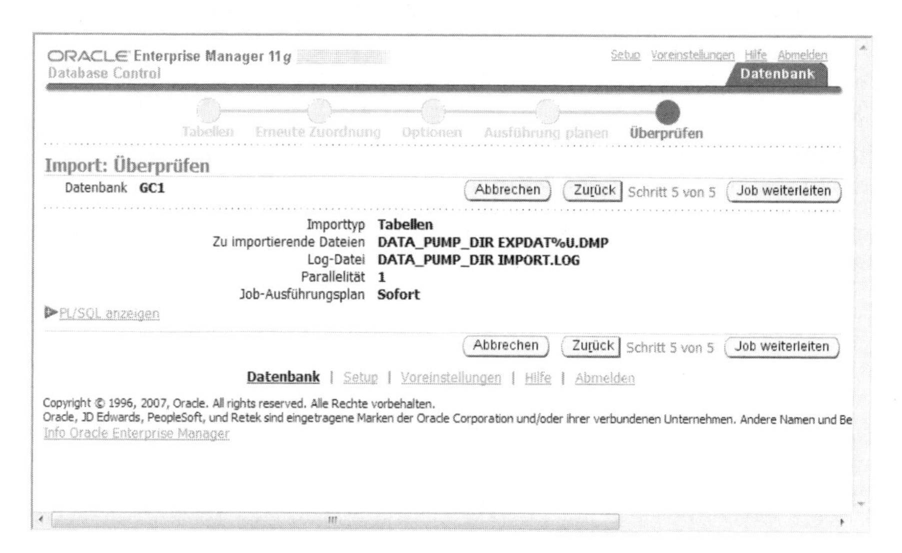

Abbildung 7.50: Überprüfung Job-Einplanung

Bei sofortiger Ausführung des Jobs wird anschließend folgendes Fenster angezeigt:

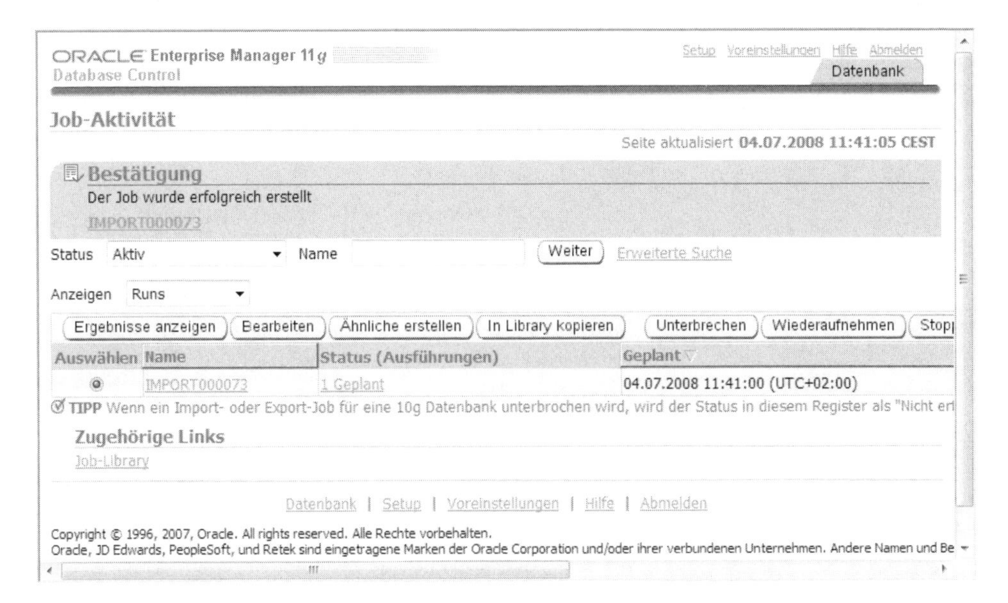

Abbildung 7.51: Job-Aktivität

Nachfolgend eine Beschreibung der wichtigsten Import-Parameter, die für logisches Backup und Recovery relevant sind:

Parameter	Beschreibung
ATTACH	Verbindet eine Clientsitzung mit einem aktuell laufenden Data Pump-Import-Job. Anschließend befindet man sich im interaktiven Modus und kann den Job administrieren.
CONTENT	Filter, was importiert werden soll. DATA_ONLY: Daten METADATA_ONLY: Objektdefinitionen ALL: Daten und Objektdefinitionen (Default)
DIRECTORY	Verzeichnis der Dump-, Log- und SQL-Dateien. Das Verzeichnis muss zuvor als Directory-Objekt (siehe Abschnitt 7.5.1 Punkt 1) definiert worden sein. Kann durch Setzen der Parameter `DUMPFILE`, `LOGFILE` und `SQLFILE` übersteuert werden. Dadurch ist eine Verteilung der einzelnen Dateitypen auf verschiedene Verzeichnisse möglich.

Tabelle 7.11: Data Pump-Import-Parameter

Parameter	Beschreibung
DUMPFILE	Definiert den Namen und optional das Directory-Objekt für die Dump-Datei, die beim Export erzeugt wurde. Dieser Parameter übersteuert den Parameter DIRECTORY. Beispiel (Directory-Objekt für Dump-Verzeichnis dumpdir): DUMPFILE=dumpdir:expdp1.dat Es ist möglich, mehrere Dump-Dateien anzugeben. Wenn die Variable %U innerhalb eines Dump-Dateinamens verwendet wird, importiert impdp alle Dateien aus dem Verzeichnis dumpdir, die dem angegebenen Template wie beispielsweise expdp%U.dat entsprechen. %U ist definiert als zweistellige Zahl beginnend mit 01. Beispiel: DUMPFILE=dumpdir:expdp%U.dat
EXCLUDE	Schließt Objekte und deren abhängige Objekte vom Import aus. Welche Objekte ausgeschlossen werden können, kann über die Views DATABASE_EXPORT_OBJECTS (bei Full Modus), SCHEMA_EXPORT_OBJECTS (bei Schema-Modus) und TABLE_EXPORT_OBJECTS (bei Tabellen- und Tablespace-Modus) ermittelt werden. Es ist zusätzlich möglich, die Menge der ausgeschlossenen Objekte noch durch Angabe einer Untermenge einzuschränken. Beispiel (Ausschluss von Indizes, die mit GEH enden): EXCLUDE=INDEX: "LIKE '%GEH'"
FLASHBACK_SCN	Der Import wird mit dem konsistenten Datenbestand durchgeführt, der zum Zeitpunkt der definierten FLASHBACK_SCN gültig war. Voraussetzung für die Nutzung von FLASHBACK_SCN ist die Definition des Parameters NETWORK_LINK FLASHBACK_SCN ist nur für Flashback Query verwendbar. Alle anderen Flashback-Arten sind nicht möglich.

Tabelle 7.11: Data Pump-Import-Parameter (Forts.)

Parameter	Beschreibung
FLASHBACK_TIME	Der Import wird mit dem konsistenten Datenbestand durchgeführt, der zum Zeitpunkt FLASHBACK_TIME gültig war. Hierfür wird die SCN verwendet, die als nächste SCN zum definierten FLASHBACK_TIME-Zeitpunkt liegt. Voraussetzung für die Nutzung von FLASHBACK_TIME ist die Definition des Parameters NETWORK_LINK Für die Angabe von FLASHBACK_TIME ist es sinnvoll, eine Parameterdatei zu nutzen, um die Angabe des Strings für den gewünschten Zeitpunkt zu vereinfachen (keine Escape-Zeichen in Parameterdatei notwendig für Leerzeichen). FLASHBACK_TIME ist nur für Flashback Query verwendbar. Alle anderen Flashback-Arten sind nicht möglich.
FULL	Gesamte Dump-Datei wird importiert (Default: y) Wird von einer anderen Datenbank importiert, wird die gesamte Datenbank importiert.
HELP	Durch HELP=y wird eine Liste der Import-Parameter sowie der Kommandos, die im interaktiven Modus möglich sind, ausgegeben.
INCLUDE	Definiert Objekte, die zu importieren sind Funktionsweise analog Parameter EXCLUDE
JOB_NAME	Definiert für den Job einen Namen, der bei weiteren Aktionen (wie ATTACH oder bei der Überwachung des Jobs) verwendet wird. Default Jobname: SYS_<IMPORT or SQLFILE>_<mode>_NN Beispiel: SYS_IMPORT_TABLE_03
LOGFILE	Definiert den Namen und optional das Directory-Objekt für die Log-Datei. Dieser Parameter übersteuert den Parameter DIRECTORY. Beispiel (Directory-Objekt für Log-Verzeichnis logdir): DUMPFILE=logdir:imp.log

Tabelle 7.11: Data Pump-Import-Parameter (Forts.)

Parameter	Beschreibung
NETWORK_LINK	Hierbei wird ein Import über einen definierten Datenbank-Link durchgeführt. Wurde beim Aufruf von `impdp` der Parameter `NETWORK_LINK` gesetzt, verbindet sich die Datenbank, mit der `impdp` verbunden ist, mit der Datenbank, aus der importiert werden soll (definiert über Parameter `NETWORK_LINK` beziehungsweise den entsprechenden Datenbank-Link). Importiert werden die Daten in die Datenbank, von der aus `impdp` gestartet wurde. Zum Import werden dann natürlich statt der Daten aus einer Dump-Datei die Daten der Quelldatenbank verwendet. Voraussetzung für die Nutzung des Parameters sind die Definition eines gültigen Datenbank-Links über `CREATE DATABASE LINK` sowie ausreichende Rechte des Benutzers, der den Import ausführt.
PARALLEL	Ändert die Anzahl der Worker-Prozesse beziehungsweise Parallel-Query-Prozesse des aktiven Jobs (nur gültig in der Enterprise Edition). Der Parameter kann dynamisch im interaktiven Modus während der Ausführung des Jobs verändert werden. Sinnvoll wäre beispielsweise, während der Produktivzeiten den Parallelisierungsgrad zu begrenzen, um noch genügend Ressourcen für den Produktivbetrieb bereitstellen zu können. Während der nicht produktiven Zeiten kann die Parallelisierung entsprechend erhöht werden.
PARFILE	Name der Parameterdatei
QUERY	Filter für Import einer Teilmenge der Tabellendaten Beispiel (Import der Daten der Tabelle `gehalt` für die Mitarbeiter mit Personalnummer `pnr` kleiner 50) `QUERY=gehalt:"WHERE pnr < 50"` Es ist möglich, auch andere SQL-Klauseln außer `WHERE`-Klauseln zu verwenden. Für die Definition der `QUERY`-Werte ist es sinnvoll, eine Parameterdatei zu nutzen, um die Angabe der Klausel zu vereinfachen (keine Escape-Zeichen in Parameterdatei notwendig für Leerzeichen).
REMAP_SCHEMA	Import von Daten aus dem Quellschema in das Zielschema Beispiel (Quellschema `gmch`, Zielschema `lekl`): `REMAP_SCHEMA=gmch:lekl`
REMAP_TABLE	Importieren der Daten einer Tabelle in eine andere Tabelle Beispiel (Quelltabelle `gehalt`, Zieltabelle `gehalt_bak`): `REMAP_TABLE=gehalt:gehalt_bak`

Tabelle 7.11: Data Pump-Import-Parameter (Forts.)

Parameter	Beschreibung
REMAP_TABLESPACE	Import von Daten aus dem Quell-Tablespace in den Ziel-Tablespace Beispiel (Quell-Tablespace `a_tsp`, Ziel-Tablespace `b_tsp`): `REMAP_TABLESPACE=a_tsp:b_tsp`
REUSE_DATAFILES	Überschreiben bereits vorhandener Datendateien (Default: n) `REUSE_DATAFILES=n`: Ist eine Datendatei beim Erzeugen eines Tablespace bereits vorhanden, wird sie nicht überschrieben. `REUSE_DATAFILES=y`: Ist die Datendatei bei Erzeugen eines Tablespace bereits vorhanden, wird sie wieder verwendet. Achtung: Soll auf demselben Rechner die gleiche Datenbank noch einmal angelegt werden, besteht die Gefahr, dass durch `REUSE_DATAFILES=y` die Datendateien der Quellinstanz versehentlich verwendet und dadurch ungewollt überschrieben werden.
SCHEMAS	Liste der zu importierenden Benutzer, das heißt, die Objekte der definierten Benutzer werden importiert.
SQLFILE	Definiert den Namen und optional das Directory-Objekt für die Datei, in welche die DDL-Statements für den Import geschrieben werden. Es werden nur die Statements in die Datei geschrieben, aber keine weiteren Aktionen wie Laden der Daten oder Ausführen der SQL-Statements durchgeführt. Beispiel (Directory-Objekt für Verzeichnis `sqldir`): `SQLFILE=sqldir:imp.sql`
TABLE_EXISTS_ACTION	Aktion, die bei bereits existierender Tabelle ausgeführt werden soll SKIP: Tabelle wird übersprungen (Default) APPEND: Daten werden hinzugefügt (Ausnahme: Default für `CONTENT=DATA_ONLY`) TRUNCATE: Daten löschen und neu importieren REPLACE: Tabelle löschen, neu anlegen und Daten neu importieren
TABLES	Liste der zu importierenden Tabellen-, Partitions- oder Subpartitionsnamen
TABLESPACES	Liste der zu importierenden Tablespaces

Tabelle 7.11: Data Pump-Import-Parameter (Forts.)

Parameter	Beschreibung
TRANSPORT_DATAFILES	Liste der Datendateien, die bei Import transportierbarer Tablespaces zu importieren sind Voraussetzung: Die Dateien müssen bereits auf die Zieldatenbank kopiert worden sein. Für die Definition der Datendateien ist es sinnvoll, eine Parameterdatei zu nutzen (keine Escape-Zeichen in Parameterdatei notwendig). Beispiel: `TRANSPORT_DATAFILES='e:\oracle\gc\data_1\data_1.dbf'`
TRANSPORT_FULL_CHECK	Definiert, ob eine Prüfung der Abhängigkeiten beim Import transportierbarer Tablespaces vorgenommen wird. Hierbei wird kontrolliert, ob es abhängige Objekte gibt, die nicht in der Menge der definierten transportierbaren Tablespaces enthalten sind. Existiert zum Beispiel zu einer zu importierenden Tabelle ein Index, der sich jedoch in einem anderen als dem angegebenen Tablespaces befindet, wird ein Fehler ausgegeben.
TRANSPORT_TABLESPACES	Liste der Tablespaces, die bei Import transportierbarer Tablespaces zu importieren sind Voraussetzung für die Nutzung von `TRANSPORT_TABLESPACES` ist die Definition des Parameters `NETWORK_LINK`.
TRANSPORTABLE	Transport von Tabellen analog `TRANSPORT_TABLESPACES` Ab Oracle 11g ist es möglich, Tabellen analog der Vorgehensweise bei transportierbaren Tablespaces zu importieren. Dies wird gesteuert über den Parameter `TRANSPORTABLE` (nur nutzbar beim Import von Tabellen). Mögliche Werte von `TRANSPORTABLE`: ALWAYS: Nutzung transportierbarer Tabellen NEVER (Default): Konventioneller Data Pump-Import über Direct Path oder External Tables Voraussetzung für die Nutzung von `TRANSPORTABLE` ist die Definition des Parameters `NETWORK_LINK`
VERSION	Kann verwendet werden, um eine Menge an Daten zu importieren, die zu einer älteren Oracle-Version kompatibel sind. Beispielsweise wird eine Tabelle, die Datentypen enthält, die in der beim Parameter `VERSION` angegebenen Version noch nicht vorhanden waren, nicht importiert.

Tabelle 7.11: Data Pump-Import-Parameter (Forts.)

Im nächsten Abschnitt werden die verschiedenen Modi kurz vorgestellt, in denen Data Pump-Import genutzt werden kann.

Es wird angenommen, dass bereits ein Directory-Objekt `dpdest` für das Dump- und Log-Verzeichnis definiert wurde.

Tabellen

Über diese Funktionalität können Tabellen, Partitionen, Subpartitionen und die zugehörigen Objekte importiert werden.

Voraussetzung dafür ist, dass der Benutzer, der den Import ausführt, ausreichende Rechte besitzt, um die Objekte anzulegen und die Daten zu importieren.

Import von Tabellen (bei Aufruf über Kommandozeile):

```
C:\> impdp <user>/<password> DIRECTORY=<directory_object> TABLES=<tablename_1>, …,
<tablename_n>
```

Beispiel (Import der Tabellen `gehalt`, `mitarbeiter`):

```
C:\> impdp gmch/munich DIRECTORY=dpdest TABLES=gehalt, mitarbeiter
```

Import von Partitionen:

```
C:\> impdp <user>/<password> DIRECTORY=<directory_object>
TABLES=<tablename_1>:<partitionname_1>, …, <tablename_n>:<partitionname_xyz>
```

Beispiel (Import der Partitionen `p1` und `p3` der Tabelle `gehalt`):

```
C:\> impdp gmch/munich DIRECTORY=dpdest TABLES=gehalt:p1, gehalt:p3
```

Schema

Hierbei werden alle Objekte importiert, die zu einem bestimmten Schema (das heißt Benutzer) gehören. Die verwendete Dump-Datei kann mehr Objekte enthalten, als zu dem gewünschten Schema gehören.

Mithilfe des Schema-Modus werden die Objekte eines Benutzers entweder in das eigene Schema oder in fremde Benutzerschemata importiert. Um Objekte in fremde Benutzerschemata zu importieren, werden entsprechende Rechte (`IMP_FULL_DATABASE`) benötigt.

Existiert das zu importierende Schema noch nicht, wird es durch den Import angelegt.

Import der Objekte eines Benutzers:

```
C:\> impdp <user>/<password> DIRECTORY=<directory_object> SCHEMAS=<schema_name>
```

Beispiel (Import des Schemas `gmch`):

```
C:\> impdp gmch/munich DIRECTORY=dpdest SCHEMAS=gmch
```

Import der Objekte eines Quellschemas in ein anderes Zielschema:

```
C:\> impdp <user>/<password> DIRECTORY=<directory_object>
REMAP_SCHEMA=<source_schema>:<target_schema>
```

Beispiel (Import des Quellschemas `gmch` in das Zielschema `lekl`):

```
C:\> impdp gmch/munich DIRECTORY=dpdest REMAP_SCHEMA=gmch:lekl
```

Tablespaces

In diesem Modus werden alle Objekte und Daten inklusive der abhängigen Objekte importiert, die zu einem definierten Tablespace gehören. Auch hier kann die Dump-Datei mehr Objekte enthalten, als zu dem gewünschten Tablespace gehören. Die Tablespaces müssen vor dem Import vorhanden sein.

```
C:\> impdp <user>/<password> DIRECTORY=<directory_object>
TABLESPACES=<tablespace_name>
```

Beispiel (Import des Tablespace appl1):

```
C:\> impdp gmch/munich DIRECTORY=dpdest TABLESPACES=appl1
```

Transportierbare Tablespaces

Beim Import eines Tablespace werden lediglich die Metadaten eines transportierbaren Tablespace importiert. Die eigentlichen Daten werden über Kopieren der entsprechenden Datendateien des transportierbaren Tablespace auf dem Rechner der Zieldatenbank zur Verfügung gestellt.

Hierbei ist zu beachten, dass die Zieldatenbank das gleiche oder ein höheres Release besitzt als die Quelldatenbank.

Voraussetzung für den Import transportierbarer Tablespaces ist die Rolle IMP_FULL_DATABASE.

Das Vorgehen unterscheidet sich nur in den expdp- beziehungsweise impdp-Kommandos vom Vorgehen bei der Nutzung transportierbarer Tablespaces beim konventionellen Export. Der Ablauf wurde in Abschnitt 4.2.2, Export eines Tablespaces, bereits beschrieben. Das Kommando für expdp bei transportierbaren Tablespaces ist in Abschnitt 4.3.4, Transportierbare Tablespaces, beschrieben.

Beispiel bei Nutzung einer Parameterdatei ttsp.par (das Directory-Object dpdest und der Datenbank-Link gc_source wurden im Vorfeld bereits definiert):

```
DIRECTORY=dpdest
NETWORK_LINK=gc_source
TRANSPORT_TABLESPACES=appl1
TRANSPORT_DATAFILES='e:\oracle\gc\data_1\data_1.dbf'
```

Vor Ausführung des impdp-Befehles sollte die Datendatei e:\oracle\gc\data_1\data_1.dbf auf dem Rechner der Zieldatenbank verfügbar sein. Bei Nutzung des Import-Parameters TRANSPORT_TABLESPACES muss über den Parameter NETWORK_LINK ein Datenbank-Link beim Aufruf angegeben werden.

```
C:\> impdp gmch/munich PARFILE=ttsp.par
```

Alternativ ist es auch möglich, transportierbare Tablespaces über den Enterprise Manager zu importieren. Der Aufruf erfolgt im Register VERSCHIEBEN VON DATEN – Abschnitt DATENBANKDATEIEN VERSCHIEBEN – Unterpunkt TRANSPORT TABLESPACES.

Full

Diese Funktionalität importiert eine komplette Dump-Datei. Damit kann beispielsweise eine Datenbank neu aufgebaut werden.

```
C:\> impdp <user>/<password> DIRECTORY=<directory_object> FULL=Y
```

Beispiel:

```
C:\> impdp gmch/munich DIRECTORY=dpdest FULL=Y
```

Überwachung der Data Pump-Jobs

Im interaktiven Modus ist die Überwachung der Data Pump-Jobs – wie bereits im Abschnitt »Interaktiver Aufruf« beschrieben – über Eingabe von `STATUS` möglich. Über den Parameter `LOGFILE` können diese Statusmeldungen in eine Log-Datei geschrieben werden.

Zusätzlich gibt es noch die Möglichkeit, die Jobs über die Views `DBA_DATAPUMP_JOBS` und `V$SESSION_LONGOPS` zu überwachen.

Über die View `V$SESSION_LONGOPS` kann der Fortschritt des Jobs überwacht werden. Es sind folgende Spalten interessant:

Spalte	Beschreibung
OPNAME	Kurzbeschreibung der Operation
TARGET_DESC	Beschreibung des Zielobjekts
SOFAR	Bereits importierte Daten in MB
TOTALWORK	Gesamtmenge zu importierender Daten für diesen Job in MB

Tabelle 7.12: View V$SESSION_LONGOPS

Darüber hinaus können alle aktiven Data Pump-Jobs in der Datenbank – unabhängig von ihrem derzeitigen Status – über die View `DBA_DATAPUMP_JOBS` angezeigt werden. Nachfolgend werden die wichtigsten Spalten beschrieben:

Spalte	Beschreibung
JOB_NAME	Name des Jobs
OPERATION	Jobtyp
JOB_MODE	Jobmodus
STATE	Status des Jobs
DEGREE	Anzahl der Worker-Prozesse, welche die Operation ausführen

Tabelle 7.13: View DBA_DATAPUMP_JOBS

7.6 Tablespace Point-in-Time Recovery (TSPITR)

Über ein Tablespace Point-in-Time Recovery ist es möglich, einen oder mehrere Tablespaces auf einen anderen Zeitpunkt zurückzusetzen als den Rest der Datenbank. Dieses Recovery ist sinnvoll, wenn:

- mehrere logische Datenbanken in eigenen Tablespaces einer physikalischen Datenbank betrieben werden
- fehlerhafte Kommandos auf Daten ausgeführt wurden, die in einem genau abzugrenzenden Bereich wie einem Tablespace liegen
- fehlerhafte Kommandos auf einzelnen Tabellen abgesetzt wurden
- bei sehr großen Datenbanken, wenn ein TSPITR schneller ist als ein vollständiges Recovery der ganzen Datenbank

Hierfür wird eine zweite Hilfs-Datenbank aufgebaut, die lediglich aus den Datendateien des System-Tablespace, des SYSAUX-Tablespace, des Undo-Tablespace und den Tablespaces, für die ein Recovery notwendig ist, besteht. Anschließend wird der Tablespace, für den das Recovery nötig ist, entweder exportiert und auf der Original-Datenbank wieder importiert oder über die Funktionalität »Transportierbare Tablespaces« die Datendateien des Tablespace der Hilfs-Datenbank an die Original-Datenbank angehängt. Die Hilfs-Datenbank wird auch Auxiliary-Datenbank genannt.

Ab Oracle 10g sollte ein TSPITR über transportierbare Tablespaces vorgenommen werden, dies wird in den nachfolgenden Abschnitten beschrieben. Für Releases vor Oracle 10g sind das Vorgehen beziehungsweise die Kommandos teilweise unterschiedlich. Hier möchten wir an dieser Stelle auf die Oracle-Dokumentation verweisen.

> **Hinweis**
> Bevor sich ein Datenbankadministrator für ein Tablespace Point-in-Time-Recovery entscheidet, sollte jedoch genau geprüft werden, ob es nicht möglich ist, die fehlerhaften Daten mithilfe der FLASHBACK-Technologie wiederherzustellen. Im Normalfall ist es wesentlich einfacher und auch schneller, FLASHBACK anstatt eines TSPITR zu nutzen.

TSPITR kann auch etwas einfacher mittels RMAN durchgeführt werden. Nachfolgend wird ein manuelles TSPITR ohne Verwendung von RMAN beschrieben. Bei diesem Verfahren wird auch die Nutzung des konventionellen Exports erläutert, der ab Oracle 11g zwar noch ausgeliefert, aber nicht mehr unterstützt wird. Ab Oracle 11g sollte für ein TSPITR gemäß Empfehlung von Oracle nur noch RMAN verwendet werden.

7.6.1 Vorgehen

1. **Abhängige Objekte prüfen**

   Um ein TSPITR erfolgreich durchführen zu können, dürfen keine Abhängigkeiten wie zum Beispiel Indizes existieren, die außerhalb der zurückzuspielenden Tablespaces liegen. Dies kann mit folgendem Befehl geprüft werden:

```
SQL> SELECT * FROM TS_PITR_CHECK WHERE TS1_NAME = '<tablespace_name>';
```

Existiert zum Beispiel ein Index, der außerhalb der zurückzuspielenden Tablespaces liegt, kann entweder der Tablespace, in dem der Index abgelegt ist, ebenfalls in die Auxiliary-Datenbank mit aufgenommen werden, oder der Index wird gelöscht (in der Original- und Auxiliary-Datenbank) und nach Durchführung des TSPITR in der Original-Datenbank wieder erzeugt.

Alle Objekte, die nach dem Recovery-Zeitpunkt in den betroffenen Tablespaces erzeugt wurden, gehen verloren. Welche Objekte betroffen sind, kann über die View `TS_PITR_OBJECTS_TO_BE_DROPPED` herausgefunden werden.

Beispiel (Tablespaces `USERS` und `DATA`, gewählter Recovery-Zeitpunkt 31.01.2008 16:25:45):

```
SQL> SELECT OWNER, NAME, TABLESPACE_NAME,
TO_CHAR(CREATION_TIME, 'YYYY-MM-DD:HH24:MI:SS')
FROM SYS.TS_PITR_OBJECTS_TO_BE_DROPPED
WHERE TABLESPACE_NAME IN ('USERS','DATA')
AND CREATION_TIME > TO_DATE('08-01-31:16:25:45','YY-MM-DD:HH24:MI:SS')
ORDER BY TABLESPACE_NAME, CREATION_TIME;
```

2. **Tablespaces, die ein TSPITR benötigen, in der Original-Datenbank offline setzen**

   Um weitere Änderungen auf den betroffenen Original-Tablespaces und damit Datenverlust zu verhindern, sollten die Tablespaces bis zum Abschluss des TSPITR in der Original-Datenbank offline gesetzt werden.

```
SQL> ALTER TABLESPACE <tablespace_name> OFFLINE;
```

Alternativ kann bei fehlenden Datendateien der beteiligten Tablespaces auch ein

```
SQL> ALTER TABLESPACE <tablespace_name> OFFLINE TEMPORARY;
```

oder

```
SQL> ALTER TABLESPACE <tablespace_name> OFFLINE IMMEDIATE;
```

durchgeführt werden.

Über die Option **TEMPORARY** wird der Tablespace offline gesetzt. Im Unterschied zu IMMEDIATE werden hier jedoch die unbeschädigten Datendateien noch mit einem Checkpoint versehen, die beschädigten Datendateien werden ignoriert. Diese Option sollte sinnvollerweise als Erstes versucht werden.

Über die Option **IMMEDIATE** wird der Tablespace ebenfalls offline gesetzt, die Datendateien erhalten keinen Checkpoint.

3. **Aufbau der Auxiliary-Datenbank vorbereiten**

   Auf dem Rechner, der für die Auxiliary-Datenbank vorgesehen ist, sollten genügend Plattenplatz für das Einspielen der Sicherung sowie genügend Memory-Ressourcen zum Starten der Auxiliary-Datenbank zur Verfügung stehen.

Soll die Auxiliary-Datenbank auf einem zweiten Rechner aufgebaut werden, muss die Oracle-Software installiert sein. Außerdem sollte für eine Remote-Verbindung zur Original-Datenbank noch Oracle Net konfiguriert sein.

Bei Windows-Systemen muss mittels ORADIM ein Oracle-Service für die Auxiliary-Datenbank erzeugt werden.

Beispielaufruf ORADIM:

```
C:\>ORADIM -NEW -SID <SID>
```

Auch die Umgebungsvariable ORACLE_SID muss auf die Auxiliary-Datenbank gesetzt werden.

Es werden folgende Dateien benötigt:

- Datendateien

  Die für den Aufbau der Auxiliary-Datenbank verwendete Sicherung der Datendateien muss vor dem gewünschten Recover-Zeitpunkt erfolgt sein.

- Control-Dateien

  Die für den Aufbau der Auxiliary-Datenbank verwendete Sicherung der Control-Datei muss vor dem gewünschten Recover-Zeitpunkt erfolgt sein.

  Die Sicherung MUSS mit dem Befehl ALTER DATABASE BACKUP CONTROLFILE TO '<controlfile_name>' durchgeführt worden sein.

- Offline-Redolog-Dateien

  Es werden alle Offline-Redolog-Dateien benötigt, die ab Beginn der verwendeten Sicherung bis zum gewünschten Recovery-Zeitpunkt geschrieben wurden.

- Parameterdatei

  Für die Parameterdatei der Auxiliary-Datenbank wird am einfachsten die Parameterdatei der Original-Datenbank kopiert (Benennung zum Beispiel INITAUXDB.ORA). Wird ein SPFILE verwendet, so sollte einfacherweise eine editierbare INIT.ORA-Datei erzeugt werden.

  Anschließend ist es sinnvoll, speicherrelevante Parameter der Auxiliary-Datenbank zu verkleinern wie zum Beispiel:

  ```
  DB_CACHE_SIZE
  SHARED_POOL_SIZE
  LARGE_POOL_SIZE
  PROCESSES
  ```

  Der Parameter DB_NAME der Auxiliary-Datenbank muss GLEICH dem Parameter auf der Original-Datenbank sein.

  Der Parameter LOG_FILE_NAME_CONVERT muss angegeben werden. Dadurch wird der Pfad der Online-Redolog-Dateien der Original-Datenbank und der Auxiliary-Datenbank definiert (zum Beispiel LOG_FILE_NAME_CONVERT=('e:\oracle\gc', 'e:\oracle\auxdb').

Aufbau der Auxiliary-Datenbank auf dem gleichen Rechner:

Folgende Parameter müssen gesetzt werden:

`CONTROL_FILES`: Dieser Parameter muss für die Auxiliary-Datenbank unterschiedlich zur Original-Datenbank gesetzt sein.

`DB_UNIQUE_NAME`: Dieser Parameter muss auf einen anderen Wert als der Name der Original-Datenbank gesetzt werden (zum Beispiel `DB_UNIQUE_NAME=AUXDB`).

`DB_FILE_NAME_CONVERT`: Über diesen Parameter muss der Pfad der Datendateien der Original-Datenbank und der Auxiliary-Datenbank angegeben werden (zum Beispiel `DB_FILE_NAME_CONVERT=('e:\oracle\gc', 'e:\oracle\auxdb')`).

Aufbau der Auxiliary-Datenbank auf einem zweiten Rechner:

`DB_FILE_NAME_CONVERT`: Über diesen Parameter müssen bei unterschiedlichen Pfaden der Datendateien der Original-Datenbank und der Auxiliary-Datenbank beide Pfade der Datendateien der Datenbanken angegeben werden (zum Beispiel `DB_FILE_NAME_CONVERT=('e:\oracle\gc', 'e:\oracle\auxdb')`).

- Falls erforderlich muss noch eine Passwortdatei für die Auxiliary-Datenbank erzeugt werden.

4. **Auxiliary-Datenbank erzeugen und Recovery der Auxiliary-Datenbank durchführen**

Die Auxiliary-Datenbank kann entweder auf dem gleichen oder einem anderen Rechner als die Original-Datenbank erzeugt werden. Das nachfolgend beschriebene Vorgehen kann für beide Varianten verwendet werden.

- Einspielen der Sicherung der Datendateien des System-Tablespace, des SYSAUX-Tablespace, des Undo-Tablespace, der Tablespaces, für die ein Recovery notwendig ist, und der Control-Datei:

  Wird die Auxiliary-Datenbank auf dem gleichen Rechner wie die Original-Datenbank aufgebaut, muss die Sicherung der Datendateien in ANDERE (!) Verzeichnisse als die Datendateien der Original-Datenbank eingespielt werden. Wird für die Auxiliary-Datenbank ein zweiter Rechner verwendet, können (müssen aber nicht!) die gleichen Pfade wie auf der Original-Datenbank verwendet werden.

- Starten der Auxiliary-Datenbank in den NOMOUNT-Status mit `STARTUP NOMOUNT`, am besten mit expliziter Angabe der Parameterdatei der Auxiliary-Datenbank (siehe Schritt 3, Parameterdatei):

```
SQL> STARTUP NOMOUNT PFILE=<parameterfile auxiliary database>
```

- Starten der Auxiliary-Datenbank in den MOUNT-Status mit CLONE-Schlüsselwort

```
SQL> ALTER DATABASE MOUNT CLONE DATABASE;
```

- Alle Datendateien der Auxiliary-Datenbank online setzen

Die Namen und der Status der Datendateien können ermittelt werden über:

```
SQL> SELECT NAME, STATUS FROM V$DATAFILE;
```

Nun alle Datendateien, für die ein Recovery durchgeführt werden soll und deren Status OFFLINE ist, auf ONLINE setzen:

```
SQL> ALTER DATABASE DATAFILE '<filename>' ONLINE;
```

Beispiel:

```
SQL> ALTER DATABASE DATAFLE 'e:\oracle\auxdb\data_1\data_1.dbf' ONLINE;
```

- Unvollständiges Recovery für die Auxiliary-Datenbank durchführen

Beispiel für ein cancel-basiertes Recovery (andere Kommandos für unvollständiges Recovery siehe Abschnitt 6.2.2):

```
SQL> RECOVER DATABASE UNTIL CANCEL USING BACKUP CONTROLFILE;
```

Falls die Daten zum Ziel-Zeitpunkt des Recoverys sich noch in den Online-Redolog-Dateien der Original-Datenbank befinden, kann auf dieser der folgende Befehl abgesetzt werden, um alle Änderungen in den Offline-Redolog-Dateien für das Recovery der Auxiliary-Datenbank bereitzustellen:

```
SQL> ALTER SYSTEM ARCHIVE LOG CURRENT;
```

- Auxiliary-Datenbank mit `OPEN RESETLOGS` öffnen

```
SQL> ALTER DATABASE OPEN RESETLOGS;
```

5. **Über die Funktionalität »Transportierbare Tablespaces« die Tablespaces von der Auxiliary-Datenbank zur Original-Datenbank übertragen**

- Tablespaces in der Auxiliary-Datenbank auf `READ ONLY` setzen (Voraussetzung: Administratorrechte)

```
SQL> ALTER TABLESPACE <tablespace_name> READ ONLY;
```

- Prüfen, ob alle benötigten Objekte in den Tablespaces der Auxiliary-Datenbank enthalten sind

Feststellen, ob das Tablespace-Set vollständig ist:

```
SQL> EXECUTE SYS.DBMS_TTS.TRANSPORT_SET_CHECK('<tablespace_name>',TRUE,TRUE);
```

Die Parameter TRUE, TRUE geben an, dass Constraints ebenfalls überprüft werden sollen und ein vollständiger Check aller Abhängigkeiten durchgeführt werden soll.

```
SQL> SELECT * FROM SYS.TRANSPORT_SET_VIOLATIONS;
```

Sind alle abhängigen Objekte enthalten, ist diese View leer.

- Export der Metadaten der benötigten Tablespaces der Auxiliary-Datenbank durchführen (Anmeldung `AS SYSDBA` erforderlich für Export der Metadaten)

```
C:\> exp TRANSPORT_TABLESPACE=y TABLESPACES=<tablespace_name1>,
<tablespace_name2> FILE=<export dump file> TTS_FULL_CHECK=y
Username: sys as sysdba
Password:
```

Alternativ ist es auch möglich, den Export über Data Pump-Export durchzuführen. Gegebenenfalls muss vorher noch ein Directory-Objekt für das DUMPFILE-Verzeichnis definiert werden (siehe Abschnitt 7.5.1).

```
C:\> expdp DUMPFILE=<export dump file>
TRANSPORT_TABLESPACES=<tablespace_name1>, <tablespace_name2>
TRANSPORT_FULL_CHECK=y
Username: sys as sysdba
Password:
```

- Drop der Tablespaces, die ein TSPITR benötigten, in der Original-Datenbank

```
SQL> DROP <tablespace_name> INCLUDING CONTENTS AND DATAFILES;
```

- Kopieren der benötigten Datendateien von der Auxiliary-Datenbank auf die Original-Datenbank mit Betriebssystemmitteln
- Gegebenenfalls Dump-Datei des Exports auf den Rechner mit der Original-Datenbank kopieren
- Import der Metadaten der benötigten Tablespaces in die Original-Datenbank (Anmeldung AS SYSDBA erforderlich für Import der Metadaten)

```
C:\> imp TRANSPORT_TABLESPACE=y FILE=<dumpfile_name>
DATAFILES='<datafile_name1', '<datafile_name2'
Username: sys as sysdba
Password:
```

Alternativ ist es auch möglich, den Import über Data Pump-Import beziehungsweise den Enterprise Manager durchzuführen (falls der Export über Data Pump erfolgt ist).

Data Pump-Import:

Gegebenenfalls muss vorher noch ein Directory-Objekt für das DUMPFILE-Verzeichnis definiert werden (siehe Abschnitt 7.5.1)

```
C:\> impdp DUMPFILE=<dumpfile_name> TRANSPORT_DATAFILES='<datafile_name1',
'<datafile_name2'
Username: sys as sysdba
Password:
```

Enterprise Manager:

Über das Register VERSCHIEBEN VON DATEN – Abschnitt DATENBANKDATEIEN VERSCHIEBEN – Unterpunkt TRANSPORT TABLESPACES kann durch Auswählen der Option »Bestehendes Transportable Tablespace Set« der Tablespace importiert werden.

- Beteiligte Tablespaces in der Original-Datenbank wieder auf READ WRITE setzen

```
SQL> ALTER TABLESPACE <tablespace_name> READ WRITE;
```

- Alert-Datei kontrollieren
- Vollsicherung der Original-Datenbank durchführen
- Auxiliary-Datenbank löschen

8 Korruptionen

Korruptionen sind zerstörte Blöcke in der Datenbank. Durch nicht beseitigte Korruptionen können Daten verloren gehen. Um die Korruptionen zu bereinigen, kann ein langwieriges Recovery notwendig werden.

Je eher eine Korruption erkannt wird, desto geringer ist die Wahrscheinlichkeit eines Datenverlustes. Tritt eine Korruption auf, kann es erforderlich sein, dass die entsprechende Datendatei aus einer Sicherung wiederhergestellt werden muss, die den zerstörten Block noch nicht enthält. Wird die Korruption erst sehr spät festgestellt, kann es im schlimmsten Fall vorkommen, dass keine korruptionsfreie Sicherung mehr zur Verfügung steht, und damit droht dann ein endgültiger Datenverlust.

Die Ursache von Korruptionen kann vielfältig sein wie zum Beispiel Bugs in Betriebssystemen, defekte Controller oder fehlerhafte Storage Systeme. Um Korruptionen zu vermeiden, hat Oracle die sogenannte HARD (Hardware Assisted Resilient Data) Initiative ins Leben gerufen. Hierbei werden in Zusammenarbeit mit Oracle von ausgewählten System- und Storage-Herstellern Systeme zur Verfügung gestellt, die schnellstmögliche Erkennung und präventive Beseitigung von Korruptionen gewährleisten. Jedoch können auch hier Korruptionen nicht in jedem Fall vermieden werden.

Eine Möglichkeit zur Vermeidung von Korruptionen sind Standby-Datenbanken wie zum Beispiel Data Guard. Bei Standby-Datenbanken werden physikalische Ursachen von Korruptionen durch die Nutzung paralleler Hardware weitgehend ausgeschlossen. Logische Korruptionen beispielsweise durch Benutzerfehler können durch eine zeitliche Verzögerung des Recoverys der Standby-Datenbank vermieden werden. Darüber hinaus wird durch das permanente Recovery der Redolog-Dateien in die Standby-Datenbank automatisch eine Prüfung der Konsistenz der Redolog-Dateien durchgeführt. Ist eine Standby-Datenbank vorhanden, kann diese verwendet werden, um entweder einzelne Datensätze auf der Original-Datenbank wiederherzustellen, die Original-Datenbank komplett neu aufzubauen oder die Standby-Datenbank als Original-Datenbank weiter zu betreiben.

Die einfachste Maßnahme zur Vermeidung und Behebung von Korruptionen besteht jedoch in der Nutzung des Oracle Recovery Managers (RMAN).

RMAN prüft bei **jedem** Backup auf physische Korruptionen, und das automatisch und ohne gesonderte Aktionen. Logische Korruptionen werden per Default zwar nicht erkannt, doch lässt sich auch dieser Check recht einfach aktivieren.

Beim Lesen der Datenblöcke prüft RMAN stets auf physische Konsistenz und protokolliert Korruptionen. Sofern die Datenbank komplett mit RMAN gesichert wird, wird jeder belegte Datenblock gelesen. Damit ist implizit sichergestellt, dass Blockkorruptionen nicht über einen längeren Zeitraum »verschleppt« werden.

Mittels RMAN können korrupte Blöcke online und ohne größere Beeinträchtigung des Betriebes über das sogenannte Block Media Recovery (beschrieben in Abschnitt 8.3.2) repariert werden.

Um Korruptionen zu vermeiden und schnellstmöglich zu erkennen, ist es wichtig, präventiv Maßnahmen zu ergreifen. Diese Maßnahmen sowie die Methoden zur Beseitigung von Korruptionen werden in diesem Kapitel beschrieben.

8.1 Einführung

Oracle-Datenbanken bestehen aus Datenblöcken. Ein *Datenblock* ist die kleinste Oracle-spezifische Speichereinheit und besteht aus einem oder mehreren vollständigen Betriebssystemblöcken (siehe auch Abschnitt 1.2.4).

Kann nun auf einen solchen Oracle-Block nicht mehr mit Datenbankmitteln zugegriffen werden, spricht man von einem physisch zerstörten Block auf Datenbankebene beziehungsweise einer *physischen Korruption* oder Media-Korruption.

Physisch zerstörte Datenblöcke erfüllen bestimmte vordefinierte Regeln nicht mehr, die im Normalfall für alle Oracle-Blöcke gelten.

Beispiele für derartige Regeln sind:

- Der Block hat eine gültige Checksumme.
- Der Nachfolger von Block n hat die Blocknummer n+1.
- Redundante Daten, die im Blockheader und am Blockende gespeichert sind, müssen gleich sein.

Bei *logischen Korruptionen* dagegen kann auf den Block noch zugegriffen werden, jedoch ist der Inhalt des Blockes (zum Beispiel Index-Einträge) logisch inkonsistent. Durch ein Block Media Recovery (beschrieben in Abschnitt 8.3.2) können logische Korruptionen nicht beseitigt werden.

Außer auf Datenbankebene können zerstörte Blöcke auch auf Betriebssystemebene oder Applikationsebene auftreten. Diese werden jedoch in diesem Buch nicht näher betrachtet, da diese Arten von zerstörten Blöcken mit Betriebssystemmitteln wie Filesystem-Check oder auch mit Routinen auf Anwendungsseite analysiert und behoben werden müssen.

Blockkorruptionen werden außerdem noch in Intrablock- und Interblock-Korruptionen eingeteilt. Eine *Intrablock-Korruption* kann logisch oder physisch sein und tritt innerhalb eines Blockes auf.

Eine *Interblock-Korruption* dagegen kann nur eine logische Korruption sein und zeichnet sich dadurch aus, dass sie zwischen Blöcken auftritt. Interblock-Korruptionen können nur über `DBVERIFY` oder ein `ANALYZE`-Statement festgestellt und müssen manuell beseitigt werden beispielsweise durch das Löschen des betroffenen Objektes oder einen `REBUILD` des fehlerhaften Index.

Intrablock-Korruptionen werden in der View `V$DATABASE_BLOCK_CORRUPTION` protokolliert. Im Automatic Diagnostic Repository (ADR) werden alle Korruptionsarten aufgezeichnet. Intrablock-Korruptionen können beispielsweise über ein Block Media

Recovery oder einen Restore mit anschließendem Recovery der betroffenen Datendatei beseitigt werden.

Ursache von derartigen Korruptionen können Betriebssystem-, Hardware-, Software- oder Firmware-Fehler sein. Korrupte Blöcke können sowohl in Datendateien als auch in Redolog-Dateien auftreten.

Zerstörte Blöcke werden ohne weitere Maßnahmen erst beim nächsten lesenden Zugriff auf den Block festgestellt. Aus diesem Grund kann es unter Umständen sehr lange dauern, bis ein zerstörter Block gefunden wird.

Bei Sicherungen ohne RMAN werden zerstörte Blöcke nicht erkannt, da die Sicherungstools keine Kenntnis von Oracle-Blöcken oder den darauf anzuwendenden Regeln haben.

Wird für die Sicherung RMAN verwendet, wird per Default implizit eine physische Blockprüfung ausgeführt. Die Prüfung auf logische Korruptionen kann per Parameter bei Aufruf der Sicherung über RMAN aktiviert werden.

Bei Sicherungsverfahren ohne RMAN muss mittels Konsistenzprüfungen regelmäßig nach zerstörten Blöcken gesucht werden. Wurde ein solcher gefunden, müssen umgehend Maßnahmen ergriffen werden, um diesen zu beseitigen.

Korruptionen können in sämtlichen Dateien der Datenbank, also zum Beispiel in Redolog- oder Datendateien, auftreten.

Zerstörte Blöcke in Redolog-Dateien

Zerstörte Blöcke in Redolog-Dateien können am zuverlässigsten über das Recovery der Redolog-Datei in einer Standby-Datenbank gefunden werden. Nachteil dieses Verfahrens ist jedoch, dass zusätzliche Hardware benötigt wird. Für die Standby-Datenbank wird der gleiche Plattenplatz wie für die Original-Datenbank benötigt. Um nur die Fehlerfreiheit der Redolog-Dateien zu testen, sind jedoch für die Standby-Datenbank weniger CPU- und Arbeitsspeicherressourcen erforderlich.

Ein fehlerfreies Ausführen des Dump-Kommandos

```
SQL> ALTER SYSTEM DUMP LOGFILE '<logfile>';
```

für eine Redolog-Datei ist nicht ausreichend, um sicherzugehen, dass die Redolog-Datei keine Korruption enthält. Tritt bei einem Dump einer Redolog-Datei ein Fehler auf, liegt aber meistens eine Korruption vor.

Alternativ können Redolog-Dateien auch über das `VALIDATE`-Kommando von RMAN geprüft werden.

Zerstörte Blöcke in Datendateien

In den nachfolgenden Abschnitten werden die unterschiedlichen Konsistenzprüfungen für Datendateien näher erläutert.

Sind in einer Datendatei zerstörte Blöcke aufgetreten, so muss in den meisten Fällen ein Block Media Recovery vorgenommen beziehungsweise die Datendatei aus einer fehlerfreien Sicherung, welche die Korruption nicht enthält, zurückgesichert und ein Recovery für diese Datendatei durchgeführt werden.

Typische Fehlermeldung bei korrupten Blöcken in einer Datendatei:

```
ORA-01578: ORACLE data block corrupted (file # 4, block # 5)
ORA-01110: data file 4: 'c:\oracle\gc1\oradata\users01.dbf'
ORA-01578: ORACLE data block corrupted (file # 9, block # 123)
ORA-01110: data file 9: 'c:\oracle\gc1\oradata\undotbs01.dbf'
```

8.2 Konsistenzprüfungen

Durch regelmäßige Konsistenzprüfungen können Korruptionen rechtzeitig erkannt werden. Die Methoden und Möglichkeiten der einzelnen Konsistenzchecks werden hier detailliert beschrieben und anhand von Beispielen erläutert.

Konsistenzprüfungen verhindern keine zerstörten Blöcke. Jedoch kann durch rechtzeitiges Eingreifen bei Auffinden eines zerstörten Blocks verhindert werden, dass Daten verloren gehen.

Konsistenzprüfungen der gesamten Datenbank sind recht zeitaufwendig und sollten entweder während einer Downzeit oder zumindest zu Zeiten mit geringerer Systemlast wie zum Beispiel am Wochenende durchgeführt werden.

Häufigkeit der Konsistenzprüfungen

Konsistenzprüfungen sollten sinnvollerweise ins Sicherungskonzept aufgenommen werden. Eine Sicherung kann nur dann als korruptionsfrei betrachtet werden, wenn nach dieser Sicherung – oder falls mit RMAN gesichert wird während der Sicherung – eine Konsistenzprüfung der Datenbank ohne Fehler beendet wurde. Das bedeutet, dass im günstigsten Fall nach oder bei jeder Voll-Sicherung eine Konsistenzprüfung der gesamten Datenbank durchgeführt werden sollte.

Wird eine Korruption erkannt und kann diese nicht ohne ein Recovery beseitigt werden, ist es sinnvoll, auf die letzte erfolgreich auf Konsistenz geprüfte Sicherung zurückzugreifen.

Nachfolgend werden die einzelnen Konsistenzprüfungen sowohl für einzelne Tabellen als auch für die gesamte Datenbank näher erläutert. Außerdem werden Verfahren vorgestellt, wie unter Umständen Korruptionen ohne ein Recovery beseitigt werden können.

8.2.1 Blockprüfung bei Lese- oder Schreiboperationen

Über die Parameter DB_BLOCK_CHECKSUM und DB_BLOCK_CHECKING kann eine erweiterte Blockprüfung bei Lese- oder Schreibvorgängen aktiviert werden. Jedoch ersetzt eine Aktivierung der Parameter keine regelmäßige Konsistenzprüfung, da dadurch nur defekte Blöcke gefunden werden können, die in Benutzung sind, also in die SGA eingelesen wurden.

Neu ab Oracle 11g sind die Parameter DB_LOST_WRITE_PROTECT und DB_ULTRA_SAFE. Nach Aktivierung von Parameter DB_LOST_WRITE_PROTECT wird auf Lost-Writes geprüft, also auf nicht durchgeführte Schreibvorgänge, die jedoch vom I/O-Subsystem als erfolgreich zurückgemeldet wurden. Über das Setzen des Parameters DB_ULTRA_SAFE wird eine Reihe weiterer Parameter mit entsprechenden Werten aktiviert.

Nachfolgend werden die Parameter detailliert beschrieben.

DB_BLOCK_CHECKSUM (Default TYPICAL, dynamisch änderbar)

Ist der Parameter `DB_BLOCK_CHECKSUM` aktiviert (`DB_BLOCK_CHECKSUM=TYPICAL`), wird bei jeder Schreiboperation auf einen Block eine Prüfsumme generiert und im Kopf des Blockes eingetragen. Bei der nächsten Leseoperation wird für diesen Block diese Prüfsumme überprüft. Tritt eine Abweichung auf, wird der Block als korrupt gemeldet (zum Beispiel `ORA-01578`).

Nach Aktivierung des Parameters `DB_BLOCK_CHECKSUM` wird sowohl für Blöcke in Tablespaces als auch für Blöcke in den Redolog-Dateien eine Prüfsumme berechnet und eingetragen.

Wird der Parameter `DB_BLOCK_CHECKSUM` aktiviert, tritt in der Regel ein leichter Performance-Verlust von ca. 1 bis 2 % auf.

Mögliche Werte von `DB_BLOCK_CHECKSUM`:

- OFF (bis einschließlich Oracle 10g FALSE)

  Ist `DB_BLOCK_CHECKSUM=OFF` gesetzt, so werden die Prüfsummen lediglich für den System-Tablespace, jedoch nicht für Benutzer-Tablespaces generiert. Es werden keine Prüfsummen für Redolog-Dateien erzeugt.

- TYPICAL (bis einschließlich Oracle 10g TRUE)

  Dies ist der Default-Wert. Bei jeder Schreiboperation auf einen Block (Daten- und Redolog-Dateien) wird eine Prüfsumme generiert und im Kopf des Blockes eingetragen. Bei der nächsten Leseoperation wird für diesen Block die Prüfsumme überprüft.

- FULL (Oracle 11g)

  Nach Setzen von FULL wird zusätzlich vor einer Änderung durch ein `UPDATE` oder `DELETE`-Statement die Prüfsumme neu berechnet und mit der gespeicherten Prüfsumme verglichen, sodass Korruptionen bereits im Speicher vor dem Schreiben des Blockes festgestellt werden. Bei Blöcken in Redolog-Dateien überprüft der Log Writer die Prüfsumme vor dem Schreiben des Blockes nochmals. Da dies jedoch zu höheren Performanceverlusten (ca. 4 bis 5 %) führt, sollte der Einsatz dieses Wertes sorgfältig abgewogen werden.

Nur durch das Aktivieren von `DB_BLOCK_CHECKSUM` erhalten die Datenblöcke noch keine Prüfsumme. Erst nach dem ersten schreibenden Zugriff auf einen Datenblock wird dann die Prüfsumme generiert.

Um für alle Datenblöcke einer Datendatei die Generierung einer Prüfsumme zu erzwingen, kann die Datendatei mittels RMAN kopiert werden. Nach dem Kopieren enthält die Datendatei dann für jeden Block eine Prüfsumme.

Anschließend kann entweder der Name der kopierten Datei verwendet werden oder die Originaldatei wird mit der kopierten Datei überschrieben. Diese Vorgehensweise kann auch genutzt werden, wenn RMAN nicht als Sicherungstool verwendet wird.

Vorgehen

1. **Aktivieren von `DB_BLOCK_CHECKSUM` (`DB_BLOCK_CHECKSUM=TYPICAL/FULL`)**
2. **Starten der Datenbank in den MOUNT-Status** (nachdem sie vorher konsistent beendet wurde)

```
SQL> SHUTDOWN [NORMAL | IMMEDIATE | TRANSACTIONAL]
SQL> STARTUP MOUNT
```

3. **Kopieren der Datendatei mittels RMAN**

Beispiel:

```
rman nocatalog
RMAN> CONNECT TARGET gc1
      Connected to target database: GC1
RMAN> RUN {
      ALLOCATE CHANNEL dev1 DEVICE TYPE DISK;
      COPY DATAFILE 'F:\oracle\originalfile.dbf' TO 'G:\oracle\copyfile.dbf';
          }
```

Danach enthält die kopierte Datendatei für jeden Block eine Prüfsumme.

4. **Falls gewünscht, Datei umbenennen**

```
RMAN> SQL "alter database rename file ''F:\oracle\originalfile.dbf'' to ''G:\
oracle\copyfile.dbf''";
```

Alternativ kann die kopierte Datei auch auf die Originaldatei wieder zurückkopiert werden (vor dem Öffnen der Datenbank).

DB_BLOCK_CHECKING (Default FALSE)

Über diesen Parameter kann gesteuert werden, ob Oracle Integritätsprüfungen von Daten- und Indexblöcken vornimmt. Hierbei überprüft Oracle die interne logische Konsistenz in einem Block, sobald dieser geändert wird.

Die Prüfungen, die durch Aktivieren des Parameters durchgeführt werden, entsprechen denen, die bei `ANALYZE TABLE … VALIDATE STRUCTURE CASCADE` (siehe Abschnitt 8.2.4) vorgenommen werden. Durch Aktivierung von `DB_BLOCK_CHECKING` werden jedoch fehlerhafte Blöcke als korrupt markiert.

Mögliche Werte von `DB_BLOCK_CHECKING`:

- OFF (bis einschließlich Oracle 10g FALSE)

  Es werden keine Prüfungen der Daten- oder Indexblöcke in den Tablespaces vorgenommen mit Ausnahme des System-Tablespace.

- LOW (Oracle 11g)

  Wird der Blockinhalt im Memory geändert, werden Basisprüfungen des Blockheaders vorgenommen.

- MEDIUM (Oracle 11g)

  Es werden zusätzlich zu den Prüfungen, die bei LOW durchgeführt werden, auch alle nicht index-organized Tabellenblöcke geprüft.

- FULL (bis einschließlich Oracle 10g TRUE)

  Bei FULL werden zusätzlich zu den Prüfungen bei LOW und MEDIUM auch Indexblöcke geprüft.

Je nach Last und Parameterwert treten bei diesem Parameter Performance-Einbußen zwischen 1 und ca. 10 % auf. Je mehr UPDATE- und INSERT-Operationen ausgeführt werden, desto höher wird voraussichtlich der Performance-Verlust sein.

DB_LOST_WRITE_PROTECT (Default NONE)

Über DB_LOST_WRITE_PROTECT kann die Überprüfung auf Lost-Writes aktiviert werden. Lost-Writes sind Schreibvorgänge von Datenblöcken auf ein I/O-Subsystem, die als durchgeführt zurückgemeldet werden, jedoch tatsächlich nicht geschrieben werden.

Mögliche Werte von DB_LOST_WRITE_PROTECT:

- NONE

  Es wird keine Überprüfung auf Lost-Writes durchgeführt.

- TYPICAL

  Buffer Cache Reads für Read-Write-Tablespaces werden in die Redolog-Dateien protokolliert. Der Performance-Verlust bei TYPICAL liegt ungefähr bei 5 bis 10 Prozent.

- FULL

  Es werden neben den Buffer Cache Reads für Read-Write-Tablespaces auch die für Read-Only-Tablespaces in die Redolog-Dateien geschrieben. Der Performance-Verlust kann insbesondere bei RAC-Umgebungen bis zu 20 Prozent betragen.

DB_ULTRA_SAFE (Default OFF)

Wird der Parameter DB_ULTRA_SAFE gesetzt, werden je nach Wert des Parameters DB_ULTRA_SAFE automatisch die Parameter DB_BLOCK_CHECKSUM, DB_BLOCK_CHECKING und DB_LOST_WRITE_PROTECT mit entsprechenden Werten aktiviert sowie weitere implizite Prüfungen der Oracle-Datenbank zur Vermeidung von Korruptionen gestartet.

Mögliche Werte von DB_ULTRA_SAFE:

- OFF

  Die Parameter DB_BLOCK_CHECKSUM, DB_BLOCK_CHECKING und DB_LOST_WRITE_PROTECT werden auf dem aktuellen Wert belassen, das heißt, sie werden nicht übersteuert.

- DATA_ONLY

  Die Parameter werden auf folgende Werte gesetzt:

  ```
  DB_BLOCK_CHECKING: MEDIUM
  DB_LOST_WRITE_PROTECT: TYPICAL
  DB_BLOCK_CHECKSUM: FULL
  ```

- DATA_AND_INDEX

  Die Parameter werden auf folgende Werte gesetzt:

  ```
  DB_BLOCK_CHECKING: FULL
  DB_LOST_WRITE_PROTECT: TYPICAL
  DB_BLOCK_CHECKSUM: FULL
  ```

8.2.2 Corruption Detection mit RMAN

Eine recht einfache Möglichkeit, um logische oder physische Korruptionen zu erkennen oder auch zu beseitigen (siehe Abschnitt 8.3.2), besteht in der Nutzung des Recovery Managers (RMAN).

Während einer RMAN-Sicherung mittels BACKUP-Kommando wird jeder belegte Block erst in den Speicher geladen und anschließend in einen anderen Speicherbereich geschrieben. Während dieses Vorgangs wird der Block auf Korruptionen geprüft.

Wird die gesamte Datenbank mit RMAN im Rahmen eines Sicherungskonzepts gesichert, wird deshalb automatisch eine Prüfung der kompletten Datenbank auf Korruptionen durchgeführt.

Zu beachten ist, dass über das Kommando BACKUP lediglich physische Korruptionen ermittelt werden. Soll auch auf logische Korruptionen geprüft werden, so muss zusätzlich zu BACKUP die Option CHECK LOGICAL angegeben werden.

Gleiches gilt ebenso bei Ausführung eines BACKUP VALIDATE-Kommandos. Bei einem BACKUP VALIDATE werden die angegebenen Objekte wie zum Beispiel Datendateien nur darauf geprüft, ob ein Backup vorgenommen werden kann und ob die Datenblöcke physisch korrupt sind. Ein BACKUP VALIDATE erzeugt keine (gesicherten) Dateien.

Um BACKUP VALIDATE nutzen zu können, muss sich die Datenbank mindestens im MOUNT-Status befinden.

BACKUP VALIDATE prüft nur auf Intrablock-Korruptionen (physisch/logisch), jedoch nicht auf Interblock-Korruptionen.

Analog zu BACKUP VALIDATE funktioniert auch das RESTORE VALIDATE-Kommando. Auch hier wird kein wirklicher RESTORE vorgenommen, sondern nur geprüft, ob ein RESTORE durchgeführt werden kann, und zusätzlich werden die definierten Objekte validiert.

Beispiele für Korruptionsprüfungen:

- Prüfungen gesamte Datenbank/Redolog-Dateien

Prüfung der gesamten Datenbank sowie aller Redolog-Dateien auf physische und logische Korruptionen:

```
RMAN> BACKUP VALIDATE CHECK LOGICAL DATABASE ARCHIVELOG ALL;
```

Prüfung nur der Datenbank auf physische Korruptionen:

```
RMAN> BACKUP VALIDATE DATABASE;
```

Prüfung aller Redolog-Dateien auf physische und logische Korruptionen:

```
RMAN> BACKUP VALIDATE CHECK LOGICAL ARCHIVELOG ALL;
```

- Prüfungen einzelner Datendateien/Blöcke

Prüfung einer einzelnen Datendatei auf physische Korruptionen:

```
RMAN> VALIDATE DATAFILE 2;
```

Prüfung einzelner Blöcke einer Datendatei auf physische und logische Korruptionen:

```
RMAN> VALIDATE CHECK LOGICAL DATAFILE 2 BLOCK 23;
```

Das `VALIDATE`-Kommando entspricht von der Funktionalität her dem `BACKUP VALIDATE`-Kommando, jedoch können ab Oracle 11g neben der bereits in früheren Versionen möglichen Prüfung von Backupsets nun bei `VALIDATE` die zu prüfenden Objekte wie oben beispielhaft beschrieben noch detaillierter angegeben werden.

- Prüfung mit mehrfachen Kanälen

Sind die zu prüfenden Objekte wie zum Beispiel die gesamte Datenbank oder einzelne Datendateien sehr groß, so können mehrere Kanäle zur Optimierung der Prüfung definiert werden.

Prüfung zweier großer Datendateien auf physische und logische Korruptionen:

```
RMAN> RUN {
ALLOCATE CHANNEL D1 DEVICE TYPE DISK;
ALLOCATE CHANNEL D2 DEVICE TYPE DISK;
BACKUP VALIDATE CHECK LOGICAL DATAFILE 1, 2;
RELEASE CHANNEL D1;
RELEASE CHANNEL D2;
 }
```

- Aufteilung großer Datendateien für parallele Prüfungen:

  Neu ab Oracle 11g ist zusätzlich die Möglichkeit der Aufteilung großer Datendateien zur Parallelisierung der Prüfung, um diese zu beschleunigen. Dazu wird eine bestimmte Bereichsgröße (SECTION SIZE) definiert.

  RMAN prüft die Datendatei dann mit parallelen Prozessen, jeder Prozess prüft jeweils einen Bereich der definierten Größe. Wird eine so kleine Bereichsgröße definiert, dass mehr als 256 Bereiche entstehen würden, wird die Bereichsgröße von RMAN so erhöht, dass sich maximal 256 Bereiche ergeben.

```
RMAN> RUN {
ALLOCATE CHANNEL D1 DEVICE TYPE DISK;
ALLOCATE CHANNEL D2 DEVICE TYPE DISK;
VALIDATE DATAFILE 2 SECTION SIZE 100M;
RELEASE CHANNEL D1;
RELEASE CHANNEL D2;
 }
```

Wenn bei großen Objekten die Korruptionsprüfung lange dauert, kann der Fortschritt der Korruptionsprüfung mit folgendem SQL-Statement überwacht werden:

```
SQL> SELECT SID, SERIAL#, CONTEXT, SOFAR, TOTALWORK,
ROUND(SOFAR/TOTALWORK*100,2) "%_COMPLETE"
FROM V$SESSION_LONGOPS'RMAN%'
AND OPNAME NOT LIKE '%aggregate%'
AND TOTALWORK != 0
AND SOFAR <> TOTALWORK;
```

Dieses Kommando ist übrigens auch bei lang andauernden BACKUP- oder RESTORE-Operationen von RMAN sehr nützlich.

Entdeckt RMAN (oder ab Oracle 11g ein anderes Datenbanktool beziehungsweise eine andere Datenbankkomponente) einen korrupten Block, wird die View V$DATABASE_BLOCK_CORRUPTION aktualisiert.

Per Default werden bei einer Sicherung mittels BACKUP oder einer Prüfung mittels VALIDATE keine korrupten Blöcke toleriert. Standardmäßig stoppt RMAN die Sicherung, sobald auch nur ein einziger korrupter Block gefunden wurde. Damit werden Blöcke, die als korrupt erkannt wurden, gar nicht erst gesichert.

Über das Kommando SET MAXCORRUPT FOR DATAFILE kann dieses Verhalten gesteuert werden: Durch Hochsetzen dieses Parameters können korrupte Blöcke in Datendateien ignoriert werden. Wurde CHECK LOGICAL – also die Prüfung auf logische Korruptionen – angegeben, so gilt MAXCORRUPT für die Summe aus physischen und logischen Korruptionen.

Zu beachten ist, dass RMAN nur Korruptionen bis einschließlich des Wertes MAXCORRUPT in die View V$DATABASE_BLOCK_CORRUPTION schreibt. Bei Überschreiten des Wertes MAXCORRUPT, das heißt, bei Auftreten von einer Korruption mehr als MAXCORRUPT wird die entsprechende RMAN-Operation abgebrochen. Das bedeutet, dass eventuell vorhandene weitere Korruptionen nicht in der View V$DATABASE_BLOCK_CORRUPTION protokolliert werden.

Wurde ein korrupter Block gefunden, so empfiehlt es sich in jedem Fall, mit BACKUP VALIDATE die gesamte Datenbank nach Korruptionen zu durchsuchen.

Um Korruptionen so schnell wie möglich aufzufinden, empfiehlt sich folgende Vorgehensweise:

- Setzen des Parameters DB_BLOCK_CHECKSUM auf TYPICAL

  RMAN ignoriert zwar bei der Sicherung den Wert des Parameters und erzeugt trotzdem eine Prüfsumme, die bei der Sicherung gespeichert wird. Jedoch wird bei einem RESTORE der Wert des Parameters berücksichtigt: Ist dieser auf FALSE gesetzt, wird die Prüfsumme gelöscht, bei TYPICAL wird die Prüfsumme jedoch überprüft und in die entsprechende Datendatei geschrieben.
- Der Default-Wert von MAXCORRUPT (=0!) sollte nicht verändert werden, sodass RMAN keinerlei Korruptionen toleriert.

  Damit ist sichergestellt, dass nach dem Auftreten der ersten Korruption die jeweilige RMAN-Operation abbricht und diese Korruption in der View V$DATABASE_BLOCK_CORRUPTION protokolliert wird.
- Bei der Definition eines BACKUP-Kommandos wird nicht die Option NOCHECKSUM angegeben, da durch NOCHECKSUM die Erzeugung von Prüfsummen während der Sicherung deaktiviert wird.
- Bei BACKUP- und RESTORE-Operationen immer die Option CHECK LOGICAL angeben, damit neben der per Default aktivierten Überprüfung auf physische Korruptionen auch logische Korruptionen ermittelt werden.

8.2.3 HARD-Initiative

Um Korruptionen erst gar nicht entstehen zu lassen, hat Oracle die sogenannte HARD-(Hardware Assisted Resilient Data-)Initiative ins Leben gerufen. Hierbei werden in Zusammenarbeit mit Oracle von ausgewählten System- und Storage-Herstellern Systeme zur Verfügung gestellt, die schnellstmögliche Erkennung von Korruptionen gewährleisten.

Der Fokus der HARD-Initiative liegt auf der Erkennung von Korruptionen durch das Storage-System, bevor sie auf permanente Speichermedien geschrieben werden. Zusätzlich können Prüfungen aktiviert werden, welche die Integrität eines Blockes beziehungsweise die korrekte Adresse eines Blockes überprüfen.

Blockkorruptionen können nicht nur auf Datenbankebene entstehen, sondern auch auf dem Weg des Datenblocks von der Datenbank bis zum endgültigen Schreiben auf das Speichermedium. Bei HARD-konformen Systemen kann durch das Storage-System geprüft werden, ob der zu schreibende Datenblock noch konsistent ist. Ist der Block fehlerhaft, wird ein Fehler an das Oracle-Datenbank-System gemeldet und das Schreiben des korrupten Blockes abgelehnt.

Für die Implementierung dieser Prüfungen hat Oracle seine Daten-Prüfalgorithmen an die System- und Storage-Hersteller weitergegeben. Oracle fügt den Datenblöcken die Prüfinformationen (zum Beispiel Prüfsummen durch Aktivierung des Parameters DB_BLOCK_CHECKSUM) in bekannter Weise hinzu. Vor dem Schreiben auf das Speichermedium wird von den Storage-Systemen über die Prüfalgorithmen nochmals explizit geprüft, ob der zu schreibende Block konsistent ist.

Um die Vorteile von HARD effektiv nutzen zu können, müssen alle Datenbank- und Log-Dateien auf HARD-konformen Speichermedien abgelegt werden. Zusätzlich muss für diese Speichermedien mittels der jeweiligen herstellerspezifischen Schnittstelle noch die HARD-Validierung aktiviert werden.

Folgende Hersteller haben Prüfroutinen implementiert beziehungsweise planen diese zu implementieren:

EMC

Fujitsu

Hewlett Packard

Hitachi

IDC

NEC

Network Appliance

Sun Microsystems

VERITAS Software

Die Hersteller haben die Möglichkeit, zwischen folgenden Firm- oder Hardware-Prüfungen auf Korruptionen zu wählen:

- Schreiben von physisch oder logisch korrupten Blöcken
- Schreiben von unvollständigen Blöcken
- Schreiben von Blöcken auf fehlerhafte Adressen
- Fehlerhaftes Überschreiben von Oracle-Daten durch Nicht-Oracle-Software
- 3rd Party-Backups, die korrupte Blöcke enthalten

8.2.4 Analyze table ... validate structure cascade

Um eine Tabelle sowie ihre abhängigen Indizes zu prüfen, wird ein `ANALYZE TABLE ... VALIDATE STRUCTURE CASCADE` auf eine Tabelle abgesetzt. Hierbei wird die Struktur des Objektes, in diesem Fall der Tabelle und der Indizes, geprüft. Falls korrupte Strukturen gefunden werden, wird eine Fehlermeldung ausgegeben. Zusätzlich wird hierbei noch eine Querprüfung vorgenommen, ob jede Tabellenzeile eine korrespondierende Indexzeile und umgekehrt besitzt (natürlich nur bei vorhandenen abhängigen Indizes einer Tabelle).

Bei Oracle 8 wird die Tabelle gegen Änderungen gesperrt, solange die Analyse aktiv ist. Kann die Analyse die Tabelle nicht sperren, weil gerade ein DML-Statement aktiv ist, tritt ein `ORA-00054: resource busy` auf. Wenn das DML-Statement abgeschlossen ist, kann die Analyse dann einfach noch einmal gestartet werden.

Ab Oracle 9i kann über Angabe von ONLINE die Analyse ausgeführt werden, ohne dass die Tabelle gesperrt wird:

```
SQL> ANALYZE TABLE <tablename> VALIDATE STRUCTURE CASCADE ONLINE;
```

Bei der Nutzung dieses Verfahrens existieren jedoch einige Einschränkungen. Beispielsweise können Daten, die in LOB-Spalten abgelegt sind, nicht analysiert werden.

Nachteile dieser Konsistenzprüfung sind die Laufzeit bei großen Objekten sowie eine Beeinträchtigung der Performance und der Pufferqualität in der SGA, da die zu überprüfenden Blöcke in die SGA geladen werden.

Sinnvoll kann diese Art der Konsistenzprüfung beispielsweise bei der skriptgesteuerten Analyse von Applikationstabellen eingesetzt werden.

Enthält die zu prüfende Datenbank partitionierte Tabellen oder soll eine partitionierte Tabelle geprüft werden, so muss vor Ausführen des `ANALYZE`-Kommandos das Skript `$ORACLE_HOME/rdbms/admin/utlvalid.sql` (durch den Benutzer, der auch das `ANALYZE`-Kommando durchführt) ausgeführt werden, um die Tabelle `INVALID_ROWS` anzulegen. Andernfalls tritt der Fehler `ORA-14508: specified VALIDATE INTO table not found` auf, da gefundene fehlerhafte Zeilen in die Tabelle `INVALID_ROWS` eingefügt werden. Bei partitionierten Tabellen wird zusätzlich geprüft, ob die Datensätze den korrekten Partitionen zugeordnet sind.

Ebenso kann über ein `ANALYZE`-Kommando ein Cluster auf Korruptionen geprüft werden. In diesem Fall werden alle Tabellen dieses Clusters und ihre zugehörigen Indizes analysiert.

Überprüfung einzelner Tabellen

Hierdurch wird die Prüfung einer Tabelle sowie ihrer abhängigen Indizes inklusiv oben beschriebener Querprüfung vorgenommen:

Ab Oracle 9i:

```
SQL> ANALYZE TABLE <tablename> VALIDATE STRUCTURE CASCADE ONLINE;
```

Sollen Tabellen in Oracle-Versionen kleiner 9 geprüft werden, so ist die Angabe von `ONLINE` wegzulassen.

Werden am Bildschirm Fehlermeldungen bezüglich Korruptionen ausgegeben, so können diese wie in Abschnitt 8.3 beschrieben beseitigt werden.

Überprüfung einzelner Tablespaces

Dies kann über das folgende Skript analyze_tsp.sql durchgeführt werden. `<tablespace_name>` muss durch den zu prüfenden Tablespace ersetzt werden. Gegebenenfalls kann das `ANALYZE`-Statement noch durch die Angabe von `ONLINE` ergänzt werden.

```
-- tablespace check
set head off feedback off pagesize 0 echo off
spool analyze_all_tsp.sql
select
```

```
   'ANALYZE TABLE "'||owner||'"."'||table_name||'" VALIDATE STRUCTURE CASCADE;'
from dba_tables where tablespace_name = upper('<tablespace_name>');
select
   'ANALYZE CLUSTER "'||owner||'"."'||cluster_name||'" VALIDATE STRUCTURE CASCADE;'
from dba_clusters where tablespace_name = upper('<tablespace_name>');
spool off
set heading on feedback on echo on
spool analyze_all_tsp.log
@analyze_all_tsp
spool off
exit
```

Listing 8.1: analyze_tsp.sql

Das Skript wird folgendermaßen aufgerufen:

```
C:\> sqlplus / as sysdba @analyze_tsp.sql
```

Werden in der Datei analyze_all_tsp.log Fehler protokolliert, so müssen diese üblicherweise beseitigt werden (siehe Abschnitt 8.3).

8.2.5 DBVERIFY

Mittels DBVERIFY werden sowohl die belegten als auch die freien Datenbankblöcke in Datendateien von außen analysiert. Hierbei wird geprüft, ob die Blockstruktur mit der erwarteten Blockstruktur übereinstimmt.

DBVERIFY kann sowohl im laufenden Betrieb verwendet werden (Unix: alle Releases, Windows: ab Oracle 9i) als auch auf gestoppten Datenbanken. Darüber hinaus ist es möglich, mittels DBVERIFY die Sicherung einzelner Datendateien zu überprüfen. Es werden über die Analyse der Datenbankblöcke Tabellen und Indizes überprüft, jedoch werden keine Querprüfungen zwischen Tabellen- und Indexzeilen wie beim ANALYZE-Kommando durchgeführt. Über DBVERIFY können nur Blöcke von Datendateien überprüft werden, jedoch keine Control-Dateien oder Redolog-Dateien.

Wird DBVERIFY auf einer laufenden Datenbank verwendet, kann es vorkommen, dass Blöcke fälschlich als korrupt gemeldet werden. Ursache für dieses Verhalten ist ein gleichzeitiger Zugriff des Database Writers und DBVERIFY auf einen Block. In diesem Fall sollte die Prüfung der Datendatei nochmals vorgenommen werden. Werden wieder Korruptionen gemeldet, sollte zur Sicherheit die Datenbank gestoppt und anschließend der DBVERIFY nochmals für diese Datendatei gestartet werden.

Alternativ kann eine Online-Sicherung der Datendatei durchgeführt und anschließend die Sicherung der Datendatei mittels DBVERIFY geprüft werden. Diese Methode kann auch bei Releases vor Oracle 9i unter Windows verwendet werden, wenn die Datenbank für eine Überprüfung mittels DBVERIFY nicht gestoppt werden soll.

Vorteile von DBVERIFY sind die kürzere Laufzeit und die Erhaltung der Pufferqualität in der SGA, da DBVERIFY die zu überprüfenden Datenbankblöcke nicht in die SGA lädt. Außerdem werden von DBVERIFY auch Daten in LOB-Spalten überprüft.

Überprüfung einzelner Datendateien

Hierdurch wird eine einzelne Datendatei mittels DBVERIFY überprüft:

```
C:\> dbv FILE='<filename>' BLOCKSIZE=<blocksize>
```

Beispiel:

```
C:\> dbv FILE='e:\oracle\gc\data_1.dbf' BLOCKSIZE=8192
```

Der Wert für den Aufrufparameter BLOCKSIZE für die jeweilige Datendatei kann herausgefunden werden über:

```
SQL> SELECT NAME, BLOCK_SIZE FROM V$DATAFILE;
```

Es können neben weiteren Optionen bei Aufruf von DBVERIFY auch Start- oder Ende-Adresse eines Bereiches von Blöcken in einer Datendatei angegeben werden.

Werden am Bildschirm Fehlermeldungen bezüglich Korruptionen ausgegeben, so können diese wie in Abschnitt 8.3 beschrieben beseitigt werden.

Überprüfung der gesamten Datenbank

Dies kann über das folgende Skript dbverify.sql durchgeführt werden. Voraussetzung ist, dass sich die Datenbank mindestens im MOUNT- oder OPEN-Status befindet und auf einem Windows-System läuft.

```
-- complete db check
set head off feedback off pagesize 0 echo off
set linesize 200
spool dbverify.cmd
select 'dbv file="'||name||'" blocksize='||block_size||' logfile=dbv_'||file#||'.log '
from v$datafile;
spool off
host dbverify.cmd
set heading on feedback on echo on
exit
```

Listing 8.2: Listing 8.2: dbverify.sql

Das Skript wird folgendermaßen aufgerufen:

```
C:\> sqlplus / as sysdba @dbverify.sql
```

Werden in den Dateien dbv_<file#>.log Fehler protokolliert, so müssen diese beseitigt werden (siehe Abschnitt 8.3).

Ausgabe von DBVERIFY:

```
DBVERIFY: Release 10.2.0.1.0 - Production on Mi Mrz 14 11:45:22 2008
Copyright (c) 1982, 2005, Oracle.  All rights reserved.
DBVERIFY - Verification starting : FILE = / C:\ORACLE\PRODUCT\10.2.0\
ORADATA\GC\USERS01.DBF
DBVERIFY - Verification complete
Total Pages Examined    : 2560
Total Pages Processed (Data) : 490
Total Pages Failing (Data) : 0          *
Total Pages Processed (Index): 4
```

```
Total Pages Failing (Index): 0          *
Total Pages Empty: 2069
Total Pages Marked Corrupt : 0          *
Total Pages Influx : 0                  *
```

Listing 8.3: Listing 8.3: Ausgabe DBVERIFY

Steht in den Zeilen, die mit * markiert sind, ein Wert ungleich 0, sind Korruptionen erkannt worden. `Pages` sind Blöcke.

Meldet `DBVERIFY` Korruptionen, kann es vorkommen, dass ein `ANALYZE`-Kommando trotzdem fehlerfrei durchgeführt werden kann. In diesem Fall ist es wahrscheinlich, dass die defekten Blöcke in einem freien Bereich liegen, der keine Daten enthält. In Abschnitt 8.3.1 wird beschrieben, wie dies überprüft werden kann.

8.2.6 Export

Das Exportverfahren (detaillierte Beschreibung siehe Abschnitt 4.2) eignet sich nur als zusätzliches Verfahren zu den anderen Verfahren, um die Konsistenz einer Datenbank zu überprüfen. In manchen Fällen können zusätzliche Prüfungen über Export sinnvoll oder erforderlich sein, deshalb wird das Verfahren hier vorgestellt.

Bei der Nutzung von Export als Konsistenzprüfung gibt es folgende Einschränkungen:

- Es können nur Tabellen überprüft werden, jedoch keine Indizes. Auch werden Korruptionen in temporären oder freien Extents nicht gefunden.
- Mittels Export werden Festplattenkorruptionen über der High Water Mark nicht gefunden, da der Export nur die Daten unterhalb der High Water Mark liest.
- Es werden nicht alle Korruptionen im Data Dictionary gefunden, da der Export nur die Teile des Data Dictionarys liest, welche die Informationen zu den exportierten Objekten enthalten.
- Nur der konventionelle Export findet logische Blockkorruptionen, jedoch nicht der Direct Path-Export. Deshalb sollte beim Aufruf nicht explizit der Exportparameter `DIRECT=Y` (Default-Wert `DIRECT=N`) gesetzt werden.
- Export wird zwar mit Oracle 11g noch ausgeliefert, jedoch nicht mehr unterstützt.

Der Export sollte immer mit folgender Meldung beendet werden:

```
Export terminated successfully without warnings
```

Bei den folgenden Beispielen wird ins Null-Device exportiert, also in eine Art Papierkorb. Hierbei wird keine Export-Dump-Datei erzeugt, da für die Prüfung der Konsistenz nur der eigentliche Exportvorgang interessant ist.

Überprüfung einzelner Tabellen

Unix:

```
exp <tableowner>/<password> tables=<table> file=/dev/null volsize=0
```

Windows:

```
exp <tableowner>/<password> tables=<table> file=NUL
```

Je nach Größe der Tabelle sollte noch die Größe des Datenpuffers (durch Angabe des Parameters `buffer=xxx`) erhöht werden.

Werden Meldungen auf dem Bildschirm ausgegeben, die auf eine Korruption hindeuten, so sollten diese, wie in Abschnitt 8.3 beschrieben, beseitigt werden.

Überprüfung der gesamten Datenbank

Unix:

```
exp system/<password> full=y file=/dev/null volsize=0 log=<logfilename>
```

Windows:

```
exp system/<password> full=y file=NUL log=<logfilename>
```

Je nach Umfang der Daten sollte auch hier noch die Größe des Datenpuffers (durch Angabe des Parameters `buffer=xxx`) erhöht werden.

Voraussetzung für einen Export der gesamten Datenbank ist die Rolle `EXP_FULL_DATABASE`.

Werden Meldungen in der Datei `<logfilename>` ausgegeben, die auf eine Korruption hindeuten, so sollten diese, wie in Abschnitt 8.3 beschrieben, beseitigt werden.

8.2.7 DBMS_REPAIR

Über das Oracle-Package `DBMS_REPAIR` ist es möglich, sowohl Korruptionen aufzudecken als auch Korruptionen zu umgehen. Anders als es der Name dieses Packages vermuten lässt, kann `DBMS_REPAIR` Korruptionen jedoch nicht reparieren.

Bevor das Package `DBMS_REPAIR` eingesetzt wird, sollten jedoch erst alle anderen Möglichkeiten zur Behebung von Korruptionen geprüft werden, insbesondere ein Block Media Recovery mittels RMAN (siehe Abschnitt 8.3.2). Oracle empfiehlt einen Einsatz des Packages zur Umgehung von Korruptionen nur Datenbankadministratoren, die bereits Erfahrung mit der Nutzung von `DBMS_REPAIR` haben. Andernfalls sollte der Einsatz dieses Packages nur in Zusammenarbeit mit dem Oracle-Support erfolgen.

Vor der Nutzung von `DBMS_REPAIR` müssen Hilfstabellen für die Ergebnisse der Korruptionsprüfung und – falls gewünscht – für die sogenannte *Orphan-Key-Analyse* angelegt werden. Diese Hilfstabellen können ebenfalls mit dem Package `DBMS_REPAIR` erzeugt werden.

Bei einer Orphan-Key-Analyse werden die Indexeinträge analysiert. Existieren Indexeinträge, die auf Zeilen mit korrupten Datenblöcken zeigen, werden diese Informationen dann in die entsprechende Orphan-Key-Tabelle eingetragen.

Die nachfolgenden Schritte 1 bis 3 dienen der Analyse von Korruptionen. Darüber hinaus kann das Package DBMS_REPAIR auch zum Überspringen, jedoch nicht zur wirklichen Beseitigung korrupter Blöcken verwendet werden (siehe Schritte 4 und 5). Werden die Daten in den korrupten Blöcken benötigt, ist der Block mittels RMAN-Block-Recovery zu reparieren. Eine Alternative wäre, eine korruptionsfreie Sicherung der betroffenen Datendatei einzuspielen und ein Recovery durchzuführen.

> **Achtung!**
> Bevor die Prozeduren zum Umgehen korrupter Blöcke eingesetzt werden, muss eine gründliche Analyse erfolgen, welche Folgen dies auf den Datenbestand hat. Im schlimmsten Fall drohen hier Datenverlust oder logische Inkonsistenzen.

Darüber hinaus stellt das Package DBMS_REPAIR noch eine Funktion zum Rebuild von Free Lists (REBUILD_FREELISTS) und – bei Nutzung des Oracle-Features SEGMENT SPACE MANAGEMENT AUTO – die Funktion SEGMENT_FIX_STATUS zur Verfügung. Über SEGMENT_FIX_STATUS wird der Status der Bitmap-Einträge bezüglich Blockfüllgrad neu berechnet.

1. **Anlegen von Hilfstabellen mit der Prozedur ADMIN_TABLES**

   - **für die Ergebnisse der Korruptionsprüfung**

     Mit nachfolgender Anweisung wird die Tabelle REPAIR_TABLE für den Tablespace USERS angelegt:

     ```
     BEGIN
     DBMS_REPAIR.ADMIN_TABLES (
          TABLE_NAME => 'REPAIR_TABLE',
          TABLE_TYPE => dbms_repair.repair_table,
          ACTION     => dbms_repair.create_action,
          TABLESPACE => 'USERS');
     END;
     /
     ```

     Die Tabelle REPAIR_TABLE enthält nach Durchführung der Analyse aus Punkt 2. Informationen über korrupte Blöcke, die zu Tabellen und Indizes gehören, sowie empfohlene Aktionen wie beispielsweise das Markieren eines korrupten Blockes als »soft corrupt«.

     Der Name der Tabelle kann frei gewählt werden mit der Einschränkung, dass diese mit dem Präfix REPAIR_ beginnen muss.

   - **für die Ergebnisse einer Orphan-Key-Analyse**

     Mit der nachfolgenden Anweisung wird die Tabelle ORPHAN_KEY_TABLE für den Tablespace USERS angelegt:

     ```
     BEGIN
     DBMS_REPAIR.ADMIN_TABLES (
     ```

```
        TABLE_NAME => 'ORPHAN_KEY_TABLE',
        TABLE_TYPE => dbms_repair.orphan_table,
        ACTION     => dbms_repair.create_action,
        TABLESPACE => 'USERS');
   END;
   /
```

Nach Durchführung der Orphan-Key-Analyse aus Punkt 3. enthält die Tabelle ORPHAN_KEY_TABLE Informationen über Indexeinträge, die auf Zeilen mit korrupten Datenblöcken zeigen.

Der Name der Tabelle kann frei gewählt werden mit der Einschränkung, dass diese mit dem Präfix ORPHAN_ beginnen muss.

2. **Analyse eines Objekts mit der Prozedur CHECK_OBJECT**

Mit der Prozedur CHECK_OBJECT wird die Prüfung auf Korruptionen und die Protokollierung der gefundenen Korruptionen für ein definiertes Objekt (Tabelle oder Index) durchgeführt. Über die Angabe des Parameters PARTITION_NAME ist es auch möglich, Partitionen oder Subpartitionen von partitionierten Objekten anzugeben.

Die gefundenen Korruptionen werden dann in die Hilfstabelle geschrieben, die mit der Prozedur ADMIN_TABLES angelegt wurde.

Mit der nachfolgenden Anweisung wird zum Beispiel die Tabelle GEHALT des Benutzers MEIER auf Korruptionen untersucht:

```
SET SERVEROUTPUT ON
DECLARE num_corrupt INT;
BEGIN
num_corrupt := 0;
DBMS_REPAIR.CHECK_OBJECT (
   SCHEMA_NAME => 'MEIER',
   OBJECT_NAME => 'GEHALT',
   REPAIR_TABLE_NAME => 'REPAIR_TABLE',
   CORRUPT_COUNT =>  num_corrupt);
DBMS_OUTPUT.PUT_LINE('number corrupt: ' || TO_CHAR (num_corrupt));
END;
/
```

Wurde beispielsweise eine Korruption gefunden, ist die Ausgabe der vorhergehenden Anweisung:

```
number corrupt: 1
```

Details zu den gefundenen Korruptionen werden in der Tabelle REPAIR_TABLE protokolliert.

Hinweis
Wurden Korruptionen in den Tabellen gefunden, sollten die zugehörigen Indizes der Tabelle über die Prozedur DUMP_ORPHAN_KEYS ebenfalls geprüft werden.

3. **Analyse von Indexeinträgen auf Verweise auf korrupte Datenblöcke mit der Prozedur DUMP_ORPHAN_KEYS**

   Mittels der Prozedur DUMP_ORPHAN_KEYS werden Indexeinträge gefunden, die auf korrupte Datenblöcke in Tabellen verweisen. Sind derartige Einträge vorhanden, wird dies in der in Schritt 1 angelegten Orphan-Key-Tabelle protokolliert.

   Auch hier ist es möglich, über den Parameter PARTITION_NAME Partitionen oder Subpartitionen bei partitionierten Objekten anzugeben.

   Mit der nachfolgenden Anweisung wird eine Orphan-Key-Analyse des Index GEH_1 des Benutzers MEIER durchgeführt:

```
SET SERVEROUTPUT ON
DECLARE num_orphans INT;
BEGIN
num_orphans := 0;
DBMS_REPAIR.DUMP_ORPHAN_KEYS (
     SCHEMA_NAME => 'MEIER',
     OBJECT_NAME => 'GEH_1',
     OBJECT_TYPE => dbms_repair.index_object,
     REPAIR_TABLE_NAME => 'REPAIR_TABLE',
     ORPHAN_TABLE_NAME => 'ORPHAN_KEY_TABLE',
     KEY_COUNT => num_orphans);
DBMS_OUTPUT.PUT_LINE('orphan key count: ' || TO_CHAR(num_orphans));
END;
/
```

   Wurde beispielsweise eine Korruption gefunden, ist die Ausgabe der vorhergehenden Anweisung:

```
orphan key count: 1
```

   Details zu den gefundenen Korruptionen werden in der Tabelle ORPHAN_KEY_TABLE protokolliert.

Hinweis
Die mit der Prozedur DUMP_ORPHAN_KEYS gefundenen Indexeinträge können gegebenenfalls auch dazu verwendet werden, verlorene Daten der Tabelle, die sich in den korrupten Blöcken befanden, wieder zu rekonstruieren.

   Um die Indexeinträge wieder mit den Einträgen der zugehörigen Tabelle zu synchronisieren, kann ein Rebuild des analysierten Index durchgeführt werden über:

```
SQL> ALTER INDEX <indexname> REBUILD ONLINE;
```

   Für jeden Index einer Tabelle mit korrupten Blöcken, die in der Tabelle REPAIR_TABLE eingetragen wurden, sollte deshalb ein Rebuild vorgenommen werden.

4. **Markieren defekter Blöcke mit der Prozedur FIX_CORRUPT_BLOCKS**

   Durch die Prozedur FIX_CORRUPT_BLOCKS werden die defekten Blöcke lediglich als »soft corrupt« markiert, jedoch nicht explizit repariert. Ein Zugriff auf die in den korrupten Blöcken enthaltenen Daten ist auch nach Ausführen von FIX_CORRUPT_BLOCKS nicht möglich.

Vor Ausführen dieser Prozedur sollte sich der Datenbankadministrator wirklich sicher sein, dass auf die Daten in den korrupten Blöcken verzichtet werden kann. Werden die Daten in den korrupten Blöcken benötigt, so muss der Block mit einem Block-Recovery über RMAN repariert werden. Eine Alternative wäre, eine korruptionsfreie Sicherung der betroffenen Datendatei einzuspielen und ein Recovery durchzuführen.

Eine Abfrage der Hilfstabelle REPAIR_TABLE liefert vor Ausführen der Prozedur FIX_CORRUPT_BLOCKS folgendes Ergebnis (man beachte die Spalte MARKED_CORRUPT):

```
SQL> SELECT OBJECT_NAME, BLOCK_ID, MARKED_CORRUPT
FROM REPAIR_TABLE;
```

```
OBJECT_NAME                    BLOCK_ID   MARKED_CORRUPT
------------------------------ ---------- --------------
GEHALT                         6          FALSE
```

Mit der nachfolgenden Anweisung können die korrupten Blöcke als »soft corrupt« markiert werden (Beispieltabelle GEHALT des Benutzers MEIER):

```
SET SERVEROUTPUT ON
DECLARE num_fix INT;
BEGIN
num_fix := 0;
DBMS_REPAIR.FIX_CORRUPT_BLOCKS (
     SCHEMA_NAME => 'MEIER',
     OBJECT_NAME => 'GEHALT',
     OBJECT_TYPE => dbms_repair.table_object,
     REPAIR_TABLE_NAME => 'REPAIR_TABLE',
     FIX_COUNT => num_fix);
DBMS_OUTPUT.PUT_LINE('num fix: ' || TO_CHAR(num_fix));
END;
/
```

Wurde beispielsweise ein Block erfolgreich als »soft corrupt« markiert, ist die Ausgabe der vorhergehenden Anweisung:

```
num fix: 1
```

Eine Abfrage der Hilfstabelle liefert nun folgendes Ergebnis (Spalte MARKED_CORRUPT beachten):

```
SQL> SELECT OBJECT_NAME, BLOCK_ID, MARKED_CORRUPT
FROM REPAIR_TABLE;
```

```
OBJECT_NAME                    BLOCK_ID   MARKED_CORRUPT
------------------------------ ---------- --------------
GEHALT                         6          TRUE
```

An dieser Stelle kann das Objekt, das die korrupten Blöcke enthält, noch nicht gelesen werden.

Unmittelbar nach Ausführen der Prozedur FIX_CORRUPT_BLOCK muss deshalb noch die Prozedur SKIP_CORRUPT_BLOCK (siehe Schritt 5) ausgeführt werden.

5. **Überspringen defekter Blöcke mit der Prozedur SKIP_CORRUPT_BLOCKS**

Um nun auf das Objekt, das die korrupten Blöcke enthält, wieder ohne Fehlermeldungen durch Index- oder Table-Scans zugreifen zu können, muss die Prozedur SKIP_CORRUPT_BLOCKS ausgeführt werden. Dadurch werden die korrupten Blöcke übersprungen.

Mit der nachfolgenden Anweisung können die korrupten Blöcke übersprungen werden (Beispieltabelle GEHALT des Benutzers MEIER):

```
BEGIN
DBMS_REPAIR.SKIP_CORRUPT_BLOCKS (
     SCHEMA_NAME => 'MEIER',
     OBJECT_NAME => 'GEHALT',
     OBJECT_TYPE => dbms_repair.table_object,
     FLAGS => dbms_repair.skip_flag);
END;
/
```

Ist das betroffene Objekt eine Tabelle, werden sowohl in der Tabelle als auch in den zugehörigen Indizes die korrupten Blöcke übersprungen. Ist das Objekt ein Cluster, so gilt dies für alle im Cluster enthaltenen Tabellen sowie deren zugehörige Indizes.

Nach Ausführen der Prozedur SKIP_CORRUPT_BLOCKS kann nun wieder auf die Daten des betroffenen Objekts ohne Fehlermeldung zugegriffen werden. Wie bereits beschrieben sind jedoch die Daten in den korrupten Blöcken verloren.

In der View DBA_TABLES wird der Eintrag für SKIP_CORRUPT für die entsprechende Tabelle auf ENABLED gesetzt.

Es sollte anschließend ein REBUILD für alle Indizes einer Tabelle durchgeführt werden, auf die SKIP_CORRUPT_BLOCKS ausgeführt wurde.

6. **Gegebenenfalls Löschen der Hilfstabellen mit der Prozedur ADMIN_TABLES**

   - **für die Ergebnisse der Korruptionsprüfung**

     Mit nachfolgender Anweisung wird die Tabelle REPAIR_TABLE für den Tablespace USERS gelöscht:

```
BEGIN
DBMS_REPAIR.ADMIN_TABLES (
     TABLE_NAME => 'REPAIR_TABLE',
     TABLE_TYPE => dbms_repair.repair_table,
     ACTION     => dbms_repair.drop_action);
END;
/
```

   - **für die Ergebnisse einer Orphan-Key-Analyse**

     Mit der nachfolgenden Anweisung wird die Tabelle ORPHAN_KEY_TABLE für den Tablespace USERS gelöscht:

```
BEGIN
DBMS_REPAIR.ADMIN_TABLES (
    TABLE_NAME => 'ORPHAN_KEY_TABLE',
    TABLE_TYPE => dbms_repair.orphan_table,
    ACTION     => dbms_repair.drop_action);
END;
/
```

8.3 Beseitigung von Korruptionen

Die Ermittlung des korrupten Objekts und die anschließende Beseitigung von korrupten Blöcken werden je nach Typ des betroffenen Datenbanksegments nachfolgend ausführlich erläutert und die Vorgehensweise anhand von Beispielen veranschaulicht.

Hinweis
Bei physischen Korruptionen sollte generell geprüft werden, ob ein Block Media Recovery mittels RMAN durchgeführt werden kann, da dies die schnellste und einfachste Methode darstellt, um korrupte Blöcke zu beseitigen.

Mindestvoraussetzung für ein Block Media Recovery über RMAN ist lediglich der aktivierte ARCHIVELOG-Modus, die Nutzung von RMAN als generelles Backup-Tool ist nicht notwendig. Die Vorgehensweise für ein Block Media Recovery ist in Abschnitt 8.3.2 beschrieben. Sollte das Block Media Recovery scheitern, so kann wie in den Abschnitten ab 8.3.3 vorgegangen werden.

Achtung!
Trotz der Tatsache, dass bei der Beseitigung von Korruptionen meist die Zeit drängt, sollte die Analyse und Beseitigung der Korruptionen mit Umsicht und Sorgfalt durchgeführt werden, um Folgeschäden wie beispielsweise Datenverlust oder logische Inkonsistenzen durch unsachgemäße Maßnahmen zu vermeiden.

Folgende Regeln sollten bei der Analyse und Beseitigung von Korruptionen beachtet werden:

1. Hardware überprüfen

   Erfahrungsgemäß ist die Ursache von Korruptionen fast immer defekte Hardware. Es ist zwar in den meisten Fällen ein Kampf, einen Austausch der Hardware bei den Betriebssystem-, Hardware-Administratoren oder Servicetechnikern durchzusetzen, da diese oft keine Fehlermeldungen bezüglich defekter Hardware-Komponenten finden. Aber das Ergebnis eines teilweisen oder im schlimmsten Fall auch vollständigen Hardware-Tausches ist fast immer, dass die Korruptionen nicht mehr auftreten.

2. Komplette Datenbank überprüfen

   Sind Korruptionen aufgetreten und wurden diese beseitigt, sollte vor einer abschließenden Erfolgsmeldung immer erst die gesamte Datenbank auf weitere Korruptionen (siehe Abschnitt 8.2) überprüft werden.

3. Der Ausgangszustand sollte in jedem Fall wiederhergestellt werden können.

   Bei der Beseitigung von Korruptionen sollte es immer möglich sein, den Ausgangszustand wiederherzustellen. Das bedeutet, dass beispielsweise zu ersetzende Datendateien nicht gelöscht, sondern nur umbenannt/verschoben oder auch Objekte mit Korruptionen wie Indizes nicht entfernt, sondern umbenannt werden sollten.

4. Protokollierung der durchgeführten Aktionen

   Es sollte – trotz des Zeitdrucks – protokolliert werden, in welcher Reihenfolge welche Aktionen vorgenommen wurden. Nachdem die Analyse und Beseitigung von Korruptionen im schlimmsten Fall länger dauern können und meist unter Zeit- und Erfolgsdruck erfolgen, ist es sinnvoll, die bereits durchgeführten Maßnahmen schriftlich festzuhalten.

8.3.1 Ermittlung des korrupten Objekts

Folgende Oracle-Fehlermeldungen deuten auf einen korrupten Block hin:

- `ORA-01410: invalid ROWID`
- `ORA-01498: block check failure - see trace file`
- `ORA-01499: table/index cross reference failure - see trace file`
- `ORA-01578: ORACLE data block corrupted`
- `ORA-08102: index key not found`
- `ORA-08103: object no longer exists`
- `ORA-00600: [x]`: Je nach Argument x des `ORA-00600` kann eine Korruption aufgetreten sein. Beispielsweise deuten die Argumente `12700` oder `6002` auf Korruptionen hin.

Korrupte Blöcke können entweder im laufenden Betrieb auftreten oder von einer Konsistenzprüfung erkannt werden.

Je nach Art der Korruption oder der Konsistenzprüfung werden die Korruptionen in der Alert-Datei, in einer Trace-Datei oder in der Log-Datei der Konsistenzprüfung protokolliert. Entdeckt RMAN (oder ab Oracle 11g ein anderes Datenbanktool, beziehungsweise eine andere Datenbankkomponente) einen korrupten Block, wird auch die View `V$DATABASE_BLOCK_CORRUPTION` aktualisiert.

Bei den Konsistenzprüfungsverfahren wird entweder das betroffene Objekt (Tabelle/Index) direkt benannt, oder nur die Nummer des korrupten Blocks und der Name der betroffenen Datendatei werden protokolliert.

Wird ein korrupter Block im laufenden Betrieb erkannt, wird im ungünstigsten Fall nirgends protokolliert, in welchem Objekt oder in welcher Datendatei dieser liegt. Hier müssen dann erst über eine Konsistenzprüfung der gesamten Datenbank die Nummer des korrupten Blocks und die zugehörige Datendatei ermittelt werden.

Achtung!
Für die Analyse der Korruption ist es notwendig, die absolute Filenummer zu kennen. Oracle gibt in manchen Fällen lediglich die relative Filenummer an. Oft sind die relative und absolute Filenummer gleich, jedoch muss dies vor Beginn der Analyse überprüft werden, um nicht versehentlich das falsche Objekt in der Analyse zu betrachten.

Tritt ein `ORA-01578` auf, wird die relative Filenummer angegeben. Jedoch wird in der folgenden Fehlermeldung `ORA-01110` noch die absolute Filenummer angezeigt.

Beispiel:

```
ORA-01578: ORACLE data block corrupted (file # 14, block # 3857)
ORA-01110: data file 22: 'C:\oracle\GC1\oradata\users01.dbf'
```

In diesem Beispiel ist die relative Filenummer 14 und die absolute Filenummer 22. Die Blocknummer des korrupten Blocks ist 3857.

Bei einem `ORA-00600` sollte die absolute Filenummer angezeigt werden.

Wird die Korruption im Rahmen einer Prüfung mit `DBVERIFY` festgestellt, so wird die relative Filenummer angegeben, zum Beispiel:

```
Corrupt block relative dba: 0x14601b33 (file 14, block 3857)
```

1. **Ermittlung der absoluten Filenummer**

   Über folgendes SQL-Statement kann die Zuordnung zwischen absoluter und relativer Filenummer und dem Namen der Datendatei ermittelt werden:

   ```
   SQL> SELECT
   FILE_ID "Absolute FN", RELATIVE_FNO "Relative FN", FILE_NAME
   FROM DBA_DATA_FILES;
   ```

2. **Ermittlung des Namens und des Typs des betroffenen Objekts**

   Darüber hinaus ist es für die weitere Analyse von zentraler Bedeutung, den Namen und den Typ des betroffenen Objekts zu kennen. Dies kann über folgendes Statement ermittelt werden:

```
SQL> SELECT
SEGMENT_NAME, PARTITION_NAME, SEGMENT_TYPE, BLOCK_ID, BLOCKS
FROM DBA_EXTENTS
WHERE (<corrupted block#>
BETWEEN BLOCK_ID AND (BLOCK_ID + BLOCKS - 1))
AND FILE_ID = <absolute file#> AND ROWNUM < 2;
```

Beispiel:

```
SQL> SELECT
SEGMENT_NAME, PARTITION_NAME, SEGMENT_TYPE, BLOCK_ID, BLOCKS
FROM DBA_EXTENTS
WHERE (3857
BETWEEN BLOCK_ID AND (BLOCK_ID + BLOCKS - 1))
AND FILE_ID = 22 AND ROWNUM < 2;
```

Wird bei dieser Abfrage kein Objekt angezeigt, kann es sich entweder

- um einen korrupten Block in einem TEMPFILE handeln

  In diesem Fall wird als SEGMENT_TYPE jedoch »TEMPORARY« angezeigt. Vorgehen siehe Abschnitt 8.3.9.

- oder um einen korrupten Block, der zu keinem Objekt gehört,

  Vorgehen siehe Abschnitt 8.3.10

- oder im unwahrscheinlichen Fall um einen korrupten Block, der zu einem Objekt gehört, das in einem LMTS (locally managed Tablespace) liegt und seinen Header-Block in einer zurzeit offline gesetzten Datendatei hat.

  Die Objekte, für die dies zutrifft, können über die folgende Abfrage ermittelt werden:

```
SQL> SELECT
S.SEGMENT_NAME, S.PARTITION_NAME, S.SEGMENT_TYPE, S.HEADER_BLOCK,
S.HEADER_FILE
FROM
DBA_TABLESPACES T, DBA_SEGMENTS S, DBA_DATA_FILES DD, V$DATAFILE VD
WHERE
VD.STATUS NOT IN ('SYSTEM','ONLINE')
AND VD.FILE# = DD.FILE_ID
AND DD.TABLESPACE_NAME = T.TABLESPACE_NAME
AND T.EXTENT_MANAGEMENT = 'LOCAL'
AND T.TABLESPACE_NAME = S.TABLESPACE_NAME
AND VD.FILE# = S.HEADER_FILE;
```

3. **Umwandlung einer ROWID in eine relative Filenummer, Blocknummer und Slotnummer und umgekehrt**

   Gelegentlich kann es vorkommen, dass in den Dumps oder Trace-Dateien nur eine ROWID, eine DBA (Datenbank-Blockadresse) oder eine RDBA (relative Datenbank-Blockadresse) enthalten ist.

   Die Umwandlung dieser Informationen in Objekt, Filenummer, Blocknummer oder Slot kann mit folgenden Befehlen erfolgen:

Umwandlung ROWID –> Objekt, relative Filenummer, Blocknummer, Slot:

```
SQL> SELECT
DBMS_ROWID.ROWID_OBJECT('<rowid>') OBJECT_ID,
DBMS_ROWID.ROWID_RELATIVE_FNO('<rowid>') RELATIVE_FID,
DBMS_ROWID.ROWID_BLOCK_NUMBER('<rowid>') BLOCK_ID,
DBMS_ROWID.ROWID_ROW_NUMBER('<rowid>') SLOT_ID
FROM DUAL;
```

Umwandlung Objekt, relative Filenummer, Blocknummer, Slot -> ROWID:

```
SQL> SELECT
TO_CHAR(DBMS_ROWID.ROWID_CREATE(1,<object id>, <relative file#>,<block#>,<slot
id>)) "ROWID"
FROM DUAL;
```

Umwandlung (R)DBA –> relative/absolute Filenummer, Blocknummer:

```
SQL> SELECT
DBMS_UTILITY.DATA_BLOCK_ADDRESS_BLOCK('<(r)dba>') BLOCKID,
DBMS_UTILITY.DATA_BLOCK_ADDRESS_FILE ('<(r)dba>') FNO
FROM DUAL;
```

Umwandlung relative/absolute Filenummer, Blocknummer -> (R)DBA:

```
SQL> SELECT
DBMS_UTILITY.MAKE_DATA_BLOCK_ADDRESS(<file#>,<block#>) DATA_BLOCK_ADDRESS
FROM DUAL;
```

8.3.2 Block Media Recovery mittels RMAN

Zur Beseitigung physischer Korruptionen kann ab Oracle 9i der Oracle Recovery Manager (RMAN) genutzt werden, um ein Block Media Recovery (BMR) durchzuführen. Hierbei wird das Recovery für einzelne korrupte Blöcke durchgeführt.

Hinweis
Ein Block Media Recovery mittels RMAN kann auch dann verwendet werden, wenn die Sicherungen nicht mit RMAN durchgeführt wurden. Minimale Voraussetzung ist lediglich der aktivierte ARCHIVELOG-Modus (Vorgehen siehe Abschnitt 1.3.1).

Das Block Media Recovery mittels RMAN ist derzeit die schnellste und einfachste Methode, um Blockkorruptionen zu beseitigen. Im Gegensatz zum konventionellen Vorgehen, bei dem in den meisten Fällen die betroffene Datendatei offline gesetzt, eine Sicherung der Datendatei eingespielt wird und anschließend ein Recovery für diese Datendatei vorgenommen werden muss, kann das Block Media Recovery online erfolgen ohne größere Beeinträchtigung des Betriebes. Während des Block Media Recoverys sind lediglich die betroffenen Blöcke nicht zugreifbar.

Zu beachten ist, dass das Block Media Recovery nur physische Korruptionen beseitigen kann, aber keine logischen Korruptionen.

Fehlen Redo-Records (beispielsweise wenn eine Redolog-Datei fehlt), die für das Block Media Recovery benötigt werden, kann unter Umständen trotzdem das Block Media Recovery erfolgreich durchgeführt werden. Sind nach dem fehlenden Redo-

Record noch weitere neuere Records vorhanden, in denen sich aktuellere Daten des Blockes befinden, so kann das Block Media Recovery für diesen Block erfolgreich beendet werden. Die Daten aus den fehlenden älteren Redo-Records für diesen Block werden nicht mehr benötigt. Voraussetzung dafür ist jedoch, dass der Block als »newed Block« formatiert wurde, das heißt, das Segment, das den Block belegt hatte, wurde gelöscht und der Block anschließend mit anderen Daten wie zum Beispiel einem neuen Index beschrieben.

Ab Oracle 11g nutzt RMAN als Erstes die Flashback-Logs, um korrupte Blöcke zu beseitigen. Voraussetzung für die Existenz von Flashback Logs ist die Aktivierung des FLASHBACK-Modus für die Datenbank, der im Rahmen der Nutzung von `FLASHBACK DATABASE` (siehe Abschnitt 7.2.4) eingeschaltet wird. Die Nutzung von Flashback Logs reduziert meist die Zeit für das Block Media Recovery.

Existieren keine Flashback Logs, wird für das Block Media Recovery wie in früheren Versionen ein Backup verwendet.

Vorgehensweise (Datenbank im MOUNT- oder OPEN-Status):

- Online-Sicherung der korrupten Datendateien durchführen
- Korruptionsfreie Sicherung der korrupten Datendateien in ein beliebiges Verzeichnis (jedoch nicht in das Originalverzeichnis) zurückspielen
- Offline-Redolog-Dateien ab der verwendeten Sicherung bis zum aktuellen Zeitpunkt zurückspielen
- Starten von RMAN über:

```
C:\>rman
RMAN> CONNECT TARGET <DBSID>;
Password: ****
```

- Registrieren der wiederhergestellten Datendatei

```
RMAN> CATALOG DATAFILECOPY '<absoluter Pfad/Dateiname der wiederhergestellten Da-
tendatei>';
```

  Dieser Befehl sollte für jede wiederhergestellte Datendatei ausgeführt werden.

  Über den folgenden Befehl kann die erfolgreiche Registrierung kontrolliert werden:

```
RMAN> LIST COPY;
```

- Block-Recovery durchführen

  Versionen vor Oracle 11g:

```
RMAN> BLOCKRECOVER DATAFILE <#1: Datei-ID> BLOCK <#1: Block-ID>, ..., DATAFILE <#n:
Datei-ID> BLOCK <#n: Block-ID>;
```

  Beispiel:

```
RMAN> BLOCKRECOVER DATAFILE 1 BLOCK 1, DATAFILE 1 BLOCK 5;
```

  Oracle 11g:

```
RMAN> RECOVER DATAFILE <#1: Datei-ID> BLOCK <#1: Block-ID>, ..., DATAFILE <#n:
Datei-ID> BLOCK <#n: Block-ID>;
```

Beispiele:

```
RMAN> RECOVER DATAFILE 1 BLOCK 1, DATAFILE 1 BLOCK 5;
RMAN> RECOVER DATAFILE 5 BLOCK 500 TO 540;
```

Zusätzlich können noch diverse Optionen angegeben werden, wie zum Beispiel dass nur bestimmte Backups verwendet werden sollen.

Soll für alle Blöcke, die in der View `V$DATABASE_BLOCK_CORRUPTION` protokolliert sind, ein Block Media Recovery durchgeführt werden, so können die nachfolgenden Kommandos verwendet werden.

Versionen vor Oracle 11g:

```
RMAN> BLOCKRECOVER CORRUPTION LIST;
```

Oracle 11g:

```
RMAN> RECOVER CORRUPTION LIST;
```

Wurden alle Blöcke repariert, enthält die View `V$DATABASE_BLOCK_CORRUPTION` anschließend keine Einträge mehr.

- Falls RMAN für Sicherungen verwendet wird, sollte anschließend in jedem Fall die Registrierung der wiederhergestellten Datendatei wieder aufgehoben werden mit:

```
RMAN> CHANGE DATAFILECOPY '<absoluter Pfad/Dateiname der wiederhergestellten
Datei-Datei>' UNCATALOG;
```

Alternativ kann RMAN statt über `UNCATALOG` über ein `UNAVAILABLE` darüber informiert werden, dass eine Datendatei nicht mehr am registrierten Ort verfügbar ist.

Auch über den Enterprise Manager Database Control ist es möglich, ein Block Media Recovery durchzuführen. Der Aufruf erfolgt über das Register VERFÜGBARKEIT – Abschnitt VERWALTEN – Unterpunkt RECOVERY AUSFÜHREN.

Abbildung 8.1: Block Media Recovery über Enterprise Manager

Als Recovery-Geltungsbereich muss »Datendateien« und als Vorgangstyp »Blockwiederherstellung« ausgewählt werden.

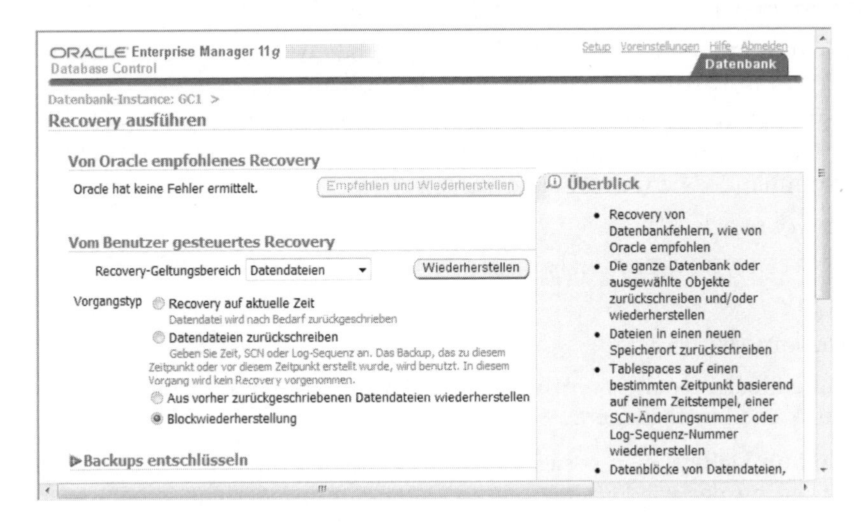

Abbildung 8.2: Auswahl von Blockwiederherstellung

Anschließend können entweder alle korrupten Datenblöcke, die als CORRUPTED markiert und in der View `V$DATABASE_BLOCK_CORRUPTION` protokolliert wurden, oder einzelne Datenblöcke von Datendateien oder Tablespaces wiederhergestellt werden. Nachfolgend wird die Wiederherstellung einzelner Datenblöcke in einer Datendatei beschrieben.

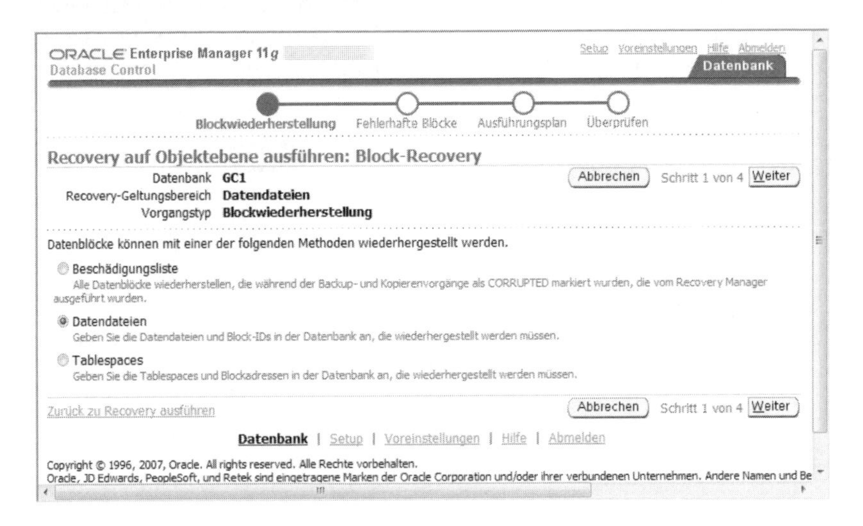

Abbildung 8.3: Methoden der Blockwiederherstellung

Danach muss die Block-ID der beschädigten Blöcke in den betroffenen Datendateien angegeben werden.

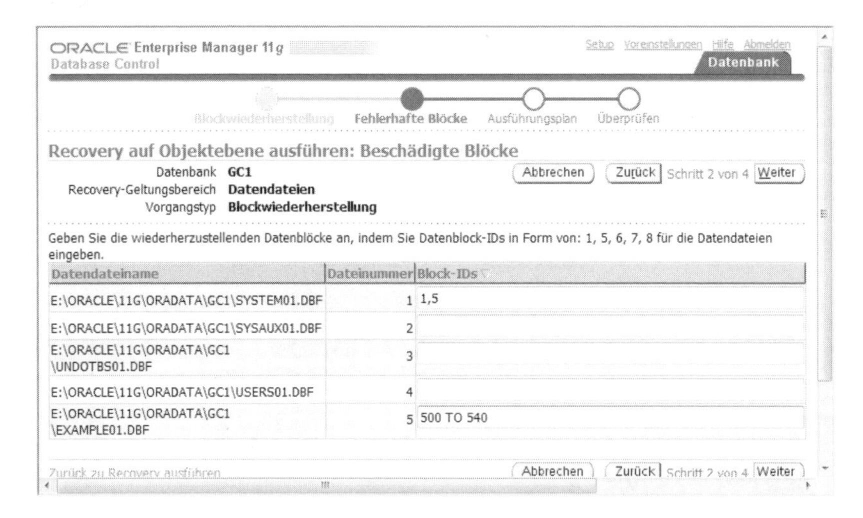

Abbildung 8.4: Beschädigte Blöcke

Abschließend können die Eingaben nochmals überprüft werden.

Abbildung 8.5: Überprüfen der Eingabe

Abschließend wird das Ergebnis angezeigt.

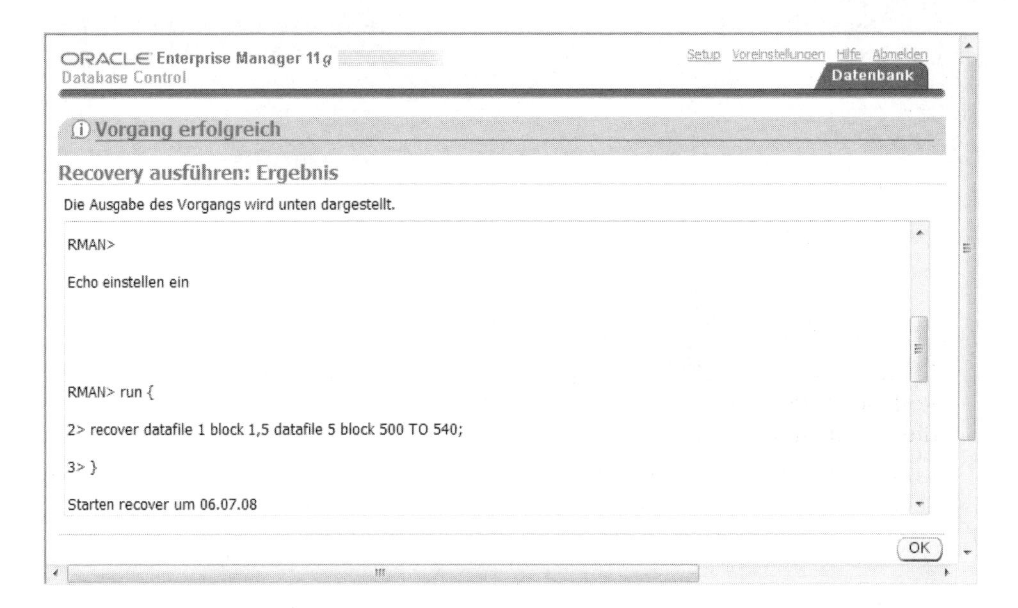

Abbildung 8.6: Ergebnis der Blockwiederherstellung

8.3.3 Korruptes Objekt vom Typ Cache

Korruptionen bei Cache-Objekten können auftreten, wenn die Datenbank mit Oracle 6 installiert und ein Upgrade auf Oracle 9 durchgeführt wurde. DBVERIFY meldet dann die Blöcke dieses Objekts als korrupt. Diese Meldungen sind zwar unschön, aber nicht kritisch.

Um jedoch anderweitige schwerwiegendere Ursachen für die Korruption ausschließen zu können, ist es in diesem Fall sinnvoll, dies vom Oracle-Support abklären zu lassen.

8.3.4 Korruptes Objekt liegt im System- oder SYSAUX-Tablespace

Gehört das korrupte Objekt dem User SYS, liegt es mit großer Wahrscheinlichkeit im System- oder SYSAUX-Tablespace.

Befindet sich die Datenbank noch mindestens im MOUNT-Status oder kann diese in den MOUNT-Status gestartet werden, so sollte als Erstes ein Block Media Recovery mittels RMAN (siehe Abschnitt 8.3.2) versucht werden.

Andernfalls muss die korrupte Datendatei gesichert/kopiert und eine korruptionsfreie Sicherung der Datendatei eingespielt werden. Anschließend muss ein Recovery für diese Datendatei durchgeführt werden (Vorgehen siehe Abschnitt 10.3, Recovery des System-Tablespace, und, 10.4 Recovery des SYSAUX-Tablespace).

8.3.5 Zerstörte Blöcke in einem Rollback-Segment

Liegen die Korruptionen in einem Rollback-Segment, so können diese entweder mittels Block Media Recovery (siehe Abschnitt 8.3.2) oder mit folgender Vorgehensweise behoben werden:

1. Betroffenes Rollback-Segment offline setzen

   Bei geöffneter Datenbank:

```
SQL> ALTER ROLLBACK SEGMENT <name> OFFLINE;
```

   Bei geschlossener Datenbank:

   In der Parameterdatei das entsprechende Rollback-Segment aus der Liste der Rollback-Segmente bei Parameter `ROLLBACK_SEGMENTS` entfernen. Anschließend die Datenbank starten.

2. Konnte Punkt 1 erfolgreich durchgeführt werden, so kann nun das Rollback-Segment gelöscht und anschließend wieder neu angelegt werden mit:

```
SQL> DROP ROLLBACK SEGMENT <segment_name>;

SQL> CREATE
ROLLBACK SEGMENT <segment_name>
TABLESPACE <tablespace_name>;
```

3. Falls das Rollback-Segment nicht offline gesetzt werden konnte:

   Mit folgendem Statement kann geprüft werden, ob für das betroffene Rollback-Segment noch aktive Transaktionen existieren:

```
SQL> SELECT SEGMENT_NAME, XACTS ACTIVE_TX, V.STATUS
FROM V$ROLLSTAT V, DBA_ROLLBACK_SEGS
WHERE TABLESPACE_NAME = '<rollback_tablespace_name>' AND SEGMENT_ID = USN
AND SEGMENT_NAME = '<segment_name>';
```

   Wird hier kein Rollback-Segment ausgegeben, so existieren auch keine aktiven Transaktionen für das Rollback-Segment mehr, und das Löschen des Rollback-Segments – wie in Punkt 1 und 2 beschrieben – kann erneut versucht werden.

   Wird als Ergebnis dieses Statements jedoch das betroffene Rollback-Segment ausgegeben, so existieren für dieses noch aktive Transaktionen. Es sollte der Status PENDING OFFLINE angezeigt werden.

   Je nach Wert der Spalte ACTIVE_TX muss unterschiedlich vorgegangen werden:

   0: Es existieren keine anstehenden Transaktionen mehr für dieses Rollback-Segment. Es sollte nach einiger Zeit für dieses Rollback-Segment der Status OFFLINE angezeigt werden. Danach kann Punkt 2 ausgeführt werden.

   ≥ 1: Weiter mit Punkt 4

4. Falls Spalte ACTIVE_TX ≥ 1: Abbrechen der aktiven Transaktionen

   Über das folgende Statement kann herausgefunden werden, welche Benutzertransaktionen dem Rollback-Segment zugeordnet sind:

```
SQL> SELECT S.SID, S.SERIAL#, S.USERNAME, R.NAME "ROLLBACK"
FROM V$SESSION S, V$TRANSACTION T, V$ROLLNAME R
WHERE R.NAME IN ('<pending_rollback>') AND S.TADDR = T.ADDR AND T.XIDUSN = R.USN;
```

`<pending_rollback_n>`: Name des betroffenen Rollback-Segments

Nun können entweder die Benutzer mit den aktiven Transaktionen kontaktiert werden, damit diese ihre aktiven Transaktionen abschließen oder abbrechen. Ist das nicht möglich, können mit dem folgenden Statement die Sessions der Benutzer abgebrochen werden:

```
SQL> ALTER SYSTEM KILL SESSION '<sid>, <serial#>';
```

`<sid>` und `<serial#>` siehe vorhergehendes Statement in diesem Unterpunkt.

Nachdem die Benutzer-Sessions abgebrochen wurden, das Rollback-Segment wie in Punkt 1 beschrieben nochmals offline setzen. Es dauert erfahrungsgemäß meist noch einige Minuten, bis das Rollback-Segment als OFFLINE angezeigt wird. Danach kann Punkt 2 ausgeführt werden.

5. Konnten die Punkte 1 bis 4 nicht erfolgreich durchgeführt werden, so gibt es noch die Möglichkeit, einen undokumentierten Parameter zu nutzen, um das korrupte Rollback-Segment löschen zu können. Dies sollte jedoch in Absprache mit dem Oracle-Support geschehen, da dies im ungünstigsten Fall zu Inkonsistenzen in der Datenbank führt.
6. Sollten die Punkte 1 bis 5 zu keinem Erfolg führen, sollten zunächst die Änderungen aus Punkt 1 in der Parameterdatei rückgängig gemacht werden. Anschließend muss die Datendatei, die das korrupte Rollback-Segment enthält, gesichert/kopiert und eine korruptionsfreie Sicherung dieser Datendatei eingespielt werden. Danach muss für diese Datendatei ein Recovery durchgeführt werden. Die Vorgehensweise für das Recovery einer Datendatei des Rollback-Tablespace ist in Abschnitt 10.5 beschrieben.

8.3.6 Zerstörte Blöcke in einem Undo-Segment

Tritt die Korruption in einem Undo-Segment auf, so sollte auch hier als Erstes ein Block Media Recovery mittels RMAN (siehe Abschnitt 8.3.2) versucht werden.

Andernfalls kann ein neuer Undo-Tablespace angelegt werden mit:

```
SQL> CREATE UNDO TABLESPACE <undotsp_name_new>
DATAFILE '<pfad\name>'
SIZE <n>M REUSE AUTOEXTEND OFF;
```

Anschließend muss der Parameter `UNDO_TABLESPACE` auf den neuen Undo-Tablespace gesetzt werden.

Im nächsten Schritt sollte versucht werden, den Undo-Tablespace mit den Blockkorruptionen zu löschen mit:

```
SQL> DROP TABLESPACE <undotsp_name_old> INCLUDING CONTENTS AND DATAFILES;
```

Gelingt dies nicht, so muss ein Restore der betroffenen Datendatei aus einer korruptionsfreien Sicherung sowie ein Recovery auf den aktuellen Stand durchgeführt werden.

8.3.7 Zerstörte Blöcke in einem Indexsegment

Befinden sich die zerstörten Blöcke in einem Index (Eigentümer ungleich SYS) und ist sichergestellt, dass die zugehörige Tabelle nicht betroffen ist, kann entweder ein `REBUILD` des Index durchgeführt oder der Index gelöscht und wieder neu aufgebaut werden.

Jedoch sollte vor Durchführung der nachfolgend beschriebenen Maßnahmen geprüft werden, ob ein Block Media Recovery (siehe Abschnitt 8.3.2) durchgeführt werden kann.

Indexkorruptionen verursachen keinen Datenverlust, da die eigentlichen Daten in den Tabellen abgelegt sind und die zugehörigen Indizes jederzeit neu aufgebaut werden können.

REBUILD des betroffenen Index

Die einfachste Möglichkeit, einen Index neu aufzubauen, ist, einen `REBUILD` des Index durchzuführen. Jedoch muss im Zusammenhang mit Korruptionen beachtet werden, dass nur `ALTER INDEX...REBUILD ONLINE` beziehungsweise `ALTER INDEX...REBUILD PARTITION` verwendet werden kann, da hierbei als Datenquelle die zugehörige Tabelle verwendet wird.

Ein `ALTER INDEX...REBUILD` dagegen nutzt als Datenquelle den jeweiligen Index, was bei zerstörten Blöcken in einem Index nicht funktionieren kann.

Statements für den Rebuild von Indizes:

```
SQL> ALTER INDEX <index_name> REBUILD ONLINE;
```

bei Indexpartitionen:

```
SQL> ALTER INDEX <index_name> REBUILD PARTITION <partition_name>;
```

Analyse vor Löschen und Neuanlegen des betroffenen Index

Da beim Neuaufbau eines Index sowohl die zugehörigen Constraints als auch Storage-Klauseln beachtet werden müssen, sollten diese Abhängigkeiten im Vorfeld genauestens geprüft werden.

Vor dem Löschen des Index muss die zugehörige Tabelle ermittelt werden:

```
SQL> SELECT
TABLE_OWNER, TABLE_NAME
FROM DBA_INDEXES
WHERE OWNER='<owner>' AND INDEX_NAME='<index_name>';
```

Außerdem müssen die zugehörigen Constraints ermittelt werden:

```
SQL> SELECT
OWNER, CONSTRAINT_NAME, CONSTRAINT_TYPE, TABLE_NAME
FROM DBA_CONSTRAINTS
WHERE OWNER='<owner>' AND CONSTRAINT_NAME='<index_name>';
```

Mögliche Werte für den Constraint-Typ sind:

P: Primärschlüssel

U: Unique

Bei Constraint-Typ »P« muss zusätzlich noch geprüft werden, ob FOREIGN KEY-Constraints vorhanden sind:

```
SQL> SELECT
OWNER, CONSTRAINT_NAME, CONSTRAINT_TYPE, TABLE_NAME
FROM DBA_CONSTRAINTS
WHERE R_OWNER='<owner>' AND R_CONSTRAINT_NAME='<index_name>';
```

Bei Unique-Indizes sollte beachtet werden, dass durch das temporäre Fehlen des Index bei dessen Löschen und Neuanlegen die Gefahr von Duplicate Keys in der Tabelle besteht.

Falls mehrere Indizes korrupt sind, sollten zuerst alle Indizes gelöscht werden und anschließend wieder angelegt werden. Wenn ein Index eine Untermenge der Spalten eines anderen Index abbildet, so kann es vorkommen, dass beim Erzeugen dieses Index die Daten des anderen Index verwendet werden.

Um das DDL-Statement für das Neuanlegen des betroffenen Index anzeigen zu lassen, kann das Package DBMS_METADATA genutzt werden. Alternativ lassen sich die DDL-Statements mittels des Enterprise Managers generieren.

Nutzung von DBMS_METADATA:

```
SQL> SET LONG 90000

SQL> SELECT DBMS_METADATA.GET_DDL('INDEX', '<index_name>', '<owner>') FROM DUAL;
```

Beispiel:

```
SQL> SELECT DBMS_METADATA.GET_DDL('INDEX', 'PK_DEPT', 'SCOTT') FROM DUAL;
```

Alternativ kann der Enterprise Manager genutzt werden über das Register SCHEMA – Abschnitt DATENBANKOBJEKTE – Unterpunkt INDIZES. Nach Auswahl des Index kann über die Aktion »DDL generieren« das entsprechende DDL-Statement erzeugt werden.

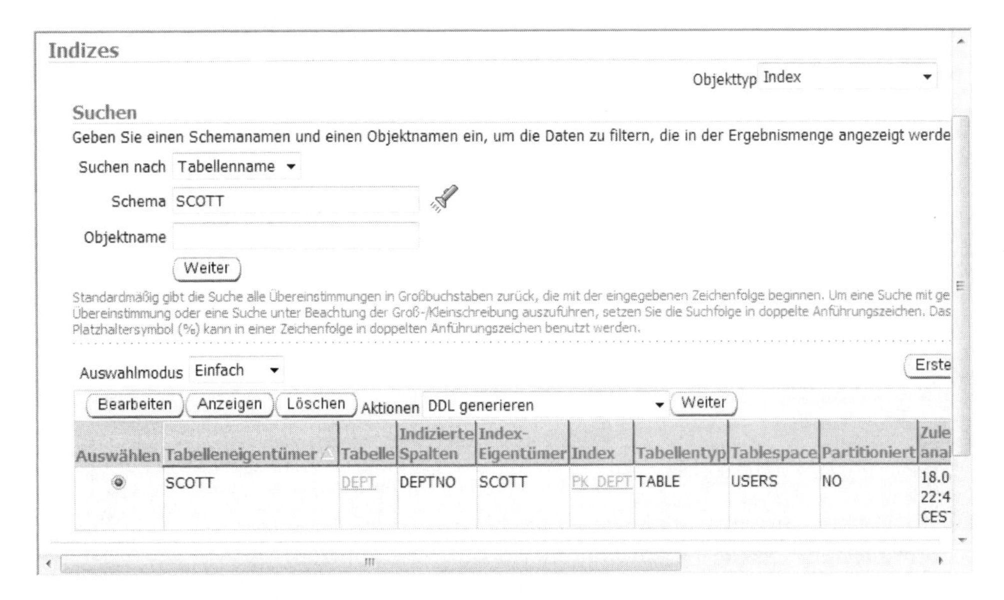

Abbildung 8.7: DDL generieren

Vorgehensweise bei Löschen und Neuanlegen des Index (Beispiel)

Die nachfolgende Beschreibung dient lediglich als Beispiel, ist jedoch nicht für jeden Fall als vollständig anzusehen.

Sind FOREIGN KEY-Constraints vorhanden, sollte für jeden FOREIGN KEY das folgende Kommando ausgeführt werden:

```
SQL> ALTER TABLE <child_table> DISABLE CONSTRAINT <fk_constraint>;
```

Anschließend dann Primärschlüssel sowie korrupten Index bearbeiten in folgender Reihenfolge:

```
SQL> ALTER TABLE <table_name> DISABLE CONSTRAINT <pk_constraint>;
SQL> DROP INDEX <index_name>;
SQL> CREATE INDEX <index_name> ... mit den entsprechenden Storage-Klauseln
SQL> ALTER TABLE <table_name> ENABLE CONSTRAINT <pk_constraint>;
```

Im Anschluss können die FOREIGN KEY-Constraints wieder aktiviert werden:

```
SQL> ALTER TABLE <child_table> ENABLE CONSTRAINT <fk_constraint>;
```

8.3.8 Zerstörte Blöcke in einem Datensegment

Liegen die zerstörten Blöcke in einem Datensegment, sollten als Erstes sämtliche Datendateien, in denen die Tabelle liegt, mittels `DBVERIFY` untersucht werden. Über die View `DBA_EXTENTS` (Spalte FILE_ID) kann mittels der File_ID herausgefunden werden, in welchen Datendateien die Extents einer Tabelle liegen.

Beispiel (bei korrupten Blöcken in Tabelle GEHALT):

```
SQL> SELECT FILE_ID FROM DBA_EXTENTS WHERE SEGMENT_NAME = 'GEHALT';
```

Ergebnis:

```
   FILE_ID
----------
         4
```

Anschließend kann über die View DBA_DATA_FILES der Dateiname festgestellt werden:

```
SQL> SELECT FILE_NAME FROM DBA_DATA_FILES WHERE FILE_ID ='4';
```

Ergebnis:

```
FILE_NAME
-----------------------------------------------------------------
C:\ORACLE\ORADATA\GC\USERS01.DBF
```

Über die Untersuchung aller Datendateien, in denen Extents der Tabelle liegen, wird festgestellt, ob die Tabelle weitere Korruptionen enthält.

Anschließend ist es sinnvoll, die Tabelle zu untersuchen mittels

```
SQL> ANALYZE TABLE <table_name> VALIDATE STRUCTURE CASCADE;
```

oder ab Oracle 9i mit:

```
SQL> ANALYZE TABLE <table_name> VALIDATE STRUCTURE CASCADE ONLINE;
```

Durch Angabe von ONLINE wird die Tabelle während des ANALYZE nicht mehr gegen Änderungen gesperrt.

Je nach Ergebnis der Analyse der Tabelle beziehungsweise der Datendateien, in denen sie enthalten ist, kann nun folgendermaßen verfahren werden:

1. **DBVERIFY ohne Fehler/ANALYZE ohne Fehler**

   In diesem Fall sollte die Abfrage, welche die Korruptionsfehlermeldung ausgelöst hat, nochmals wiederholt werden. Zusätzlich sollte auf die angeblich korrupte Tabelle ein

   ```
   SQL> SELECT * FROM <owner>.<table_name>;
   ```

   durchgeführt werden.

   Tritt hierbei kein Fehler mehr auf und wurden DBVERIFY und ANALYZE ebenfalls ohne Fehler abgeschlossen, handelte es sich mit hoher Wahrscheinlichkeit um eine temporäre Korruption im Hauptspeicher, die jedoch nicht auf die Platte geschrieben wurde.

   Diese temporären Korruptionen können durch eine fehlerhafte Übertragung der Daten von der Festplatte in den Oracle Buffer-Pool, der im Hauptspeicher liegt, ausgelöst werden.

   Im Anschluss sollten deshalb alle an der Übertragung beteiligten Komponenten wie Controller, Firmware, Netzwerkkomponenten, Hauptspeicher oder Betriebssystem überprüft werden. Leider kann es aber durchaus vorkommen, dass für diese Komponenten keine Fehlermeldungen feststellbar sind, da erfahrungsgemäß temporäre Übertragungsfehler oftmals nicht protokolliert werden.

Ist ein ORA-08103 aufgetreten, kann dieser eventuell auch durch das Löschen der Tabelle während eines SELECT-Statements ausgelöst worden sein. Diese Konstellation kann beispielsweise bei Reorganisationen oder im BW-(Business Warehouse-)Umfeld auftreten.

2. **DBVERIFY mit Fehler/ANALYZE ohne Fehler**

   Die Korruption liegt wahrscheinlich in einem Block der Tabelle, der keine Daten enthält. Dieses Verhalten kann auch dann auftreten, wenn das Segment mit dem betroffenen Block gelöscht wurde, der Block jedoch noch nicht wieder überschrieben wurde. Wird der Block neu belegt und damit überschrieben, ist in der Regel keine Korruption mehr feststellbar.

   Mittels des Statements

```
SQL> ALTER TABLE <table_name> DEALLOCATE UNUSED;
```

   kann der nicht benutzte Platz in den Freiplatzbereich verschoben werden. Anschließend sollte wie in Abschnitt 8.3.10, Zerstörte Blöcke im Freiplatzbereich, beschrieben weiter verfahren werden.

3. **DBVERIFY mit Fehler/ANALYZE mit Fehler**

   In diesem Fall sollte zuerst ein Block Media Recovery mittels RMAN in Erwägung gezogen werden (siehe Abschnitt 8.3.2). Sollte dies nicht erfolgreich abgeschlossen werden können, ist ein Restore und Recovery der Datendatei erforderlich, welche die Korruption enthält. Voraussetzung für ein Block Media Recovery beziehungsweise ein Recovery der Datendatei ist jedoch, dass die Datenbank im ARCHIVELOG-Modus betrieben wird.

   Läuft die Datenbank im NOARCHIVELOG-Modus, so muss die gesamte Datenbank auf den Zeitpunkt der letzten korruptionsfreien Sicherung zurückgesetzt werden.

   Vorgehensweise:

   - Datenbank stoppen oder alternativ Tablespace/Datendatei offline setzen
   - Korrupte Datendatei sichern durch beispielsweise Kopieren/Verschieben in ein anderes Verzeichnis
   - Gegebenenfalls Datenbank wieder starten
   - Korruptionsfreie Sicherung dieser Datendatei (NUR dieser Datei!) einspielen

     Existiert keine Sicherung der Datendatei, die erfolgreich auf Korruptionen geprüft wurde, ist es auch möglich, die Sicherung der Datendatei in ein beliebiges Verzeichnis zurückzuspielen und diese erst mittels DBVERIFY auf Korruptionen zu prüfen:

```
C:\> dbv file='<filename>' blocksize=<blocksize>
```

Beispiel:

```
C:\> dbv file='e:\oracle\gc\data_1.dbf' blocksize=8192
```

Der Wert des Parameters `blocksize` für die betroffene Datendatei kann ermittelt werden mit:

```
SQL> SELECT NAME, BLOCK_SIZE FROM V$DATAFILE;
```

- Alle Offline-Redolog-Dateien, die seit der verwendeten Sicherung der Datendatei geschrieben wurden, einspielen.
- Recovery durchführen

Falls Datenbank noch nicht gestartet:

```
SQL> STARTUP MOUNT
```

Anschließend kann das Recovery erfolgen mit

```
SQL> RECOVER DATABASE;
```

Alternativ können folgende SQL-Befehle ausgeführt werden (Tablespace beziehungsweise Datendatei müssen offline sein):

```
SQL> RECOVER TABLESPACE <tablespace_name>;
```

oder für alle beschädigten Datendateien:

```
SQL> RECOVER DATAFILE '<pfad\name>';
```

Beispiel:

```
SQL> RECOVER DATAFILE 'f:\oracle\gc1\user.data1';
```

- Falls Datenbank noch nicht geöffnet wurde, diese wieder öffnen.

4. **DBVERIFY ohne Fehler/ANALYZE mit Fehler**

Hier kann grundsätzlich wie unter Punkt 3 beschrieben vorgegangen werden.

Unterschied:

Falls die Sicherung nicht auf Korruptionen geprüft wurde, kann die Datendatei nicht einfach wie unter Punkt 3 beschrieben in ein anderes Verzeichnis zurückgespielt und auf Korruptionen mittels `DBVERIFY` geprüft werden, da ja `DBVERIFY` keine Fehler meldet.

Es kann dann entweder die Sicherung der Datendatei ungeprüft eingespielt werden. Anschließend wird dann wie bei Punkt 3 beschrieben das Recovery durchgeführt. Zum Schluss muss noch mal ein `ANALYZE` der zuvor korrupten Tabelle durchgeführt werden, um zu verifizieren, ob die Korruption in der Sicherung bereits enthalten war.

Alternativ ist es möglich, ein temporäres Prüfsystem aufzubauen, das nur aus dem betroffenen Tablespace sowie dem System- und Rollback-Tablespace besteht. Anschließend kann dieses Prüfsystem per `ANALYZE` geprüft werden. Ist `ANALYZE` nun fehlerfrei, kann die Sicherung verwendet werden.

Anleitung für den Aufbau eines temporären Prüfsystems

Auf dem Rechner, der für das temporäre Prüfsystem vorgesehen ist, sollten genügend Plattenplatz für das Einspielen der Sicherung der gewünschten Datendateien sowie genügend Memory-Ressourcen zum Starten der Datenbank zur Verfügung stehen. Das Prüfsystem kann entweder auf dem gleichen oder einem anderen Rechner als die Original-Datenbank erzeugt werden.

Es werden folgende Dateien benötigt:

- Datendateien

  Es müssen alle Datendateien des betroffenen Tablespace sowie des System- und Undo-Tablespace eingespielt werden.

- Control-Dateien

  Die Sicherung MUSS mit dem Befehl `ALTER DATABASE BACKUP CONTROLFILE TO '<controlfile_name>'` durchgeführt worden sein.

- Parameterdatei

  Für die Parameterdatei der Prüfinstanz wird am einfachsten die Parameterdatei der Original-Datenbank kopiert und entsprechend angepasst (Pfadnamen für Controlfiles und Dump-Destinationen), Benennung zum Beispiel INIT_TEMP.ORA.

  Falls ein SPFILE verwendet wird, ist es für die Anpassung der Parameter am einfachsten, eine INIT.ORA auf der Original-Datenbank zu erzeugen über:

```
SQL> CREATE PFILE FROM SPFILE;
```

  Anschließend kann die erzeugte INIT.ORA-Datei kopiert und können die Parameter für die Prüfinstanz entsprechend angepasst werden.

  Für die Original-Datenbank sollte abschließend wieder ein

```
SQL> CREATE SPFILE FROM PFILE;
```

  durchgeführt werden.

  Es ist es sinnvoll, speicherrelevante Parameter der Prüfinstanz zu verkleinern wie zum Beispiel:

```
DB_CACHE_SIZE
SHARED_POOL_SIZE
LARGE_POOL_SIZE
PROCESSES
```

  Der Parameter `DB_NAME` der Prüfinstanz muss GLEICH dem Parameter auf der Original-Datenbank sein.

  Der Parameter `LOG_FILE_NAME_CONVERT` muss angegeben werden. Dadurch wird der Pfad der Online-Redolog-Dateien der Original-Datenbank und der Prüfinstanz definiert.

  Beispiel:

```
LOG_FILE_NAME_CONVERT=('e:\oracle\gc','e:\oracle\check')
```

- Offline-Redolog-Dateien

  Es werden alle Offline-Redolog-Dateien benötigt, die ab Beginn der verwendeten Sicherung bis zum gewünschten Recover-Zeitpunkt geschrieben wurden. Zum Lesen der Offline-Redolog-Dateien müssen gegebenenfalls noch die Parameter `LOG_ARCHIVE_*` wie zum Beispiel `LOG_ARCHIVE_DEST` angepasst werden.

Die Umgebungsvariable `ORACLE_SID` muss auf die Prüfinstanz gesetzt werden.

Bei Windows-Systemen muss mittels `ORADIM` ein Oracle-Service für die Prüfinstanz erzeugt werden.

Beispielaufruf `ORADIM`:

```
C:\>ORADIM –NEW –SID <SID>
```

Aufbau des Prüfsystems auf dem gleichen Rechner:

Folgende Parameter müssen gesetzt werden:

- `CONTROL_FILES`: Dieser Parameter muss für die Prüfinstanz unterschiedlich zur Original-Datenbank gesetzt sein.
- `DB_UNIQUE_NAME`: Dieser Parameter muss auf einen anderen Wert als der Name der Original-Datenbank gesetzt werden (zum Beispiel `DB_UNIQUE_NAME=CHECK`).
- `DB_FILE_NAME_CONVERT`: Über diesen Parameter muss der Pfad der Datendateien der Original-Datenbank und der Prüfinstanz angegeben werden (zum Beispiel `DB_FILE_NAME_CONVERT=('e:\oracle\gc', 'e:\oracle\check')`.

Aufbau des Prüfsystems auf einem zweiten Rechner:

`DB_FILE_NAME_CONVERT`: Über diesen Parameter muss bei unterschiedlichen Pfaden der Datendateien der Original-Datenbank und der Prüfinstanz der Pfad der jeweiligen Datendateien angegeben werden (zum Beispiel `DB_FILE_NAME_CONVERT= ('e:\oracle\gc', 'e:\oracle\check')`.

Falls erforderlich muss noch eine Passwortdatei für die Prüfinstanz erzeugt werden.

Prüfinstanz erzeugen und Recovery der Prüfinstanz durchführen:

Die Prüfinstanz kann entweder auf dem gleichen oder einem anderen Rechner als die Original-Datenbank erzeugt werden. Das nachfolgend beschriebene Vorgehen kann für beide Varianten verwendet werden.

- Einspielen der Sicherung der Datendateien des System-Tablespace, des Undo-Tablespace und der Tablespaces, für die ein Recovery notwendig ist, sowie der Control-Datei:

  Wird die Prüfinstanz auf dem gleichen Rechner wie die Original-Datenbank aufgebaut, muss die Sicherung der Datendateien in ANDERE (!) Verzeichnisse als die Datendateien der Original-Datenbank eingespielt werden. Wird für die Prüfinstanz ein zweiter Rechner verwendet, können (müssen aber nicht!) die gleichen Pfade wie auf der Original-Datenbank verwendet werden.

- Starten der Prüfinstanz in den NOMOUNT-Status mit `STARTUP NOMOUNT`, am besten mit expliziter Angabe der Parameterdatei der Prüfinstanz:

```
SQL> STARTUP NOMOUNT PFILE=<parameterfile_check system>
```

- Starten der Prüfinstanz in den MOUNT-Status mit `CLONE`-Schlüsselwort

```
SQL> ALTER DATABASE MOUNT CLONE DATABASE;
```

- Alle Datendateien der Prüfinstanz online setzen, das heißt alle Datendateien, die auf der Prüfinstanz vorhanden sind:

> Die Namen und der Status aller Datendateien können ermittelt werden über:
>
> ```
> SQL> SELECT NAME, STATUS FROM V$DATAFILE;
> ```
>
> Nun alle Datendateien, für die ein Recovery durchgeführt werden soll und noch Status OFFLINE besitzen, auf ONLINE setzen:
>
> ```
> SQL> ALTER DATABASE DATAFILE '<filename>' ONLINE;
> ```
>
> Beispiel:
>
> ```
> SQL> ALTER DATABASE DATAFLE 'e:\oracle\check\data_1.dbf' ONLINE;
> ```

- Unvollständiges Recovery für die Prüfinstanz-Datenbank durchführen:

> Beispiel für ein cancel-basiertes Recovery (andere Kommandos für unvollständiges Recovery siehe Abschnitt 6.2.2):
>
> ```
> SQL> RECOVER DATABASE UNTIL CANCEL USING BACKUP CONTROLFILE;
> ```

- Datenbank der Prüfinstanz mit `OPEN RESETLOGS` öffnen:

```
SQL> ALTER DATABASE OPEN RESETLOGS;
```

- Anschließend kann dann `ANALYZE` auf die Tabelle im Prüfsystem gestartet werden.

8.3.9 Zerstörte Blöcke in einem temporären Segment

Wird als Typ des betroffenen Objekts »TEMPORARY« angezeigt, so ist kein permanentes Objekt betroffen.

In diesem Fall kann folgendermaßen vorgegangen werden:

1. Es ist zu prüfen, ob der betroffene Tablespace als temporärer Tablespace verwendet wird mittels:

```
SQL> SELECT COUNT(*) FROM DBA_USERS
WHERE TEMPORARY_TABLESPACE='<tablespace_name>';
```

Wird der Tablespace als temporärer Tablespace verwendet, das heißt, werden Benutzer gefunden, die diesen Tablespace als temporären Tablespace eingetragen haben, so kann mit Schritt 2 fortgefahren werden.

2. Es sollte geprüft werden, ob es sich um temporäre Datendateien handelt mit:

```
SQL> SELECT CONTENTS FROM DBA_TABLESPACES
WHERE TABLESPACE_NAME='<tablespace_name>';
```

Wird als CONTENTS TEMPORARY angezeigt, so kann Schritt 3 ausgeführt werden.

Andernfalls wird der Block bei der nächsten Schreiboperation neu formatiert. Damit sollte die Korruption automatisch beseitigt sein. Jedoch sollte vorsichtshalber in jedem Fall die beteiligte Hardware überprüft werden.

3. Anlegen eines neuen temporären Tablespace mit:

```
SQL> CREATE TEMPORARY TABLESPACE <temp_tsp_new>
TEMPFILE <tempfile> SIZE <size>
EXTENT MANAGEMENT LOCAL UNIFORM SIZE <size>;
```

Der Wert von UNIFORM SIZE des bestehenden Tablespace kann herausgefunden werden mit:

```
SQL> SELECT TABLESPACE_NAME, NEXT_EXTENT FROM DBA_TABLESPACES;
```

4. Zuweisen des neuen temporären Tablespace

```
SQL> ALTER USER <username> TEMPORARY TABLESPACE <temp_tsp_new>;
```

oder wenn es der Default Temporary Tablespace ist:

```
SQL> ALTER DATABASE DEFAULT TEMPORARY TABLESPACE <temp_tsp_new>;
```

5. Löschen des alten temporären Tablespace mit:

```
SQL> DROP TABLESPACE <tablespace_name> INCLUDING CONTENTS AND DATAFILES;
```

8.3.10 Zerstörte Blöcke im Freiplatzbereich

Da DBVERIFY alle Blöcke überprüft (auch die derzeit nicht belegten), kann es vorkommen, dass DBVERIFY korrupte Blöcke im Freiplatzbereich meldet.

Ab Oracle 8.1.6 wird eine Korruption im Freiplatzbereich von DBVERIFY gemeldet, aber nicht in den summarischen Zeilen am Ende der Ausgabe von DBVERIFY angezeigt:

```
DBVERIFY - Verification starting : FILE = users01
Block Checking: DBA = 292345876, Block Type = KTB-managed data block
Found block already marked corrupted
DBVERIFY - Verification complete
Total Pages Examined         : 47359
Total Pages Processed (Data) : 6213
Total Pages Failing   (Data) : 0
Total Pages Processed (Index): 0
Total Pages Failing   (Index): 0
Total Pages Processed (Other): 65
Total Pages Empty            : 17185
Total Pages Marked Corrupt   : 0
Total Pages Influx           : 0
```

Wird von DBVERIFY nur ein Verweis auf eine DBA (Datenbank-Blockadresse), aber kein Wert für <block#> angezeigt, so kann mit folgender Abfrage <block#> ermittelt werden:

```
SQL>SELECT
DBMS_UTILITY.DATA_BLOCK_ADDRESS_BLOCK(<dba>)
FROM DUAL;
```

Über die folgenden Abfragen kann dann festgestellt werden, ob der korrupte Block tatsächlich im Freiplatzbereich liegt.

```
SQL> SELECT SEGMENT_NAME, PARTITION_NAME, SEGMENT_TYPE, OWNER
FROM DBA_EXTENTS
WHERE FILE_ID = <absolute file#>
AND <corrupted block#> BETWEEN BLOCK_ID AND BLOCK_ID + BLOCKS - 1;
```

Bei dictionary-managed Tablespace kann auch die folgende schnellere Abfrage verwendet werden:

```
SQL> SELECT S.SEGMENT_NAME, S.PARTITION_NAME, S.SEGMENT_TYPE
FROM DBA_DMT_USED_EXTENTS DUE, DBA_SEGMENTS S
WHERE DUE.SEGMENT_BLOCK = S.HEADER_BLOCK
AND DUE.SEGMENT_FILEID = S.HEADER_FILE
AND DUE.FILEID = <file#>
AND <block#> BETWEEN DUE.BLOCK
AND DUE.BLOCK + DUE.LENGTH - 1;
```

Ist das Ergebnis der Abfrage ein no rows selected, so liegt der korrupte Block im Freiplatzbereich und gehört zu keinem Objekt.

Der korrupte Block wird automatisch überschrieben, sobald ein Objekt den Freiplatzbereich allokiert und mit Daten füllt. Weitere Maßnahmen außer der Überprüfung der beteiligten Hardware-Komponenten bräuchten nun eigentlich nicht durchgeführt zu werden. Bis der korrupte Block überschrieben wird, wird er jedoch bei jeder Korruptionsprüfung mit DBVERIFY gemeldet.

Dies kann durch die nachfolgenden zwei Lösungswege vermieden werden. Leider sind beide etwas aufwendiger, eine einfachere Lösung gibt es jedoch nicht.

1. Reorganisation des Tablespace inklusive der betroffenen Datendatei.
2. Anlegen eines temporären Objektes, das den korrupten Block beschreibt
   a. Prüfen, ob der korrupte Block zu einem Objekt gehört

```
SQL> SELECT SEGMENT_NAME, PARTITION_NAME, SEGMENT_TYPE, OWNER
FROM DBA_EXTENTS WHERE FILE_ID = <absolute file#>
AND <corrupted block#> BETWEEN BLOCK_ID AND BLOCK_ID + BLOCKS - 1;
```

   b. Erzeugen einer Dummy-Tabelle dummy im betroffenen Tablespace (als Benutzer ungleich SYS oder SYSTEM)

```
SQL> CREATE TABLE dummy TABLESPACE <tablespace_name> AS SELECT * FROM
DBA_DATA_FILES;
```

c. Allokieren von Extents in der betroffenen Datendatei

```
SQL> ALTER TABLE dummy ALLOCATE EXTENT (DATAFILE '<pfad\name>' SIZE 1M);
```

Besteht der Tablespace nur aus einer Datendatei, so sollte an dieser Stelle vorsichtshalber eine zweite hinzugefügt werden, um ein Volllaufen des Tablespaces zu verhindern.

d. Solange Extents mit dem Statement aus Punkt c. allokieren, bis der korrupte Block als Teil der `dummy`-Tabelle gemeldet wird.

Falls `AUTOEXTEND=ON` für die Datendatei gesetzt ist, so muss dies vor Allokieren der Extents deaktiviert werden.

```
SQL> SELECT SEGMENT_NAME, PARTITION_NAME, SEGMENT_TYPE, OWNER
FROM DBA_EXTENTS WHERE FILE_ID = <absolute file#>
AND <corrupted block#> BETWEEN BLOCK_ID AND BLOCK_ID + BLOCKS - 1;
```

e. Ermitteln der Extent-Anzahl <extent-anzahl> der Tabelle `dummy`

```
SQL> SELECT EXTENTS FROM DBA_SEGMENTS
WHERE SEGMENT_NAME = 'DUMMY';
```

f. Nun Daten in die Tabelle einfügen, bis das Statement aus Punkt e. mindestens <extent-anzahl> + 1 zurückmeldet, das heißt, der Block wurde überschrieben.

```
SQL> INSERT INTO dummy SELECT * FROM DBA_DATA_FILES;
```

Wem das manuell zu lange dauert, der kann das auch über folgenden Code automatisieren (eventuell noch die Anzahl der Loops anpassen).

```
SQL> BEGIN
FOR I in 1..1000 LOOP
INSERT INTO dummy SELECT * FROM DBA_DATA_FILES;
END LOOP;
END;
/
```

Nach jedem Ausführen der obigen Statements sollte geprüft werden, ob das Kommando aus Punkt e. schon als Extent-Anzahl mindestens <extent-anzahl> + 1 ausgibt.

g. Ein erneuter Lauf von `DBVERIFY` sollte nun keine Korruptionen mehr anzeigen.

h. Löschen der Dummy-Tabelle

```
SQL> DROP TABLE dummy;
```

Möglicherweise kann es bei LMTS-/AUTOALLOCATE-Tablespaces trotzdem noch zu Fehlern bei Ausführen des `DBVERIFY` kommen. Dies wird durch die automatisch bestimmten Extent-Größen verursacht. Dadurch kann unter Umständen nicht jeder Freiplatzbereich initialisiert werden. In diesem Fall sollten weitere temporäre Tabellen angelegt und gefüllt werden. Diese können dann mit ihren anfänglich kleinen Extent-Größen den noch nicht gefüllten Freiplatzbereich beschreiben.

9 Backup und Recovery über Recovery Manager (RMAN)

9.1 Einführung

Oracle Recovery Manager, kurz RMAN, wurde bereits mit Oracle Release 8 eingeführt und seither stetig weiterentwickelt. RMAN wurde in seinem Funktionsumfang mit jedem Release erweitert und verbessert, sodass mittlerweile ein sehr leistungsfähiges Werkzeug für Backup, Restore und Recovery zur Verfügung steht.

Durch RMAN werden die im Rahmen des Backup-Konzepts anfallenden Tätigkeiten in hohem Maße vereinfacht.

RMAN ist ein Datenbank-Client, der zur Durchführung und Automatisierung von Sicherungs- und Wiederherstellungsaufgaben der Datenbank genutzt werden kann. Dabei kann RMAN sowohl von der Kommandozeile als auch von der grafischen Oberfläche des Oracle Enterprise Managers (OEM) aufgerufen und bedient werden.

Die minimale RMAN-Umgebung setzt sich dabei zusammen aus:

- der Zieldatenbank, also der Datenbank, zu der sich RMAN verbindet und die Sicherungs- und Wiederherstellungsoperationen ausführt,
- und aus dem RMAN-Client `rman` – dem Datenbank-Executable –, der die Kommandos interpretiert, die Kommandos anstößt und die durchgeführten Aktionen in der Control-Datei der Zieldatenbank protokolliert. Dieses wird bei Installation der Oracle-Software automatisch in das Verzeichnis installiert, in dem auch die anderen Datenbank-Executables liegen (beispielsweise bei Unix in Verzeichnis `$ORACLE_HOME/bin`).

Der Aufruf von `rman` über die Kommandozeile bei Nutzung einer minimalen RMAN-Umgebung ist wie folgt:

Aufruf `rman`:

```
C:\> rman TARGET <user>/<password>@<targetdb>
```

Beispiel (Zieldatenbank ist `GC1`):

```
C:\> rman TARGET system/munich@GC1
```

Zu beachten ist, dass der Aufrufbenutzer das `SYSDBA`-Privileg besitzen muss. Beim Aufruf braucht allerdings `AS SYSDBA` nicht angegeben zu werden, da dies implizit vorausgesetzt wird.

Es ist auch möglich, RMAN mit einer Datei aufzurufen, welche die RMAN-Kommandos enthält. Dies kann genutzt werden, um beispielsweise wöchentliche Sicherungen automatisiert zu starten.

Beispiel:

Aufruf RMAN mit der Kommandodatei backup_weekly.txt:

```
C:\> rman @c:\oracle\scripts\backup_weekly.txt
```

Kommandodatei backup_weekly.txt:

```
CONNECT TARGET /
BACKUP DATABASE PLUS ARCHIVELOG;
EXIT;
```

Vorteile bei Nutzung von RMAN als Tool für Backup, Restore und Recovery:

- Konsistenzcheck

  Während der Sicherung wird für jeden logischen Datenbankblock, der gesichert wird, ein Konsistenzcheck durchgeführt, wodurch eine fehlerfreie und konsistente Sicherung gewährleistet wird.

- Recovery nicht gesicherter Datendateien (ab Oracle 10g)

  Für die Wiederherstellung von Datendateien, die nach der letzten Sicherung durch Erweitern oder Anlegen eines Tablespace entstanden sind, entfällt das manuelle Anlegen (`ALTER DATABASE CREATE DATAFILE`), wenn alle erforderlichen Redolog-Dateien vorhanden sind. Es muss nur noch das Kommando `RESTORE DATABASE` abgesetzt werden.

- Verringerung der Redolog-Informationen

  Im Gegensatz zu konventionellen Online-Backups werden bei RMAN-Sicherungen die Tablespaces nicht mehr in den Backup-Modus versetzt, wodurch die Menge der Redolog-Informationen deutlich reduziert wird.

  Bei einem Online-Tablespace, der sich im Backup-Modus befindet, wird bei jeder Änderung der ganze Oracle-Block in die Redolog-Dateien geschrieben. Im Gegensatz dazu werden im Normalzustand des Tablespace – also auch während einer RMAN-Sicherung – nur die tatsächlichen Änderungen in die Redolog-Dateien geschrieben.

9.2 Konfiguration

9.2.1 Begriffsdefinitionen

Im weiteren Verlauf der Kapitel werden einige Begriffe verwendet, die vorab kurz beschrieben werden:

Channel

Für die Sicherung beziehungsweise den Restore von Daten werden sogenannte *Channels* definiert. Dabei kann ein Channel entweder vom Typ *DISK* oder *SBT* sein.

Bei einem DISK-Channel werden die Daten von Platte gelesen oder darauf geschrieben. Ein SBT-Channel (**S**ystem **B**ackup to **T**ape) hingegen ist die Schnittstelle zu einer externen Sicherungsbibliothek oder einem Bandlaufwerk. Jedem Channel ist ein Datenbank-Serverprozess zugeordnet, der die Backup-, Restore- und Recovery-Operationen ausführt.

Channels können weiter eingeteilt werden in automatische und manuelle Channels. Automatische Channels werden über den `CONFIGURE`-Befehl (siehe Abschnitt 9.2.3) definiert. Diese werden für alle RMAN-Jobs verwendet, in denen kein manueller Channel genutzt wird. Standardmäßig ist ein DISK-Channel vorkonfiguriert, der für Backups auf Platte verwendet werden kann. Manuelle Channels werden über den Befehl `ALLOCATE CHANNEL` definiert. Dieser übersteuert die automatische Konfiguration.

Beispiele:

Verteilung der Backup-Dateien auf zwei Festplatten durch Definition von zwei automatischen Channels:

```
RMAN> CONFIGURE DEVICE TYPE DISK PARALLELISM 2;
RMAN> CONFIGURE CHANNEL 1 DEVICE TYPE DISK FORMAT 'e:\oracle\%U';
RMAN> CONFIGURE CHANNEL 2 DEVICE TYPE DISK FORMAT 'f:\oracle\%U';
```

Verteilung der Backup-Dateien auf zwei Festplatten durch Definition von zwei manuellen Channels:

```
RMAN> RUN
{
   ALLOCATE CHANNEL disk1 DEVICE TYPE DISK FORMAT 'e:\oracle\%U';
   ALLOCATE CHANNEL disk2 DEVICE TYPE DISK FORMAT 'f:\oracle\%U';
   BACKUP DATABASE;
}
```

Backup-Set

Ein Backup-Set umfasst das Backup einer oder mehrerer Datendateien, Control-Dateien, SPFILEs oder Offline-Redolog-Dateien. Jedes Backup-Set besteht aus einer oder mehreren binären Dateien, den sogenannten Backup Pieces, in welche die genannten Dateien gesichert werden. Backup-Sets werden durch das RMAN-BACKUP-Kommando erzeugt und werden auch nur von RMAN für die Wiederherstellung verwendet. Es ist möglich, Backup-Sets mittels RMAN zu komprimieren.

Backup Piece

Ein Backup Piece ist eine binäre Datei in einem RMAN-spezifischen Format, in der ein RMAN-Backup-Set gespeichert wird. Ein Backup-Set wird in mehrere Backup Pieces aufgeteilt, wenn die Größe durch `MAXPIECESIZE` im `ALLOCATE CHANNEL`- oder `CONFIGURE CHANNEL`-Kommando begrenzt wird. Bei einem Multisection Backup (siehe Abschnitt 9.3.2, Backup von Datendateien) wird für jeden Bereich der Größe `SECTION SIZE` der Datendatei ein eigenes Backup Piece angelegt. `MAXPIECESIZE` und `SECTION SIZE` können nicht gemeinsam genutzt werden.

Image-Kopie

Eine Image-Kopie ist eine exakte Kopie einer Datendatei, Control-Datei oder Offline-Redolog-Datei. Eine Image-Kopie entspricht der Kopie mit Betriebssystemkommandos wie `cp` unter Unix und enthält alle (also auch die unbenutzten) Blöcke einer Datei. Image-Kopien können auch Grundlage für inkrementelle Backups sein. Sie werden jedoch nur auf Platte geschrieben. Es ist möglich, Image-Kopien entweder manuell mit Betriebssystemkommandos oder mit RMAN zu erzeugen beziehungsweise zurückzusichern.

TAG

Jedem Backup-Set und jeder Image-Kopie kann ein logischer Name, ein sogenannter TAG, zugewiesen werden. Dabei kann der gleiche TAG für mehrere Backup-Sets oder Image-Kopien verwendet werden, die dadurch ‚sprechende' Namen erhalten.

9.2.2 Recovery-Katalog

Um die Metadaten der Zieldatenbanken wie beispielsweise die Datenbankstruktur oder die Informationen über alle Sicherungs- und Wiederherstellungsoperationen zu speichern und zu verwalten, benötigt RMAN ein Repository. RMAN speichert diese Informationen immer in der Control-Datei.

Die Metadaten auch mehrerer Oracle-Datenbanken können zusätzlich zentral in einem sogenannten Recovery-Katalog gespeichert und verwaltet werden. Der Recovery-Katalog wird dabei in einem Schema einer eigenen Oracle-Datenbank gespeichert. Ein Recovery-Katalog ist für die Nutzung von RMAN jedoch nicht zwingend erforderlich.

> **Achtung!**
> Falls kein Recovery-Katalog verwendet wird, muss besonderes Augenmerk auf die Sicherung der Control-Datei gelegt werden. Um die Control-Datei automatisch nach jedem Backup und – falls die Datenbank im ARCHIVELOG-Modus betrieben wird – auch nach Strukturänderungen zu sichern, sollte die Einstellung `CONTROLFILE AUTOBACKUP` (Beschreibung siehe Abschnitt 9.2.3) aktiviert werden.

Der Recovery-Katalog beinhaltet folgende Informationen für alle registrierten Datenbanken:

- Backup-Sets und Backup Pieces von Datendateien und Offline-Redolog-Dateien
- Kopien von Datendateien
- Offline-Redolog-Dateien und deren Kopien
- Physische Struktur der Zieldatenbank(en)
- Gespeicherte RMAN-Skripte
- Dauerhafte RMAN-Konfigurationseinstellungen

Aus Sicherheitsgründen ist es sinnvoll, den Recovery-Katalog in einer separaten Datenbank – im optimalen Fall auf einem eigenen Server – abzulegen. Würde sich der Recovery-Katalog in einer der zu sichernden Datenbanken befinden, wäre im Falle eines Crashs dieser Datenbank auch der Recovery-Katalog nicht mehr ansprechbar.

Die Datenbank, die den Recovery-Katalog beinhaltet, sollte regelmäßig mithilfe von Online- und/oder Offline-Backups gesichert werden. Außerdem ist es empfehlenswert, die Datenbank im ARCHIVELOG-Modus zu betreiben und das automatische Backup der Control-Datei (siehe Abschnitt 9.2.3) zu aktivieren.

Achtung!
Die Sicherung des Recovery-Katalogs ist ein wichtiger Bestandteil der Backup-Strategie.

Der Recovery-Katalog als zusätzlicher Speicherort der Sicherungsinformationen bietet folgende Vorteile:

- Die Control-Dateien bieten nur einen begrenzten Speicherplatz, und die Backup-Informationen darin werden zyklisch überschrieben (Initialisierungsparameter CONTROL_FILE_RECORD_KEEP_TIME). Im Recovery-Katalog hingegen können diese Informationen viel länger vorgehalten werden.
- Außerdem stehen einige RMAN-Funktionalitäten nur bei Nutzung eines Recovery-Katalogs zur Verfügung. So sind manche Kommandos nur möglich, wenn RMAN mit dem Recovery-Katalog verbunden ist.
- Auch können Sicherungsskripte (eine Folge von RMAN-Kommandos), sogenannte *Stored Scripts*, im Recovery-Katalog abgelegt werden, die dann zur Durchführung von RMAN-Jobs verwendet werden.

Die Anmeldung am Recovery-Katalog erfolgt über folgende Kommandos:

Anmeldung nur am Recovery-Katalog:

```
C:\> rman CATALOG <rman_user>/<password>@<recovery-catalog-db>
```

Anmeldung gleichzeitig an der Zieldatenbank und am Recovery-Katalog:

```
C:\> rman TARGET <user>/<password>@<targetdb> CATALOG <rman_user>/
<passwort>@<recovery-catalog-db>
```

Einrichten des Recovery-Katalogs

Wie bereits erwähnt, sollte aus Sicherheitsgründen das RMAN Repository in einer eigenen Datenbank als Recovery-Katalog angelegt werden. In dieser Datenbank müssen nun ein Tablespace und ein Benutzer angelegt werden, der Besitzer des Recovery-Katalogs ist. Diesem Benutzer muss die Rolle RECOVERY_CATALOG_OWNER zugewiesen werden.

1. **Erstellen der Datenbank für den Recovery-Katalog**

   Dazu kann der Database-Configuration-Assistent benutzt werden.

2. **Neuen Tablespace anlegen**

   Wird für den Tablespace-Namen ein von RMAN reserviertes Wort verwendet, so muss dieser Name beim Erzeugen des Katalogs in Anführungsstrichen und in Großbuchstaben angegeben werden.

   Der Platzbedarf pro Zieldatenbank ist hauptsächlich von der Anzahl der Datendateien und der Offline-Redolog-Dateien sowie von der Sicherungsfrequenz abhängig. Im Normalfall kann man für den Recovery-Katalog mit einem jährlichen Platzverbrauch von etwa 20 MB je Datenbank kalkulieren.

```
SQL> CREATE TABLESPACE <rman_ts> DATAFILE '<file_name>'
SIZE 100M AUTOEXTEND ON NEXT 20M MAXSIZE 200M
EXTENT MANAGEMENT LOCAL
SEGMENT SPACE MANAGEMENT AUTO;
```

3. **Benutzer anlegen und Rollen zuweisen**

   Als DEFAULT-Tablespace des Benutzers kann auch ein Tablespace gewählt werden, der später nicht den Recovery-Katalog beinhaltet:

```
SQL> CREATE USER <rman_user> IDENTIFIED BY <password>
DEFAULT TABLESPACE <rman_ts>
TEMPORARY TABLESPACE <temp_tsp>
QUOTA UNLIMITED ON <rman_ts>;

SQL> GRANT RECOVERY_CATALOG_OWNER, CONNECT, RESOURCE TO <rman_user>;
```

4. **Recovery-Katalog erstellen**

   Dazu wird der RMAN Client verwendet. Dieser muss nicht zwingend auf dem Server liegen, auf dem sich auch die Datenbank mit dem Recovery-Katalog befindet, da für die Verbindung Oracle Net verwendet wird. Oracle Net muss entsprechend konfiguriert sein (Details in der entsprechenden Oracle-Dokumentation).

```
C:\> rman CATALOG <rman_user>/<password>@<recovery-catalog-db>

RMAN> CREATE CATALOG [TABLESPACE <rman_ts>];

RMAN> EXIT;
```

Verwalten des Recovery-Katalogs

Im Folgenden werden einige wichtige Optionen der Administration des Recovery-Katalogs aufgezeigt.

1. **Registrierung einer Zieldatenbank**

   Um den Recovery-Katalog nutzen zu können, muss die Zieldatenbank zunächst im Recovery-Katalog registriert werden. Dazu muss der RMAN Client mit der Zieldatenbank und dem Recovery-Katalog verbunden werden.

   Jede Zieldatenbank wird anhand ihrer eindeutigen DBID (*Database Identifier*) identifiziert, die Oracle beim Erzeugen der Datenbank generiert. Die Datenbank mit dem Recovery-Katalog muss geöffnet sein. Die Zieldatenbank muss sich dazu mindestens im MOUNT-Status befinden.

```
C:\> rman TARGET <user>/<password>@<targetdb> CATALOG <rman_user>/
<passwort>@<recovery-catalog-db>

RMAN> REGISTER DATABASE;

RMAN> EXIT;
```

Alternativ kann die Registrierung im Recovery-Katalog auch über den Enterprise Manager der Zieldatenbank erfolgen. Dabei wird ein bestehender Recovery-Katalog ausgewählt und die Datenbank automatisch registriert. Das Starten des Enterprise Managers ist beschrieben in Abschnitt 1.1.3, Tipps und Tricks zu Offline-Redolog-Dateien.

Für die Registrierung wird über das Register VERFÜGBARKEIT im Abschnitt SETUP von BACKUP/RECOVERY der Punkt EINSTELLUNGEN FÜR RECOVERY-KATALOG ausgewählt.

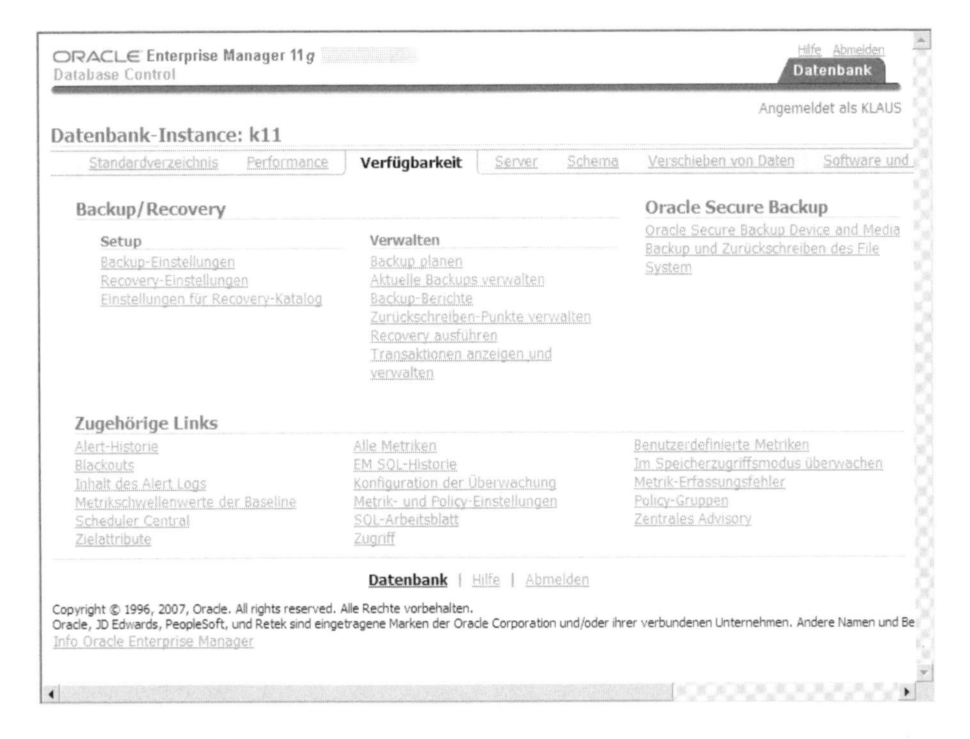

Abbildung 9.1: Enterprise Manager-Hauptmenü – Einstellungen für Recovery-Katalog auswählen

Aus dem aufgerufenen Menü dann RECOVERY-KATALOG VERWENDEN auswählen und auf die Schaltfläche RECOVERY-KATALOG HINZUFÜGEN klicken.

Kontrolldatei verwenden
RMAN-Aufzeichnungen behalten (Tage) 7
Geben Sie an, wie lange RMAN-Aufzeichnungen in der Kontrolldatei behalten werden sollen, bevor sie wiederverwendet werden können.
Recovery-Katalog verwenden
Recovery-Katalog (Keine Recovery-Kataloge konfiguriert.) Recovery-Katalog hinzufügen
Host-Benutzername und Kennwort ist erforderlich, wenn Ihre Datenbank nicht mit dem ausgewählten Katalog registriert ist.
* Benutzername klaus
* Kennwort ••••••
Als Bevorzugte ID-Daten speichern
Zugehörige Links
Katalog resynchronisieren
Recovery-Kataloge
Registrierung von Datenbank aufheben
Abbrechen OK
Datenbank | Hilfe | Abmelden
Copyright © 1996, 2007, Oracle. All rights reserved. Alle Rechte vorbehalten.
Oracle, JD Edwards, PeopleSoft, und Retek sind eingetragene Marken der Oracle Corporation und/oder ihrer verbundenen Unternehmen. Andere Namen und Be
Info Oracle Enterprise Manager

Abbildung 9.2: Noch kein Recovery-Katalog konfiguriert

Um die Datenbank zu registrieren, sind Benutzername und Kennwort des Recovery-Katalogbenutzers erforderlich sowie der Hostname, der Port und die SID der Katalogdatenbank.

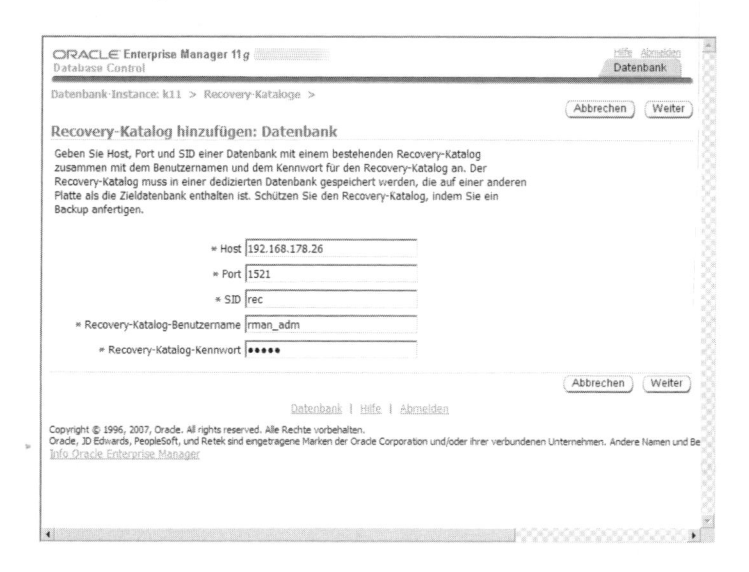

Abbildung 9.3: Recovery-Katalog hinzufügen

Die Angaben werden anschließend noch verifiziert. Zum Abschluss noch die Schaltfläche FERTIG auswählen, und man gelangt wieder zurück.

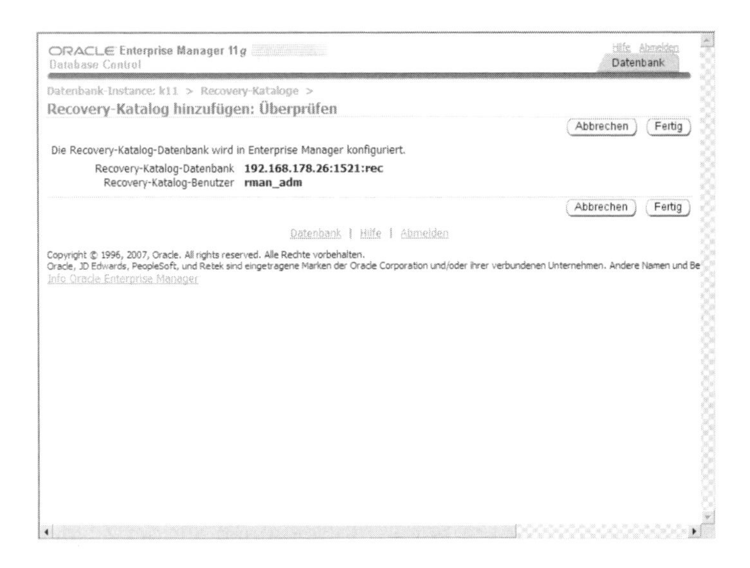

Abbildung 9.4: Überprüfung erfolgreich?

Abschließend kann der hinzugefügte Recovery-Katalog verwendet werden. Durch Auswahl von »OK« erfolgt die Registrierung der Datenbank im Recovery-Katalog.

Abbildung 9.5: Recovery-Katalog wurde ausgewählt

2. **Synchronisieren des Recovery-Katalogs**

   Normalerweise werden die Informationen in der Control-Datei der Zieldatenbank mit denen des Recovery-Katalogs beim Absetzen eines RMAN-Befehls automatisch synchronisiert, wenn RMAN mit der Zieldatenbank und dem Recovery-Katalog verbunden ist.

   Sollte der Recovery-Katalog aber während der Ausführung der RMAN-Kommandos nicht zur Verfügung stehen, können die Informationen manuell synchronisiert werden, sobald der Recovery-Katalog wieder verfügbar ist.

```
C:\> rman TARGET <user>/<password>@<target_db> CATALOG <rman_user>/<passwort>@
<recovery-catalog_db>
RMAN> RESYNC CATALOG;
RMAN> EXIT;
```

   Auch das Resynchronisieren des Recovery-Katalogs kann durch wenige Mausklicks über den Enterprise Manager erfolgen.

   Dazu muss nur im Einstiegsmenü Einstellungen für Recovery-Katalog der Eintrag Katalog resynchronisieren unter Zugehörige Links ausgewählt werden, und der Recovery-Katalog wird mit den Informationen aus der Zieldatenbank abgeglichen.

3. **Zusätzliche Backups in den Recovery-Katalog aufnehmen**

   Wenn Image-Kopien von Datendateien, Backup Pieces oder Offline-Redolog-Dateien auf Platte vorhanden sind, die noch nicht im Recovery-Katalog bekannt sind, können diese mithilfe des `CATALOG`-Befehls hinzugefügt werden.

   Dabei können auch Backups katalogisiert werden, die mit Betriebssystemmitteln erstellt wurden. Wenn sich mehrere Sicherungsdateien in einem Verzeichnis befinden, können diese auch auf einmal katalogisiert werden (`CATALOG START WITH`).

```
RMAN> CATALOG DATAFILECOPY '<daten-datei_name>';
RMAN> CATALOG ARCHIVELOG '<log-datei_name>';
RMAN> CATALOG BACKUPPIECE '<backuppiece-datei_name>';
RMAN> CATALOG START WITH '<verzeichnis>';
```

Beispiel:

```
RMAN> CATALOG START WITH 'F:\oracle\backups\';
```

Gleichzeitiges Katalogisieren mehrerer Verzeichnisse, deren Name identisch beginnt (zum Beispiel F:\oracle\backup-2007, F:\oracle\backup-2008 und F:\oracle\backup-arch):

```
RMAN> CATALOG START WITH 'F:\oracle\backup';
```

9.2.3 RMAN-Einstellungen

Mit dem Kommando `SHOW ALL` können alle aktuellen Einstellungen aufgelistet werden. Einstellungen, für die der Default-Wert gilt, werden ebenfalls angezeigt.

```
RMAN> SHOW ALL;
RMAN-Konfigurationsparameter für Datenbank mit db_unique_name K11 sind:
CONFIGURE RETENTION POLICY TO RECOVERY WINDOW OF 31 DAYS;
CONFIGURE BACKUP OPTIMIZATION ON;
CONFIGURE DEFAULT DEVICE TYPE TO DISK; # default
CONFIGURE CONTROLFILE AUTOBACKUP ON;
CONFIGURE CONTROLFILE AUTOBACKUP FORMAT FOR DEVICE TYPE DISK TO '%F'; # default
CONFIGURE DEVICE TYPE DISK PARALLELISM 1 BACKUP TYPE TO BACKUPSET; # default
CONFIGURE DATAFILE BACKUP COPIES FOR DEVICE TYPE DISK TO 1; # default
CONFIGURE ARCHIVELOG BACKUP COPIES FOR DEVICE TYPE 'SBT_TAPE' TO 2;
CONFIGURE ARCHIVELOG BACKUP COPIES FOR DEVICE TYPE DISK TO 1; # default
CONFIGURE CHANNEL DEVICE TYPE DISK MAXPIECESIZE 1000 M;
CONFIGURE MAXSETSIZE TO UNLIMITED; # default
CONFIGURE ENCRYPTION FOR DATABASE OFF; # default
CONFIGURE ENCRYPTION ALGORITHM 'AES128'; # default
CONFIGURE COMPRESSION ALGORITHM 'BZIP2'; # default
CONFIGURE ARCHIVELOG DELETION POLICY TO BACKED UP 3 TIMES TO 'SBT_TAPE';
CONFIGURE SNAPSHOT CONTROLFILE NAME TO 'D:\ORA11G\K11\DB_1\DATABASE\SNCFK11.ORA'; #
default
```

Nur eine bestimmte Einstellung anzeigen (Beispiel):

```
RMAN> SHOW DEFAULT DEVICE TYPE;
```

Zurücksetzen auf den Default-Wert (Beispiel):

```
RMAN> CONFIGURE RETENTION POLICY CLEAR;
```

Mit dem `CONFIGURE`-Befehl können dauerhaft Einstellungen für RMAN-Backup, Restore und Jobverwaltung einzelner Datenbanken angelegt oder geändert werden.

Die hierbei eingestellten Werte werden standardmäßig verwendet, können aber durch die Angabe anderer Werte beim Aufruf der jeweiligen Funktion übersteuert werden.

Mittels des RMAN `CONFIGURE`-Kommandos können unter anderem folgende Einstellungen vorgenommen werden:

- RETENTION POLICY

  Dabei wird festgelegt, wie lange ein Backup-Set oder eine Image-Kopie aufbewahrt beziehungsweise wie viele Kopien davon aufbewahrt werden, bevor sie als veraltet gekennzeichnet werden. Befinden sich das Backup-Set oder die Image-Kopie in der *Flash Recovery Area*, werden sie nach einiger Zeit von RMAN automatisch gelöscht, wenn darin Platz benötigt wird. Liegen sie jedoch außerhalb, so müssen die Dateien manuell mit dem Kommando `DELETE OBSOLETE` gelöscht werden.

  `RETENTION POLICY` bietet dabei folgende Möglichkeiten:

  - TO RECOVERY WINDOW OF n DAYS

    Innerhalb eines Zeitfensters von n Tagen sollte RMAN die Datenbank wiederherstellen können.

Beispiel:

```
RMAN> CONFIGURE RETENTION POLICY TO RECOVERY WINDOW OF 7 DAYS;
```

Es werden alle Backups aufbewahrt, die für die Wiederherstellung der Datenbank auf jeden beliebigen Zeitpunkt innerhalb der letzten sieben Tage benötigt werden.

- TO REDUNDANCY n

  n Backups jeder Daten- und Control-Datei sollen aufbewahrt werden.

Die beiden Optionen RECOVERY WINDOW und REDUNDANCY schließen sich gegenseitig aus.

- BACKUP OPTIMIZATION ON

Ist BACKUP OPTIMIZATION aktiv (ON), wird eine Datei nicht auf den Device Type gesichert, wenn bereits ein Backup einer identischen Datei auf diesem Device Type vorhanden ist.

Dateityp	Kriterien für identische Dateien
Datendatei	DBID, Checkpoint SCN, Resetlogs SCN und Zeitstempel der Dateien müssen übereinstimmen. Die Datendatei muss offline, read-only oder geschlossen sein.
Offline-Redolog-Datei	DBID, Thread, Sequenznummer, Resetlogs SCN und Zeitstempel müssen übereinstimmen
Backup-Set	DBID, Backup-Set Record ID (RECID) und Stempel (STAMP)

Tabelle 9.1: Kriterien zur Ermittlung identischer Dateien

Aktiviert wird BACKUP OPTIMIZATION über:

```
RMAN> CONFIGURE BACKUP OPTIMIZATION ON;
```

- DEFAULT DEVICE TYPE TO

Legt den DEFAULT DEVICE TYPE fest (DISK oder sbt). Wird als DEFAULT DEVICE TYPE DISK festgelegt und ist eine Flash Recovery Area definiert, so werden die Backups in dieser abgelegt.

Beispiel:

```
RMAN> CONFIGURE DEFAULT DEVICE TYPE TO DISK;
```

- CONTROLFILE AUTOBACKUP ON

Dadurch wird automatisch ein Backup der Control-Datei sowie der aktuellen Serverparameterdatei am Ende jedes erfolgreichen BACKUP-Kommandos erzeugt. Wird die Datenbank im ARCHIVELOG-Modus betrieben, wird auch nach jeder Strukturänderung der Datenbank automatisch ein Backup der beiden Dateien erzeugt.

> **Tipp**
> `CONTROLFILE AUTOBACKUP` sollte in jedem Fall aktiviert werden. Dadurch ist sichergestellt, dass eine Datenbank auch dann wiederhergestellt werden kann, wenn die aktuellen Control-Dateien, der Recovery-Katalog und die Serverparameterdatei defekt sind.

AUTOBACKUP kann eingeschaltet werden über:

```
RMAN> CONFIGURE CONTROLFILE AUTOBACKUP ON;
```

Die Einstellungen können auch über den Enterprise Manager vorgenommen werden. Über das Register VERFÜGBARKEIT gelangt man im Abschnitt SETUP zu den BACKUP-EINSTELLUNGEN. Dort können dann unter anderem im Register POLICY die Retention Policy, das automatische Backup der Control-Datei und Backup Optimization konfiguriert werden.

ORACLE Enterprise Manager 11g
Database Control
Setup Voreinstellungen Hilfe Abmelden
Datenbank
Datenbank-Instance: k11 >
Backup-Einstellungen
Device Backup Set Policy
Backup Policy
☑ Automatisches Backup der Kontrolldatei und Server Parameter File (SPFILE) mit jedem Backup und jeder strukturellen Änderung der Datenbank
Plattenspeicherort für automatisches Backup
Ein bestehendes Verzeichnis oder der Name einer Plattengruppe, in der die Kontrolldatei und die SPFile gesichert werden. Wenn Sie keinen Speicherort angeben, werden die Dateien in dem Speicherort des Flash Recovery-Bereichs gesichert.
☑ Optimieren Sie das Backup der ganzen Datenbank, indem Sie unveränderte Dateien überspringen, wie z.B. schreibgeschützte und Offline-Datendateien, die schon gesichert wurden.
☑ Aktivieren Sie das Block Change Tracking für schnellere inkrementelle Backups
Block Change Tracking-Datei D:\ORA11G\K11\DB_1\DATABASE\BCT_K11.ORA
Geben Sie einen Speicherort und eine Datei an, sonst wird eine von Oracle verwaltete Datei in dem Datenbankbereich erstellt.
Tablespaces, die aus dem Backup der gesamten Datenbank ausgeschlossen sind
Füllen Sie diese Tabelle mit den Tablespaces auf, die aus dem Backup der ganzen Datenbank ausgeschlossen werden sollen. Verwenden Sie die Schaltfläche Hinzufügen, um Tablespaces zu dieser Tabelle hinzuzufügen.
Hinzufügen

Auswählen	Tablespace-Name	Tablespace-Nummer	Status	Inhalte
	Keine Elemente ausgewählt			

TIPP Diese Tablespaces können separat mit dem Tablespace Backup gesichert werden.

Abbildung 9.6: Backup-Einstellungen I

Erhaltungs-Policy

Alle Backups beibehalten

Sie müssen Backups manuell löschen

Backups beibehalten, die für Recovery auf einen bestimmten Zeitpunkt innerhalb der angegebenen Anzahl von Tagen (Point in Time Recovery) erforderlich sind

Tage 31

Recovery-Fenster

Mindestens die angegebene Anzahl von vollständigen Backups für jede Datendatei beibehalten

Backups 1

Redundanz

Löschen-Policy für Archive Log

Geben Sie die Löschen-Policy für archivierte Redo Logs an. Die archivierten Redo Logs können gelöscht werden, wenn der Flash Recovery-Bereich voll wird.

Keine

Wenn der Flash Recovery-Bereich festgelegt ist, werden Archive Logs gelöscht, die auf dem tertiären Device gesichert und basierend auf der Erhaltungs-Policy veraltet sind

Archive Logs nach einer bestimmten Anzahl von Backups löschen

Backups 3

Host-ID-Daten

Um die Backup-Einstellungen zu speichern, geben Sie die ID-Daten zur Anmeldung bei dem Betriebssystem an, um auf die Zieldatenbank zuzugreifen.

* Benutzername klaus

* Kennwort ••••••

Als Bevorzugte ID-Daten speichern

Device | Backup Set | Policy

Abbrechen | OK

Datenbank | Setup | Voreinstellungen | Hilfe | Abmelden

Abbildung 9.7: Backup-Einstellungen II

9.3 Backup mit RMAN

Mit dem RMAN-Befehl `BACKUP` können Primär- oder Standby-Datenbanken, Tablespaces, Datendateien, Control-Dateien, SPFILEs, Offline-Redolog-Dateien oder Backup-Sets gesichert werden. RMAN muss dazu mit einer Zieldatenbank verbunden sein.

Läuft die Zieldatenbank im **ARCHIVELOG**-Modus, muss sie sich im MOUNT-Status befinden oder geöffnet sein. Backups im geöffneten Zustand der Datenbank sind inkonsistent und erfordern im Falle einer Wiederherstellung das Nachfahren der Redolog-Dateien, um die Datenbank auf einen konsistenten Stand zu bringen.

Wird die Datenbank im **NOARCHIVELOG**-Modus betrieben, muss sie sich im MOUNT-Status befinden, nachdem sie zuvor konsistent (`SHUTDOWN NORMAL`, `SHUTDOWN IMMEDIATE` oder `SHUTDOWN TRANSACTIONAL`) beendet wurde. Die Datenbank kann nach einem Crash oder `SHUTDOWN ABORT` nicht mit RMAN gesichert werden.

RMAN bietet zwei unterschiedliche Arten von Sicherungen: Zum einen kann in sogenannte Backup-Sets gesichert werden (RMAN-Befehl `BACKUP AS BACKUPSET`). Ein Backup-Set umfasst das Backup einer oder mehrerer Datendateien, Control-Dateien, SPFILEs oder Offline-Redolog-Dateien. Jedes Backup-Set besteht aus einer oder mehreren binären Dateien, in welche die genannten Dateien gesichert werden.

Bei der Sicherung in Backup-Sets werden standardmäßig Blöcke nicht gesichert, die noch nie benutzt wurden. Aus diesem Grund ist die Gesamtgröße eines Backup-Sets meist wesentlich kleiner als die Gesamtgröße der zu sichernden Dateien. Zusätzlich ist es möglich, dass RMAN nur die aktuell belegten Datenbankblöcke sichert. Dadurch wird der für die Sicherung benötigte Platzbedarf nochmals minimiert.

Über die zweite Art von RMAN-Sicherung können Image-Kopien von Datendateien, Offline-Redolog-Dateien oder Control-Dateien erzeugt werden (RMAN-Befehl `BACKUP AS COPY`), wie sie auch durch das Kopieren auf Betriebssystemebene oder durch den Oracle Archiver-Prozess entstehen.

Folgende Dateien und Bereiche der Datenbank können mit RMAN gesichert werden:

- eine gesamte Datenbank
- einzelne Tablespaces
- einzelne Datendateien
- die Control-Datei
- die Serverparameterdatei SPFILE
- Offline-Redolog-Dateien
- andere mit RMAN erzeugte Backups, wie zum Beispiel Image-Kopien einer Datendatei oder Control-Datei und Backup-Sets

RMAN-Sicherungen erfolgen entweder als Full Backup oder als inkrementelles Backup. Diese Sicherungsmöglichkeiten auf Blockebene unterscheiden sich wie folgt:

- Full Backup (Default)

  Ein Full Backup schreibt alle belegten logischen Datenbankblöcke der angegebenen Datei(en) auf ein Backup-Medium. Ein Full Backup kann entweder als Image-Kopie erfolgen oder auch in einem Backup-Set abgelegt werden.

  Full bezieht sich in diesem Zusammenhang nicht darauf, wie viele Dateien der Datenbank gesichert werden, sondern auf die Tatsache, dass alle belegten Blöcke gesichert werden. Es ist deshalb kein inkrementelles Backup, bei dem bekanntlich nur die Blöcke gesichert werden, die sich seit einem vorhergehenden Backup geändert haben. Aufgrund dessen kann ein Full Backup auch aus einer einzigen Datendatei bestehen.

  Ein Full Backup ist nicht Bestandteil einer inkrementellen Sicherungsstrategie. Das heißt, es kann nicht als Basis für nachfolgende inkrementelle Backups verwendet werden.

- Inkrementelles Backup

  Auch inkrementelle Backups sichern die logischen Datenbankblöcke und werden über sogenannte *Level* klassifiziert. Bis einschließlich Oracle 9i gab es noch die Level 0 bis 4 bei der inkrementellen Sicherung. Seit Oracle 10g gibt es nur noch zwei unterschiedliche Level, nämlich 0 und 1. Bei einem inkrementellen Backup des Levels 0 werden die gleichen Funktionen ausgeführt wie bei einem

Full Backup. Ein inkrementelles Backup des Levels 0 bildet die Grundlage für alle darauffolgenden Backups des Levels 1.

Ein inkrementelles Backup des Levels 1 beinhaltet dagegen nur die Blöcke, die seit der letzten inkrementellen Sicherung verändert wurden. Existiert kein Level-0-Backup, wenn ein Backup des Levels 1 angestartet wird, führt RMAN automatisch ein Level-0-Backup aus. Bei inkrementellen Backups des Level 1 muss zwischen zwei Arten unterschieden werden:

a. Differenzielles inkrementelles Backup

   Dies ist die Default-Einstellung bei inkrementellen Backups. Dabei werden nur die Änderungen gesichert, die seit dem letzten Level-0- oder Level-1-Backup angefallen sind. Ist kein Level-1-Backup vorhanden, so werden alle Blöcke geschrieben, die sich seit dem letzten Level-0-Backup geändert haben.

   Dies verringert sowohl die Sicherungszeiten als auch den Platzbedarf, der für die Sicherung benötigt wird, beträchtlich. Allerdings verlängert sich auch die Wiederherstellung der Datenbank, da zusätzlich zum Level-0-Backup auch alle bisher angefallenen Level-1-Backups zurückgesichert werden müssen.

b. Kumulatives inkrementelles Backup

   Bei einem kumulativen inkrementellen Backup Level 1 werden alle seit dem letzten Level-0-Backup veränderten Blöcke auf das Backup-Medium geschrieben.

   Dadurch wird zwar das Wiederherstellen der Datenbank vereinfacht, die Sicherungszeiten und das Datenvolumen des kumulativen inkrementellen Backup werden aber mit zunehmendem zeitlichen Abstand zum letzten Level-0-Backup immer länger beziehungsweise größer.

Seit Oracle 10g steht mit *Block Change Tracking* ein Feature zur Verfügung, das bei inkrementellen Backups mit RMAN Verwendung findet. Ist Block Change Tracking aktiviert, werden die durch Updates geänderten Datenbankblöcke in einer neuartigen Datei, dem sogenannten *Change Tracking File*, mitprotokolliert. RMAN liest dann nur die als geändert bekannten Blöcke, anstatt die Datendateien in vollem Umfang zu lesen. Dadurch wird die Performance inkrementeller Backups verbessert. Standardmäßig ist Block Change Tracking nicht aktiviert.

Im Gegensatz zu benutzerverwalteten Sicherungswerkzeugen benötigt RMAN auch kein zusätzliches Logging bei Online-Backups. Das heißt, dass während einer RMAN-Sicherung nur die tatsächlichen Änderungen in die Redolog-Dateien geschrieben werden und nicht die ganzen Datenbankblöcke, welche die Änderungen enthalten. Die Datendateien werden nicht in den Backup-Modus versetzt.

9.3.1 Typische Optionen des BACKUP-Befehls

Der BACKUP-Befehl wird zur Durchführung von Full Backups und inkrementellen Backups verwendet und erzeugt Backup-Sets oder Image-Kopien.

Die Syntax des BACKUP-Befehls lautet stark vereinfacht:

```
BACKUP [backupOperand] backupSpec [PLUS ARCHIVELOG];
```

Dabei werden mit backupOperand die Art der Sicherung und mit backupSpec die zu sichernden Teile der Datenbank angegeben.

Der BACKUP-Befehl bietet unter anderem folgende Optionen:

```
BACKUP
   BackupOperand:
   AS [COMPRESSED] BACKUPSET
   AS COPY
   CHANNEL
   CUMULATIVE
   DEVICE TYPE
   FULL
   INCREMENTAL LEVEL
   TAG
      (
      backupSpec:
      BACKUPSET
      CURRENT CONTROLFILE
      DATABASE
      DATAFILE
      SPFILE
      TABLESPACE
      )
```

9.3.2 Backup-Beispiele

In den folgenden Beispielen sei vorausgesetzt, dass der RMAN-Client bereits mit der Zieldatenbank und dem Recovery-Katalog verbunden ist. Die Katalogdatenbank muss geöffnet sein.

Verbinden zur Zieldatenbank und zum Recovery-Katalog:

```
C:\> rman TARGET <user>/<password>@<target_db> CATALOG <rman_user>/<passwort>@
<recovery-catalog_db>
```

Erstellen der Basiskonfiguration

Im Folgenden wird eine automatische Kanalzuweisung auf Platte konfiguriert und als DEFAULT DEVICE TYPE festgelegt. Zudem werden BACKUP OPTIMIZATION und das automatische Control-Datei-Backup aktiviert.

```
RMAN> CONFIGURE CHANNEL DEVICE TYPE DISK FORMAT '/backups/%U';

RMAN> CONFIGURE DEFAULT DEVICE TYPE TO DISK;

RMAN> CONFIGURE BACKUP OPTIMIZATION ON;

RMAN> CONFIGURE CONTROLFILE AUTOBACKUP ON;
```

Durch die Variable %U wird ein eindeutiger Dateiname generiert.

Folgende Variablen können unter anderem für das Backup-Format verwendet werden (Groß-/Kleinschreibung beachten):

Variable	Beschreibung
%d	Name der Datenbank
%e	Log-Sequence-Nummer der Offline-Redolog-Datei
%f	Nummer der Datendatei
%F	Generiert eine Zeichenfolge `c-NNNNNNNNNN-YYYYMMDD-QQ` `NNNNNNNNNN` steht für die dezimale DBID. `YYYYMMDD` ist das Datum, an dem das Backup erzeugt wurde. `QQ` ist eine hexadezimale Folge, die auf 256 unterschiedliche Werte begrenzt ist, beginnend bei 00 bis maximal FF.
%I	DBID
%D	aktueller Tag des Monats im Format `DD`
%M	aktueller Monat im Format `MM`
%Y	aktuelles Jahr im Format `YYYY`
%T	Jahr, Monat und Tag im Format `YYYYMMDD`
%s	Nummer des Backup-Sets. Diese Nummer wird in der Control-Datei hochgezählt beginnend mit 1 und ist eindeutig, solange die Control-Datei Bestand hat.
%U	Vom System erzeugter eindeutiger Dateiname. Dies ist der DEFAULT und hat für Image-Kopien und Backup Pieces unterschiedliche Bedeutung.

Tabelle 9.2: Variablen für Backup-Format

Backup einer Datenbank

Datenbank im ARCHIVELOG-Modus

Durch das folgende `BACKUP`-Kommando werden alle Datendateien, die aktuelle Control-Datei, das SPFILE und die Offline-Redolog-Dateien *online* gesichert. Voraussetzung dafür ist, dass die Datenbank im ARCHIVELOG-Modus betrieben wird.

```
RMAN> BACKUP DATABASE PLUS ARCHIVELOG TAG = full_weekly;
```

Der Sicherung wird dabei ein `TAG` (`full_weekly`) zugewiesen.

Die Angabe von `PLUS ARCHIVELOG` bewirkt dabei, dass folgende Schritte beim Backup ausgeführt werden:

- ALTER SYSTEM ARCHIVE LOG CURRENT
- BACKUP ARCHIVELOG ALL

  Ist `BACKUP OPTIMIZATION` aktiv, werden nur die noch nicht gesicherten Offline-Redolog-Dateien gesichert.
- Backup aller Datendateien, der Control-Datei und des SPFILE
- ALTER SYSTEM ARCHIVE LOG CURRENT
- Backup der Offline-Redolog-Dateien, die während des Backups erzeugt wurden (`BACKUP OPTIMIZATION ON`)

  Ist `BACKUP OPTIMIZATION` nicht aktiv, werden nochmals alle vorhandenen Offline-Redolog-Dateien gesichert.

Soll die Sicherung der Datenbank als Image-Kopie erfolgen, kann dies über folgendes Kommando gestartet werden:

```
RMAN> BACKUP AS COPY DATABASE;
```

Datenbank im NOARCHIVELOG-Modus

Soll eine Datenbank gesichert werden, die im NOARCHIVELOG-Modus betrieben wird, so muss diese vor Beginn des Backups konsistent gestoppt werden mit `SHUTDOWN NORMAL`, `SHUTDOWN IMMEDIATE` oder `SHUTDOWN TRANSACTIONAL`. Anschließend ist die Instanz in den MOUNT-Status zu starten. Danach erfolgt das Backup.

Beispiel:

```
RMAN> BACKUP DATABASE;
```

Nach Abschluss des Backups kann die Datenbank wieder gestartet werden.

Inkrementelle Backups

In Abschnitt 9.3 wurden die einzelnen Arten inkrementeller Backups bereits ausführlich beschrieben.

Level-0-Backup, das als Basis für darauffolgende Level-1-Backups dient:

```
RMAN> BACKUP INCREMENTAL LEVEL 0 DATABASE;
```

Level 1 differenzielles inkrementelles Backup:

```
RMAN> BACKUP INCREMENTAL LEVEL 1 DATABASE;
```

Level 1 kumulatives inkrementelles Backup:

```
RMAN> BACKUP INCREMENTAL LEVEL 1 CUMULATIVE DATABASE;
```

Ein nützliches Kommando im Zusammenhang mit inkrementellen Backups ist das `BACKUP FOR RECOVER OF COPY`-Kommando. Voraussetzung für die Nutzung dieses Kommandos ist allerdings, dass die Sicherung als Image-Kopie und nicht als Backup-Set erfolgt.

Dadurch wird ein Level-0-Backup durch ein nachfolgendes Level-1-Backup aktualisiert. Als Ergebnis entsteht dann ein Level-0-Backup, das sich auf dem Stand des letzten Level-1-Backups befindet.

```
RMAN> RUN
{
  RECOVER COPY OF DATABASE
    WITH TAG 'inc_upd';
  BACKUP
    INCREMENTAL LEVEL 1
    FOR RECOVER OF COPY WITH TAG 'inc_upd'
    DATABASE;
}
```

Wird das Skript das erste Mal ausgeführt, wird ein Level-0-Backup erstellt, da ja noch kein Level-1-Backup existiert. Bei der zweiten Ausführung des Skripts wird dann ein Level-1-Backup erstellt.

Erst beim dritten Lauf kommt das Kommando RECOVER COPY OF-Kommando zum Tragen: Nun wird das Level-0-Backup aus dem ersten Lauf mit dem Level-1-Backup aus dem zweiten Lauf zu einem neuen Level-0-Backup zusammengeführt, das sich auf dem Stand des Level-1-Backups aus dem zweiten Lauf befindet.

Bei einer notwendigen Wiederherstellung müssen dann nur noch das aktualisierte Level-0-Backup und die letzte inkrementelle Sicherung zurückgesichert werden.

Backup einzelner Tablespaces

Die Tablespaces system und users werden auf Platte gesichert:

```
RMAN> BACKUP DEVICE TYPE DISK TABLESPACE system, users;
```

Es werden hierbei die für den DEVICE TYPE DISK konfigurierten Channels benutzt.

Backup von Datendateien

Ein Backup für eine einzelne Datendatei kann wie folgt vorgenommen werden:

Beispiel:

```
RMAN> BACKUP DATAFILE '/oracle/gc1/data/users01.dbf';
```

Alternativ kann auch die Filenummer anstatt des Dateinamens angegeben werden.

In diesem Zusammenhang ist das Multisection-Backup zu erwähnen, das mit Oracle 11g eingeführt wurde. Hierbei werden große Datendateien in Bereiche einer bestimmten Größe (SECTION SIZE) aufgeteilt.

RMAN sichert die Datendatei dann mit parallelen Prozessen, jeder Prozess sichert jeweils einen Bereich der definierten Größe. Wird eine so kleine Bereichsgröße definiert, dass mehr als 256 Bereiche entstehen würden, wird die Bereichsgröße von RMAN so erhöht, dass sich maximal 256 Bereiche ergeben.

Beispiel:

```
RMAN> RUN
{
   ALLOCATE CHANNEL D1 DEVICE TYPE DISK;
   ALLOCATE CHANNEL D2 DEVICE TYPE DISK;
   BACKUP DATAFILE 2 SECTION SIZE 100M;
}
```

Alternativ ist es möglich, die gesamte Datenbank oder einzelne Tablespaces anzugeben. Es können für unterschiedliche Tablespaces oder Datendateien unterschiedliche Größen für SECTION SIZE verwendet werden.

Backup von Image-Kopien der Datendateien

Beispiel:

Die Image-Kopie einer Datendatei des Tablespace `system` wird auf Band gesichert:

```
RMAN> BACKUP DEVICE TYPE sbt COPY OF DATAFILE '/backups/system01.dbf';
```

Zu beachten ist, dass die Datendatei entweder über die Filenummer (zum Beispiel Datendatei 3) oder den Namen der Datendatei (/backups/system01.dbf) angegeben wird. Es wird nicht der Name der Image-Kopie angegeben.

Backup der Control-Datei

Die Control-Datei wird manuell gesichert über:

```
RMAN> BACKUP CURRENT CONTROLFILE;
```

Dabei werden die gespeicherten Einstellungen für `CHANNEL` und `DEVICE TYPE` verwendet. Es sollte jedoch, wie in Abschnitt 9.2.3 beschrieben, das automatische Backup der Control-Datei in jedem Fall aktiviert werden.

Backup von Offline-Redolog-Dateien

In diesem Beispiel werden alle Offline-Redolog-Dateien gesichert, deren Erstellungsdatum innerhalb des angegebenen Zeitraums (zwischen 14 und sieben Tagen vor dem Start der Sicherung) liegt und anschließend gelöscht (`DELETE INPUT`):

```
RMAN> BACKUP ARCHIVELOG FROM TIME 'SYSDATE-14' UNTIL TIME 'SYSDATE-7' DELETE INPUT;
```

Im Zusammenhang mit der Sicherung von Offline-Redolog-Dateien sollte geprüft werden, ob `BACKUP OPTIMIZATION` (Beschreibung siehe Abschnitt 9.2.3) aktiviert wird. Dadurch werden nur die Offline-Redolog-Dateien gesichert, die noch nicht gesichert wurden. Offline-Redolog-Dateien, die bereits auf den definierten `DEVICE TYPE` gesichert wurden, werden in diesem Fall nicht nochmals gesichert.

Backups aller Art können auch über den Enterprise Manager eingeplant und durchgeführt werden. Über das Register VERFÜGBARKEIT – Unterpunkt BACKUP PLANEN im Abschnitt VERWALTEN kann sowohl eine von Oracle bereitgestellte Backup-Strategie angewandt als auch eine individuelle Backup-Strategie entworfen werden. Außerdem können je nach Bedarf einzelne Backups der gesamten Datenbank oder nur von Teilen davon erzeugt werden.

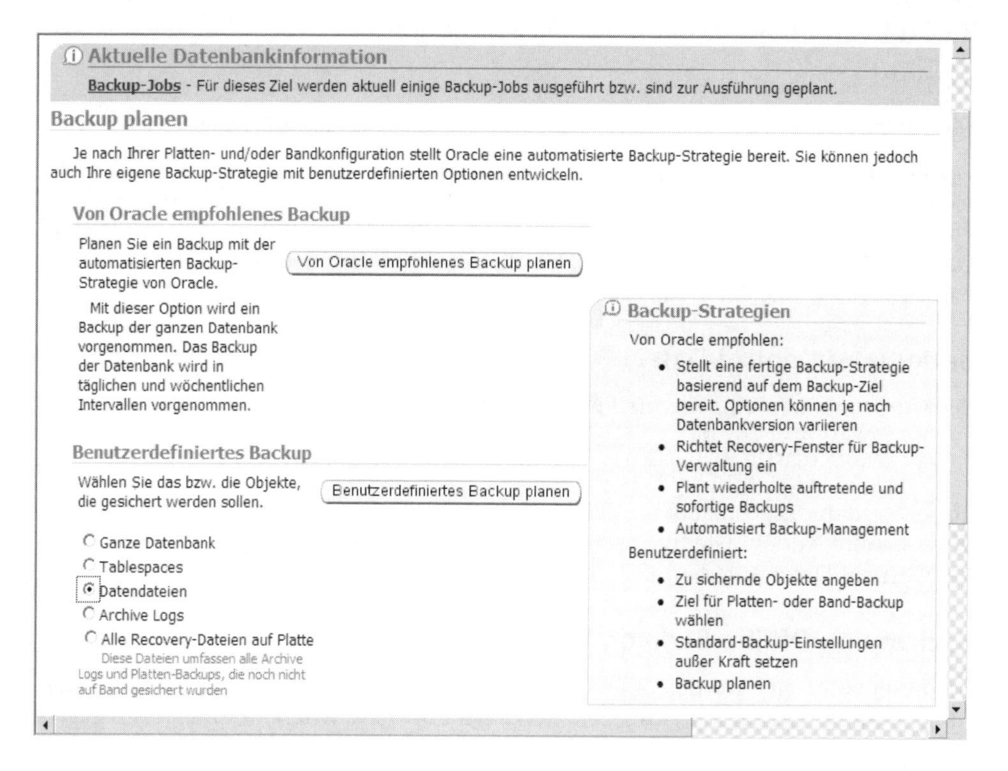

Abbildung 9.8: Backups planen

9.4 Berichte über RMAN-Operationen

Es können über RMAN-Kommandos Berichte und Analysen durchgeführt werden. Hierzu dienen im Wesentlichen zwei Kommandos:

1. `LIST`

   Über den `LIST`-Befehl können unter anderem Informationen aus dem RMAN-Repository über die durchgeführten Backups, Image-Kopien oder Offline-Redolog-Dateien angezeigt werden.

   Beispiele für `LIST`-Kommandos:

Anzeigen der Backups aller Datendateien einer Datenbank:

```
RMAN> LIST BACKUP OF DATABASE;
```

Anzeigen aller Image-Kopien einer Datendatei, die nach dem 01.06.2008 erstellt wurden:

```
RMAN> LIST COPY OF DATAFILE 2 COMPLETED AFTER '01.06.2008';
```

Anzeigen aller Inkarnationen der Zieldatenbank:

```
RMAN> LIST INCARNATION;
```

2. REPORT

Das REPORT-Kommando analysiert die vorhandenen Backups und die Datenbank. Es können hierüber beispielsweise Informationen ermittelt werden, welche Datendateien gesichert werden müssen, ob auf Datendateien NOLOGGING-Operationen durchgeführt wurden und welche Backups veraltet sind und deshalb gelöscht werden können.

Beispiele für REPORT-Kommandos:

Anzeige des Schemas von vor sieben Tagen (Zeitangabe nur möglich bei Nutzung eines Recovery-Katalogs):

```
RMAN> REPORT SCHEMA AT TIME 'SYSDATE-7';
```

Anzeige der Datenbankdateien, die ein Backup benötigen bei einer Aufbewahrung von fünf Backups:

```
RMAN> REPORT NEED BACKUP REDUNDANCY 5;
```

Anzeige der Datendateien, für die UNRECOVERABLE-Operationen (wie NOLOGGING-Operationen) durchgeführt wurden:

```
RMAN> REPORT UNRECOVERABLE;
```

Anzeige aller veralteten Backups gemäß der definierten RETENTION POLICY (siehe Abschnitt 9.2.3):

```
RMAN> CROSSCHECK BACKUP DEVICE TYPE DISK;
RMAN> REPORT OBSOLETE;
```

Durch das Kommando CROSSCHECK wird der Status der Backups im RMAN-Repository mit dem Status der Backups, die auf der Festplatte vorhanden sind, verglichen.

9.5 RMAN und Blockkorruptionen

RMAN bietet auch die Möglichkeit des Block-Media-Recoverys. Dabei können ein einzelner oder eine Liste defekter Datenbankblöcke wiederhergestellt werden. Obwohl die Hauptintention von RMAN in der Wiederherstellung von Datendateien liegt, macht es in manchen Situationen durchaus Sinn, nur ein Recovery für die korrupten Blöcke durchzuführen. Dabei werden nur diese Datenbankblöcke gegen den Zugriff gesperrt.

Es können nur physische Blockkorruptionen behoben werden, die meist auf sporadische I/O-Fehler zurückzuführen sind. Datenbankblöcke, die durch Aktionen wie RMAN-Kommandos, ANALYZE- und SQL-Befehle als korrupt markiert wurden, können über die View V$DATABASE_BLOCK_CORRUPTION angezeigt werden.

Ist das Ausmaß der Korruptionen innerhalb einer Datendatei nicht bekannt, so empfiehlt es sich, ein Restore und Recovery der gesamten Datendatei durchzuführen.

Voraussetzungen für Block-Media-Recovery:

- Die Zieldatenbank muss im ARCHIVELOG-Modus betrieben werden und sich im Zustand MOUNT oder OPEN mit einer aktuellen Control-Datei befinden.
- Die Zieldatenbank darf keine Standby-Datenbank sein.
- Es können nur vollständige (full) und inkrementelle Backups Level 0 für das Block-Media-Recovery verwendet werden.
- Es müssen alle Offline-Redolog-Dateien seit der verwendeten Sicherung zur Verfügung stehen, selbst wenn RMAN das Recovery unter bestimmten Umständen auch über korrupte oder fehlende Redo-Einträge weiter vornehmen kann.

Ermittlung und Beseitigung der korrupten Blöcke mittels RMAN:

1. Prüfung der gesamten Datenbank auf physikalische Korruptionen:

```
RMAN> BACKUP VALIDATE DATABASE;
```

Korrupte Blöcke werden dadurch in der View `V$DATABASE_BLOCK_CORRUPTION` (ab Oracle 9i) protokolliert.

Zu beachten ist, dass das `BACKUP`- oder `RESTORE`-Kommando im Standardfall nach dem ersten gefundenen korrupten Block abgebrochen wird. Das bedeutet, dass nur der erste korrupte Block in die View `V$DATABASE_BLOCK_CORRUPTION` geschrieben wird. Sollen alle korrupten Blöcke einer Datendatei in der View protokolliert werden, so kann folgendermaßen vorgegangen werden:

Beispiel (Datendatei e:\oracle\gc1\users01.dbf entspricht der Filenummer 3):

```
RMAN> RUN
{
   SET MAXCORRUPT FOR DATAFILE 3 TO 999;
   BACKUP VALIDATE DATAFILE 'e:\oracle\gc1\users01.dbf';
}
```

2. Beseitigung der Korruptionen, die in Schritt 1 gefunden wurden:

Bis Oracle 10g:

```
RMAN> BLOCKRECOVER CORRUPTION LIST;
```

Oracle 11g:

```
RMAN> RECOVER CORRUPTION LIST;
```

Ab Oracle 11g kann auch der Data Recovery Advisor zur Beseitigung von Blockkorruptionen verwendet werden (Beschreibung Data Recovery Advisor im nächsten Abschnitt 9.6).

Ermittlung und Beseitigung von Blockkorruptionen werden eingehend in Kapitel 8.3 erläutert.

9.6 Restore und Recovery über RMAN

Über Restore und Recovery können Daten in Datenbanksystemen wiederhergestellt werden. Dies kann unter anderem auch mittels Recovery Manager (RMAN) über die Basisfunktionalitäten `RESTORE` und `RECOVER` erfolgen.

RESTORE

Ein Restore wird notwendig, wenn verloren gegangene oder beschädigte Dateien durch ein Backup ersetzt und deshalb von RMAN von einem Backup-Medium (Festplatte/Band) zurückgesichert werden müssen.

Über RMAN lassen sich Backups und Image-Kopien entweder in die Originalverzeichnisse oder aber auch in beliebige andere Verzeichnisse (mit der Option `SET NEWNAME`) zurücksichern.

Bei einem Restore wird von RMAN geprüft, ob inkrementelle Backups zur Verfügung stehen. Jedoch werden bei einem Restore lediglich die Level-0-Backups zurückgespielt. Erst im Rahmen des Recoverys werden dann die benötigten inkrementellen Backups angefordert.

Für die Durchführung eines Restores wird das `RESTORE`-Kommando von RMAN verwendet. Die Datenbank muss sich für den Restore mindestens im NOMOUNT-Status befinden, wenn sich das RMAN Repository in einer unabhängigen Datenbank befindet (Recovery-Katalog). Falls das Repository nur in den Control-Dateien der Zieldatenbank vorhanden ist, muss die Datenbank mindestens in den MOUNT-Status gebracht werden, um die Control-Dateien auslesen zu können. Der vom Restore betroffene Tablespace oder die Datendatei muss dazu offline sein.

Control-Dateien oder Serverparameterdateien (SPFILE) werden bei einem Restore der Datenbank (`RESTORE DATABASE`) nicht automatisch wiederhergestellt. Werden diese benötigt, so ist dies explizit beim Restore-Kommando anzugeben (Option `CONTROLFILE` beziehungsweise `SPFILE`).

Zu beachten ist, dass Dateien mittels Restore nur dann zurückgespielt werden können, wenn der verwendete `CHANNEL` vom gleichen Typ ist wie bei Durchführung der Sicherung.

Seit Oracle 9i ist es möglich, abgebrochene Restore-Jobs erneut zu starten, es werden dann nur die noch fehlenden Dateien wiederhergestellt. Soll der Restore erneut von Beginn an durchgeführt werden, so kann das Kommando `RESTORE FORCE` genutzt werden.

Wichtige Optionen des `RESTORE`-Kommandos:

- CONTROLFILE
- DATAFILE
- DATABASE
- TABLESPACE
- SPFILE
- FROM BACKUPSET

- FROM DATAFILECOPY
- FROM TAG
- CHANNEL

RECOVERY

Das Recovery wird nach dem Restore durchgeführt, um die Datenbank wieder in einen konsistenten Zustand zu bringen und alle seit dem Backup angefallenen Änderungen nachzufahren, sodass die Datenbank ohne Datenverlust wiederhergestellt werden kann. Wie bereits erwähnt, werden im Rahmen des Recoverys die erforderlichen inkrementellen Backups angefordert.

Zusätzlich werden noch die benötigten Offline-Redolog-Dateien angefordert. Bevor RMAN die Offline-Redolog-Dateien aus einem Backup-Set zurücksichert, wird geprüft, ob sich diese noch im ARCHIVELOG-Verzeichnis befinden. Außerdem wird vor der Anforderung von Offline-Redolog-Dateien geprüft, ob gegebenenfalls ein inkrementelles Backup zur Verfügung steht. Ist ein inkrementelles Backup verfügbar, so wird dieses bevorzugt angefordert.

Ein Recovery kann durchgeführt werden für:

- Datenbankblöcke
- Datendatei(en)
- Tablespace(s)
- gesamte Datenbank
- Image-Kopien

Über das Kommando `RECOVER` kann sowohl ein vollständiges als auch ein unvollständiges Recovery durchgeführt werden. Ein unvollständiges Recovery kann entweder bis zu einem definierten Zeitpunkt, einer SCN oder einer Log-Sequence-Nummer durchgeführt werden.

Data Recovery Advisor

Darüber hinaus ist es ab Oracle 11g auch möglich, den Data Recovery Advisor für Restore und Recovery zu nutzen. Dieser unterstützt jedoch nur Single-Instanz-Datenbanken. Der Data Recovery Advisor kann sowohl über den Enterprise Manager als auch über die RMAN-Kommandozeile bedient werden.

Mittels des Data Recovery Advisors können unter anderem folgende Fehler automatisiert ermittelt beziehungsweise beseitigt werden:

- verloren gegangene oder beschädigte Datenbankdateien
- physische Korruptionen wie Block-Checksum-Fehler
- Inkonsistenzen, wie zum Beispiel Datendatei älter als der Rest der Datenbank
- I/O-Fehler wie beispielsweise Hardware- oder betriebssystemseitige Fehler

Der Datenbankadministrator kann die Fehler dann entweder automatisch über den Data Recovery Advisor beseitigen lassen oder die notwendigen Schritte zur Beseitigung des Fehlers manuell ausführen.

Zur Unterstützung der manuellen Beseitigung des Fehlers ist es möglich, mittels des Data Recovery Advisors ein Skript zu generieren, in dem die einzelnen Schritte zur Fehlerbehebung aufgelistet sind.

Im folgenden Abschnitt wird ein typischer Ablauf für die Beseitigung eines Fehlers (im Beispiel korrupter Block und fehlende Datendatei) bei Nutzung der RMAN-Kommandozeile beschrieben:

1. Bei geöffneter Zieldatenbank Anzeigen aller Fehler:

```
RMAN> LIST FAILURE;
```

Ausgabe für dieses Beispiel:

```
List of Database Failures
=========================
Failure ID  Priority  Status    Time Detected  Summary
----------  --------  --------- -------------  -------
142         HIGH      OPEN      28-OCT-07      One or more non-system datafiles are missing
101         HIGH      OPEN      28-OCT-07      Datafile 1: '/GC/oradata/system01.dbf'
contains one or more corrupt blocks
```

2. Falls erwartete Fehler nicht angezeigt wurden, kann beispielsweise über folgendes Kommando die Datenbank auf korrupte Blöcke und fehlende Datendateien geprüft werden:

Überprüfung aller Daten- und Control-Dateien (und, falls benutzt, SPFILE):

```
RMAN> VALIDATE DATABASE;
```

3. Anzeigen der möglichen Optionen zur Fehlerbeseitigung:

```
RMAN> ADVISE FAILURE;
```

Ausgabe:

```
List of Database Failures
=========================
Failure ID Priority Status    Time Detected Summary
---------- -------- --------- ------------- -------
142        HIGH     OPEN      28-OCT-07     One or more non-system datafiles are missing
101        HIGH     OPEN      28-OCT-07     Datafile 1: '/GC/oradata/system01.dbf'
contains one or more corrupt blocks
analyzing automatic repair options; this may take some time
using channel ORA_GC
analyzing automatic repair options complete

Mandatory Manual Actions
========================
no manual actions available
```

```
Optional Manual Actions
=======================
1. If file /GC/oradata/users01.dbf was unintentionally renamed or moved, restore it

Automated Repair Options
========================
Option Repair Description
------ ------------------
1      Restore and recover datafile 14; Perform block media recovery of
       block 4123 in file 1
  Strategy: The repair includes complete media recovery with no data loss
  Repair script: /GC/oracle/log/diag/rdbms/prod/prod/hm/reco_441300184.hm
```

4. Beseitigung des Fehlers:

Anzeigen der Aktionen bei automatischer Fehlerbeseitigung:

```
RMAN> REPAIR FAILURE PREVIEW;
```

Ausgabe:

```
Strategy: The repair includes complete media recovery with no data loss
Repair script: /GC/oracle/log/diag/rdbms/prod/prod/hm/reco_441300184.hm
contents of repair script:
   # restore and recover datafile
   sql 'alter database datafile 14 offline';
   restore datafile 14;
   recover datafile 14;
   sql 'alter database datafile 14 online';
   # block media recovery
   recover datafile 1 block 4123;
```

Ausführen der automatischen Fehlerbeseitigung:

```
RMAN> REPAIR FAILURE;
```

Ausgabe:

```
Strategy: The repair includes complete media recovery with no data loss
Repair script: /GC/oracle/log/diag/rdbms/prod/prod/hm/reco_441300184.hm
contents of repair script:
   # restore and recover datafile
   sql 'alter database datafile 14 offline';
   restore datafile 14;
   recover datafile 14;
   sql 'alter database datafile 14 online';
   # block media recovery
   recover datafile 1 block 4123;
```

```
Do you really want to execute the above repair (enter YES or NO)? YES
executing repair script

sql statement: alter database datafile 14 offline

Starting restore at 28-OCT-07
using channel ORA_GC

channel ORA_GC: starting datafile backup set restore
channel ORA_GC: specifying datafile(s) to restore from backup set
channel ORA_GC: restoring datafile 00014 to /GC/oradata/users01.dbf
channel ORA_GC: reading from backup piece /backup/GC/backupset/2007_10_18/
o1_mf_nnndf_TAG20071017T182042_32fjzd3z_.bkp
channel ORA_GC: piece handle=/backup/GC/backupset/2007_10_18/
o1_mf_nnndf_TAG20071017T182042_32fjzd3z_.bkp tag=TAG20071017T182042
channel ORA_GC: restored backup piece 1
channel ORA_GC: restore complete, elapsed time: 00:00:03
Finished restore at 28-OCT-07

Starting recover at 28-OCT-07
using channel ORA_GC

starting media recovery
media recovery complete, elapsed time: 00:00:01

Finished recover at 28-OCT-07

sql statement: alter database datafile 14 online

Starting recover at 28-OCT-07
using channel ORA_GC
searching flashback logs for block images until SCN 529690
finished flashback log search, restored 1 blocks

starting media recovery
media recovery complete, elapsed time: 00:00:03

Finished recover at 28-OCT-07
repair failure complete
```

Der Data Recovery Advisor steht auch im Enterprise Manager zur Verfügung. In jedem Hauptregister befindet sich unter ZUGEHÖRIGE LINKS der Link ZENTRALES ADVISORY. Darüber gelangt man unter anderem auch zum DATA RECOVERY ADVISOR:

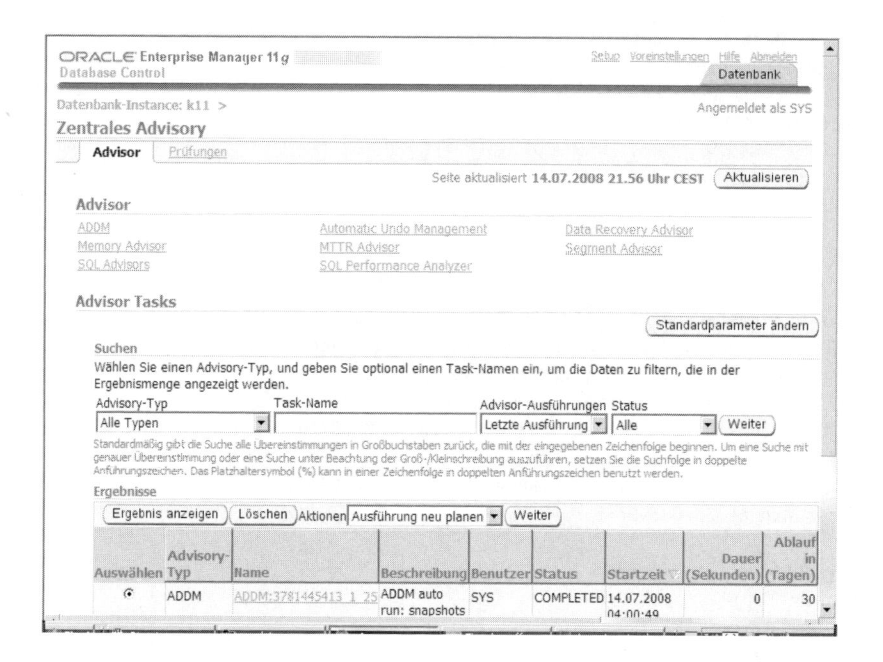

Abbildung 9.9: Zentrales Advisory mit Data Recovery Advisor

Durch Anklicken des Data Recovery Advisors gelangt man sofort zur Fehleranzeige.

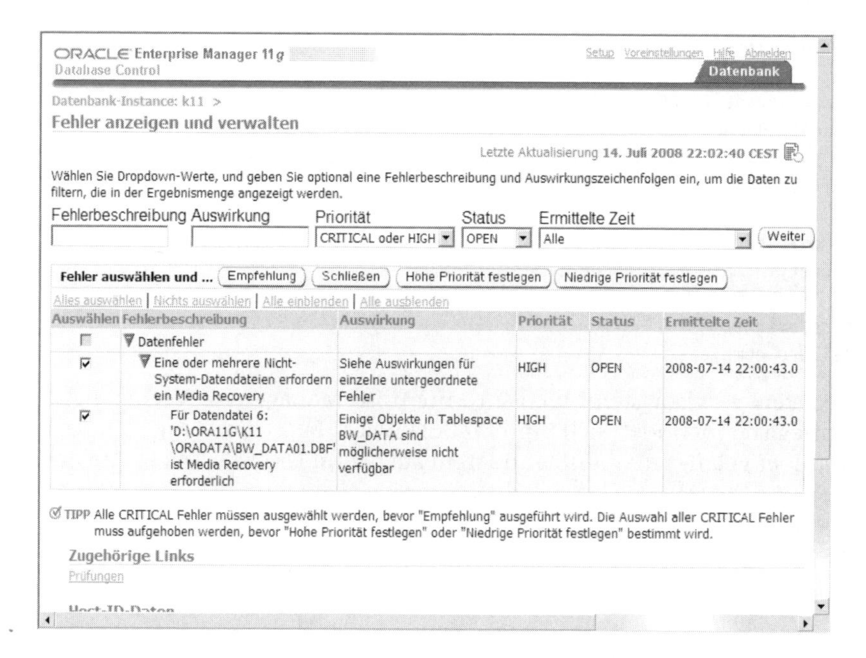

Abbildung 9.10: Data Recovery Advisor – Fehler anzeigen und verwalten

Durch das Auswählen der angezeigten Fehler und Drücken der Schaltfläche EMPFEHLUNG gelangt man zum nächsten Fenster, in dem auf eventuell notwendige manuelle Aktionen hingewiesen wird.

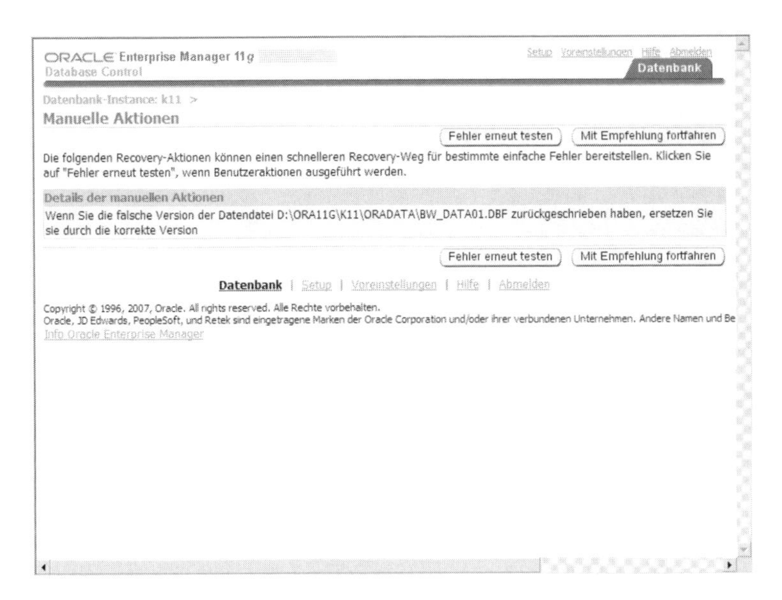

Abbildung 9.11: Manuelle Aktionen

Sind keine weiteren Maßnahmen erforderlich, kann über die Schaltfläche MIT EMPFEHLUNG FORTFAHREN der Recovery-Vorschlag angezeigt sowie das RMAN-Skript überprüft werden, bevor der Recovery-Job gestartet wird.

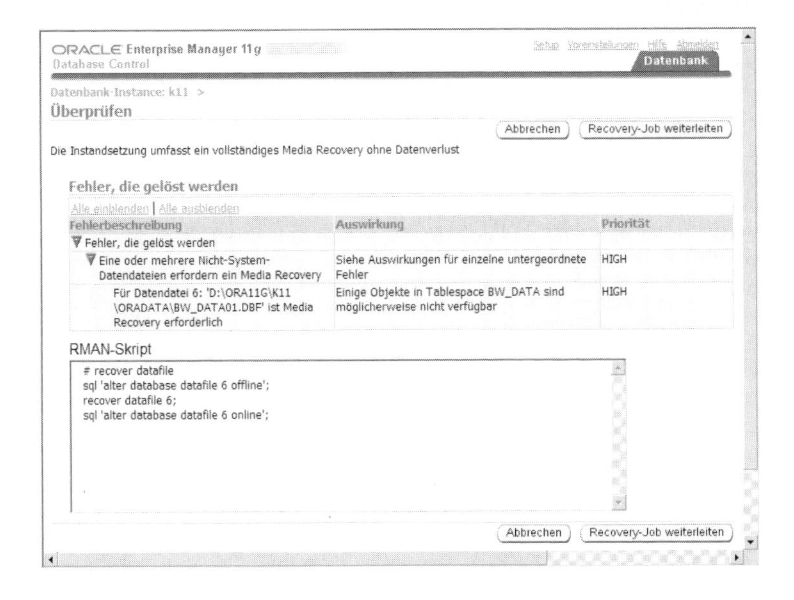

Abbildung 9.12: Recovery-Empfehlung überprüfen

Nach dem Starten des Jobs (Recovery-Job weiterleiten) wird die Job-Übersicht angezeigt.

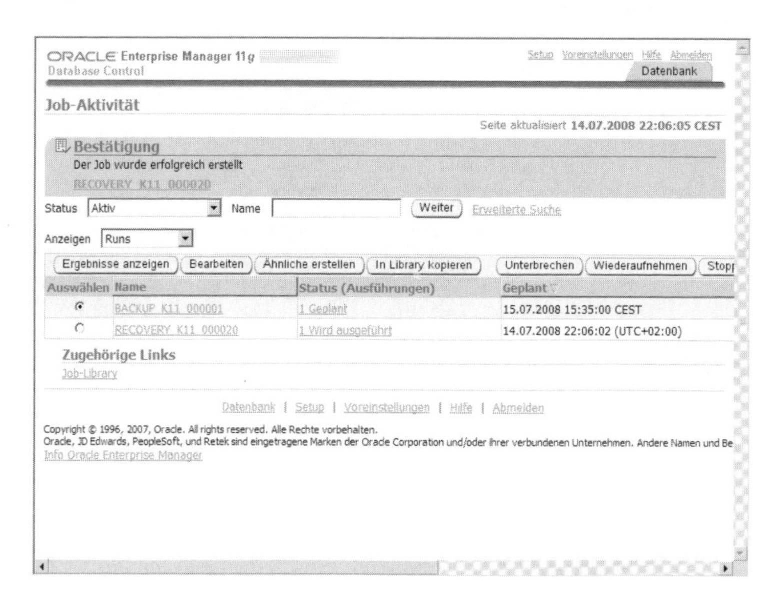

Abbildung 9.13: Übersicht über aktive und geplante Jobs

Das Job-Protokoll sieht in diesem Fall folgendermaßen aus:

```
Recovery Manager: Release 11.1.0.6.0 - Production on Mo Jul 14 22:06:16 2008
Copyright (c) 1982, 2007, Oracle.  All rights reserved.
RMAN>
Mit Zieldatenbank verbunden: K11 (DBID=3781445413)
RMAN>
Verbindung mit Datenbank des Recovery-Katalogs
RMAN>
Echo einstellen ein
RMAN> REPAIR FAILURE USING REPAIRID 1122 NOPROMPT;
Strategie: Die Instandsetzung umfasst ein vollständiges Media Recovery ohne Datenver-
lust
Repair-Skript: d:\oral1g\k11\diag\rdbms\k11\k11\hm\reco_2030133831.hm
Inhalt von Repair-Skript:
   # recover datafile
   sql 'alter database datafile 6 offline';
   recover datafile 6;
   sql 'alter database datafile 6 online';
Repair-Skript wird ausgeführt
SQL-Anweisung: alter database datafile 6 offline
Starten recover um 14.07.08
Zugewiesener Kanal: ORA_DISK_1
Kanal ORA_DISK_1: SID=111 Device-Typ=DISK
Media Recovery starten
Media Recovery abgeschlossen, abgelaufene Zeit: 00:00:21
Beendet recover um 14.07.08
```

```
SQL-Anweisung: alter database datafile 6 online
Repair-Fehler abgeschlossen
RMAN> exit;
```

Damit ist die Recovery-Empfehlung des Data Recovery Advisors abgeschlossen, und die Datenbank läuft wieder ohne Probleme.

9.6.1 Restore und Recovery einer Datendatei

Solange keine Datendateien des System-Tablespace oder eines Tablespace mit aktiven Rollback-Segmenten (siehe auch Abschnitt 10.3, Recovery des System-Tablespace, und 10.5, Recovery des Rollback-/Undo-Tablespace) betroffen sind, kann das Recovery online erfolgen.

Vorgehen (Beispiel)

```
RMAN> RUN
{
ALLOCATE CHANNEL CH2 DEVICE TYPE SBT;
SQL "ALTER DATABASE DATAFILE 'f:\oracle\gcl\test_1\test.data1' OFFLINE IMMEDIATE";
RESTORE DATAFILE 'f:\oracle\gcl\test_1\test.data1';
RECOVER DATAFILE 'f:\oracle\gcl\test_1\test.data1';
SQL "ALTER DATABASE DATAFILE 'f:\oracle\gcl\test_1\test.data1' ONLINE";
}
```

Ab Oracle 10g können auch Datendateien wiederhergestellt werden, die noch nicht gesichert wurden. Voraussetzung dafür ist jedoch, dass alle Redolog-Dateien seit Erzeugung der Datendatei vorhanden sind.

RMAN erzeugt dann auf Betriebssystemebene die Datendatei und führt danach mittels der Redolog-Dateien, die seit Erzeugung der Datendatei geschrieben wurden, das Recovery durch.

9.6.2 Restore und Recovery eines Tablespace

Voraussetzung für das Recovery eines Tablespace über RMAN ist die Aktivierung des ARCHIVELOG-Modus. Zusätzlich müssen die Offline-Redolog-Dateien, die seit der verwendeten Sicherung geschrieben wurden, noch verfügbar sein.

Nachfolgend wird das Vorgehen für das Recovery eines Tablespace beschrieben, dessen Datendateien alle defekt sind. Zusätzlich steht das Originalverzeichnis noch nicht wieder zur Verfügung, sodass der Restore in ein anderes Verzeichnis erfolgen muss (Option `SET NEWNAME`). Das Recovery kann bei offener Datenbank durchgeführt werden.

Falls der System-Tablespace oder ein Tablespace mit aktiven Rollback-Segmenten betroffen ist, kann das Recovery jedoch nur bei geschlossener Datenbank durchgeführt werden (siehe auch Kapitel 10.3, Recovery des System-Tablespace, und 10.5, Recovery des Rollback-/Undo-Tablespace).

Durch `SWITCH DATAFILE ALL` wird für alle Datendateien, die in der Option `SET NEWNAME` angegeben sind, ein Wechsel auf den neuen Pfad und Namen durchgeführt.

Vorgehen Restore und Recovery Tablespace

Beispiel (Name des Tablespace test):

```
RMAN> RUN
{
ALLOCATE CHANNEL CH1 DEVICE TYPE DISK;
SQL "ALTER TABLESPACE test OFFLINE IMMEDIATE";
SET NEWNAME FOR DATAFILE 'f:\oracle\gc1\test_1\test.data1'
                     TO 'h:\oracle\gc1\test_1\test.data1';
SET NEWNAME FOR DATAFILE 'f:\oracle\gc1\test_2\test.data2'
                     TO 'h:\oracle\gc1\test_2\test.data2';
RESTORE TABLESPACE test;
SWITCH DATAFILE ALL;
RECOVER TABLESPACE test;
SQL "ALTER TABLESPACE test ONLINE";
}
```

Vorgehen Tablespace Point-in-Time-Recovery (TSPITR)

Bei Verwendung eines Recovery-Katalogs kann ein Tablespace Point-in-Time-Recovery (TSPITR) per RMAN durchgeführt werden. Wird kein Recovery-Katalog genutzt, so gibt es folgende Einschränkungen:

- Liegt der Zeitpunkt für das TSPITR weiter zurück, als durch den Initialisierungsparameter `CONTROL_FILE_RECORD_KEEP_TIME` angegeben wurde, so kann es sein, dass die entsprechenden Einträge für das Backup in der Control-Datei bereits wieder überschrieben wurden.
- Die Undo-Segmente zur Zeit des TSPITR müssen Bestandteil des Auxiliary-Sets sein. Da RMAN keine Historiendaten der Undo-Segmente in der Control-Datei besitzt, geht RMAN davon aus, dass die aktuellen Undo-Segmente dieselben sind, die zum Zielzeitpunkt des Recoverys vorhanden waren. Wenn sich die Undo-Segmente seitdem geändert haben, schlägt das TSPITR fehl.
- Annahme: Man führt ein TSPITR bis zu einem Zeitpunkt *t* durch und bringt den Tablespace anschließend online. Wenn kein Recovery-Katalog benutzt wird, besitzt die aktuelle Control-Datei keine Informationen über die ältere Inkarnation des wiederhergestellten Tablespace.

  Folglich kann ein eventuell später erforderliches Recovery mit der aktuellen Control-Datei, das diesen Tablespace einschließt, nicht mit einem Backup durchgeführt werden, das vor dem Zeitpunkt *t* erstellt wurde. Als Alternative könnte nur noch ein unvollständiges Recovery der gesamten Datenbank auf eine beliebige Zeit vor oder gleich *t* durchgeführt werden, wenn ein Backup der Control-Datei von einem Zeitpunkt vor *t* existiert.

Grundlegendes sowie die Beschreibung eines manuellen Tablespace Point-in-Time-Recoverys wurde bereits in Kapitel 7.6 erläutert. In diesem Abschnitt wird das allgemeine Vorgehen von RMAN beschrieben. Detailliertere Informationen bezüglich der Vorgehensweise können der RMAN-Dokumentation entnommen werden. Vor Durchführung des TSPITR müssen die Abhängigkeiten der Objekte im betroffenen Tablespace vom DBA analysiert werden.

Folgende Schritte werden von RMAN bei einem TSPITR durchgeführt:

1. Restore der benötigten Backups in einer temporären Datenbank (Auxiliary Database)

   Ab Oracle 10g wird die Auxiliary Database von RMAN selbst erzeugt. In Vorgängerversionen muss diese manuell erzeugt werden.
2. Recovery des betroffenen Tablespace in der temporären Datenbank
3. Export der Metadaten des Tablespace aus der temporären Datenbank
4. Falls erforderlich, Anpassung der Control-Datei der Original-Datenbank, sodass die in der temporären Datenbank wiederhergestellten Datendateien des Tablespace von der Original-Datenbank verwendet werden können.
5. Import der Metadaten des Tablespace in die Original-Datenbank
6. Löschen der temporären Datenbank

Beispielaufruf bei TSPITR von Tablespace `tools`:

```
RMAN> RECOVER TABLESPACE tools
UNTIL LOGSEQ 280 THREAD 1
AUXILIARY DESTINATION 'e:\gc\auxdb';
```

9.6.3 Restore und Recovery von Control-Dateien

Falls noch eine aktuelle Control-Datei vorhanden ist, so können verloren gegangene Control-Dateien einfach durch Kopieren dieser aktuellen Control-Datei erzeugt werden (Vorgehen siehe Abschnitt 10.9.1).

Nachfolgend wird angenommen, dass alle Control-Dateien ersetzt und eine Wiederherstellung mittels RMAN vorgenommen werden sollen. Voraussetzung dafür ist, dass die Datenbank im ARCHIVELOG-Modus betrieben wird.

Für den Restore muss zwischen verschiedenen Szenarien unterschieden werden, die unten beschrieben werden.

Ermittlung der DBID

In manchen Fällen ist es notwendig, vor der Rücksicherung der Control-Datei die DBID zu setzen. Die DBID kann ermittelt werden über die View `V$DATABASE` (Spalte DBID).

Alternativ kann über den relevanten Teil des Namens der Sicherungsdatei der Control-Datei (Teil des Parameters `%F`) die DBID herausgefunden werden. Sinnvoll ist es, die DBID bereits vor Eintreten eines Restores zu protokollieren.

Existieren Textdateien, welche die Ausgabe einer RMAN-Session protokollieren, kann auch über die Ausgabe des RMAN-Clients beim Starten und Verbinden mit der Datenbank die DBID ermittelt werden.

Beispiel:

Konfiguration des Namens und Pfad der Sicherung der Control-Datei:

`F:\backup\GC1\GC1_%F.ctl`

Name und Pfad der Sicherung der Control-Datei:

`F:\backup\GC1\GC1__C-`**`1397745503`**`-20070806-01.ctl`

Die DBID wäre in diesem Fall die 1397745503.

Übersicht der Szenarien:

1. Keine Verwendung eines Recovery-Katalogs:

	Status Datenbank NOMOUNT	Status Datenbank MOUNT oder OPEN
`RESTORE CONTROLFILE;`	Nicht möglich. Es muss `FROM AUTOBACKUP` verwendet werden.	Nicht möglich. Es muss die Option `TO 'filename'` genutzt werden, wobei `filename` nicht im Parameter `CONTROL_FILES` enthalten sein darf.
`RESTORE CONTROLFILE FROM AUTOBACKUP;`	Die Control-Dateien werden in die Verzeichnisse zurückgesichert, die über den Parameter `CONTROL_FILES` festgelegt sind.	Nicht möglich. Es muss die Option `TO 'filename'` genutzt werden, wobei `filename` nicht im Parameter `CONTROL_FILES` enthalten sein darf.
`RESTORE CONTROLFILE ... TO 'filename';`	Es muss `FROM AUTOBACKUP` verwendet werden. Control-Datei wird in `filename` zurückgesichert. Beispiel: `RESTORE CONTROLFILE FROM AUTOBACKUP TO '/oracle/K11/restore/ctrl_K11.bkp'`	Control-Datei wird in `filename` zurückgesichert, wobei `filename` nicht im Parameter `CONTROL_FILES` enthalten sein darf.
`RESTORE CONTROLFILE ... FROM 'media handle' oder TAG 'user_tag';`	DBID setzen mit `RMAN> SET DBID=nnnn` Rücksicherung aus der angegebenen Datei (Name der Kopie der Control-Datei oder Backup, das die Control-Datei enthält); TAG kann nicht verwendet werden. Ohne Nutzung von `TO 'filename'` wird in die Verzeichnisse zurückgesichert, die über den Parameter `CONTROL_FILES` definiert sind.	Nicht möglich. Es muss stattdessen die Option `TO 'filename'` genutzt werden, wobei `filename` nicht im Parameter `CONTROL_FILES` enthalten sein darf.

2. Bei Verwendung eines Recovery-Katalogs:

	Status Datenbank NOMOUNT	Status Datenbank MOUNT oder OPEN
RESTORE CONTROLFILE;	Die Control-Dateien werden in die Verzeichnisse zurückgesichert, die über den Parameter CONTROL_FILES festgelegt sind. Die DBID muss nur bei nicht eindeutigen DB_NAMES im Recovery-Katalog vorher gesetzt werden.	Nicht möglich. Es muss die Option TO 'filename' genutzt werden, wobei filename nicht im Parameter CONTROL_FILES enthalten sein darf.
RESTORE CONTROLFILE FROM AUTOBACKUP;	Nur zu Testzwecken einsetzbar.	Nicht mit einem Recovery-Katalog verwenden.
RESTORE CONTROLFILE ... TO 'filename';	Control-Datei wird in filename zurückgesichert, wobei filename nicht im Parameter CONTROL_FILES enthalten sein darf.	Control-Datei wird in file name zurückgesichert, wobei filename nicht im Parameter CONTROL_FILES enthalten sein darf.
RESTORE CONTROLFILE ... FROM 'media handle' oder TAG 'user_tag';	Rücksicherung aus der angegebenen Datei. Ohne Nutzung von TO 'filename' wird in die Verzeichnisse zurückgesichert, die über den Parameter CONTROL_FILES definiert sind.	Nicht möglich. Es muss stattdessen die Option TO 'filename' genutzt werden.

Beispiel:

Wiederherstellung der Control-Dateien, wenn die seit Oracle 9 verfügbare Option des Autobackups der Control-Datei und des SPFILE aktiviert wurde (Beschreibung siehe Abschnitt 9.2.3) und kein Recovery-Katalog verwendet wird.

```
RMAN> SET DBID=1397745503;
RMAN> SET CONTROLFILE AUTOBACKUP FORMAT FOR DEVICE TYPE DISK TO
'F:\backup\GC1\GC1_%F.ctl';
RMAN> RESTORE CONTROLFILE FROM AUTOBACKUP;
RMAN> ALTER DATABASE MOUNT;
RMAN> RECOVER DATABASE;
RMAN> ALTER DATABASE OPEN RESETLOGS;
```

9.6.4 Restore und Recovery der gesamten Datenbank (vollständiges Recovery)

Vorgehen

1. Stoppen der Datenbank

```
RMAN> SHUTDOWN IMMEDIATE;
```

2. Starten der Datenbank in den MOUNT-Status

```
RMAN> STARTUP MOUNT;
```

3. Restore und vollständiges Recovery der Datenbank

Im nachfolgenden Beispielaufruf wird angenommen, dass die Sicherung auf Festplatten (DEVICE TYPE DISK) durchgeführt wurde:

```
RMAN> RUN
{
ALLOCATE CHANNEL CH1 DEVICE TYPE DISK;
ALLOCATE CHANNEL CH2 DEVICE TYPE DISK;
RESTORE DATABASE;
RECOVER DATABASE;
}
```

4. Öffnen der Datenbank

```
RMAN> ALTER DATABASE OPEN;
```

9.6.5 Restore und Recovery der gesamten Datenbank (unvollständiges Recovery)

Wenn für ein unvollständiges Recovery der gesamten Datenbank Datum und Zeit angegeben werden, müssen die Parameter NLS_LANG und NLS_DATE_FORMAT korrekt gesetzt sein.

Unter Unix ist NLS_LANG als Umgebungsvariable definiert, während unter Windows NLS_LANG sowohl eine Umgebungsvariable als auch ein entsprechender Registry-Eintrag sein kann. NLS_LANG besteht aus drei Komponenten und hat das Format <language>_<territory>.<characterset>.

Setzen der Umgebungsvariablen NLS_LANG und NLS_DATE_FORMAT am Beispiel Unix in einer C-Shell-Session:

```
% setenv NLS_LANG American_America.WE8ISO8859P1
% setenv NLS_DATE_FORMAT 'DD-MON-YYYY HH24:MI:SS'
```

Wird über SET UNTIL ein Zeitpunkt angegeben, so muss das Datumsformat den in den Environment-Variablen NLS_LANG und NLS_DATE_FORMAT definierten Werten entsprechen.

Alternativ kann der Zeitpunkt auch einfacher über SQL-Funktionen wie SYSDATE oder TO_DATE (siehe nachfolgendes Beispiel) angegeben werden. Hierdurch wird das spezifizierte Datumsformat unabhängig vom Wert der Environment-Variablen verwendet.

1. Stoppen der Datenbank

```
RMAN> SHUTDOWN IMMEDIATE;
```

2. Starten der Datenbank in den MOUNT-Status

```
RMAN> STARTUP MOUNT;
```

3. Restore und unvollständiges Recovery der Datenbank

Im nachfolgenden Beispielaufruf wird angenommen, dass die Sicherung auf Band (DEVICE TYPE SBT) durchgeführt wurde:

```
RMAN> RUN {
SET UNTIL TIME "to_date('31-07-2008 16:55:00','DD-MM-YYYY HH24:MI:SS')";
ALLOCATE CHANNEL CH1 DEVICE TYPE SBT;
RESTORE DATABASE;
RECOVER DATABASE;
}
```

4. Öffnen der Datenbank

```
RMAN> ALTER DATABASE OPEN RESETLOGS;
```

Vollständiges und unvollständiges Recovery der gesamten Datenbank oder von Teilen davon kann auch mittels Enterprise Manager durchgeführt werden. Im Untermenü RECOVERY AUSFÜHREN im Abschnitt VERWALTEN des Registers VERFÜGBARKEIT stehen über ein Auswahlmenü verschiedene Wiederherstellungsbereiche zur Verfügung.

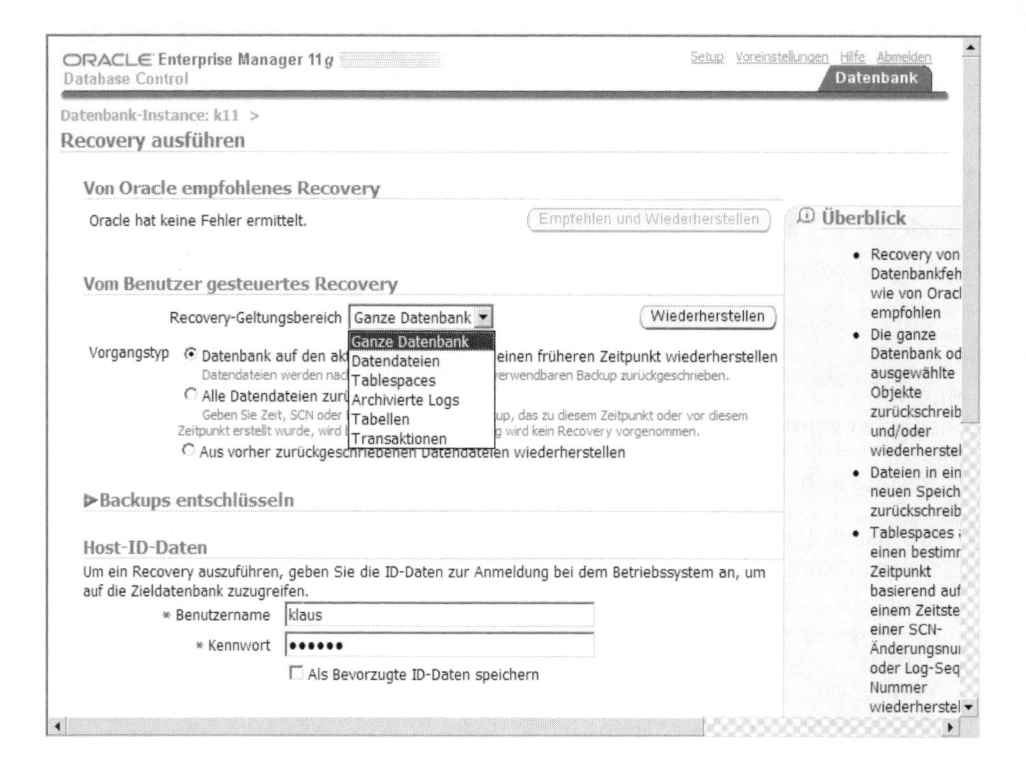

Abbildung 9.14: Hauptmenü Recovery

Die unterschiedlichen Szenarien für die Wiederherstellung der Datenbank auch über den Enterprise Manager sind in den jeweiligen Kapiteln 6, 7, 8 und 10 erläutert.

10 Standard-Crashszenarien

In diesem Kapitel werden unterschiedliche Crashszenarien, die bei Ausfällen der Datenbank auftreten können, detailliert beschrieben.

Ausgehend von einer systematischen Fehleranalyse kann anhand der Schritt-für-Schritt-Anleitungen in den nachfolgenden Kapiteln das Recovery durchgeführt werden.

> **Hinweis**
> Die Syntax wurde für Oracle 11g getestet. In älteren Versionen kann diese gegebenenfalls leicht abweichen und ist für Oracle 9i und 10g im SQL Reference Manual beschrieben.

10.1 Fehleranalyse

Absolut notwendige Voraussetzung für ein erfolgreiches Recovery ist eine gründliche Fehleranalyse. Erst dann kann entschieden werden, welche Maßnahmen ergriffen werden müssen, um die Datenbank schnellstmöglich wieder fehlerfrei zur Verfügung stellen zu können.

Datenbankfehler können sich auf unterschiedliche Arten bemerkbar machen:

- Benutzer melden Fehler an den Datenbankadministrator
- Beim Starten/Stoppen der Datenbank treten Fehlermeldungen auf
- Monitoring-Tools melden Datenbankfehler

Die nachfolgend beschriebene Vorgehensweise ist EIN möglicher Weg, um die Ursache des Datenbankfehlers zu finden. Sie hat sich jedoch in der Praxis bewährt.

10.1.1 Status der Datenbank prüfen

Als Erstes ist es sinnvoll, den Status der Datenbank zu überprüfen mit:

```
sqlplus / as sysdba
SQL> SELECT STATUS FROM V$INSTANCE;
```

Ist der Status der Datenbank

- »OPEN«: Weiter mit Abschnitt 10.1.2.
- »MOUNTED«: Versuchsweise folgendes Kommando eingeben:

```
SQL> ALTER DATABASE OPEN;
```

  Eventuelle Fehlermeldungen analysieren, weiter mit Abschnitt 10.1.2.

gestoppt, wird die obige Abfrage die Meldung zurückgeben:

```
ORA-01034: ORACLE not available
```

In diesem Fall sollte versucht werden, die Datenbank zu starten mit:

```
SQL> STARTUP
```

Treten beim Starten der Datenbank Fehler auf, können diese von physikalischen Beschädigungen zum Beispiel einer Festplatte verursacht worden sein. In diesem Fall wird der Pfad der Datendatei in der Fehlermeldung angezeigt. Anschließend sollte die Hardware des Servers untersucht werden.

10.1.2 Analyse der Log- und Trace-Dateien

Für die Diagnose von Datenbankproblemen existieren diverse Oracle-Trace- und Log-Dateien, die bei Fehlern – nach Ermittlung des Datenbankstatus – als Erstes untersucht werden sollten.

Vorgehensweise

1. Alert-Datei auf Fehlermeldungen zum Zeitpunkt des Fehlers kontrollieren
2. Prüfen, ob Trace-Dateien angelegt wurden, deren Zeitstempel mit dem Zeitpunkt des Fehlers zusammenpasst. Die Verzeichnisse der Trace-Dateien können über die Parameter `BACKGROUND_DUMP_DEST` und `USER_DUMP_DEST` (Versionen vor Oracle 11g) beziehungsweise den Eintrag `Diag Trace` der View `V$DIAG_INFO` (Oracle 11g) ermittelt werden.

Beschreibung der Log-Dateien

Alert-Datei

Die Alert-Datei ist die wichtigste Datei für die Durchführung von Fehleranalysen. In ihr stehen alle wichtigen Meldungen der Oracle-Datenbank, wobei bei Fehlermeldungen auch ein Zeitstempel angegeben wird.

Versionen vor Oracle 11g:

Das Verzeichnis, in dem diese Datei steht, lässt sich über den Parameter `BACKGROUND_DUMP_DEST` ermitteln. Der Dateiname lautet alert_<ORACLE_SID>.log.

```
SQL> SHOW PARAMETER BACKGROUND_DUMP_DEST
```

Das Ergebnis sieht ähnlich dieser Ausgabe aus:

```
NAME                 TYPE   VALUE
-------------------- ------ ---------------------------------
background_dump_dest string C:\ORA\PROD\10.2.0\ADMIN\GC\BDUMP
```

Oracle 11g:

Über die View `V$DIAG_INFO` (Einträge `Diag Alert` und `Diag Trace`) kann der Pfad zur Alert-Datei ermittelt werden, wobei die Alert-Datei im Verzeichnis `Diag Alert` im xml-Format (Dateiname log.xml) und im Verzeichnis `Diag Trace` textbasierend ohne XML-Tags (Dateiname alert_<ORACLE_SID>.log) wie in früheren Versionen zur Verfügung steht.

```
SQL> SELECT * FROM V$DIAG_INFO;
```

Ausgabe:

```
INST_ID   NAME           VALUE
-------   ----------     ----------------------------------------
1         Diag Enabled   TRUE
1         ADR Base       c:\oracle\11g\app
1         ADR Home       c:\oracle\11g\app\diag\rdbms\gc1\gc1
1         Diag Trace     c:\oracle\11g\app\diag\rdbms\gc1\gc1\trace
1         Diag Alert     c:\oracle\11g\app\diag\rdbms\gc1\gc1\alert
....
```

Alternativ kann die Alert-Datei bei geöffneter Datenbank über den Enterprise Manager Database Control angezeigt werden aus jedem Register – Bereich ZUGEHÖRIGE LINKS – Unterpunkt INHALT DES ALERT LOGS.

Folgende Informationen werden unter anderem in der Alert-Datei protokolliert:

- Start und Stopp der Datenbank
- Geänderte Parameter, die nicht dem Default-Wert entsprechen
- Alle Wechsel der Redolog-Gruppe (Log-Switches)
- Fehlermeldungen wie zum Beispiel `ORA-01157`, `ORA-00313`
- Warnungen wie zum Beispiel `Checkpoint not complete`
- Änderungen an der Datenbankstruktur, zum Beispiel Hinzufügen von Datendateien
- Informationen über fehlerhafte Prozesse und zugehörige Trace-Dateien

Trace-Dateien

Trace-Dateien werden bei Instanz- oder Prozessfehlern erzeugt und stellen zusätzlich zur Alert-Datei weitere Fehlerinformationen zur Verfügung.

Ab Oracle 11g kann die Zuordnung der Trace-Dateien zu den Datenbankprozessen über die View `V$PROCESS` ermittelt werden:

```
SQL> SELECT PID, PROGRAM, TRACEFILE FROM V$PROCESS;
```

Typen von Trace-Dateien:

- Hintergrund-Trace-Dateien

  Sie befinden sich – wie die Alert-Datei – in dem Verzeichnis, das durch den Parameter `BACKGROUND_DUMP_DEST` festgelegt ist (Versionen vor Oracle 11g).

  Ab Oracle 11g befinden sich die Hintergrund-Trace-Dateien im Verzeichnis `Diag Trace`. Der Pfad zum Verzeichnis `Diag Trace` kann wie bei der Alert-Datei beschrieben über die View `V$DIAG_INFO` ermittelt werden.

  Diese werden von den Hintergrundprozessen wie DBWn oder LGWR angelegt und erzeugt, wenn ein Prozess weitere Informationen wie beispielsweise im Fehlerfall schreiben muss.

- Benutzer-Trace-Datei

  Das Verzeichnis, in dem die Benutzer-Trace-Dateien angelegt werden, wird durch den Parameter USER_DUMP_DEST spezifiziert (Versionen vor Oracle 11g).

  Ab Oracle 11g befinden sich die Benutzer-Trace-Dateien im Verzeichnis Diag Trace. Der Pfad zum Verzeichnis Diag Trace kann wie bei der Alert-Datei beschrieben über die View V$DIAG_INFO ermittelt werden.

  Diese werden angelegt, wenn im Rahmen einer Benutzersitzung bei einem Serverprozess Fehler aufgetreten sind.

10.1.3 Analyse der Data Dictionary Views

Für die weitere Fehleranalyse sind die Informationen der nachfolgenden Data Dictionary Views oftmals nützlich.

1. **V$DATAFILE**

   Folgende Spalten sind für die Fehleranalyse in den meisten Fällen relevant:

Spalte	Beschreibung
STATUS	Status der Datendatei
	Mögliche Werte: OFFLINE, ONLINE, RECOVER, SYSTEM, SYSOFF (Offline-Datei des System-Tablespace)
ENABLED	Zugriffsmöglichkeiten per SQL auf die Datendatei
	DISABLED: Kein SQL-Zugriff erlaubt
	READ ONLY: Kein SQL-Update erlaubt
	READ WRITE: Vollzugriff
	UNKNOWN: Kommt normalerweise nicht vor, nur bei defekten Control-Dateien.
BYTES	Größe der Datendatei zum aktuellen Zeitpunkt (in BYTES)
	Falls Größe 0 angezeigt wird, ist die Datendatei nicht zugreifbar.
NAME	Name und Pfad der Datendatei

Tabelle 10.1: Wichtige Spalten für Fehleranalyse V$DATAFILE

2. **V$CONTROLFILE**

   Über die View V$CONTROLFILE können der Speicherort und Status der Control-Dateien ermittelt werden.

Spalte	Beschreibung
STATUS	Status der Control-Datei:
	Leer, wenn der Name der Control-Datei ermittelt werden kann
	INVALID, wenn der Name nicht ermittelt werden kann (kommt nur im Fehlerfall vor)
NAME	Name und Pfad der Control-Datei

Tabelle 10.2: Wichtige Spalten für Fehleranalyse V$CONTROLFILE

3. **V$LOGFILE**

Diese View stellt Informationen wie Pfad, Name und Status der Mitglieder der Redolog-Gruppen zur Verfügung.

Spalte	Beschreibung
GROUP#	Nummer der zugehörigen Redolog-Gruppe
STATUS	Status des Redolog-Mitglieds:
	INVALID, wenn die Online-Redolog-Datei nicht zugreifbar ist
	STALE, wenn der Inhalt der Online-Redolog-Datei als nicht vollständig erkannt wurde
	DELETED, wenn die Online-Redolog-Datei gelöscht wurde
	Leer, wenn die Online-Redolog-Datei benutzt wird
MEMBER	Name und Pfad der Online-Redolog-Datei

Tabelle 10.3: Wichtige Spalten für Fehleranalyse V$LOGFILE

4. **V$BACKUP**

Die View `V$BACKUP` zeigt den Backup-Status aller Datendateien, die online gesetzt sind.

Read-Only-Dateien haben den Status NOT ACTIVE. Dateien, die nicht vorhanden sind oder offline gesetzt sind, werden in der View nicht angezeigt.

Spalte	Beschreibung
FILE#	Nummer der Datendatei
STATUS	Status der Datendatei:
	NOT ACTIVE
	ACTIVE (Datei ist im Backup-Modus, das bedeutet `BEGIN BACKUP` wurde für die Datendatei ausgeführt)

Tabelle 10.4: Wichtige Spalten für Fehleranalyse V$BACKUP

Achtung!
Wurde die Control-Datei durch ein Backup der Control-Datei ersetzt oder neu erzeugt, werden in der View `V$BACKUP` unter Umständen falsche Informationen angezeigt. Auch wenn ein Backup einer Datendatei eingespielt wurde, wird in `V$BACKUP` noch der Status der alten Datendatei angezeigt.

5. **V$RECOVER_FILE**

Über die View `V$RECOVER_FILE` kann der Status der Datendateien ermittelt werden, die ein Media Recovery benötigen. Falls keine der Datendateien ein Media Recovery benötigt, stehen in dieser View keine Einträge.

Achtung!
Auch die View `V$RECOVER_FILE` enthält falsche Informationen, wenn ein Backup der Control-Datei verwendet wird oder die Control-Datei neu erzeugt wurde und der Media-Fehler der Datendatei vor dem Erzeugen der Control-Datei auftrat.

Folgende Spalten sind für die Fehleranalyse relevant:

Spalte	Beschreibung
FILE#	Nummer der Datendatei
ONLINE_STATUS	Status: ONLINE OFFLINE
ERROR	Fehlerinformation
CHANGE#	SCN, ab der das Recovery durchgeführt werden muss
TIME	Zeitpunkt der SCN, ab der das Recovery durchgeführt werden muss

Tabelle 10.5: Wichtige Spalten für die Fehleranalyse V$RECOVER_FILE

6. **V$RECOVERY_LOG**

Über die View `V$RECOVERY_LOG` werden alle Offline-Redolog-Dateien angezeigt, die für ein Media Recovery benötigt werden. Bei einem unvollständigen Recovery (zum Beispiel nach einem Benutzerfehler) ist die View `V$RECOVERY_LOG` jedoch leer.

Spalte	Beschreibung
SEQUENCE#	Log-Sequence-Nummer der Offline-Redolog-Datei
TIME	Zeitpunkt des ersten Eintrags (kleinste SCN) in der Offline-Redolog-Datei
ARCHIVE_NAME	Name der benötigten Offline-Redolog-Datei

Tabelle 10.6: Wichtige Spalten für die Fehleranalyse V$RECOVERY_LOG

10.1.4 Health Monitor

Beginnend mit Oracle 11g können über den Health Monitor verschiedene Prüfungen der Datenbank auf Fehler (Health Checks) durchgeführt werden.

- DB Structure Integrity Check
- Data Block Integrity Check
- Redo Integrity Check
- Undo Segment Integrity Check
- Transaction Integrity Check
- Dictionary Integrity Check

Health Checks werden entweder automatisch nach kritischen Fehlern durch die Fault Diagnosability Infrastructure oder manuell durch den Datenbankadministrator durchgeführt.

Manuell werden Health Checks entweder durch Nutzung des PL/SQL-Package `DBS_HM` oder über den Enterprise Manager gestartet.

Über die View V$HM_CHECK können die verfügbaren Health Checks aufgelistet werden.

```
SQL> SELECT NAME FROM V$HM_CHECK;
```

Nachfolgend wird am Beispiel eines DB Structure Integrity Checks die Vorgehensweise bei Nutzung des PL/SQL-Package DBMS_HM sowie ADR Command Interpreter (ADRCI) für die Erzeugung des Reports erläutert. Der ADR Command Interpreter (ADRCI) wird in Abschnitt 1.1.6 beschrieben.

Manuelles Starten des Checks:

```
SQL> exec DBMS_HM.RUN_CHECK('DB Structure Integrity Check');
```

Anzeige aller Prüfungen, die im ADR-Repository verfügbar sind:

```
adrci> show hm_run

...

**********************************************************
HM RUN RECORD 7
**********************************************************
   RUN_ID                         121
   RUN_NAME                       HM_RUN_121
   CHECK_NAME                     DB Structure Integrity Check
   NAME_ID                        2
   MODE                           0
   START_TIME                     2008-01-20 16:48:27.471000 +01:00
   RESUME_TIME                    <NULL>
   END_TIME                       2008-01-20 16:48:28.252000 +01:00
   MODIFIED_TIME                  2008-01-20 16:48:28.252000 +01:00
   TIMEOUT                        0
   FLAGS                          0
   STATUS                         5
   SRC_INCIDENT_ID                0
   NUM_INCIDENTS                  0
   ERR_NUMBER                     0
   REPORT_FILE                    <NULL>
...
```

Erzeugen eines Reports für den gewünschten Check:

```
adrci> create report hm_run HM_RUN_121
```

Anzeige des Reports über ADRCI:

```
adrci> show report hm_run HM_RUN_121

<?xml version="1.0" encoding="US-ASCII"?>
<HM-REPORT REPORT_ID="HM_RUN_121">
    <TITLE>HM Report: HM_RUN_121</TITLE>
    <RUN_INFO>
        <CHECK_NAME>DB Structure Integrity Check</CHECK_NAME>
        <RUN_ID>121</RUN_ID>
        <RUN_NAME>HM_RUN_121</RUN_NAME>
        <RUN_MODE>MANUAL</RUN_MODE>
        <RUN_STATUS>COMPLETED</RUN_STATUS>
        <RUN_ERROR_NUM>0</RUN_ERROR_NUM>
        <SOURCE_INCIDENT_ID>0</SOURCE_INCIDENT_ID>
        <NUM_INCIDENTS_CREATED>0</NUM_INCIDENTS_CREATED>
        <RUN_START_TIME>2008-01-20 16:48:27.471000 +01:00</RUN_START_TIME>
        <RUN_END_TIME>2008-01-20 16:48:28.252000 +01:00</RUN_END_TIME>
    </RUN_INFO>
    <RUN_PARAMETERS/>
    <RUN-FINDINGS/>
</HM-REPORT>
```

Alternativ können die Reports über DBMS_HM sowie den Enterprise Manager angezeigt werden.

Nutzung des Health Monitors über den Enterprise Manager

Die Health Checks des Health Monitors können aus jedem Register – Abschnitt ZUGEHÖRIGE LINKS im unteren Bereich der Seite – Unterpunkt ZENTRALES ADVISORY – Register PRÜFUNGEN aufgerufen werden.

Abbildung 10.1: Health Checks über den Enterprise Manager

Nachfolgend wird das Beispiel eines DB Structure Integrity Checks über den Enterprise Manager näher erläutert. Aufgerufen werden kann dieser über den Link »Integritätsprüfung der DB-Struktur«.

Abbildung 10.2: Aufruf Integritätsprüfung der DB-Struktur

Im folgenden Fenster können (muss aber nicht) ein Run-Name sowie ein Timeout für den Health Check definiert werden.

ORACLE Enterprise Manager 11g
Database Control

Setup Voreinstellungen Hilfe Abmelden

Datenbank

Datenbank-Instance: GC1 > Zentrales Advisory >

Angemeldet als SYS

Run Integritätsprüfung der DB-Struktur

Abbrechen OK

Diese Prüfung überprüft die Integrität von Datenbankdateien und berichtet Fehler, wenn auf diese Dateien nicht zugegriffen werden kann, wenn sie beschädigt oder inkonsistent sind. Wenn sich die Datenbank im Mount- oder Open-Modus befindet, überprüft diese Prüfung die Log-Dateien und Datendateien, die in der Kontrolldatei aufgeführt werden. Wenn sich die Datenbank im NOMOUNT-Modus befindet, wird nur die Kontrolldatei geprüft.

Optionen

Geben Sie die folgenden Parameter an, um diese Prüfung auszuführen.

Parameter	Wert	Beschreibung
Run-Name		Der Run-Name-Parameter wird zur Identifizierung dieses Runs benutzt.
Timeout (s)		Die Zeit, die für diesen Run zugewiesen ist, bevor er zwangsweise gestoppt wird.

Abbrechen OK

Datenbank | Setup | Voreinstellungen | Hilfe | Abmelden

Copyright © 1996, 2007, Oracle. All rights reserved. Alle Rechte vorbehalten.
Oracle, JD Edwards, PeopleSoft, und Retek sind eingetragene Marken der Oracle Corporation und/oder ihrer verbundenen Unternehmen. Andere Namen und Be

Info Oracle Enterprise Manager

Abbildung 10.3: Angeben von Optionen

Anschließend ist es möglich, über die Liste der Health Checks die Ergebnisse des DB Structure Integrity Checks aufzurufen. Wird der Health Check per Hand gestartet, so ist der Run-Typ »Manuell«, andernfalls »Reaktivieren«.

Abbildung 10.4: Ergebnisse der Health Checks

Nach Auswählen eines Run-Namens werden die Ergebnisse angezeigt.

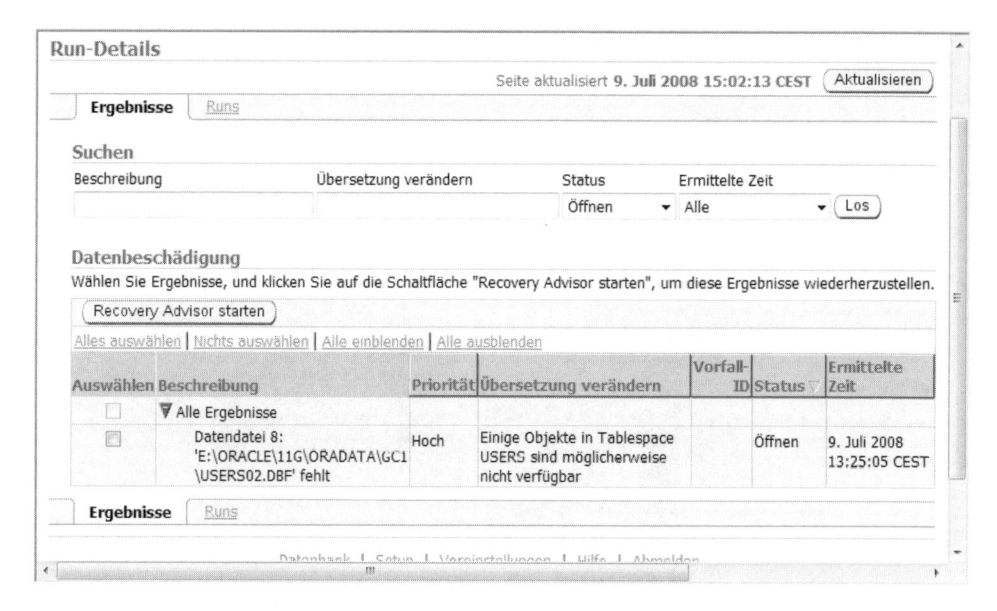

Abbildung 10.5: Ergebnisse eines Health Checks

Im Register RUNS ist es möglich, über die Schaltfläche BERICHT ANZEIGEN den Bericht dieses Health Checks anzuzeigen.

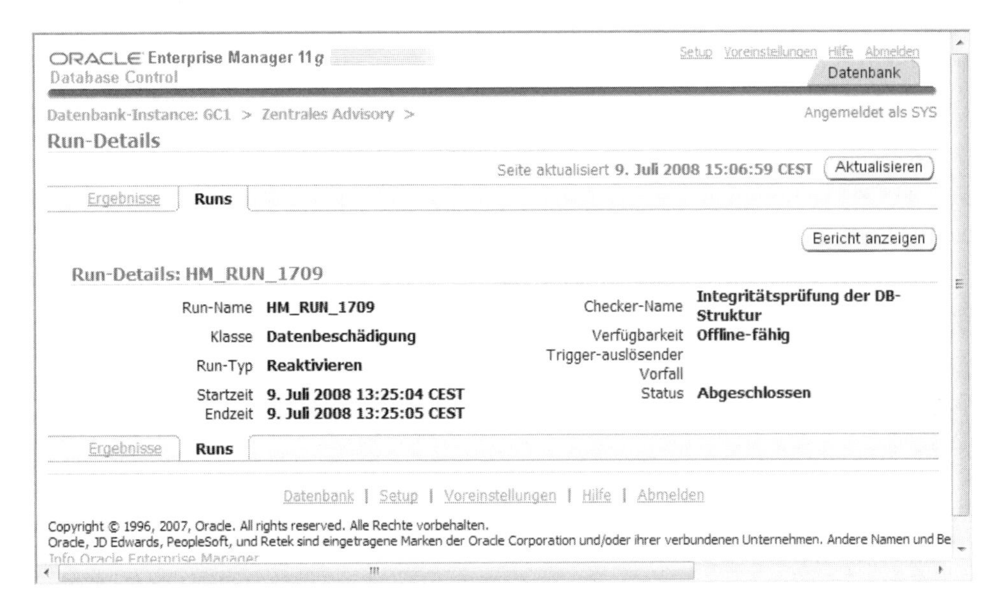

Abbildung 10.6: Register »Runs«

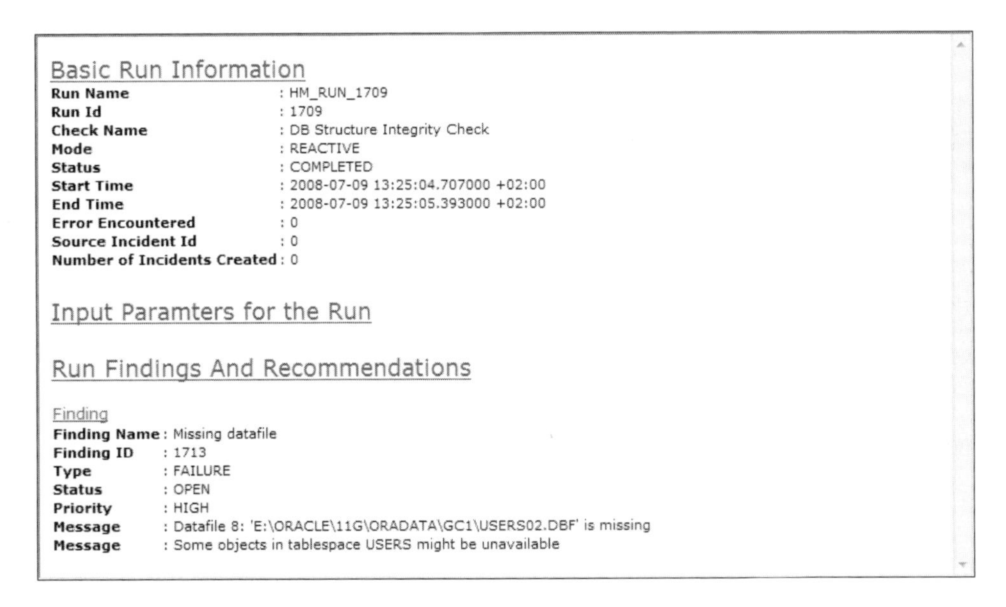

Abbildung 10.7: Bericht des Health Checks

10.1.5 Ermittlung erforderlicher Sicherungen

Vor jeder Rücksicherung ist es sinnvoll, eine aktuelle Control-Datei sowie die aktuellen Online-Redolog-Dateien zu sichern (falls das noch möglich ist). So kann auch bei einem Scheitern des Recoverys der aktuelle Stand wieder erzeugt werden.

Grundsätzlich sind bei der Rücksicherung einer *kompletten Offline-Sicherung*

- alle Datendateien,
- alle Online-Redolog-Dateien, falls diese mitgesichert wurden,
- die Control-Datei (als Binärkopie oder als Trace-Datei)
- und Parameterdateien zurückzuspielen.

> **Hinweis**
> Soll nach dem Einspielen einer kompletten Offline-Sicherung noch ein Recovery mittels der Offline-Redolog-Dateien erfolgen, so werden eventuell vorhandene Online-Redolog-Dateien aus der Sicherung nicht benötigt.

Bei der Rücksicherung einer *kompletten Online-Sicherung* sind

- alle Datendateien,
- die Control-Datei,
- Parameterdateien
- sowie alle während der Online-Sicherung erzeugten Offline-Redolog-Dateien zurückzuspielen.

> **Hinweis**
> Bei einer Online-Sicherung ist es nicht notwendig (und auch gar nicht sinnvoll), die Online-Redolog-Dateien zurückzusichern. Normalerweise werden diese bei einer Online-Sicherung auch gar nicht gesichert.

Um eine Entscheidung treffen zu können, welche Sicherung als Ausgangsbasis für das Recovery verwendet wird und welche Daten aus dieser Sicherung zurückgesichert werden müssen, ist es notwendig, sich über die nachfolgend beschriebenen Punkte Klarheit zu verschaffen.

Welche Daten müssen zurückgesichert werden?

1. Eine (oder mehrere) Datendatei(en) des System-, SYSAUX- oder eines Daten-Tablespace sind betroffen (Recovery wird üblicherweise bis zum aktuellen Zeitpunkt durchgeführt):
   - NUR die beschädigte(n) Datendatei(en) aus der letzten erfolgreichen Sicherung zurücksichern
   - Alle Offline-Redolog-Dateien, die seit der verwendeten Sicherung bis zum aktuellen Zeitpunkt geschrieben wurden, zurücksichern

2. Komplette Datenbank zerstört zum Beispiel aufgrund eines vollständigen Rechnerausfalls (Recovery soll möglichst bis zum aktuellen Zeitpunkt durchgeführt werden):
   - Vor dem Zurücksichern – falls noch möglich – aktuelle Online-Redolog-Dateien, Control-Datei sowie noch ungesicherte Offline-Redolog-Dateien sichern
   - Komplette letzte erfolgreiche Sicherung zurücksichern (Online- oder Offline-Sicherung)
   - Alle Offline-Redolog-Dateien, die seit der verwendeten Sicherung bis zum aktuellen Zeitpunkt geschrieben wurden, sowie eventuell vorhandene aktuelle Online-Redolog-Dateien, zurücksichern
   - Falls noch vorhanden, aktuelle Control-Datei zurücksichern
   - Falls erforderlich, Installationsverzeichnis der Oracle-Software zurücksichern
   - Parameterdatei, listener.ora, tnsnames.ora, orapw<SID>.ora, sqlnet.ora und Passwortdatei kontrollieren und falls erforderlich zurücksichern
   - Windows: Falls die Registryeinträge zerstört wurden, entweder komplette Registry oder zumindest Registry-Einträge für die Oracle-Software zurücksichern
   - Unix: oratab, Start-/Stopp-Skripte zurücksichern, zum Beispiel in Verzeichnis `/etc/init.d`
3. Komplette Datenbank zerstört beispielsweise aufgrund eines logischen Benutzerfehlers (Recovery soll bis kurz vor dem Benutzerfehler durchgeführt werden)
   - Komplette erfolgreiche Sicherung zurücksichern (Online- oder Offline-Sicherung), die vor dem Auftreten des Benutzerfehlers abgeschlossen wurde
   - Alle Offline-Redolog-Dateien, die seit der verwendeten Sicherung bis kurz vor dem logischen Benutzerfehler geschrieben wurden, zurücksichern
4. Systemkopie
   - Komplette erfolgreiche Sicherung zurücksichern (Online- oder Offline-Sicherung)
   - Falls Ziel-Zeitpunkt des Recoverys zwischen zwei Sicherungen liegt, auch die Offline-Redolog-Dateien zurücksichern, die zwischen dem Zeitpunkt der Sicherung und dem Ziel-Zeitpunkt des Recoverys erzeugt wurden
   - Bei der Verwendung einer Online-Sicherung für die Systemkopie alle Offline-Redolog-Dateien zurücksichern, die während der Online-Sicherung erzeugt wurden

Bis zu welchem Zeitpunkt soll das Recovery durchgeführt werden?

1. Bei beschädigten Datendateien des System-, SYSAUX- oder eines Daten-Tablespace:

   Im Normalfall muss das *Recovery bis zum aktuellen Zeitpunkt* durchgeführt werden.

   Benötigt werden für ein Recovery einzelner Datendateien bis zum aktuellen Zeitpunkt:

   - Die letzte erfolgreiche Sicherung der beschädigten Datendatei
   - Alle Redolog-Dateien (offline und online), die seit dem Zeitpunkt der Sicherung geschrieben wurden

2. Komplette Datenbank zerstört, zum Beispiel aufgrund eines vollständigen Rechnerausfalls:

   Auch hier wird normalerweise möglichst das *Recovery bis zum aktuellen Zeitpunkt* durchgeführt. Das vollständige Recovery kann jedoch nur durchgeführt werden, wenn alle Offline- UND Online-Redolog-Dateien bis zum aktuellen Zeitpunkt verfügbar sind.

   Andernfalls kann das Recovery nur bis zur letzten vorhandenen Offline-Redolog-Datei durchgeführt werden. In diesem Fall sind die Datenänderungen verloren, die in den verloren gegangenen Offline- und Online-Redolog-Dateien enthalten waren.

   Benötigt werden für ein Recovery einer kompletten Datenbank bis zum aktuellen Zeitpunkt:

   - Die letzte erfolgreiche Sicherung der kompletten Datenbank (online oder offline)
   - Alle Redolog-Dateien (offline und online), die seit dem Zeitpunkt der Sicherung geschrieben wurden

     Online-Redolog-Dateien können natürlich nur eingespielt werden, falls diese auf dem defekten Rechner noch vorhanden und zugreifbar waren. In diesem Fall sollten diese vor Beginn der Rücksicherung (zum Beispiel durch Kopieren auf einen anderen Rechner) gesichert werden.
   - Falls erforderlich die Sicherung des Installationsverzeichnisses der Oracle-Software einspielen
   - Parameterdatei, listener.ora, tnsnames.ora, orapw<SID>.ora, sqlnet.ora und Passwortdatei kontrollieren und falls erforderlich zurücksichern
   - Windows: Falls die Registryeinträge zerstört wurden, entweder komplette Registry oder zumindest Registry-Einträge für die Oracle-Software zurücksichern
   - Unix: oratab, Start-/Stopp-Skripte zurücksichern, zum Beispiel in Verzeichnis `/etc/init.d`

3. Komplette Datenbank zerstört, beispielsweise aufgrund eines logischen Benutzerfehlers

   In diesem Fall wird das Recovery meist bis kurz vor dem Auftreten des logischen Benutzerfehlers durchgeführt. Trat zum Beispiel der Benutzerfehler um 12:30 Uhr auf, kann ein zeitbasiertes Recovery (Point-in-Time-Recovery oder unvollständiges Recovery) bis 12:29 Uhr durchgeführt werden.

   Benötigt werden für ein Point-in-Time-Recovery der kompletten Datenbank:

   - Die letzte erfolgreiche Sicherung der kompletten Datenbank (online oder offline möglich) vor dem Auftreten des Benutzerfehlers.
   - Alle Offline-Redolog-Dateien, die seit dem Zeitpunkt der Sicherung bis zum Recovery-Zeitpunkt geschrieben wurden.

4. Systemkopie

   Ziel-Zeitpunkt des Recoverys kann beliebig (jedoch auf jeden Fall nach dem beziehungsweise auf den Zeitpunkt der verwendeten Sicherung) festgelegt werden.

   Benötigt werden für ein Recovery bis zu einem beliebigen Zeitpunkt:

   - Komplette erfolgreiche Sicherung (Online- oder Offline-Sicherung)
   - Falls Ziel-Zeitpunkt des Recoverys zwischen zwei Sicherungen liegt, auch die Offline-Redolog-Dateien, die zwischen dem Zeitpunkt der Sicherung und dem Ziel-Zeitpunkt des Recoverys erzeugt wurden.
   - Bei der Verwendung einer Online-Sicherung für die Systemkopie alle Offline-Redolog-Dateien, die während der Online-Sicherung erzeugt wurden.

10.1.6 Prüfen von Strukturänderungen

Strukturänderungen an der Datenbank sind beispielsweise:

- Löschen eines Tablespace
- Erzeugen eines Tablespace
- Erweitern eines Tablespace
- Reorganisation von Tablespaces mit Datendateien
- Umbenennen von Datendateien

Dadurch können einzelne Datendateien entweder temporär oder dauerhaft entfallen, neu hinzukommen oder umbenannt werden.

Da das Recovery über Strukturänderungen hinweg unter Umständen gesondert zu betrachten ist, sollte vor Beginn jedes Recoverys geprüft werden, ob zwischen dem Zeitpunkt der verwendeten Sicherung und dem Ziel-Zeitpunkt des Recoverys Strukturänderungen an der Datenbank vorgenommen wurden.

Festgestellt werden können Strukturänderungen über die Analyse der Alert-Datei. Ist diese nicht mehr vorhanden und existiert eine aktuelle Control-Datei, kann der Zeitpunkt des Erzeugens einer Datendatei auch über die View `V$DATAFILE` (Spalte CREATION_TIME) herausgefunden werden.

Wichtig ist, dass die beim Recovery verwendete Control-Datei den physischen Zustand der Datenbank NACH der Strukturänderung widerspiegelt, das heißt, dass ALLE zum Ziel-Zeitpunkt des Recoverys durchgeführten Strukturänderungen in der Control-Datei enthalten sind.

Wurden nach dem Ziel-Zeitpunkt des Recoverys noch weitere Strukturänderungen durchgeführt, kann die aktuelle Control-Datei nicht verwendet werden. Es muss

- die Control-Datei aus der Sicherung verwendet und vor dem Recovery ein `CREATE DATAFILE`-Kommando für die Datendateien ausgeführt werden, die zwischen dem Zeitpunkt der Sicherung und dem Ziel-Zeitpunkt des Recoverys erzeugt wurden, oder
- ein `CREATE CONTROLFILE`-Kommando im NOMOUNT-Status nach dem Einspielen der Sicherung ausgeführt werden. Es sollte darauf geachtet werden, dass beim `CREATE CONTROLFILE`-Kommando ALLE Datendateien enthalten sind.

Datendateien, die zum Ziel-Zeitpunkt des Recoverys nicht mehr zur Datenbank gehörten, können nach erfolgreichem Recovery auf Betriebssystemebene gelöscht werden.

Die Vorgehensweise für ein Recovery bei Strukturänderungen ist in Abschnitt 11.1 beschrieben.

10.2 Wiederherstellung der Oracle-Software

Aus verschiedenen Gründen – beispielsweise aufgrund eines kompletten Hardware-Ausfalls eines Rechners oder nach einem versehentlichen Löschen des Oracle-Software-Verzeichnisses – kann es notwendig werden, die Oracle-Software wiederherzustellen.

Folgende Voraussetzungen müssen für eine erfolgreiche Wiederherstellung der Oracle-Software gegeben sein:

- Hardware und Betriebssystem funktionieren fehlerfrei.
- Muss der Rechner neu aufgesetzt werden, sollte am besten die Version des Betriebssystems gleich der Version vor dem Ausfall sein. Das gilt insbesondere für die Patchstände.
- Die Plattenverteilung nach dem Ausfall sollte gleich der ursprünglichen Struktur (Verzeichnisse, Laufwerksbuchstaben) und Größe sein.

Wiederherstellungsoptionen für die Oracle-Software:

1. Neuinstallation

   Eine Neuinstallation inklusive aller Oracle-Patches ist sinnvoll, wenn der komplette Rechner ausgefallen ist und keine aktuelle Sicherung des Oracle-Software-Verzeichnisses vorhanden ist.

Ebenfalls kann es unter Windows notwendig werden, Oracle neu zu installieren, da unter Windows auch die korrekten Registry-Einträge für die Oracle-Software vorhanden sein müssen. Steht keine passende Sicherung der Registry zur Verfügung, ist meist eine Neuinstallation von Oracle die schnellste Möglichkeit, die Registry-Einträge wieder korrekt zu erzeugen.

2. Restore des Oracle-Software-Verzeichnisses

   Existiert eine Sicherung des Oracle-Software-Verzeichnisses, ist eine Rücksicherung in den meisten Fällen die schnellste Möglichkeit, das Oracle-Software-Verzeichnis wiederherzustellen.

   Wie bereits bei Punkt 1 erwähnt, ist es unter Windows notwendig, bei zerstörter Registry eine passende Sicherung der Registry mit den Einträgen für die Oracle-Software zurückzuspielen. Erfahrungsgemäß ist es schwierig bis unmöglich, fehlende oder fehlerhafte Registry-Einträge manuell zu korrigieren.

3. Kopieren einzelner Verzeichnisse von einem anderen Rechner

   Sind nur einzelne Verzeichnisse der Oracle-Software zerstört und existiert ein zweiter Rechner mit exakt dem gleichen Software-Stand, reicht es unter Umständen aus, diese Verzeichnisse von diesem Rechner zu kopieren. Vor dem Kopieren ist es sinnvoll, einzelne Dateien auf den beiden Rechnern zu vergleichen.

Achtung!
Verzeichnisse, in denen Konfigurationsdateien liegen wie zum Beispiel Parameterdatei, listener.ora etc., sollten – wenn überhaupt – nur nach gründlicher Analyse kopiert und eventuell angepasst (SID, Pfade etc.) werden.

10.3 Recovery des System-Tablespace

10.3.1 Verhalten der Datenbank bei defekter(n) Datendatei(en) des System-Tablespace

Ist die beschädigte oder verloren gegangene Datendatei Bestandteil des System-Tablespace, wird diese von der Datenbank nicht automatisch offline gesetzt. Stattdessen wird ein Fehler zurückgemeldet und die Datenbank beendet. Die Datenbank lässt sich anschließend nicht mehr starten. In manchen Fällen bleibt die Datenbank auch in einem undefinierten Zustand hängen und muss durch ein `SHUTDOWN ABORT` beendet werden.

Ein *Online-Recovery* von Datendateien des System-Tablespace ist nicht möglich, da diese Dateien zum Öffnen der Datenbank und zur korrekten Funktionsweise der Datenbank benötigt werden.

Achtung!
Das beschriebene Fehlerverhalten zeigt sich bei Datendateien eines Tablespace mit **Data-Dictionary-Daten (System-Tablespace)**, aber auch bei Tablespaces mit **aktiven Rollback- oder Undo-Segmenten.** Aktive Rollback-/Undo-Segmente sind normalerweise im System-Tablespace und Rollback-/Undo-Tablespace enthalten.

Typische Fehlermeldungen beim Starten der Datenbank nach Absturz oder nach einem SHUTDOWN ABORT (die gleiche Fehlermeldung steht auch in der Alert-Datei):

```
ORA-01157 cannot identify/lock data file 1 - see DBWR trace file
```

oder auch

```
ORA-01113 file  '1' needs media recovery
ORA-01110 data file 1: 'F:\ORACLE\GC1\SYSTEM_1\SYSTEM.DATA1'
```

10.3.2 Vorgehen

1. **Prüfen, ob die Datenbank offen ist (sofern noch möglich)**

```
sqlplus / as sysdba
SQL> SELECT STATUS FROM V$INSTANCE;
```

   Um eventuell laufende Prozesse zu beenden, Datenbank mit SHUTDOWN ABORT stoppen:

```
SQL> SHUTDOWN ABORT
```

   SHUTDOWN ABORT ist notwendig, da der Verlust einzelner Dateien des System-Tablespace bedeutet, dass die Datenänderungen im *Buffer Cache* der SGA nicht mehr in die Datendateien geschrieben werden können und deshalb die Datenbank nicht mehr konsistent beendet werden kann.

2. **Sicherung einspielen**

   a. Datendateien

      Beschädigte Datendateien (aber nicht mehr!!!) löschen, damit genügend Platz zum Zurücksichern zur Verfügung steht. Letzte Sicherung der beschädigten oder verloren gegangenen Datendatei (und nicht mehr!!!) einspielen in das gleiche Verzeichnis, in dem die Datendatei vorher gestanden hat. Sind mehrere Datendateien des System-Tablespace beschädigt, für alle beschädigten Datendateien (aber nur für diese Datendateien!!!) die Sicherung wie oben beschrieben einspielen.

      Ist der Hardware-Fehler noch nicht behoben, besteht die Möglichkeit, die Sicherung der Datendatei in ein anderes Verzeichnis einzuspielen.

   b. Offline-Redolog-Dateien

      Über die *Alert-Datei* ermitteln, welche Offline-Redolog-Dateien für das Recovery benötigt werden:

> **Hinweis**
> Das Verzeichnis, in dem die Offline-Redolog-Dateien stehen, kann über die Parameter LOG_ARCHIVE_DEST oder LOG_ARCHIVE_DEST_n ermittelt werden. Die Parameter werden beim Starten in der Alert-Datei protokolliert. Alternativ kann die View V$ARCHIVE_DEST (Spalten DEST_NAME, DESTINATION) verwendet werden. Wurde eine Flash Recovery Area definiert (Parameter DB_RECOVERY_FILE_DEST), befinden sich die Offline-Redolog-Dateien in den Verzeichnissen unterhalb des Verzeichnisses DB_RECOVERY_FILE_DEST\<SID>\ARCHIVELOG.

In der *Alert-Datei* nach dem letzten *Log-Switch* vor Beginn der für das Recovery verwendeten Sicherung suchen.

Hinweis
Das Verzeichnis, in dem sich die Alert-Datei (Name in den meisten Fällen alert_<SID>.log) befindet, kann in den Versionen vor Oracle 11g ebenfalls über einen Parameter ermittelt werden (`BACKGROUND_DUMP_DEST`). Der Default-Wert ist betriebssystemabhängig.
Ab Oracle 11g kann hierfür die View `V$DIAG_INFO` (`SELECT * FROM V$DIAG_INFO`) mit dem Eintrag `Diag Trace` (textbasierend) beziehungsweise `Diag Alert` (XML-Format) verwendet werden.

Beispiel:

Die Sicherung wurde am 18. April um 20 Uhr gestartet. Vor 20 Uhr findet sich in der *Alert-Datei* folgender Eintrag für den letzten Log-Switch vor der Sicherung:

```
Tue Apr 18 19:51:38 2008
Thread 1 advanced to log sequence 787
  Current log# 13 seq# 787 mem# 0: F:\...\LOG_G13M1.DBF
  Current log# 13 seq# 787 mem# 1: G:\...\LOG_G13M2.DBF
```

Somit müssen alle *Offline-Redolog-Dateien* ab der Log-Sequence-Nummer **787** zurückgesichert werden.

Hinweis
Da es bei der Ermittlung der benötigten Offline-Redolog-Dateien erfahrungsgemäß oft vorkommt, dass man in der Eile um eine oder zwei Log-Sequence-Nummern danebenliegt, ist es sinnvoll, noch ungefähr fünf Offline-Redolog-Dateien mehr zurückzusichern (hier wäre das dann ab der Log-Sequence-Nummer 782).

Alternativ kann nach Starten der Datenbank in den MOUNT-Status das folgende Kommando abgesetzt werden:

```
SQL> SELECT * FROM V$RECOVERY_LOG;
```

Hierdurch werden alle Offline-Redolog-Dateien angezeigt, die für ein Media Recovery benötigt werden. Bei einem unvollständigen Recovery (zum Beispiel nach einem Benutzerfehler) ist die View `V$RECOVERY_LOG` jedoch leer.

3. **Datenbank starten in MOUNT-Status**

```
SQL> STARTUP MOUNT
```

Das Starten der Datenbank in den MOUNT-Status muss an diesem Punkt ohne Fehlermeldung funktionieren.

Zur Kontrolle noch folgendes Kommando ausführen:

```
SQL> SELECT STATUS FROM V$INSTANCE;
MOUNTED
```

Startet die Datenbank nicht oder werden beim Starten Fehlermeldungen ausgegeben, hat die Datenbank noch ein oder mehrere andere Probleme. Es sollte eine detaillierte Fehleranalyse wie in Abschnitt 10.1 beschrieben durchgeführt werden. Wenn die Datenbank nicht fehlerfrei in den MOUNT-Status hochgefahren werden kann, ist auch kein Recovery des System-Tablespace möglich.

4. **Falls erforderlich, Rename der zurückgespielten Datendateien**

Wurde die beschädigte Datendatei in ein anderes als das ursprüngliche Verzeichnis zurückgespielt, muss der Datenbank nun das neue Verzeichnis der zurückgespielten Datendatei bekannt gemacht werden.

```
SQL> ALTER DATABASE RENAME FILE '<pfad alt\name>' TO '<pfad neu\name>';
```

Beispiel:

```
SQL> ALTER DATABASE RENAME FILE 'f:\oracle\gc1\system_1\system.data1'
TO 'h:\oracle\gc1\system_1\system.data1';
```

5. **Kontrolle der Datendateien**

Vor dem Recovery muss geprüft werden, ob die Datendateien des System-Tablespace den Status SYSTEM beziehungsweise alle anderen Datendateien den Status ONLINE besitzen.

```
SQL> SELECT STATUS, NAME FROM V$DATAFILE;
```

Das Ergebnis sollte ähnlich der folgenden Ausgabe aussehen:

```
STATUS                    NAME
SYSTEM                    F:\ORACLE\GC1\SYSTEM_1\SYSTEM.DATA1
ONLINE                    F:\ORACLE\GC1\UNDO_1\UNDO.DATA1
ONLINE                    F:\ORACLE\GC1\BTABD_1\BTABD.DATA1
```

Bei sehr vielen Datendateien kann auch einfacher der folgende Befehl verwendet werden:

```
SQL> SELECT DISTINCT STATUS FROM V$DATAFILE;
```

Als Ergebnis liefert dieser Befehl:

```
SYSTEM
ONLINE
```

Dadurch werden alle unterschiedlichen Status der Datendateien angezeigt, welche die Datendateien zum Zeitpunkt der Abfrage besitzen. Es dürfen bei Verwendung dieses Befehls nur die Status SYSTEM und ONLINE als Ergebnis angezeigt werden.

Ist der Status einer defekten Datendatei OFFLINE, so muss dieser erst auf ONLINE geändert werden, wenn ein Recovery mittels `RECOVER DATABASE` für diese Datendatei durchgeführt werden soll:

```
SQL> ALTER DATABASE DATAFILE '<pfad\name>' ONLINE;
```

Es muss darauf geachtet werden, dass alle Datendateien, für die ein Recovery mittels RECOVER DATABASE erfolgen soll, vor Start des Recoverys den Status ONLINE (oder SYSTEM) besitzen.

6. **Recovery der Datenbank**

```
SQL> RECOVER DATABASE;
```

Alternativ können folgende SQL-Befehle ausgeführt werden:

```
SQL> RECOVER TABLESPACE SYSTEM;
```

oder für alle beschädigten Datendateien des System-Tablespace:

```
SQL> RECOVER DATAFILE '<pfad\name>';
```

Beispiel:

```
SQL> RECOVER DATAFILE 'f:\oracle\gc1\system_1\system.data1';
```

Die anschließende Bildschirmausgabe sieht in etwa folgendermaßen aus:

```
ORA-00279: change 1447969 generated at 04/18/08 20:00:58 needed for thread 1
ORA-00289: suggestion : F:\ORACLE\GC1\saparch\GC1ARC00787.001
ORA-00280: change 1447969 for thread 1 is in sequence #787
Specify log: [<RET> for suggested | AUTO | FROM logsource | CANCEL ]
```

Stehen alle Offline-Redolog-Dateien an ihrer definierten Stelle, kann die Meldung mit AUTO bestätigt werden, und die Dateien (Offline- **und** Online-Redolog-Dateien) werden automatisch nacheinander abgearbeitet.

War das Recovery erfolgreich, wird folgende Meldung ausgegeben:

```
Media recovery complete.
```

Die Datenbank erkennt selbstständig die Datendateien, die nicht auf dem aktuellsten Stand sind, das heißt aus der Sicherung zurückgespielt wurden, und führt für diese ein Recovery durch. Das bedeutet, dass alle Transaktionen, die seit dem letzten Backup in diese Datei geschrieben wurden, mittels der Offline- und Online-Redolog-Dateien nachgefahren werden.

Zustand der Daten nach dem Recovery:
Alle abgeschlossenen Transaktionen werden wiederhergestellt. Alle bis zum Crashzeitpunkt noch nicht abgeschlossenen Transaktionen (COMMIT) sind verloren. Der Zustand der Daten nach dem Recovery ist grob beschrieben so, als wäre bei allen in der Datenbank eingeloggten Benutzern der Arbeitsplatz-PC zum Crashzeitpunkt abgestürzt.

Alternativ kann das Recovery auch über den Enterprise Manager vorgenommen werden. Die Vorgehensweise ist beschrieben in Abschnitt 6.2.1, Ablauf eines vollständigen Recoverys, Punkt 8.

7. **Kontrolle der Datendateien**

Nach dem Recovery noch einmal prüfen, ob die Datendateien des System-Tablespace den Status SYSTEM beziehungsweise alle anderen Datendateien den

Status ONLINE besitzen. Auch ein abschließender Blick in die Alert-Datei sollte vorgenommen werden. Hier dürfen ebenfalls keine Fehlermeldungen aufgetreten sein.

```
SQL> SELECT STATUS, NAME FROM V$DATAFILE;
```

Das Ergebnis sollte ähnlich der folgenden Ausgabe aussehen:

```
STATUS          NAME
SYSTEM          F:\ORACLE\GC1\SYSTEM_1\SYSTEM.DATA1
ONLINE          F:\ORACLE\GC1\UNDO_1\UNDO.DATA1
ONLINE          F:\ORACLE\GC1\BTABD_1\BTABD.DATA1
```

Bei sehr vielen Datendateien kann auch einfacher der folgende Befehl verwendet werden:

```
SQL> SELECT DISTINCT STATUS FROM V$DATAFILE;
```

Als Ergebnis liefert dieser Befehl:

```
SYSTEM
ONLINE
```

Dadurch werden alle unterschiedlichen Status der Datendateien angezeigt, welche die Datendateien zum Zeitpunkt der Abfrage besitzen. Es dürfen bei Verwendung dieses Befehls nur die Status SYSTEM und ONLINE als Ergebnis angezeigt werden.

8. **Öffnen der Datenbank**

   Anschließend kann die Datenbank wieder geöffnet werden:

```
SQL> ALTER DATABASE OPEN;
```

9. **Überprüfung Alert-Datei**

   Abschließend sollte noch ein weiteres Mal in der Alert-Datei kontrolliert werden, ob auch beim Öffnen der Datenbank keine Fehlermeldungen protokolliert wurden.

10.4 Recovery des SYSAUX-Tablespace

10.4.1 Verhalten der Datenbank bei defekter(n) Datendatei(en) des SYSAUX-Tablespace

Im SYSAUX-Tablespace werden die Objekte für die Produkte und Werkzeuge abgelegt, die nicht im engsten Sinne für die Systemverwaltung notwendig sind wie zum Beispiel Repository-Objekte des Oracle Enterprise Managers. Obwohl im SYSAUX-Tablespace einige wichtige Komponenten abgelegt werden, ist dieser für die Kernfunktionalität einer Datenbank nicht zwingend notwendig. Steht der SYSAUX-Tablespace nicht zur Verfügung, laufen lediglich die Datenbankkomponenten nicht mehr, deren Objekte im SYSAUX-Tablespace abgelegt wurden.

Im Standard befinden sich die Objekte folgender Komponenten im SYSAUX-Tablespace:

- Enterprise Manager Repository
- LogMiner
- Statspack Repository
- Logical Standby
- Analytical Workspace Object Table
- OLAP API History Tables
- Oracle Data Mining
- Oracle Spatial
- Oracle Streams
- Oracle Text
- Oracle Ultra Search
- Diverse Oracle-interMedia-Komponenten
- Server Manageability Components
- Oracle Scheduler
- Workspace Manager

Informationen über die im SYSAUX-Tablespace abgelegten Komponenten können über die View `V$SYSAUX_OCCUPANTS` ermittelt werden.

10.4.2 Vorgehen

Das Recovery des SYSAUX-Tablespace kann wie in Abschnitt 10.6 beschrieben wie das Recovery eines Daten-Tablespace durchgeführt werden.

10.5 Recovery des Rollback-/Undo-Tablespace

10.5.1 Verhalten der Datenbank bei defekter(n) Datendatei(en) des Rollback-/Undo-Tablespace

Ist die beschädigte oder verloren gegangene Datendatei Bestandteil des Rollback-/Undo-Tablespace, treten beim Starten der Datenbank die Fehler `ORA-1157` oder `ORA-1110` auf und möglicherweise ein `ORA-7360`.

Beim Stoppen der Datenbank mit `SHUTDOWN NORMAL` oder `SHUTDOWN IMMEDIATE` treten dann `ORA-1116`, `ORA-1110` und möglicherweise ein `ORA-7368` auf.

Die Datenbank kann nach dem Verlust einer Datendatei des Rollback-/Undo-Tablespace entweder offen oder geschlossen sein. Je nach Zustand der Datenbank ist ein anderes Vorgehen beim Recovery sinnvoll. Die unterschiedliche Vorgehensweise wird in den nachfolgenden Abschnitten beschrieben.

10.5.2 Recovery des Rollback-/Undo-Tablespace bei geschlossener Datenbank

Vorgehen

1. **Prüfen der Alert-Datei**

   Läuft die Datenbank nicht mehr, so ist zu prüfen, ob diese konsistent beendet wurde. Wurde diese konsistent beendet, so steht in der Alert-Datei beim letzten Stoppen der Datenbank ein:

   ```
   ALTER DATABASE DISMOUNT
   Completed: ALTER DATABASE DISMOUNT
   ```

   Wurde danach vergeblich versucht, die Datenbank zu starten, so ist das letzte Stoppen der Datenbank trotzdem als konsistent anzusehen. Es kann wie unter Punkt 3. beziehungsweise 4. beschrieben vorgegangen werden.

   Wurde beim letzten Stoppen der Datenbank KEIN

   ```
   Completed: ALTER DATABASE DISMOUNT
   ```

   in die Alert-Datei eingetragen, so ist wie unter Punkt 2. beschrieben vorzugehen.

2. **Datenbank wurde nicht konsistent beendet (Rollback-/Undo-Tablespace)**

   In diesem Fall muss die defekte Datendatei aus einer Sicherung wiederhergestellt und anschließend für diese Datei ein Recovery durchgeführt werden.

   Hierbei kann verfahren werden wie in Abschnitt 10.3, Recovery des System-Tablespace, beschrieben wurde.

3. **Datenbank wurde konsistent beendet (Rollback-Tablespace)**

   In diesem Fall enthalten die in der defekten Datendatei enthaltenen Rollback-Segmente keine aktiven Transaktionen mehr.

   a. Löschen der betroffenen Rollback-Segmente aus der Parameterdatei

      Alle Rollback-Segmente der defekten Datendatei aus der Parameterdatei bei Parameter `ROLLBACK_SEGMENTS` löschen. Im Zweifelsfall kann der Parameter `ROLLBACK_SEGMENTS` einfach auskommentiert werden. Bei Nutzung eines SPFILE kann der Parameter gelöscht werden mit:

```
SQL> ALTER SYSTEM RESET ROLLBACK_SEGMENTS SCOPE=SPFILE SID='*';
```

   b. Starten der Datenbank (am besten im restricted-Modus)

```
SQL> STARTUP RESTRICT MOUNT
```

   c. Offline-Setzen der defekten Datendatei

```
SQL> ALTER DATABASE DATAFILE '<pfad\name>' OFFLINE FOR DROP;
```

   d. Öffnen der Datenbank

```
SQL> ALTER DATABASE OPEN;
```

Wird die Datenbank ohne Probleme geöffnet (Meldung `Statement processed`), so kann mit Punkt f fortgefahren werden. Andernfalls mit Punkt e weitermachen.

e. Traten beim Öffnen der Datenbank die Fehler `ORA-604`, `ORA-376` und `ORA-1110` auf, war der Shutdown der Datenbank vermutlich nicht konsistent. In diesem Fall sollte wie in Punkt *2. Datenbank wurde nicht konsistent beendet* beschrieben vorgegangen werden. Alternativ kann noch mithilfe eines undokumentierten Parameters versucht werden, die Datenbank trotzdem zu öffnen.

   Da die Nutzung der undokumentierten Parameter jedoch im schlimmsten Fall Inkonsistenzen zur Folge hat, sollten diese Parameter beim Oracle-Support erfragt und diese nur in Absprache mit dem Oracle-Support eingesetzt werden.

f. Ermitteln der UNIFORM SIZE

   Der Wert von UNIFORM SIZE des bestehenden Tablespace (wird für das spätere Neuanlegen benötigt) kann herausgefunden werden mit:

```
SQL> SELECT TABLESPACE_NAME, NEXT_EXTENT FROM DBA_TABLESPACES;
```

g. Löschen des Rollback-Tablespace

   Im Anschluss den Rollback-Tablespace mit der betroffenen Datendatei löschen.

```
SQL> DROP TABLESPACE <tablespace_name> INCLUDING CONTENTS;
```

h. Neuanlegen des Rollback-Tablespace (bei Nutzung von LMTS)

   Anschließend Rollback-Tablespace neu anlegen mit:

```
SQL> CREATE TABLESPACE <tablespace_name>
DATAFILE '<pfad\name>'
SIZE <size>
EXTENT MANAGEMENT LOCAL
UNIFORM SIZE <uniformsize>
SEGMENT SPACE MANAGEMENT MANUAL;
<uniformsize> siehe Punkt f
```

i. Anlegen und Aktivieren der Rollback-Segmente

```
SQL> CREATE ROLLBACK SEGMENT <segment_name>
TABLESPACE <tablespace_name>;

SQL> ALTER ROLLBACK SEGMENT <segment_name> ONLINE;
```

j. Parameterdatei anpassen

   Anschließend wieder die Rollback-Segmente beim Parameter `ROLLBACK_SEGMENTS` in der Parameterdatei eintragen.

4. **Datenbank wurde konsistent beendet (Undo-Tablespace)**
   a. Starten der Datenbank (am besten im restricted-Modus)

```
SQL> STARTUP RESTRICT MOUNT
```

   b. Offline-Setzen der defekten Datendatei

```
SQL> ALTER DATABASE DATAFILE '<pfad\name>' OFFLINE FOR DROP;
```

   c. Öffnen der Datenbank

```
SQL> ALTER DATABASE OPEN;
```

   d. Deaktivieren des Undo-Managements

```
SQL> ALTER SYSTEM SET UNDO_MANAGEMENT=MANUAL SCOPE=SPFILE;
```

   e. Restart der Datenbank

```
SQL> SHUTDOWN IMMEDIATE
SQL> STARTUP
```

   f. Kontrolle des Undo-Managements

```
SQL> SHOW PARAMETER UNDO_MANAGEMENT;
```

Ausgabe sollte sein:

```
NAME                                 TYPE        VALUE
------------------------------------ ----------- ---------
undo_management                      string      MANUAL
```

   g. Löschen des alten Undo-Tablespace

```
SQL> DROP TABLESPACE <undo_tsp> INCLUDING CONTENTS AND DATAFILES;
```

   h. Erzeugen eines neuen Undo-Tablespace

```
SQL> CREATE UNDO TABLESPACE <undo_tsp>
DATAFILE '<pfad\name>'
SIZE <n>M AUTOEXTEND OFF;
```

   i. Aktivieren des Undo-Managements

```
SQL> ALTER SYSTEM SET UNDO_MANAGEMENT=AUTO SCOPE=SPFILE;
```

   j. Restart der Datenbank

```
SQL> SHUTDOWN IMMEDIATE
SQL> STARTUP
```

k. Falls sich der Name des Undo-Tablespace geändert hat, Zuweisen des neuen Undo-Tablespace

```
SQL> ALTER SYSTEM SET UNDO_TABLESPACE = <undo_tsp>;
```

l. Kontrolle des Undo-Managements

```
SQL> SHOW PARAMETER UNDO;
```

Ausgabe sollte sein:

```
NAME                                 TYPE        VALUE
------------------------------------ ----------- ---------
undo_management                      string      AUTO
undo_retention                       integer     9000
undo_tablespace                      string      UNDOTBS4
```

10.5.3 Recovery des Rollback-/Undo-Tablespace bei offener Datenbank

Vorgehen

Läuft die Datenbank noch, so sollte diese möglichst NICHT beendet werden.

Recovery-Möglichkeiten:

- Neuanlegen eines Rollback-Tablespace und Löschen des alten Rollback-Tablespace (Rollback-Tablespace)
- Neuanlegen des Undo-Tablespace und Löschen des alten Undo-Tablespace (Undo-Tablespace)
- Wiederherstellung der defekten Datendatei und Recovery im laufenden Betrieb (Rollback-/Undo-Tablespace)

Neuanlegen eines Rollback-Tablespace und Löschen des defekten Rollback-Tablespace (Rollback-Tablespace)

Dieser Lösungsansatz kann bei Datenbanken im ARCHIVELOG-Modus und auch im NOARCHIVELOG-Modus verwendet werden.

Alternative: Zuerst Deaktivieren der alten Rollback-Segmente und Löschen des alten Rollback-Tablespace, anschließend Neuanlegen des Rollback-Tablespace

Je nach Last können vor Durchführung der nachfolgenden Punkte zusätzliche Rollback-Segmente in anderen Tablespaces oder ein weiterer Rollback-Tablespace mit Rollback-Segmenten angelegt werden:

Anlegen Rollback-Tablespace:

```
SQL> CREATE
TABLESPACE <temp_rollback_tablespace_name>
DATAFILE '<pfad\name>'
SIZE <n>M
EXTENT MANAGEMENT LOCAL
UNIFORM SIZE <uniform size>M
SEGMENT SPACE MANAGEMENT MANUAL;
```

Anlegen und Online-Setzen Rollback-Segmente:

```
SQL> CREATE ROLLBACK SEGMENT <segment_name>
TABLESPACE <temp_rollback_tablespace_name>;

SQL> ALTER ROLLBACK SEGMENT <segment_name> ONLINE;
```

Vorgehen:

1. Ermitteln der UNIFORM SIZE

```
SQL> SELECT NEXT_EXTENT FROM DBA_TABLESPACES WHERE TABLESPACE_NAME =
'<old_rollback_tablespace_name>';
```

2. Neuanlegen des Rollback-Tablespace

```
SQL> CREATE
TABLESPACE <new_rollback_tablespace_name>
DATAFILE '<pfad\name>'
SIZE <n>M
EXTENT MANAGEMENT LOCAL
UNIFORM SIZE <uniform size>M
SEGMENT SPACE MANAGEMENT MANUAL;
```

Falls beim Anlegen des Tablespace Fehler auftreten, müssen erst die Rollback-Segmente in der defekten Datendatei offline gesetzt werden (siehe Punkt 4). Welche Rollback-Segmente sich in der Datendatei befinden, kann mit dem folgenden SQL-Statement herausgefunden werden:

```
SQL> SELECT SEGMENT_NAME, FILE_ID FROM DBA_EXTENTS WHERE
TABLESPACE_NAME='<old_rollback_tablespace_name>';
```

Der Name der Datendatei kann über die View V$DATAFILE ermittelt werden:

```
SQL> SELECT NAME FROM V$DATAFILE WHERE FILE_ID=<file_id>;
```

3. Anlegen und Online-Setzen der Rollback-Segmente im neuen Rollback-Tablespace

Bei Nutzung von LMTS:

```
SQL> CREATE
ROLLBACK SEGMENT <segment_name>
TABLESPACE <new_rollback_tablespace_name>;

SQL> ALTER ROLLBACK SEGMENT <segment_name> ONLINE;
```

Ändert sich der Name oder die Anzahl der Rollback-Segmente, so muss der Parameter ROLLBACK_SEGMENTS in der Parameterdatei entsprechend angepasst werden.

4. Alle Rollback-Segmente im defekten Rollback-Tablespace offline setzen

```
SQL> ALTER ROLLBACK SEGMENT <segment_name> OFFLINE;
```

5. Status der Rollback-Segmente überprüfen

   Die Abfragen aus den Punkten 5 bis 7 können auch bei Nutzung des automatischen Undo-Managements verwendet werden.

```
SQL> SELECT SEGMENT_NAME, STATUS
FROM DBA_ROLLBACK_SEGS
WHERE TABLESPACE_NAME = '<old_rollback_tablespace_name>';
```

   Alle Rollback-Segmente des betroffenen Rollback-Tablespace müssen offline sein, bevor sie gelöscht werden können.

6. Falls einige Rollback-Segmente nicht offline gesetzt werden konnten

   Mit folgendem Statement kann geprüft werden, ob für diese Rollback-Segmente noch aktive Transaktionen existieren:

```
SQL> SELECT SEGMENT_NAME, XACTS ACTIVE_TX, V.STATUS
FROM V$ROLLSTAT V, DBA_ROLLBACK_SEGS
WHERE TABLESPACE_NAME = '<old_rollback_tablespace_name>' AND SEGMENT_ID = USN;
```

   Werden hier keine Rollback-Segmente ausgegeben, so existieren auch keine aktiven Transaktionen für die Rollback-Segmente mehr, und das Offline-Setzen der Rollback-Segmente wie in Punkt 4 beschrieben kann durchgeführt werden.

   Werden als Ergebnis dieses Statements jedoch Rollback-Segmente ausgegeben, so existieren für diese noch aktive Transaktionen. Für diese Rollback-Segmente sollte der Status PENDING OFFLINE angezeigt werden.

   Je nach Wert der Spalte ACTIVE_TX muss unterschiedlich vorgegangen werden:

   0: Es existieren keine anstehenden Transaktionen mehr für dieses Rollback-Segment. Das Statement aus Punkt 5 sollte nach einiger Zeit für dieses Rollback-Segment den Status OFFLINE anzeigen. Danach können die Punkte 8 und 9 ausgeführt werden.

   ≥ 1: Weiter mit Punkt 7

7. Falls Spalte ACTIVE_TX ≥ 1: Abbrechen der aktiven Transaktionen

   Über das folgende Statement kann herausgefunden werden, welche Benutzertransaktionen welchen Rollback-Segmenten zugeordnet sind:

```
SQL> SELECT S.SID, S.SERIAL#, S.USERNAME, R.NAME "ROLLBACK"
FROM V$SESSION S, V$TRANSACTION T, V$ROLLNAME R
WHERE R.NAME IN ('<pending_rollback_1>', ... , '<pending_rollback_n>') AND S.TADDR
= T.ADDR AND T.XIDUSN = R.USN;
```

`<pending_rollback_n>`: Name der ausgegebenen Rollback-Segmente der Abfrage aus Punkt 6.

Nun können entweder die Benutzer mit den aktiven Transaktionen kontaktiert werden, damit diese ihre aktiven Transaktionen abschließen oder abbrechen. Ist das nicht möglich, können mit dem folgenden Statement die Sessions der Benutzer abgebrochen werden:

```
SQL> ALTER SYSTEM KILL SESSION '<sid>, <serial#>';
```

`<sid>` und `<serial#>` siehe vorhergehendes Statement in diesem Unterpunkt

Nachdem die Benutzer-Sessions abgebrochen wurden, die Rollback-Segmente wie in Punkt 4 beschrieben nochmals offline setzen. Es dauert erfahrungsgemäß meist noch einige Minuten, bis die zugehörigen Rollback-Segmente als offline angezeigt werden (siehe Punkt 5). Danach kann Punkt 8 ausgeführt werden.

Falls bei Ermittlung der Benutzertransaktionen ein `ORA-00376` auftritt, muss die betroffene Datendatei aus der Sicherung wiederhergestellt und ein vollständiges Recovery durchgeführt werden. Danach sollte der Original-Tablespace wieder funktionsfähig sein. Der eventuell neu angelegte Rollback-/Undo-Tablespace sowie darin angelegte Rollback-Segmente können wieder gelöscht werden.

8. Löschen aller Rollback-Segmente, die im betroffenen Rollback-Tablespace enthalten sind:

```
SQL> DROP ROLLBACK SEGMENT <rollback_segment>;
```

9. Löschen des Rollback-Tablespace

```
SQL> DROP TABLESPACE <old_rollback_tablespace_name> INCLUDING CONTENTS AND
DATAFILES;
```

Neuanlegen des Undo-Tablespace und Löschen des alten Undo-Tablespace (Undo-Tablespace)

1. Erzeugen eines neuen Undo-Tablespace

```
SQL> CREATE UNDO TABLESPACE <new_undo_tsp>
DATAFILE '<pfad\name>'
SIZE <n>M AUTOEXTEND OFF;
```

2. Zuweisen des neuen Undo-Tablespace

```
SQL> ALTER SYSTEM SET UNDO_TABLESPACE = <new_undo_tsp>;
```

3. Offline-Setzen der defekten Datendatei

```
SQL> ALTER DATABASE DATAFILE '<pfad\name>' OFFLINE FOR DROP;
```

Falls das Offline-Setzen der Datendatei des Undo-Tablespace fehlschlägt, Analyse wie im vorhergehenden Abschnitt »Neuanlegen eines Rollback-Tablespace und Löschen des defekten Rollback-Tablespace«, Punkte 5 bis 7, beschrieben durchführen.

4. Löschen des alten Undo-Tablespace

Im Anschluss dann den Undo-Tablespace mit der betroffenen Datendatei löschen.

```
SQL> DROP TABLESPACE <old_undo_tsp> INCLUDING CONTENTS AND DATAFILES;
```

5. Gegebenenfalls Neuanlegen des Undo-Tablespace mit altem Namen und Löschen des in Punkt 1 angelegten Undo-Tablespace

Wiederherstellung der defekten Datendatei und anschließendes Recovery im laufenden Betrieb (Rollback-/Undo-Tablespace)

Voraussetzung für diesen Lösungsansatz ist die Nutzung des ARCHIVELOG-Modus.

Bei Nutzung eines Rollback-Tablespace können je nach Last auf dem Rollback-Tablespace vor Durchführung der nachfolgenden Punkte zusätzliche Rollback-Segmente in anderen Tablespaces oder ein weiterer Rollback-Tablespace temporär angelegt werden:

Anlegen Rollback-Tablespace:

```
SQL> CREATE
TABLESPACE <temp_rollback_tablespace_name>
DATAFILE '<pfad\name>'
SIZE <n>M
EXTENT MANAGEMENT LOCAL
UNIFORM SIZE <uniform size>M
SEGMENT SPACE MANAGEMENT MANUAL;
```

Anlegen (bei Nutzung von LMTS) und Online-Setzen Rollback-Segmente:

```
SQL> CREATE ROLLBACK SEGMENT <segment_name>
TABLESPACE <temp_rollback_tablespace_name>;

SQL> ALTER ROLLBACK SEGMENT <segment_name> ONLINE;
```

Anschließend kann damit begonnen werden, die defekte Datendatei wiederherzustellen.

1. Offline-Setzen der defekten Datendatei

```
SQL> ALTER DATABASE DATAFILE '<pfad\name>' OFFLINE;
```

2. Sicherung einspielen

   a. Datendateien

      Beschädigte Datendateien (aber nicht mehr!!!) löschen, damit genügend Platz zum Zurücksichern zur Verfügung steht. Letzte Sicherung der beschädigten oder verloren gegangenen Datendatei (und nicht mehr!!!) einspielen in das gleiche Verzeichnis, in dem die Datendatei vorher gestanden hat. Sind mehrere Datendateien des Tablespace beschädigt, für alle beschädigten Datendateien (aber nur für diese Datendateien!!!) die Sicherung wie oben beschrieben einspielen.

      Ist der Hardware-Fehler noch nicht behoben, besteht die Möglichkeit, die Sicherung der Datendatei in ein anderes Verzeichnis einzuspielen.

   b. Offline-Redolog-Dateien

      Über die *Alert-Datei* ermitteln, welche Offline-Redolog-Dateien für das Recovery benötigt werden:

> **Hinweis**
> Das Verzeichnis, in dem die Offline-Redolog-Dateien stehen, kann über die Parameter `LOG_ARCHIVE_DEST` oder `LOG_ARCHIVE_DEST_n` ermittelt werden. Die Parameter werden beim Starten in der Alert-Datei protokolliert. Alternativ kann die View `V$ARCHIVE_DEST` (Spalten DEST_NAME, DESTINATION) verwendet werden. Wurde eine Flash Recovery Area definiert (Parameter `DB_RECOVERY_FILE_ DEST`), befinden sich die Offline-Redolog-Dateien in den Verzeichnissen unterhalb des Verzeichnisses `DB_RECOVERY_FILE_DEST\<SID>\ARCHIVELOG`.

      In der *Alert-Datei* nach dem letzten *Log-Switch* vor Beginn der für das Recovery verwendeten Sicherung suchen.

> **Hinweis**
> Das Verzeichnis, in dem sich die Alert-Datei (Name in den meisten Fällen alert_<SID>.log) befindet, kann in den Versionen vor Oracle 11g ebenfalls über einen Parameter ermittelt werden (`BACKGROUND_DUMP_DEST`). Der Default-Wert ist betriebssystemabhängig.
> Ab Oracle 11g kann hierfür die View `V$DIAG_INFO` (`SELECT * FROM V$DIAG_INFO`) mit dem Eintrag `Diag Trace` (textbasierend) beziehungsweise `Diag Alert` (XML-Format) verwendet werden.

      Beispiel:

      Die Sicherung wurde am 18. April um 20 Uhr gestartet. Vor 20 Uhr findet sich in der *Alert-Datei* folgender Eintrag für den letzten Log-Switch vor der Sicherung:

```
Tue Apr 18 19:51:38 2008
Thread 1 advanced to log sequence 787
  Current log# 13 seq# 787 mem# 0: F:\...\LOG_G13M1.DBF
  Current log# 13 seq# 787 mem# 1: G:\...\LOG_G13M2.DBF
```

Somit müssen alle *Offline-Redolog-Dateien* ab der Log-Sequence-Nummer **787** zurückgesichert werden.

Merksatz:
Da es bei der Ermittlung der benötigten Offline-Redolog-Dateien erfahrungsgemäß oft vorkommt, dass man in der Eile um eine oder zwei Log-Sequence-Nummern danebenliegt, ist es sinnvoll, noch ungefähr fünf Offline-Redolog-Dateien mehr zurückzusichern (hier wäre das dann ab der Log-Sequence-Nummer 782).

Alternativ kann nach Einspielen der Sicherung und nachfolgendem Stoppen und Starten der Datenbank in den MOUNT-Status das folgende Kommando abgesetzt werden:

```
SQL> SELECT * FROM V$RECOVERY_LOG;
```

Hierdurch werden alle Offline-Redolog-Dateien angezeigt, die für ein Media Recovery benötigt werden. Bei einem unvollständigen Recovery (zum Beispiel nach einem Benutzerfehler) ist die View `V$RECOVERY_LOG` jedoch leer.

3. Recovery der defekten Datendatei

```
SQL> RECOVER DATAFILE '<pfad\name>';
```

Beispiel:

```
SQL> RECOVER DATAFILE 'f:\oracle\gc1\rollback_1\rollback.data1';
```

Die anschließende Bildschirmausgabe sieht in etwa folgendermaßen aus:

```
ORA-00279: change 1447969 generated at 04/18/08 20:00:58 needed for thread 1
ORA-00289: suggestion : F:\ORACLE\GC1\saparch\GC1ARC00787.001
ORA-00280: change 1447969 for thread 1 is in sequence #787
Specify log: [<RET> for suggested | AUTO | FROM logsource | CANCEL ]
```

Stehen alle Offline-Redolog-Dateien an ihrer definierten Stelle, kann die Meldung mit `AUTO` bestätigt werden, und die Dateien (Offline- **und** Online-Redolog-Dateien) werden automatisch nacheinander abgearbeitet.

War das Recovery erfolgreich, wird folgende Meldung ausgegeben:

```
Media recovery complete.
```

Die Datenbank erkennt selbstständig die Datendateien, die nicht auf dem aktuellsten Stand sind, das heißt aus der Sicherung zurückgespielt wurden, und führt für diese ein Recovery durch. Das bedeutet, dass alle Transaktionen, die seit dem letzten Backup in diese Datei geschrieben wurden, mittels der Offline- und Online-Redolog-Dateien nachgefahren werden.

Werden am Ende des Recoverys noch Offline-Redolog-Dateien verlangt, die nicht existieren, so wird mit großer Wahrscheinlichkeit eine Online-Redolog-Datei benötigt. In diesem Fall kann über folgendes Kommando herausgefunden werden, welche Online-Redolog-Datei die verlangte Log-Sequence-Nummer beinhaltet:

```
SQL> SELECT V1.GROUP#, MEMBER, SEQUENCE#
FROM V$LOG V1, V$LOGFILE V2
WHERE V1.GROUP# = V2.GROUP#;
```

Nach dieser Ausgabe kann die Online-Redolog-Datei (Pfad und Name) dann angegeben werden.

Beispiel:

```
ORA-00280: change 1447969 for thread 1 is in sequence #787
Specify log: [<RET> for suggested | AUTO | FROM logsource | CANCEL ]
C:\ORACLE\PRODUCT\10.2.0\ORADATA\GC\REDO02.LOG
```

4. Online-Setzen der Datendatei

```
SQL> ALTER DATABASE DATAFILE '<pfad\name>' ONLINE;
```

10.6 Recovery eines Daten-Tablespace

10.6.1 Verhalten der Datenbank bei defekter(n) Datendatei(en) eines Daten-Tablespace

Ist die beschädigte oder verloren gegangene Datendatei Bestandteil eines Daten-Tablespace, läuft die Instanz weiter. Lediglich die Daten in den beschädigten Datendateien sind nicht zugreifbar.

Versucht der Database Writer, schreibend auf die beschädigte Datendatei zuzugreifen, so wird diese offline gesetzt. Bei Leseoperationen auf den beschädigten Datendateien werden diese jedoch nicht automatisch offline gesetzt.

Es treten in der Regel folgende Fehler auf:

```
ERROR at line 1:
ORA-01116: error in opening database file 6
ORA-01110: data file 11: 'F:\ORACLE\GC1\BTABD_1\BTABD.DATA1'
ORA-27041: unable to open file
SVR4 Error: 2: No such file or directory
Additional information: 3
```

Das Beenden der Datenbank für das Recovery einer Datendatei eines Daten-Tablespace sollte nicht erforderlich sein, das heißt, die Datenbank kann während des Recoverys weiterlaufen. Anwendungen, die nicht auf die beschädigten Datendateien zugreifen, können ohne Einschränkung weiterarbeiten.

10.6.2 Recovery eines Daten-Tablespace bei offener Datenbank

In der Regel wird die Datenbank nach dem Verlust einer oder mehrerer Datendateien eines Daten-Tablespace noch laufen. Der Zugriff auf Daten, die in nicht beschädigten Teilen der Datenbank liegen, ist weiterhin möglich.

Es bestehen zwei Möglichkeiten für das Recovery bei offener Datenbank:

- Recovery des betroffenen Tablespace

  Diese Möglichkeit wird angewendet, wenn mehrere Datendateien eines Tablespace beschädigt sind.

- Recovery nur der beschädigten Datendateien

  Ein Recovery der beschädigten Datendateien bietet sich an, wenn nur eine Datendatei defekt ist oder wenn nur für einzelne Datendateien ein Recovery durchgeführt werden soll.

Grundsätzlich können beide Möglichkeiten für das Recovery bei offener Datenbank verwendet werden. Da sich der Ablauf für das Recovery des kompletten Tablespace und einzelner Datendateien nur in einigen Befehlen unterscheidet, wird die Vorgehensweise nachfolgend für beide Recovery-Arten gemeinsam beschrieben.

Vorgehen

Recovery des betroffenen Tablespaces oder der einzelnen Datendateien

1. **Offline-Setzen des betroffenen Tablespace oder der Datendatei(en)**

   Tablespace

```
SQL> ALTER TABLESPACE <tablespace_name> OFFLINE TEMPORARY;
```

oder

```
SQL> ALTER TABLESPACE <tablespace_name> OFFLINE IMMEDIATE;
```

Über die Option **TEMPORARY** wird der Tablespace offline gesetzt. Im Unterschied zu IMMEDIATE werden hier jedoch die unbeschädigten Datendateien noch mit einem Checkpoint versehen, die beschädigten Datendateien werden ignoriert. Diese Option sollte sinnvollerweise als Erstes versucht werden.

Über die Option **IMMEDIATE** wird der Tablespace ebenfalls offline gesetzt, die Datendateien erhalten keinen Checkpoint.

Das Kommando `ALTER TABLESPACE <tablespace_name> OFFLINE` ist an dieser Stelle nicht mehr möglich, da dadurch ein Checkpoint für **alle** (auch die beschädigten) Datendateien ausgelöst wird. Der Database Writer würde dadurch versuchen, die durchgeführten Änderungen sowohl auf die unbeschädigten als auch auf die beschädigten Datendateien zu schreiben.

Einzelne Datendateien

Soll das Recovery nur für einzelne Datendateien durchgeführt werden, so werden nur die beschädigten Datendateien offline gesetzt:

```
SQL> ALTER DATABASE DATAFILE '<pfad\name>' OFFLINE;
```

Beispiel:

```
SQL> ALTER DATABASE DATAFILE 'f:\oracle\gc1\btabd.data1' OFFLINE;
```

2. **Sicherung einspielen**

   a. Datendateien

   Beschädigte Datendateien (aber nicht mehr!!!) löschen, damit genügend Platz zum Zurücksichern zur Verfügung steht. Letzte Sicherung der beschädigten oder verloren gegangenen Datendatei (und nicht mehr!!!) einspielen in das gleiche Verzeichnis, in dem die Datendatei vorher gestanden hat. Sind mehrere Datendateien des Daten-Tablespace beschädigt, für alle beschädigten Datendateien (aber nur für diese Datendateien!!!) die Sicherung wie oben beschrieben einspielen.

   Ist der Hardware-Fehler noch nicht behoben, besteht die Möglichkeit, die Sicherung der Datendatei in ein anderes Verzeichnis einzuspielen.

   b. Offline-Redolog-Dateien

   Über die *Alert-Datei* ermitteln, welche Offline-Redolog-Dateien für das Recovery benötigt werden:

> **Hinweis**
> Das Verzeichnis, in dem die Offline-Redolog-Dateien stehen, kann über die Parameter LOG_ARCHIVE_DEST oder LOG_ARCHIVE_DEST_n ermittelt werden. Die Parameter werden beim Starten in der Alert-Datei protokolliert. Alternativ kann die View V$ARCHIVE_DEST (Spalten DEST_NAME, DESTINATION) verwendet werden. Wurde eine Flash Recovery Area definiert (Parameter DB_RECOVERY_FILE_DEST), befinden sich die Offline-Redolog-Dateien in den Verzeichnissen unterhalb des Verzeichnisses DB_RECOVERY_FILE_DEST\<SID>\ARCHIVELOG.

   In der *Alert-Datei* nach dem letzten *Log-Switch* vor Beginn der für das Recovery verwendeten Sicherung suchen.

> **Hinweis**
> Das Verzeichnis, in dem sich die Alert-Datei (Name in den meisten Fällen alert_<SID>.log) befindet, kann in den Versionen vor Oracle 11g ebenfalls über einen Parameter ermittelt werden (BACKGROUND_DUMP_DEST). Der Default-Wert ist betriebssystemabhängig.
> Ab Oracle 11g kann hierfür die View V$DIAG_INFO (SELECT * FROM V$DIAG_INFO) Eintrag Diag Trace (textbasierend) beziehungsweise Diag Alert (XML-Format) verwendet werden .

   Beispiel:

   Die Sicherung wurde am 18. April um 20 Uhr gestartet. Vor 20 Uhr findet sich in der *Alert-Datei* folgender Eintrag für den letzten Log-Switch vor der Sicherung:

```
Tue Apr 18 19:51:38 2008
Thread 1 advanced to log sequence 787
  Current log# 13 seq# 787 mem# 0: F:\...\LOG_G13M1.DBF
  Current log# 13 seq# 787 mem# 1: G:\...\LOG_G13M2.DBF
```

Somit müssen alle *Offline-Redolog-Dateien* ab der Log-Sequence-Nummer **787** zurückgesichert werden.

> **Hinweis**
> Da es bei der Ermittlung der benötigten Offline-Redolog-Dateien erfahrungsgemäß oft vorkommt, dass man in der Eile um ein oder zwei Log-Sequence-Nummern danebenliegt, ist es sinnvoll, noch ungefähr fünf Offline-Redolog-Dateien mehr zurückzusichern (hier wäre das dann ab der Log-Sequence-Nummer 782).

3. **Falls erforderlich, Rename der zurückgespielten Datendateien**

   Wurde die beschädigte Datendatei in ein anderes als das ursprüngliche Verzeichnis zurückgespielt, muss der Datenbank nun das neue Verzeichnis der zurückgespielten Datendatei bekannt gemacht werden.

```
SQL> ALTER DATABASE RENAME FILE '<pfad_alt\name>' TO '<pfad_neu\name>';
```

Beispiel:

```
SQL> ALTER DATABASE RENAME FILE 'f:\oracle\gc1\user.data1' TO
'h:\oracle\gc1\user.data1';
```

4. **Recovery des Tablespace oder der betroffenen Datendateien**

Recovery Tablespace:

```
SQL> RECOVER TABLESPACE <tablespace_name>;
```

Recovery einzelner Datendatei:

```
SQL> RECOVER DATAFILE '<pfad\name>';
```

Beispiel:

```
SQL> RECOVER DATAFILE 'f:\oracle\gc1\user.data1';
```

Die anschließende Bildschirmausgabe sieht in etwa folgendermaßen aus:

```
ORA-00279: change 1447969 generated at 04/18/08 20:00:58 needed for thread 1
ORA-00289: suggestion : F:\ORACLE\GC1\saparch\GC1ARC00787.001
ORA-00280: change 1447969 for thread 1 is in sequence #787
Specify log: [<RET> for suggested | AUTO | FROM logsource | CANCEL ]
```

Stehen alle Offline-Redolog-Dateien an ihrer definierten Stelle, kann die Meldung mit `AUTO` bestätigt werden, und die Dateien (Offline- **und** Online-Redolog-Dateien) werden automatisch nacheinander abgearbeitet.

War das Recovery erfolgreich, wird folgende Meldung ausgegeben:

```
Media recovery complete.
```

Die Datenbank erkennt selbstständig die Datendateien, die nicht auf dem aktuellsten Stand sind, das heißt aus der Sicherung zurückgespielt wurden, und führt für diese ein Recovery durch. Das bedeutet, dass alle Transaktionen, die seit dem letzten Backup in diese Datei geschrieben wurden, mittels der Offline- und Online-Redolog-Dateien nachgefahren werden.

Zustand der Daten nach dem Recovery:
Alle abgeschlossenen Transaktionen werden wiederhergestellt. Alle bis zum Crashzeitpunkt noch nicht abgeschlossenen Transaktionen (COMMIT) auf den betroffenen Datendateien sind verloren. Der Zustand der Daten nach dem Recovery ist grob beschrieben so, als wäre bei allen Benutzern, die auf die betroffenen Datendateien zugegriffen haben, der Arbeitsplatz-PC zum Crashzeitpunkt abgestürzt.

Alternativ kann das Recovery auch über den Enterprise Manager vorgenommen werden. Die Vorgehensweise ist beschrieben in Abschnitt 6.2.1, Ablauf eines vollständigen Recoverys, Punkt 8. Als Recovery-Geltungsbereich ist für dieses Szenario entweder »Datendateien« oder »Tablespaces« zu wählen.

5. **Online-Setzen des betroffenen Tablespace oder der betroffenen Datendateien**

Tablespace:

```
SQL> ALTER TABLESPACE <tablespace_name> ONLINE;
```

Datendateien:

```
SQL> ALTER DATABASE DATAFILE '<pfad\name>' ONLINE;
```

Beispiel:

```
SQL> ALTER DATABASE DATAFILE 'f:\oracle\gc1\user.data1' ONLINE;
```

6. **Kontrolle der Datendateien**

Nach dem Recovery noch einmal prüfen, ob alle Datendateien entweder den Status SYSTEM (für den System-Tablespace) oder ONLINE besitzen. Auch ein abschließender Blick in die Alert-Datei sollte vorgenommen werden. Hier dürfen ebenfalls keine Fehlermeldungen aufgetreten sein.

```
SQL> SELECT STATUS, NAME FROM V$DATAFILE;
```

Das Ergebnis sollte ähnlich der folgenden Ausgabe aussehen:

```
STATUS   NAME
SYSTEM   F:\ORACLE\GC1\SYSTEM_1\SYSTEM.DATA1
ONLINE   F:\ORACLE\GC1\UNDO_1\UNDO.DATA1
ONLINE   F:\ORACLE\GC1\BTABD_1\BTABD.DATA1
```

Bei sehr vielen Datendateien kann auch einfacher der folgende Befehl verwendet werden:

```
SQL> SELECT DISTINCT STATUS FROM V$DATAFILE;
```

Als Ergebnis liefert dieser Befehl:

```
SYSTEM
ONLINE
```

Dadurch werden alle unterschiedlichen Status der Datendateien angezeigt, welche die Datendateien zum Zeitpunkt der Abfrage besitzen. Es dürfen bei Verwendung dieses Befehls nur die Status SYSTEM und ONLINE als Ergebnis angezeigt werden.

10.6.3 Recovery eines Daten-Tablespace bei geschlossener Datenbank

Im Normalfall wird das Recovery eines Daten-Tablespace bei offener Datenbank durchgeführt.

Ist jedoch die Datenbank bereits gestoppt worden, so kann die Datenbank ohne weitere Maßnahmen nicht mehr gestartet werden. Um die Datenbank erneut zu starten, müssen die beschädigten Datendateien zuerst auf Status OFFLINE gesetzt werden. Anschließend kann die Datenbank wieder gestartet und ein Online-Recovery durchgeführt werden.

Bei geschlossener Datenbank ergeben sich für das Recovery folgende Möglichkeiten:

- Datenbank für Online-Recovery starten und anschließend Recovery durchführen wie in Abschnitt 10.6.2 beschrieben
- Recovery der Datenbank im MOUNT-Status durchführen und Datenbank anschließend öffnen

Um die Datenbank zu starten und ein Online-Recovery durchführen zu können, empfiehlt sich folgende Vorgehensweise

1. **Datenbank starten in MOUNT-Status**

```
sqlplus / as sysdba
SQL> STARTUP MOUNT
```

Das Starten der Datenbank in den MOUNT-Status muss an diesem Punkt ohne Fehlermeldung funktionieren.

Zur Kontrolle noch folgendes Kommando ausführen:

```
SQL> SELECT STATUS FROM V$INSTANCE;
MOUNTED
```

2. **Beschädigte Datendateien auf Status OFFLINE setzen**

```
SQL> ALTER DATABASE DATAFILE '<pfad\name>' OFFLINE;
```

Beispiel:

```
SQL> ALTER DATABASE DATAFILE 'f:\oracle\gc1\btabd.data1' OFFLINE;
```

3. **Öffnen der Datenbank**

Anschließend kann die Datenbank wieder geöffnet werden:

```
SQL> ALTER DATABASE OPEN;
```

4. **Recovery der Datenbank wie in Abschnitt 10.6.2 beschrieben**

Recovery der Datenbank im MOUNT-Status mit anschließendem Öffnen der Datenbank

1. **Sicherung einspielen**

   a. Datendateien

      Beschädigte Datendateien (aber nicht mehr!!!) löschen, damit genügend Platz zum Zurücksichern zur Verfügung steht. Letzte Sicherung der beschädigten oder verloren gegangenen Datendatei (und nicht mehr!!!) einspielen in das gleiche Verzeichnis, in dem die Datendatei vorher gestanden hat. Sind mehrere Datendateien des Daten-Tablespace beschädigt, für alle beschädigten Datendateien (aber nur für diese Datendateien!!!) die Sicherung wie oben beschrieben einspielen.

      Ist der Hardware-Fehler noch nicht behoben, besteht die Möglichkeit, die Sicherung der Datendatei in ein anderes Verzeichnis einzuspielen.

   b. Offline-Redolog-Dateien

      Über die *Alert-Datei* ermitteln, welche Offline-Redolog-Dateien für das Recovery benötigt werden:

> **Hinweis**
> Das Verzeichnis, in dem die Offline-Redolog-Dateien stehen, kann über die Parameter `LOG_ARCHIVE_DEST` oder `LOG_ARCHIVE_DEST_n` ermittelt werden. Die Parameter werden beim Starten in der Alert-Datei protokolliert. Alternativ kann die View `V$ARCHIVE_DEST` (Spalten DEST_NAME, DESTINATION) verwendet werden. Wurde eine Flash Recovery Area definiert (Parameter `DB_RECOVERY_FILE_DEST`), befinden sich die Offline-Redolog-Dateien in den Verzeichnissen unterhalb des Verzeichnisses `DB_RECOVERY_FILE_DEST\<SID>\ARCHIVELOG`.

In der *Alert-Datei* nach dem letzten *Log-Switch* vor Beginn der für das Recovery verwendeten Sicherung suchen.

> **Hinweis**
> Das Verzeichnis, in dem sich die Alert-Datei (Name in den meisten Fällen alert_<SID>.log) befindet, kann in den Versionen vor Oracle 11g ebenfalls über einen Parameter ermittelt werden (`BACKGROUND_DUMP_DEST`). Der Default-Wert ist betriebssystemabhängig.
> Ab Oracle 11g kann hierfür die View `V$DIAG_INFO` (`SELECT * FROM V$DIAG_INFO`) mit dem Eintrag `Diag Trace` (textbasierend) beziehungsweise `Diag Alert` (XML-Format) verwendet werden.

Beispiel:

Die Sicherung wurde am 18. April um 20 Uhr gestartet. Vor 20 Uhr findet sich in der *Alert-Datei* folgender Eintrag für den letzten Log-Switch vor der Sicherung:

```
Tue Apr 18 19:51:38 2008
Thread 1 advanced to log sequence 787
  Current log# 13 seq# 787 mem# 0: F:\...\LOG_G13M1.DBF
  Current log# 13 seq# 787 mem# 1: G:\...\LOG_G13M2.DBF
```

Somit müssen alle *Offline-Redolog-Dateien* ab der Log-Sequence-Nummer **787** zurückgesichert werden.

> **Hinweis**
> Da es bei der Ermittlung der benötigten Offline-Redolog-Dateien erfahrungsgemäß oft vorkommt, dass man in der Eile um eine oder zwei Log-Sequence-Nummern danebenliegt, ist es sinnvoll, noch ungefähr fünf Offline-Redolog-Dateien mehr zurückzusichern (hier wäre das dann ab der Log-Sequence-Nummer 782).

Alternativ kann nach Starten der Datenbank in den MOUNT-Status das folgende Kommando abgesetzt werden:

```
SQL> SELECT * FROM V$RECOVERY_LOG;
```

Hierdurch werden alle Offline-Redolog-Dateien angezeigt, die für ein Media Recovery benötigt werden. Bei einem unvollständigen Recovery (zum Beispiel nach einem Benutzerfehler) ist die View V$RECOVERY_LOG jedoch leer.

2. **Datenbank starten in MOUNT-Status**

```
sqlplus / as sysdba
SQL> STARTUP MOUNT
```

Das Starten der Datenbank in den MOUNT-Status muss an diesem Punkt ohne Fehlermeldung funktionieren.

Zur Kontrolle noch folgendes Kommando ausführen:

```
SQL> SELECT STATUS FROM V$INSTANCE;
MOUNTED
```

Startet die Datenbank nicht oder werden beim Starten Fehlermeldungen ausgegeben, hat die Datenbank noch ein oder mehrere andere Probleme. Es sollte eine detaillierte Fehleranalyse wie in Abschnitt 10.1 beschrieben durchgeführt werden. Wenn die Datenbank nicht fehlerfrei in den MOUNT-Status hochgefahren werden kann, ist auch kein Recovery des Daten-Tablespace möglich.

3. **Falls erforderlich, Rename der zurückgespielten Datendateien**

Wurde die beschädigte Datendatei in ein anderes als das ursprüngliche Verzeichnis zurückgespielt, muss der Datenbank nun das neue Verzeichnis der zurückgespielten Datendatei bekannt gemacht werden.

```
SQL> ALTER DATABASE RENAME FILE '<pfad_alt\name>' TO '<pfad_neu\name>';
```

Beispiel:

```
SQL> ALTER DATABASE RENAME FILE 'f:\oracle\gc1\user.data1' TO 'h:\oracle\
gc1\user.data1';
```

4. **Kontrolle der Datendateien**

Vor dem Recovery muss geprüft werden, ob alle Datendateien, für die ein Recovery durchgeführt werden soll, den Status ONLINE besitzen.

```
SQL> SELECT STATUS, NAME FROM V$DATAFILE;
```

Das Ergebnis sollte ähnlich der folgenden Ausgabe aussehen:

```
STATUS          NAME
SYSTEM          F:\ORACLE\GC1\SYSTEM_1\SYSTEM.DATA1
ONLINE          F:\ORACLE\GC1\UNDO_1\UNDO.DATA1
ONLINE          F:\ORACLE\GC1\BTABD_1\BTABD.DATA1
```

Bei sehr vielen Datendateien kann auch einfacher der folgende Befehl verwendet werden:

```
SQL> SELECT DISTINCT STATUS FROM V$DATAFILE;
```

Als Ergebnis liefert dieser Befehl:

```
SYSTEM
ONLINE
```

Dadurch werden alle unterschiedlichen Status der Datendateien angezeigt, welche die Datendateien zum Zeitpunkt der Abfrage besitzen. Es dürfen bei Verwendung dieses Befehls nur die Status SYSTEM und ONLINE als Ergebnis angezeigt werden.

Ist der Status einer defekten Datendatei OFFLINE, so muss dieser erst auf ONLINE geändert werden, um ein Recovery für diese Datendatei durchführen zu können:

```
SQL> ALTER DATABASE DATAFILE '<pfad\name>' ONLINE;
```

Es muss darauf geachtet werden, dass alle Datendateien, für die ein Recovery erfolgen soll, vor Start des Recoverys den Status ONLINE (oder SYSTEM) besitzen. Nur dann wird ein Recovery für die Datendateien durchgeführt.

5. **Recovery der Datenbank**

```
SQL> RECOVER DATABASE;
```

Die anschließende Bildschirmausgabe sieht in etwa folgendermaßen aus:

```
ORA-00279: change 1447969 generated at 04/18/08 20:00:58 needed for thread 1
ORA-00289: suggestion : F:\ORACLE\GC1\saparch\GC1ARC00787.001
ORA-00280: change 1447969 for thread 1 is in sequence #787
Specify log: [<RET> for suggested | AUTO | FROM logsource | CANCEL ]
```

Stehen alle Offline-Redolog-Dateien an ihrer definierten Stelle, kann die Meldung mit `AUTO` bestätigt werden, und die Dateien (Offline- **und** Online-Redolog-Dateien) werden automatisch nacheinander abgearbeitet.

War das Recovery erfolgreich, wird folgende Meldung ausgegeben:

```
Media recovery complete.
```

Die Datenbank erkennt selbstständig die Datendateien, die nicht auf dem aktuellsten Stand sind, das heißt aus der Sicherung zurückgespielt wurden, und führt für diese ein Recovery durch. Das bedeutet, dass alle Transaktionen, die seit dem letzten Backup in diese Datei geschrieben wurden, mittels der Offline- und Online-Redolog-Dateien nachgefahren werden.

Zustand der Daten nach dem Recovery:
Alle abgeschlossenen Transaktionen werden wiederhergestellt. Alle bis zum Crashzeitpunkt noch nicht abgeschlossenen Transaktionen (`COMMIT`) auf den betroffenen Datendateien sind verloren. Der Zustand der Daten nach dem Recovery ist grob beschrieben so, als wäre bei allen Benutzern, die auf die betroffenen Datendateien zugegriffen haben, der Arbeitsplatz-PC zum Crashzeitpunkt abgestürzt.

Alternativ kann das Recovery auch über den Enterprise Manager vorgenommen werden. Die Vorgehensweise ist beschrieben in Abschnitt 6.2.1, Ablauf eines vollständigen Recoverys, Punkt 8.

6. **Kontrolle der Datendateien**

Nach dem Recovery noch mal prüfen, ob alle Datendateien entweder den Status SYSTEM (für den System-Tablespace) oder ONLINE besitzen. Auch ein abschließender Blick in die Alert-Datei sollte vorgenommen werden. Hier dürfen ebenfalls keine Fehlermeldungen aufgetreten sein.

```
SQL> SELECT STATUS, NAME FROM V$DATAFILE;
```

Das Ergebnis sollte ähnlich der folgenden Ausgabe aussehen:

```
STATUS   NAME
SYSTEM   F:\ORACLE\GC1\SYSTEM_1\SYSTEM.DATA1
ONLINE   F:\ORACLE\GC1\UNDO_1\UNDO.DATA1
ONLINE   F:\ORACLE\GC1\BTABD_1\BTABD.DATA1
```

Bei sehr vielen Datendateien kann auch einfacher der folgende Befehl verwendet werden:

```
SQL> SELECT DISTINCT STATUS FROM V$DATAFILE;
```

Als Ergebnis liefert dieser Befehl:

```
SYSTEM
ONLINE
```

Dadurch werden alle unterschiedlichen Status der Datendateien angezeigt, welche die Datendateien zum Zeitpunkt der Abfrage besitzen. Es dürfen bei Verwendung dieses Befehls nur die Status SYSTEM und ONLINE als Ergebnis angezeigt werden.

7. **Öffnen der Datenbank**

Anschließend kann die Datenbank wieder geöffnet werden:

```
SQL> ALTER DATABASE OPEN;
```

8. **Überprüfung Alert-Datei**

   Abschließend sollte noch ein weiteres Mal in der Alert-Datei kontrolliert werden, ob auch beim Öffnen der Datenbank keine Fehlermeldungen protokolliert wurden.

10.7 Recovery des temporären Tablespace

Ein temporärer Tablespace kann entweder aus Datendateien oder aus sogenannten temporären Dateien bestehen. Je nach Typ der Dateien unterscheidet sich das Vorgehen für die Wiederherstellung des temporären Tablespace.

Da ein echtes Recovery für einen temporären Tablespace im Normalfall nicht notwendig ist, da dieser nur temporäre Objekte enthält, wird im Folgenden von der Wiederherstellung des temporären Tablespace gesprochen.

Je nach Art des Extent Managements kann der temporäre Tablespace neu aufgebaut oder die defekte Datendatei durch eine fehlerfreie ersetzt werden.

10.7.1 Analyse und SQL-Statements zu temporären Tablespaces

1. **Ermittlung der betroffenen Benutzer**

   Der erste Schritt bei der Wiederherstellung des temporären Tablespace ist die Ermittlung der Benutzer, die diesen temporären Tablespace nutzen:

```
SQL> SELECT USERNAME
FROM DBA_USERS
WHERE TEMPORARY_TABLESPACE='<tablespace_name>';
```

   Falls der Name des temporären Tablespace nicht bekannt ist, kann das folgende Statement weiterhelfen:

```
SQL> SELECT USERNAME, TEMPORARY_TABLESPACE
FROM DBA_USERS;
```

2. **Ermittlung von Informationen bezüglich des temporären Tablespace**

   Für die Analyse des temporären Tablespace können die Views DBA_TABLESPACES, V$DATAFILE, V$TEMPFILE, DBA_TEMP_FILES und DBA_DATA_FILES abgefragt werden.

   Ermittlung des Tablespace-Contents und des Extent Managements:

```
SQL> SELECT TABLESPACE_NAME, CONTENTS, EXTENT_MANAGEMENT
FROM DBA_TABLESPACES
WHERE TABLESPACE_NAME='<tablespace_name>';
```

   Ergebnis zum Beispiel:

```
TABLESPACE_NAME          CONTENTS   EXTENT_MAN
------------------------ ---------  ----------
TEMP_TEMPFILE_LOC        TEMPORARY  LOCAL
TEMP_DATAFILE_DICT       TEMPORARY  DICTIONARY
```

   Im ersten Fall wäre der temporäre Tablespace LOCALLY MANAGED, im zweiten DICTIONARY MANAGED.

Um nun die zugehörigen temporären Dateien für einen temporären Tablespace mit Extent Management **LOCALLY MANAGED** herauszufinden, kann die View DBA_TEMP_FILES genutzt werden:

Zuordnung temporärer Dateien zu Tablespaces:

```
SQL> SELECT FILE_NAME, TABLESPACE_NAME
FROM DBA_TEMP_FILES;
```

Nur Dateinamen des temporären Tablespace:

```
SQL> SELECT FILE_NAME
FROM DBA_TEMP_FILES
WHERE TABLESPACE_NAME = '<temp_tablespace_name>';
```

Analog kann die View DBA_DATA_FILES für die Datendateien einen temporären Tablespace mit Extent Management **DICTIONARY MANAGED** verwendet werden:

Zuordnung Datendateien zu Tablespaces:

```
SQL> SELECT FILE_NAME, TABLESPACE_NAME
FROM DBA_DATA_FILES;
```

oder um nur die Dateinamen des temporären Tablespace herauszufinden:

```
SQL> SELECT FILE_NAME
FROM DBA_DATA_FILES
WHERE TABLESPACE_NAME = '<temp_tablespace_name>';
```

3. **Anlegen eines neuen temporären Tablespace**

   Um die Einschränkungen für die Benutzer durch den Ausfall von Dateien des temporären Tablespace so gering wie möglich zu halten, kann es sinnvoll sein (besonders bei einem Dictionary managed temporären Tablespace), einen neuen temporären Tablespace anzulegen und diesen den betroffenen Benutzern temporär zuzuweisen.

   Gegebenenfalls kann auch ein bestehender Tablespace mit dem gleichen Extent Management (Dictionary managed/Locally managed) wie der alte temporäre Tablespace verwendet werden. Es ist jedoch darauf zu achten, dass genügend Freiplatz in diesem Tablespace zur Verfügung steht.

   Der Wert von UNIFORM SIZE des bestehenden Tablespaces kann herausgefunden werden mit:

```
SQL> SELECT NEXT_EXTENT FROM DBA_TABLESPACES
WHERE TABLESPACE_NAME = <temp_tablespace>;
```

Anlegen des neuen temporären Tablespace (Locally managed):

```
SQL> CREATE
TEMPORARY TABLESPACE <temp_tablespace>
TEMPFILE '<pfad\tempfile_name>'
SIZE <size>
EXTENT MANAGEMENT LOCAL UNIFORM SIZE <size>M;
```

Default UNIFORM SIZE ist 1M.

Anlegen des neuen temporären Tablespace (Dictionary managed – ab Oracle 9 sind Dictionary managed Tablespaces jedoch nicht mehr empfohlen):

```
SQL> CREATE
TABLESPACE <temp_tablespace_name>
DATAFILE '<pfad\name>'
DEFAULT STORAGE (<default storage clause>)
SIZE <size>
TEMPORARY;
```

4. **Zuordnung des neuen temporären Tablespace**

Im Anschluss kann den Benutzern, die den betroffenen Tablespace als temporären Tablespace nutzen, der neue temporäre Tablespace zugeordnet werden.

```
SQL> ALTER USER <username>
TEMPORARY TABLESPACE <temp_tablespacename>;
```

Bei nur einem temporären Tablespace für alle Benutzer ist es sinnvoll, den DEFAULT TEMPORARY TABLESPACE der Datenbank zu ändern mit:

```
SQL> ALTER DATABASE DEFAULT TEMPORARY TABLESPACE <temp_tablespacename>;
```

Dadurch wird allen Benutzern dieser Tablespace als temporärer Tablespace zugewiesen.

Der Default Temporary Tablespace kann angezeigt werden mit:

```
SQL> SELECT PROPERTY_NAME, PROPERTY_VALUE
FROM DATABASE_PROPERTIES
WHERE PROPERTY_NAME='DEFAULT_TEMP_TABLESPACE';
```

5. **Löschen des temporären Tablespace**

Den alten temporären Tablespace löschen mit:

```
SQL> DROP TABLESPACE <temp_tablespace> INCLUDING CONTENTS AND DATAFILES;
```

10.7.2 Wiederherstellung bei Nutzung temporärer Dateien für temporären Tablespace

Werden temporäre Dateien für den temporären Tablespace genutzt, so ist es in der Regel nicht notwendig, den kompletten temporären Tablespace zu löschen. Es kann einfach eine weitere temporäre Datei hinzugefügt und anschließend die defekte temporäre Datei gelöscht werden.

Wenn der Name der defekten temporären Datei nach der Wiederherstellung gleich bleiben soll, so können auch zuerst das Löschen und dann das Neuanlegen der temporären Datei mit dem Namen der ursprünglich defekten Datei durchgeführt werden.

> **Achtung!**
> Hierbei ist jedoch darauf zu achten, dass der temporäre Tablespace nach dem Löschen der defekten Datei noch mindestens eine temporäre Datei enthält. Andernfalls tritt der Fehler `ORA-25153: Temporary Tablespace is Empty` auf, sobald Speicherplatz im temporären Tablespace benötigt wird.

Fehlt in Oracle 10g und 11g eine Datei eines temporären Tablespace beim Starten der Datenbank, so wird sie automatisch wieder angelegt. Das bedeutet, kann die Datenbank bei einer beschädigten Datendatei des temporären Tablespace kurz gestoppt und die beschädigte Datendatei gelöscht werden, so wird die Datendatei ohne weitere Maßnahmen des Administrators automatisch wieder mit der initialen Größe angelegt.

Vorgehen

1. **Hinzufügen einer weiteren temporären Datei**

```
SQL> ALTER TABLESPACE <tablespace_name> ADD TEMPFILE '<pfad/name>' SIZE <size>;
```

2. **Löschen der defekten temporären Datei**

```
SQL> ALTER DATABASE TEMPFILE '<pfad/name>' DROP;
```

Anschließend kann die temporäre Datei auf Betriebssystemebene gelöscht werden.

Ab Oracle 9i kann auch einfacher der Befehl

```
SQL> ALTER DATABASE TEMPFILE '<pfad/name>' DROP INCLUDING CONTENTS AND DATAFILES;
```

verwendet werden. Ein explizites Löschen auf Betriebssystemebene ist hier nicht mehr notwendig.

Durch den Oracle-Bug 3833893 kann es vorkommen, dass das Löschen einer temporären Datei hängen bleibt. Der Bug ist gefixt in Oracle 9.2.0.7, 10.1.0.4 und 10.2.0.1 Als Workaround kann die Datenbank in den MOUNT-Status gestartet werden. Im MOUNT-Status kann dann der Drop der temporären Datei durchgeführt werden.

3. **Falls gewünscht, kann nun die gelöschte temporäre Datei wieder angelegt werden.**

Das Anlegen und Löschen der temporären Dateien kann alternativ auch über den Enterprise Manager über das Register SERVER – Abschnitt SPEICHERUNG – Unterpunkt DATENDATEIEN erfolgen.

10.7.3 Wiederherstellung bei Nutzung von Datendateien für temporären Tablespace

In diesem Fall wird meist der Status der betroffenen Datendatei in der View V$RECOVER_FILE als RECOVER angezeigt.

Bei Nutzung von Datendateien für den temporären Tablespace wird für die Wiederherstellung ein neuer Tablespace erzeugt, und die alten Datendateien sowie der alte temporäre Tablespace werden gelöscht. Falls gewünscht, kann anschließend wieder ein temporärer Tablespace mit dem Namen des alten temporären Tablespace erzeugt und der neue temporäre Tablespace wieder gelöscht werden.

Vorgehen

1. **Offline-Setzen der betroffenen Datendatei(en)**

Bei Nutzung des ARCHIVELOG-Modus:

```
SQL> ALTER DATABASE DATAFILE <datafile name> OFFLINE;
```

Bei Nutzung des NOARCHIVELOG-Modus:

```
SQL> ALTER DATABASE DATAFILE <datafile name> OFFLINE FOR DROP;
```

2. **Löschen des alten temporären Tablespace**

```
SQL> DROP TABLESPACE <temporary tablespace name> INCLUDING CONTENTS;
```

Ab Oracle 9i kann auch einfacher der folgende Befehl genutzt werden:

```
SQL> DROP TABLESPACE <temporary tablespace name> INCLUDING CONTENTS AND DATAFILES;
```

Dadurch entfällt Punkt 3. Es werden sämtliche Datendateien des temporären Tablespace auch auf Betriebssystemebene gelöscht.

3. **Löschen der Datendateien des alten temporären Tablespace auf Betriebssystemebene**
4. **Neuanlegen des alten temporären Tablespace**

```
SQL> CREATE
TABLESPACE <temp_tablespace_name>
DATAFILE '<pfad\name>'
DEFAULT STORAGE (<default_storage_clause>)
SIZE <size>
TEMPORARY;
```

10.8 Verlust von Redolog-Dateien

Je nachdem, welche Redolog-Dateien defekt sind und ob die Redolog-Gruppen gespiegelt betrieben werden, gibt es unterschiedliche Auswirkungen auf die Daten und die Vorgehensweise bei der Wiederherstellung. Diese werden nachfolgend und in den einzelnen Unterkapiteln im Detail beschrieben.

10.8.1 Verhalten der Datenbank bei Verlust von Online-Redolog-Dateien

Es treten in der Regel folgende Fehler auf:

```
ORA-00313: open failed for members of log group 1 of thread 1
ORA-00312: online log 1, thread 1: 'C:\ORACLE\PRODUCT\10.2.0\ORADATA\GC\REDO01.LOG'
```

Ist die Datenbank bereits beendet, so treten beim Start ebenfalls oben genannte Fehler auf. Ein Öffnen der Datenbank ist nicht mehr möglich.

10.8.2 Analyse

Zur Analyse, welches Fehlerszenario aufgetreten ist, können die Log- und Trace-Dateien von Oracle, insbesondere die Trace-Datei des Log Writers und die Alert-Datei sowie die Views V$LOGFILE und V$LOG (Beschreibung siehe Kapitel 1.6.3 und 1.6.4), herangezogen werden.

1. **Ermitteln der defekten Redolog-Datei und der zugehörigen Redolog-Gruppe (Status INVALID)**

```
SQL> SELECT GROUP#, STATUS, MEMBER FROM V$LOGFILE;
```

Beispiel:

```
GROUP#   STATUS       MEMBER
-------  -----------  ---------------------
0001                  C:\ORACLE\ORADATA\GC\REDO1A.LOG
0001                  C:\ORACLE\ORADATA\GC\REDO1B.LOG
0002     INVALID      C:\ORACLE\ORADATA\GC\REDO2A.LOG
0002     INVALID      C:\ORACLE\ORADATA\GC\REDO2B.LOG
0003                  C:\ORACLE\ORADATA\GC\REDO3A.LOG
0003                  C:\ORACLE\ORADATA\GC\REDO3B.LOG
```

2. **Ermitteln des Status (Spalte STATUS) und der Archivierung (Spalte ARCHIVED) der Redolog-Gruppen**

```
SQL> SELECT GROUP#, MEMBERS, STATUS, ARCHIVED
FROM V$LOG;
```

Beispiel:

```
GROUP#  MEMBERS            STATUS     ARCHIVED
------  -------            ---------  -----------
 0001   2                  INACTIVE   YES
 0002   2                  ACTIVE     NO
 0003   2                  CURRENT    NO
```

Je nach Status und Archivierung der Redolog-Gruppen muss nun gemäß den nachfolgenden Unterkapiteln die Wiederherstellung der Datenbank beziehungsweise der Redolog-Gruppen erfolgen.

Es können folgende Status auftreten:

Status	Beschreibung
INACTIVE	Die Redolog-Gruppe wird aktuell nicht benutzt und für ein Crash Recovery nicht benötigt. Kann archiviert oder nicht archiviert (Spalte ARCHIVED) sein.
ACTIVE	Die Redolog-Gruppe ist aktiv, das heißt, sie ist nicht die aktuell verwendete Redolog-Gruppe (CURRENT), wird aber für ein Crash Recovery benötigt. Kann archiviert oder nicht archiviert (Spalte ARCHIVED) sein.
CURRENT	Die Redolog-Gruppe ist die aktuell verwendete. Status CURRENT beinhaltet Status ACTIVE.
Andere	Diese Status werden hier nur der Vollständigkeit halber erwähnt und sind für die Unterscheidung der nachfolgenden Szenarien nicht relevant: UNUSED, wenn die Redolog-Gruppe noch nie beschrieben wurde (nach Hinzufügen oder RESETLOGS) CLEARING, wenn die Redolog-Gruppe nach einem `ALTER DATABASE CLEAR LOGFILE` neu initialisiert wird CLEARING_CURRENT wird gesetzt, wenn während einem `ALTER DATABASE CLEAR LOGFILE` ein I/O-Fehler auftritt

Tabelle 10.7: Status der Redolog-Gruppen

10.8.3 Verlust einzelner Mitglieder bei gespiegelten Redolog-Gruppen

Bei gespiegelten Redolog-Gruppen gilt, dass der Betrieb der Datenbank so lange ohne weitere Einschränkungen funktioniert, wie noch mindestens ein Mitglied der einzelnen Redolog-Gruppen fehlerfrei zur Verfügung steht.

Es werden in diesem Fall lediglich Fehlermeldungen in die Trace-Datei des Log Writers und die Alert-Datei geschrieben. Der Datenbankadministrator sollte jedoch dafür sorgen, dass die Probleme schnellstmöglich beseitigt werden, um die ordnungsgemäße Spiegelung wiederherzustellen.

Es muss zwischen zwei Fehlersituationen unterschieden werden:

- Hardware-Problem temporär

  Nachdem das Problem behoben wurde, schreibt der Log Writer ohne weitere Maßnahmen wieder in die zuvor fehlerhaft gemeldeten Online-Redolog-Dateien.

- Hardware-Problem dauerhaft

  Löschen des fehlerhaften Mitglieds der Redolog-Gruppe und anschließendes Hinzufügen eines neuen Mitglieds zu der Redolog-Gruppe. Hier muss jedoch beachtet werden, dass erst ab dem erneuten Verwenden dieser Redolog-Gruppe (REUSE) wieder die Spiegelung aktiv ist.

Vorgehen bei fehlerhaftem Mitglied

1. **Ermitteln des Namens des fehlerhaften Mitglieds**

```
SQL> SELECT GROUP#, STATUS, MEMBER
FROM V$LOGFILE
WHERE STATUS='INVALID';
```

2. **Löschen des fehlerhaften Mitglieds**

```
SQL> ALTER DATABASE DROP LOGFILE MEMBER <logfile_member>;
```

Beispiel:

```
SQL> ALTER DATABASE DROP LOGFILE MEMBER 'c:\oracle\oradata\gc\redo02.log';
```

Falls Mitglieder der aktuellen Redolog-Gruppe zerstört sind, ist es notwendig, vor dem Löschen das folgende Statement abzusetzen:

```
SQL> ALTER SYSTEM SWITCH LOGFILE;
```

3. **Hinzufügen eines neuen Mitglieds zu der betroffenen Redolog-Gruppe**

```
SQL> ALTER DATABASE
ADD LOGFILE MEMBER <logfile_member>
TO GROUP <group_no>;
```

Beispiel:

```
SQL> ALTER DATABASE
ADD LOGFILE MEMBER 'c:\oracle\oradata\gc\redo02.log'
TO GROUP 2;
```

Existiert die Datei bereits und ist diese unbeschädigt, so muss die REUSE-Klausel angegeben werden. Die Größe der bestehenden Datei muss gleich der Größe der anderen Mitglieder der Redolog-Gruppe sein.

Beispiel:

```
SQL> ALTER DATABASE
ADD LOGFILE MEMBER
'c:\oracle\oradata\gc\redo02.log'
REUSE TO GROUP 2;
```

Bei defekten Online-Redolog-Dateien empfiehlt es sich jedoch, die Online-Redolog-Datei auf Betriebssystemebene umzubenennen oder zu löschen und diese durch das ADD LOGFILE-Statement neu anzulegen.

Das Anlegen und Löschen von Mitgliedern kann auch über den Enterprise Manager über das Register SERVER – Abschnitt SPEICHERUNG – Unterpunkt REDO LOG-GRUPPEN erfolgen.

10.8.4 Verlust der aktuellen Redolog-Gruppe

Aktuelle Redolog-Gruppe bedeutet, dass in diese Redolog-Gruppe der Log Writer (LGWR) aktuell schreibt (Status CURRENT). Wird nun die aktuelle Redolog-Gruppe beschädigt, so wird der Log Writer beendet und die Instanz in der Regel ebenfalls mit einem Fehler beendet.

Bei einem Verlust *aller* Mitglieder der aktuellen Redolog-Gruppe bei gespiegelten Online-Redolog-Gruppen oder dem Verlust der aktuellen Redolog-Gruppe bei nicht gespiegelten Online-Redolog-Gruppen kann es zu einem Datenverlust kommen, da alle Transaktionen, die in der aktuellen Redolog-Datei protokolliert wurden, verloren gehen.

Wenn die Redolog-Gruppen gespiegelt betrieben werden (wie in Abschnitt 1.3.3 empfohlen), sollte dieser Fall nicht eintreten, da es sehr unwahrscheinlich ist, dass alle Mitglieder der aktuellen Redolog-Gruppe beschädigt werden.

Tritt dieses Problem – aufgrund fehlender Spiegelung der Online-Redolog-Gruppen oder fehlerhafter Hardware – trotzdem auf, so kann wie unten beschrieben vorgegangen werden.

Die Beseitigung dieses Fehlers erfolgt über:

- Initialisieren der defekten Redolog-Gruppe

  Wenn die Datenbank noch läuft und keine weiteren Dateien beschädigt sind, sollte als Erstes ein Initialisieren der defekten Redolog-Gruppe versucht werden. Voraussetzung ist jedoch, dass keine weiteren Datendateien beschädigt sind.

  Durch das Initialisieren geht der Inhalt der aktuellen Redolog-Gruppe verloren. Deshalb ist ein Recovery über die in der aktuellen Redolog-Gruppe enthaltenen Online-Redolog-Dateien anschließend nicht mehr möglich. Aus diesem Grund sollte nach Initialisieren einer Redolog-Gruppe schnellstmöglich eine Vollsicherung der Datenbank durchgeführt werden.

- Unvollständiges Recovery

  Funktioniert die Initialisierung der defekten Redolog-Gruppe nicht, muss ein unvollständiges Recovery der kompletten Datenbank durchgeführt werden. Unvollständiges Recovery deshalb, weil ja die Informationen aus der aktuellen Redolog-Gruppe nicht mehr vorhanden sind. Dazu wird eine komplette Sicherung der Datenbank (Online- oder Offline-Sicherung) eingespielt, das heißt, alle Datendateien werden durch ihre Sicherungen ersetzt.

  Danach wird ein Recovery mit Offline- und Online-Redolog-Dateien bis zur defekten aktuellen Online-Redolog-Datei durchgeführt. Der Inhalt der aktuellen defekten Redolog-Gruppe ist verloren, die enthaltenen Transaktionen müssen nach dem Recovery erneut durchgeführt werden.

Vorgehen bei Initialisieren der Redolog-Gruppe

1. **Initialisieren der aktuellen Redolog-Gruppe**

```
SQL> ALTER DATABASE CLEAR UNARCHIVED LOGFILE GROUP <group_no>;
```

2. **Vollsicherung der Datenbank**

   Da der Inhalt der aktuellen Redolog-Gruppe verloren ist, kann dieser auch nicht mehr in die Offline-Redolog-Dateien archiviert werden.

   Das bedeutet, dass im Fehlerfall ein lückenloses Recovery nicht mehr möglich ist. Aus diesem Grund sollte schnellstmöglich eine Vollsicherung der Datenbank durchgeführt werden.

Vorgehen für unvollständiges Recovery

1. **Prüfen, ob die Datenbank offen ist (sofern noch möglich)**

```
sqlplus / as sysdba
SQL> SELECT STATUS FROM V$INSTANCE;
```

   Um eventuell laufende Prozesse zu beenden, Datenbank mit `SHUTDOWN ABORT` stoppen.

```
SQL> SHUTDOWN ABORT
```

   Shutdown abort ist notwendig, da durch den Verlust der aktuellen Online-Redolog-Gruppe die Datenänderungen im *Buffer Cache* der SGA nicht mehr in die Datendateien geschrieben werden können und deshalb die Datenbank nicht mehr konsistent beendet werden kann.

2. **Sicherung der aktuellen Control-Datei und der unbeschädigten Online-Redolog-Dateien**

   Die Online-Redolog-Dateien können über die View `V$LOGFILE` und die Control-Dateien über die View `V$CONTROLFILE` herausgefunden werden (Datenbank mindestens im MOUNT-Status).

   Die Sicherung einer aktuellen Control-Datei und der Online-Redolog-Dateien kann bei geschlossener Datenbank durch einfaches Kopieren der Dateien auf Betriebssystemebene erfolgen. Es sollte sichergestellt sein, dass diese Sicherungskopien nicht überschrieben werden oder verloren gehen können.

   Durch das Öffnen der Datenbank mit `OPEN RESETLOGS` nach Durchführung des Recoverys werden die Online-Redolog-Dateien archiviert und neu initialisiert. Falls nun das Recovery wiederholt werden muss, werden gegebenenfalls die unbeschädigten Online-Redolog-Dateien sowie eine Control-Datei mit Stand vor dem Recovery benötigt.

3. **Sicherung einspielen**

   a. Datendateien

      Alle Datendateien löschen, damit genügend Platz zum Zurücksichern zur Verfügung steht. Gewünschte Sicherung der Datendateien in das gleiche Verzeichnis einspielen, in dem sich die Datendateien vorher befanden.

      Es müssen **alle** Datendateien aus der Sicherung zurückgeholt werden. Die Sicherung der Datendateien muss vor dem `RECOVER UNTIL`-Zeitpunkt abgeschlossen worden sein.

Es können sowohl Offline- als auch Online-Sicherungen für die Rücksicherung verwendet werden. Jedoch muss bei einer Online-Sicherung der RECOVER UNTIL-Zeitpunkt nach dem Ende der Online-Sicherung, also dem letzten END BACKUP liegen.

Ist ein eventueller Hardware-Fehler noch nicht behoben, besteht die Möglichkeit, die Sicherung der Datendateien in andere Verzeichnisse einzuspielen.

b. Control-Datei

Die Control-Datei braucht nur dann zurückgesichert zu werden, wenn nach dem RECOVER UNTIL-Zeitpunkt eine Strukturänderung (beispielsweise bei Erweiterung eines Tablespace) durchgeführt wurde oder wenn eine Offline-Sicherung ohne weiteres Recovery eingespielt werden soll.

Wird die Control-Datei zurückgesichert, muss darauf geachtet werden, dass auch die gespiegelten Control-Dateien durch die Sicherung der Control-Datei ersetzt werden.

c. Offline-Redolog-Dateien

Über die *Alert-Datei* ermitteln, welche Offline-Redolog-Dateien für das Recovery benötigt werden:

Hinweis
Das Verzeichnis, in dem die Offline-Redolog-Dateien stehen, kann über die Parameter LOG_ARCHIVE_DEST oder LOG_ARCHIVE_DEST_n ermittelt werden. Die Parameter werden beim Starten in der Alert-Datei protokolliert. Alternativ kann die View V$ARCHIVE_DEST (Spalten DEST_NAME, DESTINATION) verwendet werden. Wurde eine Flash Recovery Area definiert (Parameter DB_RECOVERY_FILE_DEST), befinden sich die Offline-Redolog-Dateien in den Verzeichnissen unterhalb des Verzeichnisses DB_RECOVERY_FILE_DEST\<SID>\ARCHIVELOG.

In der *Alert-Datei* nach dem letzten *Log-Switch* vor Beginn der für das Recovery verwendeten Sicherung suchen.

Hinweis
Das Verzeichnis, in dem sich die Alert-Datei (Name in den meisten Fällen alert_<SID>.log) befindet, kann in den Versionen vor Oracle 11g ebenfalls über einen Parameter ermittelt werden (BACKGROUND_DUMP_DEST). Der Default-Wert ist betriebssystemabhängig.
Ab Oracle 11g kann hierfür die View V$DIAG_INFO (SELECT * FROM V$DIAG_INFO) mit dem Eintrag Diag Trace (textbasierend) beziehungsweise Diag Alert (XML-Format) verwendet werden.

Beispiel:

Die Sicherung wurde am 18. April um 20 Uhr gestartet. Vor 20 Uhr findet sich in der *Alert-Datei* folgender Eintrag für den letzten Log-Switch vor der Sicherung:

```
Tue Apr 18 19:51:38 2008
Thread 1 advanced to log sequence 787
  Current log# 13 seq# 787 mem# 0: F:\...\LOG_G13M1.DBF
  Current log# 13 seq# 787 mem# 1: G:\...\LOG_G13M2.DBF
```

Somit müssen alle *Offline-Redolog-Dateien* ab der Log-Sequence-Nummer **787** zurückgesichert werden.

> **Hinweis**
> Da es bei der Ermittlung der benötigten Offline-Redolog-Dateien erfahrungsgemäß oft vorkommt, dass man in der Eile um ein oder zwei Log-Sequence-Nummern danebenliegt, ist es sinnvoll, noch ungefähr fünf Offline-Redolog-Dateien mehr zurückzusichern (hier wäre das dann ab der Log-Sequence-Nummer 782).

4. **Datenbank starten in MOUNT-Status**

```
SQL> STARTUP MOUNT
```

Das Starten der Datenbank in den MOUNT-Status muss an diesem Punkt ohne Fehlermeldung funktionieren.

Zur Kontrolle noch folgendes Kommando ausführen:

```
SQL> SELECT STATUS FROM V$INSTANCE;
MOUNTED
```

Startet die Datenbank nicht in den MOUNT-Status oder werden beim Starten Fehlermeldungen ausgegeben, hat die Datenbank noch ein oder mehrere andere Probleme. Es sollte eine detaillierte Fehleranalyse wie in Abschnitt 10.1 beschrieben durchgeführt werden. Wenn die Datenbank nicht fehlerfrei in den MOUNT-Status hochgefahren werden kann, ist auch kein Recovery möglich.

> **Achtung!**
> Vor dem Recovery darf die Datenbank auf keinen Fall im Read-/Write-Modus geöffnet werden. Wird die Datenbank vor oder während des Recoverys geöffnet, können keine weiteren Redolog-Dateien mehr eingefahren werden.

5. **Falls erforderlich, Rename der zurückgespielten Datendateien**

Wurde eine beschädigte Datendatei in ein anderes als das ursprüngliche Verzeichnis zurückgespielt, muss der Datenbank nun das neue Verzeichnis der zurückgespielten Datendatei bekannt gemacht werden.

```
SQL> ALTER DATABASE RENAME FILE '<pfad alt\name>' TO '<pfad neu\name>';
```

Beispiel:

```
SQL> ALTER DATABASE RENAME FILE  'f:\oracle\gc1\data_1\userdata.data1' TO
'h:\oracle\gc1\data_1\userdata.data1';
```

6. **Kontrolle der Datendateien**

Vor dem Recovery muss geprüft werden, ob die Datendateien des System-Tablespace den Status SYSTEM beziehungsweise alle anderen Datendateien den Status ONLINE besitzen.

```
SQL> SELECT STATUS, NAME FROM V$DATAFILE;
```

Das Ergebnis sollte ähnlich der folgenden Ausgabe aussehen:

```
STATUS    NAME
SYSTEM    F:\ORACLE\GC1\SYSTEM_1\SYSTEM.DATA1
ONLINE    F:\ORACLE\GC1\UNDO_1\UNDO.DATA1
ONLINE    F:\ORACLE\GC1\BTABD_1\BTABD.DATA1
```

Bei sehr vielen Datendateien kann auch einfacher der folgende Befehl verwendet werden:

```
SQL> SELECT DISTINCT STATUS FROM V$DATAFILE;
```

Als Ergebnis liefert dieser Befehl:

```
SYSTEM
ONLINE
```

Dadurch werden alle unterschiedlichen Status der Datendateien angezeigt, welche die Datendateien zum Zeitpunkt der Abfrage besitzen. Es dürfen bei Verwendung dieses Befehls nur die Status SYSTEM und ONLINE als Ergebnis angezeigt werden.

Ist der Status einer defekten Datendatei OFFLINE, so muss dieser erst auf ONLINE geändert werden, um ein Recovery für diese Datendatei durchführen zu können:

```
SQL> ALTER DATABASE DATAFILE '<pfad\name>' ONLINE;
```

Beispiel:

```
SQL> ALTER DATABASE DATAFILE 'f:\oracle\gc1\data_1\userdata.data1' ONLINE;
```

7. **Recovery der Datenbank**

Nun wird ein Recovery mit `UNTIL CANCEL` durchgeführt. `UNTIL CANCEL` deshalb, weil ja die aktuelle Online-Redolog-Gruppe nicht mehr vorhanden ist und vor dieser das Recovery beendet werden muss.

Bis zu einer bestimmten Redolog-Datei:

```
SQL> RECOVER DATABASE UNTIL CANCEL [USING BACKUP CONTROLFILE];
```

Nach Eingabe von `CANCEL` durch den Datenbankadministrator wird das Recovery beendet.

Wurde auch die Control-Datei aus der Sicherung zurückgeholt, muss die Option `USING BACKUP CONTROLFILE` angegeben werden.

Die anschließende Bildschirmausgabe sieht in etwa folgendermaßen aus:

```
ORA-00279: change 1447969 generated at 04/18/08 20:00:58 needed for thread 1
```

```
ORA-00289: suggestion : F:\ORACLE\GC1\arch\GC1ARC00787.001
ORA-00280: change 1447969 for thread 1 is in sequence #787
Specify log: [<RET> for suggested | AUTO | FROM logsource | CANCEL ]
```

Beim Recovery bis zu einer bestimmten Redolog-Datei (UNTIL CANCEL) muss nun so oft die Returntaste gedrückt werden, bis die letzte verfügbare Online-Redolog-Datei eingefahren wurde.

Alternativ kann auch AUTO eingegeben werden, dadurch bricht das Recovery ab, wenn keine weiteren Offline-Redolog-Dateien mehr im ARCHIVELOG-Verzeichnis gefunden wurden. Anschließend muss bei Angabe von AUTO nochmals ein RECOVER DATABASE UNTIL CANCEL eingegeben werden.

Danach kann manuell CANCEL eingegeben werden. Gegebenenfalls müssen für das Einspielen der Online-Redolog-Dateien der Pfad und Name anstelle von <RET> angegeben werden.

War das Recovery erfolgreich, wird folgende Meldung ausgegeben:

```
Media recovery complete.
```

Die Datenbank erkennt selbstständig die Datendateien, die nicht auf dem aktuellsten Stand sind, das heißt aus der Sicherung zurückgespielt wurden, und führt für diese ein Recovery durch.

Alternativ kann das unvollständige Recovery auch über den Enterprise Manager durchgeführt werden. Dies ist beschrieben in Abschnitt 6.2.2, Punkt 8. Als Option für den Wiederherstellungszeitpunkt muss – statt des Datums wie im Beispiel aus Abschnitt 6.2.2 beschrieben – in diesem Fall »Sequence« ausgewählt werden. Die benötigte Log-Sequence-Nummer der Online-Redolog-Gruppe vor der defekten aktuellen kann über die View V$LOG (Spalte SEQUENCE#) ermittelt werden.

8. **Kontrolle der Datendateien**

Nach dem Recovery noch mal prüfen, ob die Datendateien des System-Tablespace den Status SYSTEM beziehungsweise alle anderen Datendateien den Status ONLINE besitzen. Auch ein abschließender Blick in die Alert-Datei sollte vorgenommen werden. Hier dürfen ebenfalls keine Fehlermeldungen aufgetreten sein.

```
SQL> SELECT STATUS, NAME FROM V$DATAFILE;
```

Das Ergebnis sollte ähnlich der folgenden Ausgabe aussehen:

```
STATUS      NAME
SYSTEM      F:\ORACLE\GC1\SYSTEM_1\SYSTEM.DATA1
ONLINE      F:\ORACLE\GC1\UNDO_1\UNDO.DATA1
ONLINE      F:\ORACLE\GC1\BTABD_1\BTABD.DATA1
```

Bei sehr vielen Datendateien kann auch einfacher der folgende Befehl verwendet werden:

```
SQL> SELECT DISTINCT STATUS FROM V$DATAFILE;
```

Als Ergebnis liefert dieser Befehl:

```
SYSTEM
ONLINE
```

Dadurch werden alle unterschiedlichen Status der Datendateien angezeigt, welche die Datendateien zum Zeitpunkt der Abfrage besitzen. Es dürfen bei Verwendung dieses Befehls nur die Status SYSTEM und ONLINE als Ergebnis angezeigt werden.

Werden hier Datendateien mit Status ungleich ONLINE angezeigt, müssen sie mit folgendem Kommando online gesetzt werden:

```
SQL> ALTER DATABASE DATAFILE '<pfad\name>' ONLINE;
```

Beispiel:

```
SQL> ALTER DATABASE DATAFILE 'f:\oracle\gc1\data_1\userdata.data1' ONLINE;
```

Falls Datendateien mit Status ungleich ONLINE oder SYSTEM angezeigt wurden, so ist das Recovery zu prüfen. Es wird nur ein Recovery durchgeführt für Datendateien, die vor dem Recovery den Status SYSTEM oder ONLINE besitzen.

9. **Öffnen der Datenbank**

   Anschließend kann die Datenbank wieder geöffnet werden:

```
SQL> ALTER DATABASE OPEN RESETLOGS;
```

   `OPEN RESETLOGS` muss nach einem unvollständigen Recovery oder nach einem Recovery mit der Option `USING BACKUP CONTROLFILE` immer angegeben werden. Durch `OPEN RESETLOGS` werden die vorhandenen Online-Redolog-Dateien neu initialisiert und die aktuelle Log-Sequence-Nummer auf 1 zurückgesetzt.

10. **Sicherung der Datenbank**

    Bei Releases vor Oracle 10g muss nach einem `OPEN RESETLOGS` zwingend eine Komplettsicherung durchgeführt werden, da durch das `OPEN RESETLOGS` eine neue Datenbankinkarnation angelegt wird. Eine Inkarnation ist eine neue (interne) Version. Danach ist es nicht mehr möglich, ein Recovery über den Zeitpunkt des `OPEN RESETLOGS` hinaus vorzunehmen.

    Ab Oracle 10g ist eine Komplettsicherung nicht mehr unbedingt nötig, da ein Recovery über `OPEN RESETLOGS` ab dieser Version möglich ist. Jedoch schadet auch ab Oracle 10g eine Komplettsicherung an dieser Stelle nicht.

11. **Überprüfung Alert-Datei**

    Abschließend sollte noch ein weiteres Mal in der Alert-Datei kontrolliert werden, ob auch beim Öffnen der Datenbank keine Fehlermeldungen protokolliert wurden.

10.8.5 Verlust einer aktiven und archivierten Redolog-Gruppe

Eine Redolog-Gruppe ist aktiv, das heißt, sie ist nicht die aktuell verwendete Redolog-Gruppe (CURRENT), wird aber für ein Crash Recovery benötigt. Archiviert bedeutet, dass der Inhalt der Online-Redolog-Dateien der Redolog-Gruppe bereits vollständig vom Archiver-Prozess in die Offline-Redolog-Dateien geschrieben wurde.

Läuft die Datenbank noch, so kann versucht werden, durch folgendes Statement einen Checkpoint zu erzwingen:

```
SQL> ALTER SYSTEM CHECKPOINT;
```

Dadurch wird die aktive Redolog-Gruppe auf INACTIVE gesetzt, und alle Änderungen, die mit `COMMIT` abgeschlossen wurden, werden aus den Redolog-Dateien in die Datendateien geschrieben. Anschließend kann wie im Abschnitt 10.8.7, Verlust einer inaktiven und archivierten Redolog-Gruppe, beschrieben vorgegangen werden.

Sollte das oben genannte Kommando nicht erfolgreich abgeschlossen werden können, so kann die Datenbank nur noch gestoppt werden mit:

```
SQL> SHUTDOWN ABORT
```

Danach kann wie nachfolgend beschrieben vorgegangen werden. Diese Vorgehensweise gilt auch, wenn die Datenbank bereits gestoppt war.

1. **Aktuelle Control-Datei sowie unbeschädigte Online-Redolog-Dateien sichern**

   Die Sicherung der Control-Datei und der unbeschädigten Online-Redolog-Dateien kann durch einfaches Kopieren der Dateien auf Betriebssystemebene *bei geschlossener Datenbank* erfolgen.

2. **Datenbank starten in MOUNT-Status**

   ```
   SQL> STARTUP MOUNT
   ```

3. **Recovery der Datenbank**

   Nun kann das Recovery der vorgeschlagenen Offline-Redolog-Datei, deren Inhalt dem der defekten Redolog-Gruppe entspricht, und der unbeschädigten Online-Redolog-Dateien erfolgen mit:

   ```
   SQL> RECOVER DATABASE UNTIL CANCEL;
   ```

   Für das Einspielen der Online-Redolog-Dateien muss der Pfad und Name anstelle von `<RET>` angegeben werden.

4. **Öffnen der Datenbank**

   Anschließend kann die Datenbank wieder geöffnet werden:

   ```
   SQL> ALTER DATABASE OPEN RESETLOGS;
   ```

   `OPEN RESETLOGS` muss nach einem Recovery mit `UNTIL CANCEL` verwendet werden. Durch `OPEN RESETLOGS` werden die Online-Redolog-Dateien neu initialisiert und die aktuelle Log-Sequence-Nummer auf 1 zurückgesetzt.

5. **Sicherung der Datenbank**

   Bei Releases vor Oracle 10g muss nach einem `OPEN RESETLOGS` zwingend eine Komplettsicherung durchgeführt werden, da durch das `OPEN RESETLOGS` eine neue Datenbankinkarnation angelegt wird. Eine Inkarnation ist eine neue (interne) Version. Danach ist es nicht mehr möglich, ein Recovery über den Zeitpunkt des `OPEN RESETLOGS` hinaus vorzunehmen.

   Ab Oracle 10g ist eine Komplettsicherung nicht mehr unbedingt nötig, da ein Recovery über `OPEN RESETLOGS` ab dieser Version möglich ist. Jedoch schadet auch ab Oracle 10g eine Komplettsicherung an dieser Stelle nicht.

Falls bei der beschriebenen Vorgehensweise Fehler auftreten, so kann nur noch ein unvollständiges Recovery der kompletten Datenbank durchgeführt werden (wie in Abschnitt 10.8.4, Verlust der aktuellen Redolog-Gruppe, beschrieben).

10.8.6 Verlust einer aktiven und nicht archivierten Redolog-Gruppe

In diesem Fall ist wie in Abschnitt 10.8.4, Verlust der aktuellen Redolog-Gruppe, beschrieben ein Initialisieren der Redolog-Gruppe mit anschließender Vollsicherung oder ein unvollständiges Recovery durchzuführen.

10.8.7 Verlust einer inaktiven und archivierten Redolog-Gruppe

Eine Redolog-Gruppe ist inaktiv, wenn sie nicht mehr für ein Crash Recovery benötigt wird (Status INACTIVE). Archiviert bedeutet, dass der Inhalt der Online-Redolog-Dateien der Redolog-Gruppe bereits vollständig vom Archiver-Prozess in die Offline-Redolog-Dateien geschrieben wurde.

Dieses Problem kann durch eine Initialisierung der betroffenen Redolog-Gruppe beseitigt werden:

```
SQL> ALTER DATABASE CLEAR LOGFILE GROUP <group_no>;
```

Beispiel:

```
SQL> ALTER DATABASE CLEAR LOGFILE GROUP 2;
```

Das Statement kann entweder bei geöffneter Datenbank oder – falls die Datenbank bereits gestoppt wurde – im MOUNT-Status ausgeführt werden.

Da der Inhalt der Redolog-Gruppe bereits vollständig in die Offline-Redolog-Dateien geschrieben wurde, entsteht durch die Initialisierung kein Datenverlust. Das heißt, auch bei einem eventuell notwendigen Recovery stehen sämtliche Informationen aus dieser Redolog-Gruppe zur Verfügung.

Tritt bei dem oben genannten Statement ein Fehler auf, so kann eine neue Gruppe angelegt und die alte fehlerhafte Gruppe gelöscht werden mit:

Anlegen einer neuen Gruppe:

```
SQL> ALTER DATABASE ADD LOGFILE
GROUP <group_no> '<pfad\name>'
SIZE <size>;
```

Beispiel:

```
SQL> ALTER DATABASE ADD LOGFILE
GROUP 3 ('e:\oracle\gc\origlog_1\log31.dbf',
'f:\oracle\gc\mirrlog_1\log31.dbf')
SIZE 50M;
```

Löschen der defekten Gruppe:

```
SQL> ALTER DATABASE DROP LOGFILE GROUP <group_no>;
```

Beispiel:

```
SQL> ALTER DATABASE DROP LOGFILE GROUP 3;
```

10.8.8 Verlust einer inaktiven und nicht archivierten Redolog-Gruppe

In diesem Fall wird die Redolog-Gruppe zwar nicht mehr für ein Crash-Recovery benötigt (Status INACTIVE). Der Inhalt der Mitglieder der Redolog-Gruppe wurde jedoch noch nicht vom Archiver-Prozess in die Offline-Redolog-Dateien geschrieben.

Auch hier kann eine Initialisierung der betroffenen Redolog-Gruppe durchgeführt werden:

```
SQL> ALTER DATABASE CLEAR UNARCHIVED LOGFILE GROUP <group_no>;
```

Beispiel:

```
SQL> ALTER DATABASE CLEAR UNARCHIVED LOGFILE GROUP 2;
```

Hierbei muss jedoch beachtet werden, dass im Gegensatz zur Initialisierung einer inaktiven und archivierten Redolog-Gruppe ein vollständiges Recovery über eine inaktive und nicht aktivierte Redolog-Gruppe NICHT mehr möglich ist. Der Inhalt einer inaktiven und nicht archivierten Redolog-Gruppe ist durch die Initialisierung verloren und wird nicht mehr in die Offline-Redolog-Dateien geschrieben.

Achtung!
Deshalb ist es zwingend erforderlich, nach der Initialisierung einer inaktiven und nicht archivierten Redolog-Gruppe eine vollständige Sicherung der Datenbank durchzuführen. Andernfalls kann ein mögliches Recovery nur noch bis zum Zeitpunkt der Initialisierung der Redolog-Gruppe durchgeführt werden.

10.8.9 Verlust einer Offline-Redolog-Datei

Ein Verlust von Offline-Redolog-Dateien hat auf eine unbeschädigte Datenbank keinerlei Auswirkung, da diese nur für ein Recovery benötigt werden.

Wird der Verlust der Offline-Redolog-Datei bemerkt und ist die fehlende Offline-Redolog-Datei neuer als die letzte vollständige Sicherung der Datenbank, sollte sofort eine Sicherung (online oder offline) der gesamten Datenbank gestartet werden.

Falls ein Recovery erforderlich wird und die fehlende Offline-Redolog-Datei neuer ist als die letzte vollständige Sicherung der Datenbank, kann nur noch ein unvollständiges Recovery bis zu der fehlenden Offline-Redolog-Datei durchgeführt werden. Das bedeutet, dass in diesem Fall kein Recovery bis zum aktuellen Zeitpunkt durchgeführt werden kann. Damit entsteht Datenverlust. Die fehlenden Transaktionen müssen dann nach dem Recovery erneut ausgeführt werden.

Durch das Fehlen einer Offline-Redolog-Datei ist die lückenlose Kette der Offline-Redolog-Dateien, die für das Recovery notwendig ist, unterbrochen. Muss die Datenbank aufgrund logischer Fehler auf einen Zeitpunkt zwischen zwei vollständigen Sicherungen zurückgesetzt werden und fehlt zwischen diesen Sicherungen eine Offline-Redolog-Datei, kann nur bis zu der letzten Offline-Redolog-Datei, die vor der fehlenden Offline-Redolog-Datei erzeugt wurde, das Recovery erfolgen.

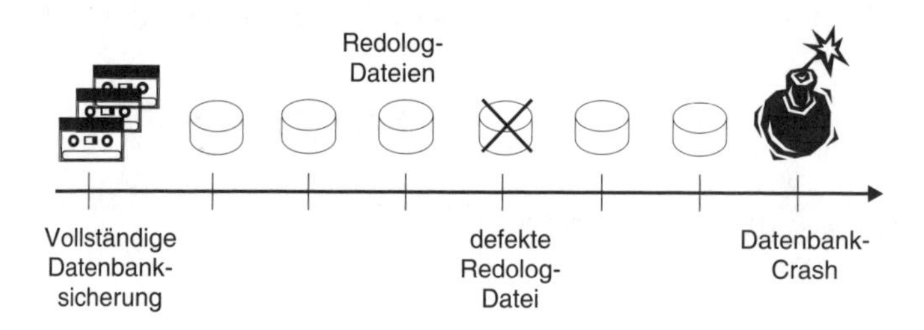

Recovery:

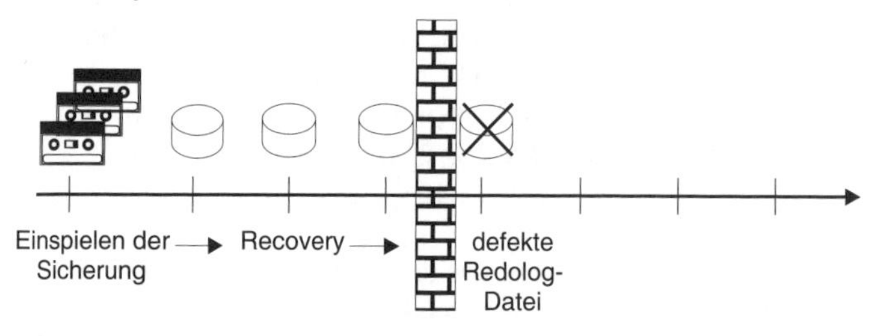

Abbildung 10.8: Verlust von Offline-Redolog-Dateien

10.9 Verlust von Control-Dateien

Auch beim Verlust von Control-Dateien gibt es – je nach Szenario – unterschiedliche Auswirkungen auf die Datenbank sowie Unterschiede bei der Wiederherstellung der Control-Dateien.

Die Auswirkungen und das Vorgehen sind abhängig von der Anzahl der beschädigten Control-Dateien. Außerdem kann auch die Existenz einer gültigen Sicherung der Control-Datei die Wiederherstellungsweise beeinflussen.

Ist nur eine Control-Datei defekt, arbeitet die Datenbank weiter. Es sollte jedoch so schnell wie möglich die Spiegelung der Control-Dateien wiederhergestellt werden, um ein aufwendiges Recovery, das beim Verlust aller Control-Dateien notwendig ist, zu vermeiden.

Sind alle Control-Dateien beschädigt, so muss wieder eine strukturgültige Control-Datei zur Verfügung gestellt und anschließend ein Recovery durchgeführt werden. Die Wiederherstellung der Control-Datei kann entweder über eine Sicherung der Control-Datei oder eine neu erzeugte Control-Datei erfolgen.

10.9.1 Verlust einer Control-Datei

Wurde nur eine Control-Datei beschädigt und existiert noch mindestens eine fehlerfreie Kopie der Control-Datei, so kann die Datenbank weiter betrieben werden. Es sollte jedoch darauf geachtet werden, dass so schnell wie möglich eine ausreichende Spiegelung der Control-Dateien wiederhergestellt wird.

Dieses Problem kann auf zwei Arten behoben werden:

- Stehen noch genügend gespiegelte Control-Dateien (empfohlen mindestens drei) zur Verfügung, so kann der Parameter `CONTROL_FILES` so modifiziert werden, dass die Datenbank mit den restlichen funktionsfähigen Kopien weiterarbeitet.
- Ersetzen der defekten Control-Datei durch eine fehlerfreie Kopie aus einem anderen Verzeichnis.

Vorgehen beim Ersetzen der defekten Control-Datei

1. **Ermitteln des Speicherorts und des Namens der Control-Dateien**

   Dies kann entweder über den Parameter `CONTROL_FILES` oder die Alert-Datei erfolgen. Beim Starten der Datenbank wird der Wert des Parameters `CONTROL_FILES` in die Alert-Datei eingetragen.

   Alternativ kann auch die Spalte NAME der View `V$CONTROLFILE` für die Ermittlung der Control-Dateien verwendet werden. Voraussetzung dafür ist jedoch, dass sich die Datenbank mindestens im MOUNT-Zustand befindet.

```
SQL> SELECT NAME FROM V$CONTROLFILE;
```

2. **Prüfen, ob die Datenbank offen ist**

```
SQL> SELECT STATUS FROM V$INSTANCE;
```

Wird noch irgendein Ergebnis zurückgegeben (zum Beispiel open, mounted ...) → Datenbank erst beenden

```
SQL> SHUTDOWN [NORMAL | IMMEDIATE | TRANSACTIONAL]
```

Falls ein SHUTDOWN NORMAL, IMMEDIATE oder TRANSACTIONAL nicht funktioniert:

```
SQL> SHUTDOWN ABORT
```

3. **Kopieren einer fehlerfreien Control-Datei**

   Anschließend wird eine fehlerfreie Control-Datei in das Verzeichnis der beschädigten Control-Datei mit Betriebssystemmitteln kopiert. Der Name der neuen Control-Datei muss gleich dem Namen der beschädigten Control-Datei sein.

   Steht das Verzeichnis der beschädigten Control-Datei noch nicht wieder zur Verfügung, kann die Control-Datei auch in ein beliebiges Verzeichnis kopiert werden. Danach muss jedoch der Parameter CONTROL_FILES entsprechend angepasst werden.

   Falls ein SPFILE im Einsatz ist und beim Ändern des Parameters ein ORA-02095 auftritt, so sollte überprüft werden, ob eventuell notwendige Hochkommata fehlen.

   Beispiel:

```
SQL> ALTER SYSTEM SET CONTROL_FILES='/oracle/GC1/ctrl1/ctrl1.ctl', '/oracle/GC1/
ctrl2/ctrl2.ctl', '/oracle/GC1/ctrl3/ctrl3.ctl' SCOPE=SPFILE;
```

   Andernfalls kann durch temporäres Erzeugen einer INIT.ORA-Datei der Parameter geändert werden.

   INIT.ORA erzeugen (Datenbank kann gestoppt sein):

```
SQL> CREATE PFILE FROM SPFILE;
```

   Anschließend den Parameter CONTROL_FILES in der erzeugten INIT.ORA-Datei anpassen.

   Danach wieder ein SPFILE erzeugen:

```
SQL> CREATE SPFILE FROM PFILE;
```

4. **Starten der Datenbank**

   Anschließend kann die Datenbank wieder gestartet werden:

```
SQL> STARTUP
```

10.9.2 Verlust aller Control-Dateien

Tritt aufgrund eines Hardware-Fehlers ein vollständiger Verlust aller Control-Dateien auf, so gibt es zwei Möglichkeiten, das Problem zu beheben:

- Einspielen einer Sicherung der Control-Datei
- Erzeugen einer neuen Control-Datei

Wird eine Sicherung der Control-Datei eingespielt, so muss die Datenbank nach dem Recovery auf jeden Fall mit OPEN RESETLOGS geöffnet werden. Dies erfordert bei Oracle Releases vor 10g jedoch nach dem OPEN RESETLOGS eine vollständige Sicherung der Datenbank, um gegebenenfalls auch ein Recovery auf einen Stand nach dem OPEN RESETLOGS vornehmen zu können.

Deshalb ist im Allgemeinen der Lösungsansatz über das Erzeugen einer neuen Control-Datei der bessere Weg, da hier – je nach vorhandenen Voraussetzungen – die Möglichkeit besteht, die Datenbank ohne ein OPEN RESETLOGS zu öffnen.

Verhalten der Datenbank bei Verlust aller Control-Dateien

Wird die einzige oder alle Control-Dateien beschädigt, so ist die Datenbank nicht mehr funktionsfähig. Sobald ein Zugriff auf die Control-Datei(en) erfolgt, zum Beispiel bei einer Strukturänderung, wird eine Fehlermeldung ausgegeben.

Ein Start der Datenbank in den MOUNT-Status funktioniert dann nicht mehr. Es wird folgende Fehlermeldung ausgegeben:

```
ORA-00205: error in identifying control file, check alert log for more info
```

Es ist jedoch noch möglich, die Instanz in den NOMOUNT-Status zu starten.

Vorgehen bei Einspielen einer Sicherung der Control-Datei

Wird eine Sicherung der Control-Datei eingespielt, so muss die Datenbank nach dem Recovery auf jeden Fall mit OPEN RESETLOGS geöffnet werden.

1. **Ermitteln des Speicherorts und des Namens der Control-Dateien**

   Dies kann entweder über den Parameter CONTROL_FILES oder die Alert-Datei erfolgen. Bei jedem Starten der Datenbank wird der Wert des Parameters CONTROL_FILES in die Alert-Datei eingetragen.

   Läuft die Datenbank nicht mehr, so kann – falls erforderlich – die Instanz in den NOMOUNT-Status gestartet werden. Anschließend kann der Parameter CONTROL_FILES über das folgende Statement angezeigt werden.

   ```
   SQL> SHOW PARAMETER CONTROL_FILES;
   ```

   Zusätzlich sollte an dieser Stelle – falls sich die Datenbank noch mindestens im MOUNT-Zustand befindet – der Speicherort der Online-Redolog-Dateien über die View V$LOGFILE ermittelt werden. Diese sind notwendig, falls ein vollständiges Recovery durchgeführt werden soll.

2. **Status der Datenbank prüfen**

   ```
   SQL> SELECT STATUS FROM V$INSTANCE;
   ```

   Wird noch ein Ergebnis zurückgegeben (zum Beispiel open, mounted ...)

   →Datenbank erst beenden

   ```
   SQL> SHUTDOWN ABORT
   ```

SHUTDOWN ABORT wird in den meisten Fällen nötig sein, weil keine Control-Datei mehr verfügbar ist, die den Checkpoint aufnehmen könnte.

3. **Sicherung der unbeschädigten Online-Redolog-Dateien**

   Die Sicherung der Online-Redolog-Dateien kann durch einfaches Kopieren der Dateien auf Betriebssystemebene *bei geschlossener Datenbank* erfolgen. Es sollte sichergestellt sein, dass diese Sicherungskopien nicht überschrieben werden oder verloren gehen können.

   Durch das Öffnen der Datenbank mit OPEN RESETLOGS nach Durchführung des Recoverys wird der Inhalt der Online-Redolog-Dateien zurückgesetzt. Falls nun das Recovery wiederholt und ein Recovery der Datenbank bis zum aktuellen Stand vorgenommen werden muss, wird die Sicherung der Online-Redolog-Dateien mit Stand vor dem Recovery benötigt.

4. **Sicherung der Control-Datei und der Offline-Redolog-Dateien einspielen**

   a. Control-Datei

      Die letzte vorhandene Sicherung der Control-Datei in die Verzeichnisse einspielen, die im Parameter CONTROL_FILES definiert wurden.

      Stehen die Verzeichnisse, die im Parameter CONTROL_FILES definiert wurden, noch nicht wieder zur Verfügung, so kann der Parameter CONTROL_FILES auf andere Verzeichnisse geändert werden. Die Rücksicherung der Control-Datei muss dann natürlich in die geänderten Verzeichnisse erfolgen.

Hinweis
Es sollte darauf geachtet werden, dass alle im Parameter CONTROL_FILES angegebenen Verzeichnisse mit der Sicherung der Control-Datei versorgt werden.

   b. Offline-Redolog-Dateien

      Über die *Alert-Datei* ermitteln, welche Offline-Redolog-Dateien für das Recovery benötigt werden:

Hinweis
Das Verzeichnis, in dem die Offline-Redolog-Dateien stehen, kann über die Parameter LOG_ARCHIVE_DEST oder LOG_ARCHIVE_DEST_n ermittelt werden. Die Parameter werden beim Starten in der Alert-Datei protokolliert. Alternativ kann die View V$ARCHIVE_DEST (Spalten DEST_NAME, DESTINATION) verwendet werden. Wurde eine Flash Recovery Area definiert (Parameter DB_RECOVERY_FILE_DEST), befinden sich die Offline-Redolog-Dateien in den Verzeichnissen unterhalb des Verzeichnisses DB_RECOVERY_FILE_DEST\<SID>\ARCHIVELOG.

      In der *Alert-Datei* nach dem letzten *Log-Switch* vor Beginn der Sicherung der Control-Datei suchen. In der Regel wird das eine vollständige Datenbanksicherung (online oder offline) sein.

Hinweis
Das Verzeichnis, in dem sich die Alert-Datei (Name in den meisten Fällen alert_<SID>.log) befindet, kann in den Versionen vor Oracle 11g ebenfalls über einen Parameter ermittelt werden (BACKGROUND_DUMP_DEST). Der Default-Wert ist betriebssystemabhängig.
Ab Oracle 11g kann hierfür die View V$DIAG_INFO (SELECT * FROM V$DIAG_INFO) mit dem Eintrag Diag Trace (textbasierend) beziehungsweise Diag Alert (XML-Format) verwendet werden.

Beispiel:

Die Sicherung wurde am 18. April um 20 Uhr gestartet. Vor 20 Uhr findet sich in der *Alert-Datei* folgender Eintrag für den letzten Log-Switch vor der Sicherung:

```
Tue Apr 18 19:51:38 2008
Thread 1 advanced to log sequence 787
  Current log# 13 seq# 787 mem# 0: F:\...\LOG_G13M1.DBF
  Current log# 13 seq# 787 mem# 1: G:\...\LOG_G13M2.DBF
```

Somit müssen alle *Offline-Redolog-Dateien* ab der Log-Sequence-Nummer **787** zurückgesichert werden.

Hinweis
Da es bei der Ermittlung der benötigten Offline-Redolog-Dateien erfahrungsgemäß oft vorkommt, dass man in der Eile um eine oder zwei Log-Sequence-Nummern danebenliegt, ist es sinnvoll, noch ungefähr fünf Offline-Redolog-Dateien mehr zurückzusichern (hier wäre das dann ab der Log-Sequence-Nummer 782).

5. **Datenbank starten in MOUNT-Status**

```
SQL> STARTUP MOUNT
```

Das Starten der Datenbank in den MOUNT-Status muss an diesem Punkt ohne Fehlermeldung funktionieren.

Zur Kontrolle noch folgendes Kommando ausführen:

```
SQL> SELECT STATUS FROM V$INSTANCE;

MOUNTED
```

Startet die Datenbank nicht in den MOUNT-Status oder werden beim Starten Fehlermeldungen ausgegeben, hat die Datenbank noch ein oder mehrere andere Probleme. Bitte dann erst wie im Abschnitt 10.1 beschrieben eine genaue Fehleranalyse durchführen. Wenn die Datenbank nicht fehlerfrei in den MOUNT-Status hochgefahren werden kann, ist auch kein Recovery möglich.

6. **Recovery der Datenbank**

Nun wird ein vollständiges Recovery durchgeführt. Die Option USING BACKUP CONTROLFILE wird verwendet, weil die Control-Datei aus der Sicherung zurückgeholt wurde und deshalb nicht die aktuelle ist.

```
SQL> RECOVER DATABASE USING BACKUP CONTROLFILE;
```

Die anschließende Bildschirmausgabe sieht in etwa folgendermaßen aus:

```
ORA-00279: change 1447969 generated at 04/18/08 20:00:58 needed for thread 1
ORA-00289: suggestion : F:\ORACLE\GC1\saparch\GC1ARC00787.001
ORA-00280: change 1447969 for thread 1 is in sequence #787
Specify log: [<RET> for suggested | AUTO | FROM logsource | CANCEL ]
```

Durch Eingabe von AUTO werden nun alle im ARCHIVELOG-Verzeichnis vorhandenen Offline-Redolog-Dateien eingefahren.

Anschließend muss das obige RECOVER-Kommando nochmals gestartet und statt AUTO Pfad und Name der Online-Redolog-Dateien mit der geforderten Log-Sequence-Nummer (im obigen Beispiel wäre es #787) angegeben werden. Welcher Online-Redolog-Datei die geforderte Log-Sequence-Nummer zugeordnet ist, kann über das folgende Kommando herausgefunden werden:

```
SQL> SELECT V1.GROUP#, MEMBER, SEQUENCE#
FROM V$LOG V1, V$LOGFILE V2
WHERE V1.GROUP# = V2.GROUP#;
```

Die Angabe der Online-Redolog-Dateien ist notwendig, weil für ein vollständiges Recovery auch die Informationen aus den nicht archivierten Online-Redolog-Dateien benötigt werden.

Hinweis
Wird versucht, die Datenbank **VOR** dem Einfahren der Online-Redolog-Dateien zu öffnen, wird Folgendes gemeldet:

```
ORA-01547: warning: RECOVER succeeded but OPEN RESETLOGS would get error below
ORA-01152: file 1 was not restored from a sufficiently old backup
ORA-01110: data file 1: '/home/app/oradata/GC1/system01.dbf'
```

War das Recovery erfolgreich, wird folgende Meldung ausgegeben:

```
Media recovery complete.
```

Die Datenbank erkennt selbstständig die Dateien, die nicht auf dem aktuellsten Stand sind, das heißt aus der Sicherung zurückgespielt wurden, und führt für diese ein Recovery durch.

7. **Öffnen der Datenbank**

Anschließend kann die Datenbank wieder geöffnet werden:

```
SQL> ALTER DATABASE OPEN RESETLOGS;
```

OPEN RESETLOGS muss nach einem Recovery mit der Option USING BACKUP CONTROL FILE immer angegeben werden. Durch OPEN RESETLOGS werden die vorhandenen Online-Redolog-Dateien neu initialisiert und die aktuelle Log-Sequence-Nummer auf 1 zurückgesetzt.

8. **Sicherung der Datenbank**

   Bei Releases vor Oracle 10g muss danach zwingend eine Komplettsicherung durchgeführt werden, da durch das `OPEN RESETLOGS` eine neue Datenbankinkarnation angelegt wird. Eine Inkarnation ist eine neue (interne) Version. Danach ist es nicht mehr möglich, ein Recovery über den Zeitpunkt des `OPEN RESETLOGS` hinaus vorzunehmen.

   Ab Oracle 10g ist eine anschließende Komplettsicherung nicht mehr unbedingt notwendig, da nun ein Recovery durch ein oder mehrere `OPEN RESETLOGS` möglich ist.

9. **Überprüfung Alert-Datei**

   Abschließend sollte in der Alert-Datei kontrolliert werden, ob auch beim Öffnen der Datenbank keine Fehlermeldungen protokolliert wurden.

Vorgehen bei Erzeugen einer neuen Control-Datei

Das Erzeugen einer neuen Control-Datei ist notwendig, wenn

- keine Control-Datei verfügbar ist, welche die aktuelle Struktur widerspiegelt
- Konfigurationseinstellungen verändert werden müssen, die in der Control-Datei definiert werden (wie zum Beispiel `MAXDATAFILES`)

> **Hinweis**
> Von Vorteil ist das Erzeugen einer neuen Control-Datei (mit Option `NORESETLOGS`) auch, wenn alle Control-Dateien zerstört, aber noch alle Online-Redolog-Dateien unbeschädigt sind. Nach dem Recovery kann in diesem Fall die Datenbank ohne ein `OPEN RESETLOGS` geöffnet werden.

Voraussetzung für das Erzeugen einer neuen Control-Datei ist eine aktuelle Übersicht aller Daten- und Online-Redolog-Dateien.

Falls diese Übersicht nicht vorhanden ist, könnte die aktuelle Übersicht aller Daten- und Online-Redolog-Dateien eventuell noch in den Log-Dateien des Backup-Programms zur Verfügung stehen. Anschließend kann das `CREATE CONTROLFILE`-Statement manuell aufgebaut werden.

Einfacher ist das Erzeugen einer neuen Control-Datei jedoch, wenn beispielsweise während einer Sicherung der Befehl zum Erzeugen einer neuen Control-Datei mit `ALTER DATABASE BACKUP CONTROLFILE TO TRACE { RESETLOGS | NORESETLOGS }` in eine Textdatei gesichert wurde. Bei Ausführen des Statements `ALTER DATABASE BACKUP CONTROLFILE TO TRACE` wird die Textdatei in dem Verzeichnis erzeugt, das durch den Parameter `USER_DUMP_DEST` (Versionen vor Oracle 11g) definiert wurde. Ab Oracle 11g wird die Textdatei in das Verzeichnis `Diag Trace` geschrieben. Das Verzeichnis `Diag Trace` kann über die View `V$DIAG_INFO` (`SELECT * FROM V$DIAG_INFO`) ermittelt werden.

Hinweis
Wurde das Statement manuell ausgeführt, findet man die erzeugte Datei am einfachsten, wenn man eine Sortierung der Dateien im Verzeichnis `USER_DUMP_DEST` beziehungsweise `Diag Trace` nach der Zeit durchführt und die aktuellste Datei dann betrachtet.

Bei Oracle 11g wird das `CREATE CONTROLFILE`-Statement leider zusammen mit anderen Informationen in die `Default Trace Datei` (diese kann auch über die View `V$DIAG_INFO` ermittelt werden) geschrieben. Um dies zu umgehen, kann das Statement um eine explizite Dateiangabe ergänzt werden, zum Beispiel: `ALTER DATABASE BACKUP CONTROLFILE TO TRACE AS '<dateiname>';`

In der Textdatei ist auch detailliert beschrieben, wie bei einem `CREATE CONTROLFILE` entweder mit der Option `RESETLOGS` oder mit der Option `NORESETLOGS` vorgegangen werden muss.

Wurde die Control-Datei mit einem `ALTER DATABASE BACKUP CONTROLFILE TO filename` (nicht mit der `TRACE`-Option) gesichert, so kann wie in Abschnitt 11.6 beschrieben vorgegangen werden, falls ein Öffnen der Datenbank ohne `RESETLOGS` (bei unbeschädigten Online-Redolog-Dateien) gewünscht wird.

1. **Ermitteln des Speicherorts und des Namens der Control-Dateien**

   Dies kann entweder über den Parameter `CONTROL_FILES` oder die Alert-Datei erfolgen. Bei jedem Starten der Datenbank wird der Wert des Parameters `CONTROL_FILES` in die Alert-Datei eingetragen.

   Läuft die Datenbank nicht mehr, so kann – falls erforderlich – die Instanz in den NOMOUNT-Status gestartet werden. Anschließend kann der Parameter `CONTROL_FILES` über das folgende Statement angezeigt werden.

```
SQL> SHOW PARAMETER CONTROL_FILES;
```

   Zusätzlich sollte an dieser Stelle – falls sich die Datenbank noch mindestens im MOUNT-Zustand befindet – der Speicherort der Online-Redolog-Dateien über die View `V$LOGFILE` ermittelt werden. Diese sind notwendig, falls ein vollständiges Recovery durchgeführt werden soll.

2. **Status der Datenbank prüfen**

```
SQL> SELECT STATUS FROM V$INSTANCE;
```

   Wird noch irgendein Ergebnis zurückgegeben (zum Beispiel open, mounted ...)

   → Datenbank erst beenden

```
SQL> SHUTDOWN ABORT
```

   `SHUTDOWN ABORT` wird in den meisten Fällen nötig sein, weil keine Control-Datei mehr verfügbar ist, die den Checkpoint aufnehmen könnte.

3. **Sicherung der unbeschädigten Online-Redolog-Dateien**

   Die Sicherung der Online-Redolog-Dateien kann durch einfaches Kopieren der Dateien bei geschlossener Datenbank auf Betriebssystemebene erfolgen. Es sollte sichergestellt sein, dass diese Sicherungskopien nicht überschrieben werden oder verloren gehen können.

   Durch ein Öffnen der Datenbank mit `OPEN RESETLOGS` nach Durchführung des Recoverys wird der Inhalt der Online-Redolog-Dateien zurückgesetzt. Falls nun das Recovery nach einem `OPEN RESETLOGS` wiederholt werden muss und ein Recovery auf den aktuellen Stand nötig ist, wird die Sicherung der Online-Redolog-Dateien mit Stand vor dem Recovery benötigt.

4. **Sicherung der Datenbank**

   Es wäre nun sinnvoll, an dieser Stelle eine vollständige Sicherung der Datenbank durchzuführen, um im Fehlerfall den Vorgang wiederholen zu können. In der Regel wird dies jedoch aus Zeitgründen nicht möglich sein.

5. **Instanz starten in NOMOUNT-Status**

```
SQL> STARTUP NOMOUNT
```

   Das Starten der Instanz in den NOMOUNT-Status muss an diesem Punkt ohne Fehlermeldung funktionieren.

   Zur Kontrolle noch folgendes Kommando ausführen:

```
SQL> SELECT STATUS FROM V$INSTANCE;
STARTED
```

   Startet die Instanz nicht in den NOMOUNT-Status oder werden beim Starten Fehlermeldungen ausgegeben, hat die Datenbank beziehungsweise die Instanz noch ein oder mehrere andere Probleme. Bitte dann erst wie im Abschnitt 10.1 beschrieben eine genaue Fehleranalyse durchführen. Wenn die Instanz nicht fehlerfrei in den NOMOUNT-Status hochgefahren werden kann, ist auch kein Recovery möglich.

> **Achtung!**
> Vor dem Recovery darf die Datenbank auf keinen Fall geöffnet werden. Wird die Datenbank vor oder während des Recoverys geöffnet, können keine weiteren Redolog-Dateien mehr eingefahren werden.

6. **Erzeugen der neuen Control-Datei**

   Nun kann entweder über die `CREATE CONTROLFILE`-Statements aus der Textdatei, die mit `ALTER DATABASE BACKUP CONTROLFILE TO TRACE` erzeugt wurde, oder über die manuelle Angabe des `CREATE CONTROLFILE`-Statements eine neue Control-Datei erzeugt werden.

   Bei manueller Angabe des `CREATE CONTROLFILE`-Statements ist es erforderlich, dass eine Übersicht über ALLE Daten- und Online-Redolog-Dateien vorhanden ist (zum Beispiel über die Log-Dateien des Backup-Programms).

Ist der Zeichensatz nicht der Default-Zeichensatz, so muss dieser beim CREATE CONTROLFILE-Statement angegeben werden. Der Zeichensatz wird bei jedem Starten der Datenbank in der Alert-Datei protokolliert. Wurde das CREATE CONTROL FILE-Statement über ein ALTER DATABASE BACKUP CONTROLFILE TO TRACE-Kommando erzeugt, so wird der Zeichensatz im CREATE CONTROLFILE-Statement bereits richtig angegeben.

Zu beachten ist, dass im CREATE CONTROLFILE-Statement ALLE Daten- und Online-Redolog-Dateien angegeben werden müssen.

Achtung!
Wurde nach dem Erzeugen des CREATE CONTROLFILE-Statements eine Strukturänderung an der Datenbank (wie zum Beispiel das Hinzufügen einer weiteren Datendatei) vorgenommen, so muss diese Strukturänderung noch in das CREATE CONTROLFILE-Statement manuell aufgenommen werden.

Je nach Szenario muss das CREATE CONTROLFILE-Statement nun unterschiedlich verwendet werden.

a. Stehen alle Online-Redolog-Dateien fehlerfrei zur Verfügung, so kann die NORESETLOGS-Option genutzt werden.

   Beispiel für ein CREATE CONTROLFILE-Statement mit NORESETLOGS-Option:

```
CREATE CONTROLFILE REUSE DATABASE "GC" NORESETLOGS ARCHIVELOG
    MAXLOGFILES 16
    MAXLOGMEMBERS 3
    MAXDATAFILES 100
    MAXINSTANCES 8
    MAXLOGHISTORY 292
LOGFILE
   GROUP 1 'C:\ORACLE\GC\REDO01.LOG'  SIZE 50M,
   GROUP 2 'F:\ORACLE\GC\REDO02.LOG'  SIZE 50M,
   GROUP 3 'E:\ORACLE\GC\REDO03.LOG'  SIZE 50M
DATAFILE
   'D:\ORACLE\ORADATA\GC\SYSTEM01.DBF',
   'D:\ORACLE\ORADATA\GC\UNDOTBS01.DBF',
   'D:\ORACLE\ORADATA\GC\SYSAUX01.DBF',
   'D:\ORACLE\ORADATA\GC\USERS01.DBF'
CHARACTER SET WE8MSWIN1252;
```

b. Stehen die Online-Redolog-Dateien nicht zur Verfügung, so muss die RESETLOGS-Option angegeben werden.

   Beispiel für ein CREATE CONTROLFILE-Statement mit RESETLOGS-Option:

```
CREATE CONTROLFILE REUSE DATABASE "GC" RESETLOGS ARCHIVELOG
    MAXLOGFILES 16
    MAXLOGMEMBERS 3
    MAXDATAFILES 100
    MAXINSTANCES 8
    MAXLOGHISTORY 292
```

```
LOGFILE
   GROUP 1 'C:\ORACLE\GC\REDO01.LOG'  SIZE 50M,
   GROUP 2 'F:\ORACLE\GC\REDO02.LOG'  SIZE 50M,
   GROUP 3 'E:\ORACLE\GC\REDO03.LOG'  SIZE 50M
DATAFILE
   'D:\ORACLE\ORADATA\GC\SYSTEM01.DBF',
   'D:\ORACLE\ORADATA\GC\UNDOTBS01.DBF',
   'D:\ORACLE\ORADATA\GC\SYSAUX01.DBF',
   'D:\ORACLE\ORADATA\GC\USERS01.DBF'
CHARACTER SET WE8MSWIN1252;
```

Nach Ausführen des CREATE CONTROLFILE-Statements muss kontrolliert werden, ob in allen im Parameter CONTROL_FILES definierten Verzeichnissen die neu erzeugte Control-Datei steht. Die Datenbank befindet sich nach Ausführen des CREATE CONTROLFILE-Statements nun im MOUNT-Status.

7. **Gegebenenfalls Recovery der Datenbank**

Ein Recovery ist notwendig, wenn Datendateien aus der Sicherung zurückgeholt wurden (Vorgehen siehe Abschnitt 10.6) oder wenn die Datenbank nicht konsistent beendet wurde (SHUTDOWN ungleich NORMAL, IMMEDIATE oder TRANSACTIONAL).

Nun kann das Recovery je nach verwendeter Option (NORESETLOGS oder RESETLOGS) beim CREATE CONTROLFILE-Statement gestartet werden:

a. CREATE CONTROLFILE-Statement mit NORESETLOGS-Option:

```
SQL> RECOVER DATABASE;
```

b. CREATE CONTROLFILE-Statement mit RESETLOGS-Option:

```
SQL> RECOVER DATABASE USING BACKUP CONTROLFILE;
```

War das Recovery erfolgreich, wird folgende Meldung ausgegeben:

```
Media recovery complete.
```

8. **Öffnen der Datenbank**

Anschließend kann die Datenbank wieder geöffnet werden. Hierbei muss beachtet werden, dass sich die Option beim Öffnen je nach der angegebenen Option beim CREATE CONTROLFILE-Statement unterscheidet:

a. Öffnen der Datenbank bei CREATE CONTROLFILE-Statement mit NORESETLOGS-Option:

```
SQL> ALTER DATABASE OPEN;
```

b. Öffnen der Datenbank bei CREATE CONTROLFILE-Statement mit RESETLOGS-Option:

```
SQL> ALTER DATABASE OPEN RESETLOGS;
```

Durch OPEN RESETLOGS werden die Online-Redolog-Dateien neu initialisiert und die aktuelle Log-Sequence-Nummer auf 1 zurückgesetzt.

9. **Sicherung der Datenbank**

   Bei Releases vor Oracle 10g muss nach einem Öffnen der Datenbank mit `OPEN RESETLOGS` zwingend eine Komplettsicherung durchgeführt werden, da durch das `OPEN RESETLOGS` eine neue Datenbankinkarnation angelegt wird. Eine Inkarnation ist eine neue (interne) Version. Danach ist es nicht mehr möglich, ein Recovery über den Zeitpunkt des `OPEN RESETLOGS` hinaus zum Beispiel auf den aktuellen Stand vorzunehmen.

   Ab Oracle 10g ist eine anschließende Komplettsicherung nicht mehr unbedingt notwendig, da nun ein Recovery durch ein oder mehrere `OPEN RESETLOGS` möglich ist.

10. **Überprüfung Alert-Datei**

    Abschließend sollte in der Alert-Datei kontrolliert werden, ob auch beim Öffnen der Datenbank keine Fehlermeldungen protokolliert wurden.

10.10 Unvollständiges Recovery

Ein unvollständiges Recovery bedeutet immer, dass das Recovery der Datenbank nicht bis zum aktuellen Zeitpunkt durchgeführt wird.

Ein unvollständiges Recovery kann aus folgenden Gründen notwendig werden:

- Zu einem bestimmten Zeitpunkt ist ein logischer Fehler (zum Beispiel ein Benutzerfehler) aufgetreten. Das Recovery der Datenbank wird dann gewollt bis unmittelbar vor dem logischen Fehler vorgenommen.
- Eine Offline-Redolog-Datei ist nicht mehr vorhanden oder nicht lesbar. Auch dann kann nur noch ein unvollständiges Recovery durchgeführt werden bis zur letzten vor der defekten Offline-Redolog-Datei vorhandenen Offline-Redolog-Datei.
- Das Spiegeln der Online-Redolog-Dateien wurde nicht konfiguriert, und die aktuelle Redolog-Gruppe ist beschädigt. In diesem Fall gehen die Informationen in der aktuellen Redolog-Gruppe verloren. Ein Recovery der Datenbank kann also nicht mehr bis zum aktuellen Zeitpunkt vorgenommen werden.
- Die Datenbank soll zurückgesetzt werden. Beispielsweise für Systemkopien oder Tests kann es wünschenswert sein, einen früheren Stand der Datenbank zur Verfügung zu stellen.

Soll ein unvollständiges Recovery vorgenommen werden, müssen immer sämtliche Dateien der Datenbank aus der Sicherung zurückgeholt werden. Lediglich die Control-Dateien müssen nur dann zurückgeholt werden, wenn nach dem `RECOVER UNTIL`-Zeitpunkt eine Strukturänderung (zum Beispiel Hinzufügen einer Datendatei) durchgeführt wurde oder eine Offline-Sicherung ohne weiteres Recovery eingespielt werden soll.

Wurden die Control-Dateien aus der Sicherung zurückgeholt, so muss die Option `USING BACKUP CONTROLFILE` angegeben werden.

Die Datenbank muss nach einem unvollständigen Recovery immer mit `OPEN RESET LOGS` geöffnet werden.

Es gibt drei Möglichkeiten, ein unvollständiges Recovery durchzuführen:

1. **Recovery bis zu einem bestimmten Datum und Uhrzeit** (»UNTIL TIME«)

   Das Recovery wird automatisch zum definierten Zeitpunkt beendet.

```
SQL> RECOVER DATABASE UNTIL TIME 'YYYY-MM-DD:HH24:MI:SS';
```

Beispiel:

```
SQL> RECOVER DATABASE UNTIL TIME '2007-09-26:17:45:00';
```

   Wird nach Absetzen des Statements `AUTO` eingegeben, werden automatisch alle benötigten Offline-Redolog-Dateien (soweit diese im ARCHIVELOG-Verzeichnis vorhanden sind) in die Datenbank eingespielt.

2. **Recovery bis zu einer bestimmten Redolog-Datei** (»UNTIL CANCEL«)

   Das Recovery wird nach Eingabe von `CANCEL` beendet. Das bedeutet, dass das Ende des Recoverys manuell vom Datenbankadministrator bestimmt wird. Wird `CANCEL` angegeben, wird das Recovery nach der vorhergehenden bereits eingefahrenen Redolog-Datei beendet.

   Wird nach Absetzen des Statements `AUTO` eingegeben, werden automatisch alle im definierten ARCHIVELOG-Verzeichnis vorhandenen Offline-Redolog-Dateien in die Datenbank eingespielt.

```
SQL> RECOVER DATABASE UNTIL CANCEL;
```

3. **Recovery bis zu einer bestimmten System-Change-Nummer** (»UNTIL CHANGE«)

   Das Recovery wird bis zu einer definierten System-Change-Nummer (SCN) durchgeführt.

```
SQL> RECOVER DATABASE UNTIL CHANGE <scn>;
```

   Wird nach Absetzen des Statements `AUTO` eingegeben, werden automatisch alle benötigten Offline-Redolog-Dateien (soweit diese im ARCHIVELOG-Verzeichnis vorhanden sind) in die Datenbank eingespielt.

Das Vorgehen bei den einzelnen Möglichkeiten für ein unvollständiges Recovery ist im Abschnitt 6.2.2 bereits ausführlich beschrieben worden.

10.11 Komplettausfall des Rechners (Disaster Recovery)

Fällt ein ganzer Rechner inklusive aller Komponenten aus, kann es vorkommen, dass ein sogenanntes Disaster Recovery durchgeführt werden muss. Bei dieser Recovery Art muss das Oracle-Datenbank-System von Beginn an neu aufgesetzt werden, das heißt, zuerst muss die Oracle-Software neu installiert oder ein Recovery der Oracle-Software durchgeführt werden, anschließend müssen dann sämtliche Datenbankdateien wiederhergestellt werden. Bevor ein Disaster Recovery durchgeführt wird, sollte jedoch unbedingt geprüft werden, ob geeignete Sicherungen des Rechners beziehungsweise der Datenbank existieren.

Eine Empfehlung für die Vorgehensweise eines Disaster Recoverys ohne Nutzung einer Standby-Datenbank oder RMAN wird nachfolgend beschrieben.

1. **Sicherung des zerstörten Systems, falls noch möglich**

   Falls das zerstörte System neu aufgebaut oder abgeschaltet werden soll, ist es sinnvoll, dieses im zerstörten Zustand vor dem Neuaufbau zu sichern (falls noch möglich). Gegebenenfalls können hier auch manuelle Verfahren wie zum Beispiel das Kopieren einzelner Verzeichnisse auf einen anderen Rechner oder die manuelle Sicherung der Registry zum Einsatz kommen.

   Vorteilhaft ist es, wenn noch die unten genannten Komponenten gesichert werden können. Besser ist es natürlich, wenn dies schon vor dem Komplettausfall des Rechners im Rahmen eines Disaster-Recovery-Konzepts oder eines Sicherungskonzepts vorgenommen wurde. Erfahrungsgemäß fehlt aber in der Praxis oft trotzdem die eine oder andere Information.

   - Plattenverteilung (Größe, Laufwerksbuchstaben)
   - Betriebssystemversion und -Patchstand
   - Verbundene Filesysteme
   - Betriebssystemparametrisierung
   - Windows: Registry (komplett/Oracle)
   - Unix: Konfigurationsdateien wie .cshrc, .profile, oratab, Start-/Stopp-Skripte
   - Oracle-Parametrisierung (Environment, INIT.ORA, SPFILE)
   - Applikationsabhängige Parametrisierung
   - Oracle-Konfigurationsdateien wie listener.ora, tnsnames.ora, orapw<SID>.ora, sqlnet.ora
   - Online-Redolog-Dateien
   - Control-Dateien
   - Alert-Datei

2. **Wiederherstellung der Hardware und des Betriebssystems**

   Bei der Wiederherstellung der Hardware muss darauf geachtet werden, dass auf den Ersatz-Festplatten die Struktur (Verzeichnisse, Laufwerksbuchstaben) und Größe der Filesysteme des Originalsystems abgebildet werden können.

   Das Ersatzsystem sollte möglichst die gleiche Hauptspeichergröße wie das Originalsystem bereitstellen. Auch IP-Adresse und Hostname sollten dem Originalsystem entsprechen.

   Außerdem sollten Filesysteme, die auf entfernten Systemen liegen, wieder montiert werden.

   Falls für das Betriebssystem keine entsprechende Sicherung existiert, sollte bei einer Neuinstallation möglichst die gleiche Version des Betriebssystems inklusive genauem Patchstand wie vor dem kompletten Ausfall des Rechners installiert werden. Auch die Parametrisierung des Ersatz-Betriebssystems sollte der Parametrisierung des Original-Betriebssystems entsprechen.

3. **Wiederherstellung der Oracle-Software**

   Es gibt die unten genannten Möglichkeiten für die Wiederherstellung der Oracle-Software. Detailliert sind diese in Abschnitt 10.2 erläutert.

   a. Neuinstallation

   b. Restore des Oracle-Software-Verzeichnisses aus der Sicherung (inklusive Registryeinträgen für Oracle bei Windows und diverser Konfigurationsdateien unter Unix)

   c. Kopieren einzelner Verzeichnisse von einem anderen Rechner (nur möglich, wenn ausschließlich bestimmte Verzeichnisse zerstört sind)

4. **Wiederherstellung des Environments**

   Nach der Wiederherstellung der Oracle-Software müssen noch die notwendigen Environment-Variablen überprüft und gegebenenfalls angepasst werden. Beispiele dafür wären `ORACLE_HOME`, `ORACLE_SID`, `ORA_NLSxx`, `PATH`, `NLS_LANG` etc. Eventuell existieren auch noch applikationsabhängige Environment-Variablen, die anzupassen sind.

   Die Wiederherstellung des Environments kann unter Windows bei Restore des Oracle-Software-Verzeichnisses aus der Sicherung und zerstörter Registry durch die Rücksicherung der Registry (mindestens Registry-Einträge für Oracle) beziehungsweise der Konfigurationsdateien wie zum Beispiel .cshrc unter Unix oder durch manuelles Editieren der entsprechenden Variablen erfolgen.

5. **Rücksicherung der Datenbank**

   Normalerweise wird nach der Rücksicherung möglichst ein vollständiges Recovery bis zum aktuellen Zeitpunkt durchgeführt.

   Benötigt werden für ein vollständiges Recovery einer kompletten Datenbank bis zum aktuellen Zeitpunkt:

   – *Datendateien*

     Aktuellste Sicherung (online oder offline) aller Datendateien einspielen – wenn möglich in die gleich benannten Verzeichnisse, in denen die Datendateien vorher gestanden haben.

     Ist der Hardware-Fehler noch nicht behoben, besteht die Möglichkeit, die Sicherung der Datendateien in andere Verzeichnisse einzuspielen.

     In der Alert-Datei – falls diese noch vorhanden ist – prüfen, ob zwischen der eingespielten Sicherung und dem Wiederherstellungszeitpunkt Strukturänderungen stattgefunden haben. Falls Strukturänderungen erfolgt sind, kann wie in Abschnitt 11.1 beschrieben vorgegangen werden.

   – *Online-Redolog-Dateien*

     Falls die Online-Redolog-Dateien noch auf dem defekten Rechner vorhanden und zugreifbar waren, die Online-Redolog-Dateien einspielen – wenn möglich in die gleich benannten Verzeichnisse –, in denen diese vor dem Ausfall gestanden haben.

Ist der Hardware-Fehler noch nicht behoben, besteht die Möglichkeit, die vom defekten Rechner gesicherten Online-Redolog-Dateien in andere Verzeichnisse einzuspielen.

- *Control-Dateien*

  Aktuellste Sicherung der Control-Datei in die Verzeichnisse einspielen, in denen die Control-Dateien vor dem Ausfall des Rechners gestanden haben. Sind die Verzeichnisse nicht vorhanden, muss der Parameter `CONTROL_FILES` in der Parameterdatei entsprechend angepasst werden.

  Falls die Control-Dateien auf dem defekten Rechner noch verfügbar waren, die Control-Dateien des defekten Rechners verwenden.

- *Konfigurationsdateien*

  Zum Beispiel listener.ora, tnsnames.ora, orapw<SID>.ora, sqlnet.ora

- *Spezielle Dateien bei Betriebssystem Unix*

  Falls erforderlich, oratab, Start-/Stopp-Skripte zurücksichern, zum Beispiel in Verzeichnis `/etc/init.d`

- *Offline-Redolog-Dateien*

  Alle Offline-Redolog-Dateien einspielen, die seit der verwendeten Sicherung bis zum aktuellen Zeitpunkt erzeugt und gesichert wurden.

  Wenn die Alert-Datei noch vorhanden ist, kann über diese ermittelt werden, welche Offline-Redolog-Dateien für das Recovery benötigt werden.

  Andernfalls müssen die Sicherungsprotokolle für die Ermittlung der benötigten Offline-Redolog-Dateien verwendet werden.

> **Hinweis**
> Das Verzeichnis, in dem die Offline-Redolog-Dateien stehen, kann über die Parameter `LOG_ARCHIVE_DEST` oder `LOG_ARCHIVE_DEST_n` ermittelt werden (wird bei jedem Starten in die Alert-Datei geschrieben). Alternativ kann die View `V$ARCHIVE_DEST` (Spalten DEST_NAME, DESTINATION) verwendet werden.
> Wurde eine Flash Recovery Area definiert (Parameter `DB_RECOVERY_FILE_DEST`), befinden sich die Offline-Redolog-Dateien in den Verzeichnissen unterhalb des Verzeichnisses `DB_RECOVERY_FILE_DEST\<SID>\ARCHIVELOG`.

In der *Alert-Datei* nach dem letzten *Log-Switch* vor Beginn der für das Recovery verwendeten Sicherung suchen.

> **Hinweis**
> Das Verzeichnis, in dem sich die Alert-Datei (Name in den meisten Fällen alert_<SID>.log) befindet, kann in den Versionen vor Oracle 11g ebenfalls über einen Parameter ermittelt werden (`BACKGROUND_DUMP_DEST`). Der Default-Wert ist betriebssystemabhängig.
> Ab Oracle 11g kann hierfür die View `V$DIAG_INFO` (`SELECT * FROM V$DIAG_INFO`) mit dem Eintrag `Diag Trace` (textbasierend) beziehungsweise `Diag Alert` (XML-Format) verwendet werden.

Beispiel:

Die Sicherung wurde am 18. April um 20 Uhr gestartet. Vor 20 Uhr findet sich in der *Alert-Datei* folgender Eintrag für den letzten Log-Switch vor der Sicherung:

```
Tue Apr 18 19:51:38 2008
Thread 1 advanced to log sequence 787
  Current log# 13 seq# 787 mem# 0: F:\...\LOG_G13M1.DBF
  Current log# 13 seq# 787 mem# 1: G:\...\LOG_G13M2.DBF
```

Somit müssen alle *Offline-Redolog-Dateien* ab der Log-Sequence-Nummer **787** zurückgesichert werden.

> **Hinweis**
> Da es bei der Ermittlung der benötigten Offline-Redolog-Dateien erfahrungsgemäß oft vorkommt, dass man in der Eile um eine oder zwei Log-Sequence-Nummern danebenliegt, ist es sinnvoll, noch ungefähr fünf Offline-Redolog-Dateien mehr zurückzusichern (hier wäre das dann ab der Log-Sequence-Nummer 782).

6. **Recovery der Datenbank**

Anschließend kann das Recovery der Datenbank durchgeführt werden. Da meist ein vollständiges Recovery durchgeführt werden soll, wird im Nachfolgenden die Vorgehensweise für ein vollständiges Recovery bis zum aktuellen Zeitpunkt im Rahmen eines Disaster Recoverys geschildert.

a. **Datenbank starten in MOUNT-Status**

```
SQL> STARTUP MOUNT
```

Das Starten der Datenbank in den MOUNT-Status muss an diesem Punkt ohne Fehlermeldung funktionieren.

Zur Kontrolle noch folgendes Kommando ausführen:

```
SQL> SELECT STATUS FROM V$INSTANCE;
MOUNTED
```

Startet die Datenbank nicht in den MOUNT-Status oder werden beim Starten Fehlermeldungen ausgegeben, hat die Datenbank noch ein oder mehrere andere Probleme. Bitte dann erst wie in Abschnitt 10.1 beschrieben eine genaue Fehleranalyse durchführen. Wenn die Datenbank nicht fehlerfrei in den MOUNT-Status hochgefahren werden kann, ist auch kein Recovery möglich.

Achtung!
Vor dem Recovery darf die Datenbank auf keinen Fall im Read-/Write-Modus geöffnet werden. Wird die Datenbank vor oder während des Recoverys geöffnet, können keine weiteren Redolog-Dateien mehr eingefahren werden.

b. **Falls erforderlich, Rename der zurückgespielten Daten- oder Online-Redolog-Dateien**

Wurden die Daten- oder Online-Redolog-Dateien in andere als die ursprünglichen Verzeichnisse zurückgespielt, muss der Datenbank nun das neue Verzeichnis der zurückgespielten Dateien bekannt gemacht werden.

```
SQL> ALTER DATABASE RENAME FILE '<pfad alt\name>' TO '<pfad neu\name>';
```

Beispiel:

```
SQL> ALTER DATABASE RENAME FILE 'f:\oracle\gc1\data_1\userdata.data1' TO
'h:\oracle\gc1\data_1\userdata.data1';
```

Analog kann dies auch für die Online-Redolog-Dateien durchgeführt werden.

c. **Kontrolle der Datendateien**

Vor dem Recovery muss geprüft werden, ob die Datendateien des System-Tablespace den Status SYSTEM beziehungsweise alle anderen Datendateien den Status ONLINE besitzen.

```
SQL> SELECT STATUS, NAME FROM V$DATAFILE;
```

Das Ergebnis sollte ähnlich der folgenden Ausgabe aussehen:

```
STATUS  NAME
SYSTEM  F:\ORACLE\GC1\SYSTEM_1\SYSTEM.DATA1
ONLINE  F:\ORACLE\GC1\UNDO_1\UNDO.DATA1
ONLINE  F:\ORACLE\GC1\BTABD_1\BTABD.DATA1
```

Bei sehr vielen Datendateien kann auch einfacher der folgende Befehl verwendet werden:

```
SQL> SELECT DISTINCT STATUS FROM V$DATAFILE;
```

Als Ergebnis liefert dieser Befehl:

```
SYSTEM
ONLINE
```

Dadurch werden alle unterschiedlichen Status der Datendateien angezeigt, welche die Datendateien zum Zeitpunkt der Abfrage besitzen. Es dürfen bei Verwendung dieses Befehls nur die Status SYSTEM und ON-LINE als Ergebnis angezeigt werden.

Ist der Status einer defekten Datendatei OFFLINE, so muss dieser erst auf ONLINE geändert werden, um ein Recovery für diese Datendatei durchführen zu können:

```
SQL> ALTER DATABASE DATAFILE <pfad\name> ONLINE;
```

Beispiel:

```
SQL> ALTER DATABASE DATAFILE 'f:\oracle\gc1\data_1\userdata.data1' ONLINE;
```

d. Recovery der Datenbank

Stehen noch die Online-Redolog-Dateien des defekten Rechners zur Verfügung und konnte ebenfalls eine aktuelle Control-Datei vom defekten Rechner eingespielt werden beziehungsweise wurde eine neue Control-Datei mit Option NORESETLOGS erzeugt (wie in Abschnitt 10.9.2 beschrieben), kann das Recovery folgendermaßen gestartet werden:

```
SQL> RECOVER DATABASE;
```

Dadurch wird ein vollständiges Recovery bis zum aktuellen Zeitpunkt durchgeführt.

Falls die Online-Redolog-Dateien nicht mehr zur Verfügung stehen, so kann nur noch ein unvollständiges Recovery bis zur letzten vorhandenen Offline-Redolog-Datei vorgenommen werden. In diesem Fall sieht das Statement für das Recovery folgendermaßen aus:

```
SQL> RECOVER DATABASE UNTIL CANCEL [USING BACKUP CONTROLFILE];
```

Wurde auch die Control-Datei aus der Sicherung zurückgeholt, muss die Option USING BACKUP CONTROLFILE angegeben werden.

Die anschließende Bildschirmausgabe sieht in etwa folgendermaßen aus:

```
ORA-00279: change 1447969 generated at 04/18/08 20:00:58 needed for thread 1
ORA-00289: suggestion : F:\ORACLE\GC1\saparch\GC1ARC00787.001
ORA-00280: change 1447969 for thread 1 is in sequence #787
Specify log: [<RET> for suggested | AUTO | FROM logsource | CANCEL ]
```

Stehen alle Offline-Redolog-Dateien im ARCHIVELOG-Verzeichnis und stehen die Online-Redolog-Dateien des defekten Rechners noch zur Verfügung, kann die Meldung bei einem **vollständigen Recovery** mit AUTO bestätigt werden, und die Dateien (Offline- **und** Online-Redolog-Dateien) werden automatisch nacheinander abgearbeitet.

Muss ein **unvollständiges Recovery** bis zur letzten vorhandenen Offline-Redolog-Datei durchgeführt werden (UNTIL CANCEL), muss nun so oft die Returntaste gedrückt werden, bis die letzte vorhandene Offline-Redolog-Datei eingefahren wurde. Nach Eingabe von CANCEL wird das Recovery beendet.

Alternativ kann AUTO eingegeben werden. Dadurch werden alle im ARCHIVELOG-Verzeichnis vorhandenen Offline-Redolog-Dateien eingefahren und das Recovery anschließend beendet. Anschließend muss bei Angabe von AUTO nochmals ein RECOVER DATABASE UNTIL CANCEL eingegeben und dann das Recovery durch Angabe von CANCEL beendet werden.

War das Recovery erfolgreich, wird sowohl bei vollständigem und als auch bei unvollständigem Recovery die folgende Meldung ausgegeben:

```
Media recovery complete.
```

e. **Kontrolle der Datendateien**

Nach dem Recovery noch mal prüfen, ob die Datendateien des System-Tablespace den Status SYSTEM beziehungsweise alle anderen Datendateien den Status ONLINE besitzen. Auch ein abschließender Blick in die Alert-Datei sollte vorgenommen werden. Hier dürfen ebenfalls keine Fehlermeldungen aufgetreten sein.

```
SQL> SELECT STATUS, NAME FROM V$DATAFILE;
```

Bei sehr vielen Datendateien kann auch einfacher der folgende Befehl verwendet werden:

```
SQL> SELECT DISTINCT STATUS FROM V$DATAFILE;
```

Dadurch werden alle unterschiedlichen Status der Datendateien angezeigt, welche die Datendateien zum Zeitpunkt der Abfrage besitzen. Es dürfen bei Verwendung dieses Befehls nur die Status SYSTEM und ONLINE als Ergebnis angezeigt werden.

Werden hier Datendateien mit Status ungleich SYSTEM oder ONLINE angezeigt, muss das Recovery geprüft und anschließend müssen gegebenenfalls diese Datendateien mit folgendem Kommando online gesetzt werden:

```
SQL> ALTER DATABASE DATAFILE <pfad\name> ONLINE;
```

Beispiel:

```
SQL> ALTER DATABASE DATAFILE 'f:\oracle\gc1\data_1\userdata.data1' ONLINE;
```

7. **Öffnen der Datenbank**

Anschließend kann die Datenbank wieder geöffnet werden:

Bei vollständigem Recovery oder bei Erzeugen der Control-Datei mit Option NORESETLOGS:

```
SQL> ALTER DATABASE OPEN;
```

Bei unvollständigem Recovery, bei Einspielen einer Sicherung der Control-Datei oder bei Erzeugen der Control-Datei mit Option RESETLOGS:

```
SQL> ALTER DATABASE OPEN RESETLOGS;
```

8. **Gegebenenfalls temporäre Dateien des temporären Tablespace anlegen**

```
SQL> ALTER TABLESPACE <temp_tablespacename> ADD TEMPFILE '<pfad/name>'
SIZE <size>;
```

9. **Überprüfung Alert-Datei**

Anschließend sollte in der Alert-Datei kontrolliert werden, ob auch beim Öffnen der Datenbank keine Fehlermeldungen protokolliert wurden.

10. **Funktionstest**

Nach Abschluss dieser Arbeiten sollte ein Funktionstest der Applikation erfolgen.

Falls sich durch den Funktionstest der Datenbestand der Datenbank ändert und dieser nach dem Funktionstest wieder auf den Ausgangszustand zurückgesetzt werden muss, kann dies erfolgen über:

- eine Sicherung des kompletten Rechners beziehungsweise nur der Datenbank vor dem Funktionstest. Anschließend wird der Funktionstest durchgeführt. Nach dem Funktionstest wird dann wieder eine komplette Rücksicherung des Rechners beziehungsweise der Datenbank vorgenommen.
- die Funktionalität FLASHBACK DATABASE (Konfiguration und Beschreibung siehe Abschnitt 7.2.3)

11 Crashszenarien – Spezialfälle

Bis zu diesem Abschnitt waren die Recover-Szenarien Standardszenarien. Die folgenden Punkte beschreiben Spezialfälle, die für Datenbankadministratoren meist eine Herausforderung darstellen. Treten solche Fälle in der Praxis auf, muss häufig erst recherchiert werden, wie diese gelöst werden können.

Unserer Erfahrung nach passieren diese Sonderfälle jedoch nicht gerade selten. Um nun den Administratoren Arbeit und Stress zu ersparen, werden auch in diesem Abschnitt schrittweise Anleitungen sowie Tipps und Tricks aus der Praxis für die Lösung einzelner Probleme zur Verfügung gestellt.

11.1 Recovery über Strukturänderungen

Eine Strukturänderung liegt beispielsweise dann vor, wenn durch eine Erweiterung, Löschung oder Erzeugung eines Tablespace Datendateien hinzugekommen oder gelöscht wurden.

11.1.1 Recovery über nicht gesicherte Strukturänderungen

Soll auf einen Stand nach einer Strukturänderung ein Recovery erfolgen und ist diese Strukturänderung im letzten vollständigen Backup nicht enthalten und wurde diese auch nicht anderweitig gesichert, so gibt es unterschiedliche Szenarien:

- Die aktuelle Control-Datei enthält die Strukturänderung.
- Die aktuelle Control-Datei enthält die Strukturänderung nicht.
- Recovery über eine Tablespace-Erweiterung mit Rücksicherung der Control-Datei

Analyse

Ob die aktuelle Control-Datei die Strukturänderung beinhaltet, kann kontrolliert werden, wenn sich die Datenbank mindestens im MOUNT-Status befindet und das folgende Kommando abgesetzt wird:

```
SQL> ALTER DATABASE BACKUP CONTROLFILE TO TRACE;
```

Bei Ausführen des Statements wird eine Textdatei mit allen in der Control-Datei enthaltenen Daten- und Online-Redolog-Dateien in dem Verzeichnis erzeugt, das durch den Parameter `USER_DUMP_DEST` (Versionen vor Oracle 11g) definiert wurde.

Ab Oracle 11g wird die Textdatei in das Verzeichnis `Diag Trace` geschrieben. Das Verzeichnis `Diag Trace` kann über die View `V$DIAG_INFO` (`SELECT * FROM V$DIAG_INFO`) ermittelt werden.

> **Hinweis**
> Wurde das Statement manuell ausgeführt, findet man die erzeugte Datei am einfachsten, wenn man eine Sortierung der Dateien im Verzeichnis `USER_DUMP_DEST` beziehungsweise `Diag Trace` nach der Zeit durchführt und die aktuellste Datei dann betrachtet.

Alternativ kann dazu auch der Enterprise Manager verwendet werden über das Register Server – Abschnitt Speicherung – Unterpunkt Kontrolldateien. Über die Schaltfläche Backup für Trace wird dann die Textdatei erzeugt.

Aktuelle Control-Datei enthält die Strukturänderung

Datendateien, für die keine Sicherung existiert, können wiedererzeugt werden, falls alle Redolog-Dateien, die seit der Erzeugung der Datendatei geschrieben wurden, vorhanden sind und die aktuelle Control-Datei die Strukturänderung bereits enthält.

Enthält die Control-Datei die Strukturänderung, kann vor dem Recovery oder spätestens während des Recoverys, aber vor dem Zeitpunkt der Strukturänderung das nachfolgende Statement abgesetzt werden. Die Datenbank kann sich dabei im MOUNT- oder OPEN-Status befinden.

```
SQL> ALTER DATABASE CREATE DATAFILE '<pfad\name>' AS '<pfad\name_neu>' [SIZE size];
```

Falls notwendig, kann anschließend im MOUNT-Status der Name der Datendatei wieder auf ihren alten Namen geändert werden. Vor dem `RENAME` muss auf Betriebssystemebene die Zieldatei durch Kopieren oder Verschieben erzeugt worden sein.

```
SQL> ALTER DATABASE RENAME FILE '<pfad_alt\name_alt>' TO '<pfad_neu\name_neu>';
```

Beispiel:

```
SQL> ALTER DATABASE RENAME FILE 'c:\oracle\gc\users03.dbf' TO
'c:\oracle\gc\users02.dbf';
```

Beispiel:

Wurde zum Beispiel die Datendatei USERS02.DBF dem Tablespace `USERS` hinzugefügt und existiert für diese Datendatei keine Sicherung, so kann diese als Datendatei USERS03.DBF neu erzeugt werden. Die Größe der defekten Datendatei wird über die Informationen in der Control-Datei und im Data Dictionary ermittelt.

Anschließend könnte bereits ein Recovery der Daten der Datendatei USERS02.DBF durchgeführt werden. In diesem Beispiel wird jedoch noch die Datei USERS03.DBF wieder in den Originalnamen USERS02.DBF umbenannt. Vorher muss auf Betriebssystemebene die Zieldatei durch Verschieben oder Kopieren erzeugt werden. Erst nach dem `RENAME` wird das Recovery gestartet.

```
SQL> ALTER DATABASE
CREATE DATAFILE 'c:\oracle\gc\users02.dbf'
AS 'c:\oracle\gc\users03.dbf';

C:\> copy c:\oracle\gc\users03.dbf c:\oracle\gc\users02.dbf

SQL> ALTER DATABASE RENAME FILE
'c:\oracle\gc\users03.dbf' TO 'c:\oracle\gc\users02.dbf';

SQL> RECOVER DATABASE;
```

Ab Oracle 10g kann bei Einsatz des RMAN einfach ein `RESTORE DATABASE` verwendet werden. RMAN legt die nicht gesicherten Datendateien automatisch an. Ein manuelles Anlegen per `CREATE DATAFILE` ist in diesem Fall nicht notwendig.

Aktuelle Control-Datei enthält die Strukturänderung nicht

Steht eine Sicherung der Control-Datei, welche die Strukturänderung enthält, zur Verfügung, kann diese eingespielt werden. Das Vorgehen ist in Kapitel 10.9.2, Punkt »Vorgehen bei Einspielen einer Sicherung der Control-Datei«, beschrieben.

Existiert keine Sicherung der Control-Datei mit den Strukturänderungen, so kann wie in Kapitel 10.9.2, Punkt »Vorgehen bei Erzeugung einer neuen Control-Datei«, beschrieben, eine neue Control-Datei erzeugt werden. Es muss darauf geachtet werden, dass die neu erzeugte Control-Datei dann die Strukturänderungen enthält.

Anschließend kann das Recovery durchgeführt werden.

Recovery über Tablespace-Erweiterung mit Rücksicherung der Control-Datei

Wurde eine Sicherung der Control-Datei eingespielt und enthält diese eine Tablespace-Erweiterung nicht, so treten beim Recovery der Redolog-Dateien, welche die Tablespace-Erweiterung enthalten, üblicherweise die folgenden Fehler auf:

```
ORA-00283: recovery session canceled due to errors
ORA-01244: unnamed datafile(s) added to control file by media recovery
ORA-01110: data file 11: 'c:\oracle\gc\users01.dbf'
ORA-01110: data file 10: 'c:\oracle\gc\users02.dbf'
```

Über folgendes Vorgehen kann das Recovery weiter durchgeführt werden:

1. **Ermitteln der aktuellen Namen der Datendateien der Tablespace-Erweiterung**

```
SQL> SELECT FILE#,NAME FROM V$DATAFILE;

FILE#          NAME
-------------- ---------------------
1              c:\oracle\gc\system01.dbf
..
10             c:\oracle\gc\UNNAMED00010
11             c:\oracle\gc\UNNAMED00011
```

2. **Ermitteln der Originalnamen der fehlenden Datendateien**

   Dies kann erfolgen entweder über die Alert-Datei, die Meldungen mit dem Originalnamen der fehlenden Datendatei enthält, oder über die Auswertung der File-ID der Fehlermeldung und der Einträge in der View `V$DATAFILE`.

   Im obigen Beispiel würde die Datei UNNAMED00010 der Originaldatei users02.dbf entsprechen (File-ID 10).

3. **Umbenennen der Datendateien**

Statements für dieses Beispiel:

```
SQL> ALTER DATABASE RENAME FILE 'c:\oracle\gc\UNNAMED00011' TO
'c:\oracle\gc\users01.dbf';

SQL> ALTER DATABASE RENAME FILE 'c:\oracle\gc\UNNAMED00010' TO
'c:\oracle\gc\users02.dbf';
```

4. **Fortsetzen des Recoverys**

```
Recovery-Beispiel mit UNTIL CANCEL:

SQL> RECOVER DATABASE USING BACKUP CONTROLFILE UNTIL CANCEL;
```

11.1.2 Mögliche Probleme und deren Lösung nach Recovery über Strukturänderungen

1. **Recovery wurde mit Control-Datei durchgeführt, die Datendateien enthält, die nicht zur Datenbank gehören.**

   Dies kann auftreten, wenn zum Beispiel im Rahmen einer Reorganisation Datendateien entfallen sind und eine Control-Datei von einem Zeitpunkt vor der Reorganisation eingespielt wurde oder auch wenn versehentlich eine Control-Datei verwendet wurde, in der Datendateien enthalten sind, die nicht zur Datenbank gehören.

   Oracle führt in diesem Fall selbsttätig beim Öffnen der Datenbank einen Abgleich zwischen Control-Datei und Data Dictionary durch und streicht die überflüssigen Dateien aus der Control-Datei. Ein manuelles Eingreifen des Datenbankadministrators ist hier nicht erforderlich.

2. **Recovery wurde mit Control-Datei durchgeführt, in der Datendateien fehlen.**

   Dies tritt dann auf, wenn

   - nach einer Strukturänderung eine alte Control-Datei zurückgesichert und anschließend ein Recovery auf einen Zeitpunkt nach der Strukturänderung durchgeführt wurde.
   - ein `CREATE CONTROLFILE`-Statement ausgeführt wurde, bei dem Datendateien vergessen wurden.

   Folgende Fehler werden im Umfeld dieses Problems gemeldet:

   - Fehlermeldung bei einer Online-Sicherung

```
ORA-01128: cannot start online backup - file [nr] is offline.
ORA-01111: name for data file [nr] is unknown - rename to correct file
ORA-01110: data file [nr]: 'MISSING9999'
```

Online-Sicherungen von Tablespaces mit fehlenden Datendateien sind nicht möglich. Offline-Sicherungen dagegen werden erfolgreich abgeschlossen, jedoch wird hier der Fehlerzustand MISSING9999 protokolliert.

- Fehlermeldung beim Zugriff auf eine Tabelle, die in einer Datendatei liegt, die keinen Eintrag in der Control-Datei hat

```
ORA-00376: file %s cannot be read at this time
ORA-01111: name for data file %s is unknown - rename to correct file
ORA-01110: data file %s: 'MISSING9999'
```

Tritt der Fehler beim Zugriff auf eine Tabelle auf, so bedeutet dies, dass diese ganz oder teilweise in der fehlenden Datendatei liegt. Liegt diese nur teilweise in der fehlenden Datendatei, sind oft auch Extents, die in vorhandenen Datendateien liegen, nicht mehr lesbar.

Beim Öffnen der Datenbank wird ein Abgleich zwischen Oracle Data Dictionary und Control-Datei vorgenommen. Fehlt nun eine Datendatei in der Control-Datei, die im Oracle Data Dictionary vorhanden ist, so wird für diese fehlende Datei ein Eintrag MISSING9999 in der Control-Datei erzeugt, wobei 9999 durch die vierstellige File-ID inklusive führender Nullen ersetzt wird. Der Eintrag MISSING9999 findet sich ebenfalls in den Views `V$DATAFILE` und `DBA_DATA_FILES`.

Eine Datendatei des System-Tablespace oder eine Datendatei mit aktiven Rollback-/Undo-Segmenten kann nicht als MISSING9999 eingetragen werden, da sich die Datenbank dann nicht öffnen lässt.

In jedem Fall muss dieser Fehlerzustand schnellstmöglich bereinigt werden, da die Datenbank dadurch inkonsistent sein kann.

Analyse des Fehlers

- Ermittlung des zugehörigen Tablespace sowie der Dateigröße

```
SQL> SELECT TABLESPACE_NAME, FILE_NAME, STATUS, BYTES
FROM DBA_DATA_FILES
WHERE FILE_ID = <nr>;
```

- Status und ebenfalls Größe der Datendatei

```
SQL> SELECT NAME, STATUS, BYTES
FROM V$DATAFILE
WHERE FILE# = <nr>;
```

- Informationen zum ehemaligen Inhalt der fehlenden Datendatei

```
SQL> SELECT OWNER, SEGMENT_NAME, SEGMENT_TYPE FROM DBA_EXTENTS
WHERE FILE_ID = <nr>;
```

- Status und Storage-Parameter (bei Dictionary-managed-Tablespaces) des Tablespace, der die fehlende Datendatei enthält

```
SQL> SELECT STATUS, INITIAL_EXTENT, NEXT_EXTENT, MIN_EXTENTS, MAX_EXTENTS,
PCT_INCREASE,
EXTENT_MANAGEMENT, SEGMENT_SPACE_MANAGEMENT
FROM DBA_TABLESPACES
WHERE TABLESPACE_NAME = <tablespace_name>;
```

Vorgehen bei vorhandener Sicherung der fehlenden Datendatei

a. **Sicherung der fehlenden Datendatei sowie der Redolog-Dateien einspielen**

Es ist nicht unbedingt notwendig, das gleiche Verzeichnis und den gleichen Namen zu verwenden, den die fehlende Datendatei vorher hatte.

Für ein vollständiges Recovery muss die Sicherung aller Offline-Redolog-Dateien eingespielt werden, die seit der Erzeugung der Datendatei entstanden sind.

Über die *Alert-Datei* kann ermittelt werden, welche Offline-Redolog-Dateien für das Recovery benötigt werden.

> **Hinweis**
> Das Verzeichnis, in dem die Offline-Redolog-Dateien stehen, kann über die Parameter `LOG_ARCHIVE_DEST` oder `LOG_ARCHIVE_DEST_n` ermittelt werden. Wurde eine Flash Recovery Area definiert (Parameter `DB_RECOVERY_FILE_DEST`), befinden sich die Offline-Redolog-Dateien in den Verzeichnissen unterhalb des Verzeichnisses `DB_RECOVERY_FILE_DEST\<SID>\ARCHIVELOG`.

In der *Alert-Datei* muss nach dem letzten *Log-Switch* vor dem Statement für die Strukturänderung (zum Beispiel `ADD DATAFILE`) gesucht werden.

> **Hinweis**
> Das Verzeichnis, in dem sich die Alert-Datei (Name in den meisten Fällen alert_<SID>.log) befindet, kann in den Versionen vor Oracle 11g ebenfalls über einen Parameter ermittelt werden (`BACKGROUND_DUMP_DEST`). Der Default-Wert ist betriebssystemabhängig. Ab Oracle 11g kann hierfür die View `V$DIAG_INFO` (`SELECT * FROM V$DIAG_INFO`) mit dem Eintrag `Diag Trace` (textbasierend) beziehungsweise `Diag Alert` (XML-Format) verwendet werden.

Beispiel:

Das Kommando `ALTER TABLESPACE users ADD DATAFILE 'c:\oracle\gc\users01.dbf'` wurde am 18. April um 20 Uhr ausgeführt. Vor 20 Uhr findet sich in der *Alert-Datei* folgender Eintrag für den letzten Log-Switch vor der Sicherung:

```
Tue Apr 18 19:51:38 2008
Thread 1 advanced to log sequence 787
  Current log# 13 seq# 787 mem# 0: F:\...\LOG_G13M1.DBF
  Current log# 13 seq# 787 mem# 1: G:\...\LOG_G13M2.DBF
```

Somit müssen alle *Offline-Redolog-Dateien* ab der Log-Sequence-Nummer **787** zurückgesichert werden.

Hinweis
Da es bei der Ermittlung der benötigten Offline-Redolog-Dateien erfahrungsgemäß oft vorkommt, dass man in der Eile um eine oder zwei Log-Sequence-Nummern danebenliegt, ist es sinnvoll, noch ungefähr fünf Offline-Redolog-Dateien mehr zurückzusichern (hier wäre das dann ab der Log-Sequence-Nummer 782).
Das Verzeichnis, in dem sich die Alert-Datei (Name in den meisten Fällen alert_<SID>.log) befindet, kann in den Versionen vor Oracle 11g ebenfalls über einen Parameter ermittelt werden (`BACKGROUND_DUMP_DEST`). Der Default-Wert ist betriebssystemabhängig. Ab Oracle 11g kann hierfür die View `V$DIAG_INFO` (SELECT * FROM V$DIAG_INFO) mit dem Eintrag Diag Trace (textbasierend) beziehungsweise Diag Alert (XML-Format) verwendet werden.

b. Datenbank starten in MOUNT-Status

```
sqlplus / as sysdba
SQL> STARTUP MOUNT
```

Das Starten der Datenbank in den MOUNT-Status muss an diesem Punkt ohne Fehlermeldung funktionieren.

Zur Kontrolle sollte noch folgendes Kommando ausgeführt werden:

```
SQL> SELECT STATUS FROM V$INSTANCE;
MOUNTED
```

Startet die Datenbank nicht in den MOUNT-Status oder werden beim Starten Fehlermeldungen ausgegeben, hat die Datenbank noch ein oder mehrere andere Probleme. Bitte dann erst wie in Kapitel 10.1 beschrieben eine genaue Fehleranalyse durchführen. Wenn die Datenbank nicht fehlerfrei in den MOUNT-Status hochgefahren werden kann, ist auch kein Recovery möglich.

c. Umbenennen des Eintrags MISSING9999 in der Control-Datei

```
SQL> ALTER DATABASE RENAME FILE 'MISSING9999' TO <filename>;
```

Beispiel:

```
SQL> ALTER DATABASE RENAME FILE 'MISSING9999' TO 'c:\oracle\gc\users02.dbf';
```

Alternativ die fehlende Datendatei mit dem Statement `ALTER DATABASE CREATE DATAFILE` wiederherzustellen wäre nur möglich, wenn auch eine Sicherung der Control-Datei eingespielt wird, die vor der Erzeugung der Datendatei aktuell war. Dann kann auf das obige `RENAME` verzichtet und stattdessen das `CREATE`-Statement verwendet werden. Das anschließende Recovery wäre in diesem Fall dann mit einem `USING BACKUP CONROLFILE` durchzuführen.

d. Recovery der Datendatei

Soll das Recovery mit dem `RECOVER DATABASE`-Kommando durchgeführt werden, so ist für die betroffene Datendatei vor dem Recovery folgendes Kommando auszuführen

```
SQL> ALTER DATABASE DATAFILE '<filename>' ONLINE;
```

Anschließend kann das Recovery der Datendatei durchgeführt werden mit:

```
SQL> RECOVER DATAFILE <filename>;
```

Beispiel:

```
SQL> RECOVER DATAFILE 'f:\oracle\gc1\user.data1';
```

oder alternativ über das folgende Kommando:

```
SQL> RECOVER DATABASE;
```

Nach dem Recovery muss der Status der betroffenen Datendatei geprüft werden über:

```
SQL> SELECT STATUS, NAME FROM V$DATAFILE WHERE NAME='<filename>';
```

Beispiel:

```
SQL> SELECT STATUS, NAME FROM V$DATAFILE WHERE NAME='f:\oracle\
gc1\user.data1';
```

Ist der Status der Datendatei OFFLINE, was bei Verwendung des `RECOVER DATAFILE`-Kommandos der Fall sein wird, so muss diese ONLINE gesetzt werden mit

```
SQL> ALTER DATABASE DATAFILE '<filename>' ONLINE;
```

e. Öffnen der Datenbank

Anschließend kann die Datenbank wieder geöffnet werden:

```
SQL> ALTER DATABASE OPEN;
```

Falls ein unvollständiges Recovery durchgeführt wurde oder bei Verwendung einer Sicherung der Control-Datei (`USING BACKUP CONTROLFILE`), ist ein `OPEN RESETLOGS` notwendig.

f. Überprüfung Alert-Datei

Abschließend sollte noch ein weiteres Mal in der Alert-Datei kontrolliert werden, ob auch beim Öffnen der Datenbank keine Fehlermeldungen protokolliert wurden.

Vorgehen bei nicht vorhandener Sicherung der Datendatei

Falls keine Sicherung der fehlenden Datendatei existiert, kann versucht werden, die Daten des Tablespace, der die fehlende Datendatei enthält, zu exportieren. Anschließend sollte der Tablespace gelöscht und neu erzeugt werden. Danach können die Daten des Tablespace wieder importiert werden. Hierbei ist jedoch meist mit Datenverlust zu rechnen, da der Inhalt der Tabellen, die sich ganz oder teilweise in der Datendatei befunden haben, nicht wiederherzustellen ist.

Falls sich nur leere Tabellen, Indizes, Rollback-/Undo-Segmente oder überhaupt keine Objekte in der fehlenden Datendatei befanden, ist das nachfolgend beschriebene Vorgehen ohne Datenverlust möglich. Nach der Neuerzeugung des Tablespace müssen gegebenenfalls die enthaltenen Objekte im Tablespace wieder angelegt werden.

Wenn sich keine Objekte in der Datendatei befinden und die Datei nicht die zuerst erzeugte Datei des Tablespace ist, so kann sie seit Oracle 10 g auch gelöscht werden über:

```
SQL> ALTER TABLESPACE <tsp_name> DROP DATAFILE <filename>;
```

Achtung!
Der Tablespace, zu dem die fehlende Datendatei gehört, darf nicht offline gesetzt werden. Aufgrund der fehlenden Datendatei könnte der Tablespace nicht mehr online gesetzt werden. Deshalb wären dann sämtliche Tabelleninhalte (auch die in den vorhandenen Datendateien des Tablespace) nicht mehr zugreifbar.

a. Export des Tablespace

```
C:\>expdp TABLESPACES=<tablespace_name> DUMPFILE=<dump_file_name>
```

b. Tablespace-Parameter ermitteln

```
SQL> SELECT STATUS, INITIAL_EXTENT, NEXT_EXTENT, MIN_EXTENTS, MAX_EXTENTS,
PCT_INCREASE,
EXTENT_MANAGEMENT, SEGMENT_SPACE_MANAGEMENT
FROM DBA_TABLESPACES
WHERE TABLESPACE_NAME = <tablespace_name>;
```

c. Löschen des Tablespace

```
SQL> DROP TABLESPACE <tablespace_name> INCLUDING CONTENTS;
```

d. Erzeugen des Tablespace

```
SQL> CREATE TABLESPACE <tablespace_name> DATAFILE <filename> SIZE <size>
[REUSE];
```

`REUSE` kann verwendet werden, wenn die Datendateien auf Betriebssystemebene noch vorhanden sind und die gleiche Größe haben. Andernfalls – falls notwendig – die vorhandenen Datendateien vor dem Erzeugen des Tablespace löschen. Gegebenenfalls die in Punkt b ermittelten Storage-Parameter in diesem Statement angeben.

e. Import des Tablespace

```
C:\>impdp TABLESPACES=<tablespace_name> DUMPFILE=<dump_file_name> FULL=YES
```

f. Sicherung mindestens des Tablespace und der Control-Datei

11.2 Temporäre Tablespaces nicht mitgesichert

Wurde ein temporärer Tablespace nicht mitgesichert, so kann wie in Kapitel 10.7, Recovery des temporären Tablespace, beschrieben vorgegangen werden. Voraussetzung für das Vorgehen aus Kapitel 10.7 ist jedoch, dass keine permanenten Objekte im temporären Tablespace angelegt wurden.

Bei Nutzung eines Default Temporary Tablespace ist zusätzlich zu beachten:

- Bevor der Default Temporary Tablespace gelöscht werden kann, muss ein anderer Tablespace als Default Temporary Tablespace definiert werden. Dies kann mit folgendem Statement erfolgen:

```
SQL> ALTER DATABASE DEFAULT TEMPORARY TABLESPACE <default_temp_tsp_new>;
```

Beispiel:

```
SQL> ALTER DATABASE DEFAULT TEMPORARY TABLESPACE tempnew;
```

- Ein Default Temporary Tablespace kann nicht offline gesetzt werden.
- Wenn der System Tablespace locally managed ist, muss es auch der Default Temporary Tablespace sein.

11.3 Sicherung nur teilweise brauchbar

Grundsätzlich gilt, dass alle Sicherungen (online und offline) einer Datenbank für ein erfolgreiches Recovery untereinander mischbar sind. Voraussetzung ist jedoch, dass alle Redolog-Dateien, die seit der ältesten verwendeten Sicherung geschrieben wurden, für das Recovery (vollständig oder unvollständig) zur Verfügung stehen.

Nach der Rücksicherung müssen alle Daten- und Control-Dateien auf Betriebssystemebene existieren. Jedoch können diese wie erwähnt aus Sicherungen bestehen, die zu unterschiedlichen Zeitpunkten stattgefunden haben. Ausnahme sind die Control-Dateien, die alle aus derselben Sicherung sein müssen.

Beispiel:

Es soll ein Recovery auf den Stand Sonntag, 10. Juni 2008, 10:00 Uhr durchgeführt werden.

Am Samstag, 09. Juni 2008, 20:00 Uhr wurde eine Offline-Sicherung der Datenbank GC durchgeführt. Darüber hinaus sind von Montag, 04. Juni bis Freitag, 08. Juni 2008, um 21:00 Uhr jeweils Online-Sicherungen der kompletten Datenbank erfolgt.

Bedauerlicherweise sind aufgrund eines Bandlese-Fehlers im Rahmen der Offline-Sicherung am 09. Juni 2008 nur ein paar der Datendateien auf Band vorhanden. Auch bei den vorangegangenen Online-Sicherungen ist jeweils nur ein Teil der Datendateien lesbar.

Die Datenbank besteht aus den folgenden Datendateien:

Name	Letztes erfolgreiches Sicherungsdatum
C:\ORACLE\GC\SYSTEM01.DBF	09. Juni 2008 20:00 Uhr
C:\ORACLE\GC\UNDOTBS01.DBF	09. Juni 2008 20:00 Uhr
C:\ORACLE\GC\SYSAUX01.DBF	08. Juni 2008 21:00 Uhr
C:\ORACLE\GC\USERS01.DBF	07. Juni 2008 21:00 Uhr
C:\ORACLE\GC\USERS02.DBF	06. Juni 2008 21:00 Uhr

Um ein erfolgreiches Recovery durchführen zu können, können nun die verschiedenen Sicherungsstände der Datendateien eingespielt werden. Zusätzlich sind alle Redolog-Dateien notwendig, die seit dem letzten Log-Switch vor der Sicherung am 06. Juni 2008, 21:00 Uhr (älteste verwendete Sicherung), und dem Ziel-Zeitpunkt des Recoverys (10. Juni 2008, 10:00 Uhr) geschrieben wurden.

Anschließend kann ein Point-in-Time Recovery bis Sonntag, 10. Juni 2008, 10:00 Uhr in der üblichen Vorgehensweise erfolgen.

11.4 Datenbankkopie

Dies ist zwar nicht unmittelbar ein Thema, das Backup und Recovery betrifft. Jedoch kann es notwendig werden, zum Beispiel im Rahmen einer Fehleranalyse eine Kopie der Original-Datenbank zu erstellen. Deshalb wird dieses Thema im nachfolgenden Abschnitt näher erläutert.

Es sollte darauf geachtet werden, dass das Quell- und Zielbetriebssystem sowie die Datenbankversionen auf dem Quell- und Zielrechner identisch sind. Voraussetzung für den Betrieb einer Datenbank ist die erfolgreich abgeschlossene Installation der Oracle-Software.

Grundsätzlich ist es möglich, die Datenbankkopie entweder aus einer Sicherung (offline oder online) oder direkt über eine Kopie der Dateien der Quelldatenbank durchzuführen.

Im Folgenden werden die unterschiedlichen Szenarien beschrieben, die bei einer Datenbankkopie auftreten können.

Alternativ zu den beschriebenen manuellen Vorgehensweisen kann eine Datenbankkopie auch bequem über den Enterprise Manager vorgenommen werden. Gestartet wird dies bei Oracle 11g im Register VERSCHIEBEN VON DATEN – Abschnitt DATENBANKDATEIEN VERSCHIEBEN – Unterpunkt DATENBANK CLONEN. Hierbei ist es möglich, Oracle-Datenbanken ab Release 8.1.7 zu klonen.

Abbildung 11.1: Klonen einer Datenbank über Enterprise Manager

Die Zieldatenbank kann entweder über eine geöffnete Quelldatenbank, ein RMAN-Backup oder ein Backup aus einem früheren Klonvorgang aufgebaut werden. Die Übertragung der Datendateien erfolgt wahlweise über Oracle Net (ab Version 11g) oder über temporäre Speicherbereiche. Nachteil der Datenbankkopie über den Enterprise Manager ist jedoch, dass keine Option für ein Recovery auf einen bestimmten Zeitpunkt existiert.

11.4.1 Allgemeine Vorbereitungen

Die allgemeinen Vorbereitungen sind für jedes Szenario gültig.

Vorbereitungen auf der Quelldatenbank

Diese sind bei Verwendung des Automatic Undo Managements im Quell- UND Zielsystem NICHT notwendig.

- Vor Beginn der Datenbankkopie sollten alle Rollback-Segmente der Quelldatenbank gelöscht werden, die offline sind.
- Sowohl in der Parameterdatei des Quellsystems als auch in der des Zielsystems sollte kontrolliert werden, ob nur die Rollback-Segmente, die online sind, eingetragen sind.
- Auch sollte geprüft werden, ob sich eventuell die Verwaltung der Rollback-Segmente im Quell- und Zielsystem unterscheidet (manuelle Verwaltung der Rollback-Segmente/Automatic Undo Management) und gegebenenfalls angepasst werden muss.

Vorbereitungen auf der Zieldatenbank

- Erzeugen der Oracle-Betriebssystembenutzer und -gruppen mit Betriebssystemmitteln
- Falls die Zieldatenbank bereits vorhanden ist, Zieldatenbank stoppen und die vorhandenen Datenbankdateien löschen
- Erzeugen der Verzeichnisstruktur mit Betriebssystemmitteln

  Falls sich das Festplattenlayout des Quell- und des Zielrechners unterscheidet, muss darauf geachtet werden, dass der auf dem Zielrechner zur Verfügung stehende Plattenplatz für die Dateien der Quelldatenbank ausreicht.

  Sind Verzeichnisse für die Aufnahme der Dateien der Quelldatenbank auf dem Zielrechner zu klein dimensioniert, muss eine Änderung der Verteilung der Dateien vorgenommen werden. Danach ist es erforderlich, die Pfade im Skript zur Erzeugung der Control-Datei beziehungsweise im `RENAME`-Kommando und dadurch in der Control-Datei entsprechend anzupassen.
- Windows: Erzeugen des Oracle-Service auf dem Zielsystem mittels `ORADIM`

  Beispielaufruf `ORADIM`:

  ```
  C:\>ORADIM –NEW –SID <SID>
  ```

  Weitere Optionen von `ORADIM` werden ausgegeben, wenn auf Betriebssystemebene `ORADIM` ohne weitere Parameter aufgerufen wird.

- Kopieren der Parameterdatei von der Quell- zur Zieldatenbank

  Wird ein SPFILE verwendet, so muss auf der Quelldatenbank zuerst eine Datei INIT<SID>.ORA erzeugt werden (Vorgehensweise siehe Kapitel 1.1.5, Abschnitt Backup des SPFILE). Diese kann anschließend zur Zieldatenbank kopiert werden.

  Nach dem Kopieren müssen die Parameter auf der Zieldatenbank noch angepasst werden. Relevante Parameter können beispielsweise sein: `DB_NAME`, `CONTROL_FILES`, `LOG_ARCHIVE_DEST`, `BACKGROUND_DUMP_DEST`, `USER_DUMP_DEST`.

  Danach kann wieder ein SPFILE aus der INIT<SID>.ORA generiert werden.

- Gegebenenfalls Kopieren und Anpassen weiterer Parameterdateien wie TNS NAMES.ORA, LISTENER.ORA, SQLNET.ORA, Passwortdatei
- Anpassen der Environment-Variablen für den Oracle OS-User wie `ORACLE_SID`, `ORACLE_HOME`, `PATH`

11.4.2 Szenario 1: Vorgehen bei gestoppter Quelldatenbank oder aus Offline-Sicherung (Name der Datenbank BLEIBT GLEICH)

1. Zieldatenbank: Statt der Punkte 2 bis 6 kann auch eine Offline-Sicherung bestehend aus Datendateien, Control-Dateien und – falls gesichert – Online-Redolog-Dateien eingespielt werden.
2. Quelldatenbank: Konsistent beenden (`SHUTDOWN NORMAL`, `IMMEDIATE` oder `TRANS ACTIONAL`)
3. Kopieren der Datendateien der Quelldatenbank auf die Zieldatenbank
4. Falls die Zieldatenbank ohne weiteres Recovery gestartet werden soll, Kopieren der Online-Redolog-Dateien der Quelldatenbank auf die Zieldatenbank
5. Kopieren der Control-Dateien der Quelldatenbank auf die Zieldatenbank

   Falls sich das Verzeichnis der Control-Dateien ändert, muss dieses in der Parameterdatei (Parameter `CONTROL_FILES`) der Zieldatenbank geändert werden.
6. Quelldatenbank: Nun kann die Quelldatenbank wieder gestartet werden.
7. Zieldatenbank: Datenbank starten in MOUNT-Status

```
sqlplus / as sysdba
SQL> STARTUP MOUNT
```

Das Starten der Datenbank in den MOUNT-Status muss an diesem Punkt ohne Fehlermeldung funktionieren.

Zur Kontrolle noch folgendes Kommando ausführen:

```
SQL> SELECT STATUS FROM V$INSTANCE;
MOUNTED
```

8. Zieldatenbank: Falls erforderlich, Rename der Daten-, temporären oder Online-Redolog-Dateien

   Ist die Größe der Verzeichnisse auf dem Zielrechner für die Aufnahme der Dateien der Quelldatenbank zu klein, kann eine Änderung der Verteilung der Dateien vorgenommen werden.

   Wurden die Dateien in andere Verzeichnisse als auf der Quelldatenbank zurückgespielt, müssen der Datenbank nun die neuen Verzeichnisse der zurückgespielten Datendateien bekannt gemacht werden.

```
SQL> ALTER DATABASE RENAME FILE '<pfad alt\name>' TO '<pfad neu\name>';
```

Beispiel:

```
SQL> ALTER DATABASE RENAME FILE 'f:\oracle\gc1\system_1\system.data1' TO
'h:\oracle\gc1\system_1\system.data1';
```

9. Zieldatenbank: Falls erforderlich, kann an dieser Stelle noch ein Recovery der Datenbank bis zum gewünschten Zeitpunkt durchgeführt werden (Vorgehen und Statements siehe Kapitel 6.2.2, Unvollständiges Recovery, Punkt 8).
10. Zieldatenbank: Öffnen der Datenbank

    Anschließend kann die Zieldatenbank geöffnet werden:

Falls die Datenbank ohne weiteres Recovery gestartet werden soll und die Online-Redolog-Dateien zurückgesichert wurden:

```
SQL> ALTER DATABASE OPEN;
```

Bei unvollständigem Recovery oder nicht vorhandenen Online-Redolog-Dateien:

```
SQL> ALTER DATABASE OPEN RESETLOGS;
```

11.4.3 Szenario 2: Vorgehen bei gestoppter Quelldatenbank oder aus Offline-Sicherung (Name der Datenbank ÄNDERT SICH)

1. Quelldatenbank: Erzeugen einer Textdatei für das Erzeugen der Control-Dateien mit:

```
SQL> ALTER DATABASE BACKUP CONTROLFILE TO TRACE;
```

Hierdurch wird ein SQL-Skript zum Erzeugen einer Control-Datei mit allen in der aktuellen Control-Datei enthaltenen Daten- und Online-Redolog-Dateien in dem Verzeichnis erzeugt, das durch den Parameter USER_DUMP_DEST (Versionen bis Oracle 11g) definiert wurde.

Ab Oracle 11g wird die Textdatei in das Verzeichnis Diag Trace geschrieben. Das Verzeichnis Diag Trace kann über die View V$DIAG_INFO (SELECT * FROM V$DIAG_INFO) ermittelt werden.

> **Hinweis**
> Die erzeugte Datei findet man am einfachsten, wenn man eine Sortierung der Dateien im Verzeichnis `USER_DUMP_DEST` beziehungsweise `Diag Trace` nach der Zeit durchführt und dann die aktuellste Datei betrachtet.

2. Zieldatenbank: Statt der Punkte 3 bis 5 kann auch eine Offline-Sicherung ausschließlich der Datendateien eingespielt werden.

   Wenn sich der Name der Datenbank ändert, müssen die Control-Dateien sowie die Online-Redolog-Dateien neu erzeugt werden. Deshalb ist es in diesem Fall nicht notwendig, diese aus der Sicherung zurückzuholen beziehungsweise von der Quelldatenbank zu kopieren.
3. Quelldatenbank: Konsistent beenden (`SHUTDOWN NORMAL`, `IMMEDIATE` oder `TRANSACTIONAL`)
4. Kopieren der Datendateien der Quelldatenbank auf die Zieldatenbank
5. Quelldatenbank: Nun kann die Quelldatenbank wieder gestartet werden.
6. Zieldatenbank: Kopieren und Anpassen des SQL-Skripts für die Erzeugung der Control-Datei

   Quelldatenbank ist im nachfolgenden Beispiel «GC«, die Zieldatenbank «KL«.

   ```
   CREATE CONTROLFILE REUSE DATABASE "GC" NORESETLOGS ARCHIVELOG
   ```

   ändern in:

   ```
   CREATE CONTROLFILE REUSE SET DATABASE "KL" RESETLOGS ARCHIVELOG
   ```

   Durch die Angabe von `SET` wird der Name der Datenbank geändert (in diesem Beispiel von »GC« auf »KL«.

   Wurde beim `CREATE CONTROLFILE` weder `RESETLOGS` noch `NORESETLOGS` angegeben, werden in der erzeugten Textdatei die `CREATE CONTROLFILE`-Statements für beide Optionen angegeben. Es kann deshalb auch gleich das entsprechende Statement aus der Textdatei genutzt und nur durch `SET` ergänzt werden.

   Durch `REUSE` werden eventuell bestehende Control-Dateien überschrieben.

   Beim Umbenennen des Datenbanknamens ist die Angabe von `RESETLOGS` notwendig.

   Falls die Zieldatenbank im NOARCHIVELOG-Modus betrieben werden soll, kann der Eintrag `ARCHIVELOG` in `NOARCHIVELOG` geändert werden.

   Ist die Größe der Verzeichnisse auf dem Zielrechner für die Aufnahme der Dateien der Quelldatenbank zu klein, kann nun eine Änderung der Verteilung der Dateien vorgenommen werden. Die Änderung der Pfade auf der Zieldatenbank für die Daten- oder Online-Redolog-Dateien muss dann im `CREATE CONTROLFILE`-Statement angepasst werden.

Alle anderen Einträge in der Textdatei werden nicht benötigt und können gelöscht werden. Es soll nur noch das CREATE CONTROLFILE-Statement in der angepassten Textdatei enthalten sein.

Gegebenenfalls können die Statements ALTER TABLESPACE <temp_tablespace> ADD TEMPFILE... belassen und auskommentiert werden. Über diese(s) Statement(s) können nach dem Öffnen der Datenbank die temporären Dateien neu angelegt werden.

7. Starten der Datenbank in den NOMOUNT-Status

```
SQL> STARTUP NOMOUNT
```

8. Zieldatenbank: Erzeugen der Control-Dateien

   Hierfür kann entweder das in Punkt 1 erzeugte SQL-Statement direkt im SQL-Eingabeprompt ausgeführt werden, oder es wird über eine Textdatei gestartet.

Beispiel:

Der Name der Textdatei ist CTRLGC.SQL und steht diese im aktuellen Verzeichnis, dann kann diese ausgeführt werden mit:

```
SQL> @CTRLGC.SQL
```

9. Zieldatenbank: Falls erforderlich, kann an dieser Stelle noch ein Recovery der Datenbank bis zum gewünschten Zeitpunkt durchgeführt werden (Vorgehen und Statements beim unvollständigen Recovery siehe Kapitel 6.2.2, Punkt 8).
10. Zieldatenbank: Öffnen der Datenbank

    Anschließend kann die Zieldatenbank geöffnet werden:

```
SQL> ALTER DATABASE OPEN RESETLOGS;
```

11. Zieldatenbank: Anlegen der temporären Dateien des temporären Tablespace

    Wie in Punkt 6 erwähnt, kann hierzu das Statement aus dem SQL-Skript verwendet werden.

```
SQL> ALTER TABLESPACE <temp_tablespace> ADD TEMPFILE '<pfad\name>' SIZE <size>
REUSE AUTOEXTEND OFF;
```

Die Optionen wie zum Beispiel AUTOEXTEND können je nach Konfiguration des temporären Tablespace der Quelldatenbank anders sein.

12. Überprüfen Alert-Datei

    Abschließend sollte die Alert-Datei auf Fehlermeldungen geprüft werden.

11.4.4 Szenario 3: Vorgehen bei laufender Quelldatenbank oder aus Online-Sicherung

Nachfolgend ist sowohl die Vorgehensweise bei gleich bleibendem Namen der Datenbank als auch bei einer Änderung des Datenbanknamens beschrieben.

1. Quelldatenbank: Erzeugen einer Textdatei für das Erzeugen der Control-Dateien mit:

```
SQL> ALTER DATABASE BACKUP CONTROLFILE TO TRACE;
```

Hierdurch wird eine Textdatei mit allen in der Control-Datei enthaltenen Daten- und Online-Redolog-Dateien in dem Verzeichnis erzeugt, das durch den Parameter USER_DUMP_DEST (Versionen bis Oracle 11g) definiert wurde.

Ab Oracle 11g wird die Textdatei in das Verzeichnis Diag Trace geschrieben. Das Verzeichnis Diag Trace kann über die View V$DIAG_INFO (SELECT * FROM V$DIAG_INFO) ermittelt werden.

Hinweis
Die erzeugte Datei findet man am einfachsten, wenn man eine Sortierung der Dateien im Verzeichnis USER_DUMP_DEST beziehungsweise Diag Trace nach der Zeit durchführt und die aktuellste Datei dann betrachtet.

2. Zieldatenbank: Kopieren und Anpassen der Textdatei für die Erzeugung der Control-Datei

Nun muss zwischen zwei Szenarien unterschieden werden:

a. Name der Datenbank bleibt gleich

Nachfolgend wird die Vorgehensweise bei Erzeugung einer neuen Control-Datei erläutert. Der Name von Quell- und Zieldatenbank lautet für dieses Beispiel «GC«.

```
CREATE CONTROLFILE REUSE DATABASE "GC" NORESETLOGS ARCHIVELOG
```

ändern in:

```
CREATE CONTROLFILE REUSE DATABASE "GC" RESETLOGS ARCHIVELOG
```

b. Name der Datenbank ändert sich

Quelldatenbank ist im nachfolgenden Beispiel »GC«, die Zieldatenbank »KL«.

```
CREATE CONTROLFILE REUSE DATABASE "GC" NORESETLOGS ARCHIVELOG
```

ändern in:

```
CREATE CONTROLFILE REUSE SET DATABASE "KL" RESETLOGS ARCHIVELOG
```

Durch die Angabe von SET wird der Name der Datenbank geändert (in diesem Beispiel von »GC« auf »KL«).

Wurde beim CREATE CONTROLFILE weder RESETLOGS noch NORESETLOGS angegeben, werden in der erzeugten Textdatei die CREATE CONTROLFILE-Statements für beide Optionen angegeben. Es kann deshalb auch gleich das entsprechende Statement genutzt und nur durch SET ergänzt werden.

Die nachfolgenden Bemerkungen gelten nun wieder sowohl für das Szenario »Datenbankname bleibt gleich« als auch für das Szenario »Datenbankname ändert sich«.

Durch REUSE werden eventuell bestehende Control-Dateien überschrieben.

Falls die Zieldatenbank im NOARCHIVELOG-Modus betrieben werden soll, kann der Eintrag `ARCHIVELOG` in `NOARCHIVELOG` geändert werden.

Ist die Größe der Verzeichnisse auf dem Zielrechner für die Aufnahme der Dateien der Quelldatenbank zu klein, kann nun eine Änderung der Verteilung der Dateien vorgenommen werden. Die Änderung der Pfade auf der Zieldatenbank für die Daten- oder Online-Redolog-Dateien muss nun ebenfalls im `CREATE CONTROLFILE`-Statement angepasst werden.

Alle anderen Einträge in der Textdatei werden nicht benötigt und können gelöscht werden. Es soll nur noch das `CREATE CONTROLFILE`-Statement in der angepassten Textdatei enthalten sein.

Gegebenenfalls können die Statements `ALTER TABLESPACE <temp_tablespace> ADD TEMPFILE...` belassen und auskommentiert werden. Über diese(s) Statement(s) können nach dem Öffnen der Datenbank die temporären Dateien neu angelegt werden.

3. Zieldatenbank: Statt der Punkte 4 bis 8 kann auch eine Online-Sicherung der Datendateien auf der Zieldatenbank eingespielt werden. In diesem Fall müssen zusätzlich alle Offline-Redolog-Dateien eingespielt werden, die während der Online-Sicherung erzeugt wurden.

   Falls zusätzlich noch ein weiteres Recovery bis zu einem bestimmten Zeitpunkt durchgeführt werden soll, müssen alle Offline-Redolog-Dateien zurückgesichert werden, die bis zu diesem Zeitpunkt erzeugt wurden.

4. Quelldatenbank: Alle Datendateien auf `BEGIN BACKUP` setzen.

> Ab Oracle 10 g kann für die gesamte Datenbank das folgende Statement genutzt werden:
>
> ```
> SQL> ALTER DATABASE BEGIN BACKUP;
> ```
>
> Vor Oracle 10 g muss dies für alle Tablespaces durchgeführt werden:
>
> ```
> SQL> ALTER TABLESPACE <tsp_name> BEGIN BACKUP;
> ```
>
> Es ist auch möglich, jeden Tablespace einzeln auf `BEGIN BACKUP` zu setzen und dann die Datendateien des Tablespace von der Quell- zur Zieldatenbank zu kopieren. Sind alle Datendateien des Tablespace kopiert, kann dieser wieder auf `END BACKUP` gesetzt werden mit:
>
> ```
> SQL> ALTER TABLESPACE <tsp_name> END BACKUP;
> ```

5. Kopieren aller Datendateien von der Quelldatenbank auf die Zieldatenbank

   Die Control- und Online-Redolog-Dateien brauchen nicht kopiert zu werden, da diese auf der Zieldatenbank neu erzeugt werden.

   Über das folgende Statement können die Namen und die File-ID der Datendateien sowie die Zuordnung der Datendateien zu den Tablespaces auf dem Quellsystem ermittelt werden:

```
SQL> SELECT FILE_NAME, FILE_ID, TABLESPACE_NAME FROM DBA_DATA_FILES;
```

Vor dem Kopieren der Datendateien eines Tablespace sollte geprüft werden, ob sich alle Datendateien des Tablespace im Backup-Modus befinden:

```
SQL> SELECT FILE#, STATUS FROM V$BACKUP;
```

6. Quelldatenbank: Alle Datendateien auf END BACKUP setzen.

```
SQL> ALTER DATABASE END BACKUP;
```

7. Quelldatenbank: Aktuelle Online-Redolog-Datei archivieren mit:

```
SQL> ALTER SYSTEM ARCHIVE LOG CURRENT;
```

8. Kopieren der Offline-Redolog-Dateien von der Quelldatenbank zur Zieldatenbank

   Es werden alle Offline-Redolog-Dateien auf der Zieldatenbank benötigt, die vom ersten Ausführen des BEGIN BACKUP-Statements bis zum Statement ALTER SYSTEM ARCHIVE LOG CURRENT erzeugt wurden.

   Falls zusätzlich noch ein weiteres Recovery bis zu einem bestimmten Zeitpunkt durchgeführt werden soll, müssen alle Offline-Redolog-Dateien zurückgesichert werden, die bis zum gewünschten Zeitpunkt erzeugt wurden.

9. Zieldatenbank: Starten in den NOMOUNT-Status

```
SQL> STARTUP NOMOUNT
```

10. Zieldatenbank: Erzeugen der Control-Dateien

    Hierfür kann entweder das in Punkt 2 angepaßte SQL-Statement direkt im SQL-Eingabeprompt ausgeführt werden, oder es wird über die Textdatei gestartet.

Beispiel:

Der Name der Textdatei ist CTRLGC.SQL und befindet sich diese im aktuellen Verzeichnis, dann kann diese ausgeführt werden mit:

```
SQL> @CTRLGC.SQL
```

11. Zieldatenbank: Recovery der Offline-Redolog-Dateien

    Es müssen mindestens alle Offline-Redolog-Dateien in die Datenbank eingespielt werden, die während der Online-Sicherung beziehungsweise beim Kopieren der Datendateien von der Quelldatenbank vom ersten BEGIN BACKUP- bis zum ALTER SYSTEM ARCHIVE LOG CURRENT-Statement erzeugt wurden.

    Falls ein weiteres Recovery bis zu einem bestimmten Zeitpunkt durchgeführt werden soll, können nun auch zusätzliche Redolog-Dateien eingespielt werden. Selbstverständlich sind statt eines Recoverys bis zu einer bestimmten Redolog-Datei (UNTIL CANCEL) auch die anderen Arten für ein unvollständiges Recovery möglich (siehe Kapitel 6.2.2.).

```
SQL> RECOVER DATABASE UNTIL CANCEL USING BACKUP CONTROLFILE;
```

Wurden alle benötigten Offline-Redolog-Dateien eingespielt, so kann das Recovery mit `CANCEL` beendet werden.

12. Zieldatenbank: Öffnen der Datenbank mit `OPEN RESETLOGS`

```
SQL> ALTER DATABASE OPEN RESETLOGS;
```

13. Zieldatenbank: Anlegen der temporären Dateien des temporären Tablespace

    Wie in Punkt 2 erwähnt, kann hierzu das Statement aus dem SQL-Skript verwendet werden.

```
SQL> ALTER TABLESPACE <temp_tablespace> ADD TEMPFILE '<pfad\name>' SIZE <size>
REUSE AUTOEXTEND OFF;
```

Die Optionen wie zum Beispiel `AUTOEXTEND` können je nach Konfiguration des temporären Tablespace der Quelldatenbank anders sein.

14. Überprüfen Alert-Datei

    Abschließend sollte die Alert-Datei auf Fehlermeldungen geprüft werden.

11.5 Control-Dateien nicht mitgesichert

Wurden keine Control-Dateien mitgesichert (weder als Kopie der Control-Datei noch in Form einer Textdatei über `ALTER DATABASE BACKUP CONTROLFILE TO TRACE`), besteht die Möglichkeit, manuell ein `CREATE CONTROLFILE`-Kommando zu erzeugen.

Befindet sich die Datenbank aktuell noch mindestens im MOUNT-Status, so kann einfach über das Statement

```
SQL> ALTER DATABASE BACKUP CONTROLFILE TO TRACE;
```

ein SQL-Skript für das Erzeugen der Control-Datei generiert werden.

Falls Strukturänderungen zwischen dem Ziel-Zeitpunkt des Recoverys und dem aktuellen Zeitpunkt durchgeführt wurden, können diese anhand der Einträge in der Alert-Datei identifiziert und das SQL-Skript entsprechend angepasst werden.

In der Regel wird allerdings das Fehlen der Sicherung der Control-Dateien erst dann festgestellt, wenn die Rücksicherung der Datendateien bereits begonnen hat. Somit ist das Ausführen von `ALTER DATABASE BACKUP CONTROLFILE TO TRACE` nicht mehr möglich.

Hier bleibt dann nur noch die Möglichkeit, manuell das Kommando für das Erzeugen der Control-Datei aufzubauen.

Das Vorgehen für das manuelle Erzeugen einer neuen Control-Datei ist in Kapitel 10.9.2 beschrieben.

11.6 Vollständiges Recovery mit Backup der Control-Datei

Nach einem Recovery mit einem Backup der Control-Datei ist es erforderlich, die Datenbank mit einem OPEN RESETLOGS zu öffnen.

Wie in Kapitel 10.9.2 beschrieben, ist es möglich, wenn alle Online-Redolog-Dateien sowie ein Backup der Control-Datei zur Verfügung stehen, ein CREATE CONTROLFILE-Statement mit der Option NORESETLOGS auszuführen und die Datenbank nach einem vollständigen Recovery ohne ein OPEN RESETLOGS zu öffnen.

Dies kann mittels folgenden Vorgehens erfolgen:

Vorgehen

1. **Ermitteln des Speicherorts und des Namens der Control-Dateien**

   Dies kann entweder über den Parameter CONTROL_FILES oder die Alert-Datei erfolgen. Bei jedem Starten der Datenbank wird der Wert des Parameters CONTROL_FILES in die Alert-Datei eingetragen.

   Läuft die Datenbank nicht mehr, so kann die Instanz in den NOMOUNT-Status gestartet werden. Anschließend kann der Parameter CONTROL_FILES über das folgende Statement angezeigt werden.

```
SQL> SHOW PARAMETER CONTROL_FILES;
```

   Alternativ kann der Parameter CONTROL_FILES aus der Parameterdatei ermittelt werden.

   Zusätzlich sollte an dieser Stelle – falls sich die Datenbank noch mindestens im MOUNT-Zustand befindet – der Speicherort der Online-Redolog-Dateien über die View V$LOGFILE ermittelt werden. Diese sind bei Durchführung eines vollständigen Recoverys notwendig.

2. **Sicherung der Control-Datei in die Control-Datei-Verzeichnisse zurückspielen**

3. **Datenbank starten in MOUNT-Status**

```
sqlplus / as sysdba
SQL> STARTUP MOUNT
```

   Das Starten der Datenbank in den MOUNT-Status muss an diesem Punkt ohne Fehlermeldung funktionieren.

   Zur Kontrolle noch folgendes Kommando ausführen:

```
SQL> SELECT STATUS FROM V$INSTANCE;
MOUNTED
```

4. **Erzeugen einer Textdatei für das Anlegen der Control-Dateien mit**

```
SQL> ALTER DATABASE BACKUP CONTROLFILE TO TRACE;
```

Hierdurch wird eine Textdatei mit allen in der Control-Datei enthaltenen Daten- und Online-Redolog-Dateien in dem Verzeichnis erzeugt, das durch den Parameter `USER_DUMP_DEST` definiert wurde (Versionen bis Oracle 11g).

Ab Oracle 11g wird die Textdatei in das Verzeichnis `Diag Trace` geschrieben. Das Verzeichnis `Diag Trace` kann über die View `V$DIAG_INFO` (`SELECT * FROM V$DIAG_INFO`) ermittelt werden.

> **Hinweis**
> Die erzeugte Datei findet man am einfachsten, wenn man eine Sortierung der Dateien im Verzeichnis `USER_DUMP_DEST` beziehungsweise `Diag Trace` nach der Zeit durchführt und die aktuellste Datei dann betrachtet.

5. **Stoppen der Datenbank**

```
SQL> SHUTDOWN IMMEDIATE
```

6. **Starten der Datenbank in den NOMOUNT-Status**

```
SQL> STARTUP NOMOUNT
```

7. **Anpassen der Textdatei mit dem CREATE CONTROLFILE-Statement**

   Alle Statements außer dem folgenden aus der Textdatei löschen:

```
CREATE CONTROLFILE REUSE DATABASE "GC" NORESETLOGS ARCHIVELOG
    MAXLOGFILES 16
    MAXLOGMEMBERS 3
    MAXDATAFILES 100
    MAXINSTANCES 8
    MAXLOGHISTORY 292
LOGFILE
   GROUP 1 'C:\ORACLE\GC\REDO01.LOG'  SIZE 50M,
   GROUP 2 'F:\ORACLE\GC\REDO02.LOG'  SIZE 50M,
   GROUP 3 'E:\ORACLE\GC\REDO03.LOG'  SIZE 50M
DATAFILE
   'D:\ORACLE\ORADATA\GC\SYSTEM01.DBF',
   'D:\ORACLE\ORADATA\GC\UNDOTBS01.DBF',
   'D:\ORACLE\ORADATA\GC\SYSAUX01.DBF',
   'D:\ORACLE\ORADATA\GC\USERS01.DBF'
CHARACTER SET WE8MSWIN1252;
```

   Gegebenenfalls können die Statements `ALTER TABLESPACE <temp_tablespace> ADD TEMPFILE...` belassen und auskommentiert werden. Über diese(s) Statement(s) können nach dem Öffnen der Datenbank die temporären Dateien neu angelegt werden.

8. **Erzeugen der Control-Dateien**

   Hierfür kann entweder das in Punkt 7 erzeugte SQL-Statement direkt im SQL-Eingabeprompt ausgeführt werden, oder es wird über die Textdatei gestartet.

Beispiel:

Der Name der Textdatei ist CTRLGC.SQL und befindet sich diese im aktuellen Verzeichnis, dann kann diese ausgeführt werden mit:

```
SQL> @CTRLGC.SQL
```

9. **Gegebenenfalls Recovery der Datenbank**

   Ein Recovery ist notwendig, wenn Datendateien aus der Sicherung zurückgeholt wurden (Vorgehen siehe Kapitel 10.6) oder wenn die Datenbank nicht konsistent beendet wurde (SHUTDOWN ungleich NORMAL, IMMEDIATE oder TRANSACTIONAL).

```
SQL> RECOVER DATABASE;
```

   War das Recovery erfolgreich, wird folgende Meldung ausgegeben:

```
Media recovery complete.
```

10. **Öffnen der Datenbank**

   Anschließend kann die Datenbank wieder geöffnet werden.

```
SQL> ALTER DATABASE OPEN;
```

11. **Anlegen der temporären Dateien des temporären Tablespace**

   Hierzu kann das Statement aus dem SQL-Skript verwendet werden (siehe Punkt 7).

```
SQL> ALTER TABLESPACE <temp_tablespace> ADD TEMPFILE '<pfad\name>' SIZE <size>
REUSE AUTOEXTEND OFF;
```

   Die Optionen wie zum Beispiel AUTOEXTEND können je nach Konfiguration des temporären Tablespace der Quelldatenbank anders sein.

12. **Überprüfung Alert-Datei**

   Abschließend sollte in der Alert-Datei kontrolliert werden, ob auch beim Öffnen der Datenbank keine Fehlermeldungen protokolliert wurden.

11.7 Absturz während Online-Sicherung

Wird die Instanz während einer Online-Sicherung inkonsistent beendet (SHUTDOWN ABORT) oder stürzt sie während einer Online-Sicherung ab, so wird beim nächsten Starten folgender Fehler gemeldet:

```
ORA-01113: File '4' needs media recovery
ORA-01110 data file 'C:\ORACLE\GC\USERS01.DBF'
```

Ein Blick in die Alert-Datei zeigt, dass derzeit vermutlich eine Online-Sicherung durchgeführt wird, da sich Tablespaces im Backup-Modus befinden.

Einträge in der Alert-Datei sind beispielsweise:

```
Sat Jun 30 18:12:59 2008
alter tablespace users begin backup
Sat Jun 30 18:12:59 2008
Completed: alter tablespace users begin backup
```

Läuft die Online-Sicherung schon sehr lange oder wurden während der laufenden Online-Sicherung sehr viele Offline-Redolog-Dateien erzeugt, könnte es nun bei Einsatz einer Oracle-Version vor 7.3 sehr aufwendig werden, das Recovery für die Datendatei durchzuführen.

Ab Oracle 7.3 ist das geforderte Media-Recovery NICHT mehr notwendig. Dieses Problem kann einfach durch Beenden des Backup-Modus entweder für die gesamte Datenbank (ab Oracle 9i), den betroffenen Tablespace oder die betroffene Datendatei behoben werden. Nach Beenden des Backup-Modus kann die Datenbank ohne weiteres Recovery wieder geöffnet werden.

Das Verhalten tritt deshalb auf, weil im Backup-Modus die Datei-Header eingefroren werden. Dadurch wird beim Starten der Instanz ein älterer Stand der Datendateien vorgetäuscht, obwohl die Daten in den Datendateien aktuell sind.

Vorgehen

1. **Betroffene Datendateien ermitteln**

   Die Datendateien, die sich noch im Backup-Modus befinden, können über die View `V$BACKUP` ermittelt werden (Status ACTIVE):

```
SQL> SELECT FILE#, STATUS FROM V$BACKUP;
```

Ergebnis zum Beispiel:

```
     FILE# STATUS
---------- ------------------
         1 NOT ACTIVE
         2 NOT ACTIVE
         3 NOT ACTIVE
         4 ACTIVE
         5 NOT ACTIVE
```

Über eine Selektion über die View `V$DATAFILE` kann nun der zugehörige Name der Datendatei herausgefunden werden:

```
SQL> SELECT FILE#, NAME FROM V$DATAFILE;
```

Ausgabe:

```
    FILE#       NAME
---------       ---------------------------------------------
        1       C:\ORACLE\GC\SYSTEM01.DBF
        2       C:\ORACLE\GC\UNDOTBS01.DBF
        3       C:\ORACLE\GC\SYSAUX01.DBF
        4       C:\ORACLE\GC\USERS01.DBF
        5       C:\ORACLE\GC\USERS02.DBF
```

In diesem Beispiel wäre die Datendatei USERS01.DBF mit der Filenummer 4 auf `END BACKUP` zu setzen.

2. **Backup-Modus beenden**

   Der Backup-Modus kann wie folgt beendet werden (Datenbank muss sich mindestens im MOUNT-Status befinden):

Für eine einzelne Datendatei:

```
SQL> ALTER DATABASE DATAFILE <file#> END BACKUP;
```

Für einen einzelnen Tablespace:

```
SQL> ALTER TABLESPACE <tsp_name> END BACKUP;
```

Für die gesamte Datenbank (ab Oracle 9i):

```
SQL> ALTER DATABASE END BACKUP;
```

3. **Datenbank öffnen**

```
SQL> ALTER DATABASE OPEN;
```

11.8 Windows: ORA-00376 wegen Datenbankstart während Offline-Sicherung

Wird beispielsweise während einer laufenden Offline-Sicherung irrtümlich die Datenbank gestartet, so kann unter Windows durch den gleichzeitigen Zugriff von Oracle und der Sicherungssoftware auf die Datendateien der folgende Fehler auftreten:

```
ORA-00376: file 4 cannot be read at this time
ORA-01110: data file 4: ' C:\ORACLE\GC\USERS01.DBF '
```

Dieser Fehler kann auch gemeldet werden bei:

- (temporären) Hardware-Problemen
- gleichzeitigem Zugriff auf eine Datendatei durch die Oracle-Software und externe Software wie beispielsweise Virenscanner oder Systemüberwachung beim Starten der Datenbank

Vorgehen

1. **Ermittlung und Beseitigung der Ursache**

   Der erste Schritt ist die Überprüfung der Alert-Datei. Ist die Ursache eine Offline-Sicherung, sollten zeitlich passende Einträge für Starten und Stoppen der Datenbank zu finden sein. Ergibt die Analyse der Alert-Datei keine Auffälligkeiten, so können unter Windows über den Taskmanager aktuell laufende Prozesse wie zum Beispiel Virenscanner etc. identifiziert werden.

2. **Wenn möglich, erneutes Stoppen und Starten der Datenbank**

   Falls es möglich ist, kann nach dem Beenden des Verursachers des gleichzeitigen Zugriffs, wie zum Beispiel der Sicherung, die Datenbank erneut gestoppt und wieder gestartet werden. Oft reicht das schon, um den Fehler zu beheben. Um weitere Fehler zu vermeiden, sollten jedoch die folgenden Punkte noch geprüft werden.

3. **Überprüfung des Status der Tablespaces**

Dies ist nur möglich, wenn die Datenbank geöffnet ist. Falls die Datenbank nicht geöffnet ist, sollte dies – wenn die Datenbank wieder läuft – durchgeführt werden.

```
SQL> SELECT TABLESPACE_NAME, STATUS FROM DBA_TABLESPACES;
```

4. **Gegebenenfalls Online-Setzen der Tablespaces**

Wurden bei Punkt 3 Tablespaces mit Status OFFLINE gemeldet, so müssen diese wieder online gesetzt werden mit:

```
SQL> ALTER TABLESPACE <tablespace_name> ONLINE;
```

Dies ist ebenfalls nur bei geöffneter Datenbank möglich. Deshalb diesen Punkt gegebenenfalls später – wenn die Datenbank wieder läuft – durchführen.

5. **Überprüfung des Status der Datendateien**

Befinden sich Datendateien durch den gleichzeitigen Zugriff im Status RECOVER, so muss für diese ein Recovery erfolgen.

Prüfung über die View `V$RECOVER_FILE`:

```
SQL> SELECT * FROM V$RECOVER_FILE;
```

Werden hier Dateien gemeldet, so können über die View `V$DATAFILE` der zugehörige Dateiname und Status ermittelt werden:

```
SQL> SELECT FILE#, NAME, STATUS FROM V$DATAFILE WHERE FILE# = <file#>;
```

6. **Falls erforderlich, Recovery für Datendateien durchführen**

Wurden bei Punkt 5 Datendateien ermittelt, für die ein Recovery notwendig ist, so kann dieses für jede Datendatei ausgeführt werden mit:

```
SQL> ALTER DATABASE RECOVER DATAFILE <filename>;
```

Beispiel:

```
SQL> ALTER DATABASE RECOVER DATAFILE 'c:\oracle\gc\users01.dbf';
```

Sind sehr viele Datendateien betroffen, kann dies auch einfacher erfolgen mit:

```
SQL> RECOVER DATABASE;
```

Dieses Kommando ist jedoch nur im MOUNT-Status möglich.

7. **Überprüfung, ob Datendateien im Status OFFLINE sind**

```
SQL> SELECT NAME, STATUS FROM V$DATAFILE WHERE STATUS = 'OFFLINE';
```

Werden an dieser Stelle Datendateien gemeldet, so müssen diese im nächsten Schritt wieder online gesetzt werden.

8. **Alle Datendateien mit Status OFFLINE wieder online setzen**

```
SQL> ALTER DATABASE DATAFILE '<pfad\name>' ONLINE;
```

Beispiel:

```
SQL> ALTER DATABASE DATAFILE 'c:\oracle\gc\users01.dbf' ONLINE;
```

9. **Manuellen Checkpoint ausführen**

```
SQL> ALTER SYSTEM CHECKPOINT;
```

10. **Punkte 3, 5 und 7 nochmals prüfen**

    Falls die Aufrufe aus den genannten Punkten keine Auffälligkeiten mehr ergeben, so sollte das Problem behoben sein.

11.9 Verschieben von Datenbankdateien im Rahmen eines Recoverys

Müssen die Sicherungen von Datenbankdateien in andere als die ursprünglichen Verzeichnisse zurückgespielt werden, so muss dies vor dem Start des Recoverys der Datenbank bekannt gemacht werden.

Es können sowohl die Datendateien, die Online-Redolog-Dateien, die Offline-Redolog-Dateien als auch die Control-Dateien in andere Verzeichnisse verschoben werden. Auch das Verschieben mehrerer Dateitypen gleichzeitig vor einem Recovery-Vorgang ist selbstverständlich möglich.

Das Verschieben von Datenbankdateien ist im Rahmen der Beschreibung der einzelnen Crashszenarien bereits erläutert worden. Hier soll eine Zusammenfassung erfolgen.

11.9.1 Vorgehen beim Verschieben von Control-Dateien

1. Anpassen des Parameters `CONTROL_FILES` in der Parameterdatei (mindestens NOMOUNT-Status erforderlich bei Einsatz von SPFILE)

   Beispiel:

```
SQL> ALTER SYSTEM SET CONTROL_FILES='/oracle/GC1/ctrl1/ctrl1.ctl', '/oracle/GC1/
ctrl2/ctrl2.ctl', '/oracle/GC1/ctrl3/ctrl3.ctl' SCOPE=SPFILE;
```

   Falls ein SPFILE im Einsatz ist und beim Ändern des Parameters ein `ORA-02095` auftritt, so sollte überprüft werden, ob eventuell notwendige Hochkommata fehlen.

   Andernfalls kann durch temporäres Erzeugen einer INIT.ORA-Datei der Parameter geändert werden.

INIT.ORA erzeugen:

```
SQL> CREATE PFILE FROM SPFILE;
```

Anschließend den Parameter CONTROL_FILES in der erzeugten INIT.ORA-Datei anpassen.

Nach dem Stoppen der Datenbank wieder ein SPFILE erzeugen:

```
SQL> CREATE SPFILE FROM PFILE;
```

2. Datenbank stoppen
3. Control-Dateien in die gewünschten Verzeichnisse verschieben oder aus der Sicherung einspielen

   Es muss darauf geachtet werden, dass alle Control-Dateien den gleichen Stand haben. Falls einzelne Control-Dateien verloren gingen, so können diese einfach aus einer fehlerfreien Control-Datei in die Verzeichnisse kopiert werden, die im Parameter CONTROL_FILES angegeben sind.

   Gingen alle Control-Dateien verloren, so kann gemäß Kapitel 10.9.2, Verlust aller Control-Dateien, vorgegangen werden. Der Parameter CONTROL_FILES wird am besten vor Beginn der Aktionen im NOMOUNT-Status angepasst. Anschließend muss die Datenbank nochmals gestoppt und entsprechend den Anweisungen aus Kapitel 10.9.2 vorgegangen werden.
4. Recovery durchführen und Datenbank starten je nach Crashszenario

11.9.2 Vorgehen beim Verschieben von Daten- und/oder Online-Redolog-Dateien

Szenario 1: Alle Control-Dateien stehen zur Verfügung, oder Sicherung der Control-Datei wurde eingespielt.

In diesem Fall kann einfach nach Einspielen der Datei in das entsprechende Verzeichnis und Starten der Datenbank in den MOUNT-Status ein RENAME der Datei durchgeführt werden.

1. Stoppen der Datenbank
2. Einspielen der Sicherung der Daten- und/oder Online-Redolog-Dateien in das gewünschte Verzeichnis
3. Starten der Datenbank in den MOUNT-Status
4. RENAME der Daten- und/oder Online-Redolog-Dateien

   Wurden die Daten- oder Online-Redolog-Dateien in andere als die ursprünglichen Verzeichnisse zurückgespielt, muss der Datenbank nun das neue Verzeichnis der zurückgespielten Dateien bekannt gemacht werden.

```
SQL> ALTER DATABASE RENAME FILE '<pfad alt\name>' TO '<pfad neu\name>';
```

Beispiel:

```
SQL> ALTER DATABASE RENAME FILE 'f:\oracle\gc1\data_1\userdata.data1' TO
'h:\oracle\gc1\data_1\userdata.data1';
```

Analog kann dies auch für die Online-Redolog-Dateien durchgeführt werden.

5. Recovery der Datenbank

   Je nach Crashszenario (siehe entsprechende Kapitel) kann nun das Recovery der Datenbank durchgeführt werden.

6. Öffnen der Datenbank

   Je nach Crashszenario (siehe entsprechende Kapitel) und entsprechendem Recovery kann nun die Datenbank wieder geöffnet werden.

Szenario 2: Falls Erzeugen einer neuen Control-Datei mittels CREATE CONTROLFILE-Statement erforderlich

Müssen Daten- und/oder Online-Redolog-Dateien im Rahmen eines Recoverys in andere Verzeichnisse verschoben werden und ist es erforderlich, eine neue Control-Datei mit dem CREATE CONTROLFILE-Statement zu erzeugen, so können die neuen Verzeichnisnamen der Daten- und/oder Online-Redolog-Dateien direkt im CREATE CONTROLFILE-Statement angepasst werden.

Beispiel:

```
CREATE CONTROLFILE REUSE DATABASE "GC" NORESETLOGS ARCHIVELOG
    MAXLOGFILES 16
    MAXLOGMEMBERS 3
    MAXDATAFILES 100
    MAXINSTANCES 8
    MAXLOGHISTORY 292
LOGFILE
   GROUP 1 'C:\ORACLE\GC\REDO01.LOG'  SIZE 50M,
   GROUP 2 'F:\ORACLE\GC\REDO02.LOG'  SIZE 50M,
   GROUP 3 'E:\ORACLE\GC\REDO03.LOG'  SIZE 50M
DATAFILE
   'D:\ORACLE\ORADATA\GC\SYSTEM01.DBF',
   'D:\ORACLE\ORADATA\GC\UNDOTBS01.DBF',
   'D:\ORACLE\ORADATA\GC\SYSAUX01.DBF',
   'D:\ORACLE\ORADATA\GC\USERS01.DBF'
CHARACTER SET WE8MSWIN1252;
```

11.9.3 Vorgehen bei Verschieben von Offline-Redolog-Dateien

Das ARCHIVELOG-Verzeichnis wird über die Parameter LOG_ARCHIVE_DEST, LOG_ARCHIV_DUPLEX_DEST beziehungsweise LOG_ARCHIVE_DEST_n (bei mehreren ARCHIVE-LOG-Verzeichnissen) festgelegt. Soll nun das ARCHIVELOG-Verzeichnis verschoben werden, so kann dies einfach über die Änderung der Parameter LOG_ARCHIVE_DEST, LOG_ARCHIV_DUPLEX_DEST oder LOG_ARCHIVE_DEST_n in der Parameterdatei erfolgen. Diese Änderung kann sowohl bei geöffneter Datenbank als auch im NOMOUNT- oder MOUNT-Status erfolgen.

Beispiel für eine temporäre Änderung von LOG_ARCHIVE_DEST:

```
SQL> ALTER SYSTEM SET LOG_ARCHIVE_DEST='c:\oracle\gc\oraarch' SCOPE=MEMORY;
```

Soll das Verzeichnis dauerhaft geändert werden, so lautet das Kommando bei Nutzung eines SPFILE folgendermaßen:

```
SQL> ALTER SYSTEM SET LOG_ARCHIVE_DEST='c:\oracle\gc\oraarch' SCOPE=BOTH;
```

Bei Nutzung der Parameterdatei INIT.ORA muss der Parameter in der Datei entsprechend angepasst werden. Zur Aktivierung des Parameters ist es erforderlich, die Datenbank durchzustarten.

11.10 Recovery hängt

Während eines Media Recoverys bleibt das Einfahren der Redolog-Dateien ohne weitere Fehlermeldung hängen. Auch bei einem Crash Recovery kann dieses Verhalten auftreten. Es erfolgt kein Abbruch.

Im Zusammenhang mit diesem Fehler können auch Abfragen einiger Views (V$RECOVER_FILE, V$DATAFILE) oder ein SHUTDOWN IMMEDIATE stehen. Bei manuellem Abbruch des Recoverys bleibt die Recovery-Session in der Datenbank bestehen.

Ursache dieses Verhaltens können verschiedene Gründe sein:

1. Datenbankparameter

   Falls in der Parameterdatei _-Parameter (undokumentierte Parameter) gesetzt sind, so sollten diese – gegebenenfalls in Absprache mit dem Oracle-Support – deaktiviert werden. Zusätzlich sollten dann noch folgende Parameter deaktiviert werden:

   ```
   DB_BLOCK_CHECKING
   DB_BLOCK_CHECKSUM
   USE_INDIRECT_DATA_BUFFERS
   TRANSACTION_AUDITING
   ```

2. Defekte Redolog-Datei

   Es sollte geprüft werden, ob die Redolog-Datei (online oder offline) fehlerfrei ist, die aktuell in die Datenbank eingespielt wird.

   Ermittlung Online-Redolog-Datei bei Crash Recovery

   Hierzu müssen über die View V$LOG vor der Prüfung alle Gruppen und zugehörigen Mitglieder ermittelt werden, die den Status CURRENT oder ACTIVE haben. Voraussetzung für die Ermittlung ist mindestens der MOUNT-Status der Datenbank.

```
SQL> SELECT MEMBER, V$LOG.STATUS
FROM V$LOGFILE, V$LOG
WHERE V$LOG.STATUS IN ('ACTIVE', 'CURRENT') AND V$LOG.GROUP#=V$LOGFILE.GROUP#;
```

Prüfung der Redolog-Datei (online oder offline)

Die Prüfung kann über das folgende Kommando erfolgen:

```
SQL> ALTER SYSTEM DUMP LOGFILE '<path\name_logfile>';
```

Ist die geprüfte Redolog-Datei fehlerhaft, wird der Fehler direkt auf der Kommandoebene ausgegeben. Ist die Redolog-Datei fehlerfrei, so wird nur ein `System altered` zurückgeliefert.

Zusätzlich wird in dem Verzeichnis, das durch den Parameter `USER_DUMP_DEST` (Versionen bis Oracle 11g) beziehungsweise `Diag Trace` (Oracle 11g) festgelegt wurde, eine Trace-Datei angelegt. Das Verzeichnis `Diag Trace` kann ermittelt werden durch:

```
SQL> SELECT * FROM V$DIAG_INFO;
```

Diese Trace-Datei enthält zusätzliche Informationen. Diese müssen jedoch nicht unbedingt analysiert werden. Grundsätzlich reicht die Ausgabe auf Kommandozeilenebene, um eine Aussage über die Redolog-Datei machen zu können.

Vorgehen bei defekten Redolog-Dateien

- Defekte Offline-Redolog-Datei bei Media Recovery

  Ist eine Offline-Redolog-Datei defekt, so sollte diese nochmals aus der Sicherung eingespielt werden. Oft sind dann nur Übertragungsfehler aufgetreten, und ein erneutes Einspielen behebt das Problem.

  Falls die Offline-Redolog-Dateien mehrfach in unterschiedlichen Verzeichnissen erzeugt wurden, so sollte auf eine Kopie der Offline-Redolog-Datei aus einem anderen Verzeichnis zurückgegriffen werden.

  Falls keine fehlerfreie Version der Offline-Redolog-Datei verfügbar ist, kann nur noch ein unvollständiges Recovery bis zu der defekten Offline-Redolog-Datei durchgeführt werden. Dies ist dann mit einem Datenverlust verbunden.

- Defekte Online-Redolog-Datei bei Crash Recovery

  Ist nur ein Mitglied einer Redolog-Gruppe mit Status ACTIVE oder CURRENT defekt, so kann das defekte durch ein fehlerfreies Mitglied derselben Gruppe ersetzt werden. Voraussetzung dafür ist allerdings, dass die Datenbank gestoppt ist.

  Sind alle Mitglieder einer Redolog-Gruppe mit Status ACTIVE oder CURRENT defekt, so muss je nach Status und Archivierung der Redolog-Gruppe gemäß Abschnitt 10.8, Verlust von Redolog-Dateien, vorgegangen werden.

3. Defekte Datendateien

   Falls keine entsprechenden Fehlereinträge bezüglich der defekten Datendatei in der Alert-Datei zu finden sind, können die folgenden manuellen Verfahren zur Ermittlung defekter Datendateien verwendet werden.

Szenario 1: Fehler tritt bei Crash Recovery oder bei vollständigem Recovery auf.

Für die Ermittlung der defekten Datendatei(en) muss das RECOVER-Statement für jede Datendatei einzeln ausgeführt werden. Im Normalfall bleibt das Recovery bei der defekten Datendatei wieder hängen.

Für das Recovery der einzelnen Datendateien ist es am einfachsten, dies über das nachfolgende Skript RECOVER_SINGLE.SQL durchzuführen.

```
STARTUP MOUNT
SET HEADING OFF
SET LINESIZE 500
SPOOL recover_single.sql
SELECT 'SPOOL RECOVER_SINGLE.LST' FROM DUAL;
SELECT 'recover datafile ' || chr(39) || name || chr(39) || chr(59) FROM V$DATAFILE;
SELECT 'SPOOL OFF' FROM DUAL;
SPOOL OFF
@recover_single.sql
```

Bleibt das Skript bei einer Datendatei hängen (Log-Datei RECOVER_SINGLE.LST), so sollten die RECOVER-Statements für alle Datendateien, für die bisher das Recovery erfolgreich abgeschlossen wurde, plus dem einen RECOVER-Statement, bei dem das Recovery hängen geblieben ist, aus dem Skript herausgenommen und anschließend das Skript erneut gestartet werden. Durch dieses Verfahren werden alle Datendateien ermittelt, die defekt sind und für die das Einspielen einer Sicherung notwendig ist.

Szenario 2: Fehler tritt bei unvollständigem Recovery auf.

Das Vorgehen bei einem unvollständigen Recovery ist etwas umständlicher, da hier das Recovery für die Datendateien nicht einzeln über RECOVER DATAFILE erfolgen kann.

Eine Möglichkeit, um die fehlerhafte Datendatei zu ermitteln, ist, alle Datendateien offline und anschließend die Datendateien gruppenweise wieder online zu setzen. Danach wird das Recovery gestartet.

Bleibt bei einer Gruppe das Recovery hängen, so können die Dateien dieser Gruppe wieder offline und anschließend einzeln wieder online gesetzt werden. Für jede online gesetzte Datendatei wird das Recovery gestartet.

Durch nachfolgende Statements wird ein Skript datafiles_OFFLINE.sql erzeugt zum Offline-Setzen aller Datendateien:

```
SET HEADING OFF
SET LINESIZE 500
SPOOL datafiles_OFFLINE.sql
SELECT 'alter database datafile ' || chr(39) || name || chr(39) || ' OFFLINE;'
FROM V$DATAFILE;
SPOOL OFF
```

Analog wird nachfolgend ein Skript datafiles_ONLINE.sql erzeugt zum Online-Setzen aller Datendateien:

```
SET HEADING OFF
SET LINESIZE 500
SPOOL datafiles_ONLINE.sql
SELECT 'alter database datafile ' || chr(39) || name || chr(39) || ' ONLINE;' FROM
V$DATAFILE;
SPOOL OFF
```

Das Skript zum Online-Setzen aller Datendateien sollte dann manuell in mehrere kleinere Skripte aufgeteilt werden, in denen jeweils eine Gruppe von Datendateien online gesetzt wird. Wurde eine Gruppe von Datendateien online gesetzt, kann das Recovery dieser Datendateien gestartet werden mit:

```
SQL> RECOVER DATABASE UNTIL CANCEL [USING BACKUP CONTROLFILE];
```

Falls eine Sicherung der Control-Datei verwendet wird, muss die Option `USING BACKUP CONTROLFILE` angegeben werden.

Wurden die defekten Datendateien ermittelt, so bestehen zur Behebung des Fehlers die folgenden Möglichkeiten:

- Erneutes Einspielen der Datendateien aus der Sicherung, um Übertragungsfehler auszuschließen
- Einspielen der Datendateien aus einer älteren Sicherung

  Hierbei ist zu beachten, dass dann auch die Offline-Redolog-Dateien, die seit der älteren Sicherung geschrieben wurden, zurückgespielt werden müssen.
- Einspielen der Datendateien auf eine andere Platte, um physikalische Fehler der Platte auszuschließen.

  In diesem Fall muss vor dem Recovery ein `RENAME` der Datendateien durchgeführt werden (Beschreibung Kapitel 11.9.2).

11.11 Test-Recovery

Bei Problemen im Rahmen des Recoverys, beispielsweise bei korrupten Blöcken, besteht auch die Möglichkeit, ein Test-Recovery durchzuführen. Hierbei wird das Recovery im Memory simuliert, jedoch werden keine Änderungen an der Datenbank vorgenommen.

Syntax für Test-Recovery:

```
SQL> RECOVER DATABASE TEST;
SQL> RECOVER TABLESPACE <tablespace_name> TEST;
SQL> RECOVER DATABASE USING BACKUP CONTROLFILE UNTIL CANCEL TEST;
```

11.12 Instanz startet nicht aufgrund von Fehlern im Zusammenhang mit SPFILE

11.12.1 Fehlerhafte Parameter im SPFILE

Wurden versehentlich fehlerhafte Parameter im SPFILE angegeben, so wird dies beim nächsten Starten der Instanz gemeldet. Das Starten bricht dann mit einer Fehlermeldung ab, die auf den fehlerhaften Parameter hindeutet.

Das Problem kann mit folgender Vorgehensweise bereinigt werden:

1. Erzeugen einer editierbaren Parameterdatei INIT<SID>.ORA (Datenbank kann gestoppt bleiben)

```
SQL> CREATE PFILE FROM SPFILE;
```

2. Fehlerhaften Parameter in der editierbaren Parameterdatei INIT<SID>.ORA berichtigen
3. Erzeugen eines SPFILE aus der editierbaren Parameterdatei INIT<SID>.ORA (bei gestoppter Datenbank)

```
SQL> CREATE SPFILE FROM PFILE;
```

4. Starten der Datenbank

11.12.2 Recovery SPFILE

Oracle sucht beim Starten einer Instanz in der folgenden Reihenfolge nach einer Parameterdatei:

1. spfile<SID>.ora
2. spfile.ora
3. init<SID>.ora

Unter Windows wird das SPFILE im Verzeichnis `%ORACLE_HOME%\database`, unter Unix im Verzeichnis `$ORACLE_HOME/dbs` gesucht.

Wird keine der Dateien gefunden, bricht der Start der Instanz mit einer entsprechenden Fehlermeldung ab.

Für das Recovery genügt es, die aktuellste Sicherung einer der drei genannten Dateien einzuspielen. Bei Einspielen einer Sicherung der Datei init<SID>.ora kann anschließend mit einem `CREATE SPFILE FROM PFILE` wieder ein SPFILE erzeugt werden.

Ab Oracle 11g werden alle im SPFILE gesetzten Parameter in der Alert-Datei beim Starten der Instanz protokolliert. Wurde keine der genannten Parameterdateien gesichert, so kann über die Parameter aus der Alert-Datei eine init<SID>.ora aufgebaut werden.

11.13 Verwendung von Sicherungen nach SHUTDOWN ABORT

Im Regelfall sollten Offline-Sicherungen nur nach einem konsistenten Beenden der Datenbank (`SHUTDOWN NORMAL`, `IMMEDIATE`, `TRANSACTIONAL`) durchgeführt werden.

Muss nun eine Sicherung eingespielt werden, die – zum Beispiel aufgrund von Fehlern im Sicherungsablauf – von einer inkonsistent beendeten Datenbank (`SHUTDOWN ABORT`) erfolgt ist, so ist dies unter folgenden Voraussetzungen möglich:

- Die Datenbank befindet sich im ARCHIVELOG-Modus
- Es werden alle Datendateien, Control-Dateien und Online-Redolog-Dateien aus der Sicherung eingespielt. Die Online-Redolog-Dateien sind in diesem Fall erforderlich.

Nach dem Einspielen der Sicherung kann die Datenbank meist mittels `STARTUP` gestartet werden. In seltenen Fällen ist es möglich, dass ein Recovery benötigt wird. Dies kann im MOUNT-Status erfolgen.

Wurden die Control-Dateien aus der Sicherung zurückgespielt, so muss das Recovery mit der Option `USING BACKUP CONTROLFILE` durchgeführt werden.

```
SQL> RECOVER DATABASE USING BACKUP CONTROLFILE;
```

Die Datenbank muss dann mit einem `OPEN RESETLOGS` geöffnet werden.

11.14 Recovery über OPEN RESETLOGS

Ab Oracle 10g ist es möglich, ein Recovery über ein Öffnen der Datenbank mit `OPEN RESETLOGS` durchzuführen. `OPEN RESETLOGS` ist beispielsweise nach einem unvollständigen Recovery oder bei einem Recovery mit der Sicherung einer Control-Datei erforderlich.

Durch `OPEN RESETLOGS` wird der Inhalt der Online-Redolog-Dateien – nachdem er in die Offline-Redolog-Dateien archiviert wurde – gelöscht und die Log-Sequence-Nummer auf 1 zurückgesetzt.

In den Versionen vor Oracle 10g war es notwendig, dass nach jedem Öffnen der Datenbank mit `OPEN RESETLOGS` eine vollständige Sicherung der Datenbank vorgenommen wurde. Grund dafür war, dass durch ein `OPEN RESETLOGS` eine neue Datenbankinkarnation erstellt wird. Ein Recovery konnte in den Versionen vor Oracle 10g nur innerhalb einer Datenbankinkarnation durchgeführt werden.

Seit Oracle 10g können auch Sicherungen von früheren Datenbankinkarnationen verwendet werden, um ein Recovery über den Zeitpunkt des `OPEN RESETLOGS` hinaus durchzuführen.

Das Recovery über ein `OPEN RESETLOGS` kann wie ein Standard-Recovery vorgenommen werden. Voraussetzung dafür ist, dass alle für das Recovery benötigten Redolog-Dateien (auch die der früheren Datenbankinkarnation) vorhanden sind und die Control-Datei alle Informationen über die Datenbankinkarnationen enthält.

Sonderfall

Soll ein Recovery mit einer neu erzeugten Control-Datei vorgenommen werden, kann es notwendig sein, die Informationen über die Datenbankinkarnationen manuell aufzubauen. Diese Informationen sind enthalten in den Views V$DATABASE_INCARNATION (Informationen über die einzelnen Datenbankinkarnationen) und V$LOG_HISTORY (Informationen über die Offline-Redolog-Dateien).

Die Textdatei, die durch ALTER DATABASE BACKUP CONTROLFILE TO TRACE erzeugt wurde und das Statement für CREATE CONTROLFILE enthält, beinhaltet auch die Kommandos für den manuellen Aufbau der notwendigen Inkarnationsinformationen. Hierfür müssen die in der Textdatei genannten Offline-Redolog-Dateien manuell registriert werden mit:

Beispiel:

```
SQL> ALTER DATABASE REGISTER PHYSICAL LOGFILE 'E:\FLASH_RECOVERY_AREA\GC1\
ARCHIVELOG\2008_05_19\01_MF_1_1_%U_.ARC';

SQL> ALTER DATABASE REGISTER PHYSICAL LOGFILE 'E:\FLASH_RECOVERY_AREA\GC1\
ARCHIVELOG\2008_05_19\01_MF_1_1_%U_.ARC';
```

ACHTUNG: PHYSICAL muss angegeben werden. Wird das Statement aus der Textdatei verwendet (also ohne PHYSICAL), tritt ein Fehler auf (ORA-16225: LogMiner-Session-Name für Streams fehlt). Dieser Bug ist derzeit noch in Bearbeitung durch Oracle.

Die Namen der in der Textdatei angegebenen Offline-Redolog-Dateien müssen gegebenenfalls noch an die auf der Platte existierenden Offline-Redolog-Dateien angepasst werden, das heißt, die Variable %U muss durch den entsprechenden Wert ersetzt werden.

11.15 Wiederherstellung NOLOGGING-Objekte

Ein Spezialfall ist die Wiederherstellung von Tabellen oder Indizes, die mit der Option NOLOGGING erzeugt wurden. NOLOGGING bedeutet, dass beim Erzeugen dieser Tabellen und Indizes keine Redolog-Einträge geschrieben werden. Für diese Objekte ist deshalb kein Recovery mittels der Redolog-Dateien möglich.

Bei einem Media-Recovery werden diese Objekte als logisch korrupt gekennzeichnet. Ein Zugriff ist nicht möglich (Fehlermeldung ORA-01578).

Die einzige Möglichkeit, diese Objekte wiederherzustellen, besteht im Löschen und Neuanlegen der entsprechenden Tabellen oder Indizes. Existiert für eine Tabelle, die mit der NOLOGGING-Option angelegt wurde, ein Index, der mit der LOGGING-Option erzeugt wurde, wird der Index nicht als logisch korrupt gekennzeichnet. In diesem Fall müssen sowohl die Tabelle als auch der Index gelöscht und neu angelegt werden.

12 Hilfestellung

Dieses Kapitel ist als Hilfestellung gedacht, um die für das Recovery notwendigen Komponenten schnell auffinden zu können.

Diese Informationen sind besonders wichtig für relativ unerfahrene Administratoren oder Administratoren, die schnellstmöglich ein Recovery für ihnen unbekannte Oracle-Datenbanken durchführen müssen.

12.1 Welche Sicherung muss verwendet werden?

Bevor ein Restore durchgeführt wird, sollte anhand von Kapitel 10 und 11 analysiert werden, ob ein Restore überhaupt notwendig ist. In manchen Fällen kann ein Restore vermieden und das Problem schneller und einfacher mit anderen Mitteln beseitigt werden.

> **Hinweis**
> Vor jeder Rücksicherung ist es sinnvoll, eine aktuelle Control-Datei sowie die aktuellen Online-Redolog-Dateien bei gestoppter Datenbank zu sichern (falls das noch möglich ist). So kann auch bei einem Scheitern des Recoverys der aktuelle Stand wieder erzeugt werden.

Bei der Ermittlung der Dateien, die zurückgesichert werden müssen, muss unterschieden werden, ob anschließend ein vollständiges Recovery bis zum aktuellen Zeitpunkt oder ein unvollständiges Recovery (bis zu einem beliebigen Zeitpunkt) durchgeführt werden soll.

Bei manchen Fehlerszenarien kann es vorkommen, dass das Einspielen einer kompletten Sicherung notwendig ist. In den Kapiteln 10 und 11 ist bei den einzelnen Fehlerszenarien auch beschrieben, welche Dateien zurückgesichert werden müssen. Nachfolgend erfolgt nochmals eine kurze Zusammenfassung.

12.1.1 Grundlagen

Offline-Sicherung

Grundsätzlich sind bei der Rücksicherung einer *kompletten Offline-Sicherung* folgende Daten zurückzusichern:

- alle Datendateien
- alle Online-Redolog-Dateien, falls diese bei der Offline-Sicherung mitgesichert wurden und die Datenbank ohne weiteres Recovery und ohne `OPEN RESETLOGS` geöffnet werden soll. Sind diese nicht vorhanden, so muss die Datenbank mit einem `OPEN RESETLOGS` geöffnet werden.
- die Control-Datei als (Binär-)Kopie oder als Trace-Datei

- die Konfigurationsdateien wie Parameterdatei, Oracle Net-Konfigurationsdateien, Passwortdatei

Hinweis
Soll nach dem Einspielen einer kompletten Offline-Sicherung noch ein Recovery mittels der Redolog-Dateien erfolgen, so werden die Online-Redolog-Dateien aus der Sicherung (falls vorhanden) nicht benötigt.

Online-Sicherung

Bei der Rücksicherung einer *kompletten Online-Sicherung* sind

- alle Datendateien
- die Control-Datei
- die Konfigurationsdateien wie Parameterdatei, Oracle Net-Konfigurationsdateien, Passwortdatei
- sowie alle während der Online-Sicherung erzeugten Offline-Redolog-Dateien zurückzuspielen.

Hinweis
Bei einer Online-Sicherung ist es nicht notwendig (und auch gar nicht sinnvoll), die Online-Redolog-Dateien zurückzusichern. Normalerweise werden diese bei einer Online-Sicherung auch gar nicht gesichert.

Ermittlung der erforderlichen Redolog-Dateien

Über die *Alert-Datei* kann ermittelt werden, welche Offline-Redolog-Dateien für das Recovery benötigt werden:

Hinweis
Das Verzeichnis, in dem die Offline-Redolog-Dateien stehen, kann am einfachsten über die Parameter `LOG_ARCHIVE_DEST` oder `LOG_ARCHIVE_DEST_n` ermittelt werden. Die Parameter werden beim Starten in der Alert-Datei protokolliert. Alternativ kann die View `V$ARCHIVE_DEST` (Spalten DEST_NAME, DESTINATION) verwendet werden. Wurde eine Flash Recovery Area definiert (Parameter `DB_RECOVERY_FILE_DEST`), befinden sich die Offline-Redolog-Dateien in den Verzeichnissen unterhalb des Verzeichnisses `DB_RECOVERY_FILE_DEST\<SID>\ARCHIVELOG`.

In der *Alert-Datei* muss nach dem letzten *Log-Switch* vor Beginn der für das Recovery verwendeten Sicherung gesucht werden.

Hinweis
Das Verzeichnis, in dem sich die Alert-Datei (Name in den meisten Fällen alert_<SID>.log) befindet, kann in den Versionen vor Oracle 11g ebenfalls über einen Parameter ermittelt werden (`BACKGROUND_DUMP_DEST`). Der Default-Wert ist betriebssystemabhängig. Ab Oracle 11g kann hierfür die View `V$DIAG_INFO` (`SELECT * FROM V$DIAG_INFO`) mit dem Eintrag `Diag Trace` (textbasierend) oder `Diag Alert` (XML-Format) verwendet werden.

Beispiel:

Die Sicherung wurde am 18. April um 20 Uhr gestartet. Vor 20 Uhr findet sich in der *Alert-Datei* folgender Eintrag für den letzten Log-Switch vor der Sicherung:

```
Tue Apr 18 19:51:38 2008
Thread 1 advanced to log sequence 787
  Current log# 13 seq# 787 mem# 0: F:\...\LOG_G13M1.DBF
  Current log# 13 seq# 787 mem# 1: G:\...\LOG_G13M2.DBF
```

Somit müssen alle *Offline-Redolog-Dateien* ab der Log-Sequence-Nummer **787** zurückgesichert werden.

Hinweis
Da es bei der Ermittlung der benötigten Offline-Redolog-Dateien erfahrungsgemäß oft vorkommt, dass man in der Eile um eine oder zwei Log-Sequence-Nummern danebenliegt, ist es sinnvoll, noch ungefähr fünf Offline-Redolog-Dateien mehr zurückzusichern (hier wäre das dann ab der Log-Sequence-Nummer 782).

Soll eine komplette Online-Sicherung eingespielt werden, muss anschließend mindestens ein Recovery aller Offline-Redolog-Dateien durchgeführt werden, die während der Online-Sicherung erzeugt wurden.

Bei Verwendung des Oracle Recovery Managers (RMAN) werden die benötigten Redolog-Dateien beim Recovery automatisch ermittelt und – falls erforderlich – zurückgesichert. Es muss lediglich ein unvollständiges Recovery auf einen Zeitpunkt kurz nach Ende der Online-Sicherung gestartet werden. Falls RMAN nicht verwendet wird, müssen diese wie nachfolgend beschrieben manuell ermittelt werden:

Im besten Fall wurde am Anfang und Ende der Online-Sicherung die aktuell gültige Log-Sequence-Nummer protokolliert. Anhand dieser können dann die erforderlichen Offline-Redolog-Dateien zurückgesichert werden.

Ist die Ermittlung der Log-Sequence-Nummer nicht erfolgt, so können über die Alert-Datei die erforderlichen Offline-Redolog-Dateien herausgefunden werden. Hierbei muss – wie bereits beschrieben – nach dem letzten *Log-Switch* vor Beginn der für das Recovery verwendeten Sicherung gesucht werden. Die bei diesem Log-Switch gültige Log-Sequence-Nummer ist die erste Offline-Redolog-Datei, die benötigt wird.

Anschließend muss die Log-Sequence-Nummer ermittelt werden, die zum Ende der Online-Sicherung gültig war.

Beispiel:

```
  Current log# 13 seq# 799 mem# 1: G:\...\LOG_G13M2.DBF
Tue Apr 18 22:31:30 2008
ALTER DATABASE END BACKUP
```

Nachdem nach einer Online-Sicherung ein Log-Switch durchgeführt wird, um auch die aktuellen Datenbankänderungen in eine Offline-Redolog-Datei zu archivieren, wäre in diesem Beispiel die letzte Log-Sequence-Nummer der für das Recovery benötigten Offline-Redolog-Datei die 799.

12.1.2 Restore bei vollständigem Recovery

Bei einem vollständigen Recovery, das heißt einem Recovery bis zum aktuellen Zeitpunkt, muss zwischen mehreren Szenarien unterschieden werden:

1. Komplette Datenbank zerstört zum Beispiel aufgrund eines defekten Rechners:
   - Vor dem Zurücksichern – falls noch möglich – aktuelle Online-Redolog-Dateien, Control-Datei sowie noch ungesicherte Offline-Redolog-Dateien sichern
   - Komplette letzte erfolgreiche Sicherung zurücksichern (Online- oder Offline-Sicherung)
   - Alle Offline-Redolog-Dateien sowie eventuell vorhandene aktuelle Online-Redolog-Dateien, die seit der verwendeten Sicherung bis zum aktuellen Zeitpunkt geschrieben wurden, zurücksichern
   - Falls noch eine Sicherung der aktuellen Control-Datei vorgenommen werden konnte, aktuelle Control-Datei zurücksichern
   - Falls erforderlich, Installationsverzeichnis der Oracle-Software zurücksichern
   - Parameterdatei, listener.ora, tnsnames.ora, orapw<SID>.ora, sqlnet.ora kontrollieren und falls erforderlich zurücksichern
   - Windows: Wurde die Registry zerstört und die Oracle-Software aus der Sicherung wiederhergestellt, entweder komplette Registry oder zumindest Registry-Einträge für die Oracle-Software zurücksichern und überprüfen
   - Unix: oratab, Start-/Stopp-Skripte, zum Beispiel in `/etc/init.d`
2. Eine (oder mehrere) Datendatei(en) des System-, SYSAUX-, eines Daten- oder Rollback-/Undo-Tablespace sind beschädigt:
   - NUR die beschädigte(n) Datendatei(en) aus der letzten erfolgreichen Sicherung zurücksichern
   - Alle Offline-Redolog-Dateien, die seit der verwendeten Sicherung bis zum aktuellen Zeitpunkt geschrieben wurden, zurücksichern
3. Verlust aller Control-Dateien:
   - Die letzte vorhandene Sicherung der Control-Datei in die Verzeichnisse einspielen, die durch den Parameter `CONTROL_FILES` definiert sind. Stehen die ursprünglichen Verzeichnisse für die Control-Dateien (noch) nicht zur Verfügung, so können die Control-Dateien nach Anpassung des Parameters `CONTROL_FILES` auch in andere Verzeichnisse zurückgesichert werden.
   - Alle Offline-Redolog-Dateien, die seit der verwendeten Sicherung bis zum aktuellen Zeitpunkt geschrieben wurden, zurücksichern

12.1.3 Restore bei unvollständigem Recovery

Auch bei einem unvollständigen Recovery sind mehrere Szenarien möglich:

1. Komplette Datenbank ist zerstört beispielsweise aufgrund eines logischen Benutzerfehlers. Das Recovery soll bis kurz vor dem Benutzerfehler durchgeführt werden. Dieses Szenario gilt ebenfalls bei einem Recovery bis zu einer defekten Offline-Redolog-Datei.

   - Komplette erfolgreiche Sicherung zurücksichern (Online- oder Offline-Sicherung), die vor dem Auftreten des Benutzerfehlers abgeschlossen wurde.

   - Alle Offline-Redolog-Dateien, die seit der verwendeten Sicherung bis kurz vor dem logischen Benutzerfehler geschrieben wurden, zurücksichern. Bei einem Point-in-Time-Recovery bis kurz vor den Benutzerfehler wird auch noch die Offline-Redolog-Datei benötigt, die während des Fehlers aktiv war. Es muss dann darauf geachtet werden, dass das Recovery wirklich nur bis kurz vor Auftreten des Benutzerfehlers durchgeführt wird. Falls eine Offline-Redolog-Datei defekt ist, so müssen alle Offline-Redolog-Dateien, die seit der verwendeten Sicherung bis zur defekten Offline-Redolog-Datei geschrieben wurden, zurückgesichert werden.

2. Systemkopie

   - Komplette erfolgreiche Sicherung zurücksichern (Online- oder Offline-Sicherung)

   - Falls Ziel-Zeitpunkt des Recoverys zwischen zwei Sicherungen liegt, auch die Offline-Redolog-Dateien zurücksichern, die zwischen dem Zeitpunkt der Sicherung und dem Ziel-Zeitpunkt des Recoverys erzeugt wurden.

   - Bei der Verwendung einer Online-Sicherung für die Systemkopie alle Offline-Redolog-Dateien zurücksichern, die während der Online-Sicherung erzeugt wurden.

3. Verlust der aktuellen Redolog-Gruppe

   - Komplette erfolgreiche Sicherung zurücksichern (Online- oder Offline-Sicherung)

     Die Control-Datei braucht nur dann zurückgesichert zu werden, wenn nach dem `RECOVER UNTIL`-Zeitpunkt eine Strukturänderung (zum Beispiel Tablespace erweitert) durchgeführt wurde oder wenn eine Offline-Sicherung ohne weiteres Recovery eingespielt werden soll. Im Normalfall wird jedoch nach dem Einspielen der Offline-Sicherung ein Recovery mittels aller zur Verfügung stehenden Offline- und Online-Redolog-Dateien durchgeführt.

   - Alle Offline-Redolog-Dateien, die seit der verwendeten Sicherung geschrieben wurden, müssen zurückgesichert werden beziehungsweise im Verzeichnis, das durch die Parameter `LOG_ARCHIVE_DEST` oder `LOG_ARCHIVE_DEST_n` angegeben ist, zur Verfügung stehen.

12.2 Wo befinden sich Alert-Datei und Trace-Dateien?

Die Oracle Alert-Datei wird bei einem Datenbankfehler als Erstes überprüft. Je nach Betriebssystem und Konfiguration kann sie sich in unterschiedlichen Verzeichnissen befinden. Zusätzlich existieren noch diverse Trace-Dateien, die ebenfalls bei der Fehleranalyse hilfreich sein können.

12.2.1 Alert-Datei

Das Verzeichnis, in dem sich die Alert-Datei (Name in den meisten Fällen alert_<SID>.log) befindet, kann in den Versionen vor Oracle 11g über einen Parameter ermittelt werden (`BACKGROUND_DUMP_DEST`). Der Default-Wert ist betriebssystemabhängig und kann dynamisch verändert werden. Kann die Datenbank nicht mehr gestartet werden, ist es möglich, den Parameter mittels Editor aus der Parameterdatei auszulesen.

Ab Oracle 11g werden hierfür am einfachsten die Einträge `Diag Trace` und `Diag Alert` aus der View `V$DIAG_INFO` verwendet.

Für die folgenden Abfragen muss sich die Datenbank mindestens im NOMOUNT-Status befinden.

Versionen vor Oracle 11g:

```
SQL> SHOW PARAMETER BACKGROUND_DUMP_DEST
```

Das Ergebnis sieht ähnlich dieser Ausgabe aus:

```
NAME                    TYPE       VALUE
----------------------  ---------  -------------------------------------
background_dump_dest    string     C:\ORACLE\PRODUCT\10.2.0\ADMIN\GC\BDUMP
```

Oracle 11g:

```
SQL> SELECT * FROM V$DIAG_INFO;
```

Ausgabe:

```
INST_ID  NAME                 VALUE
-------  -------------------  ---------------------------------------------------
1        Diag Enabled         TRUE
1        ADR Base             c:\oracle\11g\app
1        ADR Home             c:\oracle\11g\app\diag\rdbms\gc1\gc1
1        Diag Trace           c:\oracle\11g\app\diag\rdbms\gc1\gc1\trace
1        Diag Alert           c:\oracle\11g\app\diag\rdbms\gc1\gc1\alert
1        Diag Incident        c:\oracle\11g\app\diag\rdbms\gc1\gc1\incident
1        Diag Cdump           c:\oracle\11g\app\diag\rdbms\gc1\gc1\cdump
1        Health Monitor       c:\oracle\11g\app\diag\rdbms\gc1\gc1\hm
1        Default Trace File
                    c:\oracle\11g\app\diag\rdbms\gc1\gc1\trace\gc1_ora_5188.trc
1        Active Problem Count    0
1        Active Incident Count   0
```

Die Alert-Datei kann auch über den Enterprise Manager angezeigt werden (aus jedem Register – Abschnitt ZUGEHÖRIGE LINKS im unteren Bereich der Seite – Unterpunkt INHALT DES ALERT LOGS):

Abbildung 12.1: Anzeigen der Alert-Datei über Enterprise Manager

Im nächsten Fenster wird nach Auswahl der Anzahl der Einträge der Inhalt der Alert-Datei angezeigt. Über den Link SUCHEN kann die Suche in der Alert-Datei optimiert werden.

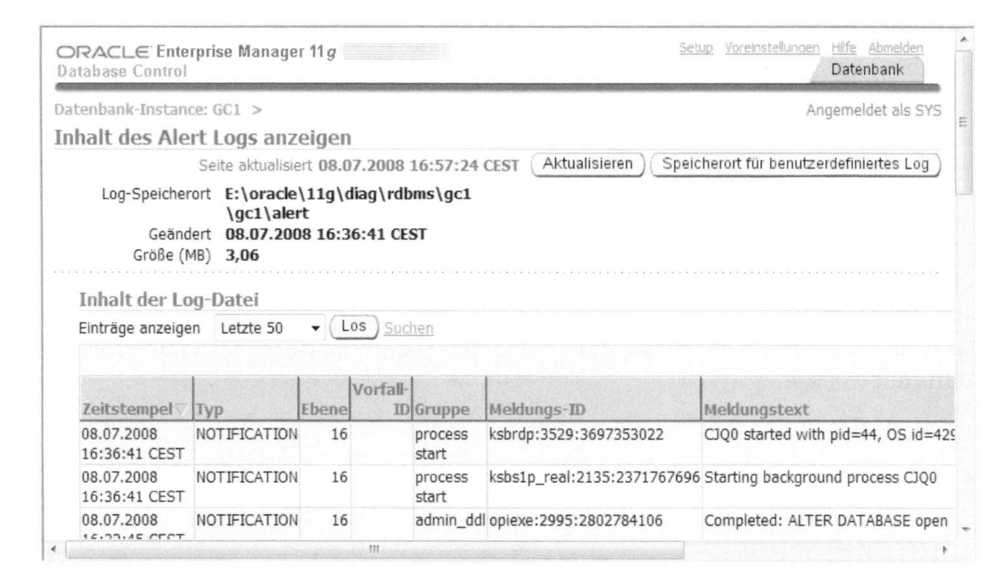

Abbildung 12.2: Inhalt der Alert-Datei anzeigen

12.2.2 Trace-Dateien

In die Trace-Dateien wird bei Instanz- oder Prozessfehlern geschrieben. Diese stellen zusätzlich zur Alert-Datei weitere Fehlerinformationen zur Verfügung. Das Format der Trace-Dateinamen ist festgelegt und kann nicht über Parameter beeinflusst werden.

Es gibt zwei Typen von Trace-Dateien:

- Hintergrund-Trace-Dateien

  Diese werden von den Hintergrundprozessen wie DBWn oder LGWR angelegt. Muss ein Prozess weitere Informationen beispielsweise im Fehlerfall schreiben, so werden diese in den Hintergrund-Trace-Dateien protokolliert.

  Sie befinden sich in den Versionen vor Oracle 11g – wie die Alert-Datei – in dem Verzeichnis, das durch den Parameter BACKGROUND_DUMP_DEST (dynamisch änderbar) festgelegt ist.

  Ab Oracle 11g befinden sich die Hintergrund-Trace-Dateien in dem Verzeichnis Diag Trace, das – wie bei der Alert-Datei detailliert beschrieben – über die View V$DIAG_INFO ermittelt werden kann.

- Benutzer-Trace-Datei

  Diese werden angelegt, wenn im Rahmen einer Benutzersitzung bei einem Serverprozess Fehler aufgetreten sind. Das Verzeichnis, in dem die Benutzer-Trace-Dateien erzeugt werden, wird in den Versionen vor Oracle 11g durch den Parameter USER_DUMP_DEST (dynamisch änderbar) spezifiziert.

  Ab Oracle 11g befinden sich die Benutzer-Trace-Dateien in dem Verzeichnis Diag Trace, das – wie bei der Alert-Datei detailliert beschrieben – über die View V$DIAG_INFO ermittelt werden kann.

Sowohl der Parameter BACKGROUND_DUMP_DEST als auch USER_DUMP_DEST sind über die SQL-Abfrage SQL> SHOW PARAMETER <parameter> zu ermitteln. Voraussetzung dafür ist, dass sich die Datenbank mindestens im NOMOUNT-Status befindet.

12.3 Wo befinden sich die Online-Redolog-Dateien?

12.3.1 Ermittlung über View V$LOGFILE

Befindet sich die Datenbank mindestens im MOUNT-Status, so können der Name und Pfad der Online-Redolog-Dateien über die Spalte MEMBER der View V$LOGFILE ermittelt werden.

Spalte	Beschreibung
GROUP#	Nummer der zugehörigen Redolog-Gruppe
STATUS	Status des Redolog-Mitglieds: INVALID, wenn die Redolog-Datei nicht zugreifbar ist STALE, wenn der Inhalt der Redolog-Datei als nicht vollständig erkannt wurde DELETED, wenn die Redolog-Datei gelöscht wurde Leer, wenn die Redolog-Datei benutzt wird
TYPE	Typ der Redolog-Datei: ONLINE oder STANDBY
MEMBER	Name und Pfad der Redolog-Datei

Tabelle 12.1: Relevante Spalten V$LOGFILE

Beispiel:

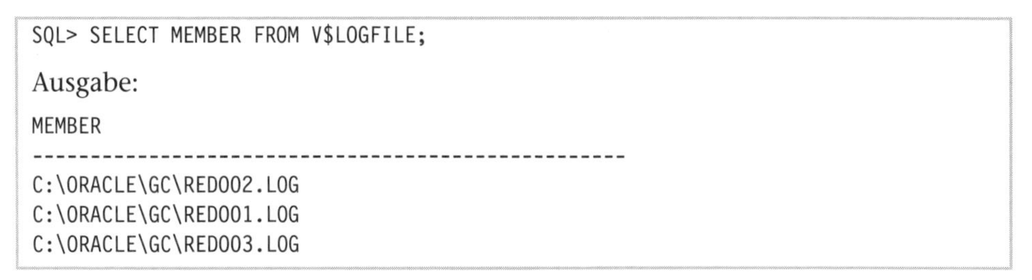

```
SQL> SELECT MEMBER FROM V$LOGFILE;
```

Ausgabe:

```
MEMBER
--------------------------------------------------
C:\ORACLE\GC\REDO02.LOG
C:\ORACLE\GC\REDO01.LOG
C:\ORACLE\GC\REDO03.LOG
```

12.3.2 Ermittlung über SQL-Skript zum Erzeugen einer Control-Datei

Wurde mit dem SQL-Statement `ALTER DATABASE BACKUP CONTROLFILE TO TRACE` ein SQL-Skript für das Erzeugen einer Control-Datei generiert (Voraussetzung: Datenbank mindestens im MOUNT-Status) oder kann dieses Skript noch über das genannte SQL-Statement erzeugt werden, so werden beim Statement `CREATE CONTROLFILE` Pfad und Name der Online-Redolog-Dateien angegeben.

12.3.3 Ermittlung über Alert-Datei

Kann die Datenbank nicht mehr gestartet werden, kann auch die Alert-Datei verwendet werden, um den Standort der Online-Redolog-Dateien zu ermitteln. Dieser Weg ist jedoch etwas mühsam. Hierzu müssen die folgenden Einträge (Current log#...) analysiert werden.

Beispiel:

```
Thread 1 advanced to log sequence 30
  Current log# 2 seq# 30 mem# 0: C:\ORACLE\ORADATA\GC\REDO21.LOG
  Current log# 2 seq# 30 mem# 0: C:\ORACLE\ORADATA\GC\REDO22.LOG
```

12.3.4 Ermittlung über Enterprise Manager

Über das Register SERVER – Abschnitt SPEICHERUNG – Unterpunkt REDO LOG-GRUPPEN können ebenfalls Verzeichnis und Name der Online-Redolog-Dateien ermittelt werden.

Abbildung 12.3: Anzeigen der Redolog-Gruppen

Durch Auswählen eines Eintrages in der Spalte «Gruppe« werden die zugehörigen Mitglieder angezeigt.

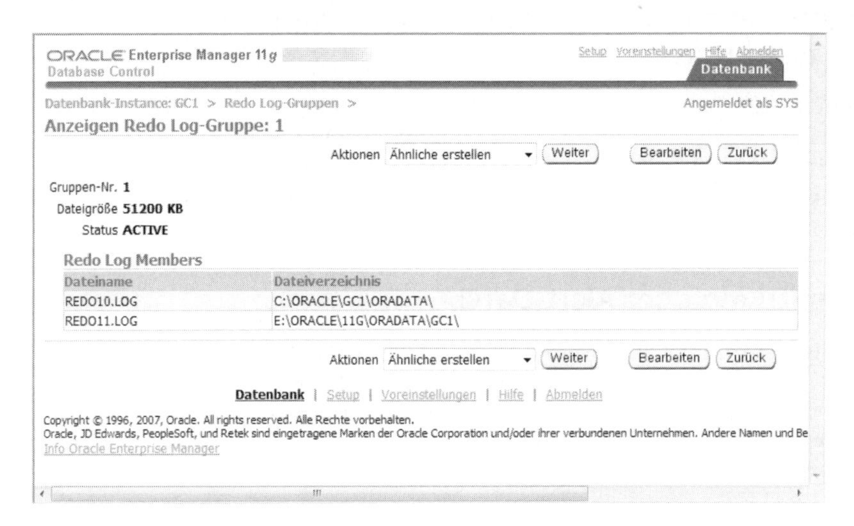

Abbildung 12.4: Anzeigen der Mitglieder der Redolog-Gruppe

12.4 Wo befinden sich die Offline-Redolog-Dateien?

Auch die Offline-Redolog-Dateien sind für ein Recovery unverzichtbar, da diese chronologische Kopien der Online-Redolog-Dateien darstellen. Sie enthalten ebenso wie die Online-Redolog-Dateien Änderungen an den Datenblöcken.

12.4.1 Ermittlung über Parameter

Der Speicherort und der Name der Offline-Redolog-Dateien können über die unten genannten Parameter ermittelt werden. Die Parameter können über `SQL> SHOW PARAMETER <parameter>` (Voraussetzung: Datenbank mindestens im NOMOUNT-Status) angezeigt werden.

- LOG_ARCHIVE_DEST

  Dieser Parameter gibt an, in welches Verzeichnis die Online-Redolog-Dateien archiviert werden sollen, das heißt, in welchem Verzeichnis die Offline-Redolog-Dateien erzeugt werden. Das Verzeichnis ist immer lokal. Der letzte Teil des Parameters ist Präfix des Dateinamens der Offline-Redolog-Dateien, falls das Verzeichnis nicht existiert (im folgenden Beispiel ARCH).

  Beispiel:

  ```
  LOG_ARCHIVE_DEST='F:\ORACLE\GC\ORAARCH\ARCH'
  ```

  Wurde eine Flash Recovery Area definiert (Parameter `DB_RECOVERY_FILE_DEST`), so kann dieser Parameter bei Nutzung eines SPFILE nicht verwendet werden. Die Offline-Redolog-Dateien werden dann in die Verzeichnisse unterhalb des Verzeichnisses `DB_RECOVERY_FILE_DEST\<SID>\ARCHIVELOG` geschrieben.

- LOG_ARCHIVE_DUPLEX_DEST

  Dieser Parameter kann zusätzlich zum Parameter `LOG_ARCHIVE_DEST` gesetzt werden. Dadurch werden die Online-Redolog-Dateien automatisch in ein zweites Verzeichnis (nur lokales Verzeichnis möglich) kopiert. Der letzte Teil des Verzeichnisses ist Präfix des Dateinamens der Offline-Redologs, falls das Verzeichnis nicht existiert (im folgenden Beispiel ARCH).

  Beispiel:

  ```
  LOG_ARCHIVE_DUPLEX_DEST='G:\ORAARCH_DUPLEX\ARCH'
  ```

  Auch bei diesem Parameter gilt: Wurde eine Flash Recovery Area definiert (Parameter `DB_RECOVERY_FILE_DEST`), so kann dieser Parameter bei Nutzung eines SPFILE nicht verwendet werden. Die Offline-Redolog-Dateien werden dann in die Verzeichnisse unterhalb des Verzeichnisses `DB_RECOVERY_FILE_DEST\<SID>\ARCHIVELOG` geschrieben.

- LOG_ARCHIVE_DEST_n; n= 1...10

  Hierdurch können bis zu zehn Verzeichnisse angegeben werden, in die der ARCH-Prozess die Online-Redolog-Dateien kopiert. Die Zielverzeichnisse können entweder lokal oder remote sein. Der letzte Teil des Parameters ist Präfix des Dateinamens der Offline-Redologs, falls das Verzeichnis nicht existiert (im folgenden Beispiel ARCH).

Als erstes Attribut bei der Definition von `LOG_ARCHIVE_DEST_n` ist entweder `LOCATION` oder `SERVICE` angegeben. Über `LOCATION` wurde entweder ein lokales Verzeichnis oder die Flash Recovery Area (falls diese definiert wurde) angegeben. Bei Verwendung des Attributs `SERVICE` können Oracle Net-Servicenamen konfiguriert sein, die in der Datei tnsnames.ora definiert wurden. Dadurch wird über Oracle Net die Archivierung remote auf eine andere Datenbank durchgeführt. Dies kann beispielsweise bei Standby-Datenbanken genutzt werden.

Beispiel (lokales Verzeichnis):

```
LOG_ARCHIVE_DEST_1='LOCATION=F:\ORAARCH\ARCH'
```

- DB_RECOVERY_FILE_DEST

Wurde eine Flash Recovery Area definiert, befinden sich die Offline-Redolog-Dateien in den Verzeichnisse unterhalb des Verzeichnisses `DB_RECOVERY_FILE_DEST\<SID>\ARCHIVELOG`. Wurde der Parameter `DB_RECOVERY_FILE_DEST` gesetzt, so können weitere Verzeichnisse bei Nutzung eines SPFILE nur mittels des Parameters `LOG_ARCHIVE_DEST_n` definiert worden sein.

- LOG_ARCHIVE_FORMAT

Über diesen Parameter wird das Format für den Dateinamen der Offline-Redolog-Dateien festgelegt.

Für die Definition stehen folgende Variablen zu Verfügung:

Variable	Definition
%t	Thread Nummer
%s	Log Sequence Nummer
%r	Resetlog Nummer (ab Oracle 10g)
%a	Activation ID
%d	Datenbank ID

Tabelle 12.2: Variablen für Parameter LOG_ARCHIVE_FORMAT

Werden die Variablen in Großbuchstaben angegeben, also `%T`, `%S`, wird die Variable links mit Nullen aufgefüllt.

Durch die neu hinzugekommene Variable `%r` ist es ab Release 10g möglich, ein Recovery über ein Öffnen der Datenbank mit `OPEN RESETLOGS` hinweg durchzuführen.

Beispiel:

```
LOG_ARCHIVE_FORMAT=arch_%t_%s_%r.dbf
```

Nimmt man nun für die Thread-Nummer 1, für die Log-Sequence-Nummer 100 und die Resetlog-Nummer 408 an, ergibt sich eine Offline-Redolog-Datei mit dem Namen arch_1_100_408.dbf.

Bei `LOG_ARCHIVE_FORMAT=arch_%T_%s_%r.dbf` würde die Offline-Redolog-Datei dann arch_0000000001_100_408.dbf heißen.

12.4.2 Ermittlung über Alert-Datei

Bei jedem Starten der Datenbank werden die Parameter LOG_ARCHIVE_DEST, LOG_ARCHIVE_DUPLEX_DEST, LOG_ARCHIVE_DEST_n und DB_RECOVERY_FILE_DEST in der Alert-Datei protokolliert, falls diese gesetzt sind.

12.4.3 Ermittlung über View V$ARCHIVE_DEST

Alternativ kann auch über die View V$ARCHIVE_DEST (Spalte DESTINATION) ermittelt werden, welche Verzeichnisse für die Offline-Redolog-Dateien konfiguriert sind. Voraussetzung dafür ist, dass sich die Instanz mindestens im NOMOUNT-Status befindet.

Spalte	Beschreibung
DEST_ID	Identifier (1 bis 10), da bei LOG_ARCHIVE_DEST_n die Angabe von maximal zehn Verzeichnissen für die Speicherung der Offline-Redolog-Dateien möglich ist
DEST_NAME	Parametername des Verzeichnisses für die Offline-Redolog-Dateien
DESTINATION	Verzeichnis, in das die Offline-Redolog-Dateien geschrieben werden.
STATUS	Status des Verzeichnisses für die Offline-Redolog-Dateien
BINDING	Gibt an, ob sich ein Fehler beim Schreiben der Offline-Redolog-Dateien in das jeweilige Verzeichnis DESTINATION auf das Überschreiben der zugehörigen Online-Redolog-Datei auswirkt. Mögliche Werte: MANDATORY – Erfolgreiches Schreiben der Offline-Redolog-Datei in das Verzeichnis DESTINATION notwendig. Zugehörige Online-Redolog-Datei darf so lange nicht überschrieben werden, bis das Schreiben der Offline-Redolog-Datei erfolgreich abgeschlossen wurde. OPTIONAL – Schreiben der Offline-Redolog-Datei muss nicht erfolgreich abgeschlossen werden.
TARGET	Gibt an, ob das Verzeichnis für die Offline-Redolog-Dateien lokal oder remote ist. PRIMARY – lokal STANDBY – remote

Tabelle 12.3: Relevante Spalten V$ARCHIVE_DEST

12.4.4 Ermittlung über Enterprise Manager

Standort und Name der Offline-Redolog-Dateien können ebenso über den Enterprise Manager ermittelt werden. Über das Register SERVER – Abschnitt SPEICHERUNG – ARCHIVE LOGS wird eine Liste der Offline-Redolog-Dateien angezeigt.

Abbildung 12.5: Anzeigen der Offline-Redolog-Dateien

12.5 Wo befinden sich die Control-Dateien?

In den Control-Dateien ist unter anderem die Struktur der Datenbank hinterlegt. Auch die Control-Dateien können über entsprechende Parameter gefunden werden.

12.5.1 Ermittlung über Parameter

Die Anzahl und Lage der Control-Dateien werden über den Parameter `CONTROL_FILES` gesteuert.

Beispielsweise würde unter Unix in der Parameterdatei folgender Eintrag bei Einsatz von zwei Control-Dateien stehen:

```
CONTROL_FILES=('/oracle/GC1/ctrl1/ctrl1.ctl','/oracle/GC1/ctrl2/ctrl2.ctl')
```

Angezeigt werden kann der Parameter `CONTROL_FILES` über `SQL> SHOW PARAMETER CONTROL_FILES`, wenn sich die Datenbank mindestens im NOMOUNT-Status befindet.

12.5.2 Ermittlung über Alert-Datei

Alternativ wird der Parameter `CONTROL_FILES` bei jedem Starten der Datenbank in der Alert-Datei protokolliert.

12.5.3 Ermittlung über View V$CONTROLFILE

Befindet sich die Datenbank mindestens im MOUNT-Status, kann der Speicherort der Control-Dateien über die View `V$CONTROLFILE` (Spalte NAME) ermittelt werden.

Spalte	Beschreibung
STATUS	Status der Control-Datei:
	Leer, wenn der Name der Control-Datei ermittelt werden kann
	INVALID, wenn der Name nicht ermittelt werden kann (kommt nur im Fehlerfall vor)
NAME	Name und Pfad der Control-Datei

Tabelle 12.4: Relevante Spalten V$CONTROLFILE

12.5.4 Ermittlung über Enterprise Manager

Name und Pfad der Control-Dateien können auch über den Enterprise Manager angezeigt werden. Dies erfolgt über das Register SERVER – Abschnitt SPEICHERUNG – Unterpunkt KONTROLLDATEIEN.

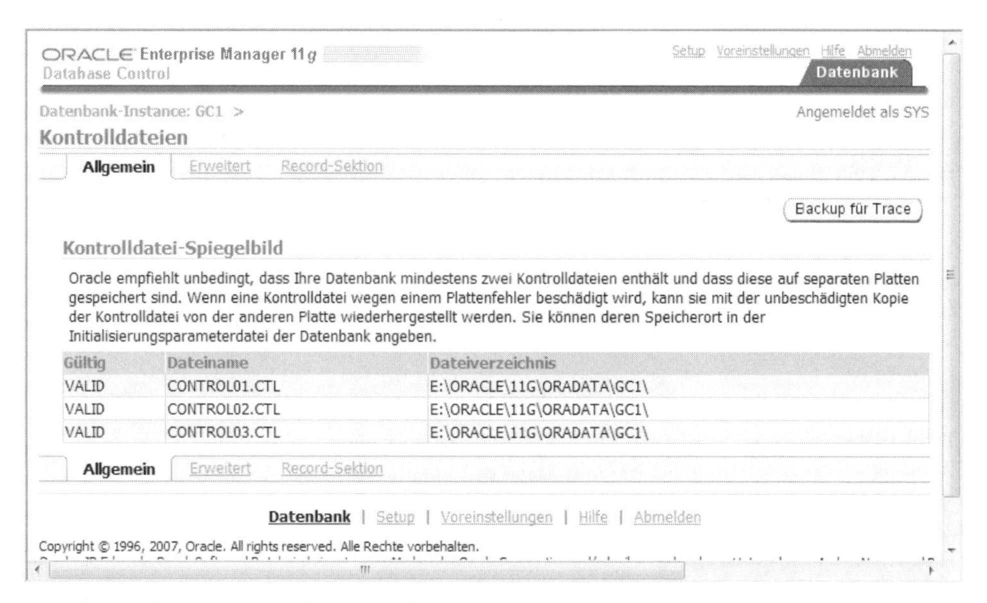

Abbildung 12.6: Anzeigen der Control-Dateien

12.6 Wo befinden sich die Datendateien?

Die Datendateien bilden gemeinsam mit den Redolog- und Control-Dateien die physische Struktur der Datenbank. Informationen über die Datendateien werden in Data Dictionary Views abgelegt.

Über folgende Views können die Pfade und Namen der Datendateien ermittelt werden:

View `V$DATAFILE`

Diese View zeigt Informationen zum Speicherort (Spalte NAME) und Status (Spalte STATUS) der Datendateien an. Voraussetzung für die Abfrage von `V$DATAFILE` ist, dass sich die Datenbank mindestens im MOUNT-Status befindet.

Spalte	Beschreibung
FILE#	Nummer der Datendatei
STATUS	Status der Datendatei Mögliche Werte: OFFLINE, ONLINE, RECOVER, SYSTEM, SYSOFF (Offline-Datei des System-Tablespace)
BYTES	Größe der Datendatei zum aktuellen Zeitpunkt (in BYTES) Falls Größe 0 angezeigt wird, ist die Datendatei nicht zugreifbar
NAME	Name und Pfad der Datendatei

Tabelle 12.5: Relevante Spalten V$DATAFILE

View `DBA_DATA_FILES`

Diese View kann nur im OPEN-Status abgefragt werden. Sie beinhaltet zusätzlich zum Pfad und Namen der Datendateien (Spalte FILE_NAME) die Zuordnung der Datendateien zu den Tablespaces (TABLESPACE_NAME).

Spalte	Beschreibung
FILE_NAME	Name und Pfad der Datendatei
FILE_ID	Nummer der Datendatei
TABLESPACE_NAME	Name des Tablespace, zu dem die Datendatei gehört

Tabelle 12.6: Relevante Spalten DBA_DATA_FILES

Alternativ kann zur Anzeige von Standort und Name der Datendateien der Enterprise Manager verwendet werden über das Register SERVER – Abschnitt SPEICHERUNG – Unterpunkt DATENDATEIEN.

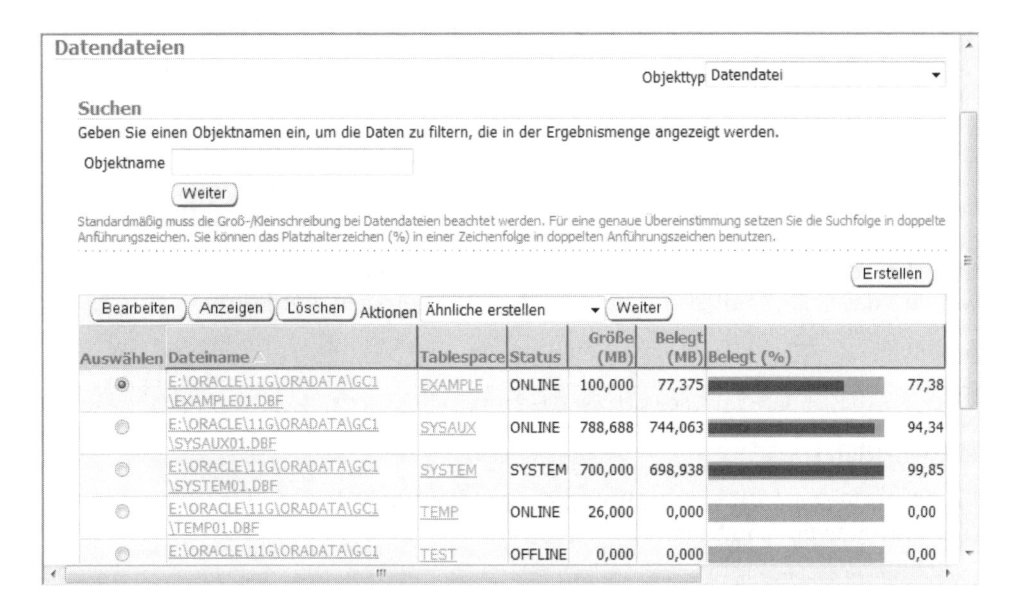

Abbildung 12.7: Anzeigen der Datendateien

12.7 Wo befinden sich die Konfigurationsdateien?

Parameterdateien

Für das Starten der Datenbank ist die Parameterdatei INIT.ORA beziehungsweise das SPFILE unbedingt notwendig. Je nach Betriebssystem befindet sie sich in unterschiedlichen Verzeichnissen.

Unter Unix befindet sich die Datei standardmäßig im Verzeichnis `$ORACLE_HOME/dbs`, unter Windows im Verzeichnis `%ORACLE_HOME%\database`.

Bei Nutzung einer Serverparameterdatei SPFILE können Pfad und Name des SPFILE – wenn sich die Datenbank mindestens im NOMOUNT-Status befindet – angezeigt werden über:

```
SQL> SHOW PARAMETER SPFILE;
```

Beispiel:

```
NAME                           TYPE        VALUE
------------------------------ ----------- ------------------------------
spfile                         string      C:\ORACLE\DATABASE\SPFILEGC.ORA
```

Finden sich in diesem Verzeichnis mehrere Parameterdateien, entscheidet sich Oracle in folgender Reihenfolge für eine dieser Dateien:

1. spfile<SID>.ora
2. spfile.ora
3. init<SID>.ora

Hinweis
Eventuell ist in der Datei bei Nutzung einer textbasierten Initialisierungsdatei INIT.ORA nur der Speicherort der Parameterdatei über den Parameter IFILE = <Pfad>/init<SID>.ora hinterlegt.

Wird ein SPFILE genutzt, das nicht im Default-Pfad %ORACLE_HOME%\database (Windows) beziehungsweise $ORACLE_HOME/dbs (Unix) liegt, so kann dies beim Startup über die Angabe einer INIT.ORA in der PFILE-Klausel definiert sein, in der ein Verweis auf das SPFILE mit SPFILE=<path\spfile> eingetragen wurde.

Beispiel:

```
SQL> STARTUP PFILE=<init.ora mit SPFILE-Parameter>
```

Passwortdatei

Im selben Verzeichnis wie die Parameterdatei befindet sich auch die Passwortdatei (Defaultname *pwd<SID>.ora).*

Unix: $ORACLE_HOME/dbs

Windows: %ORACLE_HOME%\database

Oracle Net-Konfigurationsdateien

tnsnames.ora, listener.ora und *sqlnet.ora* liegen im Verzeichnis $ORACLE_HOME/network/admin (Unix) beziehungsweise %ORACLE_HOME%\network\admin (Windows). Falls die Umgebungsvariable TNS_ADMIN gesetzt ist, befinden sich diese im Verzeichnis $TNS_ADMIN (Unix) beziehungsweise %TNS_ADMIN% (Windows).

12.8 Wo befindet sich die Oracle-Software?

Für den Betrieb der Oracle-Datenbank sind das Vorhandensein und die korrekte Funktionsweise der Oracle-Software unerlässlich. Der Zugriff auf die Oracle-Software wird über Environment-Variablen gesteuert. Environment-Variablen können mit Betriebssystemmitteln ausgelesen werden, beispielsweise unter Windows mit dem Befehl SET oder unter Unix mit den Befehlen setenv oder env.

Die wichtigste Environment-Variable im Zusammenhang mit der Oracle-Software ist die Variable $ORACLE_HOME. In diesem Verzeichnis befindet sich die Oracle-Software.

Darüber hinaus erhält man auch über die Pfadvariable Informationen, welches Verzeichnis für die Oracle-Software genutzt wird.

Unter Windows können über die Registry (zum Beispiel HKEY_LOCAL_MACHINE → SOFTWARE → ORACLE) ebenfalls Informationen über die Oracle-Software beschafft werden.

Unter Unix stellt die Datei oratab (meist unter /etc oder /var/opt/oracle) Informationen bereit, welche ORACLE_SID welches ORACLE_HOME-Verzeichnis nutzt.

Beispieleinträge oratab:

```
<SID>:<source ORACLE_HOME>:N
GC:/oracle/GC/11.1.0/db_5:N
*:/oracle/GC/9.2.0/:N
```

Weitere Informationen zur Oracle-Software können über das Oracle-Tool für Patch-Installationen OPatch angezeigt werden. Vor dem Aufruf von OPatch muss jedoch $ORACLE_HOME entsprechend gesetzt sein. Über den Aufruf von opatch lsinventory können darüber hinaus die installierten Fixes angezeigt werden.

Beispielaufruf OPatch (Windows):

```
C:\>C:\oracle\product\10.2.0\db_1\OPatch\opatch.bat lsinventory
```

Ausgabe OPatch:

```
Invoking OPatch 10.2.0.1.0

Oracle Interim Patch-Installationsprogramm Version 10.2.0.1.0
Copyright (c) 2005, Oracle Corporation.  All rights reserved. Alle Rechte
vorbehalten..

Oracle Home       : C:\oracle\product\10.2.0\db_1
Zentrales Bestandsverzeichnis: n/a
   von            : C:\Programme\Oracle\Inventory
OPatch-Version    : 10.2.0.1.0
OUI-Version       : 10.2.0.1.0
OUI-Speicherort      : C:\oracle\product\10.2.0\db_1\oui
Speicherort von Log-Datei :
C:\oracle\product\10.2.0\db_1\cfgtoollogs\opatch\opatch-2008_Jan_15_09-44-06-
CEST_Sun.log

Lsinventory Output file location :
C:\oracle\product\10.2.0\db_1\cfgtoollogs\opatch\lsinv\lsinventory-2008_Jan_15_09-
44-06-CEST_Sun.txt
--------------------------------------------------------------------------------
Installierte Produkte der obersten Ebene (1):
Oracle Database 10g                                                  10.2.0.1.0
In diesem Oracle-Standardverzeichnis sind 1 Produkte installiert.

In diesem Oracle-Standardverzeichnis sind keine Interim-Patches installiert.
--------------------------------------------------------------------------------
OPatch succeeded.
```

Über das Tool OPatch kann beispielsweise auch das zentrale Inventory-Verzeichnis ermittelt werden. Das lokale Inventory-Verzeichnis (unter $ORACLE_HOME/inventory) beinhaltet eine Datei comps.xml. In dieser sind die unter $ORACLE_HOME installierten Komponenten sowie eingespielte Patchsets und Interim-Patches verzeichnet (ab Oracle 9.2).

Durch folgenden Befehl kann ab Oracle 10g ermittelt werden, wann die Datenbank mit welcher Version gestartet wurde (Datenbank muss geöffnet sein):

```
SQL> SELECT
TO_CHAR(STARTUP_TIME, 'YYYY-MM-DD HH24:MI:SS') STARTUP_TIME, VERSION
FROM DBA_HIST_DATABASE_INSTANCE
ORDER BY STARTUP_TIME;
```

Darüber hinaus kann ab Oracle 10.2 über die View DBA_REGISTRY_HISTORY ermittelt werden, wann Upgrades und Downgrades durchgeführt wurden (Datenbank muss geöffnet sein):

```
SQL> SELECT * FROM DBA_REGISTRY_HISTORY;
```

Auch über den Enterprise Manager ist es möglich, Informationen zur Oracle-Software anzuzeigen über das Register SOFTWARE UND SUPPORT – Abschnitt KONFIGURATION – Unterpunkte HOST-KONFIGURATION und ORACLE-STANDARDBESTANDSVERZEICHNIS.

13 Kurzanleitungen

Dieses Kapitel ist für erfahrene Datenbankadministratoren gedacht. Hier werden lediglich die einzugebenden Befehle sowie die Abläufe aufgeführt ohne Hintergrundinformationen wie in den Kapiteln 10 und 11.

Da während eines Datenbank-Recoverys in der Regel massive Störungen durch Kundenanfragen, Vorgesetzte etc. auftreten, kann dieses Kapitel als Hilfe verwendet werden, damit der Datenbankadministrator sicher sein kann, keine notwendigen Schritte zu vergessen. Auch ist gelegentlich die Syntax der einzelnen Befehle nicht geläufig oder in der Hektik nicht parat, sodass die oftmals zeitaufwendige Suche nach der richtigen Schreibweise entfällt.

> **Achtung!**
> Die Syntax wurde für Oracle 11g getestet. In älteren Versionen kann diese gegebenenfalls leicht abweichen und ist für Oracle 9i und 10g im SQL Reference Manual beschrieben.

13.1 Wiederherstellung der Oracle-Software

Notwendige Voraussetzungen für die Wiederherstellung der Oracle-Software:

- Hardware und Betriebssystem funktionieren fehlerfrei.
- Version des Betriebssystems gleich der Version vor dem Ausfall (auch Patchstände)
- Plattenverteilung gleich der ursprünglichen Struktur (Verzeichnisse, Laufwerksbuchstaben) und Größe, andernfalls sind Anpassungen erforderlich.

Wiederherstellungsoptionen für die Oracle-Software:

1. Neuinstallation

   Sinnvoll bei Komplettausfall des Rechners und Sicherung des Oracle-Software-Verzeichnisses nicht vorhanden

   Kann auch unter Windows notwendig werden, wenn keine Sicherung der Registry-Einträge von Oracle vorhanden ist.

2. Restore des Oracle-Software-Verzeichnisses

   Voraussetzung: Sicherung des Oracle-Software-Verzeichnisses vorhanden

   Unter Windows bei zerstörter Registry die Sicherung der Registry mit Einträgen für Oracle-Software zurückspielen

3. Kopieren einzelner Verzeichnisse von einem anderen Rechner

   Nur bei einzelnen zerstörten Verzeichnissen eventuell möglich

Voraussetzung: Zweiter Rechner mit exakt dem gleichen Software-Stand vorhanden

Vor dem Kopieren einzelne Dateien (Version, Größe) auf den beiden Rechnern vergleichen.

> **Achtung!**
> Verzeichnisse, in denen Konfigurationsdateien liegen wie zum Beispiel Parameterdatei, listener.ora etc., nur nach gründlicher Analyse kopieren und gegebenenfalls anpassen (SID, Pfade etc.).

13.2 Recovery des System-Tablespace

13.2.1 Analyse

Relevante Views

V$DATAFILE (Informationen zu Datendateien aus der Control-Datei)

V$INSTANCE (Status der Instanz)

V$DIAG_INFO (für Ermittlung Verzeichnis Alert-Datei und Traces)

V$RECOVERY_LOG (für Media Recovery benötigte Offline-Redolog-Dateien)

13.2.2 Vorgehen

1. **Prüfen, ob die Datenbank offen ist (sofern noch möglich)**

```
SQL> SELECT STATUS FROM V$INSTANCE;
```

Um eventuell noch laufende Prozesse zu beenden, die Datenbank stoppen mit:

```
SQL> SHUTDOWN ABORT
```

2. **Sicherung einspielen**
   a. Datendateien

      Sicherung der beschädigten oder verloren gegangenen Datendatei(en) (aber nicht mehr!!!) einspielen
   b. Offline-Redolog-Dateien

      Sicherung der benötigten Offline-Redolog-Dateien einspielen
3. **Datenbank starten in MOUNT-Status**

```
SQL> STARTUP MOUNT
```

Kontrolle:

```
SQL> SELECT STATUS FROM V$INSTANCE;
MOUNTED
```

4. **Falls erforderlich, Rename der zurückgespielten Datendateien**

   Falls beschädigte Datendatei in ein anderes als das ursprüngliche Verzeichnis zurückgespielt wurde:

```
SQL> ALTER DATABASE RENAME FILE '<pfad alt\name>' TO '<pfad neu\name>';
```

Beispiel:

```
SQL> ALTER DATABASE RENAME FILE 'f:\oracle\gc1\system_1\system.data1' TO 'h:\
oracle\gc1\system_1\system.data1';
```

5. **Kontrolle der Datendateien**

   Prüfen der Datendateien auf Status SYSTEM (System-Tablespace) oder ONLINE (alle anderen Datendateien)

```
SQL> SELECT STATUS, NAME FROM V$DATAFILE;
```

Bei sehr vielen Datendateien einfacher:

```
SQL> SELECT DISTINCT STATUS FROM V$DATAFILE;
```

Falls Status einer defekten Datendatei OFFLINE

→ Datendatei online setzen, damit Recovery für diese Datendatei erfolgen kann.

```
SQL> ALTER DATABASE DATAFILE '<pfad\name>' ONLINE;
```

Achtung: Alle Datendateien, für die ein Recovery erfolgen soll, müssen vor Start des Recoverys den Status ONLINE (oder SYSTEM) besitzen (bei Verwendung von `RECOVER DATABASE`).

6. **Recovery der Datenbank**

Recovery Datenbank:

```
SQL> RECOVER DATABASE;
```

Recovery System-Tablespace:

```
SQL> RECOVER TABLESPACE SYSTEM;
```

Recovery einzelner beschädigter Datendateien des System-Tablespace:

```
SQL> RECOVER DATAFILE '<pfad\name>';
```

Beispiel:

```
SQL> RECOVER DATAFILE 'f:\oracle\gc1\system_1\system.data1';
```

7. **Kontrolle**

   - Datendateien auf Status SYSTEM (System-Tablespace) oder ONLINE (alle anderen Datendateien) prüfen:

```
SQL> SELECT STATUS, NAME FROM V$DATAFILE;
```

Bei sehr vielen Datendateien einfacher:

```
SQL> SELECT DISTINCT STATUS FROM V$DATAFILE;
```

- Alert-Datei auf Fehlermeldungen prüfen

8. **Öffnen der Datenbank**

```
SQL> ALTER DATABASE OPEN;
```

9. **Überprüfung Alert-Datei**

13.3 Recovery des SYSAUX-Tablespace

Das Recovery des SYSAUX-Tablespace kann wie das Recovery eines normalen Daten-Tablespace durchgeführt werden (siehe Kapitel 10.6 beziehungsweise 13.5).

13.4 Recovery des Rollback-/Undo-Tablespace

13.4.1 Analyse

Relevante Views

`DBA_ROLLBACK_SEGS` (Informationen zu Rollback-/Undo-Segmenten)

`V$ROLLSTAT` (Informationen zu aktiven Transaktionen auf den Rollback-/Undo-Segmenten)

`DBA_TABLESPACES` (Informationen zu Tablespaces)

`V$DATAFILE` (Informationen zu Datendateien aus der Control-Datei)

`DBA_EXTENTS` (Zuordnung Rollback-Segmente zu Datendatei)

`V$DIAG_INFO` (für Ermittlung Verzeichnis Alert-Datei und Traces)

Relevante Parameter

`ROLLBACK_SEGMENTS` (gültig bei Rollback-Tablespace)

`UNDO_TABLESPACE` (gültig bei Undo-Tablespace)

`UNDO_MANAGEMENT` (gültig bei Undo-Tablespace)

13.4.2 Recovery des Rollback-/Undo-Tablespace bei geschlossener Datenbank

1. **Prüfen der Alert-Datei**

   Falls Eintrag in der Alert-Datei beim letzten Stoppen der Datenbank:
   `ALTER DATABASE DISMOUNT`

```
Completed: ALTER DATABASE DISMOUNT
```

→ Datenbank konsistent beendet

→ Weiter mit Punkt 3. (Rollback-Tablespace) beziehungsweise 4. (Undo-Tablespace)

Andernfalls weiter mit Punkt 2.

2. **Datenbank wurde nicht konsistent beendet (Rollback-/Undo-Tablespace)**

   Defekte Datendatei aus einer Sicherung wiederherstellen und Recovery wie in Kapitel 10.3 oder 13.2, Recovery des System-Tablespace, beschrieben

3. **Datenbank wurde konsistent beendet (Rollback-Tablespace)**

   a. Löschen der betroffenen Rollback-Segmente (Parameter ROLLBACK_SEGMENTS) aus der Parameterdatei

   Bei Nutzung eines SPFILEs Parameter löschen mit:

```
SQL> ALTER SYSTEM RESET ROLLBACK_SEGMENTS SCOPE=SPFILE SID='*';
```

   b. Starten der Datenbank

```
SQL> STARTUP RESTRICT MOUNT
```

   c. Offline-Setzen der defekten Datendatei

```
SQL> ALTER DATABASE DATAFILE '<pfad\name>' OFFLINE FOR DROP;
```

   d. Öffnen der Datenbank

```
SQL> ALTER DATABASE OPEN;
```

   Datenbank wird ohne Probleme geöffnet, weiter mit Punkt f.

   Andernfalls weiter mit Punkt e.

   e. Fehler ORA-604, ORA-376 und ORA-1110 beim Öffnen der Datenbank:

   → Shutdown vermutlich nicht konsistent, Vorgehen siehe Punkt 2 oder Rücksprache mit Oracle-Support bezüglich Einsatz undokumentierter Parameter

   f. Ermitteln der UNIFORM SIZE

```
SQL> SELECT TABLESPACE_NAME, NEXT_EXTENT FROM DBA_TABLESPACES;
```

   g. Löschen des Rollback-Tablespace

```
SQL> DROP TABLESPACE <tablespace_name> INCLUDING CONTENTS;
```

   h. Neuanlegen des Rollback-Tablespace (bei Nutzung von LMTS)

```
SQL> CREATE TABLESPACE <tablespace_name>
DATAFILE '<pfad\name>'
SIZE <size>
EXTENT MANAGEMENT LOCAL
UNIFORM SIZE <uniformsize>
SEGMENT SPACE MANAGEMENT MANUAL;
```

`<uniformsize>` siehe Punkt f

i. Anlegen und Aktivieren der Rollback-Segmente

```
SQL> CREATE ROLLBACK SEGMENT <segment_name>
TABLESPACE <tablespace_name>;

SQL> ALTER ROLLBACK SEGMENT <segment_name> ONLINE;
```

j. Rollback-Segmente wieder bei Parameter ROLLBACK_SEGMENTS in Parameterdatei eintragen

4. **Datenbank wurde konsistent beendet (Undo-Tablespace)**

a. Starten der Datenbank

```
SQL> STARTUP RESTRICT MOUNT
```

b. Offline-Setzen der defekten Datendatei

```
SQL> ALTER DATABASE DATAFILE '<pfad\name>' OFFLINE FOR DROP;
```

c. Öffnen der Datenbank

```
SQL> ALTER DATABASE OPEN;
```

d. Deaktivieren des Undo-Managements

```
SQL> ALTER SYSTEM SET UNDO_MANAGEMENT=MANUAL SCOPE = SPFILE;
```

e. Restart der Datenbank

```
SQL> SHUTDOWN IMMEDIATE

SQL> STARTUP
```

f. Kontrolle des Undo-Managements

```
SQL> SHOW PARAMETER UNDO_MANAGEMENT;
```

g. Löschen des alten Undo-Tablespace

```
SQL> DROP TABLESPACE <undo_tsp> INCLUDING CONTENTS AND DATAFILES;
```

h. Erzeugen eines neuen Undo-Tablespace

```
SQL> CREATE UNDO TABLESPACE <undo_tsp>
DATAFILE '<pfad\name>'
SIZE <n>M AUTOEXTEND OFF;
```

i. Aktivieren des Undo-Managements

```
SQL> ALTER SYSTEM SET UNDO_MANAGEMENT=AUTO SCOPE = SPFILE;
```

j. Restart der Datenbank

```
SQL> SHUTDOWN IMMEDIATE
SQL> STARTUP
```

k. Gegebenenfalls zuweisen des neuen Undo-Tablespace

```
SQL> ALTER SYSTEM SET UNDO_TABLESPACE = <undo_tsp>;
```

l. Kontrolle des Undo-Managements

```
SQL> SHOW PARAMETER UNDO;
```

13.4.3 Recovery des Rollback-/Undo-Tablespace bei offener Datenbank

Datenbank läuft noch → Datenbank möglichst NICHT beenden.

Recovery-Möglichkeiten:

- Neuanlegen eines Rollback-Tablespace und Löschen des alten Rollback-Tablespace (Rollback-Tablespace)
- Neuanlegen des Undo-Tablespace und Löschen des alten Undo-Tablespace (Undo-Tablespace)
- Wiederherstellung der defekten Datendatei und Recovery im laufenden Betrieb (Rollback-/Undo-Tablespace)

Neuanlegen eines Rollback-Tablespace und Löschen des defekten Rollback-Tablespace (Rollback-Tablespace)

Möglich im ARCHIVELOG-Modus und im NOARCHIVELOG-Modus

Alternative: Deaktivieren der alten Rollback-Segmente und Löschen des alten Rollback-Tablespace, anschließend Neuanlegen des Rollback-Tablespace. Falls erforderlich, temporär – je nach Last – zusätzliche Rollback-Segmente in anderen Tablespaces oder einen weiteren Rollback-Tablespace mit Rollback-Segmenten anlegen.

Anlegen Rollback-Tablespace:

```
SQL> CREATE
TABLESPACE <temp_rollback_tablespace_name>
DATAFILE '<pfad\name>'
SIZE <n>M
EXTENT MANAGEMENT LOCAL
UNIFORM SIZE <uniform size>M
SEGMENT SPACE MANAGEMENT MANUAL;
```

Anlegen und Online-Setzen Rollback-Segmente:

```
SQL> CREATE ROLLBACK SEGMENT <segment_name>
TABLESPACE <temp_rollback_tablespace_name>;

SQL> ALTER ROLLBACK SEGMENT <segment_name> ONLINE;
```

Vorgehen:

1. Ermitteln der UNIFORM SIZE

```
SQL> SELECT NEXT_EXTENT FROM DBA_TABLESPACES WHERE TABLESPACE_NAME =
'<old_rollback_tablespace_name>';
```

2. Neuanlegen des Rollback-Tablespace

```
SQL> CREATE
TABLESPACE <new_rollback_tablespace_name>
DATAFILE '<pfad\name>'
SIZE <n>M
EXTENT MANAGEMENT LOCAL
UNIFORM SIZE <uniform size>M
SEGMENT SPACE MANAGEMENT MANUAL;
```

Bei Fehlern beim Anlegen des Tablespace → Rollback-Segmente in der defekten Datendatei offline setzen (siehe Punkt 4)

Zuordnung Rollback-Segmente/Datendatei:

```
SQL> SELECT SEGMENT_NAME, FILE_ID FROM DBA_EXTENTS WHERE
TABLESPACE_NAME='<old_rollback_tablespace_name>';
```

Name der Datendatei:

```
SQL> SELECT NAME FROM V$DATAFILE WHERE FILE_ID=<file_id>;
```

3. Anlegen und Online-Setzen der Rollback-Segmente im neuen Rollback-Tablespace

```
SQL> CREATE
ROLLBACK SEGMENT <segment_name>
TABLESPACE <new_rollback_tablespace_name>;

SQL> ALTER ROLLBACK SEGMENT <segment_name> ONLINE;
```

Falls sich Name oder Anzahl der Rollback-Segmente ändert, Parameter ROLLBACK_SEGMENTS anpassen.

4. Alle Rollback-Segmente im defekten Rollback-Tablespace offline setzen

```
SQL> ALTER ROLLBACK SEGMENT <segment_name> OFFLINE;
```

5. Status der Rollback-Segmente überprüfen

   Abfragen aus den Punkten 5. bis 7. in diesem Abschnitt sind auch bei automatischem Undo-Management gültig.

```
SQL> SELECT SEGMENT_NAME, STATUS
FROM DBA_ROLLBACK_SEGS
WHERE TABLESPACE_NAME = '<old_rollback_tablespace_name>';
```

   → Alle Rollback-Segmente müssen offline sein.

6. Falls einige Rollback-Segmente nicht offline gesetzt werden konnten:

   → Prüfung auf aktive Transaktionen für diese Rollback-Segmente:

```
SQL> SELECT SEGMENT_NAME, XACTS ACTIVE_TX, V.STATUS
FROM V$ROLLSTAT V, DBA_ROLLBACK_SEGS
WHERE TABLESPACE_NAME = '<old_rollback_tablespace_name>' AND SEGMENT_ID = USN;
```

   Ergebnis:

   – Keine Ausgabe von Rollback-Segmenten

     Keine aktiven Transaktionen für die Rollback-Segmente mehr vorhanden. Erneutes Offline-Setzen der Rollback-Segmente (Punkt 4.).

   – Ausgabe von Rollback-Segmenten

     Aktive Transaktionen existieren (Status PENDING OFFLINE).

     Wert der Spalte ACTIVE_TX aus obigem Kommando:

     0: Es existieren keine anstehenden Transaktionen mehr für dieses Rollback-Segment. Statement aus Punkt 5. sollte nach einiger Zeit für dieses Rollback-Segment den Status OFFLINE anzeigen. Danach Punkte 8. und 9. ausführen.

     ≥ 1: Weiter mit Punkt 7.

7. Falls Spalte ACTIVE_TX ≥ 1: Abbrechen der aktiven Transaktionen

   Zuordnung Benutzertransaktionen zu Rollback-Segmenten:

```
SQL> SELECT S.SID, S.SERIAL#, S.USERNAME, R.NAME "ROLLBACK"
FROM V$SESSION S, V$TRANSACTION T, V$ROLLNAME R
WHERE R.NAME IN ('<pending_rollback_1>', ... , '<pending_rollback_n>') AND S.TADDR
= T.ADDR AND T.XIDUSN = R.USN;
```

   `<pending_rollback_n>`: Name der ausgegebenen Rollback-Segmente der Abfrage aus Punkt 6.

   → Benutzer mit aktiven Transaktionen kontaktieren, damit diese ihre aktiven Transaktionen abschließen oder abbrechen.

   → Andernfalls abbrechen der Benutzersessions

```
SQL> ALTER SYSTEM KILL SESSION '<sid>, <serial#>';
```

<sid> und <serial#> siehe vorhergehendes Statement in diesem Unterpunkt

→ Rollback-Segmente erneut offline setzen (siehe Punkt 4). Danach mittels Statement aus Punkt 5. prüfen, ob alle Rollback-Segmente offline sind (kann eventuell einige Minuten dauern). Weiter mit Punkt 8.

Tritt bei Ermittlung der Benutzertransaktionen ein ORA-00376 auf:

→ Datendatei aus Sicherung wiederherstellen und Recovery durchführen.

Eventuell angelegten Rollback-/Undo-Tablespace sowie darin angelegte Rollback-Segmente wieder löschen.

8. Löschen aller Rollback-Segmente, die im betroffenen Rollback-Tablespace enthalten sind

```
SQL> DROP ROLLBACK SEGMENT <segment_name>;
```

9. Löschen des Rollback-Tablespace

```
SQL> DROP TABLESPACE <rollback_tablespace_name> INCLUDING CONTENTS AND DATAFILES;
```

Gegebenenfalls die vor Beginn der Aktion angelegten temporären Rollback-Segmente in anderen Tablespaces wieder löschen.

Neuanlegen des Undo-Tablespace und Löschen des alten Undo-Tablespace (Undo-Tablespace)

Vorgehen:

1. Erzeugen eines neuen Undo-Tablespace

```
SQL> CREATE UNDO TABLESPACE <new_undo_tsp>
DATAFILE '<pfad\name>'
SIZE <n>M AUTOEXTEND OFF;
```

2. Zuweisen des neuen Undo-Tablespace

```
SQL> ALTER SYSTEM SET UNDO_TABLESPACE = <new_undo_tsp>;
```

3. Offline-Setzen der defekten Datendatei des Undo-Tablespace

```
SQL> ALTER DATABASE DATAFILE '<pfad\name>' OFFLINE FOR DROP;
```

Falls das Offline-Setzen der Datendatei des Undo-Tablespace fehlschlägt, Analyse wie im vorhergehenden Abschnitt »Neuanlegen eines Rollback-Tablespace und Löschen des defekten Rollback-Tablespace« in den Punkten 5 bis 7 beschrieben durchführen.

4. Löschen des alten Undo-Tablespace

```
SQL> DROP TABLESPACE <old_undo_tsp> INCLUDING CONTENTS AND DATAFILES;
```

5. Gegebenenfalls Neuanlegen des Undo-Tablespace mit altem Namen und Löschen des in Punkt 1. angelegten neuen Undo-Tablespace

Wiederherstellung der defekten Datendatei und anschließendes Recovery im laufenden Betrieb (Rollback-/Undo-Tablespace)

Bei Nutzung eines Rollback-Tablespace:

Gegebenenfalls temporär – je nach Last – zusätzliche Rollback-Segmente in anderen Tablespaces oder weiteren Rollback-Tablespace anlegen:

Anlegen Rollback-Tablespace:

```
SQL> CREATE
TABLESPACE <temp_rollback_tablespace_name>
DATAFILE '<pfad\name>'
SIZE <n>M
EXTENT MANAGEMENT LOCAL
UNIFORM SIZE <uniform size>M
SEGMENT SPACE MANAGEMENT MANUAL;
```

Anlegen und Online-Setzen Rollback-Segmente:

```
SQL> CREATE ROLLBACK SEGMENT <segment_name>
TABLESPACE <temp_rollback_tablespace_name>;

SQL> ALTER ROLLBACK SEGMENT <segment_name> ONLINE;
```

Vorgehen:

1. **Offline-Setzen der defekten Datendatei**

```
SQL> ALTER DATABASE DATAFILE '<pfad\name>' OFFLINE;
```

2. **Sicherung einspielen**
   a. Datendateien

      Sicherung der beschädigten oder verloren gegangenen Datendatei(en) (aber nicht mehr!!!) einspielen

   b. Offline-Redolog-Dateien

      Sicherung der benötigten Offline-Redolog-Dateien einspielen

3. **Recovery der defekten Datendatei**

```
SQL> RECOVER DATAFILE '<pfad\name>';
```

Beispiel:

```
SQL> RECOVER DATAFILE 'f:\oracle\gc1\rollback_1\rollback.data1';
```

Werden am Ende des Recoverys noch Offline-Redolog-Dateien verlangt, die nicht existieren, so wird mit großer Wahrscheinlichkeit eine Online-Redolog-Datei benötigt.

Ermittlung der Online-Redolog-Datei, welche die verlangte Sequenznummer beinhaltet:

```
SQL> SELECT V1.GROUP#, MEMBER, SEQUENCE#
FROM V$LOG V1, V$LOGFILE V2
WHERE V1.GROUP# = V2.GROUP#;
```

Pfad und Name der Online-Redolog-Datei dann wie folgt angeben (Beispiel):

```
ORA-00280: change 1447969 for thread 1 is in sequence #787
Specify log: [<RET> for suggested | AUTO | FROM logsource | CANCEL ]
C:\ORACLE\ORADATA\GC\REDO02.LOG
```

4. **Online-Setzen der Datendatei**

```
SQL> ALTER DATABASE DATAFILE '<pfad\name>' ONLINE;
```

13.5 Recovery eines Daten-Tablespace

13.5.1 Analyse

Relevante Views

V$DATAFILE (Informationen zu Datendateien aus der Control-Datei)

DBA_TABLESPACES (Informationen zu Tablespaces)

V$INSTANCE (Status der Instanz)

V$DIAG_INFO (für Ermittlung Verzeichnis Alert-Datei beziehungsweise Traces)

13.5.2 Recovery bei offener Datenbank

Zwei Möglichkeiten:

- Recovery des betroffenen Tablespace

  Wenn mehrere Datendateien eines Tablespace beschädigt sind.

- Recovery nur der beschädigten Datendateien

  Wenn nur eine Datendatei defekt ist oder wenn nur für einzelne Datendateien ein Recovery durchgeführt werden soll.

Vorgehen (beide Recovery-Möglichkeiten)

1. **Offline-Setzen des betroffenen Tablespace oder der betroffenen Datendatei(en)**

   Tablespace:

```
SQL> ALTER TABLESPACE <tablespace_name> OFFLINE TEMPORARY;
```

oder

```
SQL> ALTER TABLESPACE <tablespace_name> OFFLINE IMMEDIATE;
```

Option **TEMPORARY:** Tablespace wird offline gesetzt. Unbeschädigte Datendateien erhalten Checkpoint, beschädigte Datendateien werden ignoriert.

Option **IMMEDIATE:** Tablespace wird offline gesetzt, Datendateien erhalten keinen Checkpoint.

Einzelne Datendateien:

Nur beschädigte Datendateien offline setzen:

```
SQL> ALTER DATABASE DATAFILE '<pfad\name>' OFFLINE;
```

Beispiel:

```
SQL> ALTER DATABASE DATAFILE 'f:\oracle\gc1\btabd.data1' OFFLINE;
```

2. **Sicherung einspielen**
   a. Datendateien

      Sicherung der beschädigten Datendatei(en) (aber nicht mehr!!!) einspielen

   b. Offline-Redolog-Dateien

      Sicherung der benötigten Offline-Redolog-Dateien einspielen

3. **Falls erforderlich, Rename der zurückgespielten Datendateien**

```
SQL> ALTER DATABASE RENAME FILE '<pfad_alt\name>' TO '<pfad_neu\name>';
```

Beispiel:

```
SQL> ALTER DATABASE RENAME FILE 'f:\oracle\gc1\user.data1' TO 'h:\oracle\
gc1\user.data1';
```

4. **Recovery des Tablespace oder der betroffenen Datendateien**

Recovery Tablespace:

```
SQL> RECOVER TABLESPACE <tablespace_name>;
```

Recovery einzelne Datendatei:

```
SQL> RECOVER DATAFILE '<pfad\name>';
```

Beispiel:

```
SQL> RECOVER DATAFILE 'f:\oracle\gc1\user.data1';
```

5. **Online-Setzen des betroffenen Tablespace oder der betroffenen Datendateien**

Tablespace:

```
SQL> ALTER TABLESPACE <tablespace_name> ONLINE;
```

Datendateien:

```
SQL> ALTER DATABASE DATAFILE '<pfad\name>' ONLINE;
```

Beispiel:

```
SQL> ALTER DATABASE DATAFILE 'f:\oracle\gc1\user.data1' ONLINE;
```

6. **Kontrolle**

   – Datendateien auf Status SYSTEM (System-Tablespace) oder ONLINE (alle anderen Datendateien) prüfen:

```
SQL> SELECT STATUS, NAME FROM V$DATAFILE;
```

Bei sehr vielen Datendateien einfacher:

```
SQL> SELECT DISTINCT STATUS FROM V$DATAFILE;
```

   – Alert-Datei auf Fehlermeldungen prüfen

13.5.3 Recovery bei gestoppter Datenbank

Zwei Möglichkeiten:

- Öffnen der Datenbank und anschließendes Online-Recovery
- Recovery der Datenbank im MOUNT-Status und anschließendes Öffnen der Datenbank

Öffnen der Datenbank und anschließendes Online-Recovery

1. **Datenbank starten in MOUNT-Status**

```
SQL> STARTUP MOUNT
```

Kontrolle:

```
SQL> SELECT STATUS FROM V$INSTANCE;
MOUNTED
```

2. **Beschädigte Datendateien auf Status OFFLINE setzen**

```
SQL> ALTER DATABASE DATAFILE '<pfad\name>' OFFLINE;
```

Beispiel:

```
SQL> ALTER DATABASE DATAFILE 'f:\oracle\gc1\btabd.data1' OFFLINE;
```

3. **Öffnen der Datenbank**

```
SQL> ALTER DATABASE OPEN;
```

4. **Recovery der Datenbank wie in Kapitel 13.5.2 beziehungsweise 10.6.2 beschrieben**

Recovery der Datenbank im MOUNT-Status mit anschließendem Öffnen der Datenbank

1. **Sicherung einspielen**
   a. Datendateien

      Sicherung der beschädigten oder verloren gegangenen Datendatei(en) (aber nicht mehr!!!) einspielen

   b. Offline-Redolog-Dateien

      Sicherung der benötigten Offline-Redolog-Dateien einspielen

2. **Datenbank starten in MOUNT-Status**

```
SQL> STARTUP MOUNT
```

Kontrolle:

```
SQL> SELECT STATUS FROM V$INSTANCE;
MOUNTED
```

3. **Falls erforderlich, Rename der zurückgespielten Datendateien**

```
SQL> ALTER DATABASE RENAME FILE '<pfad_alt\name>' TO '<pfad_neu\name>';
```

Beispiel:

```
SQL> ALTER DATABASE RENAME FILE 'f:\oracle\gc1\user.data1' TO 'h:\oracle\
gc1\user.data1';
```

4. **Kontrolle der Datendateien**

   Datendateien auf Status SYSTEM (System-Tablespace) oder ONLINE (alle anderen Datendateien) prüfen:

```
SQL> SELECT STATUS, NAME FROM V$DATAFILE;
```

Bei sehr vielen Datendateien einfacher:

```
SQL> SELECT DISTINCT STATUS FROM V$DATAFILE;
```

Status einer defekten Datendatei OFFLINE

→ Datendatei online setzen:

```
SQL> ALTER DATABASE DATAFILE '<pfad\name>' ONLINE;
```

Alle Datendateien, für die ein Recovery erfolgen soll, müssen vor Start des Recoverys den Status ONLINE (oder SYSTEM) besitzen.

5. **Recovery der Datenbank**

```
SQL> RECOVER DATABASE;
```

6. **Kontrolle**

 – Nochmals Datendateien auf Status SYSTEM (System-Tablespace) oder ONLINE (alle anderen Datendateien) prüfen:

```
SQL> SELECT STATUS, NAME FROM V$DATAFILE;
```

 Bei sehr vielen Datendateien einfacher:

```
SQL> SELECT DISTINCT STATUS FROM V$DATAFILE;
```

 – Alert-Datei auf Fehlermeldungen prüfen

7. **Öffnen der Datenbank**

```
SQL> ALTER DATABASE OPEN;
```

8. **Überprüfung Alert-Datei**

13.6 Recovery des temporären Tablespace

13.6.1 Analyse und Statements zu temporären Tablespaces

Relevante Views

`DBA_USERS` (Informationen zu Benutzern)

`DBA_TABLESPACES` (Informationen zu Tablespaces)

`DBA_TEMP_FILES` (Informationen zu temporären Dateien)

`DBA_DATA_FILES` (Informationen zu Datendateien)

`V$DATAFILE` (Informationen zu Datendateien aus der Control-Datei)

`V$TEMPFILE` (Informationen zu temporären Dateien aus der Control-Datei)

SQL-Statements

1. **Ermittlung der Benutzer, die den temporären Tablespace nutzen**

```
SQL> SELECT USERNAME
FROM DBA_USERS
WHERE TEMPORARY_TABLESPACE='<tablespace_name>';
```

Ermittlung des temporären Tablespace der Benutzer:

```
SQL> SELECT USERNAME, TEMPORARY_TABLESPACE
FROM DBA_USERS;
```

2. **Ermittlung von Informationen bezüglich temporärem Tablespace (Views** DBA_TABLESPACES, V$DATAFILE, V$TEMPFILE, DBA_TEMP_FILES **und** DBA_DATA_FILES**)**

   Tablespace-Content und Extent-Management des temporären Tablespace:

```
SQL> SELECT TABLESPACE_NAME, CONTENTS, EXTENT_MANAGEMENT
FROM DBA_TABLESPACES
WHERE TABLESPACE_NAME='<tablespace_name>';
```

   Ergebnis zum Beispiel:

```
TABLESPACE_NAME                CONTENTS   EXTENT_MAN
------------------------------ ---------  ----------
TEMP_TEMPFILE_LOC              TEMPORARY  LOCAL
TEMP_DATAFILE_DICT             TEMPORARY  DICTIONARY
```

   → Erster temporärer Tablespace (Name TEMP_TEMPFILE_LOC) LOCALLY MANAGED, zweiter (Name TEMP_DATAFILE_DICT) DICTIONARY MANAGED.

   Zuordnung **temporäre Dateien** zu temporären Tablespaces (Extent-Management LOCALLY MANAGED):

   Zuordnung temporäre Dateien zu Tablespaces:

```
SQL> SELECT FILE_NAME, TABLESPACE_NAME
FROM DBA_TEMP_FILES;
```

   Nur Dateinamen des temporären Tablespace:

```
SQL> SELECT FILE_NAME
FROM DBA_TEMP_FILES
WHERE TABLESPACE_NAME = '<temp_tablespace_name>';
```

   Zuordnung **Datendateien** zu temporären Tablespaces (Extent-Management DICTIONARY MANAGED):

   Zuordnung Datendateien zu Tablespaces:

```
SQL> SELECT FILE_NAME, TABLESPACE_NAME
FROM DBA_DATA_FILES;
```

   Nur Dateinamen des temporären Tablespace:

```
SQL> SELECT FILE_NAME
FROM DBA_DATA_FILES
WHERE TABLESPACE_NAME = '<temp_tablespace_name>';
```

3. **Anlegen eines neuen temporären Tablespace**

   Ermittlung des Wertes von UNIFORM SIZE des bestehenden temporären Tablespace:

```
SQL> SELECT NEXT_EXTENT FROM DBA_TABLESPACES
WHERE TABLESPACE_NAME = <temp_tablespace>;
```

Anlegen des neuen temporären Tablespace (Locally managed):

```
SQL> CREATE
TEMPORARY TABLESPACE <temp_tablespace>
TEMPFILE '<pfad\tempfile_name>'
SIZE <size>
EXTENT MANAGEMENT LOCAL UNIFORM SIZE <size>M;
```

Default UNIFORM SIZE ist 1M.

Anlegen des neuen temporären Tablespace (Dictionary managed – ab Oracle 9 sind Dictionary managed Tablespaces jedoch nicht mehr empfohlen):

```
SQL> CREATE
TABLESPACE <temp_tablespace_name>
DATAFILE '<pfad\name>'
DEFAULT STORAGE (<default storage clause>)
SIZE <size>
TEMPORARY;
```

4. **Zuordnung des neuen temporären Tablespace**

   Ändern des temporären Tablespace einzelner Benutzer:

```
SQL> ALTER USER <username>
TEMPORARY TABLESPACE <temp_tablespacename>;
```

   Ändern des DEFAULT TEMPORARY TABLESPACE:

```
SQL> ALTER DATABASE DEFAULT TEMPORARY TABLESPACE <temp_tablespacename>;
```

   Anzeige des DEFAULT TEMPORARY TABLESPACE:

```
SQL> SELECT PROPERTY_NAME, PROPERTY_VALUE
FROM DATABASE_PROPERTIES
WHERE PROPERTY_NAME='DEFAULT_TEMP_TABLESPACE';
```

5. **Löschen des temporären Tablespace**

   Den alten temporären Tablespace löschen mit:

```
SQL> DROP TABLESPACE <temp_tablespace> INCLUDING CONTENTS AND DATAFILES;
```

13.6.2 Wiederherstellung bei Nutzung temporärer Dateien für temporären Tablespace

Kompletter temporärer Tablespace muss normalerweise nicht gelöscht werden.

Wiederherstellung:

Hinzufügen einer weiteren temporären Datei und Löschen der defekten temporären Datei (bei geöffneter Datenbank).

Soll der Name der Datei gleich bleiben, erst die defekte Datei löschen und anschließend mit dem gleichen Namen wieder anlegen.

Achtung!
Temporärer Tablespace muss nach dem Drop der defekten Datei(en) noch mindestens eine temporäre Datei enthalten!

Falls Datenbank kurz gestoppt werden kann (bei Version 10g und 11g):

Defekte Datendatei bei gestoppter Datenbank auf Betriebssystemebene löschen. Diese wird beim Starten automatisch mit der initialen Größe wieder angelegt.

Vorgehen

1. **Hinzufügen einer weiteren temporären Datei**

```
SQL> ALTER TABLESPACE <tablespace_name> ADD TEMPFILE '<pfad/name>' SIZE <size>;
```

2. **Löschen der defekten temporären Datei**

```
SQL> ALTER DATABASE TEMPFILE '<pfad/name>' DROP;
```

Anschließend Löschen der temporären Datei auf Betriebssystemebene

Ab Oracle 9i:

```
SQL> ALTER DATABASE TEMPFILE '<pfad/name>' DROP INCLUDING CONTENTS AND DATAFILES;
```

Löschen auf Betriebssystemebene nicht mehr notwendig.

Achtung: Oracle-Bug 3833893:

Drop einer temporären Datei bleibt hängen.

Workaround: Datenbank in den MOUNT-Status starten, anschließend Drop der temporären Datei

3. **Falls gewünscht, die gelöschte temporäre Datei wieder anlegen.**

13.6.3 Wiederherstellung bei Nutzung von Datendateien für temporären Tablespace

Wiederherstellung:

Erzeugen eines neuen Tablespace, alte Datendateien sowie alter temporärer Tablespace werden zuvor gelöscht (bei geöffneter Datenbank).

Vorgehen

1. **Offline-Setzen der betroffenen Datendatei(en)**

Bei Nutzung des ARCHIVELOG-Modus:

```
SQL> ALTER DATABASE DATAFILE <datafile_name> OFFLINE;
```

Bei Nutzung des NOARCHIVELOG-Modus:

```
SQL> ALTER DATABASE DATAFILE <datafile_name> OFFLINE FOR DROP;
```

2. **Löschen des alten temporären Tablespace**

```
SQL> DROP TABLESPACE <temp_tablespacename> INCLUDING CONTENTS;
```

Ab Oracle 9i:

```
SQL> DROP TABLESPACE <temp_tablespacename> INCLUDING CONTENTS AND DATAFILES;
```

Dadurch entfällt Punkt 3.

3. **Löschen der Datendateien des alten temporären Tablespace auf Betriebssystemebene**
4. **Neuanlegen des alten temporären Tablespace**

```
SQL> CREATE
TABLESPACE <temp_tablespace_name>
DATAFILE '<pfad\name>'
DEFAULT STORAGE (<default_storage_clause>)
SIZE <size>
TEMPORARY;
```

13.7 Verlust von Redolog-Dateien

13.7.1 Analyse

Relevante Views

V$LOGFILE (Informationen zu Redolog-Gruppen wie Pfad und Name der Mitglieder)

V$LOG (Informationen zu Redolog-Gruppen wie Status, Größe der Mitglieder)

V$DATAFILE (Informationen zu Datendateien aus der Control-Datei)

Relevante Parameter

LOG_ARCHIVE_DEST (Verzeichnis Offline-Redolog-Dateien)

LOG_ARCHIVE_DEST_n (Verzeichnis Offline-Redolog-Dateien)

LOG_ARCHIVE_DUPLEX_DEST (Verzeichnis Offline-Redolog-Dateien)

SQL-Statements

1. **Ermitteln der defekten Redolog-Datei und der zugehörigen Redolog-Gruppe (Status INVALID)**

```
SQL> SELECT GROUP#, STATUS, MEMBER FROM V$LOGFILE;
```

Beispiel:

```
GROUP#    STATUS       MEMBER
-------  -----------  ---------------------
0001                  C:\ORACLE\ORADATA\GC\REDO1A.LOG
0001                  C:\ORACLE\ORADATA\GC\REDO1B.LOG
0002      INVALID     C:\ORACLE\ORADATA\GC\REDO2A.LOG
0002      INVALID     C:\ORACLE\ORADATA\GC\REDO2B.LOG
0003                  C:\ORACLE\ORADATA\GC\REDO3A.LOG
0003                  C:\ORACLE\ORADATA\GC\REDO3B.LOG
```

2. **Ermitteln des Status und der Archivierung der Redolog-Gruppen**

```
SQL> SELECT GROUP#, MEMBERS, STATUS, ARCHIVED
FROM V$LOG;
```

Beispiel:

```
GROUP#  MEMBERS             STATUS     ARCHIVED
------  -------             ---------  -----------
 0001   2                   INACTIVE   YES
 0002   2                   ACTIVE     NO
 0003   2                   CURRENT    NO
```

Zur Erinnerung:

Status INACTIVE: Wird aktuell nicht benutzt und für ein Crash Recovery nicht benötigt, kann archiviert oder nicht archiviert (Spalte ARCHIVED) sein.

Status ACTIVE: Wird für ein Crash Recovery benötigt, kann archiviert oder nicht archiviert (Spalte ARCHIVED) sein.

Status CURRENT: Aktuell verwendete Redolog-Gruppe, Status CURRENT beinhaltet Status ACTIVE.

13.7.2 Verlust einzelner Mitglieder bei gespiegelten Redolog-Gruppen

Datenbank funktioniert so lange ohne weitere Einschränkungen, wie noch mindestens ein Mitglied der einzelnen Redolog-Gruppen fehlerfrei vorhanden ist.

→ Problem muss jedoch schnellstmöglich beseitigt werden.

Zwei Fehlersituationen:

- Hardware-Problem temporär

  Nach Behebung des Problems werden die zuvor fehlerhaft gemeldeten Online-Redolog-Dateien ohne weitere Maßnahmen wieder verwendet.

- Hardware-Problem dauerhaft

  Nach der Wiederherstellung des fehlerhaften Mitglieds wie nachfolgend beschrieben ist die Spiegelung erst wieder aktiv, wenn die Redolog-Gruppe des wiederhergestellten Mitglieds erneut verwendet wurde.

Vorgehen bei fehlerhaftem Mitglied

1. **Ermitteln des Namens des fehlerhaften Mitglieds**

```
SQL> SELECT GROUP#, STATUS, MEMBER
FROM V$LOGFILE
WHERE STATUS='INVALID';
```

2. **Löschen des fehlerhaften Mitglieds**

```
SQL> ALTER DATABASE DROP LOGFILE MEMBER <logfile_member>;
```

Beispiel:

```
SQL> ALTER DATABASE DROP LOGFILE MEMBER 'c:\oracle\oradata\gc\redo02.log';
```

Falls Mitglieder der aktuellen Redolog-Gruppe (Status CURRENT) zerstört sind, vor dem Löschen:

```
SQL> ALTER SYSTEM SWITCH LOGFILE;
```

3. **Hinzufügen eines neuen Mitglieds zu der betroffenen Redolog-Gruppe**

```
SQL> ALTER DATABASE
ADD LOGFILE MEMBER <logfile_member>
TO GROUP <group_no>;
```

Beispiel:

```
SQL> ALTER DATABASE
ADD LOGFILE MEMBER 'c:\oracle\oradata\gc\redo02.log'
TO GROUP 2;
```

13.7.3 Verlust der aktuellen Redolog-Gruppe

Beseitigung dieses Fehlers über:

- Initialisieren der aktuellen Redolog-Gruppe

  Wenn die Datenbank noch läuft und keine weiteren Dateien beschädigt sind.

- Andernfalls unvollständiges Recovery der kompletten Datenbank

Vorgehen bei Initialisieren der Redolog-Gruppe

1. **Initialisieren der aktuellen Redolog-Gruppe**

```
SQL> ALTER DATABASE CLEAR UNARCHIVED LOGFILE GROUP <group_no>;
```

2. **Vollsicherung der Datenbank**

Vorgehen für unvollständiges Recovery

1. **Prüfen, ob die Datenbank offen ist (sofern noch möglich)**

```
SQL> SELECT STATUS FROM V$INSTANCE;
```

   Um eventuell noch laufende Prozesse zu beenden, die Datenbank stoppen mit:

```
SQL> SHUTDOWN ABORT
```

2. **Sicherung der Control-Datei und der unbeschädigten Online-Redolog-Dateien bei geschlossener Datenbank**
3. **Sicherung einspielen**
   a. Datendateien

      Sicherung aller Datendateien einspielen

   b. Control-Datei

      Control-Datei nur dann zurücksichern, wenn nach dem `RECOVER UNTIL`-Zeitpunkt eine Strukturänderung durchgeführt wurde oder wenn eine Offline-Sicherung ohne weiteres Recovery eingespielt werden soll.

   c. Offline-Redolog-Dateien

      Sicherung der benötigten Offline-Redolog-Dateien einspielen

4. **Datenbank starten in MOUNT-Status**

```
SQL> STARTUP MOUNT
```

5. **Falls erforderlich, Rename der zurückgespielten Datendateien**

   Falls beschädigte Datendatei in ein anderes als das ursprüngliche Verzeichnis zurückgespielt wurden:

```
SQL> ALTER DATABASE RENAME FILE '<pfad alt\name>' TO '<pfad neu\name>';
```

   Beispiel:

```
SQL> ALTER DATABASE RENAME FILE 'f:\oracle\gc1\user.data1' TO
'h:\oracle\gc1\user.data1';
```

6. **Kontrolle der Datendateien**

   Prüfen der Datendateien auf Status SYSTEM oder ONLINE:

```
SQL> SELECT STATUS, NAME FROM V$DATAFILE;
```

   Bei sehr vielen Datendateien einfacher:

```
SQL> SELECT DISTINCT STATUS FROM V$DATAFILE;
```

Werden hier Datendateien mit Status ungleich ONLINE oder SYSTEM angezeigt:

→ vor dem Recovery erst online setzen

```
SQL> ALTER DATABASE DATAFILE '<pfad\name>' ONLINE;
```

Beispiel:

```
SQL> ALTER DATABASE DATAFILE 'f:\oracle\gc1\data_1\userdata.data1' ONLINE;
```

7. **Recovery der Datenbank**

Recovery mit `UNTIL CANCEL` (bis zur letzten vorhandenen Online-Redolog-Datei) durchführen:

Bis zu einer bestimmten Redolog-Datei:

```
SQL> RECOVER DATABASE UNTIL CANCEL [USING BACKUP CONTROLFILE];
```

Wurden alle Offline-Redolog-Dateien eingespielt, sollten eventuell vorhandene Online-Redolog-Dateien noch eingespielt werden.

Control-Datei aus der Sicherung zurückgeholt

→ Option `USING BACKUP CONTROLFILE` angeben

8. **Kontrolle der Datendateien**

Datendateien auf Status SYSTEM (System-Tablespace) oder ONLINE (alle anderen Datendateien) prüfen:

```
SQL> SELECT STATUS, NAME FROM V$DATAFILE;
```

Bei sehr vielen Datendateien einfacher:

```
SQL> SELECT DISTINCT STATUS FROM V$DATAFILE;
```

Datendateien mit Status ungleich ONLINE oder SYSTEM

→ Recovery prüfen und diese online setzen:

```
SQL> ALTER DATABASE DATAFILE '<pfad\name>' ONLINE;
```

Beispiel:

```
SQL> ALTER DATABASE DATAFILE 'f:\oracle\gc1\data_1\userdata.data1' ONLINE;
```

9. **Öffnen der Datenbank**

```
SQL> ALTER DATABASE OPEN RESETLOGS;
```

10. **Sicherung der Datenbank**

Datenbank mit `OPEN RESETLOGS` geöffnet

→ Releases vor Oracle 10g: Komplettsicherung erforderlich

11. **Überprüfung Alert-Datei**

13.7.4 Verlust einer aktiven und archivierten Redolog-Gruppe

- Läuft die Datenbank noch:

```
SQL> ALTER SYSTEM CHECKPOINT;
```

  Anschließend laut Kapitel 13.7.6, Verlust einer inaktiven und archivierten Redolog-Gruppe, vorgehen.

- `ALTER SYSTEM CHECKPOINT` nicht erfolgreich

  → Datenbank stoppen mit:

```
SQL> SHUTDOWN ABORT
```

  Weiter mit dem nachfolgenden Punkt.

- Datenbank bereits gestoppt:

  1. Aktuelle Control-Datei sowie unbeschädigte Online-Redolog-Dateien sichern
  2. Datenbank starten in MOUNT-Status

```
SQL> STARTUP MOUNT
```

  3. Recovery der Datenbank

```
SQL> RECOVER DATABASE UNTIL CANCEL;
```

  Vorgeschlagene Offline-Redolog-Datei und danach vorhandene Online-Redolog-Datei(en) in die Datenbank einspielen.

  4. Öffnen der Datenbank

```
SQL> ALTER DATABASE OPEN RESETLOGS;
```

  5. Sicherung der Datenbank

     → Releases vor Oracle 10g: Komplettsicherung erforderlich.

  Falls Fehler auftreten:

  → Unvollständiges Recovery der kompletten Datenbank (siehe Kapitel 10.8.4 beziehungsweise 13.7.3, Verlust der aktuellen Redolog-Gruppe).

13.7.5 Verlust einer aktiven und nicht archivierten Redolog-Gruppe

Wie in Kapitel 10.8.4 beziehungsweise 13.7.3, Verlust der aktuellen Redolog-Gruppe, beschrieben ein Initialisieren der betroffenen Redolog-Gruppe mit anschließender Vollsicherung oder ein unvollständiges Recovery durchführen.

13.7.6 Verlust einer inaktiven und archivierten Redolog-Gruppe

Initialisieren der betroffenen Redolog-Gruppe:

```
SQL> ALTER DATABASE CLEAR LOGFILE GROUP <group_no>;
```

Beispiel:

```
SQL> ALTER DATABASE CLEAR LOGFILE GROUP 2;
```

Kann bei geöffneter Datenbank oder – falls die Datenbank bereits gestoppt wurde – im MOUNT-Status ausgeführt werden.

Tritt bei dem oben genannten Statement ein Fehler auf:

→ Anlegen einer neuen Gruppe und Löschen der alten fehlerhaften Gruppe

Anlegen einer neuen Gruppe:

```
SQL> ALTER DATABASE ADD LOGFILE GROUP <group_no> '<pfad\name>' SIZE <size>;
```

Beispiel:

```
SQL> ALTER DATABASE ADD LOGFILE
GROUP 3 ('e:\oracle\gc\origlog_1\log31.dbf',
'f:\oracle\gc\mirrlog_1\log31.dbf') SIZE 50M;
```

Löschen der defekten Gruppe:

```
SQL> ALTER DATABASE DROP LOGFILE GROUP <group_no>;
```

Beispiel:

```
SQL> ALTER DATABASE DROP LOGFILE GROUP 3;
```

13.7.7 Verlust einer inaktiven und nicht archivierten Redolog-Gruppe

Initialisieren der betroffenen Redolog-Gruppe:

```
SQL> ALTER DATABASE CLEAR UNARCHIVED LOGFILE GROUP <group_no>;
```

Beispiel:

```
SQL> ALTER DATABASE CLEAR UNARCHIVED LOGFILE GROUP 2;
```

Anschließend ist ein vollständiges Recovery über eine inaktive und nicht archivierte Redolog-Gruppe nicht mehr möglich.

→ Vollständige Sicherung der Datenbank durchführen

13.8 Verlust von Control-Dateien

13.8.1 Analyse

Relevante Views

`V$CONTROLFILE` (Informationen zu Control-Dateien)

`V$INSTANCE` (Status der Instanz)

`V$DIAG_INFO` (für Ermittlung Verzeichnis Alert-Datei beziehungsweise Traces)

Relevante Parameter

`CONTROL_FILES`

13.8.2 Verlust einer Control-Datei

Nur eine Control-Datei beschädigt, und es existiert noch mindestens eine fehlerfreie Kopie der Control-Datei.

→ Datenbank kann weiter betrieben werden.

Mögliche Problemlösungen

- Parameter `CONTROL_FILES` so modifizieren, dass die Datenbank mit den restlichen funktionsfähigen Kopien weiterarbeitet (empfohlene Voraussetzung: mindestens drei Control-Dateien).
- Ersetzen der defekten Control-Datei durch eine fehlerfreie Kopie

Vorgehen bei Kopieren der Control-Datei

1. **Ermitteln des Speicherorts und des Namens der Control-Dateien**
   - Parameter `CONTROL_FILES`
   - Über Alert-Datei: Beim Starten der Datenbank wird Parameter `CONTROL_FILES` in die Alert-Datei eingetragen.
   - Spalte NAME der View `V$CONTROLFILE`

```
SQL> SELECT NAME FROM V$CONTROLFILE;
```

2. **Prüfen, ob die Datenbank offen ist, und gegebenenfalls Datenbank beenden**

```
SQL> SELECT STATUS FROM V$INSTANCE;
```

Falls erforderlich, Datenbank erst beenden:

```
SQL> SHUTDOWN [NORMAL | IMMEDIATE | TRANSACTIONAL]
```

Falls ein SHUTDOWN NORMAL, IMMEDIATE oder TRANSACTIONAL nicht funktioniert:

```
SQL> SHUTDOWN ABORT
```

3. **Kopieren einer fehlerfreien Control-Datei**

   Falls sich das Verzeichnis ändert, Anpassung des Parameters CONTROL_FILES

4. **Starten der Datenbank**

```
SQL> STARTUP
```

13.8.3 Verlust aller Control-Dateien

Beseitigung dieses Fehlers über:

- Einspielen einer Sicherung der Control-Datei
- Erzeugen einer neuen Control-Datei

Vorgehen bei Einspielen einer Sicherung der Control-Datei

1. **Ermitteln des Speicherorts und des Namens der Control-Dateien**
   - Parameter CONTROL_FILES
   - Über Alert-Datei: Beim Starten der Datenbank wird Parameter CONTROL_FILES in die Alert-Datei eingetragen.
2. **Status der Datenbank prüfen**

```
SQL> SELECT STATUS FROM V$INSTANCE;
```

→ Falls erforderlich, Datenbank erst beenden.

```
SQL> SHUTDOWN ABORT
```

3. **Sicherung der unbeschädigten Online-Redolog-Dateien**
4. **Sicherung der Control-Datei und der Offline-Redolog-Dateien einspielen**
   a. Control-Datei
   b. Offline-Redolog-Dateien
5. **Datenbank starten in MOUNT-Status**

```
SQL> STARTUP MOUNT
```

Kontrolle:

```
SQL> SELECT STATUS FROM V$INSTANCE;
MOUNTED
```

6. **Recovery der Datenbank**

```
SQL> RECOVER DATABASE USING BACKUP CONTROLFILE;
```

Nach Einfahren der Offline-Redolog-Dateien Pfad und Name der geforderten Online-Redolog-Dateien anstelle von <RET> angeben (RECOVER-Kommando nochmals starten).

Ermittlung der anzugebenden Online-Redolog-Dateien:

```
SQL> SELECT V1.GROUP#, MEMBER, SEQUENCE#
FROM V$LOG V1, V$LOGFILE V2
WHERE V1.GROUP# = V2.GROUP#;
```

7. **Öffnen der Datenbank**

```
SQL> ALTER DATABASE OPEN RESETLOGS;
```

8. **Sicherung der Datenbank**

   Bei Releases vor Oracle 10g: Komplettsicherung erforderlich

9. **Überprüfung Alert-Datei**

Vorgehen bei Erzeugen einer neuen Control-Datei

Erforderlich, wenn:

- keine Control-Datei verfügbar ist, welche die aktuelle Struktur widerspiegelt
- Konfigurationseinstellungen verändert werden müssen, die in der Control-Datei definiert werden (wie zum Beispiel MAXDATAFILES)

1. **Ermitteln des Speicherorts und des Namens der Control-Dateien**
   - Parameter CONTROL_FILES
   - Über Alert-Datei: Beim Starten der Datenbank wird Parameter CONTROL_FILES in die Alert-Datei eingetragen.

2. **Status der Datenbank prüfen**

```
SQL> SELECT STATUS FROM V$INSTANCE;
```

→ Falls erforderlich, Datenbank erst beenden

```
SQL> SHUTDOWN ABORT
```

3. **Sicherung der unbeschädigten Online-Redolog-Dateien**
4. **Falls zeitlich möglich, Sicherung der Datenbank**
5. **Datenbank starten in NOMOUNT-Status**

```
SQL> STARTUP NOMOUNT
```

Kontrolle:

```
SQL> SELECT STATUS FROM V$INSTANCE;
STARTED
```

6. **Erzeugen der neuen Control-Datei**

Über:

- CREATE CONTROLFILE-Statements aus der Textdatei, die im Vorfeld (zum Beispiel bei einer Sicherung) mit ALTER DATABASE BACKUP CONTROLFILE TO TRACE erzeugt wurden
- manuellen Aufbau des CREATE CONTROLFILE-Statements

Ist der Zeichensatz nicht der Default-Zeichensatz, so muss dieser beim CREATE CONTROLFILE-Statement angegeben werden.

> **Achtung!**
> Bei Strukturänderung an der Datenbank **nach** dem Erzeugen (zum Beispiel mit ALTER DATABASE BACKUP CONTROLFILE TO TRACE) des CREATE CONTROLFILE-Statements: CREATE CONTROLFILE-Statement manuell anpassen

a. Alle Online-Redolog-Dateien stehen fehlerfrei zur Verfügung:

→ NORESETLOGS-Option

Beispiel für ein CREATE CONTROLFILE-Statement mit NORESETLOGS-Option:

```
CREATE CONTROLFILE REUSE DATABASE "GC" NORESETLOGS ARCHIVELOG
    MAXLOGFILES 16
    MAXLOGMEMBERS 3
    MAXDATAFILES 100
    MAXINSTANCES 8
    MAXLOGHISTORY 292
LOGFILE
   GROUP 1 'C:\ORACLE\GC\REDO01.LOG'  SIZE 50M,
   GROUP 2 'F:\ORACLE\GC\REDO02.LOG'  SIZE 50M,
   GROUP 3 'E:\ORACLE\GC\REDO03.LOG'  SIZE 50M
DATAFILE
   'D:\ORACLE\ORADATA\GC\SYSTEM01.DBF',
   'D:\ORACLE\ORADATA\GC\UNDOTBS01.DBF',
   'D:\ORACLE\ORADATA\GC\SYSAUX01.DBF',
   'D:\ORACLE\ORADATA\GC\USERS01.DBF'
CHARACTER SET WE8MSWIN1252;
```

b. Online-Redolog-Dateien stehen nicht zur Verfügung.

→ RESETLOGS-Option

Beispiel für ein CREATE CONTROLFILE-Statement mit RESETLOGS-Option:

```
CREATE CONTROLFILE REUSE DATABASE "GC" RESETLOGS ARCHIVELOG
    MAXLOGFILES 16
    MAXLOGMEMBERS 3
    MAXDATAFILES 100
    MAXINSTANCES 8
    MAXLOGHISTORY 292
```

```
LOGFILE
   GROUP 1 'C:\ORACLE\GC\REDO01.LOG'  SIZE 50M,
   GROUP 2 'F:\ORACLE\GC\REDO02.LOG'  SIZE 50M,
   GROUP 3 'E:\ORACLE\GC\REDO03.LOG'  SIZE 50M
DATAFILE
   'D:\ORACLE\ORADATA\GC\SYSTEM01.DBF',
   'D:\ORACLE\ORADATA\GC\UNDOTBS01.DBF',
   'D:\ORACLE\ORADATA\GC\SYSAUX01.DBF',
   'D:\ORACLE\ORADATA\GC\USERS01.DBF'
CHARACTER SET WE8MSWIN1252;
```

Nach Ausführen des `CREATE CONTROLFILE`-Statements Kontrolle, ob in allen im Parameter `CONTROL_FILES` definierten Verzeichnissen die neu erzeugte Control-Datei steht.

7. **Falls erforderlich, Recovery der Datenbank**

   Recovery ist notwendig, falls Datendateien aus der Sicherung zurückgeholt wurden (allgemeines Vorgehen siehe Kapitel 10.6 oder 13.5) oder Datenbank nicht konsistent beendet wurde.

   a. `CREATE CONTROLFILE`-Statement mit `NORESETLOGS`-Option:

```
SQL> RECOVER DATABASE;
```

   b. `CREATE CONTROLFILE`-Statement mit `RESETLOGS`-Option:

```
SQL> RECOVER DATABASE USING BACKUP CONTROLFILE;
```

8. **Öffnen der Datenbank**

   a. Öffnen der Datenbank bei `CREATE CONTROLFILE`-Statement mit `NORESETLOGS`-Option:

```
SQL> ALTER DATABASE OPEN;
```

   b. Öffnen der Datenbank bei `CREATE CONTROLFILE`-Statement mit `RESETLOGS`-Option:

```
SQL> ALTER DATABASE OPEN RESETLOGS;
```

9. **Sicherung der Datenbank**

   Datenbank mit `OPEN RESETLOGS` geöffnet

   → Bei Releases vor Oracle 10g: Komplettsicherung erforderlich

10. **Überprüfung Alert-Datei**

13.9 Unvollständiges Recovery

Die Datenbank muss nach einem unvollständigen Recovery immer mit `OPEN RESETLOGS` geöffnet werden.

1. **Recovery bis zu einem bestimmten Datum und Uhrzeit** (»UNTIL TIME«)

   Recovery wird automatisch zum definierten Zeitpunkt beendet.

```
SQL> RECOVER DATABASE UNTIL TIME 'YYYY-MM-DD:HH24:MI:SS';
Beispiel:
SQL> RECOVER DATABASE UNTIL TIME '2007-07-26:17:45:00';
```

2. **Recovery bis zu einer bestimmten Redolog-Datei (»UNTIL CANCEL«)**

   Recovery wird nach Eingabe von `CANCEL` beendet.

```
SQL> RECOVER DATABASE UNTIL CANCEL;
```

3. **Recovery bis zu einer bestimmten System-Change-Nummer (»UNTIL CHANGE«)**

   Recovery wird bis zu einer definierten System-Change-Nummer (SCN) durchgeführt.

```
SQL> RECOVER DATABASE UNTIL CHANGE <scn>;
```

13.10 Komplettausfall des Rechners (Disaster Recovery)

Vor Disaster Recovery, das heißt Neuaufsetzen eines defekten Rechners, unbedingt erst prüfen, ob geeignete Sicherungen des Rechners beziehungsweise der Datenbank existieren.

Vorgehensweise bei Disaster Recovery ohne Nutzung einer Standby-Datenbank beziehungsweise RMAN:

1. **Sicherung des zerstörten Systems vor Neuaufbau, falls noch möglich**

   Folgende Komponenten:

   - Plattenverteilung (Größe, Laufwerksbuchstaben)
   - Betriebssystemversion und Patch-Stand
   - Verbundene Filesysteme
   - Betriebssystemparametrisierung
   - Windows: Registry (komplett/Oracle)
   - Unix: Konfigurationsdateien wie .cshrc, .profile, oratab, Start-/Stopp-Skripte
   - Oracle-Parametrisierung (Environment, INIT.ORA, SPFILE)
   - Applikationsabhängige Parametrisierung
   - Oracle-Konfigurationsdateien wie listener.ora, tnsnames.ora, orapw<SID>.ora, sqlnet.ora
   - Online-Redolog-Dateien
   - Control-Dateien
   - Alert-Datei

2. **Wiederherstellung der Hardware und des Betriebssystems**

   - Struktur (Verzeichnisse, Laufwerksbuchstaben) und Größe der Filesysteme des Originalsystems sollte auf Ersatzfestplatten abgebildet werden können.
   - Ersatzsystem möglichst gleiche Hauptspeichergröße sowie IP-Adresse und gleichen Hostnamen wie das Originalsystem
   - Filesysteme, die auf entfernten Systemen liegen, wieder montieren
   - Bei Neuinstallation des Betriebssystems: Gleiche Betriebssystemversion mit gleichem Patch-Stand sowie gleiche Parametrisierung wie Original-Betriebssystem

3. **Wiederherstellung der Oracle-Software**

   Folgende Möglichkeiten:

   a. Neuinstallation

   b. Restore des Oracle-Software-Verzeichnisses aus Sicherung (sowie Registry-Einträge für Oracle bei Windows und Konfigurationsdateien unter Unix)

   c. Kopieren einzelner Verzeichnisse von einem anderen Rechner (nur möglich, wenn ausschließlich bestimmte Verzeichnisse zerstört sind)

4. **Wiederherstellung des Environments**

   Falls Oracle-Software-Verzeichnis aus der Sicherung wiederhergestellt wurde, Kontrolle und – falls erforderlich – Rücksicherung der Registry unter Windows (mindestens Registry-Einträge für Oracle) beziehungsweise der Konfigurationsdateien wie zum Beispiel .cshrc unter Unix. Alternativ manuelles Editieren der entsprechenden Variablen beziehungsweise Dateien.

   Beispiele:

   Environment-Variablen `ORACLE_HOME`, `ORACLE_SID`, `ORA_NLSxx`, `PATH`, `NLS_LANG` etc. sowie gegebenenfalls applikationsabhängige Environment-Variablen

5. **Rücksicherung der Datenbank**

   Für ein vollständiges Recovery einer kompletten Datenbank bis zum aktuellen Zeitpunkt notwendig:

   - *Datendateien*
   - *Falls vorhanden, Online-Redolog-Dateien*
   - *Control-Dateien*

     Falls Control-Dateien auf dem defekten Rechner noch verfügbar, diese verwenden.

   - *Konfigurationsdateien*

     zum Beispiel listener.ora, tnsnames.ora, orapw<SID>.ora, sqlnet.ora, INIT.ORA, SPFILE

   - *Spezielle Dateien bei Betriebssystem Unix*

     zum Beispiel oratab, Start-/Stopp-Skripte (zum Beispiel in Verzeichnis `/etc/init.d`)

- *Offline-Redolog-Dateien*

6. **Recovery der Datenbank**

   a. **Datenbank starten in MOUNT-Status**

```
SQL> STARTUP MOUNT
```

Kontrolle:

```
SQL> SELECT STATUS FROM V$INSTANCE;
MOUNTED
```

   b. **Falls erforderlich, Rename der zurückgespielten Daten- oder Online-Redolog-Dateien**

```
SQL> ALTER DATABASE RENAME FILE '<pfad alt\name>' TO '<pfad neu\name>';
```

Beispiel:

```
SQL> ALTER DATABASE RENAME FILE 'f:\oracle\gc1\data_1\userdata.data1' TO
'h:\oracle\gc1\data_1\userdata.data1';
```

Analog auch für Online-Redolog-Dateien

   c. **Kontrolle der Datendateien**

Prüfen der Datendateien auf Status SYSTEM oder ONLINE:

```
SQL> SELECT STATUS, NAME FROM V$DATAFILE;
```

Bei vielen Datendateien:

```
SQL> SELECT DISTINCT STATUS FROM V$DATAFILE;
```

Werden hier Datendateien mit Status ungleich SYSTEM oder ONLINE angezeigt:

→ vor dem Recovery erst online setzen

```
SQL> ALTER DATABASE DATAFILE <pfad\name> ONLINE;
```

Beispiel:

```
SQL> ALTER DATABASE DATAFILE 'f:\oracle\gc1\data_1\userdata.data1' ONLINE;
```

   d. **Recovery der Datenbank**

Falls Online-Redolog-Dateien und aktuelle Control-Datei des defekten Rechners zur Verfügung stehen beziehungsweise eine neue Control-Datei mit Option `NORESETLOGS` erzeugt wurde:

```
SQL> RECOVER DATABASE;
```

Online-Redolog-Dateien stehen nicht mehr zur Verfügung:

```
SQL> RECOVER DATABASE UNTIL CANCEL [USING BACKUP CONTROLFILE];
```

Wurde auch die Control-Datei aus der Sicherung zurückgeholt:

→ Option `USING BACKUP CONTROLFILE` angeben

e. **Kontrolle**

- Nochmals Datendateien auf Status SYSTEM (System-Tablespace) oder ONLINE (alle anderen Datendateien) prüfen:

```
SQL> SELECT STATUS, NAME FROM V$DATAFILE;
```

Alternativ bei sehr vielen Datendateien:

```
SQL> SELECT DISTINCT STATUS FROM V$DATAFILE;
```

Werden hier Datendateien mit Status ungleich SYSTEM oder ONLINE angezeigt, Recovery prüfen und diese gegebenenfalls online setzen:

```
SQL> ALTER DATABASE DATAFILE <pfad\name> ONLINE;
```

Beispiel:

```
SQL> ALTER DATABASE DATAFILE 'f:\oracle\gc1\data_1\userdata.data1'
ONLINE;
```

Datendateien mit Status OFFLINE → Recovery prüfen

- Alert-Datei auf Fehlermeldungen prüfen

7. **Öffnen der Datenbank**

Bei vollständigem Recovery oder bei Erzeugen der Control-Datei mit Option `NORESETLOGS`:

```
SQL> ALTER DATABASE OPEN;
```

Bei unvollständigem Recovery, bei Einspielen einer Sicherung der Control-Datei oder bei Erzeugen der Control-Datei mit Option `RESETLOGS`:

```
SQL> ALTER DATABASE OPEN RESETLOGS;
```

8. **Gegebenenfalls Dateien des temporären Tablespace anlegen**

```
SQL> ALTER TABLESPACE <temp_tablespacename> ADD TEMPFILE '<pfad/name>'
SIZE <size>;
```

9. **Überprüfung Alert-Datei**
10. **Funktionstest**

13.11 Spezialfälle

13.11.1 Recovery über Strukturänderungen

Analyse

Kontrolle, ob aktuelle Control-Datei die Strukturänderung beinhaltet (Datenbank mindestens im MOUNT-Status):

```
SQL> ALTER DATABASE BACKUP CONTROLFILE TO TRACE;
```

Aktuelle Control-Datei enthält Strukturänderung

Vor Recovery Datendatei manuell anlegen (Datenbank im MOUNT- oder OPEN-Status):

```
SQL> ALTER DATABASE CREATE DATAFILE '<pfad\name>' AS '<pfad\name_neu>' [SIZE size];
```

Falls gewünscht, vor Recovery Name der Datendatei wieder auf den alten Namen ändern (im MOUNT-Status).

```
SQL> ALTER DATABASE RENAME FILE '<pfad_alt\name_alt>' TO '<pfad_neu\name_neu>';
```

Beispiel:

```
SQL> ALTER DATABASE RENAME FILE 'c:\oracle\gc\users03.dbf' TO 'c:\oracle\
gc\users02.dbf';
```

Ab Oracle 10g bei Einsatz des RMAN werden fehlende Datendateien automatisch angelegt.

Aktuelle Control-Datei enthält Strukturänderung nicht

Existiert eine Sicherung der Control-Datei mit Strukturänderung, diese einspielen (Vorgehen siehe Kapitel 10.9.2 beziehungsweise 13.8.3, Punkt »Vorgehen bei Einspielen einer Sicherung der Control-Datei«).

Existiert keine Sicherung der Control-Datei mit Strukturänderung, wie in Kapitel 10.9.2 beziehungsweise 13.8.3, Punkt »Vorgehen bei Erzeugung einer neuen Control-Datei«, beschrieben neue Control-Datei erzeugen.

→ Neue Control-Datei muss die Strukturänderungen enthalten. Anschließend Recovery durchführen.

Recovery über Tablespace-Erweiterung mit Rücksicherung der Control-Datei

1. **Ermitteln der aktuellen Namen der Datendateien der Tablespace-Erweiterung**

```
SQL> SELECT FILE#, NAME FROM V$DATAFILE;
```

2. **Ermitteln der Originalnamen der fehlenden Datendateien**

   Entweder über die Alert-Datei, die Meldungen mit dem Originalnamen der fehlenden Datendatei enthält, oder über Auswertung der File-ID der Fehlermeldung und der Einträge in der View `V$DATAFILE`.

3. **Umbenennen der Datendateien**

```
SQL> ALTER DATABASE RENAME FILE '<unnamed_file>' TO '<original_file>';
```

4. **Fortsetzen des Recoverys**

Recovery-Beispiel mit `UNTIL CANCEL`:

```
SQL> RECOVER DATABASE USING BACKUP CONTROLFILE UNTIL CANCEL;
```

Mögliche Probleme und deren Lösung beim Recovery über Strukturänderungen hinweg

1. **Recovery wurde mit Control-Datei durchgeführt, die Datendateien enthält, die nicht zur Datenbank gehören**

   Oracle führt selbsttätig beim Öffnen der Datenbank einen Abgleich zwischen Control-Datei und Data Dictionary durch und streicht die überflüssigen Dateien aus der Control-Datei. Manuelles Eingreifen ist nicht erforderlich.

2. **Recovery wurde mit Control-Datei durchgeführt, in der Datendateien fehlen**

   Analyse des Fehlers

   – Ermittlung des zugehörigen Tablespace sowie der Größe der Datendatei (über View DBA_DATA_FILES)

```
SQL> SELECT TABLESPACE_NAME, FILE_NAME, STATUS, BYTES
FROM DBA_DATA_FILES
WHERE FILE_ID = <nr>;
```

   – Status und ebenfalls Größe der Datendatei (über View V$DATAFILE)

```
SQL> SELECT NAME, STATUS, BYTES
FROM V$DATAFILE
WHERE FILE# = <nr>;
```

   – Informationen zum ehemaligen Inhalt der fehlenden Datendatei

```
SQL> SELECT OWNER, SEGMENT_NAME, SEGMENT_TYPE FROM DBA_EXTENTS
WHERE FILE_ID = <nr>;
```

   – Status und Storage-Parameter des Tablespace, der die fehlende Datendatei enthält

```
SQL> SELECT STATUS, INITIAL_EXTENT, NEXT_EXTENT, MIN_EXTENTS, MAX_EXTENTS,
PCT_INCREASE, EXTENT_MANAGEMENT, SEGMENT_SPACE_MANAGEMENT
FROM DBA_TABLESPACES
WHERE TABLESPACE_NAME = <tablespace_name>;
```

   Vorgehen bei vorhandener Sicherung der fehlenden Datendatei

   a. Sicherung der fehlenden Datendatei sowie der Redolog-Dateien einspielen

   b. Datenbank starten in MOUNT-Status

```
SQL> STARTUP MOUNT
```

   Kontrolle:

```
SQL> SELECT STATUS FROM V$INSTANCE;
MOUNTED
```

   c. Umbenennen des Eintrags MISSING9999 in der Control-Datei

```
SQL> ALTER DATABASE RENAME FILE 'MISSING9999' TO <filename>;
```
Beispiel:
```
SQL> ALTER DATABASE RENAME FILE 'MISSING9999' TO 'c:\oracle\gc\users02.dbf';
```

Alternative:

Voraussetzung: Sicherung der Control-Datei wurde eingespielt, die vor der Erzeugung der Datendatei aktuell war.

→ Fehlende Datendatei mit dem Statement `ALTER DATABASE CREATE DATAFILE` wiederherstellen. Dann kann auf das obige `RENAME` verzichtet und stattdessen das `CREATE DATAFILE`-Statement verwendet werden. Anschließend Recovery mit `USING BACKUP CONROLFILE` durchführen.

d. Recovery der Datendatei

Bei Verwendung des `RECOVER DATABASE`-Befehls folgendes Kommando ausführen:

```
SQL> ALTER DATABASE DATAFILE '<filename>' ONLINE;
```

Recovery durchführen über:

```
SQL> RECOVER DATAFILE '<pfad\name>'
```
Alternativ:
```
SQL> RECOVER DATABASE;
```

Nach dem Recovery Status der betroffenen Datendatei prüfen über:

```
SQL> SELECT STATUS, NAME FROM V$DATAFILE WHERE NAME='<filename>';
```
Beispiel:
```
SQL> SELECT STATUS, NAME FROM V$DATAFILE WHERE NAME='f:\oracle\
gc1\user.data1';
```

Falls Status der Datendatei OFFLINE, Datendatei online setzen mit:

```
SQL> ALTER DATABASE DATAFILE '<filename>' ONLINE;
```

e. Öffnen der Datenbank

```
SQL> ALTER DATABASE OPEN;
```

Bei unvollständigem Recovery oder bei Verwendung einer Sicherung der Control-Datei (`USING BACKUP CONTROLFILE`)

→ `OPEN RESETLOGS` notwendig

f. Überprüfung Alert-Datei

Vorgehen bei nicht vorhandener Sicherung der Datendatei

Achtung!
Tablespace, zu dem die fehlende Datendatei gehört, nicht offline setzen!
Aufgrund der fehlenden Datendatei kann der Tablespace nicht mehr online gesetzt werden.

→ Sämtliche Tabelleninhalte (auch die in den vorhandenen Datendateien des Tablespace) sind nicht mehr zugreifbar.

- Tablespace löschen und gegebenenfalls neu erzeugen

  → meist Datenverlust, da der Inhalt der Tabellen, die sich ganz oder teilweise in dem Tablespace befunden haben, nicht wiederherzustellen ist.

- Keine Objekte in der Datendatei, und Datei ist nicht die zuerst erzeugte Datei des Tablespace.

  → Seit Oracle 10g ist Löschen möglich über:

```
SQL> ALTER TABLESPACE <tsp_name> DROP DATAFILE '<pfad\name>';
```

- Nur leere Tabellen, Indizes, Rollback-Segmente oder überhaupt keine Objekte in der fehlenden Datendatei

  → Nachfolgend beschriebenes Vorgehen ohne Datenverlust möglich. Nach der Neuerzeugung des Tablespace gegebenenfalls die enthaltenen Objekte im Tablespace wieder anlegen.

  Vorgehen:

  a. Export des Tablespace

```
C:\>expdp TABLESPACES=<tablespace_name> DUMPFILE=<dump_file_name>
```

  b. Tablespace-Parameter ermitteln

```
SQL> SELECT STATUS, INITIAL_EXTENT, NEXT_EXTENT, MIN_EXTENTS, MAX_EXTENTS,
PCT_INCREASE, EXTENT_MANAGEMENT, SEGMENT_SPACE_MANAGEMENT
FROM DBA_TABLESPACES
WHERE TABLESPACE_NAME = <tablespace_name>;
```

  c. Löschen des Tablespace

```
SQL> DROP TABLESPACE <tablespace_name> INCLUDING CONTENTS;
```

  d. Erzeugen des Tablespace

```
SQL> CREATE TABLESPACE <tablespace_name> DATAFILE <filename> SIZE <size>
[REUSE];
```

`REUSE`, falls Datendateien auf Betriebssystemebene noch vorhanden sind und die gleiche Größe haben. Gegebenenfalls die in Punkt b ermittelten Storage-Parameter in diesem Statement angeben.

  e. Import des Tablespace

```
C:\>impdp TABLESPACES=<tablespace_name> DUMPFILE=<dump_file_name> FULL=YES
```

  f. Sicherung mindestens des Tablespace und der Control-Datei

13.11.2 Temporäre Tablespaces nicht mitgesichert

Vorgehen siehe Kapitel 10.7 beziehungsweise 13.6, Recovery des temporären Tablespace.

Voraussetzung:

Keine permanenten Objekte im temporären Tablespace angelegt

Bei Nutzung eines Default Temporary Tablespace beachten:

- Bevor der Default Temporary Tablespace gelöscht werden kann:
  → Anderen Tablespace als Default Temporary Tablespace definieren

```
SQL> ALTER DATABASE DEFAULT TEMPORARY TABLESPACE <default_temp_tsp_new>;
```

Beispiel:

```
SQL> ALTER DATABASE DEFAULT TEMPORARY TABLESPACE tempnew;
```

- Ein Default Temporary Tablespace kann nicht offline gesetzt werden.

13.11.3 Sicherung nur teilweise brauchbar

Alle Sicherungen (online und offline) einer Datenbank sind untereinander mischbar.

Voraussetzung:

Alle Redolog-Dateien, die seit der ältesten verwendeten Sicherung geschrieben wurden, sind verfügbar.

13.11.4 Datenbankkopie

Voraussetzungen:

- Quell- und Zielbetriebssystem sowie die Datenbankversion inklusive Patches auf dem Quell- und Zielrechner sind gleich.
- Erfolgreich abgeschlossene Installation der Oracle-Software auf Zielrechner

Allgemeine Vorbereitungen (für jedes Szenario gültig)

Vorbereitungen auf der Quelldatenbank:

bei Verwendung des Automatic Undo Managements im Quell- und Zielsystem NICHT notwendig

- Alle Rollback-Segmente der Quelldatenbank löschen, die offline sind.
- Parameterdatei des Quellsystems und des Zielsystems kontrollieren, ob nur Rollback-Segmente, die online sind, eingetragen sind.
- Verwaltung der Rollback-Segmente im Quell- und Zielsystem kontrollieren und falls erforderlich anpassen (manuelle Verwaltung der Rollback-Segmente/Automatic Undo Management).

Vorbereitungen auf der Zieldatenbank:

- Erzeugen der Oracle-Betriebssystembenutzer und -gruppen mit Betriebssystemmitteln
- Falls Zieldatenbank bereits vorhanden, vorhandene Datenbankdateien löschen
- Erzeugen der Verzeichnisstruktur mit Betriebssystemmitteln

  → Verzeichnisgrößen auf Zielrechner für die Dateien der Quelldatenbank ausreichend dimensionieren, andernfalls Verteilung der Dateien ändern und Pfade in der Control-Datei anpassen beziehungsweise `RENAME`-Kommando ausführen.
- Windows: Erzeugen des Oracle-Service auf dem Zielsystem mittels `ORADIM`

  ```
  C:\>ORADIM -NEW -SID <SID>
  ```

  Weitere Optionen durch Aufruf von `ORADIM` ohne Parameter.
- Kopieren der Parameterdatei von der Quell- zur Zieldatenbank

  Anpassen der Parameter auf der Zieldatenbank wie zum Beispiel: `DB_NAME`, `LOG_ARCHIVE_DEST`, `USER_DUMP_DEST`, `CONTROL_FILES`, `BACKGROUND_DUMP_DEST`
- Falls erforderlich Kopieren und Anpassen weiterer Parameterdateien wie TNSNAMES.ORA, LISTENER.ORA, SQLNET.ORA, Passwortdatei
- Anpassen der Environment-Variablen für den Oracle OS-User wie `ORACLE_SID`, `ORACLE_HOME`, `PATH`

Szenario 1: Vorgehen bei gestoppter Quelldatenbank oder aus Offline-Sicherung (Name der Datenbank BLEIBT GLEICH)

Kopie aus gestoppter Quelldatenbank:

1. Quelldatenbank: Konsistent beenden (`SHUTDOWN NORMAL`, `IMMEDIATE` oder `TRANSACTIONAL`)
2. Kopieren der Datendateien der Quelldatenbank auf die Zieldatenbank
3. Falls Zieldatenbank ohne weiteres Recovery gestartet werden soll, Kopieren der Online-Redolog-Dateien der Quelldatenbank auf die Zieldatenbank
4. Kopieren der Control-Dateien der Quelldatenbank auf die Zieldatenbank

   Ändert sich das Verzeichnis der Control-Dateien, Parameter `CONTROL_FILES` für Zieldatenbank ändern.
5. Quelldatenbank starten

Alternativ Kopie aus Offline-Sicherung:

6. Zieldatenbank: Statt der Punkte 1. bis 5. Offline-Sicherung bestehend aus Datendateien, Control-Dateien und – falls gesichert – Online-Redolog-Dateien einspielen.

Nachfolgende Punkte gelten sowohl bei einer Kopie aus gestoppter Quelldatenbank als auch aus einer Offline-Sicherung:

7. Zieldatenbank starten in MOUNT-Status

```
SQL> STARTUP MOUNT
```

Kontrolle über:

```
SQL> SELECT STATUS FROM V$INSTANCE;
MOUNTED
```

8. Zieldatenbank: Falls erforderlich, Rename der Daten-, temporären oder Online-Redolog-Dateien

```
SQL> ALTER DATABASE RENAME FILE '<pfad alt\name>' TO '<pfad neu\name>';
```

Beispiel:

```
SQL> ALTER DATABASE RENAME FILE 'f:\oracle\gc1\system_1\system.data1' TO 'h:\
oracle\gc1\system_1\system.data1';
```

9. Zieldatenbank: Falls erforderlich, Recovery bis zum gewünschten Zeitpunkt durchführen (Vorgehen und Statements unvollständiges Recovery siehe Kapitel 6.2.2, Punkt 8)
10. Zieldatenbank: Öffnen der Datenbank

Datenbank soll ohne weiteres Recovery gestartet werden, und Online-Redolog-Dateien wurden aus der Sicherung eingespielt:

```
SQL> ALTER DATABASE OPEN;
```

Bei unvollständigem Recovery oder nicht vorhandenen Online-Redolog-Dateien:

```
SQL> ALTER DATABASE OPEN RESETLOGS;
```

Szenario 2: Vorgehen bei gestoppter Quelldatenbank oder aus Offline-Sicherung (Name der Datenbank ÄNDERT SICH)

1. Quelldatenbank: Erzeugen eines SQL-Skripts für das Erzeugen der Control-Dateien mit:

```
SQL> ALTER DATABASE BACKUP CONTROLFILE TO TRACE;
```

2. Zieldatenbank: Alternativ statt der nachfolgenden Punkte 3. bis 5. Offline-Sicherung nur der Datendateien einspielen.
3. Quelldatenbank: Konsistent beenden (`SHUTDOWN NORMAL`, `IMMEDIATE` oder `TRANSACTIONAL`)
4. Kopieren der Datendateien der Quelldatenbank auf die Zieldatenbank
5. Quelldatenbank starten
6. Zieldatenbank: Kopieren und Anpassen des SQL-Skripts aus Punkt 1.

   Beispiel:

   Quelldatenbank ist «GC«, die Zieldatenbank «KL«.

   ```
   CREATE CONTROLFILE REUSE DATABASE "GC" NORESETLOGS ARCHIVELOG
   ```

   ändern in:

   ```
   CREATE CONTROLFILE REUSE SET DATABASE "KL" RESETLOGS ARCHIVELOG
   ```

Zieldatenbank soll im NOARCHIVELOG-Modus betrieben werden:
→ `ARCHIVELOG` im `CREATE CONTROLFILE`-Statement in `NOARCHIVELOG` ändern

Ändern sich die Verzeichnisnamen auf dem Zielrechner (zum Beispiel wenn die Größe der Verzeichnisse auf dem Zielrechner für eine 1:1-Aufnahme der Dateien der Quelldatenbank zu klein ist und deshalb die Datenverteilung auf dem Zielrechner geändert werden muss), Pfade im `CREATE CONTROLFILE`-Statement für die Daten- oder Online-Redolog-Dateien der Zieldatenbank anpassen.

Alle anderen Einträge in der Textdatei löschen.

→ Nur noch das `CREATE CONTROLFILE`-Statement soll in der angepassten Textdatei enthalten sein.

7. Starten der Datenbank in den NOMOUNT-Status

```
SQL> STARTUP NOMOUNT
```

8. Zieldatenbank: Erzeugen der Control-Dateien

   Entweder das in Punkt 6. angepasste SQL-Statement direkt im SQL-Eingabeprompt ausführen oder über die Textdatei starten.

   Beispiel (Name der Textdatei CTRLGC.SQL):

```
SQL> @CTRLGC.SQL
```

9. Zieldatenbank: Falls erforderlich, Recovery der Datenbank bis zum gewünschten Zeitpunkt durchführen (Vorgehen und Statements unvollständiges Recovery siehe Kapitel 6.2.2 Punkt 8)
10. Zieldatenbank: Öffnen der Datenbank

```
SQL> ALTER DATABASE OPEN RESETLOGS;
```

11. Zieldatenbank: Anlegen der temporären Dateien des temporären Tablespace

```
SQL> ALTER TABLESPACE <temp_tablespace> ADD TEMPFILE '<pfad\name>' SIZE <size>
REUSE AUTOEXTEND OFF;
```

12. Überprüfen Alert-Datei

Szenario 3: Vorgehen bei laufender Quelldatenbank oder aus Online-Sicherung

1. Quelldatenbank: Erzeugen eines SQL-Skripts für das Erzeugen der Control-Dateien mit:

```
SQL> ALTER DATABASE BACKUP CONTROLFILE TO TRACE;
```

2. Zieldatenbank: Kopieren und Anpassen des SQL-Skripts für die Erzeugung der Control-Datei

   a. **Name der Datenbank bleibt gleich**

   Quell- und Zieldatenbank ist im nachfolgenden Beispiel »GC«.

```
CREATE CONTROLFILE REUSE DATABASE "GC" NORESETLOGS ARCHIVELOG
```

ändern in:

```
CREATE CONTROLFILE REUSE DATABASE "GC" RESETLOGS ARCHIVELOG
```

b. **Name der Datenbank ändert sich**

Quelldatenbank im nachfolgenden Beispiel «GC«, Zieldatenbank «KL«.

```
CREATE CONTROLFILE REUSE DATABASE "GC" NORESETLOGS ARCHIVELOG
```

ändern in:

```
CREATE CONTROLFILE REUSE SET DATABASE "KL" RESETLOGS ARCHIVELOG
```

Zieldatenbank soll im NOARCHIVELOG-Modus betrieben werden:
→ `ARCHIVELOG` im `CREATE CONTROLFILE`-Statement in `NOARCHIVELOG` ändern

Ändern sich die Verzeichnisnamen auf dem Zielrechner (zum Beispiel wenn die Größe der Verzeichnisse auf dem Zielrechner für eine 1:1-Aufnahme der Dateien der Quelldatenbank zu klein ist und deshalb die Datenverteilung auf dem Zielrechner geändert werden muss), Pfade im `CREATE CONTROLFILE`-Statement für die Daten- oder Online-Redolog-Dateien der Zieldatenbank anpassen.

Alle anderen Einträge in der Textdatei löschen.

→ Nur noch das `CREATE CONTROLFILE`-Statement soll in der angepassten Textdatei enthalten sein.

3. Zieldatenbank: Statt der nachfolgenden Punkte 4. bis 8. auch Einspielen einer Online-Sicherung der Datendateien sowie aller während der Online-Sicherung erzeugten Offline-Redolog-Dateien möglich.

   Bei weiterem Recovery bis zu einem bestimmten Zeitpunkt alle bis zu diesem Zeitpunkt erzeugten Offline-Redolog-Dateien zurücksichern.

4. Quelldatenbank: Alle Datendateien auf `BEGIN BACKUP` setzen

Ab Oracle 10g:

```
SQL> ALTER DATABASE BEGIN BACKUP;
```

Bis einschließlich Oracle 9i für alle Tablespaces einzeln durchführen:

```
SQL> ALTER TABLESPACE <tsp_name> BEGIN BACKUP;
```

Alternativ jeden Tablespace einzeln auf `BEGIN BACKUP` setzen und dann die Datendateien des Tablespace von der Quell- zur Zieldatenbank kopieren. Sind alle Datendateien des Tablespace kopiert, Tablespace wieder auf `END BACKUP` setzen:

```
SQL> ALTER TABLESPACE <tsp_name> END BACKUP;
```

5. Kopieren aller Datendateien von der Quelldatenbank auf die Zieldatenbank

   Namen und File-ID der Datendateien und die Zuordnung der Datendateien zu den Tablespaces auf dem Quellsystem ermitteln:

```
SQL> SELECT FILE_NAME, FILE_ID, TABLESPACE_NAME FROM DBA_DATA_FILES;
```

Prüfen der Datendateien auf Backup-Modus:

```
SQL> SELECT FILE_ID, STATUS FROM V$BACKUP;
```

6. Quelldatenbank: Alle Datendateien auf END BACKUP setzen

```
SQL> ALTER DATABASE END BACKUP;
```

7. Quelldatenbank: Aktuelle Online-Redolog-Datei archivieren mit:

```
SQL> ALTER SYSTEM ARCHIVE LOG CURRENT;
```

8. Kopieren der Offline-Redolog-Dateien von der Quelldatenbank zur Zieldatenbank

   Alle Offline-Redolog-Dateien der Quelldatenbank, die vom ersten Ausführen des BEGIN BACKUP-Statements bis einschließlich des Statements ALTER SYSTEM ARCHIVE LOG CURRENT erzeugt wurden.

   Bei weiterem Recovery bis zu einem bestimmten Zeitpunkt:

   Alle Offline-Redolog-Dateien zurücksichern, die bis zum gewünschten Zeitpunkt erzeugt wurden.

9. Zieldatenbank: Starten in den NOMOUNT-Status

```
SQL> STARTUP NOMOUNT
```

10. Zieldatenbank: Erzeugen der Control-Dateien

    Entweder das in Punkt 2. angepasste SQL-Statement direkt im SQL-Eingabeprompt ausführen oder über die Textdatei starten.

Beispiel (Textdatei CTRLGC.SQ)

```
SQL> @CTRLGC.SQL
```

11. Zieldatenbank: Recovery mittels der Offline-Redolog-Dateien

    Recovery durchführen für mindestens alle Offline-Redolog-Dateien, die während der Online-Sicherung oder bei Kopieren der Datendateien von der Quelldatenbank vom ersten BEGIN BACKUP- bis einschließlich des ALTER SYSTEM ARCHIVE LOG CURRENT-Statements erzeugt wurden.

    Bei weiterem Recovery bis zu einer bestimmten Redolog-Datei zusätzliche Redolog-Dateien einspielen.

```
SQL> RECOVER DATABASE UNTIL CANCEL USING BACKUP CONTROLFILE;
```

    Andere Arten von unvollständigem Recovery ebenfalls möglich (siehe Kapitel 6.2.2).

12. Zieldatenbank: Öffnen der Datenbank mit OPEN RESETLOGS

```
SQL> ALTER DATABASE OPEN RESETLOGS;
```

13. Zieldatenbank: Anlegen der temporären Dateien des temporären Tablespace

```
SQL> ALTER TABLESPACE <temp_tablespace> ADD TEMPFILE '<pfad\name>' SIZE <size> REUSE
AUTOEXTEND OFF;
```

14. Überprüfen Alert-Datei

13.11.5 Control-Dateien nicht mitgesichert

Datenbank noch mindestens im MOUNT-Status

→ Manuell CREATE CONTROLFILE-Kommando erzeugen

```
SQL> ALTER DATABASE BACKUP CONTROLFILE TO TRACE;
```

Bei Strukturänderungen zwischen dem Zielzeitpunkt des Recoverys und dem Zeitpunkt des Erzeugen des CREATE CONTROLFILE-Kommandos:

Anhand der Einträge in der Alert-Datei diese identifizieren und SQL-Skript manuell entsprechend anpassen.

Datenbank nicht mehr vorhanden oder Starten der Datenbank in MOUNT-Status nicht mehr möglich

Manuell das Kommando für das Erzeugen der Control-Datei aufbauen.

Das Vorgehen für das manuelle Erzeugen einer neuen Control-Datei ist in Kapitel 10.9.2 beschrieben.

13.11.6 Vollständiges Recovery mit Backup der Control-Datei

Falls alle Online-Redolog-Dateien verfügbar:

→ Über Ausführen eines CREATE CONTROLFILE-Statements mit Option NORESETLOGS kann die Datenbank nach einem vollständigen Recovery ohne ein OPEN RESETLOGS geöffnet werden, auch wenn nur eine Sicherung der Control-Datei mit TO filename zur Verfügung steht.

Vorgehen:

1. **Ermitteln des Speicherorts und des Namens der Control-Dateien**
   - Parameter CONTROL_FILES
   - Alert-Datei: Beim Starten der Datenbank wird Parameter CONTROL_FILES in die Alert-Datei eingetragen.
2. **Sicherung der Control-Datei in die Control-Datei-Verzeichnisse zurückspielen**
3. **Datenbank starten in MOUNT-Status**

```
SQL> STARTUP MOUNT
```

Kontrolle:

```
SQL> SELECT STATUS FROM V$INSTANCE;
MOUNTED
```

4. **Erzeugen einer Textdatei für das Anlegen der Control-Dateien mit:**

```
SQL> ALTER DATABASE BACKUP CONTROLFILE TO TRACE;
```

5. **Stoppen der Datenbank**

```
SQL> SHUTDOWN IMMEDIATE
```

6. **Starten der Datenbank in den NOMOUNT-Status**

```
SQL> STARTUP NOMOUNT
```

7. **Anpassen des CREATE CONTROLFILE-Statements**

   Alle Statements außer dem folgenden aus der Textdatei löschen (Beispiel):

```
CREATE CONTROLFILE REUSE DATABASE "GC" NORESETLOGS ARCHIVELOG
    MAXLOGFILES 16
    MAXLOGMEMBERS 3
    MAXDATAFILES 100
    MAXINSTANCES 8
    MAXLOGHISTORY 292
LOGFILE
   GROUP 1 'C:\ORACLE\GC\REDO01.LOG'  SIZE 50M,
   GROUP 2 'F:\ORACLE\GC\REDO02.LOG'  SIZE 50M,
   GROUP 3 'E:\ORACLE\GC\REDO03.LOG'  SIZE 50M
DATAFILE
   'D:\ORACLE\ORADATA\GC\SYSTEM01.DBF',
   'D:\ORACLE\ORADATA\GC\UNDOTBS01.DBF',
   'D:\ORACLE\ORADATA\GC\SYSAUX01.DBF',
   'D:\ORACLE\ORADATA\GC\USERS01.DBF'
CHARACTER SET WE8MSWIN1252;
```

8. **Erzeugen der Control-Dateien**

   Entweder SQL-Statement direkt im SQL-Eingabeprompt ausführen oder über Ausführen der Textdatei

Beispiel (Textdatei CTRLGC.SQL):

```
SQL> @CTRLGC.SQL
```

9. **Falls erforderlich, Recovery der Datenbank**

   Recovery notwendig, falls Datendateien aus der Sicherung zurückgeholt wurden (Vorgehen siehe Kapitel 10.6) oder Datenbank nicht konsistent beendet wurde.

```
SQL> RECOVER DATABASE;
```

10. **Öffnen der Datenbank**

```
SQL> ALTER DATABASE OPEN;
```

11. **Anlegen der temporären Dateien des temporären Tablespace**

```
SQL> ALTER TABLESPACE <temp_tablespace> ADD TEMPFILE '<pfad\name>' SIZE <size> REUSE
AUTOEXTEND OFF;
```

12. **Überprüfung Alert-Datei**

13.11.7 Absturz während Online-Sicherung

Problem kann auftreten, wenn während einer Online-Sicherung die Instanz inkonsistent beendet wird (SHUTDOWN ABORT) oder die Instanz abstürzt.

Beim nächsten Starten wird folgender Fehler gemeldet:

```
ORA-01113: File '4' needs media recovery
ORA-01110 data file 'C:\ORACLE\GC\USERS01.DBF'
```

→ Media Recovery ist nicht erforderlich!

Vorgehen

1. **Datendateien im Backup-Modus ermitteln (Status ACTIVE)**

```
SQL> SELECT FILE#, STATUS FROM V$BACKUP;
```

Name der Datendatei ermitteln:

```
SQL> SELECT FILE#, NAME FROM V$DATAFILE;
```

2. **Backup-Modus beenden (Datenbank mindestens im MOUNT-Status)**

Für eine einzelne Datendatei:

```
SQL> ALTER DATABASE DATAFILE <file#> END BACKUP;
```

Für einen einzelnen Tablespace:

```
SQL> ALTER TABLESPACE <tsp_name> END BACKUP;
```

Für die gesamte Datenbank (ab Oracle 9i):

```
SQL> ALTER DATABASE END BACKUP;
```

3. **Datenbank öffnen**

```
SQL> ALTER DATABASE OPEN;
```

13.11.8 Windows: ORA-00376 wegen Datenbankstart während Offline-Sicherung

Fehler:

```
ORA-00376: file 4 cannot be read at this time
ORA-01110: data file 4: ' C:\ORACLE\GC\USERS01.DBF '
```

Vorgehen

1. **Ermittlung und Beseitigung der Ursache (zum Beispiel laufende Offline-Sicherung, Virenscanner)**
2. **Wenn möglich, erneutes Stoppen und Starten der Datenbank**
3. **Überprüfung des Status der Tablespaces (bei geöffneter Datenbank)**

```
SQL> SELECT TABLESPACE_NAME, STATUS FROM  DBA_TABLESPACES;
```

4. **Gegebenenfalls Online-Setzen der Tablespaces**

```
SQL> ALTER TABLESPACE <tablespace_name> ONLINE;
```

5. **Überprüfung des Status der Datendateien**

```
SQL> SELECT * FROM V$RECOVER_FILE;
```

Werden hier Dateien gemeldet, zugehörigen Dateinamen und Status ermitteln:

```
SQL> SELECT FILE#, NAME, STATUS FROM V$DATAFILE WHERE FILE# = <file#>;
```

6. **Falls erforderlich, Recovery für Datendateien durchführen**

   Falls bei Punkt 5. Datendateien gemeldet werden, Recovery für diese durchführen:

```
SQL> ALTER DATABASE RECOVER DATAFILE <filename>;
```

Beispiel:

```
SQL> ALTER DATABASE RECOVER DATAFILE 'c:\oracle\gc\users01.dbf';
```

Bei sehr vielen Datendateien (nur im MOUNT-Status möglich):

```
SQL> RECOVER DATABASE;
```

7. **Überprüfung, ob Datendateien im Status OFFLINE sind**

```
SQL> SELECT NAME, STATUS FROM V$DATAFILE WHERE STATUS = 'OFFLINE';
```

8. **Alle Datendateien mit Status OFFLINE wieder online setzen**

```
SQL> ALTER DATABASE DATAFILE '<pfad\name>' ONLINE;
```

Beispiel:

```
SQL> ALTER DATABASE DATAFILE 'c:\oracle\gc\users01.dbf' ONLINE;
```

9. **Manuellen Checkpoint ausführen**

```
SQL> ALTER SYSTEM CHECKPOINT;
```

10. **Punkte 3., 5. und 7. nochmals prüfen**

13.11.9 Verschieben von Datenbankdateien im Rahmen eines Recoverys

Möglich für:

- Datendateien
- Online-Redolog-Dateien
- Offline-Redolog-Dateien
- Control-Dateien

Vorgehen beim Verschieben von Control-Dateien

1. Anpassen des Parameters `CONTROL_FILES` in der Parameterdatei
2. Datenbank stoppen
3. Control-Dateien in die gewünschten Verzeichnisse verschieben
4. Falls Control-Dateien verloren gingen:

   → Vorgehen wie in Kapitel 10.9, Verlust von Control-Dateien, beschrieben
5. Recovery durchführen und Datenbank starten (je nach Crashszenario)

Vorgehen beim Verschieben von Daten- und/oder Online-Redolog-Dateien

Szenario 1: Alle Control-Dateien stehen zur Verfügung, oder Sicherung der Control-Datei wurde eingespielt

1. Stoppen der Datenbank
2. Einspielen der Sicherung oder Kopieren der Daten- und/oder Online-Redolog-Dateien in das gewünschte Verzeichnis
3. Starten der Datenbank in den MOUNT-Status
4. Rename der Daten- und/oder Online-Redolog-Dateien

```
SQL> ALTER DATABASE RENAME FILE '<pfad alt\name>' TO '<pfad neu\name>';
```

Beispiel:

```
SQL> ALTER DATABASE RENAME FILE 'f:\oracle\gc1\data_1\userdata.data1' TO
'h:\oracle\gc1\data_1\userdata.data1';
```

Analog auch für Online-Redolog-Dateien

5. Recovery der Datenbank

   Je nach Crashszenario (siehe entsprechende Kapitel) Recovery durchführen.
6. Öffnen der Datenbank

   Je nach Crashszenario (siehe entsprechende Kapitel) und entsprechendem Recovery Datenbank wieder öffnen.

Szenario 2: Falls Erzeugen einer neuen Control-Datei mittels CREATE CONTROLFILE-Statement erforderlich

→ Neue Verzeichnisnamen der Daten- und/oder Online-Redolog-Dateien direkt im CREATE CONTROLFILE-Statement anpassen.

Beispiel:

```
CREATE CONTROLFILE REUSE DATABASE "GC" NORESETLOGS ARCHIVELOG
    MAXLOGFILES 16
    MAXLOGMEMBERS 3
    MAXDATAFILES 100
    MAXINSTANCES 8
    MAXLOGHISTORY 292
LOGFILE
   GROUP 1 'C:\ORACLE\GC\REDO01.LOG'  SIZE 50M,
   GROUP 2 'F:\ORACLE\GC\REDO02.LOG'  SIZE 50M,
   GROUP 3 'E:\ORACLE\GC\REDO03.LOG'  SIZE 50M
DATAFILE
   'D:\ORACLE\ORADATA\GC\SYSTEM01.DBF',
   'D:\ORACLE\ORADATA\GC\UNDOTBS01.DBF',
   'D:\ORACLE\ORADATA\GC\SYSAUX01.DBF',
   'D:\ORACLE\ORADATA\GC\USERS01.DBF'
CHARACTER SET WE8MSWIN1252;
```

Vorgehen bei Verschieben von Offline-Redolog-Dateien

→ Änderung des Parameters LOG_ARCHIVE_DEST, LOG_ARCHIVE_DUPLEX_DEST oder LOG_ARCHIVE_DEST_n (bei mehreren ARCHIVELOG-Verzeichnissen)

Temporäre Änderung von LOG_ARCHIVE_DEST:

Beispiel:

```
SQL> ALTER SYSTEM SET LOG_ARCHIVE_DEST='c:\oracle\gc\oraarch' SCOPE=MEMORY;
```

Dauerhafte Änderung des Verzeichnisses (bei Nutzung eines SPFILE):

```
SQL> ALTER SYSTEM SET LOG_ARCHIVE_DEST='c:\oracle\gc\oraarch' SCOPE=BOTH;
```

Nutzung der Parameterdatei INIT.ORA

→ Parameter in der Datei anpassen, anschließend Datenbank durchstarten

13.11.10 Recovery hängt

Fehlerverhalten:

Während eines Media Recoverys bleibt Einfahren der Redolog-Dateien hängen oder Crash Recovery bleibt hängen. Es erfolgt kein Abbruch.

Eventuell bleiben auch Abfragen einiger Views (V$RECOVER_FILE, V$DATAFILE) oder SHUTDOWN IMMEDIATE hängen. Bei manuellem Abbruch des Recoverys bleibt die Recovery-Session in der Datenbank bestehen.

Mögliche Ursache dieses Verhaltens:

1. Datenbankparameter

   Folgende Parameter temporär deaktivieren:

   ```
   DB_BLOCK_CHECKING
   DB_BLOCK_CHECKSUM
   USE_INDIRECT_DATA_BUFFERS
   TRANSACTION_AUDITING
   ```

   Alle _-Parameter (gegebenenfalls in Absprache mit dem Oracle-Support)

2. Defekte Redolog-Datei

   Ermittlung Online-Redolog-Datei bei Crash Recovery:

   ```
   SQL> SELECT MEMBER, V$LOG.STATUS
   FROM V$LOGFILE, V$LOG
   WHERE V$LOG.STATUS IN ('ACTIVE', 'CURRENT') AND V$LOG.GROUP#=V$LOGFILE.GROUP#;
   ```

   Prüfung der Redolog-Datei (online oder offline):

   ```
   SQL> ALTER SYSTEM DUMP LOGFILE '<path\name_logfile>';
   ```

   Redolog-Datei fehlerhaft → Fehler wird direkt auf der Kommandoebene ausgegeben

   Redolog-Datei fehlerfrei → Ausgabe von `Statement processed`

   Vorgehen bei defekten Redolog-Dateien

   - Defekte Offline-Redolog-Datei bei Media Recovery

     Offline-Redolog-Datei nochmals von der Sicherung einspielen

     Falls Offline-Redolog-Dateien mehrfach in unterschiedlichen Verzeichnissen erzeugt wurden

     → Kopie der Offline-Redolog-Datei aus einem anderen Verzeichnis einspielen

     Falls keine fehlerfreie Version der Offline-Redolog-Datei verfügbar

     → Unvollständiges Recovery bis zu der defekten Offline-Redolog-Datei (Datenverlust)

   - Defekte Online-Redolog-Datei bei Crash Recovery

     Nur ein Mitglied einer Redolog-Gruppe mit Status ACTIVE oder CURRENT defekt

     → Defektes Mitglied durch fehlerfreies Mitglied derselben Gruppe ersetzen (bei gestoppter Datenbank)

     Alle Mitglieder einer Redolog-Gruppe mit Status ACTIVE oder CURRENT defekt

     → je nach Status und Archivierung der Redolog-Gruppe gemäß Abschnitt 10.8 oder 13.7, Verlust von Redolog-Dateien, vorgehen

3. Defekte Datendateien

Falls keine entsprechenden Fehlereinträge bezüglich der defekten Datendatei in Alert-Datei vorhanden sind:

Szenario 1: Fehler tritt bei Crash Recovery oder bei vollständigem Recovery auf

Recovery-Statement für jede Datendatei einzeln ausführen

→ Recovery bleibt im Normalfall bei der defekten Datendatei hängen

Skript RECOVER_SINGLE.SQL:

```
STARTUP MOUNT
SET HEADING OFF
SET LINESIZE 500
SPOOL recover_single.sql
SELECT 'SPOOL RECOVER_SINGLE.LST' FROM DUAL;
SELECT 'recover datafile ' || chr(39) || name || chr(39) || chr(59) FROM V$DATAFILE;
SELECT 'SPOOL OFF' FROM DUAL;
SPOOL OFF
@recover_single.sql
```

Bleibt das Skript bei einer Datendatei hängen (Log-Datei RECOVER_SINGLE.LST)

→ erfolgreiche RECOVER-Statements plus RECOVER-Statement, bei dem das Recovery hängen geblieben ist, aus dem Skript löschen, Skript erneut starten

→ so lange durchführen, bis alle defekten Datendateien ermittelt sind, anschließend Sicherung der defekten Datendateien einspielen

Szenario 2: Fehler tritt bei unvollständigem Recovery auf

→ alle Datendateien offline setzen

→ anschließend Datendateien gruppenweise wieder online setzen und Recovery starten. Bleibt bei einer Gruppe das Recovery hängen, alle Dateien dieser Gruppe wieder offline und anschließend einzeln wieder online setzen und Recovery für jede Datendatei einzeln starten.

Skript zum Offline-Setzen aller Datendateien:

```
SET HEADING OFF
SET LINESIZE 500
SPOOL datafiles_OFFLINE.sql
SELECT 'alter database datafile ' || chr(39) || name || chr(39) || ' OFFLINE;' FROM
V$DATAFILE;
SPOOL OFF
```

Skript zum Online-Setzen aller Datendateien:

```
SET HEADING OFF
SET LINESIZE 500
SPOOL datafiles_ONLINE.sql
SELECT 'alter database datafile ' || chr(39) || name || chr(39) || ' ONLINE;' FROM
V$DATAFILE;
SPOOL OFF
```

Skript zum Online-Setzen aller Datendateien in mehrere kleinere Skripts aufteilen, in denen jeweils eine Gruppe von Datendateien online gesetzt wird.

Recovery der online gesetzten Datendateien starten mit:

```
SQL> RECOVER DATABASE UNTIL CANCEL [USING BACKUP CONTROLFILE];
```

Falls eine Sicherung der Control-Datei verwendet wird, muss die Option `USING BACKUP CONTROLFILE` verwendet werden.

Für alle ermittelten defekten Datendateien:

- Erneutes Einspielen der Datendateien aus der Sicherung, um Übertragungsfehler auszuschließen, oder
- Einspielen der Datendateien aus einer älteren Sicherung oder
- Einspielen der Datendateien auf eine andere Platte, um physikalische Fehler der Platte auszuschließen.

  In diesem Fall anschließend `RENAME` der Datendateien durchführen (Beschreibung Kapitel 13.11.9).

13.11.11 Test-Recovery

Bei Recovery-Problemen zum Testen des Recoverys ohne Änderungen durchzuführen:

```
SQL> RECOVER DATABASE TEST;
SQL> RECOVER TABLESPACE <tablespace_name> TEST;
SQL> RECOVER DATABASE USING BACKUP CONTROLFILE UNTIL CANCEL TEST;
```

13.11.12 Instanz startet nicht aufgrund Fehlern im Zusammenhang mit SPFILE

Fehlerhafte Parameter im SPFILE

1. Erzeugen einer editierbaren Parameterdatei INIT<SID>.ORA (Datenbank kann gestoppt bleiben)

```
SQL> CREATE PFILE FROM SPFILE;
```

2. Fehlerhaften Parameter in der editierbaren Parameterdatei INIT<SID>.ORA berichtigen
3. Erzeugen eines SPFILE aus der editierbaren Parameterdatei INIT<SID>.ORA (bei gestoppter Datenbank)

```
SQL> CREATE SPFILE FROM PFILE;
```

4. Starten der Datenbank

Recovery SPFILE

Pfad SPFILE:

Windows: `%ORACLE_HOME%\database`

UNIX: `$ORACLE_HOME/dbs`

Aktuellste Sicherung einer der drei Dateien einspielen:

1. spfile<SID>.ora
2. spfile.ora
3. init<SID>.ora

Bei Einspielen einer Sicherung der Datei init<SID>.ora:

→ mit `CREATE SPFILE FROM PFILE` neues SPFILE erzeugen

Manueller Aufbau init<SID>.ora ab Oracle 11g auch über Alert-Datei: Parameter werden beim Starten der Instanz protokolliert.

13.11.13 Verwendung von Sicherungen nach SHUTDOWN ABORT

Voraussetzungen für die Verwendung von Sicherungen nach `SHUTDOWN ABORT`:

- Datenbank im ARCHIVELOG-Modus
- Sicherungen aller Datendateien, Control-Dateien UND Online-Redolog-Dateien werden eingespielt.

Nach Einspielen der Sicherung Datenbank mittels `STARTUP` starten.

Falls erforderlich, Recovery durchführen mit:

```
SQL> RECOVER DATABASE USING BACKUP CONTROLFILE;
```

Anschließend Datenbank mit `OPEN RESETLOGS` öffnen.

13.11.14 Recovery über OPEN RESETLOGS

Vorgehen analog Standard-Recovery

Sonderfall:

Bei Recovery mit neu erzeugter Control-Datei registrieren der Offline-Redolog-Dateien mittels:

Beispiel:

```
SQL> ALTER DATABASE REGISTER PHYSICAL LOGFILE 'E:\FLASH_RECOVERY_AREA\GC1\
ARCHIVELOG\2008_05_19\01_MF_1_1_%U_.ARC';
```

Variable `%U` ersetzen durch den tatsächlichen Wert

13.11.15 Wiederherstellung NOLOGGING-Objekte

Wiederherstellung mittels Löschen und Neuanlegen des Objekts, das mit NOLOGGING erzeugt wurde

Literaturverzeichnis

[ALSU_2006] Johannes Ahrends, Dierk Lenz, Patrick Schwanke, Günter Unbescheid: Oracle 10g für den DBA, Addison-Wesley, 2006

[FHKZ_2007] André Faustmann, Michael Höding, Gunnar Klein, Ronny Zimmermann: Oracle-Datenbankadministration für SAP, Galileo Press, 2007

[Freeman_2008] Robert G. Freeman: Oracle Database 11g New Features, McGraw-Hill, 2008

[Held_2005] Andrea Held: Oracle 10g Hochverfügbarkeit, Addison-Wesley, 2005

[Held_2008] Andrea Held: Oracle 11g Neue Features, Hanser Verlag, 2008

[HLUA_2002] Uwe Hermann, Dierk Lenz, Günter Unbescheid, Johannes Ahrends: Oracle 9i für den DBA, Addison-Wesley, 2002

[Kline_2001] Kevin Kline, Daniel Kline: SQL in a Nutshell, O'Reilly-Verlag, 2001

[Loney_2005] Kevin Loney: Oracle Database 10g Die umfassende Referenz, Hanser Verlag, 2005

[Metalink_2008] metalink.oracle.com

[Oracle_2008] Oracle Database Documentation Library

[Saphelp_2008] help.sap.com

[Sapservice_2008] service.sap.com

[VA_2001] Rama Velpuri, Anand Adkoli: Oracle 8i Backup & Recovery Handbuch, Hanser Verlag, 2001

Stichwortverzeichnis

O

P

informit.de, Partner von Addison-Wesley, bietet aktuelles Fachwissen rund um die Uhr.

www.informit.de

In Zusammenarbeit mit den Top-Autoren von Addison-Wesley, absoluten Spezialisten ihres Fachgebiets, bieten wir Ihnen ständig hochinteressante, brandaktuelle deutsch- und englischsprachige Bücher, Softwareprodukte, Video-Trainings sowie eBooks.

wenn Sie mehr wissen wollen ...

www.informit.de

THE SIGN OF EXCELLENCE

Wo ein IT-System zusammenbricht, ist oft auch sehr schnell die Geschäftsfähigkeit eines Unternehmens in Frage gestellt. Hier ist Hochverfügbarkeit gefragt, also eine weitgehende Ausfallsicherheit mit Hilfe bestimmter Methoden und Tools. Die Autorin legt mit diesem Titel ein Fachbuch vor, das professionelles Administrator-Know-how für die Hochverfügbarkeit eines Oracle-Datenbanksystems vermittelt. Am Beispiel realer Fälle werden Konzepte aufgezeigt, Architekturen und Einsatzgebiete erklärt, konkrete Implementierungen vorgeführt und mittels übersichtlicher Checklisten notwendige Entscheidungshilfen für Ausfallsituationen angeboten.

Andrea Held
ISBN 978-3-8273-2163-3
59.95 EUR [D]

www.addison-wesley.de

THE SIGN OF EXCELLENCE

Die bereits durch das erfolgreiche Buch »Oracle 9i für den DBA« bekannten Autoren geben hier erfahrenen Administratoren, aber auch Neueinsteigern wertvolle Hilfen für den Aufbau und die Konzeption ihrer Oracle-Datenbanken sowie für die tägliche Datenverwaltungsarbeit. Neben der Installation und der Architektur spielen auch Performance-Aspekte sowie die Ausfallsicherheit eine große Rolle. Das Buch ist ein strukturierter und praxisorientierter Leitfaden und bietet konkrete Lösungsvorschläge für den Einsatz der Versionen 10g und 9i.

Johannes Ahrends; Dierk Lenz; Patrick Schwanke; Günter Unbescheid
ISBN 978-3-8273-2171-8
59.95 EUR [D]

www.addison-wesley.de

THE SIGN OF EXCELLENCE

Das Buch erläutert grundlegende Konzepte relationaler Datenbanken und ihre Umsetzung bei der Entwicklung und Anwendung von praxistauglichen Informationssystemen mit SQL. Es stellt zugleich einen wertvollen Leitfaden für den Praktiker und ein ideales Lehrwerk für den Studierenden dar. Dabei hilft seine gelungene Mischung zwischen methodisch-theoretischen Grundlagen und zahlreichen Anwendungsbeispielen. Es berücksichtigt sowohl SQL:1999 als auch SQL:2003.

Günter Matthiessen; Michael Unterstein
ISBN 978-3-8273-2656-0
39.95 EUR [D]

www.addison-wesley.de

THE SIGN OF EXCELLENCE

Diese Neuauflage des erfolgreichen SQL Server-Buches bietet Ihnen einen leichten Einstieg in Einsatz, Verwaltung und Entwicklung einer Datenbank mit dem SQL Server 2005 - von der Express bis zur Enterprise Edition. Nach einer Einführung in die neuen Features, die Installation und die Konfiguration des SQL Servers werden Sie mit den neuen grafischen Oberflächen, allen voran dem SQL Server Management Studio, vertraut gemacht. Sie lernen, neue Datenbanken und Datenbankobjekte zu erstellen und Abfragen mit SQL zu generieren. Ein Schwerpunkt in diesem Buch liegt auf der Lösungsentwicklung mit Transact-SQL, wobei auch die neue Common Language Runtime-Integration mit .NET berücksichtigt wird.

Klemens Konopasek; Ernst Tiemeyer
ISBN 978-3-8273-2579-2
29.95 EUR [D]

www.addison-wesley.de

THE SIGN OF EXCELLENCE

Anhand zahlreicher sofort nachvollziehbarer Praxisworkshops zeigt Sven Ahnert den Nutzen virtueller Maschinen und erläutert den Umgang mit den aktuellen Virtualisierungsprodukten von VMware und Microsoft. Diese zweite Auflage wurde um neue Produktversionen ergänzt und der Teil zur Profilösung VMware Infrastructure 3 (ESX) wurde deutlich erweitert. Der Autor geht auf das Zusammenspiel der Virtualisierungslösungen ein und arbeitet die Gemeinsamkeiten und Besonderheiten der aktuellen Produkte heraus. Mit detaillierten Anleitungen zu Test- und Produktionsumgebungen vermittelt das Buch neben wichtigen Grundlagen für Einsteiger auch tiefgreifende Informationen für erfahrene Anwender.

Sven Ahnert
ISBN 978-3-8273-2535-8
49.95 EUR [D]

www.addison-wesley.de